근대 시민의 형성과 대한민국

근대 시민의 형성과 대한민국

이승렬

이승렬(李承烈)

연세대학교 사학과를 졸업하고 같은 대학원에서 석·박사 학위를 받았다. 역사문제연구소에서 시민의 역사교육을 위한 강연 및 교재 편찬을 기획했다. 주요 연구 주제는 한말과 일제시기 부르주아지 형성과 관련된 사회경제와 식민정책이었다. 저서로는 근대 이행의 상인적 기원을 검토한 『제국과 상인』(2007)이 있고, 주요 논문으로는 「강제병합 100년과 성장의 공공성」(2010) 외 다수가 있다. 역사문제연구소 부소장, 연세대 국학연구원 연구교수, 대림대학교 교수 등으로 활동했다.

근대 시민의 형성과 대한민국

(The Building of Citizens and Nation State in Modern Korea)

초판 1쇄 발행 2021년 12월 10일
초판 3쇄 발행 2022년 11월 9일
지은이 이 승 렬
펴낸이 변 선 웅
펴낸곳 그물
출판등록 2012년 2월 8일 제312-2012-00006호
서울특별시 서대문구 통일로25길 30, 102동 1502호(홍제동 한양아파트)
https://blog.me.naver.com/wsun1940
전화 070 8703 1363
팩스 02 725 1363
ISBN 979-11-86504-14-7 93910
값 35,000원
ⓒ 이승렬, 2021

그림: 3·1운동의 「선언서」

책머리에 붙여

　이 책은 개항기 이래 농업사회가 근대 산업사회로 전환하는 과정에서 대한민국의 의회민주주의 수립에 관여한 상층 지주의 정치적 역할을 설명하려고 했다. 제2차 세계대전이 끝난 1945년 이후 약 80년간 제국주의를 경유한 일본과 비교하여 식민지를 경유한 대한민국의 의회민주주의는 우파 독재의 시기를 돌파하면서 꾸준하게 발전했다. 일본의 의회민주주의는 아시아에서 선도적 역할을 했지만 군국주의를 통제하지 못했다. 그러한 우파 독재의 요소들은 외부의 힘에 의해 제어되었지만 20세기 후반부터 일본정치에서 다시 살아나고 있다. 한국과 일본의 이러한 차이는 독립적인 자유주의 세력으로 진화하는 그것과 관련이 있다. 남한과 북한 체제의 차이 역시 상층 지주의 존재 유무와 깊은 관련이 있다. 대한민국과 달리 그들의 존재가 박탈된 조선민주주의인민공화국에서는 공산당을 중심으로 한 좌파 독재 체제가 수립되었다. 19세기 후반부터 20세기 중반까지 국제질서가 크게 두 번 바뀌는 과정에서 동아시아의 삼국(한·중·일)은 사국(남한·북한·중·일)으로 변화했고, 상층 지주의 정치적 역할에 따라 의회민주주의·우파 독재·좌파 독재가 출현했다. 이 책에서는 각각의 체제들이 한 국가

내에서 강화되고 극복되는 과정을 살펴보고, 가능한 범위 내에서 4국을 비교할 것이다.

대한민국은, 여전히 그 내부에 많은 사회적 모순을 내포하고 있지만, 1945년 '광복' 이래 약 80년간 의회민주주의와 경제성장을 성취했다. 이것을 설명하기 위한 이론적 시도를 검토하면서, 필자는 두 가지 접근 방법에 대해 회의를 가지게 되었다. 하나는 산업화를 식민지기 이래의 우파적 독재의 산물로 평가하는 조류이고, 다른 하나는 상층 지주를 도덕적 민족주의의 관점으로 '단죄(斷罪)'하는 경향이다. 한국에서 산업화와 관련하여 1960-80년대, 민주화와 관련하여 1980-90년대는 비약하는 단계였다. 이러한 변화는 여러 가지 사회적 요소들이 긍정적으로 작동할 수 있는 '발효기'를 거친 후에 드러났다. 이 책은 1945-50년대에 개항기 이래 축적된 다원적인 요소들이, 매우 날 선 이념들이 충돌하는 가운데에서도 제도 안으로 통합되는 과정에 유의할 것이다. 우리가 분단국가 수립에 대해 아쉬움을 갖고 있다면, 도덕적 민족주의라는 일원적 가치에 매몰되기보다는 다른 이념을 가진 정치 세력들이 연합한 다원적 정치사회를 구성하는 것에 대해 진지하게 관심을 가질 필요가 있다. 그러한 태도(혹은 퍼스펙티브)는 가려져 있던 한국근대사의 실체적 사실을 직시할 수 있는 안목을 넓혀 줄 가능성이 있고, 현재의 심각한 사회적 불평등을 넘어서면서 통일의 길을 열 수 있는 열쇠가 될 수도 있다. 조금 다른 시각에서 '과거'를 바라볼 때 우리는 어쩔 수 없이 한국근대사 인식을 과도하게 지배하고 있는 역사 담론들과—민중주의적 역사인식과 '친일파 원죄론'과 '시장만능론'과 영웅주의 사관 등—대면하게 된다. 그런데 '현실'에서는 '민중주의'가 결코 민중을 위하지 않았고, 불철저한 친일파 청산 위에서도 역사는 전진했으며, 시장은 적절하게 통제될 때 더 발전했고, '영웅들'은 독재자로 전락하는 경우가 많았다.

    대한제국이 일본의 식민지로 전락한 것은 한국과 일본 두 나라만의 문제가 아니라, 서구가 확장되면서 중국 중심의 국제질서가 붕괴된 세계사의 변화와 관련이 있었다. 1945년의 '해방'은 광복군이 일본군을 무력으로 물리쳐서 쟁취된 것이 아니라 일본의 패전 때문이었고, 세력 균형에 입각한 국제질서의 해체와 관련되어 있었다. 우리는 구조와 인간의 관계에 대한 심층적인 조명보다는 누구를 속죄양으로 만들어 실패의 원인을 그로부터 찾고, 영웅들을 창조하여 그로부터 성공의 원인을 찾곤 했다. '비타협적 항일무장투쟁 사관'과 '시장 만능 사관'처럼 '선택적 기억'을 강요하는 관점들이 존재하고 있다. 특히 민족운동사를 '타협 대 비타협'이라는 하나의 기준으로 바라보는 관점은 더 그러하다. 우리는 한국인이 실현할 수 있는 객관적인 운동의 범위보다는 '주체와 자주'라는 주관적인 의지에 탐닉할 때가 있다. 후자는 객관적인 현실의 여건을 넘어서기 위해 발휘되기보다는 민족 분열에 기여하는 경우가 종종 있었다. 역사적으로 한반도의 국가들은 항상 주변의 강대국들과 이해관계를 조정하지 않으면 안 되는 처지에 있었고 앞으로도 그럴 것이다. 한국인은 주변 강대국들과 적절한 관계를 유지할 수 있을 때 안정된 사회와 국가를 유지했다. 1945년 8월 이후 한국인은 국가를 다시 재건하는 과정에서 승전국이자 점령국인 두 나라와의 이해관계를 고려하지 않으면 안 되는 역사적 현실에 놓이게 되었다. 그럼에도 불구하고 여러 개의 '신념'은 자신의 길을 추구하면서 분열을 마다하지 않았고, 결국 전쟁까지 불사했다. 한국은, 19세기 후반과 20세기 초에는 새롭게 형성되는 동아시아 국제질서에 적절하게 대응하지 못했기 때문에 일본의 식민지가 되었다면, 20세기 중반 또한 그러했기 때문에 분단되었다. 급진주의가 기세를 올리던 시절에 온건한 한국인은 차선책을 선택해 나갔다. 그들은 '분열하며 퇴행하는' 현실에서 통합하며 전진하는 미래의 길을 모색했다. 민족운동의 다양한 노선들이 서로 존중하고 협력한 결과로 탄생한 1948년 7월의 제헌헌법은 봉건적이며 식민지적인 유산을 청산하는 제도(制度)이자 새로운 한국의 청사진이었다. 또한 그것은 21세기 우리에게 오래된 미래와 같다.

1980-90년대에는 '실천(노동 혹은 민주화운동)과 학문' 사이에서 방황하던 적지 않은 연구자가 있었다. 그 가운데 한 사람이었던 필자는 '올바른 역사 인식의 대중화' 사업을 역사문제연구소라는 민간 학술단체에서 진행했다. 강연자와 시민이 직접 만나는 '한국사교실'을 비롯한 여러 가지 대중사업이 전개되었다. 그 중에서 필자가 여러 연구자와 함께 기획 편찬했던 『사진과 그림으로 보는 한국의 역사』는(역사문제연구소 편, 웅진출판사, 1992) 시민의 커다란 호응을 받았다. 그들은 시민의 이해를 돕기 위해 사진과 그림과 글이 유기적으로 연결되도록 노력했다. 이 책의 편집 방향은 그 이후 나오는 대중 역사서에 적지 않은

영향을 미쳤다. 그때 주안점을 두었던 것 중의 하나는 한국사의 내적 발전과정과 사회주의 계열의 민족운동에 대한 재조명이었다. 후자와 관련해서는 『민족해방운동사: 쟁점과 과제』(역사문제연구소, 1990)를 출판했다. 이 사업은 이명박정권의 민간인 사찰 피해자인 김종익 씨가 은행원 시절에 기부한 기금 덕택에 진행될 수 있었다. 책을 기획할 때의 주요한 문제의식은 민족운동사가 온전하게 서술된 '올바른' 역사책을 만드는 데 있었는데, 최근에 필자(한 개인)의 머릿속에는 '그때의 일이 강고한 민족주의 성벽에 한 장의 벽돌을 더 얹은 것에 불과했구나' 하는 생각이 불현듯 지나갔다.

1950년대 이승만정권, 1970년대 박정희정권, 1980년대 전두환정권으로 이어진 '독재의 시대'가 있었고, 이에 대항하는 민주당 중심의 야당과 다양한 영역에서 분출된 시민사회 세력의 '반독재민주화운동'이 있었다. 때때로 민주주의는 후퇴했지만 결국 전진했다. 그 '시대'에 한국경제는 성장했고, 다수의 한국인은 그것에 대해 자부심을 갖고 있다. 21세기에도 재벌은 경제적 모순을 심화시키는 가장 큰 존재이지만, 그들이 한국경제의 주축인 것도 엄연한 현실이다. 이러한 '성공'은 불철저한 과거청산 위에서 이루어졌다. 1987년 이른바 '민주화 시대'가 열린 이후 미루어왔던 과거청산은 시작되었고, 그 이후에도 여러 종류의 과거청산 작업이 진행되었다. 1948년 새로운 정부가 출범한 이래 약 70여 년이 흘렀다. '청산의 시간'은 그 절반에 가깝고, 앞으로 그 시간은 계속될 가능성이 있다.

1997년에 IMF경제 위기를 넘긴 후에 한국사회는 크게 달라졌다.

'비정규직'의 한국인이 등장한 것이다. 경제성장의 과실은 소수에게 집중되고 부의 양극화는 점점 심화되고 있다. 노동과 자본의 모순 못지않게 노동사회에도 양극화가 진행되었다. '민주화 이후의 한국사회'에서 소위 '능력'이 없는 사람들은 점점 더 노동할 자리가 없어졌다. '민주화 이후의 민족주의'는 더 경직되었고, 청산작업은 더 가열되었으며, '민주화 이후의 시장주의'는 '능력주의'를 앞세우고 시장경제의 약탈성을 경시했다. 21세기 한국사회는 세계에서 가장 불평등이 심하고 자살률이 높으며 인구가 줄어들고 있는 것이 현실이고, (국민 사이에서는) '혐오'와 '증오'의 감정이 고조되고 있다.

아마도 이런 현실에 대해 가장 큰 책임은 국민생활의 개선보다는 권력 획득을 위해 국민 심리에 편승하여 국민을 분열시키는 지도자들에게 있을 것이다. 그들은 자신의 신념(찬탁 혹은 반탁)을 명분으로 삼아 서로를 저격해서 분단의 원인을 제공한 분열적 민족주의자들의 모습을 재현하고 있는 것이다. '선택적 기억'은 점점 더 파당적 역사인식을 강화하는 효과를 낳고 있다. 특히 '식민지기'와 '해방10년사'에 대한 인식은 더 그러하다. 그렇기 때문에 그 시대에 대한 재인식은 통합적인 시민적 역사인식을 제고하는 계기가 될 수 있다. 또한 우리는 21세기 세계적 수준의 위기에도 직면해 있다. 한국인 역시 코로나바이러스(COVID-19)의 위험에 노출되었다. 한국을 포함하여 세계의 경제적 불평등은 심화되었고, 기후의 변화와 오염된 공기는 우리의 일상을 위협하고 있다. 불평등을 심화시키면서 '이웃을 사랑하지 않는' 미국의 신자유주의는 '미국의 반동'인 '트럼프 현상'으로 나타났고, 세계 여러

나라에서도 유사한 모습들이 나타나고 있다. 신자유주의 확산과 비슷한 시기에 빠르게 발달된 디지털문명은 사이버 상에서 폐쇄적인 '거대한 폴리스'들을 등장시켰다. 호혜적인 디지털 문명은 '위대한 진보'이지만, 절제와 염치가 없는 디지털문명은 '파멸적 반동'이 될 수 있다. 질병, 기후, (1930년대와 유사한) 반동적 현상들이 나타나는 현실에서 역사에 대한 '선택적 기억'을 강화하는 것은 국내적·지구적 차원의 위기를 극복하는 지혜가 아니라 인간의 자유를 억압하는 전체주의를 조장하는 수단이 될 수 있다.

1919년의 3·1운동과 1948년 8월의 대한민국 정부 수립의 유기적 관계를 이해하는 것은 현 21세기 한국의 '문명적 위기'를 풀어낼 수 있는 중요한 단서가 될 수 있다. 그때 독립적인 자유주의 세력과 기독교는 아시아의 다른 나라들과 구별되는 정치적 사회적 역할을 담당했었다. '역사적 실패'는 '역사의 종말'은 아니었다. '실패' 이후 다른 길이 열렸다. 조선왕조·대한제국이 '실패'하는 과정에서 독립적인 자유주의 세력이 성장하고 기독교가 확산되었다. 국민적 통합의 길을 열었던 3·1운동의 '실패' 이후 한국인들은 민주주의와 공화정치에 대한 이해를 넓혔다. 통일국민국가 수립의 '실패' 이후 우리는 급진주의의 폐해와 온건주의의 혜택을 경험했다. 한국의 근대사는 '일보후퇴'하면서 '이보전진'했다. 우리는 때때로 '일보후퇴'의 원인을 두고 급진적으로 분석하고 비판하면서, '이보전진'에 공을 세운 상대방의 존재를 인정도 존중도 하지 않는 경향이 있다. 분열될 때 역사는 반동화되었고, 통합될 때 역사는 진보했다. 통합은 전체주의화가 아니라 다양한 이념을 가진 세력들이 경쟁하면서 서로 존중하는 자유스러운 상태를 의미한다. '이보 전진'의 원동력은 통합의 길을 연 온건주의였고, 그 온건주의의 사회적 기반은 상층 지주 세력에서 출현한 독립적인 자유주의 세력이었다.

결과적으로 이 책은 한국에서의 점진주의와 온건주의와 개혁주의에 대한 보고서가 되었다. 또한 이 책에서 우리는 "인간의 자유를 증진시키는 방법으로서, 점진적이고 부분적인 개혁이 폭력적 혁명에 대해 그 우월성을 입증해 왔다"는 약 60년 전 배링턴 무어(Barrington Moore, Jr.)의 진술을 다시 확인할 수 있게 되었다. 무어는 『독재와 민주주의의 사회적 기원』에서 영국·프랑스·미국·중국·인도·일본 등 유럽과 아시아의 여러 나라에서 '상층 지주와 농민의 정치적 역할'에 따라서 민주주의·파시즘(군국주의)·공산주의로 분기되는 역사적 배경과 그 원인을 적절하게 설명했다. 필자는 무어가 그려 놓은 '지도(map)'를 참조하면서 상층 지주의 역할에 대한 검토를 통해 북한을 포함한 동아시아 4국의 민주주의, 그리고 한국과 서구의 차이를 이해할 수 있었다.

이 책은 많은 시행착오를 겪으면서 겨우 나올 수 있었다. 약 10년간 여러 차례 약속을 어기는 필자를 기다려주신 '그물' 출판사 변선웅 사장님에게 감사를 드린다. 그의 안내와 격려는 큰 힘이 되었다. 약속을 어기게 된 가장 큰 이유는 이론적 방황 때문이었다. '민주화 이후' 한국 사회는 더 분열되었고, 민족주의는 경직되었으며, 개인은 파편화되었고, 겉으로는 자유주의가 확산되었지만 그 밑에는 전체주의 그림자가 드리워져 있었다. 그렇게 된 이면에는 '청산'되지 않으면 진보할 수 없다는 어떤 사회적 강박관념과 디지털문명의 발전이 있었다. 최근에는 때때로 너무도 쉽게 '선택적 기억'을 강화하여 다수의 시민적 역사인식을 교란할 수 있는 텍스트와 동영상들이 등장하고 있다. '과거'를 세밀하게 파헤치는 청산작업도 중요하다. 그러나 우리는 '과거의 실패'를 되풀이하지 않을 '제도 건설'이 지혜롭고 더 효과적인 과거청산이 될 수 있다는 것도 고려해야 한다.

연세대학교 박명림 교수는 내게 언제나 고전에 대한 교사였고 융합적 지식에 대한 자극을 끊임없이 주는 동료였다. 그의 적절한 비평과 충실한 안내는 내 연구의 나침판이 되었다. 그와의 학문적 소통이 없었다면 필자의 우둔한 머리는 깨지지 않았을 것이다. 부족한 한문 실력을 보충해 주고 못난 원고를 꼼꼼하게 교정해 준 김종익 형에게 심심한 감사의 말을 전한다. '북촌'에 대해 중요한 자료를 건네 준 북촌문제연구소의 은정태 선생, 서상일 문건을 흔쾌하게 빌려 주신 국민대학교 김동명 교수에게도 큰 신세를 졌다. 시흥 지주 주인식(朱寅植) 관련 자료를 열람하게 해주고 독해 안내까지 해 준 과천시 추사박물관의 허홍범 학예연구사는 필자에게 큰 친절을 베풀었다. 수원의 지주와 기독교에 대한 자료를 제공해 주시고 적절한 안내를 해 준 수원학연구센터의 홍현영과 유현희 등 연구원의 성실한 태도를 잊을 수 없다. 영석 이석영에 관한 문헌들을 건네 준 우당 이회영의 증손인 연세대학교 이철우 교수의 배려에 대해서도 고마움을 표하고 싶다. 영석·우당 두 분을 포함한 경주이씨가의 6형제들이—국망에 책임을 통감한 양반 사대부들—광복운동을 위해 걸어간 망명길은 수오지심(羞惡之心)을 이기고 국가와 사회를 회복시키기 위한 수행의 길이었다. 조선 최고의 갑부였던 만석꾼 이석영은 망명지에서 굶주림에 시달리다가 죽었다. 스스로 그 길을 선택했다. '부끄러움'을 아는 그들의 처신은 밤하늘의 별처럼 빛났다. 그들은 간도 가는 길에 평북 오산학교에 잠시 머물렀다. 그들은 압록강을 건넜고, 이승훈은 남았다. 신흥무관학교의 길과 오산학교의 길은, 떠난 자와 남은 자의 목표는 다르지 않았다. 떠난 자는 나중에 돌아와서 남은 자에게 손가락질하지 않았다. 그들은 자신들의 '공적'에 기대어서 자리를 요구하지 않았다. 가끔 작은 공적에 기대는 자들 중에 일부는 남의 작은 허물을 죽일 듯이 달려들어 공격하곤 한다. 6형제 중 유일하게 살아서 돌아온 성재 이시영은 '남은 자'를 포용했고 이승만독재에 저항했다. 가족·신체·재산 등 모든 것을 건 자들만이 할 수 있는 사회적 포용과 저항이었다. 미국 이타카(Ithaca)와 영국 케임브리지에서 보여준 신동준 교수의 친절과 그와의 대화는 나의 지적 상상력을 자극했다.

  여기에서 일일이 거론하지 못하지만, '북촌포럼' 동무들, '한국사 데이터베이스' 구축에 공을 세운 분들 등 신세를 진 여러 사람에게 고맙다는 말을 전하고 싶다. 특히 자신의 직역에 최선을 다하는 충직한 시민이자 옆에서 묵묵히 함께 해준 삶의 동반자인 아내 서현주의 격려는 이 책이 나올 수 있는 원천이었다. 인간과 사회의 관계에 대한 새로운 단서를 주는 아들 선민은 항상 필자를 지적으로나 인간적으로나 성찰하게 하는 존재다. '아비의 작은 일'이 '아들의 큰 생각'에 보탬을 주는 거름이 되기를 바란다. 두 사람의 존재에 대해 그지없는 감사를 드린다. 이 책을 마무리하면서 필자는 대학생이 된 이후 지속된 약 40년간의 ('광야'에서의) 지적 방황을 끝내고 '10대 시절 심상(心像)'과 접속된 느낌이 들었다.

2021년 9월 30일
이 승 렬

차 례

책머리에 붙여 ● 005

서 론 ● 021

제1부 개항과 지주 ● 031

제1장 조슈의 사무라이 이토 히로부미와 호남의 양반 김성수 ● 033
   1. 런던의 일본인 관비(官費) 유학생들 ● 033
   2. 도쿄의 한국인 사비(私費) 유학생들 ● 040

제2장 대한제국의 소멸과 국민 형성 ● 047
   1. 개화파의 시간(1876-1895) ● 047
   2. 경화사족의 해체 ● 068
   3. 1907년: 신민의 대두 ● 095
      1) 기독교 선교와 고종 ● 097
      2) 독립협회와 대한제국 ● 100
      3) 상동교회와 상동파 ● 110
      4) 고종의 강제 양위와 국민의 각성 ● 118

제3장 근대 이행 경로들과 한국 ● 130
   1. 대분기와 동아시아 3국 ● 130
   2. 동아시아 4국의 분기와 지주 ● 142
      1) 농업 관료제: 중국과 조선 ● 142
      2) 새로운 변동 요인들 ● 154

제4장 단선적 발전사관들의 적대적 공생관계 • 165
   1. 민족사학 • 165
   2. 식민지근대화론 • 203

제2부: 제1차 세계대전과 시민적 민족주의 • 215

제5장 해체되는 제국의 시대: 세력균형에서 집단안보로 • 217
   1. 발원지 미국 • 217
   2. 갈등하는 일본 • 239

제6장 시민적 네트워크와 3·1운동 • 267
   1. 도시의 활기 • 267
   2. 수하정 3번지 • 287
   3. 탈유교와 민족대표 33인 • 296
      1) 천도교 15인: 일원적 위계적 관계 • 302
      2) 기독교 16인: 다원적 병렬적 관계 • 312
   4. 한국에서의 시민: 한·중·일 비교사적 검토 • 342

제3부: 제1차 세계대전 이후 식민주의 • 365

제7장 식민통치와 외교 • 367
   1. 미국과 무단적 제국주의 • 367
      1) 한국인과 윌슨 대통령 • 367
      2) 일본 자유주의자의 조선자치론 • 381
   2. 중추원: 작은 변화의 사례 • 392
      1) 신설된 지방 참의와 재지세력 • 392
      2) '상상된' 조선의회 • 406

제8장 식민통치와 전쟁 • 412

   1. 정당과 군부의 갈등 • 412

   2. 조선공업화 대 만주공업화 • 427

   3. 온건파의 좌절 • 438

제4부: 지주와 의회, 그리고 분단 • 443

제9장 개항과 지주 • 445

   1. 개혁주의 세대의 등장 • 445

      1) 김성수와 그의 친구들 • 445

      2) 서울·경기의 관료적 지주 대 호남의 진취적 지주 • 471

   2. 점진과 온건 • 489

      1) 북촌의 『동아일보』 그룹 • 489

      2) 타협과 비타협의 경계 • 505

      3) 민족주의자들의 차이 • 533

제10장 '집단안보'의 국제질서와 분열된 민족주의 • 559

   1. 실패한 1차 통합 • 559

      1) 루스벨트 대통령의 신탁통치 구상 • 559

      2) 남한의 민주파 • 573

      3) '1948년 질서' • 599

   2. 분단국가와 2차 통합 • 615

      1) 통합의 길, 농지개혁 • 615

      2) 독재와 반독재 • 629

결 론 • 657

   1. 두 개의 정의(正義) • 659

2. 한국에서의 민주주의 경로 • 663
3. 개혁과 점진주의 • 676

참고문헌 • 679

미주 • 725

찾아보기 • 801

〈표와 지도 차례〉
　〈표 1〉 중국과 유럽 여러 국가의 1인당 세수
　　　　비교(단위: 銀의 grams) • 136
　〈표 2〉 중국과 유럽 여러 국가의 총세수(단위: 銀의 tons) • 136
　〈표 3〉 중국 · 영국 · 프랑스의 연간 1인당
　　　　과세액(단위: 銀의 grams) • 139
　〈표 4〉 조선과 중국의 국가 능력 비교 • 147
　〈표 5〉 미국 하원의원 선거 추이 • 227
　〈표 6〉 미국 상원의원 선거 추이 • 227
　〈표 7〉 1920,30년대 일본의 총선 및 정당 추이 • 251
　〈표 8〉 3 · 1운동 17인 출신 지역과 경력 • 294
　〈표 9〉 3 · 1운동 33인 출신지역 및 경력 • 363
　〈표 10〉 세도정권과 외척의 관계 • 458

　〈지도 1〉 3 · 1운동 제1주 현황 • 344
　〈지도 2〉 3 · 1운동의 확산 • 345
　〈지도 3〉 3 · 1운동 제5주 현황 • 346
　〈지도 4〉 3 · 1운동의 절정 • 347

서 론

　이 책은 상층 지주 세력이 대한민국의 의회주의 발전에 기여하게 된 역사적 과정을 살펴본 것이다. 지주와 의회의 관계는 세계적으로 정치의 기본구조를 결정하는 주요 요소들 가운데 하나였다. 피상적으로 정치적 외관을 둘러보아도, 지주의 역할이 상대적으로 컸던 영국과 일본은 내각책임제이고, 농민의 역할이 컸던 프랑스는 대통령중심제다. 같은 내각책임제라 하더라도 상층 지주의 역할에 따라 영국과 일본의 경우는 다르다. 근대국가들의 정치구조 형성에 적지 않은 영향을 끼친 상층 지주는 한국에서도 중요한 역할을 맡았다.
　1876년에 조선왕조는 개항을 했고, 1910년 8월에 대한제국의 국권은 강압에 의해 일본으로 넘어갔다. 1919년 3·1운동 이후에는 공화제를 지향하는 대한민국임시정부가 수립되었으며, 1945년 8월의 해방이라는 계단을 지나 1948년에는 북위 38도선을 사이에 두고 이남에서는 대한민국이, 이북에서는 조선민주주의인민공화국이 출범했다. 분단국가 대한민국은 1950년부터 1953년 동안에 한국전쟁이라는 짙은 암흑의 터널을 통과한 후 산업화와 민주화에서 성공했다. 그로부터 약 70년 동안에 그 경제규모는 세계 10위권에 근접했고, 민간독재와 군사독재가 온건하게 종식됨으로써 평화적으로 정권교체가 이루어졌다.[1] 일본의 식민지였던 나라, 산업의 발달은 미비하고 농업이 중심이었던 가난한 나라, 이념이 격렬하게 대립하고 전쟁을 치른 나라, 인권을 억압하고 정치적 탄압을 자행했던 독재정권이 수십 년간 지속되었던 나라, 그러한 대한민국이 경제적 정치적으로 큰 의미가 있는 변화를 이룬 것이다. 그렇게 된 이면에는 여러 가지 원인들이 있겠지만, 때때로 심각한 위협을 받으면서도(박정희정권에 의해 임명된 '유신정우회' 의원들은 독재체제인 유신체제를 유지하는 역할을 맡았던 반의회주의적 인물들이다) 독재정권에 저항하는 야당이나 시민세력의 진지가 되었던 정치제도로서 유지된 의회주의(parliamentarism)[2]가 있었다. 아시아에서 유일하게 제국주의 국가였던 일본의 의회주의는 1930년대 후반 이후 군국주의에 포획되었으며, 그 유산은 1945년 8월 이후에도 일본 보수주의의 역사적 자원이 되었다. 자유민주당의 장기 집권은 그러한 전통과 무관하지 않다. 중국에서는 근대국가로의 이행을 위한 신해혁명이 좌절되었고, 국공내전(國共內戰)을 거친 후에 농민을 기반으로 한 공산당이 주도하는 독재국가 체제가 수립되었다. 1970년대에 집권한 덩샤오핑(鄧小平)은 신해혁명을 이끈 쑨원(孫文)의 출생지인 광둥 지방을 개방하여 중국의 변화를 도모했고, 그 이후에 중국은 고도 경제성장을 거듭해서 지금은 경제대국으로 우뚝 섰다.

이러한 3국의 차이는 농업의 상업화 형태(form)와 상층 지주의 정치적 역할과 관련이 있었다. 한국에서 개항 이후에 출현한 농업의 상업화는 구체제의 사회경제적 구조에 충격을 주면서 궁극적으로 정치적 변화를 이끌었다. 개항 이전과 이후의 농업의 상업화 형태를 결정하는 관건은 조선왕조 관료제의 간섭 강도(强度)였다. 개항 이후 자유로운 미곡무역이 활발하게 전개된 호남에서는 관료제로부터 비교적 자유로운 대지주들이 출현할 수 있었다. 조선왕조의 중심지인 기호 지역의 지주들도 미곡무역에 편승해서 부를 축적했지만, 그들 중 대부분은 기존 관료제에서 기득권을 누리는 자들이었고, 그래서 구체제의 유지와 강화에 더 관심이 많았다. 두 형태의 상업적 지주 세력의 병존은 중국 중심의 동아시아 국제질서의 해체와 관련이 있었다. 두 차례의 아편전쟁에서 패배한 중국은 국제사회에서의 주도권을 잃어가고 있었고, 메이지유신에 성공한 일본은 서구 세력과 협력적 관계를 유지하면서 국력을 신장해 나갔다. 조선왕조는 동진하는 서구 국가들, 기존의 헤게모니를 상실해 가는 중국, 근대국가로 전환하는 데에 성공한 일본 사이에 놓이게 되었다.

개항 이후 조선왕조 사회에서는 근대국가로 전환하도록 촉구하는 사건들이 잇달았다. 그 중에서 갑신정변·갑오개혁·광무개혁 등을 이끌었던 정치적 리더들은-정파적 차이는 있지만-중국 중심의 동아시아 국제질서에서 성장한 양반과 왕실 세력이었다. 기호 지역을 거점으로 한 관료적 지주 세력과 그들과 공생적 관계인 상인들은 그러한 개혁운동의 사회경제적 기반이었다. 동학농민전쟁의 주도 세력은 농민이었지만, 그들 역시 중국 중심의 동아시아 국제질서 안에서 안정적으로 유지된 농업 관료제에 익숙한 사회 세력이었다. 조선왕조의 개혁 사업들은 한편에서는 중국의 견제를 받았고, 다른 한편에서는 일본의 방해에 시달리면서 모두 실패했다. 1895년 삼국간섭을 계기로 러시아가 한국 문제에 관여하기 시작했다. 1894년 청일전쟁에 이어 1904년의 러일전쟁은 한반도의 운명을 결정짓는 중요한 사건이 되었다. 유럽에서의 영국과 러시아의 대결 양상이 한반도에서도 펼쳐졌다. 영국은 일본과 영일동맹을 체결하여 러시아의 한반도 진출을 견제했고, 미국 역시 가쓰라 - 태프트밀약과 포츠머스강화조약을 주도하면서 일본의 한국 지배를 용인했다.

1907년 일본의 침략을 고발하면서 지원을 요청했던 대한제국의 외교적 노력은 제국주의적 국제질서 아래에서 소기의 성과를 거두기가 어려웠다. 네덜란드 헤이그에서 열린 만국평화회의는 한국의 목소리에 귀를 기울이지 않았다. 1910년에 대한제국이 일본에 강제로 병합된 사건은 양국 간의 문제일 뿐만 아니라 유럽 문제가 동아시아로 확장되는 과정에서 일어난 다국 간의 문제이기도 했다. 이를 계기로 기호 지역을 거점으로 삼은 조선왕조의 주도 세력은 정치적 사회적 헤게모니를 상실했고, 개항 이후 호남 지역에서 성장한 지주들은 그들을 대체하는 사회 세력으로 성장해 나갔다. 누가 의도한 것은 아니었지만, 결과적으로 대한제국의 국권 상실은 정치 엘리트의 교체라는 사회적 변동을 수반하게 되었다.

또 다른 한편에서는 지속적으로 확대 보급된 기독교가 사회변동의 중요한 매개자 역할을 맡았다. 1882년 조미(朝美)수교조약을 계기로 조선 왕실은 기독교를 초청했고, 양자는 우호적 관계를 유지했다. 기독교는 아시아에서 유일하게 한국에서만 탄압을 받지 않았고, 간접적인 지원을 받으면서 가장 빠르게 보급되었다. 기독교 인사들은 1919년 3·1운동의 중심 세력 가운데 하나가 되고, 1945년 이후의 분단과 국가 수립 과정에 참여하게 된 것은 단순한 우연이 아니었다. 근대문명의 수입되는 일본 루트와 미국 루트는 서로 경합했다.

서양(영국)과 가장 먼저 밀도 있게 접촉한 중국[淸]은 농업 관료제에 기생했던 상층 지주 세력에 의한 근대국가 수립에 실패하고 내전 상태에 빠졌다가 농민을 기반으로 한 사회주의 혁명 이후에야 긴 근대 이행이 일단락되었다. 미국의 압력을 받아 개항한 일본은 개항 이후 약 15년 만에 메이지유신에 성공하여 근대국가로 전환했는데, 상층 지주 세력은 청일전쟁과 러일전쟁을 승리로 이끈 강력한 관료제에 휩쓸려 들어가면서 자유주의 세력으로 정착하지 못했다. 일본의 압력을 받아 개항한 한국에서는 관료적 상층 지주 세력이 추진한 근대적 개혁들은 주변 강대국들의 외압 때문에 실패했다. 일본의 식민지로 전락한 이후 구체제의 기득권 세력인 서울·경기 그리고 충청과 황해도 일대의 상층 지주들 중에는 다수가 일본에 협력했다. 그들 중에서 소수는 해외로 망명하여 민족운동을 선도하는 역할을 맡기도 했다. 예를 들어 이완용(李完用; 1858-1926)을 필두로 을사오적은 전자의 대표적인 인물들이고, 항일전사를 양성하기 위한 신흥무관학교(新興武官學校)를 건립하는 데 자신들의 재산을 모두 바친(그들은 당대에 큰 부자들 중에서 가장 큰 부자였다) 이회영(李會榮; 1867~1932)과 그 형제들은 후자의 대표적인 사례다. 경주이씨가의 인물들은 14대 왕 선조 대의 이항복(李恒福; 1556-1618) 이래 26대 왕 고종 대에서 영의정을 지낸 이유원(李裕元; 1814-1888)까지 약 300년 동안 권력의 중심에서 벗어난 적이 없었던 서울·경기 지역에서 터를 잡고 살았던 최고의 양반이자 대지주였다.

이처럼 기호 지역의 양반들 중에서는 해외 민족주의 운동의 리더로서 그 명성을 떨치는 자가 나타났지만, 국내에서 그들의 정치적 역할은 현저하게 약화되었다.

조선왕조의 변방(邊方)인 호남에서 해외와의 자유무역을 활용하여 성장한 지주들을 대표하는 자는 동력직기(動力織機)를 투입한 공장인 경성방직(京城紡織)과 언론사인 『동아일보』를 세운 전라도 고부(古阜)의 김성수(金性洙; 1891-1955)였다. 신흥 부자인 그는 서울에서 교육(학교)·경제(방직산업)·문화(언론) 등의 영역에서 한국인이 활동할 수 있는 거점을 제공했다. 그러한 기관들에서 지주·상인·지식인들을 비롯하여 다양한 계통의 사람들이 모여서 사회적 세력을 형성했다. 조선왕조의 소멸과 함께 그 역할을 다한 기호 지역의 관료 지주들을 대신하여, 개항 이후 등장한 호남의 진취적 지주들은 계몽적이면서 온건한 민족주의 운동의 한 축을 담당했다. 그들은 평안도의 상업 세력에서 성장한 시민세력과 협력해서 3·1운동에 기여했고, 해방 이후에는 민족운동 과정에서 나타난 좌파와 우파의 개혁적 이념이 통합된 대한민국 수립 과정에도 참여했다. 특히 그들은 광복 후의 대한민국에서 의회제도를 정착시키는 데에 기여했다. 전라도 출신의 김성수와 평안도 출신의 안창호(安昌浩; 1878-1938)가 대체로 정치적 현실주의라고 할 수 있는 온건한 민족주의를 대표한다는 공통점을 지녔다면, 소수의 기호 지역 인사들은 낭만적이면서도 급진적인 민족주의를 선도했다.

이렇게 상층 지주가 의회주의 건설에 기여한 사례는 아시아에서 대한민국이 거의 유일했다. 상층 지주세력이 일본에서는 메이지기(明

治期)의 과두적 지배구조 또는 쇼와기(昭和期)의 군국주의 흐름에 편입되었다면, 중국에서는 근대화 과정에서 소멸되었다. 한국의 경우 세계 질서의 변동과 관련된 식민지와 분단이라는 역사적 격변을 겪으면서 보수적이면서 반동적인 관료적 상층 지주세력의 역할이 축소되었지만, 온건하고 개혁적인 상층 지주의 역할은 증대되었다. 자유로운 미곡무역이 전개되었던 개항 이후 성장한 그들은 조선왕조의 농업 관료제로부터 비교적 자유로운 존재였다. 그들의 등장은 내재적 계기와 외부의 충격이 빚어낸 '우연적 필연'이었다. 상층 지주가 소멸된 북한에서는 민족주의적 요소가 강한 힘을 발휘했으나, 결국 중국과 유사한 전체주의가 등장했다.

어떤 나라이든 근대화 과정은 일국적 현상이기도 하지만 세계적 문제였고, 특히 식민지와 분단을 겪은 한반도의 경우는 더 그러했다. 1919년 3·1운동에서 제기된 '독립'은 '서로 지배하지 않고 평화롭게 지내야 번영한다'는 한국 문제이자 세계 평화와 관련된 보편적 문제였다. 그로부터 100년이 지난 지금의 한반도 '분단' 문제 역시 한국과 세계의 평화와 관련되어 있다. "도둑처럼 찾아온 해방"의 해 1945년, 분단의 씨앗은 그때 뿌려졌다. 1948년 두 지역에서 진행된 정부 수립은 그것을 더 고착화시켰고, 1950년에 발발한 한국전쟁은 그것을 한층 더 심화시켰다. 일본의 식민통치에서 벗어났을 때 민족주의 리더들은 한국인을 분열로 이끌었다. 신탁통치 찬성과 반대를 둘러싼 분열은, 반공 대 친공의 대립으로 진화했고, 드디어 애국 대 매국의 대립으로 더 격렬해졌다. 친일파가 '애국자'가 되고 항일운동가가 '빨갱이'로 몰렸다. 한국은 아수라장이 되고 말았다. 1945년부터 한국전쟁 발발까지 이어지는 일련의 과정에서, 다시 말해 이념적 대립이 격화되는 과정에서, 한국인은 식민지 유산을 청산할 기회를 상실했다. 1947년에 이승만 정권은 반민특위(反民特委)를 무력으로 와해시켰다. 좌파와 우파는 해방 이후 1946년의 첫 번째 3·1절 기념식을 따로 열었다. 서로 정당성을 주장하는 민족주의자들은 협력과 타협의 공간을 쉽게 만들지 못했다. 대한민국에서 분열의 구도는 단순했다. 한편에서는 '빨갱이'라는 이념 담론이 공격 수단이었다면, 다른 한편에서는 '친일파'라는 민족 담론이 그 역할을 맡았다. 김대중정권이 수립된 이래 이념 담론은 다소 약화되었지만 여전히 기승을 부리고 있고, 그동안 억눌렸던 민족 담론이 부상되면서 미루어졌던 식민지 유산에 대한 청산 작업이 진행되었다. 여전히 한반도는 세계에서 군사적 긴장(최근에는 핵 문제까지 포함된)이 높고 냉전의 유산이 남아 있는 유일한 '분단의 땅'으로, 이곳에서 두 담론은 국가와 사회의 분열 요인으로 작동될 때가 자주 있다.

아이러니하게도 '분단의 길'과 '식민주의 부활의 길'을 연 것은 식민주의 유산이 아니라 민족주의와 민족주의의 '충돌'이었다. 민족주의자들은 강력한 외세의 존재를 아랑곳하지 않고 자기들만의 민족주의를 위해 민중을 동원했다. 한국전쟁 또한 그러한 민족주의가 충돌한 또 다른 모습이었다. 결과적으로 그들은 한국을 거의 40년간 통치했던 일본의 신속한 부활을 도왔고, 한국전쟁은 일본에게 또 다른 '신(神)의 축복'이 되었다. 이 과정에서 국제질서를 이용하여 통일국가를 이룩하려는 온건한 민족주의자들은 제거되고 말았다.

한국처럼 분단의 위기에 처했던 오스트리아는 1945년 4월 소련군이 진주한 이래 분할 점령된 상태가 되었다. 사회주의자 칼 레너(Karl Renner; 1870-1950)를 중심으로 한 오스트리아 지도자들은 다양한 정치 세력을 통합하고 소련과 미국 어디에도 치우치지 않는 외교 노선을 통해, 1943년 미국·영국·소련이 합의한 '모스크바선언'을 이끌어냈다. 마침내 그들은 1945년 11월에 총선거를 실시했고 좌우연립정권 시대를 열었다.3) 드디어 1955년 4월에 그들이 목표한 실질적인 통일과 주권 회복을 이룩해냈다. 같은 기간에 한국은 분단·전쟁·휴전이라는 아픔을 겪었다. 1945년 12월에 한국 문제에 관한 '모스크바삼상회의' 결정 사항들은 반탁 - 찬탁 논쟁의 열기 속으로 사라졌다. 남북으로 분단된 한반도에는 각각의 정부가 들어섰고, 전쟁이 발발했다. 그 과정에서 민족주의와 반공주의는 대한민국의 유전인자 디엔에이(DNA)의 이중나선(double helix)이 되었다. 우리는 일본 제국주의의 침략에 저항했던 항일전사들에게 애국자의 명예를 부여해야 하지만, 대한민국을 보위하기 위해 한국전쟁에 참전한 병사들에게도 애국자의 명예를 수여해야 한다. 양자는 서로 대립적이면서도 협력적이다. 이 책은 양자를 의회주의 틀 속에서 통합 혹은 융합한 부르주아지 제2세대가 담보했던 '역사적 온건주의(점진주의)'의 탄생 과정을 살펴보았다.

제1부
개항과 지주

제1장 조슈(長州)의 사무라이 이토 히로부미와 호남(湖南)의 양반 김성수

1. 런던의 일본인 관비(官費) 유학생들

　1858년에 미일통상조약을 맺을 때 도쿠가와막부는 미국 대표단과 사절단 파견에 대해 이야기를 나누었는데, 1860년에 후쿠자와 유기치가 포함된 제1회 견미사절단(遣美使節團)이 파견되었고, 그로부터 여섯 차례의 크고 작은 "대군(大君)의 사절"들이 구미(歐美)를 견학하기 위해 해외로 나갔다.[1] 그러한 와중에서 1863년 5월에 조슈번(長州藩)은 바칸해협(馬關海峽)에서 외국 함대를 공격했다. 이른바 양이(攘夷)를 실행한 것이었다. 얼마 후에 미국과 프랑스 함대의 보복 공격을 받은 조슈번은 처참하게 무너졌다. 서양의 힘을 실감한 그들은 서양을 배우기 위해 유학생을 파견했다. 1863년 6월 27일, 영주의 명령을 받은 '조슈 5걸(長州五傑)'은 국외여행을 금지하는 막부(幕府)의 '쇄국령'을 어기고 요코하마(橫濱)항을 떠나 상하이로 향했다.[2] 막부 영향력이 여전함에도 불구하고, 그들은 독자적으로 움직인 것이다.

　주일영국공사관에서 일하던 아벨 가워(Abel A. James Gower; 1836-

1899)는 '조슈 5걸'에게 자딘 매터슨(Jardine Matheson)3)상회의 선박을 주선해 주었다. 그들이 요코하마에서 상해를 거쳐 런던에 도착한 것은 11월 4일이었다.4) 유니버시티 칼리지 런던(University College of London)은 그들에게 영국과 서양 문명의 안내자가 되었다. 22세인 이토 히로부미(伊藤博文; 1841-1909)와 27세인 이노우에 가오루(井上馨; 1836-1915)는 근대 일본 정치와 외교의 설계자가 되었고, 20세인 이노우에 마사루(井上勝; 1843-1910)는 철도의 아버지가, 26세인 야마오 요조(山尾庸三; 1837-1917)는 공학의 개척자가, 27세인 엔도 긴스케(遠藤謹助; 1836-1893)는 조폐산업의 선구자가 되었다.5) '조슈 5걸'이 영국에 도착한 그때로부터 2년 후에 사쓰마(薩摩)로부터 19명의 사무라이들도 유니버시티 칼리지 런던에 왔다. 1863년 8월에 사쓰에이전쟁(薩英戰爭)에서6) 영국군에 패배한 사쓰마 역시 유학생을 파견했다. 대학에 등록한 14명 중 한 사람인 모리 아리노리(森有札; 1847-1889)는 일본의 초대 미국공사와 문부대신을 지냈고, 마치다 히사나리(町田久成; 1838-1897)는 도쿄국립박물관의 초대 관장이 되었다.7) 두 지역의 사무라이 유학생들은 근대 일본을 만든 주인공들이 되었다.

 원래 영국 유학생 명단에 없었던 이토는 이노우에에게 자신도 넣어 달라고 부탁했다. 3명이었던 인원이 5명으로 늘어나면서 얼마 되지 않았던 유학 자금은 더 부족하게 되었다. 그들은 조슈번(藩)의 총포 구입 자금을 유용(流用)하면서 "돈을 부정하게 빼내 오긴 했으나 먹고 마시는 데 쓰지 않겠습니다. 살아 있는 무기를 살 작정입니다"라는 말을 남기고 일본을 떠났다.8) 상하이에 도착한 이노우에 가오루는 이토에게 이렇게 말했다. "개국하지 않으면 일본의 장래는 없어. 노선 전환은 결코 수치스러운 일이 아니네."9) 정박 중인 거대한 군함과 상선들이 그의 눈에 들어오자 자신이 작은 세계에서 살아왔다는 것을 직감한 이노우에는 노선을 '양이(攘夷)'에서 '개국(開國)'으로 대담하게 전환했다.

서양을 배척하는 '양이' 정책을 포기하지 않았던 조슈번은 1863년 6월 전투에서는 패배했지만, 전열을 가다듬은 후에 다시 바칸해협을 봉쇄했다. 조슈번과 외국 군대의 충돌이 예상된다는 소식을 들은 이토와 이노우에는 서둘러 귀국했지만(1864년 6월 10일 요코하마 도착), 양자의 충돌을 막을 수 없었다. 주일 영국 공사 러더포드 올콕(Rutherford Alcock; 1809-1897)은 프랑스·네덜란드·미국 등과 협의하여 연합함대를 구성했다. 마침내 7월 말과 8월 초에 시작된 4개국 연합군의 공격이 ―함선 17척과 병력 약 5천 명― 바칸해협의 조슈 포대를 초토화시켰다. 조슈는 결국 8월 18일에 4개국과 강화조약을 체결했고,10) 양이정책은 타율적으로 폐기되었다.

공교롭게도 서구에게 패배한 사쓰마와 조슈 두 번(藩)은 도사번(土佐藩) 하급 사무라이 사카모토 료마(坂本龍馬; 1836-1867)의 눈부신 활약 덕택에 '샤쵸동맹(薩長同盟)'을 맺었다(1866). 그로부터 약 2년 후에 그들은 보신전쟁(戊辰戰爭; 1868-1869)에서 도쿠가와막부를 무너뜨리고 메이지유신을 단행했다. 도사의 사카모토 료마, 정한론(征韓論)을 주장한 사쓰마 출신 사이고 다카모리(西鄕隆盛; 1828-1877), 조슈번의 리더이며 가쓰라 고고로(桂小五郞)라고 불린 기도 다카요시(木戸孝允; 1833-1877),

정한론을 반대한 사쓰마 출신 오쿠보 도시미치(大久保利通; 1830-1878) 등은 메이지유신을 이끈 리더들이었다. 그들은 1873년(메이지 6)에 '정한론'을 둘러싸고 분열했다. 1877년에는 세이난(西南)전쟁이 일어났다. 사쓰마 출신 오쿠보는 사쓰마에서 일어난 반란군을 진압하기 위해 군대를 파견했고, 전투에서 패한 사이고는 스스로 목숨을 끊었다. 냉정한 현실주의자 오쿠보는 메이지정부의 골격을 놓는 데 절대적 권력을 행사했지만, 그다음 해(1878)에 살해되었다. 사무라이 문화는 그의 '배신'을 용서하지 않았다. '삿초동맹'의 매개자 사카모토는 메이지유신 직전에 살해되었고(1867), 기도는 병으로 죽었다(1877). 그들은 공교롭게도 1868년을 전후한 시기부터 1877년 무렵 약 10여 년에 걸쳐 모두 사망했다. 그들은 '새 일본'을 창업했지만 그리 오래 통치하지 못했다. 그들이 사라진 후의 권력은 세 사람에게로 빠르게 넘어갔다. 그들은 정계의 이토 히로부미와 이노우에 가오루, 그리고 군부의 야마가타 아리토모(山縣有朋; 1838-1922)였다.

1880-90년대에는 이토 히로부미·구로다 기요타카(黑田淸隆)·야마가타 아리토모·마쓰카타 마사요시(松方正義) 등이 몇 차례씩 수상에 올랐다. 그들은 모두 사쓰마와 조슈 즉 '삿초(薩長)' 출신이었다. 1900-10년대에는 사이온지 긴모치(西園寺公望)·가쓰라 다로(桂太郎)·야마모토 곤베에(山本權兵衛)·오쿠마 시게노부((大隈重信))·데라우치 마사타케(寺內正毅) 등이 내각을 이끌었다. 역시 대부분이 '삿초' 사람들이었지만, 오쿠마 시게노부만이 사가(佐賀) 출신이었다. 오쿠마는 비교적 자유주의 성향이 강한 정당을 리드한 인물이었다. 메이지유신 주도 세력이

근대정치를 만드는 과정에서 분화된 것이었다. 조금 더 일본의 정당정치에 변화를 가져온 인물은 1910년대 후반에 수상이 된 하라 다카시(原敬; 1856-1921)였다. 그는 번벌 출신은 아니었지만 역시 번벌 세력의 자장권(磁場圈) 안에 있었다.11)

새 일본을 창설한 청년들은 나이가 들면서 '원로(元老)'가 되었다. 그들은 추밀원을 장악하고 천황을 대변했고, 정당은 '연륜과 인품과 인격'이 있는 과두 집권자들에 의해 지배되었다. 1918년까지도 내각의 수상들은 과두정치(oligarchy) 리더들이 맡았다. 조슈(長州) 출신의 이토와 사쓰마(薩摩)의 구로다(黑田)가 대표적인 인물들이다. 그 밖에도 육군의 건설자인 조슈의 야마가타(山縣), 사쓰마의 마쓰가타(松方), 북규슈(九州) 무사 오쿠마(大隈), 육군 출신 조슈의 가쓰라(桂), 궁정귀족 사이온지(西園寺), 해군 출신 사쓰마의 야마모토(山本), 그리고 또 하나의 육군 출신 조슈의 데라우치(寺內)가 있었다. 점차 소수 집권자의 무대는 비공개 위원회에서 공개된 의회로 이동되었으나, 그들의 영향력은 줄어들지 않았다. 서구화된 일본 행정부는 가부장적(paternalistic)인 권위주의 국가(authoritarian state)의 전통에서 벗어나지 못했다.12) 막부시대의 정치적 유산을 등에 업고 태어난 메이지정부의 과두적 권력구조는 후일 군국주의가 탄생하는 산실이 되었다.

미국인 페리 제독은 쇄국정책을 견지하고 있던 도쿠가와막부의 문을 열고 들어갔다. 1853년의 개항은 일본 사회에서 강력한 소용돌이가 일어나는 계기였다. 존왕양이(尊王攘夷)를 내걸고 도쿠가와막부를 대신할 새로운 국가를 꿈꾸었던 요시다 쇼인(吉田松陰; 1830-1859)은 에도막부에 의해 처형되었지만, 그는 1857년에 조슈번의 하기(萩)에 설립한 쇼카손주쿠(松下村塾)에서 일본 근대사회에서 주요한 역할을 했던 인재들을 양성했다. 한국의 초대 통감 이토 히로부미를 비롯하여 초대 조선총독 데라우치 마사다케, 일본 육군의 창설자 야마가타 아리토모 등도 그 학교 출신이었다. 이토는 메이지유신의 세 영웅 중의 하나로 평가되는 가쓰라 고고로에 의해 발탁되었고, 막부와의 전쟁을 주도했던 다카스기 신사쿠(高杉晋作; 1839-1867)의 지원을 받으면서 하급 무사의 신분을 얻었다. 후일 일본 군부의 중심이 되는 야마가타 아리토모 역시 다카스기의 기마대에 합류했다. 이렇게 막부사회의 밑바닥부터 올라간 이토는 다른 어떤 인물보다도 메이지유신의 의미를 상징하는 인물이 되었다.

유신의 역사는 바쿠 전복[倒幕]의 역사이고, 바쿠 전복 역사의 대부분은 조슈의 역사다. 또 조슈의 역사 일부는 바로 이토 히로부미의 역사이기도 하였다. 특히 메이지시대가 된 이래의 역사는, 대개 이토 히로부미의 역사라고 말할 수 있다. 우리나라에서 처음으로 설치된 내각총리대신, 귀족원 원장, 추밀원 원장, 한국통감, 이 모든 정국의 대관(大官)은 먼저 공이 한 번 취임한 후가 아니면, 어떤 누구도 그 자리를 넘볼 수 없었던 벼슬이었다. …… 옛날 신분을 말하면, 모리가(毛利家)의 하급 무사인 아시가루(足輕)의 자식이었다. 그러한 자가 크게 비상하여 동양의 대정치가가 …… 된 것은 실로 소름이 끼치는 일이 아닌가. ……13)

상급무사 신분인 이노우에는 쇼카손주쿠 출신은 아니었지만 같은 신분인 다카스기와 긴밀한 관계였다. 25살 때에 쇼군(將軍) 옆에서 잡무를 보는 고쇼야쿠(小姓役)를 맡을 만큼 전형적인 엘리트 관료였다. 하급무사 이토와 상급무사 이노우에 두 사람은 신분적으로는 서로 어울릴 수 없는 신분이었지만 인간적 신뢰가 두터운 정치적 동반자가 되었다. 둘은 "이노우에 백작의 단점은 이토 후작의 장점으로 보충하고 이토 후작의 단점은 이노우에 백작의 장점으로 보완하는 이성동체(異性同體)였다."14) 1908년 가을, 대한제국 통감이었던 이토는 이노우에 부인으로부터 연락을 받았다. 부인은 이토에게, 이노우에가 요독증(尿毒症)으로 위독한 상태에 있으니, 남편의 의식이 돌아올 때까지만 병상을 지켜달라고 부탁했다. 이토는 지체 없이 열흘간 그의 곁을 지켰다. 다음 해 5월에 열린 완쾌 기념 연회에서 이토는, "내가 다시 살아난 것보다 기쁘다"라는 소회를 밝히면서 50년 우정을 회고했다.15) 신분이 다른 두 사람의 관계는 '도쿠가와막부의 일본'이 '메이지 일본'으로 달라진 모습의 한 표상이었다.16) 이노우에는 1876년 '조일수호조규'의 체결을 이끌었고, 1882년 7월 임오군란이 발생했을 때 하나부사 요시모토(花房義質) 공사를 지휘했으며, 1884년 12월 갑신정변이 실패로 돌아간 후 그 수습 과정을 지휘하면서 조선으로 하여금 일본과 '한성조약(漢城條約; 1885)'을 체결하도록 압박했고, 1894년에는 특명전권공사로 조선에 파견되어 갑오정권의 내정에 개입했다. 그는 개항·임오군란·갑신정변·갑오개혁 등 조선의 주요 사건에 관련된 인물이었고, 이토 히로부미·야마가타 아리토모·마쓰카타 마사요시(松方正義) 등과 더불어 일본

정치에 큰 영향력을 지닌 원로로서의 역할을 수행했다. 조슈의 두 친구는 수상과 재상으로서 일본의 정치는 물론이고 일본의 한국침략에 관여하면서(이노우에는 1차 내각에서 외무상, 2차 이토 내각에서는 내무상, 3차 이토 내각에서는 재무상으로 일했다), 메이지정부의 과두정치를 이끌었다. 그들은 일본을 아시아에서 최초로 근대국가의 길로 선도했지만, 과두적 지배구조의 기반도 조성했다. 조선(한국) 침략을 지휘한 리더들, 즉 한국통감 2인과 조선총독 8인 중에서 사이토 마고토(齋藤實)와 우가키 가즈시게(宇垣一成) 두 사람 외에는 모두 조슈 출신이었다. 이 책에서 언급된 조선은 1897년 대한제국 성립 이전의 조선왕조이고, '조선'은 식민지 조선을 의미하며, 한국은 1897년 10월 이후의 대한제국과 대한민국을 통칭하는 국호로 사용되었다. 일본은 대한제국(한국)을 부정하기 위해 '조선'을 호명했다.

2. 도쿄의 한국인 사비(私費) 유학생들

개항 이후 조선왕조에서도 유학생의 역사가 시작되었다. 지방 정부의 지원을 받은 일본의 유학생은 유럽으로 떠났다면, 중앙정부의 지원을 받은 조선 유학생의 행선지는 일본이었다. 이러한 차이는 두 나라의 정치구조 및 국제환경과 관련이 있었다. 일본의 막부는 분권적 봉건제였고 조선왕조는 중앙집권적인 관료제였다. 일본에서는 영국과 미국을 비롯한 서구 국가들의 힘을 경험한 후 유학생 파견이 시작되었고, 조선에서는 일본과 '강화도조약'을 체결한 이후 일본에 유학생을 파견했다. 1876년 개항 이래 1910년 한일강제병합 때까지 약 35년에 걸친 도일 유학생의 역사는 대체로 3기로 나뉜다. 1기는 급진 개화파들이 주도했던 1881년부터 1884년까지로, 그 숫자는 대략 100명에 달했다.17) 1876년 김기수(金綺秀; 1832-?)를 정사(正使)로 하는 1차 수신사(修信使), 1880년 김홍집(金弘集; 1842- 1896)을 정사로 하는 2차 수신사,18) 그리고 1881년 박정양(朴定陽; 1841- 1904)이 이끄는 신사유람단(紳士遊覽團)이 일본에 파견되었다. 특히 세 번째 신사유람단은 가장 규모가 컸다. 어윤중(魚允中; 1848- 1896)의 수행원 자격으로 조사시찰 행렬에 참가했던 유길준·유정수·윤치호는 공부를 더 하기 위해 게이오의숙(慶應義塾)과 도진샤(同人社)에 남았다.19) 1883년에는 서재필을 비롯하여 여러 명이 군사 지식을 습득하기 위해 육군 도야마학교(戶山學校)에 입학했다.20) 이런 연유로 1기 유학생들 중에는 1884년 김옥균 등이 주도했던 갑신정변에 연루되어서 피살되거나 처형된 자들이 적지 않았다.21) 서재필은 망명에 성공했고, 유길준은 미국 유학 중이었으며, 그리고 윤치호는 갑신정변에 가담하지 않아서 그 화를 면했다.22) 2기 유학생들은 갑오정권의 후원을 받았다. 동학농민전쟁을 빌미로 조선을 침략한 일본은 청일전쟁을 일으키고 1894년 7월 23일에 궁궐을 점령했다. 친일적인 갑오정권이 등장할 수 있는 결정적인 환경이 조성되었다. 이 시기의 유학생 수는 대략 200명에 달했다. 그 중 191명이 게이오의숙에 입학했고, 나머지 학생들은 도쿄공업학교 또는 일본 육군사관학교에 입학했다. 갑오정권이 붕괴된 이후 수립된 대한제국 정부는 그들에 대해 무관심했고, 1903년부터는 그들에 대한 지원을 끊었다.23) 3기 유학생들은 1904년에 대한제국 정부의 지원을 받아서 일본으로 간 50명이었다. 러일전쟁에서 일본으로 승세가 굳어진 시기에 한국정부는 일본과의 관계를 대비하기 위한 인적 자원을 확보하지 않을 수 없었다.24) 그런데 이러한 관비 유학생들은 일본처럼 근대화 과업을 완수하지 못했고, 그들 중 적지 않은 자들이 식민지지배 체제에 협력했다.

관비 유학생들이 활동하던 시기에, 그들을 대신할 수 있는 세력이 다른 경로에서 형성되고 있었다. 그 경로가 열린 시기는 개항 이후였고 그 장소는 호남이었다.25) 그들은 전라북도와 전라남도가 서로 맞닿는 고창(高敞)과 담양(潭陽) 일대에서 교유관계를 맺고 있었던 청년들이었다. 문명의 전환기에 지주가의 자제들은 자연스럽게 새로운 학문과 사상을 배우고 전파해서 근대 한국을 만들겠다는 포부를 가졌다. 그들의 유학 자금은 국가가 아니라 지주 경영과 미곡(米穀)무역을 통해서 부를 축적한 지주가에서 조달되었다.

'관(官)의 명령'[藩主의 명령]을 받고 유학을 떠난 일본의 경우와 달리, 호남의 청년들은 자발적으로 유학을 떠났다. 양국에서 유학생들은 장차 사회변동의 주요한 변수가 되었다. 일본에서는 '성공한 관(官)'이 근대화를 이끌었다면, 한국에서는 '실패한 관'을 대신하여 민간 영역에서 새로운 주도 세력이 등장했다. 그들은 바로 경성방직과 『동아일보』를 설립한 대지주 김성수, 그의 친구이자 한민당 초대 수석총무를 지낸 송진우(宋鎭禹; 1890-1945), 그리고 두 사람의 친구였고 후일 식민지기에 변호사가 된 김병로(金炳魯; 1887-1964), 호남은행장이 된 현준호(玄俊鎬;

1889-1950), 『동아일보』 사장이었던 백관수(白寬洙; 1889-?) 등이다. 전라도의 고창·군산·담양 등지(等地)에서 교류하던 친구들은, 그들의 첫 번째 공동사업으로 일본 유학을 선택했다. 안중근(安重根; 1879- 1910)과 이회영(李會榮; 1867- 1932)이 자신의 몸과 재산을 희생하면서 독립운동 전선에 나갔다면, 호남의 청년들은 메이지유신의 영웅들이 만든 근대를 배우기 위해 일본으로 건너갔다. 1908년 도쿄에 도착한 김성수와 송진우는 홍명희(洪命憙; 1888-?)의 하숙집에 짐을 풀고 그의 안내로 도쿄 투어에 나섰다. 이미 그들은 시모노세키(下關)에서 도쿄까지 오는 길에 펼쳐진 "울창한 수목과 잘 정리된 전답, 규모 있는 도시와 깨끗한 촌락"의 일본 풍경을 목도했다.[26] 한국과 일본의 국력 차이를 실감하게 하는 화려한 도시의 풍경이 그들의 눈에 들어왔다.

이토와 이노우에 두 사람은 번벌정치(藩閥政治)의 구조, 즉 도쿠가와 막부라는 구체제의 비호 속에서 성장한 사무라이 출신이었지만, 김성수와 그의 친구들은 양반 출신이었음에도 불구하고 조선왕조 관료제라는 구체제의 비호를 받지 않았다. 그 당시 호남 출신으로 과거에 급제해서 고위관료가 되고 중앙정치에 진입하는 일은 아주 드문 일이었다. 이토 히로부미와 김성수 두 사람은 일본과 한국의 근대국가 형성에 큰 영향을 끼친 인물이고, 그들이 속한 집단도 근대사회를 이끄는 엘리트들의 산실이었다. 메이지유신의 공로로 작위를 받은 일본의 귀족 이토 히로부미는 1868년을 전후한 무렵부터 1909년 안중근에 의해 사망할 때까지 거의 45년을 일본 정치의 중심에서 활약했다. 대한민국의 부통령을 지낸 김성수는 1915년 무렵부터 1950년대 중반까지 거의 40년을 한국의 온건한 민족주의 운동에 관여했고 해방 후의 대한민국 정치의 중심에 있었다. 이토 히로부미는 메이지유신과 청일·러일 전쟁에서 승리한 메이지일본의 영광을 봤지만, 1945년 8월의 일본의 패배를 보지 못했다. 김성수는 대한제국이 일본의 식민지로 전락하는 과정을 보았고, 또 일본의 패배 이후 한국의 주권을 다시 찾는 현장에서 국가 건설 과정에 관여했다. 두 사람의 인생은 일본과 한국이 제국주의와 식민지로 분기하는 과정에 있었다. 이토는 그 과정을 주도한 인물이었고, 김은 그의 활약을 바라보는 처지에 있었다. 이토의 후예들과 김성수와 그의 동료들은 1909-10년부터 약 30년 후에 역사적인 분기점에 섰다. 그들은 1930-40년대에 진행되었던 전체주의와 민주주의 분기 과정에 관여했다. 제국주의자 이토는 한국인들에게 비판의 대상이지만, 일본인들에게는 메이지일본의 영웅이다. 이토의 후예들은 개인을 국가의 목적에 무자비하게 동원하는 군국주의를 통해 일본인과 그밖의 다른 민족들을 억압하고 수탈했다. 지주·자본가 김성수는 급진적 민족주의 성향의 한국인에게 일제 말기의 친일 행적 때문에 비판의 대상이지만, 그와 그의 동료들은 구체제의 유산 청산과 대한민국 의회주의 수립에 관여했다.

　동아시아에서 1945년 8월 이후 일본은 패전했지만, 천황제가 유지된 것에서 알 수 있듯이, 메이지 일본의 정치적 유산은 대체로 잘 보존되었다. 21세기 일본을 이끄는 지도자인 아베 신조(安培晋三)는 메이지일본을 만든 조슈번의 후예다. 그의 부친은 자유민주당의 실력자이며 외무상을 지냈던 아베 신다로(安培晋太郞; 1924-1991)였고, 그의 외조부는 전범(戰犯) 기시 노부스케(岸信介; 1896-1987)다. 기시는 1941년에 도조 히데키(東條英機) 내각의 상공대신을 지냈고, 패전과 동시에 A급 전범 용의자로 복역했다. 1948년에 석방된 그는 1955년에 자유민주당의 간사장, 1957년에 일본 총리에 올랐다. 일본 의회주의 전통은 적국(敵國)이었던 미국의 견제와 보호를 받으면서 다시 살아났지만, 기시 - 아베로 연결된 조슈번의 인적 계보에서 볼 수 있듯이 일본정치 세력은 1945년 8월 이전과 이후에 큰 격절(隔絶)이 없었다.

중국의 경우에는 청조와 국민당의 정치적 유산은 거의 폐기되었고, 새로운 정치 세력인 공산당이 주도하는 국가가 수립되었다. 일본의 식민지였던 한국은 광복된 지 얼마 후에 분단되고 동족상잔의 전쟁까지 치렀다. 남한은 식민지 유산에 대한 청산이 미흡했지만 조선왕조의 정치적 유산은 청산된 상태에서 새로운 정치 세력에 의한 대의정치가 실현되었고, 북한은 새로운 정치 세력인 노동당에 의한 국가가 수립되었다.

동아시아 4국은 의회주의와 자본주의 체제를 유지하는 한국 및 일본과 사회주의 체제를 선택한 북한 및 중국으로 분기되었다. 그 분기는 의회주의와 자본주의 국가인 미국과 사회주의 국가인 소련의 경쟁과 밀접한 관련이 있었다. 유일하게 지배 엘리트의 교체가 거의 없었던 일본은 자민당이 주도하는 의회제도를 운영하면서 다시 세계 강대국의 반열에 올랐다. 가장 오래된 그들의 의회주의의 전통에 비해 자유주의적 부르주아의 정치적 독립은 미약하다. 일본과 달리 지배 엘리트가 교체되었던 한국은 의회주의가 여러 번 위태로운 적도 있었지만, 자유주의적 부르주아 세력이 시민적 기반 위에서 정치적 역할을 증대시켜 나갔다. 이 책은 그 과정을 살펴본 것이다.

제2장 대한제국의 소멸과 국민 형성

1. 개화파의 시간(1876-1895)

1876년 2월 강화도조약 이래 1896년 2월 아관파천으로 갑오정권이 몰락하기까지 '20년'은 '개화파의 시간'이었다. 김옥균과 같은 급진주의자들이 일으킨 갑신정변(1884)은 청국의 간섭 때문에 좌절되었다. 그러나 청일전쟁에서 청국이 패배한 이후에 개화파는 개혁을 추진할 수 있는 기회를 다시 잡았다. 1894년부터 실시된 갑오개혁은 여러 방면에서 구체제의 틀을 부수고(신분제 해체와 과거제 폐지 등) 민중의 이익을 위한 제도 혁신(조세제도 개혁 등)을 단행했지만, 일본의 지원을 받았기 때문에 사회적 지지를 얻지 못했다. 1895년(乙未) 10월에 일어난 일본인 무사들의 왕후(王后) 민씨(1897년 명성황후로 추존됨) 시해와 단발령의 실시(1895년 11월)는 양반 유생들의 거센 저항을 불러왔고, 고종은 전국으로 파급된 을미의병을 활용하여 러시아공사관으로 파천(播遷)할 수 있었다.

개화파의 시간은 19세기 세도정치(勢道政治)의 유산과 고종의 친정(親政)이라는 두 가지 요인 때문에 확보될 수 있었지만, 그들이 일으킨

정변(政變)은 일본처럼 근대국가 수립으로 귀결되지 못했다. 그들의 '실패'는 18세기 이래 조선에서 성장해 온 개혁적 유학인 북학(北學)의 큰 줄기가 꺾인 것이었고, 조선의 26대 왕 고종 역시 개혁의 동반자를 잃어버리는 정치적 타격을 입었다. 고종과 개화파는 거시적 측면에서는 조선왕조의 정치적 틀을 부수고, 미시적 측면에서는 흥선대원군(興宣大院君)의 정치적 그늘에서 벗어나기 위한 정치적 파트너였다.

 1863년에 11살의 나이로 왕위에 오른 고종은 직접 정치를 할 수 있는 처지가 아니었다. 원래는 왕실의 최고 어른인 조대비(趙大妃)[1]가 수렴청정(垂簾聽政)을 해야 했으나, 그녀는 고종의 부친 흥선대원군 이하응(李昰應)에게 정치 참여의 기회를 주었다. 대원군이란 호칭은 왕위를 계승할 후손이 없을 때 왕의 친족들 중에서 새로운 왕이 된 아버지에 대한 호칭인데, 제14대 왕 선조(宣祖)의 아버지 덕흥대원군(德興大院君)과 제25대 왕 철종(哲宗)의 부친 전계대원군(全溪大院君)이 있었다. 외부적으로는 조대비가 정치의 중심이었지만, 실질적으로는 흥선대원군이 모든 정사를 관장했다. 풍양조씨(豊壤趙氏) 출신 그녀에게는 강력한 경쟁자인 안동김씨 세력을 견제해 줄 파트너가 필요했고,[2] 19세기 내내 가장 유력한 정치 세력이었던 안동김씨 역시 실질적 권력자인 조대비와의 대결을 피하려고 했다. 두 세력의 중간 지대가 흥선대원군이었다.[3] 어렵게 권력을 잡은 흥선대원군은 중재자의 역할을 넘어서서 세도정치의 기반이었던 비변사(備邊司) 기능을 축소시키고 왕이 직접 관장하는 의정부(議政府)와 삼군부(三軍府)의 기능을 강화시켰다.[4] 그러나 그 역시 조선왕조를 감싸고 있는 세도정치의 그늘로부터 자유로울 수 없었다.5) 안동김씨 김병학(金炳學)은 1867년(고종 4)부터 약 5년간 영의정이었고, 그의 동생 김병국(金炳國)은 1866년에서 1872년까지 재정을 관장하는 부서인 호조(戶曹)의 판서(判書)로 재직했다.6) 안동김씨 세력의 일부는 흥선대원군의 정치적 파트너였다.

흥선대원군의 노선은 단순하고 직선적이었다. 그는 1866년 프랑스와의 전투[丙寅洋擾]와 1871년 미국과의 전투[辛未洋擾]에서 '승리'를 거둔 이후, 양반 사대부들로부터 신뢰를 받게 되었다. 천주교도를 대대적으로 탄압한 병인박해(丙寅迫害) 또한 대원군의 지지 기반을 넓혔다. 정치적 기반이 매우 취약한 그에게 양반 사대부들의 지지를 획득할 수 있는 조치들이 절실했다.7) 그러나 대원군과 소수의 양반 가문들이 주도하는 세도정권의 차이점은 분명했다. 대원군은 양반 사대부 계급의 이익보다는 왕조와 왕실의 이익을 우위에 두었고, 때때로 유교 교의도 거리낌 없이 무시했다. 기존의 사회적 경제적 관계 위에서 이득을 누리던 자들은 그것을 훼손하는 어떤 것도 용납하려고 하지 않았고, 또한 그들은 유교적 규범에 도전하는 시도들을 단호하게 거부했다.8)

프랑스와의 전쟁이 임박한 1866년에 유교적 리더로서 추앙을 받고 있던 이항로(李恒老; 1792-1868)는 상소문을 올렸다. 그는 한편에서는 대원군의 외교정책을 지지했지만, 다른 한편에서는 유교적 교리를 무시하는 국내정책을 비판했다. 제도 개혁보다 도덕 수양이 국가를 구제하는 길이라고 믿었던 그는 평범한 사람들의 윤리적 행동을 촉구하기 위해서는 먼저 최소한의 생계와 안전을 보장해 주어야 한다고 믿었다. 정부에 의한 무거운 세금, 과중한 요역, 야심에 찬 군사적 모험, 그리고 장대한 의식이나 사치는 엄격하게 규제되어야 했다. 그러한 경세관(經世觀)을 지닌 이항로에게 세금을 더 걷고 사치스럽게 보이는 경복궁 축조는 결코 지지할 수 없는 사업이었다.9) 대원군은 그를 회유하기 위해 동부승지(同副承旨)라는 벼슬을 제수했지만 별로 효과가 없었다. 이항로는 임진왜란 때 조선을 도운 명나라 신종(神宗)을 모시는 만동묘(萬東廟) 복설을 추가로 요청했다.10) 이항로의 제자 최익현도 1868년 10월에 사헌부 관리일 때 경복궁 축조 계획과 과도한 세금 징수를 중지하고 당백전(當百錢)과 한양의 도성세(都城稅)를 폐지하자고 주장했다.11) 이항로와 달리 최익현을 처분하려는 대원군의 시도는 고종의 반대 때문에 실현되지 못했다. 사소한 이 일은 나중에 정치적으로 의미가 있게 되었다. 그때로부터 약 5년이 지난 1873년 10월 25일에 동부승지 최익현은 국왕에게 상소문을 올렸다.12)

그리고 최근의 일들을 보면 정사에서는 옛날 법을 변경하고, 인재를 등용할 때 나약한 사람만을 고르고 있습니다. 대신(大臣)과 육경(六卿)들은 아뢰는 의견이 없고, 대간(臺諫)과 시종(侍從)들은 일을 벌이기 좋아한다는 비난을 회피하고 있습니다. 그리하여 조정에서는 속된 논의가 마구 떠돌고 정당한 논의는 사라지고 있으며, 아첨하는 사람들이 뜻을 펴고 정직한 선비들은 숨어버렸습니다. 그칠 새 없이 받아내는 각종 세금 때문에 백성들은 도탄에 빠지고 있으며, 떳떳한 의리와 윤리는 파괴되고 선비의 기풍은 없어지고 있습니다. 나라를 위해 일하는 사람은 괴벽스럽다고 하고, 개인을 섬기는 사람은 처신을 잘한다고 하고 있습니다. 그리하여 염치없는 사람은 버젓이 때를 얻고 지조 있는 사람은 맥없이 죽음에 다다르게 됩니다.

그러자 고종은 "내가 존중하고 바라는 것은 언로를 트는 것이다"라고 하면서 그의 비판을 수용했다. 여러 명의 관리가 자리를 떠났고, 그의 상소를 비판한 두 명은 유배 처분을 받았다.13) 성균관 유생들은 최익현에 대한 항의 표시로 권당(捲堂) 즉 동맹휴학을 하고 대원군을 옹호하는 성명을 성균관 관장[大司成]을 통해 제출했다. 항의를 주동하고 탄원서를 작성한 유생들은 유배를 떠나야 했다.14) 11월 3일에 다시 제출된 최익현의 두 번째 상소문은 대원군의 정책들을 직접 타격했다.

(1) 황묘(皇廟: 명나라 신종을 모신 만동묘)의 철거로 임금과 신하의 윤리가 썩게 되었고, 서원(書院)의 철폐로 스승과 제자의 의리가 끊기게 되었으며, …… 호전(胡錢: 청나라 동전)을 씀으로써 중화(中華)와 오랑캐의 분별이 어지러워졌습니다. 이 몇 가지 조목들이 곧 한 조각이 되어 천리(天理)와 인륜(人倫)이 이미 탕진되어 다시 남아 있는 것이 없게 되었습니다. 게다가 (2) 토목공사의 원납전(願納錢) 같은 것이 서로 표리가 되어 백성과 나라에 재앙을 끼치는 도구가 된 지 거의 몇 년이 되었으니, 이것이 선왕의 옛 전장(典章)을 변화시키고 천하의 떳떳한 윤리를 썩게 하는 것이 아니고 무엇이겠습니까. 이에 신의 생각으로는, (3) 전하를 위하여 오늘날의 급선무를 논한다면, 만동묘를 다시 설치하

고 서울과 지방의 서원을 흥기시키며, …… 토목공사 원납전의 경우도 한 시각이라도 그대로 두어서는 안 될 것입니다. …… 이 성헌(成憲)을 변란시키는 몇 가지 문제들은 실로 전하께서 어린 나이에 아직 정사를 전적으로 맡아서 하지 않고 계실 때 생긴 것들이니, 모두 다 스스로 초래하신 잘못이지는 않습니다. …… (4) 오직 종친의 반열에 속하는 사람들은 단지 지위를 높이고 녹봉을 후하게 주어 그 좋아하고 미워하는 것을 함께 하게만 하고 나라의 정사에는 간섭하지 못하게 하여,『중용』의 구경(九經)에 관한 훈계나『논어』의 지위를 벗어나서 정사를 모의하는 데 관한 경계를 어기지도 잊지도 말아서 날로 새로워지고 또 새로워지도록 하소서.15)

최익현에게 (1)과 (2)에서 '만동묘와 서원 철폐', '청전(淸錢) 사용' 등과 같은 대원군의 주요 개혁들은 삼강오륜의 '군위신강(君爲臣綱)' 같은 유교사회의 도덕을 파괴하는 것이었다.16) 최익현을 '대역죄'로 처형해야 한다는 의견들이 제기되었지만, 고종은 최익현에게 제주도 유배라는 관대한 처분을 내렸다.17) 11월 28일 저녁 7시 무렵, 영의정 홍순목(洪淳穆; 1816-1884), 좌의정 강노(姜㳣; 1809-1887), 우의정 한계원(韓啓源; 1814-1882) 등은 다시 최익현에 대한 강력한 조치를 요구했다. 그러나 이들은 파직되었으며, 최익현에 대한 조치는 유지되었다. 결국 대원군은 강제로 정계를 떠나야 했다. 대원군의 하야 과정에는 정치·제도·이데올로기 등 여러 요소가 미묘하게 작용했지만, 자신의 권력을 독립적으로 행사하겠다는 성년(成年) 고종의 의지가 관철되었다. 제도의 합법성이 개인 이하응의 카리스마를 능가한 것이다.[18] 고종은 대원군의 국내정책에 대한 비판을 이용하여 자신의 정치적 권위를 다시 찾았고, 최고위 관리들의 '저항'을 진압했다.[19]

　(1)과 (2)에 나타난 대원군의 정책들은 양반의 특권과 전통문화를 심대하게 손상시키지 않은 채, 외국의 침략과 국내의 반란으로부터 왕조와 국가를 지키려고 고안된 것이었다. 그럼에도 불구하고 (3)과 (4)에 나타나 있듯이 교조적인 '중화론'의 양반 사대부들은 자신들의 이익이 침해받게 되자 대원군을 정치적으로 탄핵했다. 그러나 서구 문명과는 아주 사소한 타협조차 허용할 수 없었던 그들은 개항을 추진하는 고종의 정책에 대해서도 비판적이었다.[20] 대원군은 강력한 군주제와 중앙정부의 창출을 목적으로 삼았던 전통적 개혁가였다. 그의 목표는 보수적이었지만, 그의 방식은 실용주의적이었다. 양반의 특권과 당파의 이해를 침해받은 교조주의자들은 그를 신랄하게 비판하였다.[21] 한국인은 단일 언어, 민족과 종족의 동질성, 장기간의 역사 전통, 분열되지 않은 국가조직, 독특한 생활양식, 문화와 가치에 대한 교감, 심지어는 국민적 단일성에 대한 감각 등을 갖고 있다. 이들은 국민(nation)을 구성하는 여러 요소들이다.[22] 그러나 19세기 중후반 조선왕조의 사대부들에게는 가문과 가계와 유교적 가치가 국가 이익보다도 더 중요했다.[23]

　우여곡절 끝에 권력을 장악한 고종은 일본과의 '조일수호조약'(일명 강화도조약)을 체결했다. 20대인 그는 그 동안의 노선과 다른 개방정책을 통해 자신의 정치를 펼치기 시작했다.[24] 청년 고종은 자신과 뜻을 같이

하는 젊고 유능한 정치인들을 등용했고, 또 외척인 여흥민씨도 중용했다. 그 중에서 민영익(閔泳翊; 1860-1914)은 가장 촉망 받는 젊은 관료였다. 민영익의 부친이며 여흥민씨 세력의 핵심인 민태호(閔台鎬; 1834-1884)는 추사 김정희 문하에서 북학(北學)을 익힌 자로 시대감각이 예민했고, 1870년에 문과에 급제하여 대제학까지 역임했다. 1877년 문과에 급제한 민영익은 20대 후반에 인사(人事)를 총괄하는 이조(吏曹)의 관리가 되었다.25) 지금의 서울시 종로구 관훈동에 소재했던 죽동궁(竹洞宮) 민영익의 집에서는 노론 핵심가문의 자제들이 모여 시사를 토론하며 개화 의지를 다졌다. 이들은 집권층인 노론 핵심가문의 젊은 자제들로 북촌(北村)에 거주하는 양반들이었다.26) 김옥균(金玉均; 1851-1894)·홍영식(洪英植; 1856-1884)·어윤중(魚允中; 1848-1896)·이중칠(李重七; 1846-?)27)·조동희(趙同熙; 1856-?)28)·김흥균(金興均; ?-?)29)·홍순형(洪淳馨; 1858-?)30)·심상훈(沈相薰; 1854-?)31) 등은 민영익과 정치적으로 가까운 죽동8학사(竹洞八學士)라 불렸다.32) 이들은 대체로 1850년대에 출생한 자로 고종과 나이 차이가 그리 나지 않았다. 여흥민씨 민영익, 안동김씨 김옥균, 풍양조씨 조동희 등은 당대의 세도가문 출신들로, 외부의 충격을 의식하면서 조선왕조의 변화를 모색하고 있던 인사들이었다. 그런데 그들은 청년 고종의 의욕적인 개화정책들이 조심스럽게 전개되기 시작했던 1880년대 전반기에 분열했다.

조선왕조정부는 1880년 12월에 군국기무를 담당하는 통리기무아문(統理機務衙門)을 설치하여 개항 이후 달라진 국제적 환경에 대응하게 했고, 1881년 9월에는 군사기술 습득과 견학을 위해 청나라에 영선사

(領選使)를 파견하여 군사기술을 비롯한 근대문명에 대한 이해를 넓혔으며(1882년 11월 귀국), 1882년 5월 22일에는 제물포 화도진에서 '조미수호통상조약(朝美修好通商條約)'을 체결하여 대외관계를 다변화했다. 신헌(申櫶; 1810-1884)과 김홍집(金弘集; 1842-1896)이 조선 측 대표, 슈펠트(Robert W. Shufeldt; 1821-1895)가 미국 측 대표였다. 그로부터 약 1년이 지난 1883년 4월에 미국 측 특명전권공사 푸트(Lucius H. Foote)가 서울에 들어왔다. 이에 대한 답례로 조선왕조정부가 미국에 보빙사(報聘使; 대표는 민영익)를 파견했고, 그들은 1883년 7월 9일부터 1884년 4월 30일까지 미국과 유럽을 돌아볼 기회를 가졌다. 양국 간에 공식적인 외교 루트가 형성되자 미국의 기독교 단체들은 조선 진출을 시도했고 조선왕조 정부는 선교사업을 암묵적으로 지원했다. 이러한 움직임은 미국을 조선 문제에 끌어들이는 '연미론(聯美論)'의 발현이었다.33)

점진적인 개방이 진행될 때 김옥균과 홍영식은 따로 급진적인 방법으로 정치적 변혁을 도모했다. 그것이 1884년에 일어난 갑신정변이다. 그때 민영익의 부친 민태호는 살해되었고 민영익은 부상을 입었다. 김옥균이 민영익을 제거하려고 했던 것은 개화에 대한 노선의 차이라고 보기보다는 자신이 주도하는 개혁 정권을 수립하려는 의도가 강했기 때문이었다. "무단적 방법을 동원하여 거사를 추진한 것은 '왕을 확보하면 성공한다'는 안이한 갑신정변 주도자들의 정치적 미숙성도 있지만, 소수의 군사력으로 왕을 교체했던 중종반정이나 인조반정과 같은 역사적 경험들은 그들의 판단과 무관하지 않을 것이다."34) 1506년에 연산군(燕山君; 1476-1506)이 폐위되고 중종(中宗; 1488-1544, 제11대

왕)이 등극했으며, 1623년에 광해군(光海君; 1575-1641)이 폐위되고 인조 (仁祖; 1595-1649, 제16대 왕)가 새로운 왕이 되었다.

안동김씨 김옥균은 19세기 초 김조순(金祖淳) 이래 60년간 지속된 안동김씨 외척에 의한 세도정치의 후광을 업고 있었고, 남양홍씨 홍영식은 영의정을 지낸 홍순목(洪淳穆)의 둘째 아들이었으며, 1880년대에 이르러 동참하게 된 박영교(朴泳敎; 1849-1884)·박영효(朴泳孝; 1861-1939) 형제는 외척 중의 하나인 반남박씨 세력의 일원이었다. 동생 박영효는 25대 왕 철종의 부마였다. 달성서씨인 서광범(徐光範; 1859-?) 과 서재필(徐載弼; 1866-1951)도 가담했다. 이 가문은 동래정씨와 함께 노론전권(老論專權)의 정계에서 살아남은 소론(少論) 계열이었다. 그들은 경복궁과 창덕궁 사이에 있는 양반 거주지인 북촌에 거주하는 노론과 소론의 젊은이들이었다.35)

갑신정변에서 제기된 '14개' 정강(政綱)들은 조선왕조가 근대국가로 전환하기 위해서는 반드시 풀어야 할 숙제들이었다. 예를 들어 외교정책과 관련된 대원군 환국과 조공제도 폐지, 사회 질서 재편과 관련된 문벌 폐지, 조세와 재정제도 개혁과 관련된 지조법(地租法) 개혁 등은 긴급히 필요한 정책들이었다.36) 개항된 지 8년 만에 일어난 이 사건은 아직 건재한 구질서(중화질서)의 중심 국가 중국[청]의 간섭으로 성공할 수 없었다.

안동김씨·풍양조씨·반남박씨·여흥민씨 등을 포함하여 세도정권을 이어온 유력한 가문들은 19세기 후반 이래 실용주의 유학이라고 할 수 있는 북학의 세례를 받은 경화사족(京華士族)이었다. 학문의 계통으로 보면 갑신정변을 이끈 개화파와 북학은 서로 연결되어 있었으나, 북학의 대상이었던 청나라가 갑신정변을 진압했다. 북학의 세례를 받은 개화파의 파트너는 청이 아니라 일본이었다. 이러한 역사적 아이러니는 북학의 형성 과정과 어느 정도 관련이 있었다.

북학의 발단은 1765년(영조 41)에 있었던 홍대용(洪大容; 1731-1783)의 청나라 사행(使行) 이후로 알려져 있다. 그가 중국에서의 필담(筆談) 기록을 정리해서 만든 『건정동회우록(乾淨衕會友錄)』은 후배 학자들인 박지원(朴趾源; 1737-1805) · 박제가(朴齊家; 1750-1805) · 유득공(柳得恭; 1749-?) · 이덕무(李德懋; 1741-1793) 등에게 좋은 교재가 되었다. 새로운 학문의 확산을 우려한 김종후(金鍾厚)가 홍대용을 비판하면서 '일등인(一等人)' 논쟁이 일어났다.[37] 김종후는 청나라를 "조선으로서는 복수해야 할 야만족이 통치하는 땅" 즉 "성예(腥穢)의 수역(讎域)"이라 불렀다.[38] 그의 주장은 병자호란(1636) 이후 조선의 관료학자들이 '청을 정벌한다'는 '북벌론'에 닿아 있었다. 명나라가 멸망한 이후 '소중화(小中華)'를 자처한 조선왕조의 관료학자들은 오랑캐[夷]를 정벌한다는 대의명분을 국내 정치의 도구로 활용하면서 유교적 통제를 강화해왔다. 그런데 어쩔 수 없이 청나라에 사대를 해야 하는 현실과 청나라를 정복해야 한다는 담론 사이에서 학문관과 대외명분론의 변화를 예고하는 학술 담론이 등장했다.[39]

1780년(정조 4)에 홍대용의 후배 박지원은 청나라 건륭제(乾隆帝)의 칠순을 축하하기 위해 사행하는 친척 박명원(朴明源; 1725-1790, 영조의 사위)을 따라서 러허[熱河]를 다녀온 후 북중국과 남만주 일대에서 보고

들은 바를 기록한 『열하일기(熱河日記)』라는 연행일기(燕行日記)를 남겼다. 그는 오랑캐지만 상업이 발달한 선진적인 청과의 적극적인 교류를 주장했다. 박지원과 교류했던 박제가 역시 『북학의(北學議)』에서 청조 문물의 우월성을 강조하면서 오랑캐의 문물일지라도 우리에게 유용한 것이라면 받아들여야 한다는 주장을 펼쳤다.[40] 양반가의 서자였던 박제가, 그와 비슷한 처지에 있었던 인물들인 이덕무·유득공 등은 청과 교류를 확대하고 상업을 진흥시키자는 북학을 제창했던 지식인들이었다. 이들로부터 사상적 영향을 받은 김정희(金正喜; 1786-1856)는 청조(淸朝) 고증학(考證學)과 청조문물의 수용에 가장 적극적이었다. 그의 문하에는 홍선대원군 이하응과 민규호 등 서울의 관료학자와, 조희룡(趙熙龍)·이상적(李尙迪)·강위(姜瑋)·오경석(吳慶錫; 1831-1879) 같은 중인(中人) 출신들도 있었다. 외국의 최신 정보를 접할 수 있는 루트였던 청나라 조공사절단의 일원이었던 홍대용과 박지원 등이 촉발한 북학은 19세기 김정희를 거쳐 확산되었다.[41] 1876년 강화도조약의 접견대관 신헌(申櫶; 1810-1884)은 김정희 문하의 인물이었고, 역관으로서 실무를 맡았던 오경석은 박규수(朴珪壽)와 밀접한 관련을 맺고 있었다. 이렇게 "중인 출신과 고위 관료들은 신분을 넘어서서 서로 필요한 관계 즉 공생적 관계로 나아갔다."[42]

북학의 출현과 세도정치의 등장은 서로 짝을 이루었다. 두 현상은 모두 가장 정치가 안정되었다고 평가되는 18세기 탕평정치와 밀접한 관련이 있었다. 정치가 안정되면서 새로운 사조에 눈을 돌릴 수 있는 여유가 생긴 것이다. 영조는 자신의 부친인 숙종(肅宗; 1661-1720) 시대의 유산을 안고 즉위했다. 제19대 왕 숙종이 통치했던 약 46년(1674-1720) 동안에 정치적 사건이—경신환국(庚申換局; 1680)·기사환국(己巳換局; 1689)·갑술환국(甲戌換局; 1694)—여러 차례 일어나면서 많은 사대부들이 숙청되었다. 그런 정치적 혼란 가운데 숙종과 희빈 장씨의 아들인 경종(景宗; 제20대 왕, 1688-1724, 재위: 1720-1724)이 즉위했으나, 몸이 약했기 때문에 재위 기간이 길지 않았다. 그의 뒤를 이어서 숙종과 숙빈(淑嬪) 최씨 사이의 아들인 연잉군(延礽君)이 즉위했다. 제21대 왕 영조(英祖; 1694-1776: 재위; 1724-1776)는 경종과 달리 52년간 왕위를 유지했다. 숙종의 두 아들이 왕위에 오르는 과정에서 당시 집권당이라고 할 수 있는 서인(西人)은 경종과 영조를 지지하는 그룹으로 나뉘었는데, 전자는 소론(少論), 후자는 노론(老論)의 기원이 되었다. 소모적인 정치적 숙청의 부작용을 우려한 영조는 노론이라는 당파를 정점으로 해서 소론과 남인(南人)을 두루 기용하는 탕평책을 펼쳤다. 한 부서의 최고 직급(判書)에 노론이 임명되면, 그 다음 직급에는 소론이, 그 다음 직급에는 남인이 임명되는 인사 원칙인 '호대법(互對法)'은 정국의 안정에 도움을 주었다. 이에 비해 제22대 왕 정조(正祖; 1752-1800: 재위; 1776-1800)는 단순한 세력균형보다는 일종의 정치적 견해인 준론(峻論)을 중심으로 관료들을 중용했다. 따라서 준론이 같으면 여러 당파가 공존할 수도, 또 그것이 다르면 한 당파가 독주할 수도 있었다. 후자의 좋은 사례는 정조가 사망하기 바로 얼마 전에 실시한 인사였다. 그는 소론인 연안이씨의 이시수(李時秀; 1745-1821)가 우의정일 때, 그 동생인 이만수(李晚秀; 1752-1800)를 이조판서(吏曹判書)로, 다시 소론의 윤광안(尹光顏; 1757-

1815)을 이조참의(吏曹參議)에 임명했다. 관료들의 인사를 담당하는 부서인 이조(吏曹)가 소론 인사들로 채워진 것이다. '준론탕평'은 비판을 받았는데, 정조 역시 여러 당파의 균형 속에서 정치를 운영하기보다는 신뢰할 수 있는 측근을 외척(外戚)으로 삼아서 난국을 타개하고자 했다. 그의 측근 관료였던 안동김씨 김조순(金祖淳; 1765-1832)이 정조의 정치적 파트너가 된 것이었다. 이로써 '어진 사대부를 우대하고 외척을 멀리한다'는 '우현좌척(右賢左戚)'의 원칙은 사라졌다. 정조는 김조순에게 외척 세도(勢道)를 종용했다. 오히려 김조순이 사림정치의 원칙과 외척 세도의 부당함을 환기시킬 정도였다.[43] 19세기에 시작된 외척에 의한 '세도정치'는 18세기 왕권 강화를 위한 '탕평정치'가 낳은 부정적인 유산이었다.[44] 그것은 제도 개혁이 아니라 왕의 의지에 의존하는 정치 개혁이 빠지기 쉬운 함정이었다.

이 무렵, 안동김씨 외에도 반남박씨·풍양조씨 등 여러 세도 가문들이 병존하는 과두적 지배구조가 형성되었다. 그들은 번화한 한양과 그 근교에 거주하면서 권력을 분점했다. 서울의 경화사족(京華士族)에게 정치 권력이 집중되고 지방 사대부의 정치 참여가 점점 줄어드는 경향분기(京鄕分岐) 현상은 18세기에 나타나기 시작하여 19세기에 더 심화되었다. 16-17세기까지 꾸준하게 이어지던 지방과 서울의 인물 교류는 탕평책이 실시된 18세기 영조와 정조 연간에 노론 중심의 정치 지형이 조성되면서 막혔다. 임진왜란 이후 대동법이 시행되고 유통경제가 발달하며 중국과의 교역(중개무역)이 확대되면서 서울의 경제력이 더 커짐에 따라 서울 일대에서는 진경산수화(眞景山水畵)와 같은 문예의 발달도 수반하게 되었다. 점차 '경화(京華)'의 세계를 구축하게 된 사대부들은 자신들만의 리그 - 혼맥(婚脈)과 학맥을 함께 형성 - 를 만들었으며, 때로는 정치적 학문적 입장이 다른 당파와도 교류하면서 그 외연을 넓혔다. 이와 같은 경화사족(京華士族)의 세계에서 18세기 이래 실학을 대표하는 사조(思潮)인 북학이 출현했다.45) 유봉학은 이에 대해 다음과 같은 설명을 더했다.

> 경화학계 내 여러 계열의 학자들은 시대의 변화에 조응하면서 대체로 개화론(開化論)으로 기울었지만, 그것은 재야의 산림(山林)이나 유림(儒林) 그리고 지방사회 민(民)의 요구와 유리되었다. 그것은 영·정조대 이후 심화되었던 서울과 지방[京鄕]의 사회적 분기와 동요의 결과였다. 개항기의 조선 사상계는 '개화론'과 '위정척사론'으로 분화되었는데, 양자는 이 시기 역사 무대의 전면에 나서게 된 농민의 요구를 자신들의 에너지로 전환하지 못했다.46)

북학의 발달 과정에는 소수의 가문이 주도하는 과두적 지배구조를 보완하기 위해 청(淸)과의 관계를 우호적으로 만들기 위한 경화사족들의 현실적 의도가 반영되어 있었다.47) 그렇지만 북학은 "청나라 고증학의 영향을 받으면서도 그를 주체적으로 이식하여 개성을 드러내고자 했다."48) 명분의 세계에서 실용의 세계로 전환을 촉구했던 북학은 그런 의미에서 사상의 발전이었지만, 조선왕조 체제에 대한 근본적인 질문을 던지지는 않았다.

경화사족들이 즐겼던 진경산수화에는 조선회화의 독창성이 발현되었다고 평가되지만, 때로는 '소중화적'이고 때로는 '도가적'인 세계에 머물면서 그들의 안빈낙도적인 문화가 짙게 배어 있었다.[49] 목가적이면서 도도하게 기득권을 누리는 양반 사대부의 보수적 문화의 또 다른 단면이 드러난 것이었다. 산과 들 그리고 강의 이미지에 푹 담긴 '진경문화'에는 그들이 개혁적일 수는 있으나 농민과 유대하기는 쉽지 않은 고고한 사대부의 모습이 담겨 있었다.

그러한 문화 안에서 갑신정변을 주도한 당파적이고 급진적인 세력이 성장했다. 그들은 19세기 말의 청나라가 인조반정(1623) 때 조선왕조의 정치적 격변에 간섭하지 않은 17세기 초의 명나라가 아니며, 19세기 말의 메이지 일본이 약 250년 이상의 평화를 유지한 17세기 초의 일본의 도쿠가와막부(1603)가 아니라는 국제적 현실을 간과했다. 조선왕조 경화학계의 선진적 양반들과 조슈번(長州藩) 무사들의 가장 큰 차이는 농민과의 연대에 있었다. 전자는 그들의 저항 에너지를 개혁에 동원하지 않았고, 후자는 그들을 막부와의 전쟁에 동원했다.

이들에 비해 향촌(鄕村) 지배자로서의 지위에 자족하고 소중화 의식에 젖어 있던 사대부들은 개화파의 갑오정권을 붕괴시키고 광무정권을 탄생시키는 의병전쟁의 주축이 되었다. 권력을 장악하고 있던 자들이 조선왕조정부를 전복하려고 했다면, 정치적으로 소외되었던 자들은 그 정부의 전복을 저지하고자 했다. 그들의 활동은 1896년의 을미의병을 시작으로 하여 1905년의 을사의병과 1907년의 정미의병까지 이어졌다. 의병장의 학문적 스승이었던 이항로(李恒老; 1792-1868)는 이미 대원군 집정기에 일어난 병인양요 때부터 서양과의 교류를 반대하는 척사(斥邪)를 주장했다.

오늘날의 국론은 두 가지 설이 서로 다투고 있는데, 양적(洋敵)과 싸우자는 것이 나라의 입장에 선 사람의 말이고, 양적과 강화하자는 것이 적(敵)의 입장에 선 사람의 말입니다. 앞의 말을 따르면 나라 안에 전해 내려온 문물제도를 보전할 수 있지만, 뒤의 말을 따르면 인류가 금수(禽獸)와 같은 지경에 빠지게 될 것이니, 이는 커다란 분계점(分界点)입니다.50)

삼가 생각건대, 우리 명나라 태조 고황제(高皇帝)께서 오랑캐 원(元)을 말끔히 무찌르시어 화하(華夏)의 의로운 군주가 되셨는데, 우리나라는 대대로 동번(東藩)이 되었습니다. 그리하여 우리나라를 보살펴 주는 명나라의 은혜와 충성스럽고 곧은 우리나라의 절조는 300년 동안 서로 변치 않았습니다.

임진년에 왜란이 일어나자 신종황제(神宗皇帝)께서는 천하의 군병을 동원하여 우리나라를 다시 세워 주셨으니, 의리상으로는 군신 간이지만 은혜로 볼 때 실로 부자(父子) 사이와 같습니다. 그러니 우리나라에 사는 초목과 곤충 같은 미물들까지도 어느 하나인들 황제의 은택을 입지 않은 것이 있겠습니까. 만동묘는 천지가 온통 오랑캐 땅이 된 상황에서 한 가닥 『춘추』의 의리가 유독 이곳에만 남아 있는 것입니다.51)

개항 이후에 일본과의 수교뿐만 아니라 서양 여러 나라와도 수교하게 되었지만, 그의 제자 홍재학·김평묵·류중교·최익현·류인석 등은 역시 화이론(華夷論)의 세계에서 조금도 흔들림이 없었다. 이들 중 가장 나이가 젊었던 홍재학은 1880년 2차 수신사로 일본에 다녀온 김홍집(金弘集; 1842-1896)이 중국뿐만 아니라 일본과 미국과의 교류와 연대를 강조한 황준헌(黃遵憲)의 『조선책략(朝鮮策略)』을 들여와 유포하자, 이러한 개화정책에 대해 「신사척왜상소(辛巳斥倭上疏)」를 올렸다.52)

이른바 황준헌의 책자를 가지고 돌아와서 전하에게도 올리고 조정 반열에도 드러내 놓으면서 하는 말에, "여러 조목에 대한 그의 논변은 우리의 심산(心算)에도 부합됩니다. 서양 사람이 중국에 거주하지만 중국 사람들이 다 사학을 믿는다는 말은 듣지 못하였습니다"라고 하였으니, 이것이 과연 하늘을 이고 땅을 밟고 사는 사람의 입에서 나온 말입니까? 이것이 과연 자기가 한 일과 척촌(尺寸)의 간격이라도 있다 하겠습니까? …… 신들을 비롯한 소두(疏頭) 몇 명에 대하여서는 전하의 힘으로 사구(四寇)에서 형벌을 가할 수도 있고 영남의 해변에 찬배(竄配)할 수도 있으며 저잣거리에서 찢어 죽일 수도 있을 것이지만, 온 나라의 백성들이 집집마다 원망하고 사람마다 분노하는 것은 전하의 힘으로써도 제지하지 못할 것입니다. 전하께서 이처럼 전에 없던 지나친 조치를 취하고도 막연히 깨닫지 못하는 것은 다른 까닭이 아니라 학문을 일삼지 않으므로 아는 것이 이치에 밝지 못하고 마음은 사심을 이기지 못하며 안일에 빠진 것을 달게 여기고 참소로 권하는 것을 즐기기 때문입니다.53)

좌승지 박용대(朴容大)와 우부승지 서정순(徐正淳)은 그의 상소문을 "흉악하고 패악스럽다"고 했다.54) 결국 홍재학은 그 상소 때문에 34살의 나이로 서소문 밖에서 참형되었다.55) 1881년 2월 이만손(李晩孫; 1811-1891)을 필두로 하는 영남만인소(嶺南萬人疏)를 계기로 시작된 상소 운동에 경기·충청·경상·전라·강원도 등 여러 지역의 유생들도 동참했다. 류중교 또한 1882년에 미국과의 수교를 반대하는 의견을 제출했다.

근자에 온 세계를 휩쓸고 다니는 양이(洋夷)들은 …… 대개 서양의 여러 나라들은 해가 지는 서쪽 수만 리 밖에 위치하여 천지의 극히 편벽된 기운만을 얻어 그 하찮고 사사로운 지혜가 원래 기타 이적(夷狄)과는 또 달라서 상도(常道)에 반하고 정도(正道)에 어긋남이 더욱 심합니다.
천지를 모욕하고 오행(五行)을 난잡하게 만들며 인귀(人鬼)를 분별할 수 없게 혼란시키고, 사람으로서 지켜야 할 떳떳한 도리를 멸절시키며, 화색(貨色)으로 사람을 어지럽히니, 온갖 악이 여기에 다 갖추어져 있습니다. 그런데도 그 재예(才藝)의 민첩함과 술수의 정교함으로 마치 신기루의 환상처럼 사람들의 이목을 현란하게 하니, 그 때문에 세상에서 새것을 좋아하고 기이한 것을 즐기며 정학(正學)에 싫증이 난 자들은 지금 더할 나위 없이 부러워서 책상을 치며 좋다고 부르짖고 있습니다. 그 해독은 독화살이 사람의 몸에 박힌 것과 같고 용솟음치는 홍수와 같아 막아낼 수 없는 것이니, 아! 차마 말로 할 수 없습니다.56)

이렇듯 '조일수호조약'과 '조미수호조약' 등 일련의 개방정책을 강렬하게 반대하는 중심 세력은 경기도 일대의 이항로학파, 호남 일대의 노사(蘆沙) 기정진(奇正鎭; 1798-1879)학파 출신 유생들이 많았다. 두 학파는 '율곡 이이의 성리설'을 학문적 연원으로 하는 기호학계의 일원이었다. '인성물성동이(人性物性同異)'에 관한 '호락논쟁(湖洛論爭)'은 기호학계 분화의 사상적 배경이었다.57) 충청 지역을 중심으로 인성과 물성이 다르다는 '호론(湖論)'학파와 서울 지역을 거점으로 인성과 물성이 같다는 '낙론(洛論)'학파가 형성되었다. '호론' 내부는 더 분화되었고, '낙론'은 다른 지역의 사대부들에게도 영향을 미쳤다.58) 19세기에는 '학파 분화'와 정치 변동이 서로 연관되었는데, 순조(純祖; 1790-1834)가 집권(1800)하면서 시작된 세도정치 국면에서 정권에서 소외된 '호론'계 출신 유생들은 향유화(鄕儒化)의 길을 걷게 되었다. 그들은 과거를 통해 관리로 나가는 길이 막히자 지방(향촌)에서 학문적 거점을 마련했다.59)

18세기 이래 기호학계의 경향분기 현상이 진행되면서 관료 학자들이 중심이 된 서울 지역 학풍은 대체적으로 관념론인 이기심성론(理氣心性論) 위주에서 벗어나 현실 문제에 집중하는 경향이 뚜렷해졌다. 대체적으로 이들은 '사칠논쟁(四七論爭)'이나 호락논쟁 등에서 드러난 추상성이 높은 도덕적 주제보다는 문장을 중시하는 사장학(詞章學)이나 현실의 제도와 과학 기술 등을 중시하는 명물도수(名物度數)에 관심이 많았다. 경화사족(京華士族)인 서울의 관료 학자들은 지방의 비관료 학자들과 다른 학풍을 조성했다. 봉서(鳳棲) 유신환(兪莘煥; 1801-1859)과 그의 제자들이 그 중심에 있었다.60) 유신환의 문인들 중에는 안동김씨

· 반남박씨·여흥민씨 등처럼 세도정권기로부터 고종연대까지 권력의 중심에 있었던 고위 관료들이 많았다.61) 연암 박지원의 손자인 관료 학자 박규수와 유신환의 문인들은 서로 교류했다. 김윤식·한장석·박영효·김영효·유길준·김홍집 등 같은 개화파의 핵심 인맥이 그 문하에서 형성되었다. 김정희·조인영·권돈인 등이 주도하는 다른 노론 경화학계에서도 개화 지식인들이 성장했다. 그들 가운데에는 민태호·민규호 등 권력을 가진 고위 관료 출신 사대부들도 있지만, 강위(姜瑋; 1820-1884)·오경석 등과 같은 중인(中人) 혹은 서자 출신의 지식인들도 있었다.62)

호론은 위정척사파들에 의해 학문적으로 계승되었고, 낙론은 북학파를 거쳐서 개화파에 의해 발전되었다. 전자는 향유(鄕儒)들, 즉 재지사족(在地士族)의 소중화론(小中華論)에 입각한 대명의리론(對明義理論)으로 상징되는 보수적이며 교조적인 유학담론(척사위정)으로, 후자는 경유(京儒) 즉 경화사족에 의한 대청사대론(對淸事大論)으로 상징되는 현실적인 유학 담론으로 분화되었다. 그 중에서 북학이 조금 더 현실개혁적인 유학 담론으로 성장해서 개화론까지 이어지게 되었다면, 이항로와 기정진 등 기호학계를 주도했던 학자들은 율곡 이이로부터 연원하는 기호학계의 대체적인 학설과 다른 주장을 제기했다. 그들은 기(氣)에 대한 이(理)의 역할을 강조하는 절대적인 주리적(主理的) 경향의 이기설(理氣說)을 제기했다. 퇴계 이황(李滉; 1501-1570) 계열보다 상대적으로 이(理)의 역할을 덜 강조했었던 '낙론의 호론화' 현상이 일어난 것이었다.63) 이항로를 중심으로 하는 화서학파는 경기도에서 발원하여 그

학문적 영향력이 강원·충청·호남 등으로 확대되어 나갔다. 1874년 제주 유배를 마치고 귀향하던 최익현은 전라남도 장성을 직접 방문하여 기정진을 만났다. 화서학파와 노사학파의 만남이었다. 점점 학문적 명성이 커진 기정진은 영남 지역의 학자들과도 교류했다. 주리적 경향의 학문은 "실천적 척사위정" 즉 의병전쟁에 나섰던 유생들의 사상적 배경이었다.[64] 재야에서 관념적이지만 유교적 도덕과 윤리적 이상을 추구했던 유생의 일부가 의병전쟁을 이끌었다면, 권력의 중심에서 실용적으로 현실 개혁을 추구했던 유생의 일부는 개화파로서 갑신정변과 갑오개혁을 주도했다. 권력에서 소외되었던 사대부는 왕조를 지키기 위해 저항했고, 권력 중심에 있었던 사대부는 일본과 협력하여 왕조를 전복시키려고 했다.[65]

2. 경화사족의 해체

1870년대에 친정체제를 구축하기 위해 위정척사 계열 유생들의 정치적 지원을 받았던 고종은 1890년대에 그들에게 한 번 더 신세를 졌다. 일본은 '삼국간섭' 이후 러시아의 영향력 증대를 막기 위해, 일국의 왕후를 시해하는 참극[乙未事變]을 자행했다. 이 사건은 단발령과 함께 복수보형(復讐保形)이라는 기치(旗幟) 아래 전국적으로 을미의병이 일어나는 계기가 되었다. 위정척사파가 주도한 을미의병은 고종에게 권력을 되찾을 수 있는 기회를 주었다.

그들이 고종의 요청에 부응하여 항일전선에 나선 것은 조선왕조 관료제의 이중구조와 관련이 있었다. 조선왕조는 건국 후에 전국 모든 군에 지방관을 파견하여 지방에 대한 지배를 강화했지만 토착 세력을 완전하게 장악할 수 있는 행정력과 군사력을 갖추지 못한 상태였다. 지방 통치를 위한 인적·물적 인프라 구축에는 상당한 규모의 재정이 필요했다. 재정으로 인한 국가 통치력의 한계는 조선왕조에만 국한되지 않았고, 중국과 유럽 여러 나라에서도 발견되는 일반적 현상이었다. 조선왕조의 중앙정부는 원활한 조세행정을 위해서는 향촌의 사대부와 중인의 협조를 얻어야 했다. 조세에 대한 '특혜와 부패'는 중앙과 지방의 공생적 관계를 유지하는, 즉 사족(士族) 지배체제의 골격이 되었다.

또 다른 공생적 관계도 있었다. 산업의 근간은 농업이지만, 중앙정부의 운영은 상업에 의존하는 바가 많았다. 조선왕조의 국가체제는 조용조(租庸調)의 현물 부세(賦稅)와 노동력을 징발하는 요역제(徭役制)에 의존했지만, 왕실 및 관료 인사 그리고 일반 백성을 포함한 서울의 거주민에게 필요한 물자가 원활하게 조달되지 않았다.[66] 상인은 때때로 국가로부터 조세의 징수를 청부받고, 물자 조달을 대행했다. 국역(國役)의 의무를 진 관상(官商)인 시전상인(市廛商人), 국역의 의무를 지지 않는 사상(私商)인 경강상인(京江商人)과 개성상인(開城商人)은 모두 왕실이나 고위 관료들과 밀접한 관계를 유지했다.[67] 사상(私商) 역시 조세청부와 조공무역(朝貢貿易)에 관여했다. 상업적 이익이 발생하는 곳은 해안 도시와 같은 독립적인 활동무대가 아니라, 정치의 중심지이자 이권(利權)이 몰려 있는 서울과 그 주변이었다.

사회경제적 사정을 보완하기 위해 설치된 시전(市廛)은 종묘와 궁궐을 호위하는 존재로 간주되었다.68) 물자 조달만이 아니라 국가 운영에 필요한 "경비를 변통"하는 시전상인은 "국가의 근본[邦本]"으로 불리기도 했다.69) 사농공상(士農工商) 중에서 직역(職役)의 위상이 가장 낮은 말업(末業)인 상업(商業)과 그것에 종사하는 상인은 조선왕조 관료제의 중요한 부품이 되었다. 조세 징수 체계가 크게 무너진 임진왜란 이후 그 비중은 더 커졌다. 시전상인은 궁궐 수리, 얼음 조달[藏氷], 중국 사신 접대 등 국가 운영에 수반된 여러 가지 경비를 책임졌는데,70) 예를 들어 1697년(숙종 23)에 쌀 3,000석이던 궁궐 수리비는 1759년(영조 35)에는 쌀 6,600석으로 증가했다.71) 국역을 지는 시전상인은 난전(亂廛)을 단속할 수 있는 금난전권(禁亂廛權)이란 권리를 가졌다. 1791년(정조 15)에 신해통공(辛亥通共)을 주도한 채제공(蔡濟恭; 1720-1799)은 금난전권을 "국역에 상응하는 상품유통 독점권"이라고 명확하게 정의했다.72)

16세기 말에 일어난 7년 전쟁(임진왜란, 1592-1598)은 조선에서 많은 것을 변화시켰다. 지방 특산물을 징수하기 위한 공납제(貢納制)가 폐지되고 대동법(大同法)이 신설되었다. 호(戶)를 기준으로 부과되었기 때문에 양반에게 유리했던 공납제를 대신한 대동법은 토지를 기준으로 징수했기 때문에 농민 부담이 줄어들고 국가재정이 늘어나는 효과를 나타냈다. 토지를 많이 소유했던 양반사대부에게 불리했던 대동법의 전국적 실시는 100년(1608-1708)이란 긴 시간이 걸렸다.73) 대동법이 실시된 이후에 대동미의 이동이 증가하고 그 여파로 상품화폐경제가 활성화되자 서울의 인구 또한 증가했다. 농촌에 부족한 물자를 공급하기 위한 장시(場市)의 수 또한 점차 증가하여 서울의 경제권과 연동되어 갔다. 해외무역도 증가했다. 기유약조(己酉約條)를 맺은(1609 광해군 1) 후에 조선과 일본의 교역이 정상화되었고, 또 17세기부터 18세기 전반기까지 조선에서는 중개무역이 발달했다. 조선 상인은 중국의 비단 원사를 일본 상인에게 팔고 은화를 받았다. 중개무역의 이익은 서울과 개성의 대상인이 차지하는 경우가 많았다. 조선과 중국(청) 사이에서도 사행무역(使行貿易)·개시무역(開市貿易)·후시무역(後市貿易)과 같은 여러 가지 형태의 교역이 증가했다.[74]

상업 이익의 증가는 17세기 후반부터 시전 수가 늘어나는 배경이 되었다. 예를 들어 미전에는 상미전(上米廛)·하미전(下米廛)·문외미전(門外米廛)·마포미전(麻浦米廛)·서강미전(西江米廛) 등 여러 가게가 등장했다. 정부에서 허가를 받지 않은 난전(亂廛)도 여러 계통에서—훈련도감의 군병, 지방에서 오는 상인과 수운(水運)을 이용하는 선상(船商), 수공업자 등—출현했다.[75] 특히 왕실 및 세력가와 연계한 상인은 시전상인에게 가장 위협적인 존재였다. 늘어난 시전과 난전은 충돌했다. 그런데 금난전권(禁亂廛權)의 남용은 서민의 삶을 어렵게 하고 부정부패가 일어나는 온상(溫床)이었다. 결국 1791년(정조 15)에 신해통공(辛亥通共)이 공포되면서 육의전(六矣廛)을 제외한 모든 시전의 금난전권은 혁파되었다.[76] 영세한 상인 및 수공업자 그리고 서울의 서민은 통공정책의 혜택을 입었지만, 또 다른 독점상업이라고 할 수 있는 사상도고(私商都賈) 역시 그 혜택을 입었다. 사상도고는 왕실 및 세력가와 연결되어 있었다. 18세기 후반 정치의 중요한 결실인 신해통공은 한편에서는 상품유통에 대한 시전상인의 독점적인 지배력을 견제하고 영세상인의 자유로운 상거래를 보장했지만, 다른 한편에서는 시전상인을 정점으로 하는 공적인 상업체계와 왕실 및 세력가와 연결된 사적인 상업체계가 서로 경쟁하는 계기가 되었다. 서민을 위한다는 명분 아래에서 시전을 중심으로 하는 관상체계와 경강상인을 필두로 하는 사상체계가 온존되었다. 관상이 국가를 유지하기 위한 도구였다면, 사상은 지배 엘리트의 사적 이익을 추구하는 도구였다. 1811년(순조 11)에 평안도에서 홍경래(洪景來; 1771-1812)가 주도하는 반란(홍경래 난)은 중앙정부에 큰 위협을 주었다. 이때 중앙의 세력가와 밀접한 관계를 맺고 있었던 사상도고인 의주 상인 임상옥(林尙沃; 1779-1855)이 반란 세력77) 진압에 큰 공을 세운 것에서 알 수 있듯이, 상인집단은 조선왕조 관료제를 지탱하는 버팀목이었다.78) 조선상업사 연구에서 중요한 연구를 꾸준하게 제출한 스가와 히데노리(須川英德)에 의하면 조선의 도고상인(都賈商人)은 상품유통에서 경쟁력을 높이고 신용을 확보한다는 상업적 요소보다도 왕족 및 관료와의 관계 즉 상업외적 관계를 강화하는 데 더 치중했다.79) 이에 비해 고동환은 관상과 사상의 경쟁을 강조하며, 어물전(魚物廛) 연구에서 시전체계에 포섭되어 있던 여객주인(旅客主人)이나 중도아(中都兒)와 같은 상인들이 권세가와의 유착을 통해 사상도고로 성장해 간 과정에 주목했다. 경강(京江)을 중심으로 한 부상대고 세력은 서울을 경유하지 않고 서울 외곽의 신흥 상업 중심지를 근거로 어물 생산지에서부터 서울과 지방 장시의 소비지를 계통적으로 장악하는 사상체계를 형성했다. 고동환에 의하면 시전 대 사상의 관계는 "특권상인 대 자유상인"의 대립이었다. 상업이윤은 '상업외적 수단'에 의존한 것이 아니라 '경쟁'을 통해 축적되었다.80) 스가와와 고동환의 설명은 모두 역사적 사실에 가까울 것이다. 두 진술은 대립적이라기보다는 상호보완적이다. 스가와는 일본의 상인가문 미쓰이(三井)와 같은 조선의 상인가문이 출현하지 않은(조선 상인가문의 문서는 아직 발견되지 않았다) 원인을 일본 봉건제의 직능적인 신분제도와 양천제(良賤制)를 근간으로 하는 조선 신분제도의 차이에서 찾았다.81) 일본에서는 무사가문과 공생하면서도 대비될 수 있는 상인가문이 수백 년 이상 존재할 수 있었다면, 조선에서는 양반가문과 대비될 수 있는 상인가문이 아니라 관료제와 공생하는 상인집단이 존속했다. 관상과 사상은 관료적 상업체제를 구성하는 두 기둥으로 경쟁하면서 공존했다. 두 나라에서의 권력과 상인 관계의 차이는 19세기말 근대 이행기에도 나타났다. 미쓰이가문은 권력과 유착하면서도 자신의 이름으로 은행을 설립하거나 유력한 재벌로 성장하면서 자신의 존재감을 드러냈다. 한국에서는 그러한 상인가문은 등장하지 않았지만, 상인집단은 갑오개혁 및 광무개혁에 실무자로서 관여했다. 관료와 상인이 19세기말부터 등장했던 대한천일은행을 필두로 한 은행과 회사의 설립과 운영을 주도한 것은 관료적 상업체제의 전통과 밀접한 관련이 있었다.82)

18세기를 지나는 동안 두 개의 공생적 관계가 유지되면서 사림(士林)의 세계는 서울과 지방 즉 경(京)·향(鄕)으로 분리되어 갔다. 서울에 근거를 둔 경화사족은 청과의 교류와 교역에서도 유리한 위치에 있었다. 양국의 교류 확대는 그들의 정치적 경제적 이익을 확대하는 데에 기여했고, 그런 분위기 속에서 북학은 큰 저항 없이 서울과 그 주변에서 학문적 공간을 확보했다. 이에 비해 향촌의 선비들은 점점 더 중앙의 정치적 경제적 기득권에서 멀어져 갔다. 경화사족은 관료적 상업체제 위에서[83] 중앙정부를 장악하고 북학을 발전시켰다면, 향촌의 사족은 농촌에서 관념적인 성리학을 심화시켜 나갔다.

이러한 상황을 염두에 둔다면 1894-95년에 단행되었던 갑오개혁은 정치구조라는 측면에서 왕조체제의 위기였다면, 사회구조라는 측면에서는 사족 지배체제의 위기였다. 1894년 청일전쟁에서 승리한 일본이 조선왕조의 변화를 강제한 덕택에 개화파는 개혁을 추진할 수 있었다. 그들이 실시한 제도개혁들은—23부제 실시, 지방군대 폐지, 모든 세금을 화폐로 납부하는 조세금납화, 세무 주사 제도 실시—기존 지방 지배체제의 붕괴를 의미하는 것이었다. 군수와 이서층(吏胥層)의 징세권이 박탈되고, 지방 지배체제에 기생하던 지방의 관리들과 군인들은 실직할 가능성이 커졌다. 양반 사족과 그 밑의 이서배·포수들이 의병진에 가담하게 된 데에는 기존의 중간수탈 체계가 붕괴된 상황과 깊은 연관이 있었다.[84] 19세기 후반의 농민항쟁은 그러한 수탈의 강도가 농민이 감당할 수 있는 수준을 넘어섰다는 징후였다. 1894년의 농민항쟁은 중앙정부의 관군, 지방의 지배자인 사족과 이서들이 조직한 민보군(民堡軍), 그리고 일본군에 의해 진압되었다. 고종의 정치적 권위도 일본의 지원을 받는 개화파 정권에 의해 상실되었다. 고종은 위기의 구원자였던 의병에게 다시 지원을 요청했다. 고종은 전국에서 일어난 을미의병을 이용하여 러시아공사관으로 이동하는 아관파천을 단행하여 연금 상태를 벗어났고, 그 결과 갑오정권은 붕괴되었다. 최익현의 상소가 대원군의 집정을 종식시키는 계기로 작동했다면, 을미의병은 갑오정권을 붕괴시켰다. 동학농민전쟁 - 갑오개혁 - 청일전쟁을 동시에 겪은 조선왕조는 정치를 새롭게 하지 않으면 안 되는 상황에 놓였다.

고종은 러시아공사관에 머물고 있었지만, 변화를 알리는 분명한 메시지를 전달해야 했다. 1896년에 중국의 영향력에서 벗어났다는 의미를 가진 독립문이 중국 사신을 영접하는 장소인 영은문(迎恩門) 자리에 세워졌다. 순한글로 된 『독립신문』이 발간되었고 독립협회가 설립되었다. 1897년에는 국호가 중국과 밀접한 조선에서 중국으로부터 자유로운 '대한'으로 바뀌었다. 자주국임을 알리는 황제 즉위식도 거행되었다. 삼국간섭을 주도한 러시아와 일본의 세력균형 상황을 지렛대로 삼아 조선은 군주 권한이 훨씬 강화된 대한제국으로 변신했다. 이 무렵에 근대적 금융기관인 은행이 설립될 수 있었던 것은 청국과 일본의 간섭이 약해졌기 때문이었다. 독립협회 활동과 밀접한 관련이 있었던 조선은행(1896년 6월 설립, 1901년 해체), 그리고 한국 근대 은행의 기원이 된 한성은행(1897년 2월)과 대한천일은행(1899년 1월)이 설립되었다.[85] 이 시기의 은행 설립은 단순히 금융기관 하나가 등장하는 것이 아니라 조세와 화폐제도의 개혁, 그리고 산업·군사·교통 등 여러 방면의 근대화 사업을 위한 국가적 차원의 재원(財源) 동원과 관련되어 있었다. 위에서 언급된 세 은행 모두 국가(왕)·고위관리·상인의 협력으로 설립되었다. 설립과 운영자금의 대부분은 국가영역에서 나왔고 경영 관련 실무는 상인이 맡았다. 정부와 상인의 공생관계는 기존 체제의 보수적 기반이기도 했지만 개혁을 추진하는 동력이 되었다. 서울과 개성 일대에서 상업에 종사했던 상인은 조선왕조 관료제라는 숙주(宿主)에 기생하는 관상(官商)이었지만, 그들의 회계실무 능력과 자본력은 근대적 금융기관이 출현하는 토대였다. 막바지에 몰린 구체제의 중심에서 보수적 개혁 세력이 출현했던 것이었다.

사농공상(士農工商)이란 유교적 신분사회에서 가장 '천한' 업종에 종사하는 상인은 신분적 측면에서 양반과 적대적 관계였지만 경제적 측면에서는 매우 밀접한 공생적 관계였다. 특히 서울·개성·평양·의주 등의 상인들은 더 그러했다. 갑오개혁과 광무개혁을 주도한 정치세력은 달랐지만 모두 관료적 상업체제 위에서 전개되었다는 점에서 서로 닮았다. 두 정치 세력은 모두 경화학계의 유산을 공유한 자들로, 서울 중심의 상업체제에 의존하는 바가 많았다.86)

광무정권의 이용익(李容翊; 1854-1907)은 화폐개혁과 중앙은행 설립을 비롯한 금융의 근대화를 위해 프랑스의 운남신디케이트로부터 차관 도입을 추진했다. 대한제국의 성공은 한반도에 진출하려는 일본의 계획에 중대한 차질을 가져올 수 있기 때문에, 일본은 영일동맹을 체결한 직후에 외교와 군사력을 동원하여 차관 도입을 무산시켰을 뿐만 아니라 1904년에 러일전쟁을 도발하여 대한제국의 중앙은행 설립 시도 자체를 무력화시켰다. 광무개혁은 왕을 정점으로 하는 관료적 상업체제를 기반으로 하여 추진되었지만, 중국과 러시아를 압도한 일본-영국-미국으로 연결된 제국들의 커넥션을 뚫고 나갈 수 없었다. 총성 없는 전쟁에서 대한제국의 이용익 노선은 일본 외상 고무라(小

村壽太郎; 1855-1911) 노선에게 패배했다.[87]

1905년 7월 19일에 미국과 일본 사이에 가쓰라-태프트 밀약이 성사되었고, 동년 8월 12일에 영국과 일본의 영일동맹이 갱신되었으며, 동년 9월 5일에 미국이 중재하는 '포츠머스 강화조약'이 체결되었다. 일본은 미국·영국·러시아와 차례로 협상한 이후 마침내 동년 11월 17일에 '을사보호조약' 체결을 한국에 강제했다.[88] 이 조약의 제1조는 "일본의 외무성이 한국의 외무 사무를 감리 및 지휘한다"였다. 이 조약은 일본의 한국에 대한 침략적 의지를 공식화한 것이었고, 국제사회는 일본의 조치를 승인했다. 러일전쟁 무렵까지 한국인들 중에는 일본과의 협력과 연대를 기대하는 자가 적지 않았다. 박은식(朴殷植; 1859-1925)의 지적처럼, 일본은 기회가 있을 때마다 국제사회를 향해 한국의 독립을 지지한다고 천명했기 때문이었다.

대체로 전후의 한일 간 맹약을 살펴보건대, 1876년에 일본이 우리나라와 조일수호조규를 정했을 때에, 그 제1조를 보면 "조선은 자주의 국가로서 일본국과 더불어 평등권이 있다. 두 나라는 피차가 동등의 예로써 서로 대우하고, 터럭만큼도 침월하거나 시기·혐오함이 있을 수 없다"고 하였다. 1894년에는 일본이 말하기를 "청국의 행동이 조선의 독립에 방해된다" 하고, 그 말을 주장하여 전쟁을 일으켰다. 같은 해에 조일동맹조약을 맺었는데, 그 제1조에는 "조선의 독립과 자주를 공고하게 한다"고 하였다. 이듬해의 청일마관조약의 제1조도 "조선이 완전무결한 독립·자주의 나라임을 확인한다"고 하였다. 1898년 러일(俄日)협약 제1조에는 "러일 두 제국은 조선의 주권과 그 완전독립을 확인한다"고 하였다. 4235년(1902) 영일동맹조약의 제1조에는 "이미 중국과 한국의 독립을 승인하였으니, 그 두 나라에 대하여 침략적 의향은 전혀 없다"고 하였다. 1904년의 러일 개전에 대한 일황(日皇)의 선조(宣詔)에는 "한국의 독립은 우리 제국을 완전무결하게 할 중요한 판도가 된다"고 하였다. 한일의정서에도 또한 "일본정부는 대한국독립과 영토 보전을 확보한다"고 하였다.[89]

이러한 기대 때문에 러일전쟁 때 동학교도들은 일본군에게 협력하기도 했다. 특히 '황인종 대 백인종의 대립'이라는 구도 위에서 일본을 중심으로 하는 연대 가능성이 대두되었다. 손병희는 일본과 러시아의 충돌이라는 국제적 계기를 국가와 동학의 위기를 타개할 수 있는 기회로 판단하고, 한국이 일본과 함께 출병하여 전승국의 지위를 얻기를 바랐다. 러일전쟁 시기에 일본군의 군수품 수송이나 군용철도 부설을 위한 동학교도들의 노무 동원, 손병희의 1만 원 기부 등은 그러한 맥락 위에서 진행된 것이었다. 천도교의 논리인 후천개벽론은 일본의 문명과 부강의 힘에 압도되었다. 배제의 대상이었던 서양은 독립과 부국강병을 위해 적극적인 수용의 대상이 되었다. 1901년 3월에 근대문명을 체험하기 위해 원산에서 배를 타고 일본으로 건너간 손병희는 진화론적 세계관을 만났다. 그에게 '매우 작은 우리나라와 하나의 작은 섬나라인 일본은 서로 합하면 그 이익이 서로에게 있고 서로 떨어지면 그 해가 예측할 수 없는 순치(脣齒)의 관계'였다. 진화론적 세계관 내에서 서양과 동양의 대립은 '인종 경쟁'이었다. 천도교의 기관지인 『만세보』는 전 지구상의 경쟁을 "황백 양색 인종의 경쟁"으로 단정하고 백인들로부터 입게 될 피해 즉 '백색화(白色禍)'를 우려하는 논설을 다수 실었다.90)

그러한 기대감이 사라지는 데는 오랜 시간이 걸리지 않았다. 1904년 2월 8일에 중국 뤼순항에 대한 일본군의 선제 함포 사격으로 러일전쟁이 일어났고, 그다음 날인 9일에 인천에 상륙한 일본군은 바로 서울로 들어왔다. 1904년 2월 23일에 한국과 일본의 공수동맹을 기조로 하는 '한일의정서'가 체결되었다. 1904년 1월 23일에 발표한 대한제국의 국외 중립 선언은 완전히 무시되었고, 조약 체결을 반대하는 탁지부대신 겸 내장원경(卿)인 이용익은 일본에 납치되었다. 대한제국정부는 대일본제국정부의 "시정개선에 관한 충고"(1조)를 들어야 하는 신세가 되었고, "대일본제국의 행동이 용이하도록 충분히 편의를 제공"(4조)해야만 했다. 이를 발판으로 1904년 5월 21일에 '대한방침(對韓方針)'과 '대한시설강령(對韓施設綱領)'도 강요되었다. 일본은 연해어업권, 내하(內河)·연해 항해권, 철도 부설·관리권, 통신기관 관리권 등의 이권을 확보했고, 다른 나라 국토를 임의로 사용할 수 있는 '황무지 개척권'까지 요구했다. 이상설·정순만 등의 활약 덕택에 대한제국정부는 '황무지 개척 요구'를 거절할 수 있었지만, 그들의 침략 자체를 막을 수는 없었다. 일본은 경의철도 부설 과정에서 토지를 임의로 수용하고 노동력을 강제로 동원했다. 일본의 무력적 침탈은 진행되고 있었다.91) 그래도 '한일의정서'에 "일본정부는 대한국 독립과 영토 보전을 확보한다"는 조항이 들어간 것은 아직 일본이 영국·미국·러시아 등 여러 나라와의 주변 정리가 끝나지 않았기 때문이었다. 그러나 세 나라와의 외교적 협상이 끝난 이후에 일본은 '독립'과 '영토 보전'에 대한 약속을 폐기했다.

'1905년의 위기'를 맞이하여 고종은 다시 밀지를 보내서 의병진(義兵陣)을 호출했다. 최익현을 위시하여 재지사족의 리더들은 기꺼이 그 요구에 따랐다.92) 그들 역시 사족 지배체제의 붕괴 위기에서 본능적으로 반응했다. 다른 한편에서는 고종과 고위 관료들이 서구 열강들의 외교적 지원을 끌어내기 위해 노력했다. 1907년 헤이그밀사 파견은 그 일환이었다. 밀사들에 의해 만국평화회의에 제출된 「공고사」의 「부속문서」에는 무력을 앞세운 일본의 침략 과정과 그에 대한 한국정부와 한국인의 대응과정이 상세하게 적혀 있다.93) 의정부 참찬으로 조약 업무를 담당해야 했던 이상설이 작성한 이 글은 그 자체로도 '역사적 기술'이며, 어떠한 글보다도 그때의 긴박한 상황과 한국인의 심정을 생생하게 잘 드러냈다. 아래 (1)에서는 이토를 비롯한 일본인 외교관과 군인 들이 조약 체결을 무력으로 강요하고, 이에 대해 고종이 국제적 신의를 거론하면서 저항하는 상황이 나타나 있다.

(1) 1905년 11월 5일 이토 히로부미는 일본의 전권특명대사로 한국에 도착했다. 11월 10일 오후 3시 이토 히로부미는 황제폐하를 알현했다. 그는 황실의 안녕을 기함과 아울러 극동평화 유지를 사명으로 하는 특사임을 증명하는 천황의 친서를 황제폐하에게 전달했다. 이토 히로부미는 아래와 같은 3가지 제안을 제시했다. 즉,

① 한국 외무성을 폐지하고 한국의 모든 외교관계를 동경 일본 외무성이 장악한다.
② 주한일본공사의 권한을 통감에게 이양한다.
③ 일본영사의 권한을 통감에게 이양한다.

황제폐하께서는 그에게 대답하시기를, "전년에 내가 듣기에는 일본 황제가 러일전쟁 선전포고서에 '이 전쟁은 한국의 독립을 유지하기 위한 것'이라고 언명했고 또한 한일의정서의 조문에도 한국의 독립을 인정하고 보장하였다"고 하셨다.

……

이토 히로부미는 "이 제안은 나의 자의가 아니오, 일본정부가 자기에게 맡긴 것이므로 만일 폐하께서 이를 수락하시면 한국의 번영과 항구적인 극동평화를 보장할 것"이라고 폐하께 아뢰었다. 결심이 확고하신 한국의 황제는 그에게 "국가에 중대사가 있을 때에는 원로 중신·조야 백관·사림 및 국민들에게 미리 상의하는 것이고 황제 독단으로는 결정할 수 없는 것"이라고 하셨다.[94]

아래 (2)는 5적을 처단하고 조약을 폐기하라는 상소운동의 상황과 국제적 신의를 어긴 일본을 견제해 달라는 한국 측 입장에 관한 것이다.

(2) 대부분 대신들이 반대한 것처럼 끝내 반대하지 못하고 몇 대신들이 조약에 서명하였다는 소식을 듣고 총리대신은 폐하께 서명한 대신들을 단호히 처벌할 것과 그들의 공직을 박탈하라고 요구했다. 국민들

은 사건 발생과 조약 조인의 소식을 듣고 경악을 금치 못했으며, 통분의 도가니로 급변하였다. 조약에 제일 먼저 서명한 학부대신 이완용의 집을 불태우면서 그를 처벌하기로 결정했다. 그러나 일본 군대가 이를 저지했다.

『황성신문』은 조약의 조인과 서명을 하게 된 경위를 게재했다. 이 신문의 편집 발행인인 장지연(張志淵; 1864-1921)은 투옥되고 전재산이 몰수되었다. 그러나 그 기사는 논파되지 않았다. 부총리대신(의정부 참찬) 이상설은 조약에 서명한 모든 대신의 사형선고를 요청하면서 황제폐하에게 상소를 올렸다. 문관 박기양과 왕립법률학교 교장 정명섭도 같은 내용의 탄원서를 제출했다. 법부 주사 안병찬은 도끼를 들고 법정 문전에 가서 서명자의 목을 치겠다고 엄숙하게 간청했다. 전 총리대신(좌의정) 조병세는 7백 명의 선비 고급관리들을 이끌고 소두(疏頭)로서 조약의 서명자들에 대하여 사형을 요청하는 상소를 고종 황제에게 올렸고, 열강 대표들에게 일본인들의 야만적인 행동을 규탄하는 공한을 보냈다.

시모노세키조약, 한일조약(韓日條約) 및 러일전쟁 선전포고문은 조선의 항구적인 독립을 보장하고 우리나라 이익을 옹호하는 것이 목적이었습니다. 일본의 특파대사와 외국공사가 어떠한 권리로 감히 황제폐하의 황궁을 침입하며, 자주독립 국가의 조약 체결을 강요할 수 있겠습니까? 한국은 열강국과 한결같이 진정한 우호 관계를 유지해 왔으며,

열강국 대표들은 일본이 우리나라의 권리를 불법으로 침해한 것을 목격하였음에도 불구하고 어떻게 수수방관할 수 있겠습니까?"95)

그 밖에도 총리대신은 일본 외상에게 한국의 권리를 침해하는 일본인의 폭력 행위에 대한 공식 항의서를 발송했고, 모든 학교·관청·사무실과 상점 들도 문을 닫고 일본인의 폭력 행위에 항의하는 대규모의 시위를 벌였다. 5천 통 이상의 상소문은 폭력과 간계로써 체결된 조약 폐기를 요구했다.

아래의 (3)은 자신의 목숨을 바쳐서라도 국민의 저항 의지를 고취하고자 했던 민영환의 자결, 국가적 위기에서 자신의 목숨을 던지는 사대부의 의리(義理)에 대한 것이다. 그들은 자기가 할 수 있는 최선의 방법으로─기존의 외교적 관행과 조선왕조의 정치적 관행 안에서─저항운동을 전개했다.

(3) 육군 중장이고 황제폐하의 막료인 민영환 공은 원로대신회의를 소집하고 황제폐하의 재가를 얻지 못하면 조약이 아무런 효력을 발생하지 못하기 때문에 조약을 재가하지 않을 것을 요청하면서 재차 상소를 올렸다. …… 이 상소문이 아무런 결과도 없고, 매국노들이 일본인의 보호를 받고 있으며, 폐하 자신도 그들을 처벌하지 못하고 있으므로 민영환 공은 열강국에 탄원서를 보냈다. …… 그는 국민의 항의에 보다 더 무게를 주고 조국 독립을 위해 계속 투쟁할 용기를 국민에게 주기 위하여 자결하겠다고 선언했다. 그리고 그는 칼을 꺼내어 자기의 목을

베었다. ……

국민에게 보내는 선언문의 전문은 아래와 같다.

"친애하는 국민 여러분, …… 나는 나의 죽음이 우리나라의 독립을 유린하는 자들과 투쟁하는 용기와 힘을 북돋울 것이라는 희망과 목적으로 자결을 결심했습니다. 어떤 일이 있더라도 용기를 잃지 말고 투쟁하십시오."

전 총리대신 조병세는, 열강국에 보내는 편지와 국민에게 보내는 유서 2통을 남기고 음독자살하였다. 전 의정부 찬정 홍만식, 학부 주사 이상철도 역시 순국했다. 군 장정 김봉학은 이토 히로부미 암살을 시도했다.96) 송병준은 황제에게 상소를 올리고 자살했고, 쓰시마 섬에 유배된 최익현은 음식을 끊고 굶어 죽었다.97) 그러나 그들 중의 일부는 장기적인 안목을 가지고 국권 회복을 위한 항일운동에 나섰다. 헤이그 밀사단의 정사(正使) 이상설(李相卨; 1870-1917)은 국권회복 운동 과정의 실질적인 리더였다. 민영환의 주검 앞에서 자신의 머리를 깨면서 시민을 향해 절규하다가 혼절했던 그는 1906년 4월 무렵에 이동녕 및 정순만 등과 함께 망명길에 올랐다. 그들은 그해 8월에 북간도 룽징(龍井)에서 작은 학교인 서전서숙(瑞甸書塾)을 열고 때를 기다렸다. 그들은 1906년 6월에 열릴 만국평화회의에 참석할 계획을 가지고 있었을 것이다. 이미 대한제국은 러시아 황제로부터 초대장을 받은 상태였다. 만약 한국이 2회 만국평화회의에 하나의 독립국으로 참석한다면 을사보호조약의 국제법적 정당성이 크게 흔들릴 수 있었다. 그러나 미묘한 국제 상황과 러시아 국내 사정이 겹치면서 2회 만국평화회의는 1년 연기되었다. 고종의 친서를 휴대하고 네덜란드 헤이그로 가려고 했던 헐버트의 임무도 연기되었다. 약 1년 후인 1907년 5월 21일에 연해주 블라디보스토크에서 이상설은 이준(李儁)과 합류하여 러시아 수도 페테르부르크로 갔다. 그곳에서 고종의 친서를 러시아 황제에게 전하려 했던 그들의 기도는 실패했다. 그들은 친서만 외무부에 전달하고, 이범진(李範晉)의 아들 이위종(李瑋鍾; 1887-?)과 함께 만국평화회의가 열리는 네덜란드 헤이그로 떠났다. 헤이그에는 고종의 또 다른 밀지를 휴대한 미국인 헐버트 박사와 미국에서 온 윤병구·송헌수가 와 있었다. 그러나 그들은 '일본의 침략 상황과 을사보호조약이 일본의 무력적 강제에 의해 체결되었으며 고종황제는 이를 승인하지 않았다'는 한국의 입장을 해외 주요 언론에 알리는 데 만족해야 했다. 1907년 6월 27일에 한국의 입장이 담긴 「공고사」가 만국평화회의와 각국 위원에게 보내졌고, 7월 9일에는 이위종이 국제협회에서 세계 언론인들에게 「한국의 호소」라는 제목으로 연설했다. 이상설은 영국·미국·프랑스·독일·러시아 등 여러 나라를 다니면서 한국의 입장을 설명했지만,[98] 일본이 구축한 외교적 장벽을 넘을 수는 없었다.

헤이그밀사 사건을 빌미로 삼은 일본 정부는 빠르게 '고종의 강제 양위'를 추진했다. 1907년 7월 20일에 덕수궁 중화전에서 고종의 양위식이 거행되었고, 그로부터 4일 후에는 '정미7조약'이 강제로 체결되었다. 한국통감 이토 히로부미는 사법과 인사에 관한 사무를 비롯하여 국정 전반에 관한 권한을 갖게 되었다. 그는 한국의 실질적인 권력자가 되었다. 그로부터 11일 후인 1907년 7월 31일 밤에는 군대를 해산한다는 명령이 순종의 이름으로 하달되었다. 외신 *Herald Paris*는 일본이 군사적 위협을 가해 고종을 양위시킨 사실을 보도하면서 "황제에 대한 극심한 애정"을 가진 한국인의 "깊은 비통함"에도 주목했다.[99]

해산 군인들이 합류하면서 의병의 전투력은 강화되었다. 이인영(李麟榮; 1867-1909)과 이은찬(李殷瓚; 1878-1909) 등은 의병부대들의 연대(連帶)를 시도했다. 이인영은 각도 의병장들에게 단결하자는 취지의 격문을 돌리면서 서울과 경기 지역으로 진출할 것을 독려했고, 각국 영사관에도 공문을 보내서 의병들을 국제공법상의 전쟁 단체로 인정해 줄 것을 요구했으며, 해외 동포들에게도 격문을 보내서 단결과 적극적 지원을 호소했다. 경기도 양주에 모인 의병들(약 1만 명 추산) 중에는 양총을 소지한 약 3천 명의 해산 군인도 있었다. 1908년 정월에 군사장 허위(許蔿)는 선발대 300명을 이끌고 동대문 밖 30리 지점까지 진출했다. 그러나 의병과 일본군 사이에 큰 전투는 일어나지 않았다. 총대장 이인영이 부친의 부고를 이유로 진영에서 이탈한 이후에 서울진공작전은 유야무야(有耶無耶)되었다. 은신하던 이인영은 1909년 6월에 체포되어 처형되었다.[100] 약한 군율과 분열된 의병진(義兵陣)은 전투력이 우세한 일본군에게 각개 격파되었다. 주력부대를 격파한 일본군은 의병들의 저항 의지를 무너뜨리기 위해 학살에 버금가는 '남한대토벌작전'을 전개했다.[101] 1909년 9월부터 10월까지 약 두 달 간 진행된 의병과 일본군 사이의 전투에서 약 1만 8000명이 전사했다.[102] 의병들의 높은 항전 의지가 근대 무기로 무장한 일본 군대를 격파할 수 없었다. 김구도 그러한 의병부대의 사정을 안타까워했다. 이때 그는 냉정한 정치적 현실주의자로서 "의로운 분노"만으로는 전쟁에서 이길 수 없다는 것을 직시했다.

1905년(乙巳)에 이른바 신조약이 체결되었다. 지사들은 사방에서 나라를 구할 방법을 찾고, 산림학자들은 의병을 일으켰다. 경기·충청·경성·황해·강원 등지에서 전쟁이 계속되어 동에서 패하면 서에서 일어나고 서에서 패하면 동에서 일어났다. 그러나 허위·이강년·최익현·신돌석·연기우·홍범석·이범윤·강기동·민긍호·류인석·이진룡·우동선 등은 군사 지식 없이 단지 하늘을 찌를 듯한 의로운 분노만으로 군사를 일으켜 도처에서 실패했다.103)

평민이 의병진에 다수 참여했지만, 의병의 리더들은 대부분 유생이었다. 또 의병장들은 대체로 근왕적 성향을 지니고 있었다.104) 그러나 의병은 단순하게 '위로부터의 밀지(密旨)'에 의해서만 움직인 것은 아니었다. 박은식의 지적처럼, "민군(民軍)"의 주도 세력인 '유림(儒林)과 군인'은 "국가가 위급할 때에 즉각 의(義)로써 분기하여 조정의 징발령을 기다리지 않고 종군하여 적개(敵愾)하는 사람"이었다. 박은식은 척사유림으로 유명한 최익현을 비롯하여, 이인영·민긍호·이은찬·허위 등 여러 의병장들의 활약상을 자세하게 기술했다.

······ 조선에 들어와서는 선조 때에 왜구에게 짓밟힘이 8년이나 되었

다. 그런데 혹은 유림이, 혹은 향신(鄕紳)이, 혹은 승려붙이들이 다 초야에서 분기하였으니, …… 오직 충의의 격려로써 오합(烏合)하여 결사항전하였다. …… 수훈(殊勳)과 고절(高節)은 일월처럼 밝게 빛나며 강상을 부식(扶植)하고 영토를 회복하는 데 크게 기여했다. 그러므로 의병은 우리 민족의 국수(國粹)이다. …… 대체로 말해서 보호늑약이 있은 이후로 4, 5인의 적신(賊臣)과 일진회의 난당을 제외한 모든 국민은 결사 반항하였다. 그 중에서 가장 격렬했던 의병에 유림과 해산 군인들이 많았다. …… 의병이라는 것은 독립운동의 도화선이다. 만약 성패로써 논한다면 식견이 천박한 것이다.105)

박은식의 지적대로 의병진에서 유림의 역할이 컸던 것은 — 1896년 을미의병부터 정미의병 때까지 — 양반 사대부의 나라 한국이 붕괴되는 상황에서 어쩌면 지극히 당연한 일이었다. 성리학 이념이 투철한 화서 이항로와 노사 기정진 문파의 인물들이 의병장으로 많이 활약한 것 역시 화이론(華夷論)의 세계가 붕괴되는 것에 대한 저항이었다. 화서파의 일원인 류인석은 망명까지 해서 의병활동을 이어갔고(그러나 류인석은 화이론의 세계에서 벗어나지 않았다), 또 이상설 등 고종 측근 관료들과 협력하여 1910년대 초반 독립운동 과정에 뚜렷한 족적을 남겼다.106)

이러한 항일전선에서 최고의 절정은 1909년 10월 26일 상오 9시 30분에 하얼빈역에서 있었던 안중근(安重根; 1879-1910)의 이토 히로부미 저격이었다. 그런데 적의 최고 지도자 사살은 침략과 그에 대한 복수의 악전을 멈추고 두 나라의 평화 공존을 위한 행동이었다. 그는 1907년 정미7조약 이후 북간도로 건너가서 북간도 관리사였던 이범윤(李範允)과 함께 의병부대를 결성했다. "그때 김두성(金斗星)과 이범윤(李範允) 등이 모두 함께 의병을 일으켰는데, 그 사람들은 전일에 이미 총독과 대장으로 피임된 이들이요, 나는 참모중장으로 임명되어 의병과 무기 등을 비밀히 수송하여 두만강 근처에서 모인 다음 큰일을 모의했다."107) 안중근은 "그때 여러 의병장들을 거느리고 부대를 나누어 출발하여 두만강을 건너니 때는 1908년 6월이었다. 낮에는 숨고 밤길을 걸어 함경북도에 이르러 일본 군인과 몇 차례 충돌하여 피차간에 혹은 죽고 상하고 혹은 사로잡힌 자도 있었다." 안중근이 일본군 포로를 풀어주려고 하자 부대원들이 이의를 제기했다. "저 적들은 우리를 사로잡으면 남김없이 참혹하게 죽일 것입니다. 또 우리들은 적을 죽일 목적으로 이곳에 와서 풍찬노숙(風餐露宿)해 가면서 애써 사로잡았는데 놈들을 몽땅 놓아 보낸다면 우리의 목적이 무엇입니까?"108) 그들의 문제 제기는 정당한 것이었지만, 안중근은 눈앞의 전과(戰果)보다 국권 회복이란 장기적 목표를 달성하기 위한 전쟁의 태도를 생각했다. 안중근은 '약한 것'으로 '강한 것'을 이기고 '어진 것'으로 '악한 것'을 이기는 방법을 설명하면서 병사들을 위무했다.

적들이 그렇게 폭행을 일삼는 것은 하느님과 사람들이 다 함께 노하는 것인데, 이제 우리마저 야만의 행동을 하고자 하는가. 또 일본의 4천만 인구를 모두 다 죽인 뒤에 국권을 도로 회복하려는 계획인가? 저쪽을 알고 나를 알면 백 번 싸워 백 번 이기는 것이다. 이제 우리는 약하고 저들은 강하니 악전(惡戰)할 수는 없다. 뿐만 아니라 충성된 행동과 의로운 거사로써 이토의 포악한 정략을 성토하여 세계에 널리 알려서 열강의 동정을 얻은 다음에라야 한을 풀고 국권을 회복할 수 있다. 그것이 이른바 약한 것으로 강한 것을 물리치고 어진 것으로써 악한 것을 대적하는 방법이다. 그대들은 부디 여러 말들을 하지 말라.109)

안중근은 포로로 잡힌 일본군과 장사치들을 풀어주면서 다음과 같이 당부했다.110)

너희는 모두 일본의 신민들인데 왜 천황의 거룩한 뜻을 받들지 않고, 또 일러전쟁을 시작할 때 선전포고문에 동양평화를 유지하고 대한독립을 굳건히 한다 해 놓고는 오늘에 와서 이렇게 다투고 침략하니 이것을 평화 독립이라고 할 수 있겠느냐. 이것이 역적 강도가 아니고 무엇이냐?

이에 대해 일본군 포로들은 아래와 같이 대답했다.111)

이것은 모두 이토의 잘못 때문입니다. 천황의 거룩한 뜻을 받들지 않고 제 마음대로 권세를 주물러서 일본과 한국 두 나라 사이에 귀중한 생명을 무수히 죽게 하고, 저는 편안히 누워 복을 부리고 있으므로 우리도 분개한 마음이 있건마는 사세가 어찌할 수 없어 이 지경에까지 이르렀습니다.

일본군 포로들은 자신들의 생사여탈권을 쥐고 있는 안중근의 질문에 장단을 잘 맞추었을 가능성이 있다. 그러나 그들의 대답보다 더 중요한 것은 전투에 임하는 안중근의 태도였다. 그는 포로들을 풀어주면서 "그 같은 난신적자(亂臣賊子)를 쓸어버리면, 그러한 자가 10명이 되기 전에 동양평화를 꾀할 수 있다"는 덕담을 건넸다. 안중근은 그들에게 총포까지 돌려주면서, "뒷날에도 사로잡혔던 이야기를 결코 입 밖에 내지 말고 삼가 큰일을 꾀하라"고 당부했다.112) "난신적자"를 저격하는 일에는 한국인과 일본인의 구별이 없고, 이토 제거는 이웃 나라 사이에 '의(誼)'를 지키고 '동양평화'의 신의를 지키는 일이었다.

안중근도 동양평화를 위해 일본을 지지한 적이 있었다. 그와 이범윤의 대화 기록에서 그것을 확인할 수 있다. 러일전쟁 전에 북간도 관리사에 임명된 이범윤은 러일전쟁에서 러시아 병정이 패전하고 돌아갈 적에 그들과 함께 러시아 영토로 이주해서 그때까지 그곳에 살고 있었다. 그는 이범윤을 블라디보스토크에서 만났다.113)

이때 일본이 동양의 대의(大義)를 들어 동양평화와 대한의 독립을 굳건히 할 뜻을 가지고 세계에 선언한 뒤에 러시아를 친 것이라. 그것은 하늘의 뜻을 순응한 것이므로 다행히 크게 승첩한 것입니다.

그러나 그는 다시 "하늘의 뜻에 순응하는 것"은 "다시 의병을 일으켜 일본을 치는" 것이라고 주장했다. 그 이유는 "이토 히로부미가 그 공을 믿고 망령되이 건방지게 눈앞에 아무도 없는 듯이 교만하고 극악해져서 위로 임금을 속이고 백성들을 함부로 죽이며 이웃 나라와의 의(誼)를 끊고 세계의 신의를 저버리니, 그야말로 하늘을 반역하는 것"이기 때문이었다. 의형제를 맺은 엄인섭(嚴仁燮)·김기룡(金起龍)과 함께 안중근은 연해주 일대를 돌아다니면서 한국인을 만나서 한국이 처한 현실과 신의를 저버린 일본의 실태를 알리고 함께 행동할 것을 촉구했다.114) 안중근의 태도는 위에서 언급한 1907년 헤이그밀사단의 「공고사」(1) 정신을 계승한 것이었고, 1910년 성명회의 「선언서」(2)와 1919년 3·1운동의 「선언서」(3)의 정신에 연결되었다.

(1) 공고사: 헤이그 만국평화회의 대표 자격으로 대한제국 황제폐하에 의해 특파된, 전 부총리대신[議政府參贊] 이상설, 전 평리원(平理院) 예심판사 이준, 성 페테르부르크 주재 대한제국공사관 전 서기관 이위종은 우리나라 독립이 여러 강국에 의해 1884년에 보장되고 승인되었음을 각국 대표 여러분에게 알려드림을 영광으로 생각합니다. 그뿐만 아니라 우리나라 독립은 여러분의 나라에서 지금까지 인정하여 왔습니다. 1905년 11월 17일, 이상설은 당시 부총리대신으로 있었기 까닭에 일본이 국제법을 무시하고 무력으로 우리나라와 여러분들의 나라 사이에 당시까지 유지되고 있던 우호적인 외교관계를 우리에게서 강제로 단절케 한 일본의 음모를 목격하였던 것입니다. …… 일본의 이러한 간교가 우리나라와 우방 국가 사이에 지금까지 존재하는 우호적인 외교관계를 단절케 하고 항구적인 극동평화를 위협하게 되는 것을 한국이 독립국가로서 어떻게 용납할 수 있겠습니까?115)

1910년 8월 23일. 블라디보스토크 신한촌에서 '성명회(聖明會)'가 조직되었다. 한일병합조약 전문이 도착하자, 이상설·최재형·김학만·류인석 등은 블라디보스토크의 한인학교에서 모임을 갖고「선언서」(8,624명이 연대서명)를 작성했다. 그들은「선언서」를 일본과 미국 정부에 보냈다. 미국 국무성 관리는 이「선언서」에, "지지보호(protect)와 방위(save)를 청했다"라는 메모를 붙여 영구 보관하게 하였다.116) 그 요지는 미국이 국제법에 따라 판단하고, 정의와 휴머니티의 원칙에 의해 행동하여, 조약을 위반하고 평화를 해치는 한국병합을 저지해 달라는 것이었다.

(2) 선언서: 일본은 1876년에 조선과 우호조약을 체결했습니다. 이 조약에 의하면 조선은 독립국가로 인정되고, 일본과 같은 권리를 갖고 있습니다. 이 조약과 유사한 조약들이 다른 나라들과도 계속 체결되었습니다. 청일전쟁과 러일전쟁 동안 일본은 한국의 독립을 보호하겠다고 선언했습니다. 일본인이면 누구나 되풀이해 온 이 선언은 모든 나라에 알려져서 모든 나라는 일본이 조약들에 의해 모든 방법으로 극동의 평화를 유지하고 일본이 약속들을 파기하지 않고 있는 것으로 알아 왔습니다. 그러나 일본은 약속들을 지키지 않았을 뿐만 아니라, 일본의 행위는 불법적이고 독단적이며 불성실한 것이었습니다. …… 일본의 행동은 국제법을 유린하는 것이며 배신과 잔인의 낙인이 찍힌 것이었습니다. …… 우리는 다시 한 번 귀국 정부가 한국의 이 특수한 사정을 국제법에 의해 판단하고, 정의와 휴머니티의 원칙에 의해 행동하며,

일본에 의한 한국병합을 반대할 것을 청하는 바입니다. 한국인은 힘으로 빼앗으려는 행위를 귀국 정부가 존중하도록 하거나, 20세기 초에 그런 범죄가 문명의 역사를 말살하려는 것을 귀국 정부는 용납하지 않으리라고 감히 희망하는 바입니다. ……117)

일본의 '신의 없음'을 비판하고 그 잘못을 바로잡아서 동양평화를 이룩하기 위한 '조선 독립' 주장은 1919년 3·1운동 때의 「선언서」에도 분명하게 제기되었다.

(3) 선언서: 우리는 일본이 1876년 강화도조약 뒤에 갖가지 약속을 지키지 않았다고 해서 일본을 믿을 수 없다고 비난하는 게 아니다. …… 우리는 단지, 낡은 생각과 낡은 세력에 사로잡힌 일본 정치인들이 공명심으로 희생시킨 불합리한 현실을 바로잡아, 자연스럽고 올바른 세상으로 되돌리려는 것이다. …… 오늘 우리 조선의 독립은 조선인이 정당한 번영을 이루게 하는 것인 동시에, 일본이 잘못된 길에서 빠져나와 동양에 대한 책임을 다하게 하는 것이다. 또 중국이 일본에 땅을 빼앗길 것이라는 불안과 두려움으로부터 벗어나게 하는 것이며, 세계 평화와 인류 행복의 중요한 부분인 동양 평화를 이룰 발판을 마련하는 것이다. 조선의 독립이 어찌 사소한 감정의 문제인가!118)

일국적 차원의 항일운동이면서 보편적 차원의 평화운동은 안중근의 거사 이래 한국 민족운동의 두드러진 특징이 되었다.

3. 1907년: 신민(新民)의 대두

1905년 11월 17일부터 1919년 3·1운동까지 약 15년은 대한제국의 소멸과 대한민국의 생성이 동시에 진행된 시기였다. 이 사이에 국제질서는 세력균형에 입각한 양자관계에서 집단안보에 입각한 다자관계로 전환되고 있었다.119) 소멸 과정에서 두 세력이 밤하늘에 떨어지는 유성(流星)처럼 빛을 발했다. 하나는 의병전쟁을 이끈 양반 사대부였다. 이들은 지역(locality) 즉 향촌(鄕村) 사회에 거주하면서 농업을 기반으로 하는 조선왕조 사회를 떠받치는 사회 세력이었다. 다른 하나는 외교적 대응이었던 헤이그밀사 파견 사업을 기획하고, 또 무력전을 위한 해외 독립운동 기지 건설을 주도한 서울의 경화사족이었다. 경화사족의 일부였던 개화파가 갑오정권의 붕괴와 함께 그 역사적 역할을 마감했고, 대부분의 경화사족은 일본의 한국 침략에 저항하지 않았지만, 소수의 경화사족은 국권회복을 위한 항일운동의 토대를 쌓았다.

서울 양반 출신 독립운동가들은 서북을 포함한 다른 지역의 인사들과 융합하면서 신민(新民)으로 전환되어 갔다. 신분제적인 신민(臣民)에서 탈신분제적인 근대적 국민(國民)이 된 그들은 대한제국이 대한민국으로 넘어가는 징검다리가 되었다. 새로운 신민(新民)의 원천에는 세 가지 연원이 있었다.

첫째는 미국에서 들어온 근대문명 즉 기독교였다. 강화도조약 이후 중국과 일본 사이에 있었던 조선왕조 정부는 외부의 압력을 분산시키기 위해서 미국과의 교섭을 적극적으로 추진했다. 일본을 경유한 근대문명의 압력이 증대되는 와중에서도 미국을 경유해서 들어오는 근대문명에 대한 수요는 꾸준하게 증가했다. 1882년의 조미수호조약 체결, 1883년 보빙사 파견, 그리고 그 이후에 기독교 선교사업이 잇달아 일어났다. 미국과 기독교에 대한 우호적 분위기는 한국에서 기독교 신도와 교회 숫자가 빠르게 증가하는 배경이 되었다.120) 박은식은 『한국독립운동지혈사』에서 기독교의 급속한 성장 추세에 주목했다. "기독교는 우리나라에 들어와서 비상한 발전을 보였다. 서력 1904년으로부터 6년 동안에 신도가 갑자기 수십 만이나 증가하였으니, 이는 세계의 교회가 함께 경탄하는 바이다. 일본인이 이들을 가리켜 '배일파'라 하고 은연중 하나의 적처럼 여긴다."121)

둘째는 독립협회와 대한제국의 출범이었다. 아관파천을 통해 권력을 되찾은 고종은 왕에서 황제로 스스로 그 위상을 높였고, 국호도 '조선'에서 '대한국'으로 바꾸었다. 독립협회 활동에는 중국으로부터의 '독립'에 대한 국민의 정치적 열망이 반영되어 있었다. 관(官)과 민(民)이 협력하여 새로운 국가를 만들려는 정치적 기획이 진행되는 과정에서 신민의 주축이 되는 이승만·전덕기(全德基; 1875-1914)·이준·안창호·양기탁(梁起鐸; 1871-1938)·이동녕·정순만(鄭淳萬; 1873-1911) 등의 활동가들이 등장했다. 독립협회와 대한제국은 쌍생아였다.

셋째, 기독교 교회를 거점으로 한 국권회복 운동이다. 기독교 교회는 1905년의 을사보호조약 반대 운동과 1919년 3·1운동 등 주요한 민족운동의 기지가 되었다. 특히 1905년부터 1907년 사이에 상동교회(尙同敎會)에는 항일운동의 지도적 역할을 한 기독교 인사들이 모여들었다.

이승만·전덕기·정순만 등은 독립협회 활동과 기독교 세계를 경유하면서 새로운 리더로 부상한 인물들이었다. 이회영과 이시영 형제는 당대를 대표하는 세도가문인 경주이씨의 일원이었다. 이들은 거리에서의 상소운동(을사보호조약 폐기 운동), 외교전(헤이그밀사단 파견), 그리고 무력전(해외 독립운동 기지 건설)을 추진하면서 민족운동의 구심점이 되었다. 상동교회는 세 가지 원류(源流) – 기독교·경화사족·독립협회 활동기에 성장한 엘리트들 – 가 모이는 합류 지점이었다.

1) 기독교 선교와 고종

기독교는 천주교와 달리 유교국가 조선왕조에서 별다른 탄압을 받지 않았고 오히려 후원을 받는 경우가 많았다. 선교사 게일(Gale)은 19세기 말에 그러한 상황을 다음과 같이 설명했다.

> 조선은 지난 12년이라는 짧은 기간 동안 …… 같은 기간 일본에서는 기독교인 열 명을 만드는 데 그쳤고, 중국에서는 그 열 명을 만드는 데 거의 40년이 걸렸지만, 지금 조선에는 천 명이 넘는 기독교인이 있다. 이렇듯 용기 있는 사람들이 목숨을 바친 것이 결코 헛되지 않았음을 조선도 응답하여 보여준 것이다.[122]

정동제일교회에 있는 아펜젤러박물관에도 그 환대에 대한 한 선교사의 소감이 잘 나타난 「선교보고서」가 있다.

우리가 조선에 도착하여 보니 이 나라에 기독교 사업을 위한 문이 열려 있었다. 여러분도 아시다시피 몇 해 전만 하여도 조선정부는 그 영토로부터 모든 외국인을 과감히 추방하였고 기독교에 대해 적대시하였다. 그러나 지난 몇 해 사이에 조선정부는 감정을 초월하여 우호적인 변화를 가져와 지금은 이 나라에 외국인의 입국을 허락하고 있다. 현재에 이르기까지 여러 가지 난관이 있었던 것은 사실이다. 그러나 그 길은 충분히 개방되어 선교사들은 조선인을 복음화하기 위하여 무엇이나 할 수 있게 되었다("M. E. North Report for 1884").

1883년 미국에 파견된 보빙사는 기독교 전래의 단초를 열었다. 보빙사 절단장 민영익과 볼티모아 제일교회 가우처(John. F. Goucher)의 만남 이후, 미 감리회 해외 선교부는 한국에 관심을 갖기 시작했다.[123] 1884년 6월 24일 서울에 도착한 선교사 맥클레이(Robert. S. Maclay)는 일본에서 교류했던 김옥균을 통해 그들의 청원서를 제출했다. 고종은 "학교와 병원 설립"이란 단서를 달았지만 실질적으로 기독교의 선교를 허용했다. 교회사가들은 이를 '선교 윤허'라고 한다.[124] 유교국가 조선왕조는 공식적이지는 않지만, 실질적으로 선교사들을 환대했다. 맥클레이는 기독교 선교에 대해 "한국정부가 반대하지 않는다"라는 확신을 갖게 되었다.[125]

아펜젤러(Henry G. Appenzeller) 부부는 1885년 4월 5일에 도착했으나 시국 상황 때문에 다시 일본 나가사키로 돌아갔고, 함께 온 미혼인 장로교 선교사 언더우드(Horace Grant Underwood; 元杜尤, 1859-1916)는 서울로 갔다. 스크랜튼(William B. Scranton; 施蘭敦, 1856-1922)은 2진으로

5월 3일에 인천에 도착했고, 그로부터 약 한 달 후인 6월 11일에 아펜젤러 부부와 스크랜튼 가족이 도착했다.126) 1885년 9월부터 스크랜튼은 정동 33번지(현재 정동제일교회 사회문화관 자리)의 큰 기와집에서 환자들을 치료하기 시작했다. 그다음 해 6월 15일은 인근 정동 34번지를 더한 대지에 병원을 신축했다.127) 같은 해에 아펜젤러와 스크랜튼은 정동 일대에서 배재와 이화 학교의 문을 열었다. 1887년 3월 14일에 아펜젤러의 학교는 고종으로부터 '배재학당(培材學堂)'이란 사액현판(賜額懸板)을 받았다. 이보다 먼저 고종은 스크랜튼이 세운 학교와 병원에 '배꽃학교터'와 '시병원(施病院)'이라는 이름을 보내주었다. 1887년 여름에는 '벧엘128)예배당'(후일 정동제일교회)이 마련되었다. 그들은 한국에 온 지 2년 만에 서울에 교회를 설립했다.129)

기독교 선교의 출발점인 1885년부터 약 3개년에 걸쳐서 기독교계 병원·학교·교회 등이 설립되었다. 선교기지가 외교의 중심가이자 새로운 서양문물이 들어오는 창구인 정동에, 그리고 왕이 거처하는 궁궐 바로 옆에 들어섰다. 조선인 역시 그들이 세운 병원과 학교를 환영했다.130) 1882년에 조미수호통상조약이 체결된 이래 조선왕조정부는 "독립과 급속한 발전을 위하여 미국 세력에 최대의 희망을 걸고 있었다."131) 미국도 조선이 자신들에 대해 큰 기대를 걸고 있다는 것을 알고 있었지만, 그에 따른 별다른 정책을 추진하지는 않았다.

서울에서 감리교회는 아펜젤러의 정동교회(1887)와 스크랜튼의 상동교회(1888)를 위시해서 아현교회(1888)와 동대문교회(1889)가 잇달아 설립되었다. 미국의 남감리교는 북감리교보다 10년 늦게 한국에 왔다.[132] 먼저 진출한 북감리교는 남감리교의 선교사업을 지원했다. 초기 기독교는 감리교와 장로교 모두 경기도와 평안도를 거점으로 해서 전국적으로 확산되었다. 교회는 미국이라는 외피가 있는 장소이면서 기독교라는 서구 문명이 들어오는 통로였다. 조미수호통상조약(전문 14개조)의 1조는 "제3국이 한쪽 정부에 부당하게 또는 억압적으로 행동할 때에는 다른 한쪽 정부는 원만한 타결을 위해 주선을 한다"고 되어 있다. 미국은 의지만 있으면 조선을 외교적으로 지원할 수 있는 조약상의 권리를 갖고 있었지만, 그러한 권리를 행사할 뜻이 없었다. 그러나 기독교는 19세기 말 20세기 초에 조선왕조 - 서구문명 - 민족운동 - 시민사회를 연결하는 역할을 맡게 되었다. 1897년 『독립신문』이 전하는 배재학당 방학식 풍경은 기독교의 충격으로 한국 사회에 변화가 일어난 전형적인 사례였다.

2) 독립협회와 대한제국

이 달 팔일 오후 세 시에 배재학당 방학 예식을 정동 새 예배당에서 행하는데 조선 국기와 미국 국기를 높이 세웠으며 각색 화초로 양국 국기 아래 단장하고 좋은 병풍을 둘러쳤는데, 조선 각부 대신 이하 모든 관인들과 외국 공사·영사와 외국 교사와 신사와 외국 부인들과 조선 영어 학원들과 구경하는 사람들이 모두 모여 차례로 좌정하였는데 제일은 처음에 문학 시강이라 교사들과 여러 학원들이 일제히 독립가를 부르고 둘째 번에 기도를 하고 셋째 번에 학원의 한문 시험을 하는데 …… 넷째 번에 영문 시험을 하는데 신흥우가 거리낌이 없이 한문보다 오히려 더 순통을 하니 좌상이 다 크게 칭찬을 하더라 다섯째는 또 교사와 학원들이 하나님을 사랑하여 노래를 하고 여섯째는 또 영문 시험을 하는데 송언용이가 순통을 하니 좌상이 또한 크게 칭찬하더라 일곱째는 공과 연습인데 이승만이가 영어로 조선 독립 문제로 연설을 하는데 뜻이 훌륭하고 영어로 알아듣게 하여 외국 사람들이 매우 칭찬들 하더라 …… 제이는 처음에 협성회를 개회하는데 회장 양홍묵 씨가 협성회 대지를 말한 후에 문제가 나기를 동양 제국이 부득불 태서(泰西) 개화를 채용할 때를 당하였다 한즉 회원 중에 김홍경·문경호 양씨는 쟁론하기를 가하다고 연의(演義)를 하고 노병선·한의동 양씨는 쟁론하기를 불가하다고 연의를 하는데 그 가하다 하는 연의와 불가하다 하는 연의가 모두 유리(有理)하여 깊이 든 잠들을 깰 만하더라 …… 셋째는 학부대신 민종묵 씨가 협성회를 위하여 진보하라고 권설(捲舌)을 매우 유리하게 하니 좌중이 다 듣고 감사히 여기더라 …… 그다음에 회중에서 모두 애국가를 부르며 길기더니 다시 배재학당 동산으로 처소를 옮겨 내외국 손님들에게 다과례를 행하며 학원들 체조를 다한 후에 일기가 저물어지니 손님들이 각기 흡족히 여기고 돌아가더라.133)(방점
—인용자)

기독교 교회(정동제일교회)에 조선과 미국의 국기가 나란히 걸려 있고 고위 관리들과 외교관들을 포함한 외국인들이 한자리에 모였다. 자신의 실력을 뽐낸 이승만·신흥우·양경복·노병선 등은 약 1년 후에 전개되는 만민공동회를 이끄는 활동가들이 되었다. 이러한 정동의 모습은 미국

을 유인한 고종의 개화정책 효과가 나타난 것이었다.

개화파 대 민씨척족, 독립협회·만민공동회 대 광무정권의 대립을 개화 대 수구(守舊) 혹은 진보 대 수구로 설정하는 역사상은 오래전부터 확립되어 있었다.134) 신용하는 『독립협회연구』(일조각, 1976)에서 독립협회와 광무정권의 갈등을 진보 대 수구의 대립으로 평가했다. 그에 의하면 독립협회·만민공동회는 외세의 이권침탈을 반대하고 상원을 설립하여 전제군주제에서 입헌군주제로 전환하려고 시도한 진보세력이었다. 그들의 이념적 목표는 시민적 민족주의였고, 그것을 실현하기 위한 강령은 자주독립·자유민권·개화자강을 지향했다. 1898년에 그들을 탄압한 광무정권은 수구세력이 되었다.

그러나 독립협회의 부회장을 지냈던 윤치호의 관점으로 만민공동회 탄압 상황을 다시 들여다보면 진보 대 수구의 구분이 과연 적절한지 의문이 든다. 이승만의 청년 시절을 연구한 이정식은 윤치호의 그러한 시각을 포착했다.135) 윤치호는 독립협회 회원들이 일본에 망명 중인 박영효의 송환 문제에 관여하는 것을 우려했다. "이 달(12월) 16일에 최정덕(崔正德)·이승만 등 급진파(radicals) 한두 명이 명백히 이건호(李健鎬) 등의 자문을 받아 중추원에서 박영효의 소환을 정부에 요구했다! 이런 일을 저지르고 그들은 살길을 찾기 위해 그 어리석은 행동을 지지하도록 만민공동회를 설득하였다." 반역자로서 망명 중인 박영효가 중추원에서 천거한 각료 11명 안에 들어간 것은, 급진파가 광무정권, 특히 고종의 정치적 위상을 전혀 고려하지 않은 "어리석은 행동"이었다. 독립협회의 일부는 윤치호의 우려에 동조했지만, 그들의 의견은 각하되었다. 이승만과 최정덕 같은 급진파(radicals)들은 투석꾼을 동원하여 보부상을 공격하자는 결정을 내리기도 했다. 이 일은 윤치호의 반대로 실행되지는 못했지만, 전체적인 일은 그들이 주도해 갔다. 윤치호의 우려대로 대중의 정서는 박영효 문제 때문에 독립협회와 만민공동회에 등을 돌렸다. 대중에게 박영효는 "최대의 반역자(archtraitor)"였고, 그를 데려오려는 "대중 지도자들"은 "반역자(traitor)"가 되었다. "대중의 우호적인 여론 때문에 존재했던 만민공동회는 대중의 공감을 상실함으로써 결국 실패했다."

"지난 12개월 동안 박영효의 이름을 공개적으로 언급하는" 것을 반대해 왔던 윤치호에게 급진파들의 행동은 지나치게 과격한 것이었다. 만민공동회의 대표 역할을 하기도 했던 고영근이 정부 대표인 민영기와 식사도 하지 않으려는 태도에 대해, 그는 이렇게 기록했다.

> 고영근의 행동이 마음에 들지 않는다. 그는 개인의 작은 상처에는 분개하지만 대사(大事)에는 관심이 없는, 전형적인 조선인처럼 행동했다. 만민회의 회장직이 고영근을 망쳐버린 것 같다.[136]

윤치호 역시 고종이 권좌에서 내려와야 한다는 생각을 하고 있었지만 당장은 그러한 일이 불가능하다고 생각했을 뿐이었다.[137]

1898년 12월 23일에서 1899년 1월 2일 사이에 박영효 사태에 관련된 중추원 의원들이 파면되었는데, 그 중에는 이승만도 포함되어 있었다.[138] 그는 박영효와 공모하여 고종을 폐위시키고 공화정부를 세우려한다는 혐의로 기소되었다.139) 이승만은 전덕기·박용만·정순만 들과 함께 청년회의 이름으로 황위를 황태자에게 넘겨야 한다는 격문을 만들어 서울 장안에 뿌렸다고 한다.140) 치외법권이 적용되는 미국인 지역 배재학당에 피신해 있던 이승만은 미국인 의사 셔먼(H. C. Sheman)과 함께 학교를 나섰다가 체포되었다.141) 이정식에 의하면 "급진주의자들의 맹용은 민중을 격분시키는 데에는 크게 기여하였지만 그들의 박영효에 대한 무분별한 요구는 사태를 파국으로 이끌었다."142) 청년 이승만은 "성급하고 조심성 없는 정열적인 인물"이었지만 '20대 청년의 업적'은 "놀랄 만한 것"이었다. 이정식은 그의 심리가 형성된 배경을 다음과 같이 추정했다. 그의 "배재학당 시절의 성과, 신문사에서 얻은 명성, 그리고 군중집회에서의 군중에 대한 지도력 발휘가 그를 들뜨게 만들었는지도 모른다."143) 신용하의 시선은 다른 지점을 향했다. "박영효 및 3명의 보수주의자가 포함된 11명은 가장 애국적이고 능력 있는 사람들이며, 그들이 한국을 더 나은 방향으로 이끌었을" 것이다. 11명은 민영준·민영환·이중하·박정양·한규설·윤치호·김종한·박영효·서재필·최익현·윤용구였다.

　독립협회는 이 11명으로 강력하고 유능한 신자강(新自强) 내각을 수립하고 중추원을 불만족스러우나 의회로 활용하여 사실상 전제군주체제를 입헌대의군주체제로 전환시켜가면서 강력한 내정개혁을 단행하여 독립의 기초를 확고히 하려고 한 것이었다. 만일 고종이 중추원의 이재기가감자(材器可堪者; 재주와 기량이 감당할 만한 사람) 11명의 공천을 받아들여 신자강 내각을 수립한다면, …… 만민공동회는 즉각 자발적으로 해산될 뿐만 아니라 도리어 만민공동회에 의하여 대표되는 민중의 강력한 지지를 받아 짧은 시간에 서정쇄신(대경장개혁)이 이룩될 수 있었을 것이며, 자주독립을 굳게 지킬 뿐 아니라, 나라의 앞날에 큰 서광이 약속될 수 있는 것이었다. 따라서 중추원의 11명 재기가갑자 공천은 고종에게 중요한 결단을 요청한 것이었다고 볼 수 있다."[144]

그러나 신용하의 분석은 독립협회·만민공동회에 깊게 관여한 윤치호의 우려와 거리가 있는 것이고, 독립협회·『대한매일신보』·대한민국임시정부에 참여한 박은식의 진단과도 달랐다. "조급함"은 독립협회 개혁의 실패 원인이었다. 박은식에 의하면 "평등주의"와 같은 새로운 문명의 흐름이 생긴 것은 독립협회와 『독립신문』을 수립하고 운영했던 서재필과 배재학당을 설립한 선교사 아펜젤러의 덕택이었다.

이 무렵 미국 선교사 아펜젤러가 한성에서 배재학당을 개설하여 청년을 교육했는데 윤치호·이승만·안창호 등이 모두 이 학당 출신으로 애국사상이 투철했다. 서재필이 미국으로 떠난 뒤에 이승만 등이 계속하여 동지와 함께 죽기를 맹세하고 독립을 위해 노력했으므로 일시 애국지사가 호응하여 독립협회의 세력이 떠오르는 해와 같았으나 그 실행방법이 너무 급진적으로 정치를 혁신하고 정부를 전복하고자 했으므로 정부와 마찰이 생겼다. …… (생각건대) 우리나라 민중 단체 가운데 유력한 것이 세 가지 있는데, 갑오년(1894)의 동학당과 정유년(1897)의 독립협회, 갑진년(1904)의 일진회가 그것이다. 동학의 횡포함과 일진회의 매국 행위는 거론할 필요가 없지만, 단지 독립협회는 유식한 신사의 조직이며 그 정신도 본받을 만한 것으로서 그 실패는 우리 민족이 통탄해 마지 않는 바이다. 그러나 독립협회가 지식의 기초도 유치하고 조잡함을 면치 못하여 허영에 급하고 함부로 날뛰었으니 어찌 성공을 바라겠는가.145)(방점—인용자)

대한제국과 독립협회·만민공동회는 그렇게 격렬하게 대립할 관계는 아니었다. 이태진은 독립협회의 수립과 활동을 고종이 주도하는 왕정체제의 이념과 연결시켰다. 독립협회는 1896년 7월 2일 독립문과 독립공원 창설을 위한 고급관료 클럽으로 창설되었고, 독립문 건설은 서울 즉 왕도의 재건과 연계되어 있었다. 독립문은 경운궁과 함께 새로운 상징이 되었다. 경운궁의 대안문 앞에는 방사상 도로가 났고, 확장된 운종가(종로)와 남대문로 위에는 전차가 달렸다.146) 독립문·궁궐·도로와 전차는 세 가지, 즉 외국(특히 중국)으로부터의 독립, 새로운 왕정, 왕실이 주도하는 근대화 프로젝트를 상징하는 것이 되었다.

그런데 독립협회와 고종은 1898년 2월부터 갈등 관계로 들어갔다. 독립협회 내에서 반러시아 운동이 고조되었고, '한일제휴론'과 '아시아 연대론'도 주목을 받았다. 시베리아철도 완공은 아시아인들에게 두려움을 주기에 충분한 외적인 변수였다. 반러시아 운동을 이끈 리더들은 의회 개설과 정치개혁을 적극적으로 요구했다. 그들이 만민공동회를 주도하는 형세였다. 그러한 급진파와 관련이 깊었던 안경수(安駉壽;

1853-1900)는 고종의 양위 사건에 연루된 혐의로 1898년 7월에 일본으로 망명했다.

1895년의 역적 박영효와 1898년의 역적 안경수는 일본에서 서로 협력하는 관계가 되었다. 우여곡절을 겪으면서도 독립협회 · 만민공동회와 고종은 정치적 거래를 하면서 정치적 변화의 가능성을 모색했다. 그런데 이승만을 포함한 급진적인 인사들이 박영효 문제를 정치 이슈로 만들면서 양자의 관계는 파국으로 끝나고 말았다.[147] 그들이 대중적 지지를 얻을 수 있었던 것은 '반러시아'라는 공적 이슈 때문이었지만, 그들이 황제를 공격하는 순간 그들에 대한 대중적 지지는 급격하게 떨어졌다. 이러한 분위기를 이해하고 있던 윤치호는 급진파 행동을 우려했지만, 그들을 제어하지는 못했다. 급진파 안경수와 가깝다고 알려진 정교(鄭喬; 1856-1925)는 고종황제에 우호적인 독립협회의 분위기를 기록해 놓았다. 1898년 8월 3일에 독립협회에서 이용익을 고발하는 최정식이 "대황제" 관련 말을 꺼내려고 할 때, "회원들은 '규칙'이라고 크게 소리치며 곧바로 금지시켰다. 최정식은 끝내 그 이야기를 하지 못하고 물러났다."[148] 회원들에게 고종은 여러 정치인 가운데 한 사람이 아니었다.

『독립신문』의 사설「하의원은 급하지 않다」에는 '하의원'을 시기상조로 바라보는 이념적 한계가 있지만, 독립협회와 고종이 절충할 수 있는 아이디어가 들어 있었다. 이 글은 하의원 제도의 도입은 "백성에게 정권을 주는 것"이라는 인식을 분명하게 드러냈는데, 그 전에 "무식하면 한 사람이 다스리나 여러 사람이 다스리나 국정이 그르기는 마찬

가지"이기 때문에 "사사를 버리고 공무를 먼저 생각하는 큰 의리를 숭상하는 민국 정치"를 위해 "흡족한 교육"이 우선 필요하다는 것을 강조했다. 또한 이 글은 일본의 사례를 들어 제도 개혁의 점진주의를 강조했다.

또 일본 사람은 서양 개화를 모본하기 전에도 우리보다 백 배나 문명한 사람들이요 서양 정치와 풍속을 배우고 시작한 후에 주야로 힘써서 삼십 년 동안에 세계가 놀라게 진보하였으되, 명치 원년에 상하 의원을 배설하지 않고 겨우 명치 이십삼 년에서야 국회를 시작하고, 또 상하의원 설시하기 전에 오히려 미흡한 일이 있을까 하여 극히 총명한 위원들을 구미 각국에 파송하여 상하 의원의 제도와 장정과 사정을 자세히 관찰하여 채용하였으니, 일본으로도 이같이 삼가서 하의 원을 배설하였거늘, 우리는 외국 사람과 통상 교제한 후에 몇 해 동안에 배운 것이 지궐련 먹는 것 한 가지밖에는 없으니 무슨 염치로 하의원을 어느새 꿈이나 꾸리요. …… 안으로는 학교를 도처에 설시하여 젊은 사람들을 교육하며 또 밖으로는 학도를 구미 각국에 파송하여 유익한 학문을 배워다가 인민에 지식이 쾌히 열려 사오십 년 진보한 후에나 하의원을 생각하는 것이 온당하겠도다.[149]

이러한 의회관(議會觀)은 보통선거에 의해 선출되는 현재의 관점에서는 한계가 있으나, 전제정치를 견제할 수 있다는 측면에서는 의미가 있었다. 그들은 하의원 설치를 완전히 부정한 것이 아니라 의회주의의 단계적 발전을 주장한 것이었다. 어느 나라이건 처음부터 보통선거가 실시된 나라는 없다. 그들의 주장에는 또한 민중이 아니라 만민공동회를 주도하는 정치 엘리트들의 이해가 반영되었다. 독립협회가 추천하는 의원이 참여할 수 있게 된 중추원 관제 개정은 만민공동회의 요구와 고종의 전제정치가 타협한 하나의 사례였다.150)

그런데 급진파는 제도의 창설보다는 자신들의 세력 확장에 더 치중했다. 윤치호로 대표되는 온건파 계열과 안경수와 이승만으로 대표되는 급진파의 차이는 정치 이념이 아니었다. 전자는 온건한 방식의 점진적 정치개혁을 시도했고, 후자는 급진적인 방식의 소수의 관료들 - 개혁적 관료들에 의한 과두정치를 기획했다. 양자 모두 전제군주제 자체를 부정하지는 않았다. 후자가 추구한 정치적 목표는 일본과 유사했다. 메이지일본의 정치 엘리트들은 근대정치의 중심에 천황을 소환했지만 실제 정치에서는 번벌 출신의 소수 정치 엘리트가—예들 들어 이토 히로부미 · 이노우에 가오루 · 야마가타 아리토모 등—이끌어가는 과두정치 체제였다. 초기의 일본의회 역시 상층 지주들이 주도했다. '관료적 상업체제'의 조선왕조 · 대한제국의 수도인 서울에서 시민적 세력의 성장은 매우 미약했다. 농업사회이며 도시 발달이 저조한 상태에서 시민적 세력으로 성장할 부농(富農) 세력의 존재감은 거의 미미했다. 독립협회와 광무정권이 소수의 급진파를 제외한다면 양자는 매우 협력적 관계였다.

3) 상동교회와 상동파

　엡윗청년회(Epworth League)를 이끌던 전덕기는 이승만(초대교장)·박승규(부교장)·주시경(교사) 등과 더불어 스크랜튼 목사가 내준 집에서 상동청년학교를 운영했다.151) 스크랜튼 부인·남궁억·헐버트·장도빈·최남선·유일선·김창환·이필주·조성환 등이 참여한 교사진은 매우 우수했다. 이들은 대부분 배재학당의『협성회회보』발행과 관련하여 이승만과 친분이 있었고, 전덕기·주시경·남궁억 그리고 이승만은 독립협회에서 함께 활동한 동지였다.152)

　그런데 1904년 8월 7일에 출옥한 이승만이 한국을 떠나야만 하는 처지가 되면서 전덕기의 역할은 더 확대되었다.153) 이승만의 석방은 러시아와 일본 사이의 강화(講和)를 위한 포츠머스조약 때문이었다. 민영환과 한규설은 영어를 할 줄 아는 그에게 한국측 입장을 대변하는 임무를 맡겼다.154) 전덕기가 전국 엡윗청년연합회 모임과 상동청년학원을 지속적으로 운영하게 되면서, 상동교회는 민족운동의 주요 거점이 되었다.155) 스크랜튼은 정치적 부담 때문에 엡윗청년회를 해산시켰지만,156) 국권 상실을 막고 한국의 미래를 준비하려는 인사들은 상동교회에 모여들었다. 을사보호조약 폐기 운동은 중요한 전환점이었다. 독립협회에서 활동했던 정교(鄭喬)는 자신이 집필한『대한계년사(大韓季年史)』에서 상동교회의 역사적 역할에 대해 다음과 같이 전했다.157)

　　우리나라 예수교 교인 전덕기와 정순만 등이 신조약이 조인된 이후부터, 상정승동(尙政丞洞)에 있는 교회당 안에서 매일 모여, 오후 7시부터

9시까지 하느님께 나라를 위하는 기도를 드렸다. 수천 명에 달하는 남녀 교인들이 이 기도 모임에 참석했다.158)

그들은 단순하게 기도만 하지 않았다. 전덕기와 정순만은 교우(敎友)인 평안도 출신 장사 수십 명을 모아서 박제순 등 5적을 살해하려고 했고, 최재학과 이시영 등은 을사보호조약에 반대하는 상소를 격렬하게 하다가 일본 헌병들과 충돌했으며, 또 이기범·김하원·김홍식·차병수 등은 「우리 2천만 동포에게 경고하는 글」을 종로에서 살포했다.159) 이러한 일이 가능했던 것은 장로회·침례회·감리회의 기독교인들이 국가의 위기를 맞이하여 연합기도회를 열면서 힘을 결집했기 때문이었다. 『대한매일신보』는 그 상황을 다음과 같이 보도했다.

> 우리 대한 전국에, 서울과 시골에 있는 기독교도가 수십만에 이르렀노라. 그런 우리나라가 침몰해 멸망의 지경에 빠져드니 슬프고 마음이 아프기만 하도다. 사회가 영락해 쇠잔해 가는 것이 걱정스럽고 두렵기만 하도다. 이에 장로교회·침례교회·감리교회가 함께 단결해 연합회를 결성, 이 위기를 극복하고 대한이 오래오래 존속하는 것을 주지로 하여, 유일한 존재이시자 전지전능한 조물주이신 하나님께 국가를 위한 기도를 삼가 지극한 정성으로 매일 올리고자 하노라.160)

진남포 에버트(엡윗)청년회 대표로 상동교회 모임에 참석했었던 김구도 그때 목격한 상황을 『백범일지』에 기록해 놓았다.

먼저 의병을 일으킨 산림학자들을 구사상이라 하면, 야소교인들은 신사상이라 할 수 있다. 그때 상동교회에 모인 인물들은 전덕기 · 정순만 · 이준 · 이석(이동녕) · 최재학 - 평양인 · 계명륙 · 김인집 · 옥관빈 · 이승길 · 차병수 · 신상민 · 김태연 - 鴻作 · 표영각 · 조성환 · 서상팔 · 이항직 · 이희간 · 기산도 · 전병헌 - 王三德 · 류두환 · 김기홍 · 김구 등이었다. 회의 결과 상소를 올리기로 결정했다. 상소문은 이준이 짓고, 최재학을 소수(疏首)로 삼아 모두 다섯 사람이 신민의 대표로 서명했다. 상소를 하면 반드시 사형될 것이요. 사형되면 다시 다섯 사람씩 몇 차례든지 상소를 계속할 작정으로 다섯 명만 대표자로 뽑았다. 정순만의 인도로 교회당에서 맹세의 기도를 하고, 모두 대한문 앞으로 나갔다. …… 금세 대한문 앞에는 왜놈의 칼이 번쩍번쩍 빛났고 다섯 지사는 맨주먹으로 싸움을 시작했다. 근처에서 호위하던 우리는 소리를 벽력같이 지르며, "왜놈이 국권을 강탈하고 조약을 강제로 체결하는데, 우리 인민은 원수의 노예가 되어 죽을 것인가 살 것인가" 하는 격분한 연설을 곳곳에서 하니 인심이 흉흉해졌다.161)

김구의 기록은 여러 지역에서 모여든 인사들이 조직적으로 역할을 분담하면서 전개된 상소운동의 양상을 전해주고 있다. 이준은 상소문을 기초했고, 정순만은 집회를 인도했으며, 최재학은 상소문의 맨 앞자리에 이름을 올렸다. 그들은 일본 군경과의 마찰을 피하지 않았고, 가두에서 시민에게 시국의 급박함을 호소했다.

또한『백범일지』는 헤이그밀사들의 사회적 관계에 대한, 다시 말해 상동교회 청년회와 광무정권 관료들의 관계를 이해할 수 있는 중요한 단서들을 품고 있다. 상소문을 기초한 이준은 헤이그밀사 중의 한 사람이 되었고, 집회를 리드했던 정순만은 이상설을 수행했다. 상동교회에 함께 있었던 이동녕 역시 그 수행단의 일원이었다.162) 충북 청원 출신 정순만은 독립협회에서 이승만·박용만·전덕기·이동녕·이준 등과 교류했고,163) 이승만·박용만·정순만 세 사람은 '3만(晩)'이라고 불릴 정도로 친밀한 관계였으며, 전덕기·이동녕과 함께 상동청년학원 운영에도 참여했었다. 정순만과 이준은 또한 적십자사 설치와 보안회 활동의 동지였다.164) 이상설·이준·이동녕·정순만 등 네 사람의 동행에서 우리는 독립협회 - 광무정권 - 상동교회가 매우 긴밀한 관계를 유지하면서 국권 상실의 위기에 대처하고 있었다는 것을 알 수 있다.

이동녕과 함께 북간도 룽징에서 서전서숙을 운영하던 이상설은 헤이그로 가는 길목인 블라디보스토크에 약 두 달 동안 머물렀다.165) 이은숙(이회영의 두 번째 부인)의 『서간도시종기』에 의하면, 이회영은 1907년 1월에 첫 번째 부인상을 치른 후에 블라디보스토크로 가서 이상설과 독립운동 문제를 상의했고, 1908년 3월 초순에 돌아온 이회영은 부친 제사에 참석했다.166) 한경구와 한홍구에 의하면, "이회영은 헤이그밀사 사건의 숨은 주역이었다."167)

돌아오지 않는 밀사 이상설은 이회영과 같은 경주이씨로 항렬은 이회영이 고조할아버지뻘이었지만, 나이는 이회영이 1867년, 이상설이 1870년생으로 세 살 차이였기에 둘은 신흥사에서 8개월간 같이 기거하며 공부하는 등 절친한 사이였다. …… 이상설은 이회영과 협의하여 해외에 독립군 기지를 만들기 위해 이동녕과 먼저 룽징으로 망명하여 서전서숙을 개설하고 교육사업을 벌이며 때를 기다리고 있었다. …… 이회영이 1910년 12월에 일가를 이끌고 만주로 간 것은 개인적인 선택이 아니었다. 신민회의 여러 동지들과 역할 분담을 하고 해외 독립운동 근거지를 마련하기 위함이었다. …… 신흥무관학교가 자리를 잡은 뒤 이회영은 이은숙을 서간도에 남겨두고 1913년 국내로 돌아왔다. …… 큰아들 이규학의 배필로 고종의 조카딸인 조계진을 맞아들인 것도 이때였는데, 이회영은 자신의 사돈이자 고종의 매부인 조정구와 협의하여 고종을 중국으로 망명시킬 계획을 세웠다. 고종의 내락을 받고 고종이 중국에서 임시로 거처할 행궁을 준비하던 중 뜻밖에도 고종이 갑자기 승하하였다.(방점－인용자)

이상설과 이회영 두 사람은 블라디보스토크에서 헤어진 이후 서로 만나지 못했지만, 각자의 영역에서 국권 회복을 위한 운동을 전개했다. 이회영은 1910년 말에 한국을 떠나 1911년 4월 무렵에 서간도 랴오닝성 류허현 산위안바오 구산지(遼寧省 柳河縣 三源堡 孤山子)에서 독립군 기지를 건설했는데, 이 사업에는 이상설을 수행했던 이동녕이 합류했다. 이동녕은 이회영과 함께 경학사(耕學社)와 신흥강습소(新興講習所: 후에 신흥무관학교)를 세우는 일을 주도했다. 그 일이 어느 정도 마무리된 1913년에, 이동녕은 다시 러시아로 가서 이상설과 함께 독립군 기지 건설과 여러 가지 사업을 함께 했고, 이 무렵 이회영은 귀국해서 고종을 망명시키기 위한 준비에 들어갔다.168) 이회영은 서간도에서, 이상설은 북간도 혹은 러시아 연해주에서 항일기지를 구축해 나갔다(후자는 제1차 세계대전의 발발로 러시아와 일본의 관계가 회복되면서 계획대로 진행되지 못했다). 이동녕의 동선(動線)은 양자가 서로 긴밀하게 연결되어 있었던 사정을 보여주는 단서다.

이러한 이상설·이회영·이동녕의 동행은 경화사족의 역사적 전환의 길이었다. 이회영은 소론 출신이지만 경화학계의 대표적인 세도가문 출신이고, 이상설 역시 같은 경주이씨였다. 양자는 모두 고종과 깊은 관계를 맺으면서 국가적 위기를 타개하기 위한 사업을 도모했다. 이상설의 고향은 충북 진천군 덕산면이고 그의 부친은 이행우(李行雨)이며, 그는 7세 때에 동부승지를 지낸 이용우(李龍雨)의 양자로 들어가서 한성부 남부 장동 장박골(중구 회현동)에서 살게 되었고, 17세 무렵부터는 저동(명동 성모병원 부근)으로 이사해서 이회영·이시영 형제와 함께 수학을 하면서 시사에 관한 이야기를 나누었다.169) 이렇게 그는 경화사족의 일원으로 성장했고, 그의 출중한 학문적 실력은 관료의 길을 열었다(1894년 마지막 과거에서 급제했다). 이상설은 육영공원(育英公院)의 교사로 초빙된 미국인 헐버트와 교류했다.170) 어릴 적부터 이상설의 친구였던 이회영은 16세기 말 발발한 임진왜란 때 선조(宣祖; 1552-1608)를 보좌했던 이항복(李恒福; 1556- 1618) 이래 권력의 중심에서 벗어난 적이 없었던 경주이씨 집안 출신으로 고종과 긴밀한 관계를 유지한 인물이었다. 그의 부친 이유승(李裕承; 1835-?)은 이조판서를 역임했고, 그의 둘째 형 이석영(李石榮)이 양자로 들어간 이유원(李裕元;

1814-1888)은 영의정을 지냈다. 신흥무관학교 설립 재원의 대부분은 이유원의 재산을 상속한 이석영으로부터 조달되었다. 이관직(李觀植; 1882-1972)의 「우당이회영선생실기」에는 이상설과 이회영의 역사적 전환 과정의 한 단면이 잘 나타나 있다.

　1906년 여름 선생(이회영)이 광복운동의 원대한 소지(素志)를 행함에는 국내에서만 하는 것이 불리한 줄 각오하셨다. 선생은 이상설·류완무(柳完茂; 1861~?)·이동녕·장유순 등과 심심밀의를 하여 광복운동을 만주에 전개키로 했다. 그래서 만주에서 택지하여 북간도의 룽징촌(龍井村)을 정하였는데 …… 그런데 또 하나의 중요한 문제는 만주에 건너가 지도할 인물을 뽑는 것이었는데 이는 어려운 일이었다. …… 보재 선생(이상설─필자)이 개연히 말씀하기를 "누구를 막론하고 사람의 정리로 친척을 떠나고 조상의 묘를 버려두고서 황막한 변방에 가 외로이 지내며 고생하는 것은 다 어려운 일이지만 조국과 민족이 중대한지라 지금 평탄한 것과 험한 것을 어찌 가리겠는가. 내가 재주 없는 사람이지만 만주로 나가서 운동을 펴 보겠다" 하셨다. …… 선생(이회영─필자)은 성 모퉁에 서서 만리절역에 홀로 떠나는 지우를 전송하였는데, 바라다보는 선생의 눈에는 마침내 한강물이 일렁거렸다. 보재 선생은 웃는 얼굴로 선생을 이별하시고 인천에 가서 중국인 상선에 타고 상해로 잠항하였다가 거기서 다시 블라디보스토크를 경유하여 룽징촌에 무사히 도착하였다. 보재 선생은 룽징에 머물면서 거기에 서전(瑞甸)의숙을 설립하여 교포 자제를 교육하며 비밀리에 선생과 기맥을 통하여 광복의

큰 뜻을 펴 나갔다.171)

 이상설과 동행했던 이동녕은 이상설이 헤이그를 떠난 이후에 국내로 귀국하여 상동청년학원에 다시 합류했다. 상동청년학원의 교사이기도 했던 이회영은 헤이그로 떠나는 이상설을 블라디보스토크에서 만나고 돌아왔다. 서울 - 블라디보스토크 - 헤이그로 이어지는 국권상실을 막기 위한 외교활동에는 경화사족의 네트워크가 동원되었다. 그들은 망명 생활의 고단함을 예견하면서도 자신들의 기득권을 모두 내려놓고 해외로 떠났다. 이회영의 부인 이은숙은 그의 자전적 기록에서 그 모습을 다음과 같이 기록했다.

 1910년 경술년 7월 보름께, 우당장과 이동녕·장유순·이관직 씨 등 네 분이 마치 백지(白紙) 장수같이 백지 몇 권씩을 지고 남만주 시찰을 떠났다. 그때는 신의주가 기차 종점이다. 압록강을 배로 건너 안동현을 지나 남만주 여러 곳을 다니며 자리를 구경하려던 중이라. 8월 회초간(晦初間)에 회환(回還)하여 여러 형제분이 일시에 합력하여 만주로 갈 준비를 하였다. 비밀리에 전답과 가옥과 부동산을 방매하는데, 여러 집이 일시에 방매를 하느라 이 얼마나 극난하리오. …… 팔도에 있는 동지들께 연락하여 1차로 가는 분들을 차차로 보냈다. 우리 시숙 영석장(이석영-필자)은 우당 둘째 종씨인데, 백부 이유원 댁으로 양자가셨다. 양가의 재산을 가지고 생가 아우들과 뜻이 합하여서 만여 석 재산과 가옥을 모두 방매해 가지고 경술년 12월 30일에 대소가가 압록강을

넘어 떠났다.172)

이회영과 그의 형제들, 이상설과 그를 수행했던 이동녕, 그리고 무관들은(이장녕·이관직·김창환)173) 경화학계를 구성하던 멤버들이었다. 그들의 행로는 대한제국과 대한민국을 연결하는 가교가 되었다. 기호세력의 중심인 경화사족 일부는 이 무렵에 국외로 이주했고, 서북세력은 대체로 국내에 남았다. 오산학교의 선생이었던 여준(呂準; 1862-1932)은 신흥무관학교 대열에 합류했지만, 오산학교를 설립한 이승훈은 교육운동에 더 힘을 기울였다. 국내에 남아 있던 서북의 기독교 세력은 '105인사건'으로 큰 고초를 겪었다. 그들은 각자의 방법으로 '광복의 날'을 위해 노력했다. 그리고 그 힘은 1919년 3월에 다시 집중되었다.

4) 고종의 강제 양위와 국민의 각성

1905년 을사보호조약에 이어 1907년에 일어난 고종의 강제양위를 보면서 국가 붕괴를 실감한 한국인은 다양한 방법으로 대응했다. 국내에서는 강제로 해산된 군인들이 의병진(義兵陣)에 가담하면서 의병전쟁은 더 격렬해졌고, 국외에서는 망명정부(고종의 망명 추진)와 항일전쟁 기지를 구축하기 위한 준비를 시작했다. '1905년의 위기'에서는 지조 있는 양반 사대부들이 격렬하게 반응했다면, '1907년의 위기'에서는 '대한국' 국민의 의식이 흔들렸다. 안중근의 해외 이주는 이 무렵에 일어났다.

내가 남대문에서 일본병과 한국병이 충돌하던 날, 경성을 떠나 간도에 이르렀을 때에는 굳이 의병을 일으키고자 생각지 않았다. 간도에는 다수의 동포가 있다고 하므로 상황을 시찰하고 국권 회복을 위해 근면코자 하는 생각을 가지고 그들을 접했다. …… 드디어 7조약[韓日新協約, 丁未七條約]이 체결되는 것을 보자 완전히 국권을 빼앗고자 하는 그의 야심을 간파했기 때문에 그때부터 절대로 반대하지 않으면 안 됨을 통감했다. 간도에서 연추(烟秋) 방면을 거쳐 블라디보스토크로 들어갈 때까지는 최재형·엄인섭 등도 알 까닭이 없었으며 물론 찾지도 않았고 블라디보스토크로 나갔다.174)

안창호의 유명한 평양 연설도 1907년의 일이었고, 3·1운동 때 기독교를 이끈 이승훈의 민족주의 출발도 이 무렵이었다. 1907년은 국권 상실의 위기였지만, 이를 계기로 새로운 국민의식이 형성되던 때였다. 당대인은 황제가 강제로 양위된 것을 국가의 붕괴로 느꼈으며, 그 일을 강제한 일본과 그것에 협력한 고위 관료들에 대한 적대감을 가졌다. 지금의 한국인은 당대인의 심정(心情)을 잘 실감할 수 없고 공감하기 어려울 수도 있지만, 당대인과 고종은 정서적·문화적으로 매우 가까웠다. 이승훈의 오산학교 제자 김도태는 당시의 민심을 다음과 같이 전했다.

서울 사람들은 인심이 매우 흉흉(洶洶)하여 혹은 우리 황제가 만일 일본으로 사과하러 가게 된다면 우리 국민은 서울서 부산까지 가는 기차선로에 엎드려서 죽더라도 떠나지 못하게 한다. 혹은 우리 황실의 전위, 양위가 일본의 말대로 하여서야 그 나라가 무엇이 되겠느냐. 이것은 우리의 국치가 아니고 무엇이겠느냐. 이러한 의미로 신문으로 혹은 연설로 인심을 선동하여 그 분개함이 극도에 달하였다. 여기에 흥분한 군중은 우선 친일 태도의 기사를 게재하는 일진회의 기관지인 국민신문사를 습격하고 사방에서 비분강개한 연설을 행하여 우리는 죽음으로써 망해가는 나라를 건지자 하는 표어로 선동에 전력을 다하였다. 19일 새벽에 양위한다는 인서(認書)가 발표되자 광란 같은 민심은 일층 격앙하여 그야말로 무질서의 상태로 들어가게 되었다. 그때 시위대의 일 부대는 병영에서 뛰어나가 무기를 들고 일본인 경관을 살해하여 일본의 거류민을 압박하게 됨에 …… 이것이 서울만이 아니라 대구에서도, 평양에서도, 함흥에서도 일어나 전국이 소란하게 되었다.175)

이때 동족마을에 앉아서 유교 경전을 읽고 있던 이승훈은 정세를 살피기 위해 평양에 나갔다가 안창호의 연설을 듣게 되었다.

우리 국민이 모두 깨어서 자기의 덕을 닦고 행위를 바로 한다면 다른 사람이 업신여기려고 해도 업신여길 수가 없습니다. 물론 일본 사람들이 하는 일이 나쁩니다. …… 전날과 같이 상투를 짜고 앉아서 관(冠)을 쓰고 공자왈 맹자왈(孔子曰 孟子曰) 해서는 안 됩니다. …… 우리나라를 바로 잡으려면 먼저 우리도 깨야 하고 우리 후진을 새교육으로 가르칩시다.176)

이를 계기로 "이익을 가리고 양반을 꿈꾸고 성리학을 경모하던" 이승훈은 "탈을 한꺼번에 벗어버렸다."177) 조선왕조의 세계관에서 빠져나온 그는 민족의식 고취와 실력 양성을 위해 오산학교를 설립했다. 안창호와 이승훈이 연결된 관서 세력은 더 강화되었다. 그리고 이들은 기호 세력인 전덕기·이회영 등 상동교회 사람들과 만나서 신민회(新民會)를 결성했다.

기호지방의 부유했지만 평범한 상인 주인식(朱寅植) 역시 이승훈과 유사한 심사(心思)를 가졌다. 경기도 시흥 출신인 그는 마포 부근에 살면서 기름 장사로 부를 축적하여 천석지기가 된 상인이자 지주였다. 그는 근대문물인 전차와 기차에 대해서는 호기심을 가졌으며, 일본과 러시아를 비롯한 외국 인사들의 한국 내 활동에 대해서는 우려와 분노를 표출했지만 고종에 대해서는 극진한 마음을 지니고 있었다.178) 그는 자신의 일기인 『매일록사(每日錄事)(전7권)』(1907년 6월 15일부터 1910년 2월 28일까지 일기) 머리말에서 을사보호조약에 대한 애통함을 표출했고 그에 항거하는 의사(義士)와 절사(節死)를 기록했다.

이때를 당하여 아국 정세가 갈수록 더욱 심해져 차마 기록할 수가 없다. 을사 10월 22일 한일 신조약 이후 일본이 우리나라(我國)에 통감을 설치했고, …… 권력이 일본에 의해 탈거된 후 우리 한국은 일본 보호라는 이름 아래에 놓여졌다. 그때 우리나라 외부는 폐지되었고 다른 타국 사무 교섭은 일본이 주로 장악해서 아국은 외국과 교섭을 할 수 없었다. …… 이 일로서 민충정·조충정·최면암이 순절(殉節)하고, 그 사이

각처에서 일어난 절사(節死)·의사(義士)들은 가히 기록할 수 없을 정도로 많다. 각처에서 의병이 일어나고, 신조약 대신을 죽이기로 모의했다는 의사(義士)들 또한 기록할 수 없을 만큼 많다. 그 조약에 서명한 대신 5인 박제순·권중현·이지용·이완용·이근택을 세간에서 5적(賊)이라 한다.[179]

주인식은 국가 존망의 위기에서 학교를 설립하는 일에 나섰다.[180] 1906년 가을 어느 날, 같은 동네 청년들이 주인식에게 학교 교감을 맡아달라고 부탁했다.[181] 그다음 날에 그들은 학교 발기인 문제를 포함하여 여러 가지 문제를 진지하게 상의했다.[182] 이런 과정을 거쳐서 균명학교가 설립되었고, 그 과정이 당시 신문에 보도되었다.

서울 서부 지역 만리재 등 여러 곳에서 뜻있는 인사 주인식·현용택·윤제부·진성렬·서정한·이인규·엄상렬·김익배·홍순익·신성희·엄창섭·장규완·김성로·김원배·이장규 등 여러 인사가 의연금을 모아 학교[義塾]를 창설했다. 학교 이름을 '균명(均明)'이라 짓고, 학과 과정은 한글과 영어, 일본어 등 세 개 과정을 개설하고 야간에 공부하는 것으로 했다. 숙감(塾監)에는 만장일치의 추천으로 주사(主事)를 지낸 주인식 씨가 선출되었고, 총무에는 감찰(監察)을 지낸 현용택 씨가 맡게 되었다. 이 학교의 본래 목적은, 장래가 촉망되는 이 동네 젊은이들이 가세가 곤궁하고 돈이 없어 학교에 입학할 수 없는 사람이 열에 여덟아홉이라 이런 형편을 떠올리면 개탄스러울 뿐이었다. 그러나 다만 말만 하고 실제로 행하지 않으면 무슨 도움이 되겠는가. 이리하여 앞의 유지들이 당시 이런 이야기를 하며 발연히 조직했다.183)

주인식은 지역 사람들의 여론을 모아서 학교를 설립했고, 그 운영에 적지 않은 기여를 했다. 그는 학교 부지를 확보하기 위해 지인에게 편지를 보내 도움을 청하고, 학교 공사를 진두지휘하고, 집에서 음식과 술을 만들어 학교 임원들을 대접하고, 회계장부 작성 방법을 알려주고, 학교 기금을 조성하기 위한 논의를 주도하고, 토요일마다 열리는 학교 토론회에 참석하고, 그리고 이미 개교한 학교들과의 친선을 도모하였다. 저녁마다 학교에 가서 일을 보고 집에 돌아오는 날이 부지기수였다. 주변에 있는 친구들도 그를 도왔다. 남대문 근처에서 미전(米廛)을 운영하고 있는 최흥식은 학교에 쓰일 목재를 조달하기 위해 애를 썼고, 현용택은 효창원(孝昌園)에184) 가서 학교 부지 사용 허가서를 받아왔다.185) 마침내 1907년 2월에는 주인식이 성적 우수자에게 상품을 수여할 수 있었다. 그는 자신의 시간과 돈을 학교 설립과 운영에 기부했다. 그의 기부금 규모는 정확히 알려지지 않았지만, 그는 지역 사람들과 어울려 토론하고 학생들과 만나기 위해 많은 시간을 할애했다. 서울의 서서 만리현(西署 萬里峴: 지금 서울 중구 만리동)에 설립된 균명학교의 「취지서」에는 그 토론 과정에 참여했던 사람들의 생각과 의견이 반영되었다.

대개 하늘이 백성을 낳아 나라가 있고 가르침이 있는 것은 옛날이나 지금이나 널리 세간에 통하는 도리와 정의다. 그러므로 교육은 나라 정치의 시작이다. …… 이른바 사림의 풍토가 사장문자(詞章文字) 사이를 뛰어넘지 못하여 도무(都務) 내허외식(內虛外飾)일 뿐이고 실지(實地) 위를 밟으려는 자가 열에 하나도 없으니 국권(國權)이 쇠퇴하고 외강(外强)의 침략을 어찌 면할 수 있으리오. 이 또한 스스로 뉘우쳐 취할 것이요, 누구를 탓하고 원망하리오. …… 수년 이래 조선 팔도 곳곳에 학교를 만들고 세워 청년들을 가르치고 이끌어 현실의 실무를 경험하고 익히게 하여 국권의 만회는 진실로 여기에 있는 것이다. …… 우리 만리현(萬里峴) 또한 한남(漢南)의 일구(一區)로 300여 호가 되나 일찍이 학교가 하나도 없어서 작년 겨울 온 동(洞)이 목소리를 가지런히 분발하여 집집마다 돈을 내고 사람들이 의연하여 학교를 창립하고 이름을 균명(均明)이라 하니 이른바 균명이라는 것은 개인의 명(明)을 이르는 것이 아니라 이천만 동포의 명(明)을 일컬음이라. 어찌 아름답지 아니한가.186)

'300여 호'가 거주하는 '동(洞)'의 집단적 의사로 학교를 세우자는 의지가 모아졌고, 학교 설립 취지서에는 외세를 물리치고 국권을 만회하기 위해서는 '2천만 동포'가 균명(均明)해져야 한다는 뜻이 분명하게 나타났다. 만리동 주민의 바람은 '실력 양성'을 통해 국권 회복을 기대하는 당대인의 그것과 크게 다르지 않았다. 균명학교가 설립된 1906년부터 경성에서는 사립학교의 수가 크게 증가했다. 1898년부터 1905년까지 매년 설립된 사립학교의 수는 평균 2.7개였다. 1906년에는 11개로, 1908년에는 21개로 그 수가 늘어났고, 1910년 10월 말에는 서울의 사립학교 수는 64개교가 되었다. 그 중에서 1906년부터 1908년 사이에 학교 설립이 38개교로 가장 많았다. 학교 설립 붐은 서울에 한정된 것이 아니라 전국적 현상이었다.187) 1907년 초에 도산 안창호는 미국에서 귀국하는 길에 동경에서 유학생 단체인 태극학회(太極學會)에서 연설을 한 바 있었다. 2월에 한국에 들어온 그는 3월 1일에 서울 한양학교에서 균명·한양·광흥·청련 등 사립학교 학생들을 대상으로 하여 대중연설을 했고, 3월 20일에는 다시 서울 균명학교에서 '애국'을 고취하는 연설을 했다. 동회(洞會)라는 서울 지역 공동체를 기반으로 설립된 균명학교는 국가적 위기를 계기로 '아래로부터 국민의식'이 형성된 사례사례다. 이렇게 지역주민과 민족주의 리더십이 만나면서 국민 형성 (nation building)이 되었다.188)

이러한 사정을 감안하면 '고종시대'189)는 5단계 정도로 구분될 수 있을 것 같다. 1단계는 1863년 12월부터 친정을 실시하는 1873년까지의 약 10년간으로, 고종이 부친 대원군의 그늘에 있으면서 박규수와 같은 경화사족의 학자들로부터 학문과 정치를 배우는 시기였다. 2단계는 고종이 직접 정치를 시작한 1873년부터 갑신정변이 일어나는 1884년까지의 약 10년간이다. 고종은 그 이전 대원군의 쇄국정책과는 다른 개방정책을 추진했다. 조선은 1876년 일본, 1882년에 미국, 1883년에 영국 등과 잇달아 조약을 체결하면서 대외관계의 큰 전환을 모색했다. 이때 중국[청]은 한편에서는 조선의 대외관계의 전환을 지원했지만, 다른 한편에서는 기존의 조공 - 책봉 관계를 지렛대로 삼아서 조선의 내정과 대외관계에 대한 간섭을 강화했다. 조선은 여전히 조중관계를 중심으로 한 대외관계를 유지할 수밖에 없었고, 외교를 주도할 수 있는 역량을 갖추지 못했지만, 대외관계의 확대 과정에서 기독교 문명이 들어올 수 있는 길을 열었다. 그런데 1884년에 일어난 갑신정변은 청의 간섭을 초래했을 뿐만 아니라 고종과 개화파의 분열로 귀결되었다. 1894년에 발발한 청일전쟁의 단서가 된 텐진조약은 갑신정변을 계기로 체결된 것이다.

  3단계는 갑신정변 이후인 1885년부터 갑오개혁이 끝나는 1895년 말까지의 약 10년간이다. 임오군란과 갑신정변의 수습과 관련하여 군사적 도움을 준 청나라는 내정간섭을 강화했다. 개혁에 실패한 조선왕조정부는 대규모 농민항쟁(갑오농민전쟁)에 맞닥뜨리게 되었다. 내부 폭발이 일어나자 청일전쟁이란 외부의 충격이 국내로 밀고 들어왔다. 막대한 재정을 동원하여 군비 증강에 성공한 일본은 조선왕조의 궁궐을 점령하고 새로운 권력인 갑오정권을 수립했다. 러시아·독일·프랑스 등 삼국은 일본의 팽창을 견제했다. 1895년 4월의 삼국간섭으로 인해 일본은 청일전쟁 승리로 얻은 랴오둥반도를 다시 중국에 돌려주게 되었다. 일본이 주춤하자, 조선왕조정부는 러시아를 이용하려고 했다. 일본은 조선왕조의 왕비를 시해하면서까지 그러한 흐름을 방해했다. '을미사변'에 대한 분노와 단발령에 대한 반발은 전국에서 '을미의병'이 일어나는 계기가 되었다. 10년 동안에 기존의 중화질서는 해체되었고, 조선왕조는 새로운 국가들과의 대외관계를 수립해야 했다.

  4단계는 아관파천이 일어난 1896년 2월부터 러일전쟁이 끝나는 1905년 중반까지의 약 10년간이다. 갑오정권이 붕괴되고 다시 권력을 되찾은 고종은 중국으로부터의 독립의 의미를 담은 독립문 건립과 독립협회 수립, 그리고 순한글로 된 『독립신문』 발행을 지원했다. 특히 1897년에 수립된 대한제국에는 독자적으로 국가운영을 하겠다는 정부 의지가 반영되었다. 금융기관 신설, 철도 부설, 도시 개조 등 여러 방면에서 근대화를 위한 정책들이 준비되고 실행되었다. '대한국'이 추진한 근대화 프로젝트들은 한국을 자신들의 국가적 이해관계의 범주에 넣고 있는 일본의 이익과 충돌했다. 러일전쟁에서 승리한 일본은 한국을 식민지로 삼기 위한 조치들을 차곡차곡 추진해 나갔다. 고종이 주도한 광무개혁은 좌절되었다. 영일동맹과 러일전쟁의 발발은 유럽의 충돌이 동아시아에 파급된 결과였다. 유럽의 팽창은 분절되어 있던 세계체제를 더 긴밀하게 연동시켰다.

제5단계는 「을사보호조약」(11월 17일)이 체결되는 1905년 하반기부터 고종이 사망하는 1919년 1월까지다. 러일전쟁에서 승리한 일본은 한국을 실질적으로 점령하기 위한 모든 조치를 하나씩 차례로 실행했고, 마침내 1910년 8월에 한국을 그들의 식민지로 병합하는 데 성공했다. 일본은 한국을 식민지로 삼기 위한 단계적 절차를 밟고 있었고, 영국과 미국은 그것을 지원했다. 고종이 주도한 광무개혁은 실질적으로 을사보호조약의 체결과 함께 좌절되었기 때문에 고종에 의한 국민 창출은 성공하지 못했다. 그런데 이태진은 '국민 탄생의 역사'에서 군주의 역할을 중요하게 보았다. 그 근거는 영조와 정조 시대의 평민 즉 소민(小民) 보호정치, 고종 시대의 소민 보호정치, 1895년의 「홍범14조」와 「교육조서」, 1896년의 독립협회 결성과 『독립신문』 창간,

그리고 1909년의 「서북간도 및 부근 각지의 민인들이 살고 있는 것에 효유한다」는 칙유 등이었다.190) 그러나 이태진이 언급한 민국(民國)은 왕 혹은 국가가 백성을 위한다는 '왕의 민국'이고, 주권이 국민에게 있다는 '국민의 민국'이 아니었다. '국민의 민국'은 대한제국이 붕괴되는 무렵에 한국인 스스로 맹아적 모습을 만들기 시작했고, 1919년 3·1운동을 계기로 하여 주도 세력과 과도적 모습이 등장했고, 1948년 8월의 대한민국의 정부 수립으로 그 실체적 모습을 드러냈다. 1907년 이후 한국인은 고종과의 문화적 정서적 연대감은 유지했지만, 대한제국의 붕괴를 바라보면서 스스로 제국의 신민(臣民)에서 국민으로 시민으로 거듭났다. 이와 관련하여 서울 만리동 주민, 신민회를 결성하고 해외의 독립운동 기지를 건설한 이회영을 필두로 하여 개혁적인 경화사족, 이승훈을 필두로 한 평안도의 기독교도 등은 구체적이고 좋은 사례들이다. 이 외에도 또 하나의 주요한 흐름은 1876년 개항 이래 호남 일대를 거점으로 해서 개혁적인 상층 지주 세력이 형성된 것이었다. 그들은 미곡무역의 발달 덕택에 확보한 부를 바탕으로 대한제국이 붕괴하면서 기호 세력의 정치적 영향력이 급격하게 축소되자 대안적인 새로운 사회 세력으로 부상했다. 이처럼 여러 방면에서 스스로 신민에서 국민으로 전환하는 흐름이 진행되었기 때문에 1919년에 시민적 민족주의가 등장할 수 있었다. 미국에 의해 개항된 일본은 기독교 영향력이 약하고 일본에 의해 개항된 한국은 기독교의 보급과 확산이 매우 빨랐다. 일본과 달리 한국에서 출현한 호남의 상층 지주 세력은 정치적으로 독립적인 자유주의 세력으로 성장해 나갔다. 기독교 문명과 자유주의 정치 세력은 개항 이후의 역사적 조건에서 형성된 것이었다.

제3장 근대 이행 경로들과 한국

1. 대분기와 동아시아 3국

동아시아의 '거대한 전환'과 관련한 포메란츠(Kenneth Pomeranz)의 문제 제기는 유럽 중심 역사관에 신선한 자극을 주었다.[1] 그는 "세계의 놀랄 만한 유사성"을 강조하면서, 18세기 중반까지 영국과 중국의 '역사 발전 수준'은 큰 차이가 없었다는 것을 논증했다. 석탄이 주변에 많았던 사정 때문에 일어난 영국의 산업혁명, 그러한 '우연'은 영국과 중국 그리고 서양과 동양의 운명을 달라지게 했다. 이에 대한 반론들 역시 제기되었는데, 그 요점은 중국에는 스미스식 역동성이 있었지만 슘페터식 역동성이 부족했다는 것이다.[2] 중국에서도 분업에 기초한 시장경제의 발달이 있었지만, 유럽 국가들에 비해 국가 간 충돌과 경쟁에서 살아남기 위한 혁신 욕구가 적었다. 18세기에 중국의 인구와 영토는 늘어났지만, 군사나 재정 능력은 오히려 감소했다. 중국은 영국보다 인구와 영토의 규모에서 몇십 배가 컸지만, 오히려 국가의 힘은 영국이 중국보다 더 앞섰다. 19세기 아편전쟁의 결과는 양국의 차이를 분명하게 보여주었다. 피어르 브리스(Peer Vries)에 의하면, 중상주의 시대에 영국은 경제적 민족주의를 국가 형성의 주요 과제로 아주 잘 활용했고, 또한 기술과 제도를 혁신하고 노동생산성을 향상시켜, 이른바 근대적 경제성장을 이룩했다. 영국 이외의 다른 서유럽 국가들 역시 재정과 군사 측면에서 동유럽이나 그 밖의 유럽 다른 지역의 국가들보다 상대적으로 더 발달했다.[3]

애쓰모글루(Daron Acemoglu)와 로빈슨(James A. Robinson)은 유럽이 다른 지역보다 앞서서 부자가 된 원인을 기술적 · 경제적 측면보다는 정치적 측면에서 찾았는데, 다시 말해 '포용적 경제제도' 혹은 '착취적 경제제도'를 선택하느냐에 따라서 한 국가의 발전 여부가 결정된다는 의견을 제시했다. 그 '선택'은 그 나라의 정치에 달려 있었다. 1945년 8월 이후 남한과 북한의 빈부 격차는 그들이 예시한 한 사례였다.[4] 포용적 경제제도는 "사유재산을 보장하고, 법체계를 공평무사하게 운영하며, 누구나 교환이나 계약이 가능한 공평한 경쟁 환경이 보장되는 공공서비스를 제공"하고, 또 "새로운 기업의 참여를 허용하고 개인에게 직업 선택의 자유를 보장"한다.[5] 영국에서 그러한 제도가 가장 먼저 실행될 수 있었던 것은 1588년 스페인 - 영국 사이의 해전 이후 일어난 정치제도의 변화 때문이었다. 해상에서 상업적 이익이 늘어난 상인들과 전제왕권이 대립하게 되면서, 영국은 다원적 사회로 진화되었고 포용적 제도도 실행될 수 있게 되었다. 포용적 제도와 권력의 균형은 밀접한 관련이 있었다. 이러한 의견은 약 70년 전에 제출된 배링턴 무어의 진술과 매우 유사했다.

이 복합은 오직 서구에서만 일어났다. 너무 강력한 왕권과 너무 허약한 왕권 사이의 미묘한 균형은—의회 민주주의를 향한 중요한 자극은—오직 서구에서만 일어났다.6)

……

근대 초기에 근대 민주주의를 위한 결정적인 전제 조건은 왕권과 귀족 사이에 이루어진 대체적 균형의 출현이었다. 왕권이 크게 우세했으나 상당한 정도의 독립성이 귀족들에게 부여되어 있었다. 민주주의의 성장에 독립적인 귀족의 존재가 불가결한 요소라고 하는 다원론적 견해는 사실(史實)에 확고한 근거를 둔 이야기다.7)

꽤 오랜 시간의 차이에도 불구하고 두 진술은 사회 변동에서 정치와 정치제도의 중요성을 지적하는 데에서 일치하였다. 도시 거주자·지주귀족·왕권의 균형이 포용적 제도가 형성될 수 있는 역사적 조건들이었다. 다음에 언급되는 자유주의와 부르주아적 요소들은 자본주의 발전과 관련이 있는 것이다.

이제 모든 것이 명백해졌는데, 즉 청교도혁명과 프랑스혁명 그리고 미국 시민전쟁은 근대 서구 민주주의라는 것에 이르는 긴 정치적 변화 과정 가운데 폭력적 격변이었다는 것은 분명하다. 이 과정은 그것이 유일한 원인은 분명히 아니지만 경제적 원인을 갖고 있다. 이 과정을 통해 창출된 '자유들'은 명백한 상호관계를 보여준다. 근대 자본주의 발흥과 관련하여 일어났기 때문에, 그들은 특정한 역사적 시대의 특징들을 나타내고 있다. 자유주의적 부르주아 사회 질서의 핵심 요소들은 ① 투표권, 즉 법을 제정함으로써 단지 집행을 승인한다는 고무도장 이상의 중요성을 갖는 입법부에 대한 선출권, ② 적어도 이론상으로는 출생이나 신분상의 이유로 특정인에게 특권을 부여할 수 없도록 한 객관적인 법체계, ③ 재산권의 보장과 과거로부터 내려온 재산 사용에 대한 장애의 제거, ④ 종교적 관용, ⑤ 언론의 자유, 그리고 ⑥ 평화적 집회의 권리 등이었다. 비록 실재하는 현실은 공언된 것에 미치지 못하지만, 이것들은 근대 자유주의 사회의 표지로서 널리 인정되고 있다.[8]

최근에 제출된 딘세코(Mark Dincecco)와 왕(Yuhan Wang)의 글에서는 정치제도와 대분기의 관계를 설명하는 8가지의 기준들이 제시되었다. ① 지정학적 배경, ② 영토의 크기, ③ (엘리트의) 탈주 능력, ④ 전쟁의 빈도(1000년부터 1799년 사이 유럽에서는 약 850건, 중국에서는 약 1,470건의 폭력적 충돌이 일어났다), ⑤ 충돌의 형태(유럽에서는 국가 간 전쟁, 중국에서는 반란 및 내전), ⑥ 외부 위협의 방향(유럽에서는 여러 방면, 중국에서는 한 방면), ⑦ 군주와 엘리트 사이의 권력 균형(유럽에서는 엘리트들이 유리, 중국에서는 군주가 유리), ⑧ 대의정치 등이다.[9]

영토의 규모에서 유럽과 중국은 비슷했지만, 1500년 무렵 유럽은 약 200개의 국가들로 분열되어 있었고 중국은 하나의 전제국가였다. 두 지역에서 전쟁은 자주 발생했기 때문에 전쟁의 빈도로 양자를 구별하기는 어렵지만, 충돌의 형태는 달랐다. 유럽에서는 국경선을 두고 국가 대 국가가 벌이는 충돌이었다면, 중국에서는 한 국가 내에서 일어난 내란과 반란이 큰 비중(약 65%)을 차지했다. 유럽에서는 충돌이 여러 방면에서 일어났다. 예를 들어 나폴레옹 전쟁에서 프랑스는 영국·오스트리아·러시아 등 여러 나라와 동시에 전쟁을 치러야 했다. 중국에서는 유목민족의 공격, 즉 한쪽 방면의 외부 위협만이 있었다. 여러 국가가 경쟁하는 유럽에서 탈주할 수 있었던(exit ability) 엘리트들은 군주에게 전쟁에 필요한 재원을 공급하면서 정치적 자유를 확대했다. 그 대신 라이벌 국가들과 경쟁하는 군주는 군사력을 강화해서 중상주의 국가 시대를 열 수 있었다. 군주의 '힘'이 제한된 국가에서는 오히려 적은 비용으로 국가의 능력이 강화되었다.

이에 비해 중국에서의 황제 권력은 유럽의 군주보다 훨씬 강력했지만, 국가 능력은 유럽의 국가들보다 점점 더 약해졌다. 황제는 정권의 장기적 안정을 위해 강한 군사력을 그렇게 반기지 않았다. 중국의 엘리트들은 군주에게 탈주 위협을 가할 수 없었지만, 내란과 반란의 주역은 될 수 있었다. 중앙정부는 그들의 욕망을 어느 정도 충족시켜 줄 필요가 있었다. 로컬의 엘리트들은 로컬의 정치에서 사회적 경제적으로 보상을 받았다. 청조(清朝)의 영토 확장 목표는 국가적 물질적 이익보다는 외부의 위협 요인을 제거하는 데 있었다. 1인 황제는 내외의 '위협'을 줄여나갔다. 그렇게 위협은 줄어들었고 권력은 중앙에 집중되었다. '필요'가 줄어들자 국가의 재정적 군사적 기능은 약화되었다(self-weakening). 이는 황제의 전제 권력은 강화되었지만 국가의 능력은 약화된 것을 의미한다.

이와 반대로 유럽에서는 왕의 전제 권력은 약화되었지만 국가의 능력은 강화되었다. 서기 "1000년 서유럽의 경제 발전은 중국보다 훨씬 낮은 수준이었다. …… 만약 경제발전이 정치적 대의정치를 이끌었다면 아마도 중국은 의회정치의 리더가 되었어야 했다. 그러나 대의정치는 서유럽에서 홀로 번성했다. 더욱이 포메란츠에 따르면, 1700년대 중반까지 중국과 유럽 일부 지역들의 경제발전 수준은 상대적이지만 유사했다. 그러나 정치적 분기는 확실히 발생했다."[10]

마(Debin Ma)와 루빈(Jared Rubin)은 조금 다른 각도에서 정치의 중요성을 강조했다.[11] 그들이 주목한 것은 중국 황제가 국가의 세수를 늘리는 데 권력을 사용하지 않은 이유였다. '군주와 대리인의 관계(ruler-agent relationship)'에서 청조의 중앙정부는 세금을 징수하는 대리인들에게 적은 양(low tax)을 할당했고 낮은 녹봉(low wage)을 지급하면서, 또 그들이 지방에서 농민으로부터 비공식적으로 세수를 가로채는 것을 용인했다. 중앙정부의 약한 행정력은 그들을 제어할 수 없었고, 부패는 통치의 한 수단이 되었다. 권력을 유지하기 위해 군주가 내린 '최선의 결정'은 균형을 이룬 가벼운 세금과 약한 행정력이었다. 18세기까지 2세기 반 동안 중국의 인구는 3배, 영토는 2배 증가했지만, 지방의 행정기구는 그에 비례해서 늘지 않았다. 약 8만 명인 청나라 상비군의 수는 송조와 명조 때보다 더 적은 숫자였다.[12] 〈표 1〉과 〈표 2〉에 나타나 있듯이, 인구와 영토가 큰 중국의 세수 총계가 영국의 그것에 비해 4분의 1에 불과했다. 1인당 중국인의 세 부담은 영국인의 그것에 비해 19세기 전반기에 약 100분의 1, 19세기 후반기에 약 50분의 1에 불과했다.[13] 이러한 현상은 비공식적 세수의 증가와 연동되어 있었

⟨표 1⟩　　　　1인당 세수 비교(단위: 銀의 grams)

국가 시간	Absolutist Regimes					Constrained Regimes	
	중국	오토만	러시아	프랑스	스페인	영국	네덜란드공화국
1650-99	7	11.8		46	35.8	45.1	
1700-49	7.2	15.5	6.4	46.6	41.6	93.5	161.1
1750-99	4.2	12.9	21	66.4	63.1	158.4	170.7
1800-49	3.4					303.8	
1850-99	7					344.1	

⟨표 2⟩　　　　총세수(단위: 銀의 tons)

국가 시간	Absolutist Regimes					Constrained Regimes	
	중국	오토만	러시아	프랑스	스페인	영국	네덜란드공화국
1650-99	940.0	248.0		851.0	243.0	239.0	
1700-49	1,304.0	294.0	155.0	932.0	312.0	632.0	310.0
1750-99	1,229.0	263.0	492.0	1,612.0	618.0	1,370.0	170.7
1800-49	1,367.0					6,156.0	
1850-99	2,651.0					10,941.0	

출전: Brandt, Loren, Debin Ma, and Thomas G. Rawski, "From Divergence to Convergence: Reevaluating the History behind China's Economic Boom," *Journal of Economic Literature 52(1)*, 2014, pp. 45-123; Dincecco, Mark, "Fiscal Centralization, Limited Government, and Public Revenues in Europe, 1650-1913," *Journal of Economic History 69(1)*, 2009, pp. 48-103; Debin Ma and Jared Rubin,, "The paradox of power: understanding fiscal capacity in Imperial China and absolutist regimes", *Economic History working papers 261*, 2017, p. 41.

다.[14] 중앙정부는 상대적으로 가벼운 세금을 농민에게 부과했다. 로컬의 관리들은 국가가 공식적으로 파악한 세금을 중앙정부에 보냈지만 국가가 파악하지 못한 비공식적인 세원을 통해 축재할 수 있었다. 중앙정부는 그러한 사정을 짐작할 수 있었지만, 적극적으로 그것을 시정하기 위한 조치를 취하지 않았고, 황제의 강력한 권력을 오래

유지하기 위해 중간 단위의 부패구조를 용인했다. 청은 군사적 충돌의 발원지였던 서북 지역으로 영토를 확장했을 때, 광둥항(廣東港)에서의 해외무역을 제한했고, 또 동남아시아로 중국인이 이주하는 것을 금지했다.15) 이에 비해 네덜란드와 영국에서는 행정기구 정비, 공채(公債) 시장 육성, 세수 증대가 장려되었다.16)

이러한 차이는 국가의 능력이 발휘되는 군사기술에서 더 잘 드러났다. 필립 호프먼(Philip T. Hoffman)은 영국과 서유럽이 다른 지역에 비해 근대로 이행하는 경쟁에서 승리할 수 있었던 요인으로 우월한 '화약 기술'을 들었다. 그에 의하면 이미 산업혁명 이전에 유럽인들은 화약 기술을 사용해서 "지표면의 35% 이상을 장악"했고, 동남아시아까지 이르는 해상교역로에서 300년 동안이나 이익을 얻을 수 있었다.17) 유럽은 작은 교전국으로 파편화되어 있었고, 그런 국가들은 낮은 정치 비용으로 – 무거운 세금과 손쉬운 자금 차입 – 자원을 동원할 수 있었다.18) 특히 영국은 1688년 명예혁명 이후 국왕 제임스 1세가 실각한 뒤 의회는 국고를 통제하고 지출에 대하여 회계감사를 하고 각료에게 책임을 지우는 권한을 획득했다. 그 이후에 잉글랜드의 세수는 더욱 증가했다. 의회는 외교정책을 수립했고, 중요하다고 판단한 전쟁에 비용을 넉넉하게 지출하는 안건을 의결할 수 있었다. 재정 혁신과 함께 공채 시장이 발달함에 따라 저렴한 이자로 전쟁 자원을 쉽게 동원할 수 있었다.19) 지정학적 요인과 결합된 유럽 국가들 간의 지속적인 군사 경쟁은 기술 혁신의 계기가 되었다.20) 의회가 가장 먼저 발달한 영국에서 경제적 내셔널리즘이 촉발된 것도 그러한 이유에서다.

이에 비해 중국의 최대 외부 위협은 유목민족이었다. 중국의 중앙정부는 해군을 위해 자원을 동원할 이유가 거의 없었다. 유목민족과의 전쟁에서는 화약 무기가 그렇게 유용하지 않았던 것 같다. 16세기 말 한반도에서 발발한 임진왜란에서는 화약 무기가 많이 사용되었는데, 그런 종류의 전쟁은 자주 일어나지 않았다. 동아시아에서는 화약 무기의 기술 혁신을 위한 유인(誘因)들이 강하지 않다.21) 중국의 엘리트들은 공을 세울 수 있는 군 복무에 그다지 관심이 없었고, 그래서 엘리트들에 의한 무력 저항이나 반란이 일어날 가능성은 낮았다.22) 중국의 관료제는 황제 권력을 안정적으로 유지할 수 있었던 좋은 장치였다.

유럽에서는 민간 사업가들도 화약 기술을 널리 활용했다. 정복을 위한 원정·탐험·무역 등에서 그 기술이 사용되었다. 민간 원정 사업 펀드 조성, 합자회사 또는 모험사업 법인 설립도 어렵지 않았다. 그러나 유라시아에서는 민간 사업가들의 정복이나 탐험 또는 원정은 없었다. 이 차이는 중대한 결과를 낳았다.23) 유럽이 세계를 정복한 원인은 문화도, 지리도, 전쟁도 아닌 정치였다.24)

명예혁명이 일어난 1688년부터 나폴레옹 전쟁이 끝나는 마지막 절차였던 빈회의가 열리는 1815년까지 약 127년간은 영국에게는 "네덜란드를 점령하고 프랑스를 패배시킨 영광스러운 승리의 시대였다."25) 핀들레이와 오루크(Ronald Findlay and Kevin H. O'rouke)에 의하면, 그 힘의 원천은 '대의제도'였고, 국가 간 체제 경쟁을 부채질한 것은 유럽의 지정학적 조건이었다. 이안 부르마(Ian Buruma)는 "영국 숭배자(Anglomania)의 아버지" 볼테르를 인용했다. 그는 "무역은 영국을 더욱

부유하게 했고, 시민계급을 탄생시켜 그들을 더욱 자유롭게 했다. 반대로 이러한 자유는 무역을 확대했다."26) 크루제(Crouzet, F.) 역시 볼테르를 인용했다. "영국의 힘은 엘리자베스 여왕 이후 모든 정당이 힘을 합쳐 무역을 증진하려 했다는 점에서 비롯된다. 국왕을 처형한 바로 그 의회가 가장 평화로운 시대에 해양 프로젝트를 위해 바쁘게 움직였다. 찰스 1세의 피가 채 식지 않고 의회 전체가 그의 지지자들로 가득 차 있을 때조차 그들은 1650년(실제로는 1651) 저 유명한 항해법을 통과시켰다." 영국은 "정교한 중상주의"로 국가의 이익을 추구했다.27) "가장 자유로운 자는 가장 세금을 덜 내는 자라는 관념은 비교사 측면에서 뒷받침되지 않는다. 만약 우리가 에스파냐·프랑스·영국·네덜란드의 세율을 비교한다면, 절대주의 국가인 에스파냐와 프랑스에서 상대적으로 가벼운 과세가 이루어졌음을 발견할 것이다. 결론적으로 절대왕정이 아닌 대의제도는 세금 징수에서 더 우월한 것으로 드러났다"(〈표 3〉). "자유는 강한 국가, 즉 부와 국력을 모두 지닌 국가가 출현하는 데 필요한 전제 조건이었다."28) 영국은 정부 지출 중 83%를 군사적 목적으로 사용했고, 전체 국민소득에서 군사비는 16%를 차지했다.

〈표 3〉   연간 1인당 과세액 (단위: 銀의 grams)

국가 \ 연도	1578	1776
중국	3.56	7.03
잉글랜드	10.4	180.06
프랑스	16.65	61.11

출전: 필립 T. 호프먼, 『정복의 조건: 유럽은 어떠헤 세계패권을 손에 넣었는가』, 서울: 책과함께, 2016, p.65.

군사비 중 60%는 해군에 할당되었다.29)

"아무런 의심 없이 서구가 앞선 어느 한 지점을 채택한 후, 동양의 사업 관행이 상식 수준 이상으로 발전하지 못했다고 주장하면서 '과학적' 또는 '합리적'이라는 말로 양자 간의 절대적인 질적 차이를 주장하는 것은 분명 정당하지 않다."30) 그러나 유럽과 중국 사이에는 다른 점이 있었다. 중국이 근대적 총기를 생산하지 못한 것은 군사적 경쟁을 부추기는 압력이 부재했기 때문이었다.31) 서유럽은 유라시아의 서쪽 끝 주변부에 있어 몽골의 침략으로부터 스스로를 보호할 수 있었다. 바그다드(Baghdad)나 다마스쿠스(Damascus) 같은 이슬람 도시들은 칭기즈 칸(Chingiz Khan) 후예들의 침략으로 처참하게 파괴되었다. 서유럽은 동·서 무역로의 중간 지점이라기보다 종착점이었으므로 유럽 국가들이 새로운 무역에 기초한 수입원을 찾으려면 공격적인 군사전략을 추구해야만 했다. 유럽은 포(砲)를 설치한 범선("총과 돛"의 결합)을 개발해 해상에서 확고한 군사적 우위를 누렸다. "대서양의 유리한 바람과 해류"라는 조건도 유럽인들에게 유리하게 작동했다.32) 아메리카와 가까웠던 지리적 조건도 유럽에게 유리했다. 아메리카는 유럽에게 거대한 자원을 선사한 "중요한 안전밸브"였다.33)

승 투안 휘(Sng Tuan Hwee)와 모리구치 지아키(森口千晶)는34) '국가 능력'의 문제를 중국과 일본의 분기에 대해 적용했다. 그들은 '세수'와 '영토의 크기'와 '관료제 운영'에 대해 탐구했다. 그들에 의하면 일본의 도쿠가와막부에서는 인구의 증가와 함께 세수가 증가했지만, 중국의 청조에서는 — 특히 1750년 이후 — 인구가 늘어남에도 불구하고 그렇지 못했다. 서구의 충격 이후 상대적으로 분열적이었던 일본은 통일되고 근대화되었지만, 1인 황제의 통치 아래 있던 전제국가 중국은 오히려 분열되었다. 외부의 위협이 다가왔을 때, 소국 일본이 중앙집권적인 국가가 되었다면, 대국 중국은 정치적으로 분권화되었다. 전통적으로 중국에서의 중앙집권적인 권력은 유목민족의 도전에 효과적으로 대응하기 위해 베이징을 거점으로 하는 북부 지역에 집중되어 있었는데, 19세기 남부 해안에서 발생한 새로운 위협에 효과적으로 대처하지 못해서 분열되었다.35)

관료제는 상인도 통제했다. 송나라의 위대한 발명품들은 시장의 인센티브가 아닌 정부의 장려 또는 직접적인 명령에 따른 것이었다.36) 중국의 민간 상인은 국내 교역에만 참여할 수 있었고 해외무역은 정부가 독점했다. 1368년 집권한 명조(明朝)는 정치·사회에 미칠 영향을 우려해서 정부가 주도하는 해외무역에만 상인의 참여를 허용했다. 조공무역과 관련 없는 순수 상업 활동은 금지되었다. 1644년에 여진족에 의해 수립된 청조(淸朝) 역시 해외무역을 금지했다. 명·청에게는 '창조적 파괴'의 필요성이 적었다.37) 중국은 해외무역을 장려하지 않아도 제국을 운영할 수 있었고, 만리장성을 쌓은 것에서 볼 수 있듯이, 중국 조정의 가장 큰 과제는 북방 민족의 남하를 저지하는 것이었다. 해외무역에 대한 요구가 유럽은 강했고 중국은 상대적으로 약했다. 누적된 이러한 요인들은 유럽과 중국의 '농업의 상업화 형태'가 다르게 전개되는 배경이 되었다.

2. 동아시아 4국의 분기와 지주

1) 농업 관료제: 중국과 조선

중국의 국가 능력(state capacity)이 약화된 것은 명나라 때에 더 분명하게 나타났다. 몽골을 몰아내고 한족의 나라를 세운 홍무제(洪武帝) 주원장(朱元璋; 1328-1398)은 유교적 통치질서를 확립하기 위해 성리학을 장려하고 토지세를 농업생산물의 10% 정도로 고정시켰다. 농민의 부담은 가벼워졌지만 정부의 재정은 넉넉하지 못했다. 그보다 더 큰 문제는 중국 전역에서 징수한 세금을 베이징으로 옮기는 것이었다. 징수 과정은 비효율적이었고 중간 수탈이 많았는데, 수백만에 달하는 중개인이 이 복잡한 징세체계에 기생했다. "이러한 현상과 함께 나타난 것은 명조가 해양 세계로부터 장대하게 후퇴한 일이었다."38) 명조는 근대적 기술과 경제발전을 실현할 수 있는 해양을 스스로 "포기"한 것이나 다름없었다.39) 내륙 도시 베이징을 수도로 삼은 중국은 해안 도시 발달을 억제했다. 청나라는 명조의 조세·화폐·바다를 봉쇄하는 해방(海防) 등을 그대로 계승했지만, 서북 지역을 정복해서 영토를 크게 확장했다. 외몽골과 위구르족이 살던 지역인 신장(新疆)이 새로운 영토로 편입되었다. 1689년 네르친스크(Nerchinsk) 국경조약과 1727년 캬흐타(Kyakhta)조약으로 중국과 러시아 국경이 확정되었다. 1755년 이후 내륙 아시아에 대한 청(淸)의 지배권이 확립되었다. 이러한 정복 사업의 목표는 국가의 수익을 늘리는 것보다는 외부의 위협을 제거하는 데 있었고, 마침내 농경민인 한인(漢人)과 초원지대 유목민 사이에 영구

적인 상호관계가 형성되었다.40)

　중국은 영토가 확대되고 인구가 늘었다. 1600년에서 1911년에 이르는 시기에 인구는 2, 3배 늘어났다. 그에 따라서 유통경제가 발달했고, 상인들도 성장했다. 1800년 무렵의 중국경제는 거대한 장강 유역에서 2억이 넘는 인구를 부양할 만큼 활력이 있었다.41) 이러한 '중국의 힘'에 대한 건륭제(乾隆帝)의 자부심은 1792년 8월 영국의 무역대표단[대표: 조지 매카트니 경(Lord George Macartney)]이 왔을 때 드러났다. 청 황제가 영국인에게 보낸 편지에는 "우리에게는 당신 나라에서 만든 물건이 전혀 필요없다"42)라는 문구가 있었다. 상인은 상업적 이익을 위해 해외로 나가지 않고 여전히 지배적인 위치를 차지하고 있는 지주적 기반의 신사층(紳士層)에 합류하려고 했다. 관료들에게 상인은 개인적 혹은 국가적인 이익을 위해서 이용하는 동맹자이자 통제의 대상이었다. 양자 사이에는 밀접한 이익 공동체가 형성되었고, 상인들은 비교적 용이하게 신사층으로 이동할 수 있었다. 중국 상인들에게 토지는 상업보다는 이윤이 적었지만 안전한 투자 대상이었다. 농민에 대한 단기적 신용대출 즉 고리대금업은 장기적인 공업에 대한 대출보다 상인 혹은 지주들에게 많은 수익을 안겨주었다. 상인들은 신사들과 함께 반란에 대비하기 위한 성벽으로 둘러싸인 도시[城市]에서 살았다. 농업이 기간산업인 중국에서 도시는 통치를 위한 농업 관료제의 거점이었고, 상인들 역시 그 안에서 자신들의 안전을 도모했다. 이에 비해 봉건 유럽에서는 토지를 소유한 지배계급은 농촌의 장원에 정착하고 있었고, 도시는 봉건제에 통합되지 않고 그 외부에서 성장했다.43)

중국의 체제 형성에 지대한 영향을 미친 유목민족의 위협은 한반도에도 그러했다. 내몽골 일대를 중심으로 916년에 국가를 세운 거란족은 936년에 나라 이름을 거란(契丹)에서 요(遼)로 바꾸었다. 918년에 건국된 고려는 993년부터 1019년까지 약 26년 동안 3차에 걸친 거란족의 공격을 막아냈고, 거란이나 송나라와 대등한 관계를 유지했다. 1115년에 여진족에 의해 건국된 금(金)은 송과 연합하여 1125년에 요나라를 멸망시켰다. 이러한 금에 대해 1139년(인종 9)에 고려는 조공의 예를 갖추면서 전쟁의 위험을 회피할 수 있었다. 1234년에 금을 멸망시킨 몽골족이 세운 원나라(1279-1368)는 고려를 6차례 이상 공격했고, 마침내 고려를 '부마국'으로 삼았다. 건국 초기의 고려가 유목민족의 공격을 막아내면서 대등한 국제관계를 유지했다면, 시간이 흐를수록 고려는 국제관계에서 종속적 위치를 받아들였고, 마침내 후기에 오게 되면 원나라의 지배를 거의 100년 동안 받게 되었다.

10세기 말과 11세기 초 거란의 공격, 13세기 후반기와 14세기 중반의 원나라 공격에서 알 수 있듯이, 중국에서 일어나는 국가 교체는 한반도의 국가에게는 급격한 대외적 환경의 변화를 의미했다. 조선의 국제환경이 상대적으로 고려보다 안정된 데에는 두 가지 요인이 있었다. 하나는 명조(明朝; 1368-1644)가 비교적 긴 276년간 유지되면서 만주 일대의 영토에 대해서는 큰 관심을 보이지 않은 것이고, 다른 하나는 만주 일대에 있었던 여진족은 아직 그 세력이 강대하지 않았기 때문이었다. 조선은 강대국 명나라와 군사적 긴장관계를 형성하지 않으려고 노력했다. '사대교린' 외교정책은 겉으로는 유약해 보였지만 조선왕조가 외부 위협을 관리하는 수단으로 한반도에서 '전쟁의 빈도'를 낮추는 역할을 했다.

외부와의 전쟁은 두 번 있었다. 하나는 16세기 말의 동아시아 삼국이 관여한 전쟁인 임진왜란(1592-1598)이고, 다른 하나는 17세기 전반기에 여진족의 공격으로 일어났던 정묘호란(1627.1-3)과 병자호란(1636.12-1637.2)이다. 16세기 말 약 7년간의 전쟁은 일본과 중국에서는 국가 권력이 교체될 정도로 물적 인적 피해가 컸고, 17세기 전반기에 있었던 조선과 청의 전투는 그렇게 치열하지 않았다. 조선이 청에 바로 항복했기 때문이었다. 외부의 위협을 제거하는 수단으로 중국이 군사적 정복을 취했다면, 조선왕조가 선택한 수단은 '조공책봉체제'로 현상(現象)된 외교였다. 조선은 중국보다 작은 국가였지만 전쟁의 위협이 적었다는 점에서 더 안전한 국가였다. 조선의 양반 사대부들은 유럽의 귀족들과 달리 다른 국가로 '탈주'하는 것이 아니라, 외부와의 교류나 교역을 통제하면서 왕실과 더불어 어떻게 농업 관료제를 더 안전하게 지속시킬 것인가를 고민했다. 동아시아 대륙에서 두 차례의 전란이 일어나는 시기에, 유럽에서는 대서양 무역이 본격적으로 시작되었다.

제임스 팔레는 조선왕조 농업 관료제의 가장 주요한 특징의 하나로 '형평과 안정'을 들었다. 국왕은 중앙집권적인 권력구조의 정점에 있으면서 과거제·인사고과제·암행어사 제도 등을 통해 관료들을 통제할 수 있었지만, 신분과 토지 소유가 세습되는 고위 양반들은 중앙 관리가 될 자격을 독점했다. 유교적 교의가 거론되는 언론과 경연 제도는 고위 관료들이 국왕의 권한을 제한할 수 있는 통로였다. 그러나 고위 양반관료들은 왕실을 교체하지 않았다. 그들은 권력의 중심을 옮기기 위한 새로운 제도를 발전시키는 데 주저했고, 다만 정치 파벌들을 형성해서 국왕의 호의를 획득하기 위한 경쟁을 벌였다. 중앙정치 내에서 국왕과 고위 관료들 사이의 형평 관계는 중앙과 지방 사이에도 형성되었다. 중앙의 정치 세력들은 자신들의 기득권을 유지하고 지방의 충성을 유지하기 위한 장치를 마련했다. 예를 들어, 조선후기 지방의 서리는 "제도화된 비제도권 세력"으로 녹봉 수여 체계 밖에 있었다. 지방관이 '할당된 조세 상납'과 '농민층 통제'를 위해서는 향촌의 서리와 향임층(鄕任層)의 협조를 받아야만 했다. 그런데 조선왕조가 관리들에게 지급한 녹봉은 중국이나 일본에 비해서도 적었다.44) 더 사정이 열악한 지방 관리들은 제도화된 부패 체계를 형성하는 일부분이 되었다.45) '유동성 있는 재원'을 둘러싸고 왕실, 중앙의 고위 양반관료들, 그리고 지방의 서리와 양반들은 서로 경쟁하고, 또 공생했다.46)

적은 국방 예산은 조선왕조 관료제가 문반 중심의 사회임을 가장 강력하게 보여준다. 임진왜란 이후 직업군인제의 도입으로 군사비 지출이 증가했지만, 그 총액은 쌀로 약 50만 석으로, 국내 총생산의 1%에도 미달하는 수준이었다.47) 비용이 적게 드는 행정과 군사(軍事) 덕택에 1인당 농민의 조세 부담도 적었다. 〈표 4〉에 의하면 1753년에 청나라는 쌀 5000만 석을 거둬들였다. 비슷한 시기인 18세기 후반에 조선의 조세 수취량은 250만 석이었다. 당시 청나라 인구는 약 2.5억 명, 조선의 인구는 약 1600만 명이었다. 이를 근거로 한 1인당 조세 부담률은 중국은 0.2석, 조선은 0.16석이 된다.

〈표 4〉   조선과 중국의 국가 능력 비교

구분 / 국가 / 시기	중국(A) 1793년	조선(B) 18세기 후반
총세입(석)(C)	50,000,000	2,500,000
인구(명)(D)	250,000,000	16,000,000
C / D	0.2	0.16
상업세 비중	19%	1-2%
토지세 비중	73%	90%

출전: 이헌창, 『조선후기 재정과 시장』, pp. 27-28, 447-453.

　　상업세의 비중도 조선은 중국보다 낮았다. 1753년 중국 세입에서 염세(鹽稅)와 관세(關稅)가 차지하는 비중이 19%였는데, 18세기 후반에 조선의 상업세는 1-2%에 불과했다.[48] 조선시대 법정 조세 부담률은 매우 낮았고, 각종 중간 수탈까지 합해도 그 부담률이 높은 편은 아니었다. 녹봉이 적고 서리들에 대한 보상 체계가 수립되지 않은 상태에서 중간 수탈은 증가했다. 지방의 관리들과 토착 세력이 조세 징수 과정에서 착복하는 경우가 많았기 때문에 여러 가지 부작용이 나타났다.[49] 그래서 임진왜란 이후 조선왕조 정부는 농민들의 조세 부담을 줄여주고 국가재정을 강화하기 위해 17세기에는 대동법(大同法)을, 18세기에는 균역법(均役法)을 실시했다.[50] 이러한 정책들은 유통경제의 발달과 농촌사회 안정에 기여한 바가 있지만, 저비용으로 운영되는 조선왕조의 관료제 때문에 부패는 사라지지 않았다. 문제는 그것만이 아니었다. 농민들의 먹거리가 부족할 때 그들을 돕기 위해 설계되었던 제도인 환곡(還穀)의 성격이 변질되어 농민들이 곡식을 빌리지 않아도 이자를

내는 환곡의 부세화(賦稅化)가 진행되었다.51)

 이렇게 중간 수탈로 증발된 세금은 비공식적인 체제 유지 비용으로 소진되었을 뿐이다. 양반사대부들의 재산은 늘어나도 국가의 힘은 약화되었다. 군주(왕)와 고위 양반사대부들은 중국의 명나라처럼 군사력이 증가하는 것을 그다지 원하지 않았다. 군사력은 자신들을 겨누는 창으로 언제든지 바뀔 수 있기 때문이었다. 이런 측면은 내부의 반란을 걱정하는 중국과 유사했지만, 중국보다 외부 위협이 적은 조선은 군사에 대한 투자를 아꼈다. 그렇기 때문에 왕을 교체했던 중종반정과 인조반정은 소규모 군사력으로 가능했다. 권력 교체에 대해 항의할 수 있었던 지방의 군사적 기반은 거의 없었고, 실제로 그러한 움직임은 일어나지 않았다. 조선왕조는 생존의 위협을 받았던 두 차례의 전란을 겪었음에도 불구하고 군사적 혁신을 도모하지 않았다. 군제는 개혁되었지만, 문반인 양반은 국방의 의무를 지지 않았다. 조선전기의 군제는 오위제(五衛制)를 근간으로 편성되었다. 군인들 중에는 직업군인에 가까운 갑사(甲士)와 별시위(別侍衛)가 있었다. 대부분 양반 지주 출신인 이들은 국방력의 근간을 이루는 최정예 무사였다. 양인 출신이 대부분이고 국가로부터 보수를 받지 않은 군인인 정병(正兵)은 기병과 보병으로 구분되어 있었다. 16세기 말 갑사와 별시위가 소멸되는 등 조선초기의 군사구조가 크게 흔들린 상태에서 임진왜란이 발발했다. 국가적 위기를 맞이하여 새로운 군제인 훈련도감, 어영청, 금위영, 총융청, 수어청 등 오군영제(五軍營制)가 실시되었다. 군인 스스로 무장을 해야 하는 조선 전기의 병농일치제는 국가가 군인에게 군수물자를 지급하는 병농분리제로 변화했다. 그런데 문제는 비용이었다. 훈련도감 군인들에게 급료를 지급하기 위해서는 호조가 1년에 마련할 수 있는 재원의 3분의 2가 필요했다. 군비 확충에 들어갈 국가의 재정을 늘리기 위해서는 상업세를 많이 걷거나 양반으로부터 세금을 징수하는 호포제를 실시했어야 했다. 둘 다 실행되지 않았다.52)

16세기 말 일본군과의 해전에서 한 번도 패하지 않았던 '돛과 대포'를 결합한 조선의 수군 함대는 19세기에 오면 거의 흔적도 없이 사라졌다. 유럽인들은 '돛과 대포'를 결합한 배를 타고 동남아시아를 지나서 중국·일본 그리고 조선까지 왔다. 임진왜란 이후 반정(反正)을 통해 집권한 인조, 청 태종에게 굴욕을 당한 인조였지만, 그는 그의 아들 소현세자를 희생시키면서까지 외래문명이 들어오는 것을 억제했다. 그의 또 다른 아들 효종 대에는 청을 정복하기 위한 '북벌론'이 제기되었지만, 그 군사 담론은 현실화될 수 없었다. 윤휴(尹鑴)의 좌절은 양란(임진왜란과 병자호란) 이후의 군제개혁이 갖는 허상이 잘 드러나는 하나의 사례다. 윤휴는 병자호란 때 인조의 항복 소식을 듣고 관직에 나아가지 않고 독서에 전념했던 인물이었다. 그는 한족 무장들이 일으킨 '삼번(三藩)의 난(1673-1681)'으로 청(淸)이 위기에 빠졌을 때 관직에 나아가서 북벌론을 주장했다. 오랑캐를 정벌하기 위해 국방에 대한 양반의 의무를 강화해야 한다는 그의 '양반충군론(兩班充軍論)'은 양반의 강한 반발을 받았다. 숙종은 집권 초기에 남인(南人) 계열의 관료들을 견제하기 위해 서인(西人)을 중용했는데, 그 과정에서 남인 계열이 숙청되는 경신환국(庚申換局, 숙종 6년, 1680)이 발생했다. 이때 윤휴도 죽었다. 국가적 위기를 겪었음에도 불구하고 조선왕조 정부는 국방력 강화를 위한 실질적 조치를 취하지 않았다. 국방비는 크게 증액되지 않았다. 양반이 스스로 갖고 있는 통치할 수 있는 권리와 그것 때문에 그들이 져야 하는 국방의 의무는 점점 더 괴리되어 갔다.53)

결국 18세기에는 현실을 긍정하는 '북학'이 대두되었다. 소국 조선의 대국 청에 대한 공격은 극단적으로 농민을 수탈하고 행정체계를 군사조직으로 재편해야 그나마 작은 가능성이라도 있는데, 그러한 일은 조선왕조가 양반사대부의 나라임을 포기해야 일어날 수 있었다. 청에 대한 '모험적 정벌'은 일어나지 않았고, 중앙에서는 격렬한 붕당정치로 바빴다. 정치적 경쟁을 제어하는 탕평정치(蕩平政治)가 실시된 18세기에는 농민과 상인을 위한 개혁 조치들이 실시되면서 농촌사회의 안정과 국가재정이 강화되었다. 그러나 정조(正祖)의 탕평정치를 계승한 것은 세도정치(勢道政治)였다. 왕에 의존한 탕평정치는 소수가 권력을 독점하는 과두정치로 변질되었다. 19세기에는 소수의 벌열가문들이 정치를 좌우했다. 사대부가 주도하는 과두제 아래에서 지방에 대한 수탈이 강화되었다. 그것에 대한 반발이 1811년의 홍경래 난과 1862년의 임술민란(진주민란) 그리고 1894년의 동학농민전쟁이었다. 대원군의 등장은 사대부 중심의 과두제에 대한 반발이었다. 그는 왕권 강화를 도모했지만, 정치적 기반이 매우 취약했기 때문에 그의 아들 고종이 자신의 정치를 시작하자 권력을 내놓지 않을 수 없었다. 이때부터 왕후의 일가인 민씨 척족(戚族)은 그가 물러난 공간을 채워나갔다. 양난 이후 약 200년 동안 조선 - 중국 - 일본 동아시아 국제관계는 너무 평온했기 때문에 국가적 위기의 엄중함이 망각되었다. 1874년 국제정세를 토론하는 자리에서 나온 우의정 박규수(朴珪壽)의 발언은 당시 지배 엘리트들의 국제정세에 대한 인식 수준을 그대로 드러냈다. 고종과 신하들이 일본과 서양 나라들이 밀접해지고 있는 국제정세를 토론하는 자리에서 나온 그의 말을 요약하면 다음과 같다. '임금과 신하들이 한가롭게 보낼 시간이 없다. 중국은 옛날부터 전쟁이 있었지만, 한쪽 모퉁이에 있는 한반도는 그런 일이 없었다. 조선왕조는 훌륭한 임금들이 정치를 잘 해서 태평성대를 이룩했으며, 임진년(1592)과 병자년(1636)의 두 난리가 있었을 뿐이다. 지금의 백성은 전쟁이란 말조차 모른다.'54) 영의정 이유원 역시 박규수와 비슷한 취지의 말을 했다. '태평한 날이 계속되면 사람들이 전투에 관한 일을 하려 하지도 들으려고도 하지 않는다. 양반사대부 역시 그러하다.'55) 그러나 조선은 시대의 변화를 거스를 수 없었다.

고종의 집권은 왕조정치의 큰 전환점이 되었다. 그는 일본의 외압을 계기로 삼아서 500년 이상 닫혔던 국가의 문을 열었다. "참으로 형편상 부득이하기 때문이었다."56) 1876년 2월 26일에 체결된 강화도조약에서는 조선의 국가적 위상이 조정되었다. 조일수호조규 제1관(款)은 "조선국은 자주의 나라로서 일본국과 더불어 평등한 권리를 갖는다(朝鮮國自主之邦 保有與日本國平等之權)"였다. '자주의 나라 조선'으로 인해 유구(悠久)한 중화질서에 미세한 균열이 생겼다. 이때부터 조선에서는 개혁을 둘러싼 갈등이 폭발했다. 개항으로부터 6년이 지난 1882년에 임오군란이, 그로부터 2년 후에 갑신정변이 일어났다. 임오군란은 개혁에 대한 반발이었고, 갑신정변은 개혁을 위한 급진적 정치운동이었다. 임오군란은 1881년 설치된 신식군대 별기군(別技軍)의 처우는 좋고 기존 군인들에 대한 대우가 나빠지자 무위영(武衛營) 군인들의 불만이 터진 것이었다. 1884년 갑신정변은 세도가문인 안동김씨가(安東金氏家) 일원인 김옥균을 위시한 소수의 선진적인 양반 사대부들이 서울에서 일으킨 쿠데타였다. 그들은 이른바 안동김씨·반남박씨처럼 왕실과 더불어 조선정치를 좌지우지하는 세도가문 출신이었다. 안동김씨는 왕실의 외척으로서 순조 이래 근 60년간 조선의 실질적인 통치자였다. 서울은 개화파의 사회적 사상적 배경인 북학론이 대두한 지역이고, 또 개화파의 핵심을 이루는 세도정권의 근거지였다. 조선왕조의 급진적 개혁인 갑신정변은 양반사대부의 핵심인 세도정권 내부에서 제기된 정치운동이었고, 권력의 중심에 있었던 개화파들은 외부로부터의 압력에 가장 민감하게 응전했다. 그러나 임오군란·갑신정변 모두 청나라의 개입으로 실패했다.

 그로부터 10년 후에 동학농민전쟁이 발발했다. 중앙의 왕과 고위관리들은 농민군의 기세에 놀라 청국에 지원을 요청했고, 결국 이것이 청일전쟁이 발발하는 빌미가 되었다. 이태진은 조선왕조가 청나라에 병력을 요청한 것은 '자진'해서 한 것이 아니라 청나라 위안스카이의 강요에 의한 것임을 밝혔다.57) 그런데 조선왕조정부는 1882년 임오군란이 발발했을 때 김윤식과 어윤중을 통해 청나라의 지원을 요청한 바 있었고, 그때부터 청군 3,000명이 조선에 주둔하게 되었다.58) 그 군대는 결과적으로 갑신정변을 진압하는 역할도 맡았다. 갑신정변을 마무리하면서 청과 일본이 맺는 텐진조약(天津條約, 1885)은 1894년의 '조선' 문제에 일본군의 개입을 정당화하는 빌미가 되었다. 개혁과정에서 일어난 내부 갈등을 스스로 해결하지 않고 조선왕조가 중화적 질서에 의탁했던 것은 일본의 대륙 침략을 도와주는 결과를 초래했다.

지방의 양반들 중에는 일본에 항쟁하는 농민들을 진압하기 위한 민보군(民堡軍)을 꾸린 자들도 있었다. 그들은 유교의 나라 조선왕조가 흔들리는 것을 우려했고, 1896년의 을미의병, 1905년 을사보호조약 체결과 함께 일어난 을사의병, 1907년 정미의병의 주축이 되었다. 항일의병 역시 '유교의 나라'가 붕괴되는 것을 막기 위한 저항이었다.

1894년의 농민군은 일본군의 우세한 화력 때문에 패배했지만, 동학농민전쟁은 갑오개혁이 일어나는 배경이 되었고 동아시아 국제질서가 격변하는 계기였다. 청국이 물러난 빈자리에는 러시아가 들어왔다. 러시아는 독일과 프랑스와 함께 한 삼국간섭(1895)을 주도하여 청일전쟁의 승전국 일본의 이권을 제한했고, 아관파천을 허용하여 일본이 지원하는 갑오정권을 붕괴시켰다. 그런데 이 무렵의 러시아는 유럽·중동·동아시아에 걸쳐서 영국과 경쟁하고 있었다. 일본은 러시아와 경쟁하고 있는 영국을 동아시아 문제에 끌어들였고, 영국 역시 러시아의 남하를 견제하기 위해 일본과 손을 잡았다. 1902년 영일동맹 체결과 1904년 러일전쟁에서 볼 수 있듯이, 동아시아는 유럽의 국가 간 경쟁 구도에 연결되었다. 한반도 역시 세계적 수준에서 진행되는 제국주의 국가들의 힘이 충돌하는 예민한 '지진대'가 되었다. 대한제국은 동아시아만이 아니라 세계적 차원에서 전개되는 국제질서의 변동을 이해하고 외부의 압력에 대응하지 않으면 안 되는 상황에 놓이게 된 것이다. 1907년 대한제국의 헤이그밀사 파견은 그러한 대응의 일환이었지만 실패했다. 이미 영일동맹을 체결하고 러일전쟁에서 승리한 일본은 서구사회의 준회원이었고, 제국주의 국가들 사이의 세력균형이 이루어진 국제외교 무대에서 대한제국이 설 자리는 거의 없었다.

2) 새로운 변동 요인들

국제사회의 지원을 받고 있는 일본의 압력이 가중되는 현실에서 온건하지만 사회적으로 적지 않은 충격을 줄 새로운 요인들이 등장했다. 이들은 19세기 말과 20세 초에 항일전선에 투입되지는 않았지만, 중장기적으로 항일전선의 한 축을 담당했다. 그 하나가 기독교였다. 1882년 5월에 조선과 미국 사이에는 조미통상조약이 체결되었고, 1883년에 루시어스 푸트(Foote, L. H.)가 공사로 조선에 부임했으며, 이에 대한 답례로 조선정부는 1883년 민영익(閔泳翊)을 정사(正使), 홍영식(洪英植)을 부사(副使)로 하는 보빙사절단을 미국에 파견했다. 이때 서광범(徐光範)과 유길준(兪吉濬) 등이 동행했다(홍영식 · 서광범은 1884년에 일어난 갑신정변에 연루되었고, 유길준은 미국 보스턴에 남아서 유학생활을 계속하다가 갑신정변 직후 귀국 명령을 받고 조선으로 돌아왔다). 보빙사가 다녀간 후 미국에서는 선교사 파견이 본격화되었다. 천주교는 고종의 아버지 대원군 치하에서 심각한 탄압을 받았지만, 기독교는 눈에 보이지 않는 고종의 지원을 등에 업고 선교활동을 펼쳤다(3 · 1운동을 주도한 33인에 천주교 관련 인사들이 참여하지 않았고, 기독교 관련 인사 다수가 참여했다는 것은 이러한 사정과 무관하지 않다). 기독교는 유교적 사회의 근간이 흔들리고 국권을 잃어가는 현실에서 비교적 빠르게 한국 사회에 전파되었다.59)

개항을 계기로 또 다른 변화가 나타났다. 조선왕조의 통제로부터 비교적 자유로운 지주가 등장했다. 개항 이후 그들은 조선왕조의 변방인 전라도에서 미곡무역을 통해 부를 축적한 지주였다. 그들은 서북 세력과 함께 1919년 3·1운동에 적극적으로 참여했고, 또 1945년 8월 이후에는 대한민국 정부 수립 과정에 주도적으로 관여했다.

필자는 『제국과 상인』에서 19세기 후반부터 20세기 초반에 걸쳐 조선왕조 농업 관료제에서 성장한 한국 부르주아지 1세대에 대해 설명한 적이 있었다. 그들은 조선왕조의 관료제와 공생 관계에 있었던 서울과 그 주변 지역에 있었던 대상인·대지주로, 근대화 프로젝트였던 갑오개혁과 광무개혁에 참여했었다. 그들의 실무 능력과 자본은 서울을 기반으로 추진된 위로부터 개혁의 인프라였다. 또한 그때 식민지기에 지주에서 산업자본으로 전환하고, 교육과 언론 분야에서 민족주의 운동을 전개했던 인촌 김성수와 같은 부르주아지 2세대에 대해서 설명했었다. 20대의 젊은 부르주아지 2세대는 호남 지방의 대지주 출신으로 일본 유학을 다녀온 후 '근대 한국'에 대한 설계도를 갖고 있었던 엘리트들이었다. 부르주아지 1세대와 2세대는 여러 가지 측면에서 대비되었다. 전자는 조선왕조에 기생했던 상인 세력으로 왕실이나 관료들과 함께 은행 설립 등 다양한 사업에 참여하면서 국가 주도의 근대화에 참여했지만, 러일전쟁에서 일본이 승리한 이후 일본 제국주의의 한국 지배가 현실로 등장했을 때 그에 대해 별다른 저항 없이 식민지 지배체제 내에 흡수되었다. 이와는 달리 후자는 조선왕조의 중심지였던 서울로 이주하여 문화와 경제 영역에서 부르주아 민족주의 진영의 중심으로 부상하였다. 필자는 이러한 부르주아지 2세대의 사회 계급적 특징을 권력에 기생했던 부르주아지 1세대와 달리 정치·경제·교육·문화 등 사회에 대한 전반적인 지배력을 가지려고 했던 '패권적 부르주아지'로, 개인의 생활보다는 민족 전체를 앞세우는 그들의 민족주의는 전체주의와 유사하다고 평가한 바 있었다.[60]

그런데 필자는 우연히 브루스 커밍스의 『한국전쟁의 기원』을 다시 읽다가, '부르주아지 2세대에 대한 이해가 잘못되었다'는 것을 깨달았다. 커밍스는 제프리 페이지(Jeffrey Paige)의 이론을 빌려서 지주의 유형을 크게 '진취적 지주(progressive landlords)'와 '관료적 지주(bureaucratic landlords)'로 나눴는데, 진취적 지주의 사회적 특징에 대해서는 다음과 같이 묘사하였다. "그들은 기업가로서 생산 증가를 위해 수익을 재투자하든지, 정미소 주인 또는 해운업자나 창고업자가 된다. …… 이 집단에서 우리는 자본주의로 전화하려는 지주계급의 초기적 상업화를 발견하게 된다. 마르크스와 페이지 등은 B형 지주('진취적 지주'-필자 주)로부터 빈농이나 노동자의 권리와 조직에 대해 보다 관용적인 태도를 기대할 수 있다고 주장했다. 자유로운 노동은 자유로운 정치를 뜻하기 때문이다."[61]

주로 도시에서 지대(地代) 수입에 의존해서 생활하는 관료적 지주는 대금업에 종사하면서 토지에 대한 투자를 늘렸다. 조선인 지주들은

"토지 소유가 매력적이었고, 다각화를 위한 우대정책이 없었기 때문에 남아시아나 유럽 식민지의 토착 지주들처럼 봉건 영주의 특권을 포기함이 없이 자본주의 지주의 특권을 누릴 수 있었다."62)

코친차이나 지역에서 새로이 등장한 토지 소유 엘리트들은 기업가라기보다는 오히려 관료에 가까웠다. 그들의 신분은 자유로운 토지·노동, 혹은 자본시장의 활동에 의존하였다기보다는 프랑스의 정치적 후원에 의존하였다. 그 베트남 엘리트들은 토지를 직접 경영하는 데 별 관심이 없었으며, 대개 그들이 고용한 대리인에게 지대(地代)를 징수하게 하고 자신들은 사이공이나 미토(My Tho)와 같은 주요 삼각주 지역에서 살았다.63)

커밍스는 대체로 '조선인' 지주를 '관료적 지주'로 분류했다. "조선인 지주들은 유럽 식민지하의 동남아시아 토착 지주들처럼 봉건적 지배자의 특권을 포기하지 않고 자본주의적 지주의 혜택을 즐기는" 존재였고, "일본 통치는 조선 재래의 토지 귀족 체제를 소멸시키지 않고 오히려 지속시키는 결과를 낳았다."64) 이에 비해 미야지마 히로시(宮嶋博史)는 1930년 무렵 조선인 지주들이 갖고 있는 특징을 크게 두 가지로 분류했다. 하나는 '전북형(全北型) 지주'이고 다른 하나는 '경기형(京畿型) 지주'였다, 미야지마에 의하면 전자는 대체로 5가지의 특징들을 갖고 있었다. 이러한 점을 고려하면, 커밍스는 개항부터 일제 시기에 걸쳐 진행된 조선인 지주들의 분화 양상을 포착하지 못했다.

전북형 지주의 다섯 가지 특징은, 첫째, 대체로 개항 이후 경제 변동을 이용하여 토지를 집적한 신흥 지주다. 둘째, 소작계약을 할 때 의무와 권리에 대한 자세한 조항이 실린 문서를 서로 주고받았다. 셋째, 중간 관리자와 계약할 때에도 의무와 권한 등을 엄격하게 정해 놓은 조항이 있는 문서를 주고받았다. 넷째, 토지의 확대재생산이라는 생산적인 목적을 위해 지주가 돈을 빌려주거나, 비료 대부 등을 통해 소작인을 지배했다. 다섯째, 일본인 농장을 모방하는 인물도 있었다.

이들을 다시 압축 요약하면 전북형 지주는 문서를 이용한 근대적 계약관계를 바탕으로 하여 지주경영을 했으며, 그들 중에는 기업가형 농장 운영자들이 있었다. 이에 비해 경기형 지주는 조선왕조 말기보다는 소작인 지배를 강화했지만, 위에서 언급한 다섯 가지 특징을 결여했다. 호남의 김성수가는 바로 기업적 지주경영으로 최대의 이익을 추구한 '전북형' 지주였다.[65] 1930년대에 일본인들이 제출한 보고서는 조선인은 "정태적 지주"로, 일본인은 "동태적 지주"로 분류했다. "정태적 지주"는 "이조의 양반 귀족을 연원적 주류로 하는 토지 소유자 군(群)"이며, "소작료를 단지 소비"하는 데 그치고, "농업 개발의 동태적 변동을 창조하는 선구자"가 아니라 과거의 "정태적 경제체제에 칩거하는" 자였다. 이에 비해 "동태적 지주"는 품종 선정, 비료의 종류와 용량, 사용할 농구의 결정 등을 위시하여 농사 경영 전반에 관여하여 이익의 극대화를 도모하는 "기업가"였다.[66] 이러한 미야지마의 분석은 지주 연구를 한 단계 올려 놓았다. 그는 전국적인 지주 통계에 의거하여 경영방식에 따라 조선인도 "동태적 지주"가 될 수 있었다는 점을 해명했고, '전북형 지주는 그것에 가장 근접했다. 김용섭과 홍성찬은 단순한 "정태적 지주"를 넘어서 적극적으로 지주경영을 자본주의적 원리에 입각하여 합리적으로 운영한 조선인 지주의 사례들을 – 전라북도 고부김씨가, 전라남도 나주이씨가, 전라남도 '동고농장'을 운영한 동복오씨가 등 – 제시했다.[67]

이들의 지주 분류를 다시 정리해 보면 전북형 지주는 대체로 지주경영을 합리화하여 기업가로서 이윤을 추구한다는 점에서 '동태적 지주'가 되고, 지주자본에서 산업자본으로 전환하려고 시도했다는 점에서 '진취적 지주'가 될 수 있는 것이다. 이에 비해 '경기형 지주'는 기존의 관료제(조선왕조 및 식민지)에 의존하여 지대를 수취하고 구체제의 특권을 유지한다는 점에서 '정태적 지주', 그리고 산업자본으로 전환을 시도하지 않는다는 점에서 '관료적 지주'의 성격을 내포하게 되는 것이다. 공교롭게도 지주의 유형은, 앞에서 미야지마가 지적했듯이, 지주들의 거주하는 지역과 연관이 있었다. 경기·충청·황해도로 연결되는 기호 지역에서는 '안주하는 관료적 지주' 유형이, 호남 지역에서는 '진취적인 지주' 유형이 많았다.

이러한 지역적 차이는 조선왕조의 사회구조와 일정한 관련이 있었다. 19세기 세도정권기에 호남은 주로 경기·충청에 거주하는 세도가문 출신 혹은 그들의 지원을 받는 관료들이 자신의 부를 축적하기 위한 '수탈' 지역으로 각광을 받았다. 호남은 사회경제적으로 수탈이 심했던 조선왕조의 변방이었다. 조선말기 사회의 혼란한 실상을 양반의 입장에서 비판적으로 기술한 저서를 남긴 황현(黃玹)은 『오하기문』

에서 호남의 처지를 다음과 같이 진술했다.

근세에는 부패한 관리들의 탐욕과 부정이 날이 갈수록 심해졌다. 호남은 재물이 풍부한 덕에 부패한 관리들이 끝없는 욕심을 채울 수 있는 지역이었다. 이곳에서 벼슬살이를 하는 자들은 대체로 백성 보기를 양이나 돼지 보듯 하며, 마음 내키는 대로 마구 잡아 죽였다. 평생 놀고먹을 수 있는 기반을 네 번의 고과(考課) 기간에 모두 마련했다. 이 지경이라 서울에서는 이런 말도 떠돌았다. "아들을 낳아 호남에서 벼슬살이를 시키는 것이 소원이다."[68]

1894년 동학농민전쟁의 원인을 제공한 고부군수 조병갑(趙秉甲)은 황현의 진술을 뒷받침하는 인물이라 할 수 있다. 그는 서울에서 권세를 떨치던 세도가문 풍양조씨가(豊壤趙氏家)의 일원이었다. 조대비로 알려진 신정왕후(神貞王后)는 1863년 철종이 후사 없이 죽자 흥선군 이하응의 차남 명복(命福)으로 하여금 왕위를 계승하도록 하였다. 그가 바로 26대 왕 고종이다. 이렇게 권세가의 후원을 받는 자가 호남의 군수로 내려와서 마음껏 농민수탈을 자행하고 있었다. 조병갑과 같은 세도가는 관료제를 이용하여 부를 축적했던 경기형 지주였다. 이에 비해 조선왕조 관료제의 변방에서 부를 축적했던 전북형 지주 중에는 개항 이후 축적한 부를 바탕으로 국가적 위기를 극복하기 위한 온건한 민족운동에 참여하는 인물들이 있었다. 1917년에 경성직뉴주식회사를 매각한 윤치소(尹致昭)와 그것을 매입한 김성수는 역사적 역할이 대비되는 두 인물이었다.

해평윤씨 가문의 윤치소는 무반 윤영렬(尹英烈)의 차남으로 태어났다. 윤영렬의 형제 윤웅렬(尹雄烈)은 갑신정변에 참여했던 인물 중에서 드물게 대한제국의 군부대신에 기용되었다. 그의 아들 윤치호는 독립협회의 2대 회장을 지낸 개화기의 유명한 지식인이었다. 이에 비해 김성수의 가문은 양반이기는 했지만 화려한 관직 경력이 없었던 몰락 양반의 처지에 가까워 개항 이후 성장한 신흥부자라고 할 수 있다. 두 가문은 일제시기 내내 부자였다는 점에서 비슷했지만, 지주 혹은 부르주아지로서의 사회적 역할은 크게 달랐다. 윤치소가 리스크가 있는 면방직공업에서 손을 떼고 안전한 지주 경영과 금융 분야에 투자했다면, 김성수는 미래가 불투명한 면방직공업과 교육과 언론 분야에 투자하면서 당대의 민족주의 요구에 부응했다. 윤치소는 조금 더 쉬운 길이었던 관료적 지주, 김성수는 '창조적 파괴'를 수반하는 진취적 지주의 길을 걸었다. 서울의 명문가 출신 윤치소의 퇴장과 신흥 지주 김성수의 등장은 근대 한국을 이끄는 엘리트 세력의 교체를 보여주는 예표(豫表)였다. 김성수를 중심으로 하는 호남 세력은 아예 서울로 이주했다(이 문제는 4부에서 검토한다).

두 차례의 백년전쟁을 치를 만큼 라이벌 국가였던 영국과 프랑스의 관계는 조선왕조에서의 전북(호남) 지방과 경기(기호) 지방의 차이를 이해하는 데 단서를 준다. 배링턴 무어는 상업적 농업에 대한 영국과 프랑스 귀족의 차이를 다음과 같이 설명했다.

영국의 지주 귀족들은 상업적 영농의 형태로 전환했으나, 프랑스의 지주 엘리트들은 농민을 토지의 사실상의 귀속물로 버려두었다. 상업으로 전향한 자들은 농민들에게 강제로 수확의 일부를 바치게 하고 그것을 시장에 내다 팔았다. 동부 유럽에서는 세 번째 반응으로서 장원 귀족의 반동이 나타났다. 동부 독일의 융커는 곡물 경작과 수출을 위해 자유농민을 농노로 전락시켰다.69)

상업적 농업의 형태는 상업화 자체만큼 중요했다. 프랑스의 여러 지방에서는 농민은 토지에 귀속되어 지대를 납부했다. 곤궁한 농민이 적극적으로 참여한 프랑스혁명에서 지주적 귀족은 사회적으로 불구가 되었다.70) 상업적 농업에 적극적으로 대응했던 영국의 지주적 귀족은 도시를 필요로 했고 도시의 부르주아지와 연합하는 탄력적인 사회세력이 되었다. 그것은 영국에서 국왕 권력에 대립하는 의회주의가 발전할 수 있는 배경이 되었다. 프랑스에서는 지주적 귀족은 도시세력으로 전환하지 못했다. 두 나라는 상업상의 이익을 둘러싼 상인과 왕실의 관계에서도 차이가 났다. 영국에서 포용적 정치제도가 발달할 수 있었던 것은 두 가지 요인 때문이었다. 명예혁명의 결과 왕의 권한은 약화되었고, 제도를 결정하는 권한이 의회에 귀속되었다. 의회의 권한이 강화되면서 여러 사회계층이 폭넓게 참여하는 정치체제가 마련되었다. 다원적 사회는 의회의 발달로, 또 그것은 중앙집권화로 이어졌다. "잉글랜드에서 명예혁명에 이어 몇십 년 만에 산업혁명이 시작된 것은 우연이 아니었다." 증기기관을 완성한 제임스 와트에게 의회는 그의 재산권을 보장해 주는 법안을 통과시켰다. 기술 진보는 포용적 경제제도 위에서 촉진된 것이었다. 다원적 정치제도의 기틀이 마련된 영국에서는 경제제도의 변화가 일어났고, 결국 그것은 산업혁명으로 이어졌다.71) 도버해협을 사이에 두고 영국과 항상 경쟁적 관계였던 프랑스의 사정은 달랐다. 잉글랜드 왕실은 모든 해외무역을 통제하지 못했는데, 프랑스 왕실은 해외무역을 독점했다. 잉글랜드에서는 '결정적 분기점'인 대서양 무역의 이익을 상인 세력이 더 많이 향유했다면, 프랑스에서는 왕실이 더 많은 이익을 가져갔다.72)

호남의 지주들은 상업적 농업을 통해 지대 수익을 올리는 동시에 빠르게 한국의 중심지인 도시의 중심 세력으로 전환했고, 제국주의 세력과 급진적 민족주의 사이에서 다원적 정치제도를 구성할 수 있는 사회 세력으로 성장했다. 그들은 방직산업처럼 리스크 부담은 있지만 자본 수익률이 높고 민족적 이해(利害) 관계가 있는 산업 분야에 능동적으로 투자했고, 서양의 부르주아지가 구체제에 대해 그랬듯이 식민지 지배체제 틀 안에서 경제와 정치 분야에서-물산장려운동과 자치운동-한국인의 지분을 요구했다(물론 이런 운동은 비타협적인 민족주의 쪽에서 타협적이고 개량주의적이라는 비판을 받았고, 후대인에 의해서도 그러한 평가를 받았다). 그들의 활동에 대해서는 상반되는 의견이 존재하지만, 그들의 (부르주아) 민족주의 운동은 한국 민주주의의 중요한 사회적 기반이 되었다. 식민지 사회에서 정치적 사회적 엘리트로 등장한 그들은 동아시아 4국에서 가장 뚜렷한 족적을 남긴 자유주의 부르주아지로 성장해 나갔다.

19세기 동아시아에서 유일하게 근대국가 수립에 성공한 일본은 20세기 중반 군국주의의 파고에 휩쓸렸다. 1945년 8월의 종전 이후 미국이 주도하는 국제질서 안에서 일본의 정치는 다시 의회주의의 전통을 회복했다. 그러나 그 내부에는 1920년대의 다이쇼 데모크라시와 1930년대 군국주의가 혼재되어 있고, 그 기저에는 메이지시대의 '영광스러운 유산'이 남아 있었다. 1949년에 중국에서는 치열한 내전을 겪은 후에 중화인민공화국이 수립되었는데, 농민의 지지를 토대로 들어선 공산당정부는 전체주의를 구축했다. 식민지와 분단을 경유하면서 정치 엘리트가 재구성된 한국에서는 결국 1948년에 두 개의 정부가 들어서고 말았다. 남한에서는 농민·부르주아지 등 복합적 사회계층의 지지를 토대로 대한민국 정부가 수립되었고, 북한에서는 농민의 지지를 토대로 들어선 조선민주주의인민공화국이 수립되었다. 20세기 전반기에 동아시아에서는 제국주의와 식민지의 분기(分岐)가 있었고, 20세기 중반 태평양전쟁이 끝난 이후에는 전체주의와 민주주의의 분기가 있었다. 진취적 지주에서 성장한 자유주의 부르주아지의 존재 여부는 그 분기의 방향을 결정하는 주요한 요소였다. 동아시아 4국 중에서 가장 먼저 의회민주주의를 실현한 일본이 자유주의 부르주아지가 독립적으로 정치세력화를 이루는 데에 그다지 성공하지 못했다면, 대한민국은 일본보다 의회민주주의의 시작이 늦었지만 자유주의 부르주아지가 정치적 사회적 역할을 점점 더 신장시켜 나갔다. 중국과 북한에서는 아예 이러한 정치적 변동이 일어나지 않았다.

제4장 단선적 발전사관들의 적대적 공생관계

1. 민족사학

 내재적 발전론 혹은 민족사학과 맥이 닿아 있는 식민지수탈론, 한국의 고도성장 기원을 식민지 자본주의에서 찾는 식민지근대화론, 그리고 서구 중심주의와 민족주의를 포함한 근대성 담론을 비판하는 탈근대론 역사학을 종합하여 '장기근대사론'을 제기한 정연태의 『한국근대와 식민지근대화 논쟁』이 제출되었을 때 역사담론 간의 경쟁이 학술적 차원에서 다원적 발전적으로 전개될 가능성이 있었다.[1] 그런데 시간이 지날수록 한국과 일본 간의 역사문제를 둘러싼 긴장이 고조되자 학술적인 진지한 논쟁은 줄어들고 사회 영역에서 정치적 공방에 가까운 이분적인 역사인식(민족 대 반민족)이 더 심화되고 있다. 우리는 감성보다는 이성적 대화를 위해 우리가 세워 놓은 우상(偶像)이 지배하는 실태를 검토할 필요가 있다.
 19세기 중엽 두 차례의 아편전쟁에서 대국 중국은 소국 영국에게 무력하게 졌고, 또 1894년에 발발한 청일전쟁에서도 소국 일본에게 제대로 힘 한 번 못 쓰고 무릎을 꿇었다. 패전국 중국을 설명하는 도구로 마르크스(Karl Heinrich Marx; 1818-1883)의 아시아적 생산양식론과 비트포겔(Karl August Wittfogel; 1896-1988)의 동양적 전제주의론 등이 각광을 받은 바 있었다.2) 이러한 유럽 중심 사관은 '서양은 선진' 대 '중국은 후진'이라는 패러다임을 갖고 있다. 에드워드 사이드가 『오리엔탈리즘』에서 설명하고 있듯이, 서양은 동양의 후진성을 나타내는 담론을 만들었고, 아시아의 제국이었던 일본 역시 한국의 후진성을 강조하는 식민사관이라는 담론을 구축한 바 있다. 19세기 이전 계몽주의 시대부터 형성되어 온 오리엔탈리즘은 "창조된 이론과 실천 체계(Body)"이며, "동양에 관한 하나의 지식체계"로, 동양의 후진성을 재생산하는 문화적 헤게모니의 기구였다.3)

나는 미셸 푸코가 『지식의 고고학』과 『감시와 처벌』에서 설명한 담론이라는 개념을 원용하는 것이 오리엔탈리즘의 본질을 밝히는 데에 유용하다고 생각한다. 나의 의견은 오리엔탈리즘을 하나의 담론으로서 검토해야 한다는 것이다. 그렇지 않는다면 누구도 계몽주의 시대 이후의 유럽 문화가 정치적·사회적·군사적·이데올로기적·과학적·상상적으로 동양을 관리하거나—심지어 생산한—거대한 조직적 규율(혹은 감시)을 이해할 수 없다.4)

그는 하나를 더 강조했다. 그에게 오리엔탈리즘은 유럽적인 것과 동양적인 것을 구분하는 표지(標識)였다.

나 자신은 오리엔탈리즘이 동양에 관하여 진실을 말한다고 하는 담론(학문의 형태를 취한 오리엔탈리즘은 스스로를 그러한 것으로 주장한다)의 측면보다는 동양을 지배하는 유럽적 또는 대서양적인 권력의 표지라는 측면에서 더 가치가 있다고 믿는다.[5]

식민사관 역시 일본 제국주의의 한국 지배를 위한 담론 체계이며, 여기에는 마르크스의 아시아적 생산양식론과 사적 유물론도 적지 않은 기여를 했다. 식민사관과 사적 유물론은 이념적 측면에서 적대적 요소가 있지만, 정체성론 또는 후진성론을 낳은 단선적 발전사관이란 측면에서 서로 닮아 있다. 식민사관에 대한 김용섭의 지적은 그 본질을 꿰뚫었다.

일제 관학자들의 근대역사학적 방법에 의한 한국사의 연구가, 일제의 대륙 침략과 직결되고 여러 면에서 우리의 역사를 왜곡하고 있다는 점에서는 더욱 그렇지 않을 수 없는 것이었다. 일제 관학자들의 역사학은 근대적인 학문의 방법으로서 한국을 침략하고 있는 것이었다.[6]

식민사관은 한국사의 전개 과정을 정체와 타율 두 개념으로 설명하려고 했다. 이만열에 의하면, 정체성론(停滯性論)의 핵심은 한국이 "근대 사회로의 이행에 필요한 봉건사회를 거치지 못한" 것이었고, 타율성론의 요점은 한국사의 전개과정이 "외세의 간섭과 압력에 의하여 타율적으로 이루어진" 것이었다. 한국사의 "독자성·자주성을 부정"하는 만선사관(滿鮮史觀), 그리고 한국사의 "부수성(附隨性)·주변성(周邊性)·다린성(多隣性)"을 강조하는 반도적 성격론 등이 타율성론을 구성하는 주요 담론들이었다.7) 이러한 식민사관을 타개하기 위해 김용섭은 한국 근대역사학의 현실과 목표를 다음과 같이 설정했다.

> 내적으로는 중세적인 사회체제를 타도하고 근대사회를 형성한다는 이념과, 외적으로는 제국주의의 침략으로부터 국가와 민족을 수호한다는 의식이 역사학에 그대로 반영되지 않으면 아니 되었다. …… 우리의 역사학은 이러한 상황 속에서 근대역사학으로 성장할 수가 있었다. 그러므로 이 시기의 역사학은 현실 타개의 역사의식에 투철하였고, 그러한 역사의식은 우리 역사학에 있어서의 근대역사학 성립의 전제 조건이 되었다.8)

그것의 연구 목표는 "국가·민족·민중 중심의 발전적 또는 발생적 역사"이고, 연구 방법은 "역사를 발전적으로 그리고 객관적으로 파악하여 이를 실증적·비판적으로 서술"하는 것이었다.9)

그는 그러한 긴박한 문제의식을 가지고 조선후기 "농민층의 동태를 농민들의 주체적 계기에서, 그리고 한국사의 내적 발전과정에서 파악해 보려" 했고, 그의 연구 성과들은 정체성론과 타율성론으로 무장한 "식민사학의 유산을 청산하는 문제"에 큰 기여를 했다. 그가 조선후기에 주목했던 이유는 "우리나라 역사에 있어서의 정체성의 표본은 조선후기로 간주되고 있었기" 때문이었다.10) 그의 치열한 문제의식은 조선 후기 자본주의 맹아를 상징하는—조선왕조 사회가 주체적으로 해체되어가는, 즉 내적 발전과정을 보여줄 수 있는—'경영형부농'이란 역사적 범주를 확인하는 데 성공했다. 그의 역사 담론은—'경영형부농'을 둘러싼 많은 비판들이 있지만—한국사를 보편적 관점에서 계기적·계통적으로 이해할 수 있는 단서를 마련하는 전기(轉機)가 되었다. 농업 분야만이 아니라 상업·수공업·광업 그리고 사상사 분야에서도 내적 발전과정을 구명한—소위 내재적 발전론 계통—연구 성과들이 제출되었다. 이렇게 1960·70년대에 이론적 실증적으로 민족사학의 토대가 형성되었다.11)

비슷한 시기(1960-70년대)에 일본에서도 식민주의 역사인식에 대한 성찰적 연구가 진행되었다. 한국 근대사회경제사 연구로 잘 알려진 가지무라 히데키(梶村秀樹)는 "조선의 역사도, 외압에 왜곡된다고 해도, 기본적으로는 독자의 구조와 논리를 갖는 내재적 법칙의 전개 과정이다. 결코 타율적으로 우왕좌왕하는 결과의 조각이 집적된 것은 아니다. 그 발전을 추진한 것은 조선 인민의 에너지였다. 제2차 세계대전 전(前)의 일본 연구자는 조선사에 대하여 이와 같은 당연한 시각을 갖지 않았다."12) 하타다 다카시(旗田巍)는 "조선에 대한 사고방식은 일본인의 의식·사상을 시험하는 리트머스 시험지"라는 태도로 "조선은 후진·낙오의 나라이고, 조선은 자립할 수 없는 외세 의존의 나라였다는 생각은 오래된 조선사상(朝鮮史像) 속에 명백하게 나타나며, 그것이 일본의 조선 지배를 긍정하는 의식의 큰 버팀목이었다. 그러한 조선사상은 잘못되었고, 수정되지 않으면 안 된다"라고 술회했다.13) 일본인 학자의 한국사 재인식은 국가와 민족을 넘어서 보편적 시민의 태도에서 나온 제국주의 침략에 대한 성찰이었다.

1980년대의 연구들은 민족사학의 폭과 깊이를 더해 주었다. 특히 조선후기 연구에서 큰 진전이 있었다. 그 연구의 폭은 사회경제사뿐만 아니라 정치·사상 등 여러 분야로 넓어지고 깊어졌다. 이들에 관해서는 『한국중세사회 해체기의 제문제』가 충실하게 소개하고 있다.14) 조선후기 연구들은 일제시기 지배정책사와 민족운동사 그리고 해방 이후 현대사에 관한 빼어난 연구들과 연결되면서 한국근현대사 인식의 골격을 세우는 데 한 축을 담당했다.15)

중세사회의 해체 과정은 크게 두 방면에서 검토되었다. 하나는 공적 영역에서 조세 징수를 둘러싼 국가 - 농민 사이의 모순이고, 다른 하나는 사적 영역에서의 소유권을 둘러싼 지주 - 농민 사이의 대립이었다. 그런데 조선왕조 사회 해체의 중요한 표시인 농민항쟁은 19세기 후반에서야 비로소 나타났다. 그 원인도 가혹한 조세 때문이었다. 14세기 말에 창건된 조선왕조는 19세기 초반까지 16세기 말과 17세기 초 외세 침략 외에는 안으로부터 혹은 아래로부터의 반란이 없었다. 중요한 농민항쟁들은—1862년의 경상도의 임술농민항쟁과 1894년 전라도의 동학농민전쟁—19세기에 집중적으로 일어났다. 이러한 문제를 해결하기 위한 방법들은 크게 두 가지 방향에서 검토되었다. 첫 번째는 소유권 해체를 포함하는 근본적인 개혁을 미루고 조세제도 개혁을 통해 사회를 안정시키려는 노선, 즉 지주적 입장의 개혁론이었고, 두 번째는 지주제 자체를 혁파해서 모순을 해결하려는 노선, 즉 농민적 입장의 개혁론이었다. 현실에서 검토되고 실행된 것은 대체로 전자였다. 1894년부터 갑오정권에 의해 추진된 갑오개혁, 1897년부터 광무정권에 의해 추진된 광무개혁은 토지개혁을 간과했기 때문에 지주적 노선이었고,16) 또 그것은 식민지기에도 보호·육성된 바가 있었다. 김용섭의 다음 진술은 그러한 경위를 설명한 것이다.

> 한말에서 일제하에 이르면서 구래의 지주제는 여러모로 크게 변동하고 있었다. 그것은 지주층이 중심이 되고 지주제를 바탕으로 하여 근대적 개혁이 추진되는 방향에서의 변동이었다. 개항 이후 우리나라의 대외무역은 미곡을 중심으로 한 농산물이 중심이 되고 있었는데, 지주층은 이러한 수출무역을 통해서 성장할 수가 있었으며, 또 당시의 지배층은 구래의 봉건적인 농업체제가 내포하는 모순이 심화되어 폭발한 민란이나 농민항쟁을 진압하고 근대화를 위한 제반개혁을 단행하고 있었는데, 이는 구래의 지배층이나 지주층을 위주로 하는 위로부터의 개혁으로서 수행되고 있는 까닭이었다. 더욱이 일제에 의한 그들의 식민지 농업정책은 지주제를 바탕으로 하고 지주제를 보호하는 입장이었으므로 구래의 지주제는 그 농업정책의 비호하에 그 자본주의 농업기구 속에 흡수 예속되면서 확대 발전하고 있었다.17)

일본인 농업 자본가들은 농장 경영을 통해 지주 수익의 극대화를 도모했다. 일부의 한국인 지주들도 자본가적 농장 경영으로 전환했고,

그들 중의 소수는 지주자본을 산업자본 및 금융자본으로 전환했다.[18] 전라북도 고부(현 전북 고창군)의 김씨가는 3대(김요협 - 김기중·김경중 - 김성수·김연수·김재주 등)에 걸쳐서 투자의 다변화에 성공한 대표적인 사례였고, 지주경영의 성공은 물론이고 공업 및 여러 분야의 산업에서도 뚜렷한 족적을 남겼다. 그들의 터전인 고부 지방은 1894년 농민항쟁이 발생했고, 지주와 소작 농민의 대립 관계가 격심하게 전개된 곳이었다. 김용섭은 계급적 모순이 첨예한 지역에서 성공한 지주이자 자본가인 고부김씨가를 한말의 지배층 - 지주제를 기반으로 한 - 근대화 방안의 한 표본으로 설정했다.

> 구래의 지주제가, 그 반봉건적인 생산관계를 청산하지 않은 채, 일본의 자본주의 경제체제로 재편성되는 과정이었으며, 지주제를 바탕으로 한 우리 경제의 근대화 과정·자본주의화 과정의 한 표현이었다. 그리고 그것은 한말 이래로 있었던 지배층 중심의 근대화론의 한 실현 과정이기도 하였다(방점 - 인용자).[19]

나아가 그는 고부김씨가 김성수가 주도했던 동아일보계의 활동에 대해 "일제에 대하여 비타협적인 입장에서 독립운동을 전개하고 있는 애국지사들로부터는 비판의 대상"이 되는 것이라고 평가했다.[20]
그러나 지주제는 그렇게 단순하게 전개되지 않았다. 앞에서도 검토했듯이, 조선왕조의 지배층이었던 경화사족이 주도했던 기호 지역의 관료적 지주들과 권력에서 소외되었던 호남 지역 지주들의 사회적 성장 경로는 달랐다. 후자는 1876년 개항 이후 달라진 환경에서 조선왕조 관료제로부터 비교적 자유롭게 성장했다. 우리가 지주제를 단순하게 혹은 너무 광범위한 수준에서 바라보게 된 것은 조선왕조의 체제를 '봉건적' 단계로 설정하고 지주 세력을 모두 지배세력으로 간주했기 때문이었다. 고부김씨가는 양반 출신이고 지주였지만, 조선왕조 관료제의 변방에서 상업과 무역에 비교적 적극적으로 대응하면서 자본을 축적한 신흥 세력이었다. 조선왕조의 지배계급인 기호 지역의 관리들이 주도한 갑오개혁과 광무개혁이 성공했다면, 한국은 자유주의적 부르주아지가 약한 일본과 유사한 경로를 밟았을 것이다. 그러나 기호 지방의 관료적 지주들은 (중국 중심의) 중화 질서와 (일본 중심의) 제국주의 질서 사이에서 동요하면서 '자신의 길'을 완성하지 못했다. 그들의 실패는 "한말 이래로 있었던 지배층 중심의 근대화"의 실패였다. 다시 말해 그것은 '관료적 상업체제'를 토대로 진행된 개혁의 (즉 1차 근대화운동) 좌절이었다. 조선왕조의 지배자였던 기호 지방의 관료적 지주들은 그들과 유착했던 상인들(시전·경강·개성 상인들)과 연합해서 근대화 프로젝트를 진행했었다. 이에 비해 호남의 지주들은 관료제의 후원을 받지 않은 상업적 농업을 통해 성장했고, 나아가 그들은 지주 지위에 자족하지 않고 산업자본가로 전환하고, 또 교육과 언론 등 여러 영역에서 사회적 리더인 자유주의 부르주아지가 되었다. 기호 지방의 관료적 지주들 대부분이 구체제와 식민지 지배체제의 틀 안에서 안주했다면 (단 그 중의 소수는 국권 회복을 위한 독립운동의 기초를 놓았다), 호남의 진취적 지주들은 온건하고 점진적인 민족운동에 관여하면서 사회 발전을 추동했다. 이들이 주도적으로 결성한 한국민주당(韓國民主黨)은 대한민국의 의회를 거점으로 진행된 헌법 제정과 농지개혁에 직접적으로 관여하였다. 이러한 한민당은, 김용섭에 따르면, 크게 4가지 계열이 통합된 정치 세력이었다. 민족·자본주의 진영에서 극우적 노선을 걷는 가운데 남한의 해방 정국을 주도하고 있었던 정당은 한민당이었다. 이 당은 ① 일제하에서부터 국내에서 지주·자본가 계급으로서 활동하고 친일적인 정치 활동을 하는 가운데 한국 사회와 한국인을 실질적으로 대표하던 사람들, ② 지주·자본가 계급을 대변하던 극우 편향의 지식인들, ③ 민족·자본주의 진영 중에서도 농민적 입장에서 문제를 해결하고자 했던 비교적 진보적이었던 사람들, 그리고 ④ 사회주의 진영에 속했었으나 전향한 사람들까지 참여한 정치 집단이었다. 그러한 점에서 한민당은, 사회주의 진영의 신국가 건설 활동이 왕성하게 전개되는 데 대항하여, 자본주의·민주주의의 신국가 건설을 표방하며 등장한 정치단체였다.[21]

남한에는 사회주의 진영과 대립하는 거대한 우파 민족·자본주의 정치 세력이 형성되었다. 점령군 미군, 해외에서 귀국한 우파 정치인들, 북에서 남하한 지주·자본가 계급, 남한 지역 내에 있었던 지주·자본가 계급 등이 결합되면서 남한의 정치사회를 구성한 것이다. 그들은 대체로 자본주의·민주주의를 지향하는 정치 활동을 전개했다.[22] 한민당의 농지개혁 역시 그 범주 안에서 추진되었다. 그들의 농지개혁안은 "유상몰수·유상분배, 따라서 자유로운 토지사유화 소농경제를 기저로 하는 자본주의 농업화를 전제로 하는 것"이었고, 이는 "사회주의 진영의 개혁 방안이 무상몰수·무상분배, 따라서 토지국유화 나아가서는 이를 기초로 한 사회주의 농업화를 전제로 하는 것이었음과는 근본적으로 차이가 나는 것이었다." 대한민국의 농지개혁법(1949. 6. 21)은 이승만 대통령과 한민당의 절충을 거쳐 "비교적 진보적이었던 농림부 안"이 반영된 상태로 도입되었다.[23] 조선민주주의인민공화국과는 다른 방식으로, 대한민국에서 농민적 토지 소유가 실현되었다. 유상몰수·유상분배 대 무상몰수·무상분배 방식 중에서 어느 것이 더 농민을 위한 개혁이었는가에 대해서는 신중한 검토가 필요하다. 그 결과를 보면 남한은 지주적 개혁이고 북한은 농민적 개혁이라는 평가는 타당하지 않다. 농지개혁 이후의 농민의 처지를 비교해보면, 한민당의 지주들은 농민적 토지 소유를 실현시킴으로써 소작제를 타파하는 진보적 과제를 수행했고, 또 그들은 의회를 거점으로 해서 이승만 독재에 대항한 저항 세력이었다. 대한민국 정부 수립은 "민족·자본주의 진영의 극우적 노선"이 아니라 여러 계통의 정치 세력이 통합된 중도노선이 실현된 것이고, 대한민국은 불안정한 상태로 뿌리를 내리기 시작한 의회주의를 토대로 한 공화정에 의해 운영되기 시작했다(이에 대해서는 4부에서 다시 재론한다).

강동진도 그의 '한국침략정책사' 연구에서 지주적 코스를 단선적으로 이해했다.[24] 그의 연구는 1919년 3·1운동 이후 달라진 식민통치, 즉 '문화통치'의 민족분열 전략을 잘 포착했지만, 다른 한편에서는 민족운동사를 이분법적 도식으로 이해했다. 우리는 조선총독부 관리들 및 그들과 연루된 일본인들의 편지나 일기와 같은 일차 사료를 이용한 그의 연구 덕택에 식민지 지배정책에 대한 이해의 폭을 넓힐 수 있었다. 그러나 그의 탁월함은 의도하지 않는 부작용을 낳았다. 그의 연구 속에 등장하는 조선인은 한결같이 일본인의 정치기획에 따라 움직이는 인형 같은 존재로 그려졌다. 과연 그들은 그러했는가? 아래의 사이토 마코토 총독의 진술은 '인형 같은 조선인'들을 설명할 때 자주 소환되었다.

> 그렇다고 아무 방책도 마련치 않고 일이 돌아가는 대로 내버려 둔다는 것은 위험하기 짝이 없다. 우리는 꼭 무슨 방책으로든 이러한 경향을 이용해서 거꾸로 이를 일선병합(日鮮倂合)의 대정신·대이상인 일선동화(日鮮同化) 위에 귀향시키지 않을 수 없다. 다른 방책이란 없고 위력을 동반하는 문화운동뿐이다. 이 문화운동의 힘에 의지해서 반도 1천 500만의 생령에게 그 그릇된 사상으로부터 이탈시켜 일선병합의 대정신·대이상에 살게 해야만 한다. …… 기운은 이 운동을 위해 안성마춤으로 옮겨가고 있다. 따라서 문화운동도 오늘만이 충분한 효과를 올릴 수 있는 전망이 확실한데, 만약 이 기회를 놓쳐서 그들이 목적하는 바에 상당한 기틀을 잡은 뒤에야 갑자기 추세를 돌리려고 하더라도 일조일석에 해낼 수는 없다. 이것이 우리가 특히 오늘날 문화운동을 촉진해야 한다고 힘주는 까닭이다(「齋藤實文書」742, 「조선독립운동에 대한 대책」, 1920년 8월 27일).25)

이러한 사이토의 통치 전략은 현실에서 구현되었고, 강동진은 그러한 현실을 다음과 같이 묘사했다.

3·1운동 후 …… 즉 민중의 반일 기운이 치솟자 총독부 권력은 토착의 자산계층 중 예속적 무리에 대해서는 일정한 몫을 할당하고 합법의 민족어 신문을 주어 '안전판'을 마련하는 한편, 민족적 세력에 대해서는 위협·매수·회유의 방법으로 권력체제 쪽으로 강력한 포섭 공작을 꾀했다. 그러한 필요에서 나온 것이 이데올로기 면에서는 '민족개량주의'를 퍼뜨리는 일이었으며, 실천면에서는 반일운동을 대일타협의 테두리 안에 잡아두려고 '문화운동'으로 유도하는 것, 그리고 자치운동을 목표 삼은 정치단체 조직을 통해서 민족운동의 좌경화를 견제하는 일이었다.26)

……

3·1운동 직후의 단계에서 친일파·예속자본을 빼놓고 민족주의자의 일본에 대한 태도는 일반적으로 비타협적이었다. 더욱이 애국청년층의 반일감정은 대단해서 그들은 무장독립군과 맞손 잡고 지하활동에 들어가거나 혹은 여러 합법적 결사를 통해 대중운동에 참가했었다. 이러한 움직임과는 대조적으로 일부 민족주의자는 점진주의라는 이름 아래 일본 통치자와의 정면 충돌을 피하는 무저항주의적인 '비혁명적 개량주의 노선'을 택해 교육·산업·문화의 향상을 수단으로 삼는 이른바 '실력양성론'으로 기울었다.27)

강동진은 이러한 민족주의 흐름을 "그들이 사이토 마코토의 '문화시책'에 현혹돼서 동요가 생긴 데도 있으나 다른 면으로는 역사적으로 이룩돼 온, 한국의 민족주의 사상이 지니는 '개량주의적' 요소가 드러났다"고 평가했다.28) 그는 민족주의와 민족개량주의를 구분했는데,29) "민족주의는 철저하냐 철저하지 못하느냐의 차이는 있다고 하지만 반(反)식민지주의와 민족독립의 지향을 가지는 주체이며, 이에 반해 민족개량주의는 그런 것을 실질적으로 포기한 무리이기 때문"이었다.30) 따라서 '조선의회 설립'과 '자치권 획득'을 '해방'으로 비약하는 과정이라고 설정한 서상일(徐相日; 1887-1962)의 구상은 독립을 포기한 개량주의적 노선에 불과한 것이었다.

당시 자치운동 단체 '연정회(硏政會)'의 결성에 참획한 사람들의 자치 문제에 대한 지식은 아주 얕았고, 일본 측의 선전이나 회유에 대해서도 허술하게 얕본 듯싶다. 연정회 결성에 참여한 대구 출신의 서상일(호는 동암, 해방 후 헌법 기초에 참여, 국회의원)이 남긴 자필의 비망록에는 이렇게 적혀 있다. …… 이른바 일본의 백년대계로 보아 조선에서의 형식적이긴 하지만 조선 인심을 씻어 내리게 하기 위해 조선인의 자치권 요구를 거부할 수가 없는 처지에 있다. 그렇다면 그들의 전략 전술적 견지에서는 1보 후퇴가 2보 전진을 뜻하는 것이므로 일본과 조선의 균형은 국제정세에 돌변이 일어나지 않는 한 어느 시점에서는 결국 자치권 부여와 자치권 획득의 일치점으로 귀착돼야 할 역사적 필연성을 지니고 있는 것이다. …… 조선의회의 설립 기성에서 자치권 획득이라는 관문을 통과해야만 최후 해방으로 비약될 역사적 과제를 맡고 있는 …… (동암, 「합법운동과 비합법운동에 관한 사건」 1931년 3월 26일, 동경대 사회과학연구소 소장, 한국어의 등사판).31)

강동진은 일본의 자유주의 계열의 식민정책 학자 야나이하라 다다오(矢內原忠雄)의 '자치론'에 대해서도 매우 비판적이었다. 야나이하라는 '조선'을 자주적 존재로서 용인해주면 '조선인'들은 "반항해야 할 심리적 이유를 잃고" 일본과 '조선'은 "경제적 · 군사적으로 공통되는 이해관계"를 통해서 "그 결합력을 유효하게 발휘시킬 수 있기에 이르게" 되어 일본에게 유리하다는 주장을 제기한 바가 있었다. 강동진은 이러한 주장이 "6 · 10만세투쟁 후의 심각해진 극한 상태에 대하여 가장 합리적인 대응책"으로 나온 것이며, "부르주아 민주주의의 식민지관을 체현한 것"에 불과하다고 치부했다. 그에게 "식민지 문제에 대한 부르주아 민주주의의 주장"은 "당연히 민족자결이 용인되고, 그것이 식민지의 분리 · 독립에까지 이르지 않을 수 없는 논리 구조를 가진 것"이었다. 그러나 그는 "식민지의 단순한 형식상의 분리 · 독립이 아니라, 그 독립의 실태"와 "독립운동의 주체가 어떤 계층인가"를 중시했다. "조선과 일본의 제국적 결합을 굳게 하는" 야나이하라의 '분리 · 독립' 구상은 "신식민지주의 아래에서 말하는 식민지의 형식적 독립허용론과 닮은 것"이었다.[32] 그런데 강동진도 인정했듯이, "제국적" 입장을 대변하는 야나이하라의 주장은 "당시의 일본에서는 대중화될 수 있는 지반이 없었"던 진보적이며 소수 의견이었다. 당시 일본의 지배층 역시 '완전독립으로 이루어질 자치'를 두려워했다.[33] 강동진의 이러한 진술에 따르면, 야나이하라의 "부르주아 민주주의 식민지관"은 일본 정치사회에 대한 비판 도구이며, 그것과 짝을 이룬다고 할 수 있는 '자치론' 역시 일본의 식민통치에 대한 저항 수단이 될 수 있다. 이러한 점을 감안한다면, '당시 자치운동 단체 연정회의 결성에 참획한 사람들의 자치 문제에 대한 지식은 아주 얕았고, (그들이) 일본측의 선전이나 회유에 대해서도 허술하게 얕보았다'는 식의 강동진 진술에는 일본과 조금이라도 타협적인 측면이 있으면 안 된다는 민족윤리가 강하게 투영되어 있다. 야나이하라는 중일전쟁을 반대하고 천황을 인간이라고 언명하는 등 군국주의에 대해 비판적 활동을 했기 때문에 도쿄대 교수직에서 물러나야 했다. 그가 메이지유신 이후의 근대화 과정 자체를 파행이라고 진단했던 이유는 일본이 서양의 제도와 문화는 수입했지만 국민정신이 전통적인 신도(神道)에서 벗어나지 못했기 때문이었다. '전통'은 전체주의의 수단이 되고 말았다. 그에게 낮은 기독교 보급률은 일본 민주주의 미숙함과 연관이 있었다. 그는 일본의 패전조차도 굴욕이라고 느끼지 않고 억제되어 있던 자유주의가 확산될 수 있는 계기로 보았다. "메이지 초기 이래 보수적인 절대주의자들에 의한 사상 통제의 기반이 일거에 붕괴되었고, 천황을 인간이라 하고 천황보다 높은 신이 있다고 하여도 처벌되지 않게 되었다. 일본 국민은 비로소 숨이 막히는 밀실에서 개방된 넓은 들로 나와서 신선한 대기를 자유롭게 마실 수 있게 되었다. 이 자유의 희열 때문에 우리들은 패전도 굴욕으로 느끼지 않았다."[34] 뿐만 아니라, 강동진은 독립운동의 주체에 대해 한계를 설정하면서, 부르주아지가 주도하는 독립에 대해 "신식민주의의 형식적 독립"에 불과한 것이라고 평가했는데, 1945년의 '해방'은 일본군이 한국군에 패배했기 때문이 아니라, 미국이 주도하는 연합군에 패배했기 때문에 일어난 결과였다. 부르주아지가 아니라 민중에 의한 독립은 현실에서는 일어나지 않았다. 현실에서 일어나지 않은 어떤 '당위(當爲)'에 의거한 판단에는 위험한 측면이 있을 수 있다. 강동진의 '독립론'은 김용섭의 다음 진술과 그 맥이 통한다.

> 김씨가나 『동아』계의 민족주의 민족운동은 말하자면 타협적인 입장에서의 민족주의이고 민족운동이었다. …… 다른 하나는 이 운동의 본질에 관한 문제이다. 이 운동은 결국 민족의식에 의지하면서 산업을 발전시키고 우리 경제를 자본주의화하려는 자본가적 경제운동인 것으로서, 일본 자본주의와의 경쟁에 대비하여 민족의식이나 민족적 단결을 강조하기는 하였지만, 그러나 민족 내부의 문제, 즉 이 시기의 사회가 안고 있는 경제적 모순을 해결하려는 운동은 되지 못하고 있었다. 이 시기에는 그러한 문제가 극도로 심각하여서 소작쟁의·노동쟁의·사회주의 운동 등이 광범하게 전개되고 있었는데, 『동아』를 통해서 표현된 이 경제운동에는 그러한 문제에 대한 배려가 결여되어 있었다. 그러므로 이 같은 운동이 전 민중적·국민적인 호응을 얻기는 어려웠으며, 사회주의 진영의 비판은 고사하고 『동아』의 논진 내에서도 이론을 제기하는 일이 있었다(김용섭은 1924년 11월 16일자 『동아일보』의 「사설: 合理와 事實」을 예로 들었다-인용자). 식민지 지배하에 있어서는 피지배 민족의 자주적 자본주의화는 원리상 불가능하며, 따라서 자본주의화를 꾀하는 그 경제운동이나 그것을 바탕으로 한 민족운동의 방향이 잘못되어 있음을 비판하는 것이었다(방점—인용자).35)

김용섭은 '소작쟁의나 노동쟁의와 같은 계급 모순에 대한 배려가 결여된 자본주의 경제운동'에 대해 그것은 민중적일 수 없고 "자주적 자본주의화"가 불가능하기 때문에 민족운동으로 볼 수 없다고 평가했다. 강동진에게는 "독립의 실태와 독립운동의 주체", 즉 민중이 주도하는 '자주적인 독립'이 아니면 '진정한 독립'이 아니었고, 김용섭에게는 '반민중적이며 타협적인 자본주의 경제운동'은 '올바른 민족운동'이 될 수 없는 것이었다. 우리가 식민지기에 비타협적이고, 비자본주의적이고, 비부르주아적 민족주의를 민족윤리에 입각한 유일한 민족운동 방식으로 설정한다면, 우리의 민족사학은 현실이 ─ 한국인의 힘으로 해방이 되지 않은 현실 ─ 아니라, 추상의 세계에서 ─ 한국인의 힘으로 해방이 된 현실 ─ 일어날 '어떤 민족운동'을 기준으로 삼는 교조적 관념사학으로 귀결될 위험성이 있다.

급진주의적 편향은 강만길의 독립운동 연구에서도 나타났다. 1960년대 연구자들이 그러했듯이, 그는 식민사관 극복을 연구의 출발점으로 삼았다. 자본주의 맹아(萌芽) 문제를 탐구한 『조선후기 상업자본의 발달』(1973)은 김용섭의 『조선후기 농업사연구』(1970)와 함께 조선후기 연구에 기폭제가 되었다. 4·19혁명 이후 민족문제에 대한 감수성이 높아진 1960년대에 식민사관 극복 문제는 과거가 아니라 현재의 문제였다. 강만길은 그보다 더 깊숙하게 현실 문제로 들어갔다. 1972년에 '7·4남북공동성명'이 발표된 된 이후 그는 『분단시대의 역사인식』을 출간하면서, 자신의 문제의식을 다음과 같이 피력했다.

분단 현실을 외면하는 국사학은 스스로 학문적 객관성을 유지하는 길이라 할지 모르지만 우리의 생각으로는 학문적 객관성과 학문의 현실 기피성이 혼동된 것이며, 분단체제를 긍정하고 지속하는 데 이바지하는 국사학은 학문의 현재성을 가진 것이 아니라 분단 현실에 매몰되어 버린 학문이 아닌가 한다. 분단체제는 분명히 민족사 위의 부정적인 체제이며 극복되어야 할 체제이다. 국사학이 분단체제를 극복하는 데 이바지하는 길은, 첫째 분단체제를 외면할 것이 아니라 현실로 직면하고 대결하여야 하며, 둘째 그것에 매몰될 것이 아니라 철저히 객관화하고 비판할 수 있어야 할 것이며, 셋째 이와 같은 두 가지 자세를 바탕으로 하여 분단체제 극복을 위한 사론(史論)을 수립하는 데 있다고 생각한다(「책머리에」, 1978년 7월 18일).

그는 자신이 언명한 대로 분단문제를 회피하지 않았다. '분단극복사론'의 일환으로 사회주의 계열 인사들의 민족운동이 재조명되었다. 그들은 역사적 평가에서 소외되거나 배제되는 경우가 많았다. 1920년대 이래 독립운동 과정에서 나타났던 사상적 세력적 분열은 1940년대 정부 수립 과정에서 증폭되었고, 전쟁까지 치른 남한과 북한은 전쟁 후에도 서로 적대적 관계를 유지했다. 이런 상황 때문에 남한에서 사회주의 운동가들은 그들의 역사적 공과에 대한 평가를 적절하게 받기 어려웠다.36) 박정희와 전두환으로 이어지는 1960-1980년대의 반공적 독재적 정치 환경에서 『한국민족운동사론』(서울: 한길사, 1985)과 『조선민족혁명과 통일전선』(서울: 화평사, 1991, 2003에 증보판 발행)

의 발간은 한국근대사의 인식 영역을 크게 확장시키는 계기가 되었다. 대한민국에서 소외되었던 사회주의 계열의 민족주의 운동과 항일무장 투쟁, 그리고 좌우익의 통일전선운동사에 대한 연구가 심화되었는데, 이러한 강만길의 연구 성과들은 역사인식의 불균형을 잡아주는 균형추가 되었다. 1984년에 출간한 한국 근현대사 개론서인 『한국근대사』와 『한국현대사』(서울: 창작과비평사)는 그의 사론이 시민사회로 퍼져나가는 통로가 되었다. 그는 "객관적이며 종합적이고 미래지향적이며, 특히 민족적 주체적" 시각으로 민족운동사 연구의 지평을 확장시켰고, 시민의 근현대사 인식에 적지 않은 영향을 주었다.[37] 약 20년 후에 간행된 『21세기사의 서론을 어떻게 쓸 것인가』(2000)에서도 그는 분단 상황을 극복하기 위해 "객관성을 잃은 채 잘못 인식되고 있는 일제강점시대와 민족분단시대에 대한 흐름을 옳게 파악하고 그 역사적 원인"에 대해 제대로 이해할 것을 강조했다.

1950년대는 아무래도 6·25와 그 뒤처리의 시대로 서술될 것이다. 민족 내전으로의 출발과 국제전으로의 확대 과정, 휴전 성립 과정과 제네바회담, 그리고 남북 쌍방의 전쟁 후 복구 과정 등을 중심으로 '하나로 된 역사'로 정리될 수 있을 것이다. 서술자의 6·25전쟁사 인식에 따라 다르겠지만, '하나로 된 현대사' 서술에서는 종래 분단 시대적 역사인식이 강조했던 어느 쪽이 먼저 이 전쟁을 도발했는가 하는 문제보다 오히려 무력 방법이나 혁명적 방법으로는 한반도 지역이 통일될 수 없음을 전쟁으로 평가되고 서술될 가능성이 더 클 것이다("하나로

된 우리 현대사'의 서술을 위하여」, 1992년 12월).38)

강만길은 '하나로 된 역사'를 강조하면서 그 틀 안에서는 '누가 전쟁을 시작했는가'보다는 한국전쟁이 더 이상 '전쟁으로는 통일될 수 없다'는 평화통일담론 형성의 계기가 되기를 촉구했다. 그러나 그는 북한의 한국전쟁 개시를 '통일전쟁'이라는 틀을 갖고 민족적 명분을 부여하고 있다. 한국전쟁을 보는 시각이 침략전쟁이 아니라 '통일전쟁'으로 보아야 '평화통일'을 달성할 수 있다고 언명한 그의 진술은 다소 작위적이다.

6·25전쟁을 침략전쟁으로 보는 한 침략자에 대한 적개심과 복수심이 뒤따르게 마련이다. 남북을 합쳐 약 250만 명의 목숨을 잃었고, 그 밖에도 이루 말할 수 없는 희생을 냈으니, 침략자에 대한 적개심이 커질 수밖에 없다. …… 6·25전쟁을 침략전쟁으로만 볼 것이 아니라 통일전쟁이었다고 봐야 하지 않을까 한다. 침략전쟁이었다면 남침의 경우 그 침략군을 38도선 이북까지 쫓으면 되었지 한국군이 백두산이나 압록강까지 북진할 이유는 없을 것이다. 반대로 만약 북침이었다면 그 북침군을 역시 38도선 이남으로 물리치면 되었지 인민군이 부산까지 남진할 이유가 없을 것이다. 백두산에 태극기를 꽂으려 하고 부산까지 해방시키려 한 것은 그것이 통일을 목적으로 한 전쟁이었기 때문이다. …… 6·25전쟁을 보는 눈이 변해야 평화통일을 달성할 수 있다(「6·25에서 무엇을 배울 것인가」, 1998년 12월).39)

적개심과 복수심을 넘어서 '비무력·비혁명·비흡수 평화통일노선'으로 '하나로 된 우리 현대사'를 서술해야 한다는 강만길의 성찰은 다시 수백만 명의 희생자가 나온 전쟁을 반복할 수 없는 한국인에게 큰 울림을 준다. 그런데 그의 안내를 따라가다 보면, 우리는 모순된 지점을 만나게 된다. 그의 민족운동사에는 중요한 두 가지 평가 기준이 있는데, 하나는 '국민주권국가' 수립이고 다른 하나는 '민족통일국가'의 성립 여부다. 그의 민족운동사 분류에 따르면, 전자는 이미 전반기(1925년 이전)에 달성되었고, 후자는 후반기에 도달해야 할 목적지인데 '1925년 이후' 아직도 진행 중이다.

돌이켜보면 한반도 주민들은 인민주권주의를 이루지 못하고 군주주권체제 아래서 식민지로 전락했다. 그 때문에 그들의 민족해방운동은 1차적으로 공화주의운동이기도 했다. 그러나 사회주의 사상이 들어온 1920년대 이후부터의 민족국가 수립 운동으로서의 민족해방운동은 대체적으로 말해서 우익의 '민주공화국 수립 운동'과 좌익의 '인민공화국 수립 운동'으로 양립되었다(「분단 50년을 되돌아보고 통일을 생각한다」 1995년 3월).[40]

이러한 그의 진술에 따르면 '통일'은 '민주공화국'과 '인민공화국'의 수렴인 것이다. 그런데 그의 사론에서는 후반기(1925년 이후)의 과제로 전반기의 '국민주권주의'는 거론되지 않는다. 민족운동기에는 '국민주권'의 실현('공화주의 운동')을 1차적 과제로 설정했던 그는 정작 '국민주권'을 실현시켜야 할 1945년 8월 이후 국가 재건기에는 민족해방운동에서의 정통성 문제를 더 중시했다. 우리는 이러한 '역사 문제'의 도치를 어떻게 이해해야 하는가?

그는 대한제국을 '국민주권'과 관련하여 평가했다. 고종은 정치적 측면에서는 더 전제정치를 강화했고, 사회경제적 측면에서는 갑오개혁을 계승하면서 근대화 개혁을 추진했으며, '독립'을 지향하는 '대한국'을 선포했었다. 이렇게 대한제국은 수구적이면서 개혁적인 다양한 측면을 가지고 있었다. 그렇지만 그는 "역사적 관점에서의 진정한 근대화는 주권이 완전히 국민의 것이 되었을 때 비로소 달성된다"고 하면서, "대한제국의 광무개혁이 철도·전기·전화·통신 등 여러 영역에서 성과가 있었지만", 그 주권이 황제에 있었기 때문에 대한제국기는 "역사적으로 근대화를 지향하고 있는 시기"로 볼 수 없다고 단정했다.41) 또 독립협회 활동 역시 그에게는 황제정을 강화하는 것에 불과했다. 그들이 "반대한 것은 군주권이 아니라 오히려 중세적인 권력 구조에 의하여 군주권을 제약하고 있다고 생각한 중세적 정치세력이었다." 따라서 그들의 정치사상은 "중세적 정치세력에게서 모든 권력을 빼앗아 황제에게로 집중시키고 독립협회 중심의 근대적 정치세력과 황제권이 결합하여 새로운 권력 구조를 형성하려는 데" 있는 것이다.42) "이럴 때의 민권은 국가의 주권까지도 가질 수 있는 민권이 아니라 이 새로운 권력 구조에 주권을 위임하고 그 보호를 받는 민권이 되는 것이 아닌가 생각되며, 이 경우 민권은 중세적 권력 구조 아래에서의 그것보다 한 걸음 더 해방되고 신장된 민권임에는 틀림없으나 철저한 국민주권 아래서의 민권이 아님도 또한 분명하다."43)

그런데 그는 정조의 통치 기간을 "우리의 중세사회 태내에서 일어난 근대지향적인 역사 현상이 그 정점에 오른 시대"로 평가했다. '정조시대'는 "사회·경제적 발전과 민중사회의 의식 성장은 자연히 새로운 사상을 낳게 하였다. 실학의 발달이 그것이다. 그리고 더욱 중요한 것은 사회·경제면의 진보와 실학 발달의 결과로 귀족층의 방해 작용에도 불구하고 실학자를 교량으로 하여 민중세계와 왕권의 접근이 어느 정도 이루어졌고, 그것이 이루어진 때"였다.44) 다시 말해 "18세기 후반기의 역사적인 추세, 즉 실학자들의 정치적 영향력 성장, 민중세계의 의식 수준 향상, 서구 근대문명에 대한 일정한 접촉, 그리고 특히 실학자를 매개로 한 왕권과 민중세계의 접근 현상은 일부 집권 귀족층에게 큰 위협을 주는 것이었다. 이와 같은 위협에 반발하면서 귀족층의 반동적 집권체제가 다시 강화된 것이 안동김씨 세도정치 체제였다."45)

이러한 강만길의 조선후기사 관점에서는 고종시대는 정조시대가 발전한 것이지만, 그는 단호하게 "권력의 근대화가 완전히 이루어지지 않았을 때, 권력이 완전히 국민의 것이 아닐 때는 설사 경제적 사회적 문화적인 면에서 근대적인 양상으로 어느 정도 바뀌었다 하여도 역사적인 의미의 근대화가 이루어졌다고는 볼 수 없"고, 특히 "옳은 의미의 근대화는 주권이 국민의 것일 때 비로소 달성되는 것"이라고 언명했다.46) 따라서 그에게 고종은 "침략자와 타협하고 굴복한 황제"였고 국민혁명의 타도 대상에 불과한 존재였다. 이와 관련하여 그는 미국 교포신문 『신한민보』에 실린 논설 「대호국민(大呼國民)」을 인용했다.

저 영국 국민이 국왕을 시살한 것은 무도불법한 사적을 후세에 유전코자 함이 아니라 국민의 권리를 세우고자 하여 부득불 행한 일이요. ……우리 한인이 저 만겁지옥을 벗어나서 남과 같이 한 번 살아보고자 하는 관념이 있거든 국민을 연구하여 권리와 의무를 실행할지로다. 국민의 권리를 실행할 때에 영국 국민의 부월을 모방함도 가하고 미국 국민의 공화정부를 모방함도 가하고 일본 국민의 막부 전복을 모방함도 가할 것이요(「한국근대민족주의의 전개과정」, 1983).[47]

강만길은 '역사의 실패' 원인을 "우리 역사 속에서 찾아야" 한다는 문제의식을 갖고 있었고, "식민지로 전락한 이유는 바로 대한제국 자체에 있었다"고 판단했다.[48] 그가 '대한제국 개혁의 한계'를 지적한 것은 '국민주권' 실현의 중요성을 강조하기 위함이었다. "옳은 근대화"란 용어를 사용한 것 역시 '국민주권' 실현과 관련이 있었다. "옳은 근대화"의 경로를 밟은 국가들은 영국·프랑스·미국·일본·독일 등 제국주의 국가들일 것이다. 한국처럼 식민의 경로를 밟은 국가들은 아마도 그에게는 "그른 근대화"일 것이다. 역사를 "옳다 혹은 그르다"로 평가하는 '정의론'적 역사관이 파괴적 전체주의로 귀결된 사례를—독일·일본·소련·중국 등—우리는 이미 지난 과거에서 어렵지 않게 확인할 수 있지만, 이러한 수사(修辭)는 그가 국민주권의 실현을 강조하기 위함일 것이다.[49] 규범은 일관될 때 나름대로 의미를 지니게 되는데, 1945년 8월 이후의 역사 서술에서는 국민주권의 실현 문제는 그 비중이 현저하게 떨어지고 다른 규범, 즉 민족해방 운동의 정통성 문제가 더 부각되었다.

　박명림의 한국전쟁 연구에서(『한국전쟁의 발발과 기원』, 1996) 이미 규명되었듯이, 분단국가의 길을 먼저 간 것은 북한이었고, 6·25전쟁의 문을 먼저 연 것도 북한이었다. 그럼에도 불구하고 강만길의 언명처럼 전쟁을 침략이 아니라 통일의 관점에서 본다고 하더라도, 남한과 북한에서 국민주권의 실현 여부는 중요한 문제인 것이다. 강령적 공화국이 아니라 실제적 공화국이 되기 위해서는 국민주권이 실현되는 제도와 권력이 분산된 정치기구와 그것을 운용하는 정치문화가 필요한 것이다. 그런데 강만길은 대한민국의 정권들을 비판할 때 국민주권 문제보다는 민족적 정통성 문제를 더 중요한 기준으로 삼았다.

　분단국가 정권으로서의 이승만정권은 식민지배에서 벗어난 후의 남북을 통한 민족사회에 처음으로 성립한 정권이면서도, 민족해방운동 세력에 의해 성립된 정권이 아닐 뿐만 아니라 그 지지를 받으면서 성립된 정권도 아니었다. 이 때문에 설립 당초부터 그 정통성에 취약점을 가지지 않을 수 없었다. 이승만 개인의 경우 넓은 의미로 말해서 민족해방운동 전선의 일원이라 할 수 있었으나, 그 정권의 하부구조는 말할 것도 없고 그 핵심 부분도 민족해방운동 세력과는 거리가 멀 뿐만 아니라 오히려 반민족적 세력이 온존한 정권이 되었다. 그 때문에 민족해방운동 전선의 좌익전선은 말할 것도 없고 임시정부계 중심의 비타협적 우익 세력에게서도 지지를 받지 못한 정권이 되고 말았다.
　민족사적 정통성에 취약점을 가지고 성립된 이승만정권은 특히 민족해방운동의 좌익전선연합으로 성립되었음을 표방한 북한정권과의 정통성 경쟁에 몰리면서 그 대응책으로 일본제국주의가 채택했던 강력한 반공주의를 계승하지 않을 수 없었다. 어처구니없게도 그 반공주의를 민족주의로 분장하면서 '반공적 민족주의'의 강화에서 정통성의 취약점을 보전하려 한 것이다. 그럼에도 불구하고 6·25 직전에 실시된 제2차 총선거에서는 평화통일 세력이라 할 수 있을 이른바 중도세력이 크게 진출하여 그 정권을 위협했고, 6·25 도중 강압적으로 통과시킨 직선제 '발췌' 개헌에 의해 겨우 정권을 유지할 수 있었다(「통일문제를 축으로 본 한국현대사의 전개」, 1997년 10월).50)

나아가 강만길은 이승만정권을 "반민족적 세력" 위에 서 있는 것으로 평가했을 뿐만 아니라 4·19 이후 등장한 제2공화국에 대해서도 민족적 정통성이 취약하다는 비판을 가했다.

그러나 불행하게도 4·19의 주체가 정권을 담당할 조건은 못 되었다. 결국 야당의 장면정권이 성립되었으나 이 정권 역시 이승만정권에 못지않게 친일성이 강한, 다시 말하면 민족적 정통성이 취약한 정권이었다. 따라서 식민지배에서 벗어난 사회의 민족적 정통성을 회복하기에는 부적당한 정권이었다.

장면정권 역시 역사적 정통성에 취약한 정권이었기 때문에 반공주의의 울타리를 넘어설 수 없었을 뿐만 아니라 민족의 평화적 통일문제에서 수동적인 정권이 될 수밖에 없었다. 민족해방운동과 관련하여 정통성이 취약했던 한민당 세력 및 그것과 결탁한 이승만 세력이 '해방공간'에서 통일민족국가 수립 노선에 소극적이었다가 결국 분단국가 수립 노선으로 나아간 데 비해, 같은 우익 세력이면서도 민족해방운동 과정의 정통성에서 상대적으로 강점을 가졌던 김구·김규식 세력은 '해방공간'에서의 통일민족국가 수립 노선에 적극적일 수 있었다는 사실에서 역사적 정통성과 통일문제의 상관관계를 가늠해볼 수 있다(「통일문제를 축으로 본 한국현대사의 전개」, 1997년 10월).[51]

그런데 대한민국의 정권들에 대한 그의 비판은 그가 강조했던 '객관'과는 다소 거리가 있다. 우선 강만길은 점령군 미군과 소련군에 의해 좌우되는 한반도의 현실을 간과하고 결과적으로 이승만정권을 "민족해방운동 세력에 의해 성립된 정권이 아니어서" "설립 당초부터 그 정통성에 취약점을" 갖고 있었고, '정권의 하부구조와 핵심 모두가 반민족적 세력이 온존한 정권'이라고 단정했다. 임종국의 연구에 따르면 1948년의 초대 내각에는 부일협력자가 없었음에도 불구하고 이후 그 비중이 높아지기 시작하여 결국 이승만정권 12년간의 각료 중 부일협력자의 수는 전체 96명 중 30명(전체의 약 1/3)에 달했다고 한다. 그러나 부일협력자의 면면도 다시 검토해야 하지만, 그 분석을 그대로 인정한다고 해도 부일협력자의 비중은 그렇게 높지 않다.[52] 또 이승만의 집권 계기가 된 1948년 5·10선거는 이른바 보통선거를 통해 실질적으로 국민주권이 실현된 첫 번째 사례였다. 민족해방운동 세력의 지지를 받았느냐 아니냐 하는 규범은 이 문제와 직접적 관련이 적다. 민족해방운동의 경력이 국민주권이란 가치의 상위에 있지 않는 것이다. 민족해방운동 전선에 참여한 인물이라 하더라도 그가 국민주권을 제한할 권리는 없다. 투쟁을 통해 국민주권을 쟁취한 4·19혁명은 시민적 저항이 정권을 교체한 첫 번째 사례다. 그런데 강만길에게 민주당정권은 민족적 정통성이 부족한 자격 미달이었다. 반독재민주화 운동을 통해 집권한 민주당정권을 민족적 정통성 문제에 입각해서 비판한다면, 그의 민족해방운동사관은 또 다른 편향사관인 것이다. 우리는 그의 사론에서 국민주권에 의한 정부 수립 과정에 참여한 국민, 그리고 이승만 독재에 저항한 민주당의 역사적 의의를 발견하기 어렵다. 국민주권과 민주당은 민족적 정통성이란 민족 윤리에 부합하지 않는 것이다.

반공주의는 일본제국주의의 전유물은 아니었다. 민족주의 내부에서도 반공주의 흐름이 분명하게 존재했다. 김구가 남북협상에 참여했고 비극적인 최후를 맞이했지만, 그는 반탁운동을 가장 앞장서서 주도한 인물로 1945년 후반기 민족주의를 분열시키는 데 책임이 있는 지도자였다(강만길은 그를 통일민족국가 수립을 지향한 지도자로 평가했다). 1945년 말과 1946년에 전개된 반탁운동의 열기, 즉 민족주의 분열이 강만길이 언급한 '반민족적 세력'이 재생할 수 있었던 결정적 계기였다. '반탁 대 찬탁'은 '반공 대 친공', 나아가 '애국 대 매국'의 구도로 변질되었다. 이러한 정치의 아이러니 때문에 친일파의 정치 공간이 열리게 되었던 것이다(역설적으로 김구는 친일파의 재생을 도왔다). 한민당 역시 반탁 세력이었지만, '모스크바삼상회의' 결과인 미소공동위원회에 들어가서 분단문제를 해결하고 통일민족국가를 수립하려고 했는데, 그것을 주도하던 한민당의 장덕수는 암살되었다. 김구는 장덕수 암살 건 때문에 조사를 받았다. 이 단순한 사실은 우리에게 김구는 통일세력, 한민당은 분단세력이라는 구도에 대해 의문을 갖게 만든다.

　독립운동가를 위시하여 타협적인 인사들이 복합적으로 참여했던 한민당은 이승만 독재에 대한 저항의 근거였고, 그것을 계승한 민주당은 박정희 독재에 저항한 중요한 정치적 보루 중의 하나였다. 대한민국은 독재자들의 위협을 받았지만, 제도로서 국민주권이 정착될 수 있었던 것은 시민들의 정치 참여와 함께 민주당이 정치 사회의 다원성을 구성하는 한 세력이었기 때문이다. 반독재 투쟁을 전개했던 민주당은 개항 이래 성장해 온 진취적 지주 출신과 밀접한 관련이 있었는데, 이는 1945년 이후부터 한국 사회가 일본과 다른 다원적인 정치 영토를 확보할 수 있게 된 사회적 근거였다. 이에 비해 한국을 식민지로 삼았던 메이지 일본의 과두적 지배체제는 군국주의를 낳았고, 또 현재의 일당 장기 집권과 극우화 현상에 적지 않은 영향을 미치고 있다. 의회주의를 먼저 시작한 제국주의 일본보다도 의회주의를 나중에 시작한 식민지 한국이 다원적인 정치 영토를 구축할 수 있었던 배경에는 한민당의 사회적 기반이 된 진취적 지주 세력의 성장이 있었다(이에 대해서는 4부에서 상술).

　한국의 근대 이행은 두 단계를 거쳐 진행되었다. 1단계에서는 서울 중심의 '관료적 상업체제'를 기반으로 하는 갑오개혁과 광무개혁이 있었고, 2단계에서는 개항 이후 조선왕조 관료제로부터 비교적 자유롭게 성장한 진취적 지주층을 기반으로 하는 의회주의 세력의 등장이 있었다. 그들은 자유주의적 부르주아 세력으로 온건한 민족주의 운동에 참여했고 대한민국 정부 수립에도 관여했다. 북한에서는 이 세력을 축출한 이후에 조선민주주의인민공화국이 수립되었다. 미 국무성이 파견한 하지 장군의 정치고문 메릴 베닝호프(H. Merrell Benninghoff)는 국무장관에게 보낸 서신에서 '보수주의자'들의 동향을 다음과 같이 묘사했다.53)

정치 상황에서 가장 고무적인 한 가지 요인은 한국인 중에서 나이가 많고 더 나은 교육을 받은 수백 명의 보수주의자들이 서울에 있다는 것이다. 비록 그 가운데 많은 사람들이 일본을 위하여 봉사하긴 했으나 그러한 오점은 결국 없어질 것이다. 이 사람들은 "임시정부"의 귀환을 지지하고 있으며, 비록 다수는 아니지만 아마도 최대의 단일집단일 것이다.54)

서울, 그리고 아마도 남한 전체가 현재 2개의 분명한 정치적 집단으로 분열되어 있다. 몇 개의 작은 부분을 지니고 있으면서도 각기 명백한 정치철학을 좇고 있다. 한편에는 이른바 민주적 혹은 보수적 집단이 있다. 이들 구성원들 중에는 미국에서든지 아니면 한국에 있는 미국계 선교 교육기관에서 교육을 받은 전문적인 교육계의 지도자들이 많이 들어 있다. 그들의 목적과 정책들은 서구식 민주주의를 따를 욕망을 나타내고 있으며, 그들은 이승만 박사와 충칭(重慶)에 있는 "임시정부"의 조기 귀국을 거의 한결같이 희망하고 있다.55)

메릴 베닝호프가 파악한 서울의 서구식 민주주의를 수용하려는 수백 명의 보수주의자들 – 미국 유학 경험이 있거나 기독교 문명을 이미 접촉한 인물들 – 중에는 지주 출신이 많았다. 이들과 계급적 모순관계에 있는 "농민은 농지로부터 완전히 이탈하여 계급적으로 파괴된 채 공업에 편입되지 않았다. 그들은 공업에 투입되었다가 농촌에 도로 내뱉어졌다." 전쟁에 동원되었다가 돌아온 군인들도 있었다. 공장과 전쟁터에서의 그들의 경험은 기존의 농촌 관행을 새로운 시선으로 볼 수 있게 했다. '농민 노동자'와 '농민 병사'들은 농촌에서 형성되는 혁명적 에너지의 주요 자원이었다.56) 만약에 지주가 토지에 대한 지배권을 포기하게 된다면 농민의 불만은 해소될 가능성이 있었다.57) 이러한 혁명적이고 개혁적인 상황이 농촌에서는 정부 수립 이전과 이후에 거의 순차적으로 일어났다. 우여곡절이 있었지만, 토지는 농민들에게 분배되었고, 지주는 의회를 구성하는 주요 세력이 되었다.

영국에서는 청교도혁명이 일어난 17세기 폭력적 상황인 내전을 경험한 이후에 평화적인 이행을 했다. "아마도 폭력적인 과거의 유산은 왕을 희생시킨 대가로 의회가 강화된 것이었다. 의회가 존재했다는 사실은 새로운 사회 구성 요소들의 요구가 상승함에 따라 그들을 끌어들일 수 있는 활동 장소가 되는, 그리고 이러한 집단들 사이의 이해 다툼을 평화적으로 조정할 수 있는 제도적 기구가 되는 융통성 있는 제도가 존재했음을 의미한다."58) 19세기 중반까지 의회에 영향력을 행사했던 지주의 수는 "1,200명 정도"에 불과했다.59) 영국에서는 지주가 농업의 상업화를 거부하지 않았고, 농촌에 거대한 보수적 반동적 세력이 – 농민이 – 온존되지 않은 채로 근대화가 진행되었다. 이에 비해 독일과 일본에서는 모두 농민 세력이 온존된 상태에서 근대화가 추진되었다.60)

　대한민국에서는 농촌에 농민들이 온존된 상태에서 지주 세력이 의회를 구성하는 주요 세력이 되었고, 조선민주주의인민공화국에서는 지주 세력이 제거되었다. 한국은 영국과 다른 방식으로 국왕이 제거되고 내부 대립을 겪었다. 식민지·분단·전쟁과 같은 급진적 방법을 통해 군주가 제거되었고, 지주는 의회를 통해 농민과 타협하는 농지개혁을 수행함으로써 구체제의 유산이 온건하게 청산되었다. 독재자가 국민주권을 위협할 때 시민적 저항이 일어났다. "인간의 자유를 증진시키는 방법으로서 점진적이고 부분적인 개혁이 폭력적 혁명에 대해 그 우월성을 입증했다." 이 과정을 통해 대한민국에서는 국민주권이 확대되어 나갔다. 국민주권의 실현은 다음의 세 가지 목표와 깊은 관련이 있는 것이다. 배링턴 무어는 베블렌을 인용하면서, 민주주의 발전은 세 가지 점을 실현하기 위한 미완성의 긴 투쟁이라고 설명했다.61)

　1) 전제적 지배자를 저지하는 것, 2) 전제적 지배를 정의롭고 이성적인 지배로 대체하는 것, 3) 저변의 민중이 정치에 참여하는 것. 국왕의 참수는 첫 번째 특징의 가장 극적이며 중요성이 큰 양상이다. 법에 의한 지배와 입법부(Legislature)의 권한을 확립하기 위한 노력, 그리고 나중에 국가를 사회 복지를 위한 하나의 기관으로 이용하는 것은 두 번째 세 번째 측면과 관련하여 익숙하고 유명한 특징들이다.62)

식민지에서의 해방은 단순한 민족해방이 아니라 전제적 지배자로부터 벗어나서 정의롭고 이성적인 지배체제를 만들어서 민중이 정치에 참여하고 사회 복지가 실현되는 민주주의를 구현하는 데 있는 것이다.

그런데 민족주의라는 명분으로 폭력과 전체주의를 비판하지 않는 '분단 극복 담론'은 오히려 분단을 더 심화시키고 통일을 방해하는 결과를 낳을 위험이 있다. 만약 어떤 민족주의 담론이 연합전선을 강조하면서 배제를 마다하지 않고, 공화주의를 강조하면서 전체주의를 부정하지 않으며, 국민주권을 강조하면서 독재를 비판하지 않는다면, 그것은 반통합과 반통일 담론에 기여하게 된다. 반일투쟁 경력이 독재적 전제적 지배를 정당화할 수 있는 수단이 될 수는 없다. 또한 식민지기 타협적 경력이 민주주의나 공화국 발전에 기여할 수 있는 길을 원천적으로 막는 결정적 장애물은 아닌 것이다.

근대사에서 급진주의는 분열의 길을 열었다. 그것은 또한 식민지의 길을 열고 분단의 길을 여는 직접적인 원인이 되었다. 갑신정변의 김옥균, 만민공동회의 이승만, 반탁운동의 김구, 한국전쟁의 김일성 등은 모두 급진주의를 상징하는 인물들이다. 그들이 내세운 명분은 한결같이 찬란했으나, 그것은 모두 분열의 길이었다. 강만길의 사론은 그 목표를 민족통일에 두고 있지만, 오히려 실제로는 민족분열을 합리화하는 도구가 될 수 있다. 이러한 '분열사관'의 원천은 단재 신채호였다. 강만길은 단재에 의거하여 부르주아 민족주의를 비판했다. "3·1운동 이후 국내 민족운동의 지도 세력 일부"는 "점차 친일화하였거나 그렇지 않다 하더라도 이제 민족독립운동을 지도할 만한 능력을 잃어갔"고, 또 "그들은 총독정치의 보호 아래 지주(地主)의 위치를 보존하는 데 만족하거나 나아가서 면협의회원(面協議會員)·도평의회원(道評議會員)이 되어 부역하는 데 급급"한 존재들이었다.[63] 지주적 기반의 한국인은 민족주의자의 자격을 상실하게 된 것이다.

단재 신채호는 민족주의 운동의 엄격한 규범을 제시했다. 그는 유약하게 외국에 애소(哀訴)하는 외교적 노력은, 즉 "탄원서나 열국 공관(列國公館)에 던지며, 청원서나 일본정부에 보내어 국세(國勢)의 외롭고 약함을 애소(哀訴)하여 국가 존망·민족 사활의 대문제를 외국인 심지어 적국인의 처분으로 결정하기만 기다리는" 타율적인 노선이라고 비판했다.[64] 신채호에게는 '강도 일본'에 대한 직접적인 투쟁이 아니라 경제적 실력을 양성하고 인재를 양성하기 위한 교육 사업을 위한 '준비론' 역시 실효가 없고 '민중의 폭력혁명만이 강도 일본 통치를 타도하고 이상적 조선을 건설할 수 있는' 유일한 무기였다.[65] 그런데 한국은 단재의 예상과 달리 '민중의 힘'이 아니라 외교론과 준비론에서 언급한 '일미전쟁'과 '일로전쟁'의 결과로 일본으로부터 해방되었다. 한국인의 힘으로 일본을 타도하고 주권을 되찾아야 한다는 견결한 단재의 의기는 존숭되어야 하지만, 당위적이고 급진적인 민족주의는 강대국들의 압력을 이겨내면서 그가 원하는 '광복'을 만들어내지 못했고, 오히려 민족주의를 분열시켰다.

홍기문에 의하면 "신단재(申丹齋)는 근년에 조선역사학의 연구를 진흥시킨 선구자"이고 "조선역사학의 개조"인 것이다. 그는 가친 홍명희의 친구인 단재를 경모하는 선배로 대우하기를 마다하지 않았지만[66]

다음과 같이 평가했다. "민족의 성쇠는 매양 그 사상의 추향(趨向) 여하에 달린 것(「조선역사상일천년래일대사건」의 '서언')"이라는 구절에 함축되어 있듯이, "역사의 원동력을 정신에서 찾"는 "관념론적 역사가"였다. 또 단재는 '국가의 분합(分合)', '국위의 소장', '종교사상의 변이', '뛰어난 군주의 위대한 업적', '이름난 장군의 전공(戰功)' 등에 관심을 가졌지만 사회의 생산관계에 대해서는 전혀 관심이 없었다.67) 본래 단재는 "1894년 이래 조선사회의 싹트기 시작한 정치적 의식 아래 조선역사로 들어갔고", 1910년의 한일강제병합과 함께 "더 한층 조선역사에 대한 집착을 굳세게 한 분"이었다. 그렇기 때문에 단재에게 역사는 "과학대상으로보다도 배타자존의 연장"이었다.68) 무엇보다도 단재 사론의 정수는 「조선역사상 일천년래 제일대사건」의 '서언'에서 제기된 민족쇠퇴와 사대주의와 같은 "노예성"이 생긴 원인을 사대주의자 김부식에게 묘청이 패한 것에서 찾았다. 그에게는 양자의 대립(그는 전쟁의 의미가 강한 戰役이란 용어를 고집한다)은 "낭불(郞佛) 양가(兩家) 대 유가(儒家)의 전(戰)이며, 국풍파 대 한학파의 전(戰)이며, 독립당 대 사대당의 전이며, 진취사상 대 보수사상의 전"이었다. 만약 "조선역사가 독립적 진취적 방면으로 진전"하기 위해서는 전자가 이겼어야 했다.69) 그런데 이러한 양자의 대립을 '독립 대 사대', '진취 대 보수'의 구도로 설명하는 것은 적절하지 않다. 이러한 수사는 전쟁은 수많은 인적·물적 자원이 들어가는, 다시 말해 수많은 민중의 희생 위에서 진행되는 현실을 무시하고 자신의 주정적(主情的) 관념을 여과 없이 드러낸 것이다. 홍기문이 지적한 생산관계에 대한 고려가 없더라도, 단재는 최소한 사람을 동원하고 사람이 희생되는 것에 대해, 또 막대한 군비를 당시 사람들이 감당할 수 있었는지에 대해서도 약간의 고려도 하지 않았다. 그는 '아와 비아의 투쟁'이란 단재의 '역사담론'이 나오는 『조선상고사』「총론」에서 여진 족이 세운 금나라를 "원래 백두산 동북의 여진 부락으로 우리에게 복종하던 노민(奴民)"으로 인식했다. 그들이 강대해져서 형제의 위치가 바뀐 것을 두고 단재는 당대인들이 국치의 "눈물을 뿌렸다"고 묘사했다.70) 이 대목에서 단재는 여지없이 '화이(華夷)'를 의식하는 사대부인 것이다. 단재의 말대로 대륙으로 내달린 여진족의 금(金)과 청(淸), 거란의 요(遼), 몽골의 원(元) 모두 국가의 명맥이 이어지지 않았거나 그 규모가 크게 축소되었다. 북방대륙으로의 진출을 위한 전쟁이 '독립'이나 '진취'가 아닌 것이다. 전쟁을 도모하는 자들은 전쟁 이전에 민중의 안위와 생활을 돌보아야 하는 것이고, 인민을 희생양으로 삼아서는 안 되는 것이다. 오히려 단재가 대포를 배에 실을 수 있었던 이순신의 해군력이 해외무역으로 연결되지 않았던 조선왕조 관료제의 문제점을 거론했으면 그의 주장은 더 설득력이 있었을 것이다. 그러나 유자인 단재는 상업과 무역의 세계를 상상할 수 없었다. 대륙 국가 중국도 해양국가 영국과 일본에 굴복했다. 대륙국가의 변방이었던 조선(대한제국)도 해양 제국에게 패배한 것이었다. 망국의 허무주의에 빠진 단재는 유가의 나라 '조선'과 '유교적 전통'과 관련된 일체의 것을 부정하고, 관념의 세계에서 극히 '자존적인 대륙 조선'을 건국했다. 그에게는 민중의 생활을 돌아볼 여유가 없었고, 오로지 민중은 '자존의 조선'을 되찾기 위한 폭력적 저항의 투사일 뿐이었다. 그에게는 국제적 협력을 얻기 위한 노력도 부질없는 일이고, 민중의 생활개선과 민족의 '실력'을 향상시키기 위한 노력 역시 그다지 쓸모가 있는 일이 아니었다. 그러나 한국인 중에는 단군조선을 의식하면서 민족적 자각을 강화하는 자들도 있었지만, 다수는 독립협회 - 대한제국 - 삼일운동 등으로 이어지는 일련의 실체적 운동과정에서 조선왕조의 신민에서 국민으로, 시민으로 거듭났다. '낭가'이던, '불가'이던, '유가'이던 자신의 '자존'을 위해 민족을 동원하는 자들은 결코 민중적이지 않았다.

강만길 역시 단재처럼 '외교독립론'과 자치론적 입장에 섰던 '준비론'을 맹렬히 비판했다. 신채호의 민족주의가 현실 위에 있지 않았듯이, 강만길의 통일민족주의 또한 바람직한 역사발전을 상상하는 '마술적 민족주의'의 늪에 빠지고 말았다. '마술적 세계'라는 것은 '이성적 비판이 약하거나 부재한 세계'를 의미한다. "법률이나 규범을 자연법칙이나 규칙으로부터 구별해내지 못하는 것이 부족적 금기주의의 특성"인데, 이때 법률과 규범은 "모두 마술적인 것으로 취급된다." 다시 말해 두 개의 "인위적 금기에 대한 이성적 비판 역시 상상할 수 없는 것으로 만든다."[71] '닫힌' 사회는 "계절의 주기 또는 그와 유사한 분명한 자연의 규칙성과 같이 피할 수 없는 것으로 느끼는 그런 마력의 영역"에 갇히게 된다.[72]

일국적 차원의 민족주의는 마력을 행사하곤 하는데, 1930년대 일본에서는 군국주의를 잉태했고, 한국에서는 비타협적 항일운동 또는 무장 항일운동에 대해 과대한 의미를 부여하는 흐름을 만들어냈다. 그러나 한국이 처한 상황은 다국적 차원에서 규정되는 바가 많았다.

한국인은 일본에 항거하기 위해서 직접적인 폭력투쟁도 해야 했지만, 국제질서의 변화를 주시하면서 다른 국가들의 협력을 받기 위한 외교전도 펼쳐야 했고, 사회적 힘을 기르기 위해서는 식민지 지배체제 내에서라도 교육·경제·문화 및 다양한 영역에서 '실력양성'을 해야 했다. 세 가지 층위의 민족운동들은 대립하는 관계가 아니라 서로 보완하는 협력 관계였다.

1945년 8월의 해방은 우리의 힘으로 쟁취된 것이 아니었다. 한국인은 자신보다 몇십 배 힘이 센 미국과 소련을 상대로 해서 새로운 정부를 수립해야 하는 상황에 놓여 있었다. 체제가 다른 두 강대국의 군대가 점령한 상황에서 한국인은 각자의 소신대로 찬탁(贊託)과 반탁(反託)을 외쳤다. 중간 지점에 있었던 송진우·여운형·장덕수 등은 암살되었다. 해방된 한국인은 식민지하에서보다 더 큰 폭력의 공포 속에 놓이게 되었다. 남한과 북한에서 정부가 수립되기 이전까지 수많은 사람들이 단순히 정치적 도구로 변질된 이념이 휘두르는 폭력의 희생양이 되었고, 마침내 1950년에는 전쟁까지 발발했다. 민족주의자들은 서로 다름을 인정하면서 권력을 분점하려고 하지 않았고, 결국 해방 이후 연합국과 상대할 임시정부의 결성은 이루어지지 않았다.

2. '식민지근대화론'

이러한 '민족사학'의 흐름과 달리 '식민지근대화론'은 한국 자본주의의 발전과 관련이 깊다고 판단되는 식민지기의 '문명적 자극'에 주목했다. 1979년 경제개발협력기구(OECD)는 경제성장이 두드러졌던 한국·대만·홍콩·싱가포르 4국을 신흥공업국(NICs)의 범주에 포함시켰는데, 그 원인과 배경은 매력적인 연구 주제가 되었다. 1980년대 후반기에는 소련과 동구 즉 사회주의 국가들이 몰락하는 역사적 현상이 일어났다. 성장과 몰락을 동시에 목도하면서 일군의 학자들은 한국의 자본주의를 발전시킨 역사적 원인이 무엇인가를 묻기 시작했다. 서울대 경제학과 교수였던 안병직은 그 질문에 대해 가장 먼저 진지하게 탐구했다. 그는 그의 학문적 동지들과 함께 낙성대연구소를 거점으로 연구 성과들을 잇달아 제출했고, 그것들은 식민지기를 둘러싼 활발한 논쟁과 연구의 기폭제가 되었다. 그들은 '한국 사회 내부에는 근대사회로 이행할 수 있는 동력이 미약했거나 전무했고, 일본제국주의에 의한 문명적 자극 덕택에 근대적 경제성장을 이룩할 수 있었다'고 진단했다. 그들에게 식민지기는 '수탈과 억압'만이 아니라 근대적 경제성장의 원천이 된 문명적 교류가 일어난 '역사적 시간'이었다.[73] 일본에서는 1980년대에 나카무라 사토루(中村哲)를 위시한 연구자들이 저개발-중진자본주의-선진자본주의라는 동아시아 자본주의 발달 단계를 제시했다.[74] 특히 그들은 "식민지기에 일어난 새로운 경제적인 변화"와 "해방 후의 한국사회"의 관계를 어떻게 규정할 것인가에 대해 관심이 많았다. 그들에 따르면, 식민지기는 "'침략과 저항'이나 '수탈과 저개발화'가 일방적으로 관철되는 장이 아니라, '수탈과 개발'이 서로 교차하는 장"이었다.[75] 구미학계에서도 한국을 포함한 신흥공업국가들의 자본주의 발전의 원인과 배경으로 일본의 식민지지배를 주목한 연구들이 제출되었다.[76]

마오쩌둥의 「모순론」에 의거하여 '식민지반(半)봉건사회론'을 제기했던 안병직이[77] 나카무라 사토루 교수의 「근대세계사상의 재검토」를 읽은 이후에 '중진자본주의론'을 들고 나왔던 것은 한국경제가 '종속'이 아니라 '발전'의 길을 걸어갔기 때문이었다.[78] 그는 "아직도 가치 판단을 위주로 하는 권선징악의 역사관에서 크게 벗어나지 못한" 한국사 연구자들의 학술 세계를 걱정했다. 그러나 그 역시 또 다른 '권선징악' 역사관에 함몰되었다.[79] 그가 언급한 한국사 연구자들의 '선과 악'을 나누는 기준은 아마도 민족일 것이고, 안병직의 권선징악 기준은 '경제성장'일 것이다. 그에게 민족은 주요한 기준이 아닌 것이다. 그런 의미에서 그는 가장 충실한 탈민족주의자다. 민족문제를 중시했던 마오쩌둥의 '모순론'적 세계관 위에서 민족문제를 중시했던 그의 역사관은 '경제성장'만을 중시하는 탈민족주의로 전환되었다. 그러나 '좌'에서 '우'로 이념의 위치가 바뀌었지만 이념의 본질은 −전체주의− 달라지지 않았다. 파탄난 군국주의로 귀결된 일본제국주의의 근대문명은 자유주의와 민주주의를 누르면서 성장했고, 그러한 근대문명은 잔인하고 광폭한 전쟁과 폭력을 수반했었다. 식민지인에 대한 약탈적 동원과 일본인에 대한 수탈적 지배 위에서 건립된 '성장탑'은 대동아공영권의 붕괴와 함께 무너졌다. 브루스 커밍스의 다음 진술은 '성장탑'의 붕괴가 갖는 의미를 잘 표현하고 있다.

일본인은 1945년에 한국을 떠날 때 …… 그들은 비교적 발달된 교통망과 세계시장 기구와의 연결을 남겼다. 그들은 한국인에게 근대적 기술을 남겼다. 그들은 고대적 동일성(ancient homogeneities)을 지녔던 한국에 근대적 민족통합(modern national integration)의 물리적 필수 요소들을 남겨두었으며, 특히 잘 조직된 관료제도(a highly articulated bureaucracy)를 남겨두었다. …… 전쟁의 돌연한 중단은 일본이 만들어낸 모든 것을 부숴버렸으며, 동북아시아의 초국가적 체제(incipient transnational unit)를 파괴하였다. 전쟁의 종결은 한국 자체를 남과 북으로 분단했다. 이 과정에서 철도·도로 및 해운망도 단절되었다. 그리하여 일본의 패배는 중심을 주변에 연결시켰던 통합적인 치밀한 구조를 파괴하였다. 한국의 남반부는 불구가 된 경제와 혼란한 정치에 허덕이게 되어 새로운 결합이 이루어지기까지 악화일로를 걸을 수밖에 없었다.[80]

박명림 역시 '식민지근대화'의 한계를 지적했다. 근대화는 산업화뿐만 아니라 국민국가 건설과 민주주의, 자유·평등·주권·개인성 등 훨씬 많은 요소들이 포함되는데, 식민지기는 이를 역행했다. 식민지근대화론에서 말하는 근대성·근대화는 당시에 일본식 근대성·근대화, 또는 군국주의 근대성·근대화를 의미했다. 뿐만 아니라 식민통치 중반을 지나면서는 일본식 근대성은 미국식 근대성 및 소비에트식 근대성과 심각한 경쟁관계에 돌입해 있었다. 그에 따르면 제2차 세계대전의 종전과 함께 폭력적으로 강요되던 일본식 근대화는 한반도에서 후자로 신속하게 대체되었다. 한국의 경제발전은 토지개혁, 세계체제 편입, 자본주의 시장경제 도입, 탈식민 국민교육, 수출주도 발전전략의 채택을 포함해 일본 식민통치의 잔재를 극복한 종전 15년이 지난 시점에서 가능한 것이었다.[81] 이와 달리 전체주의자 안병직은 과거도 선택적으로 기억했다. 그는 "4·19의거 직후"의 혼란기를 "사회주의 운동", 즉 "인민민주주의 운동"이 강렬하게 일어난 시기로 이해했고, 그것을 억압하고 "국헌을 문란케 한 쿠데타인 5·16군사정변"을 "한국 근대화의 원동력"으로 간주했다.[82] 안병직의 기억 속에는 한국경제 발전의 토대가 된, 박명림이 위에서 언급한 이승만 정권기의 대한민국은 존재하지 않았다.

'식민지근대화론'은 점점 더 정교해지고 과감해졌다. 그들에 의하면 일제하의 식민지기는 문명사적 시각에서 "현대 한국문명의 직접적 전사"이고, "제국주의에 의해 강요된 근대화는 실제로는 전통과의 상호작용과정이었으며, 그런 의미에서 진정한 융합과정이었다."[83] 조선왕조는 스스로 무너진 것이었고, 일본제국주의 통치는 망한 국가에 새로운 문명적 생기를 불어넣은 것이었다.

이영훈은 1905년 조선왕조의 멸망은 "어떤 강력한 외세의 작용에 의해서라기보다 그 모든 체력이 소진된 나머지 스스로 해체"된 것으로 단언했다.[84] 그는 양반가와 그 친족 집단이 남긴 추수기 자료를 이용하여 확보한 장기 시계열 자료를 통해 토지생산성이 하락되면서 총체적으로 사회가 무너지는 과정을 분석했다. 그가 생산성 하락의 결정적 원인으로 제시한 것은 '산림 황폐화'였다. '19세기 위기론'은 내재적 발전론의 조선후기 역사상에 대한 심각한 질문을 던진 것이었다.[85]

다음의 세 가지 지표는 그 담론의 중요한 근거들이 되었다. 첫째, 토지생산성과 생활수준(실질임금)의 지속적 하락, 둘째, 사망률의 증가와 이에 따른 인구의 감소 내지 지속적 하락, 셋째, 광역적인 시장 통합의 붕괴와 장시 숫자의 감소였다.86) 단위면적당 지대수취량의 장기 시계열에 따르면 토지생산성은 1740년 무렵부터 약 150년간 하락했고 1900년초를 최저점으로 V자 반등했다.87)

 이에 대한 비판들도 차곡차곡 쌓였다. 김건태는 지대량 하락은 '토지생산성 하락' 때문이 아니라 지대율 하락 및 지대 수취 방법의 변화 때문이라는 주장을 제기했다. '토지생산성 하락'이라는 주장은 지대량 하락을 근거로 하여 나왔기 때문에, 양자가 무관하다는 것은 '토지생산성 하락'이라는 의견에 반박하는 자료가 될 수 있는 것이었다. 또 다른 의견도 나왔다. 이헌창은 '토지생산성 하락'과 반대되는 기근 감소와 인구 증가라는 사회 현상을 제시했다. 우대형은 이영훈이 검토한 자료를 다른 방법으로 분석하여 다른 결과를 추출했는데, 그에 따르면 '토지생산성 하락'의 저점은 20세기 초가 아니라 19세기 초였다. 그 원인은 기후 변화 때문이었다. 19세기 초에 '이상저온현상'이 끝나면서 토지생산성이 회복된 것이었다.88) 그는 19세기 인구 감소가 생활수준 하락 때문이라는 주장에도 이견을 나타냈다. 그에 의하면 이상 기후와 천재지변에 따른 흉작과 전염병 때문에 사망률이 증가했는데, 그것이 끝난 19세기 초 이후에는 생활수준이 개선되고 인구도 정체되거나 완만한 증가추세였다.89)

 전국 규모의 통합된 곡물 시장도 성립되었다. 우대형은 이영훈·박이택이 사용한 '미가 데이터 간 상관계수의 추정'에 의존하지 않고, '공적분이론(Co-integration)을 응용한 오차수정모형(Error Correction model)'을 사용하여 다른 결과를 도출했다.90) 전자는 "18세기에 성립된 곡물 시장의 통합은 내륙부를 포섭하지 못한 채 배가 다닐 수 있는 연안부 간의 통합에 머물렀으며, 그마저도 19세기 중반에 해체되었다"고 주장했다.91) 후자에 의하면 18세기 중엽부터 19세기 초 조선에서도 지역 간 분업지대가 진행되면서 전국적인 시장 통합이 형성되었고, 그 중심지는 서울이었다. 농촌과 농촌 사이의 시장 통합보다도 서울과 농촌 사이의 시장 통합 수준이 더 높았다. 그 질적 수준도 산업혁명 직전 유럽의 곡물 시장과 필적할 만한 수준이었다. 곡물 시장은 17-18세기 프랑스처럼 기근 완화에도 기여했다.92) '18세기 후반경부터 경강선상(京江船商)의 활발한 무역활동 덕택에 전국의 미곡 가격 동향이 파악되고, 가격에 따라 미곡이 이동하는 전국적인 미곡 시장이 형성되어 있었다'는 고동환의 연구는 우대형의 결론과 거의 유사하다.93) 그는 조선후기 시장경제의 발달은 근대 경제성장의 긍정적인 영향을 미칠 수 있는 조건이 될 수 있다고 평가했고, 이러한 내적 동력이 일어난 원인을 인구 압력에서 찾았다.94) 조선은 세계사적으로 중국·일본과 더불어 1000-1750년 사이에 빠르게 인구가 증가한 나라들에 속했다.95) 조선후기 소농경제의 발달은 인구 압력을 극복하고자 선택한 노동집약화의 산물이었던 것이다.96) 그에 의하면 노비제에서 병작제(竝作制)로의 이행이 정치와 경제의 분리, 즉 계급과 신분을 뛰어넘어 인간 사이에 자유로운 계약 관계를 성립시키는 계기가 되었다. 조선후기 장시 수의 증가 역시 농업생산력 발달에 따른 교역의 증가가 아니라 인구 압력에 대한 대응이었다.97) '노비제에서 병작제로의 이행'

이 자유로운 계약관계를 성립시키는 필요충분조건이 되는지는 더 따져봐야 할 일이지만, 역사인구학적 접근이 조선후기 사회의 동태적 상황을 이해하는 데 유력한 수단인 것은 분명하다. 인구 변동은 여러 가지 요인이 종합적으로 작용하여 나타나는 사회 현상의 하나이기 때문이다.

그런데 조선의 내적 동력은 우대형이 언급한 '국가적 대응능력'을 포함하여 온전히 내적 계기에서만 형성된 것은 아니다. 예를 들어 조선왕조의 상업구조는 조공무역체제라는 국제적 조건 및 그와 연결되어 있는 사대부 중심의 정치질서와 밀접한 관련을 갖고 있었다. 이른바 상업도시는 서울 - 개성 - 평양 - 의주로 연결되는 내륙에 있었고, 부산 - 인천 - 목포와 같은 해안의 도시들은 개항 이후에 등장했다. 권력과 상업의 관계는—지배엘리트와 상인의 관계—적대적 공생관계를 형성한다는 측면에서 유사하지만 그 양상은 달랐다. 그러한 차이는 시장 통합 수준이 유사함에도 불구하고 조선·중국·일본이 다른 경로를 밟아서—식민지·반식민지·제국주의—근대사회로 이행한 것과 어느 정도 관련이 있다. 그 차이는 또한 아시아의 시장 통합 수준이 유럽에 비해 크게 뒤떨어지지 않았음에도 불구하고 근대 이행이 늦은 것과도 일정한 관련이 있다. 아시아에서 제일 먼저 근대국가를 수립한 일본도 미국과 유럽의 자극을 받은 후에 본격적으로 근대사회로의 이행을 위한 과정을 밟아 나갔다. 18세기 중반에 전국적인 곡물 시장이 형성되었다는 우대형의 견해가 그간 한국 사학계에서 구축하고 있는 역사상과[98] 크게 다르지 않다는 것은 흥미로운 점이다. 또한 '서울이

곡물 시장의 중심지였다'는 견해는 서울의 시전상인·경강상인 등이 주도적 역할을 한 조선왕조의 상업구조와 크게 모순되지 않는다. 다시 말해 조선후기의 시장 통합은 이 책에서 언급하고 있는 '관료적 상업체제'와 밀접한 관련을 맺고 있었을 가능성이 높은 것이다.99) 갑오개혁과 광무개혁 같은 '1차 근대화운동'은 바로 '관료적 상업체제'를 기반으로 전개된 것이다. 이러한 측면은 우리에게 일국사 차원의 계량적 추이에 대한 이론적 검토 못지않게, 경제현상을 국제질서의 변동을 고려한 전체사 속에서 파악하라고 권고하는 것이다. 조선왕조의 정치를 포함한 사회구조가 기본적으로 중국 중심의 중화질서에 깊숙하게 연동되면서 형성되어 있었고, 일본은 그러한 네트워크에서 떨어져 있었다. 이런 측면은 '상업화의 형태'를 결정짓는 배경이 되었다.

식민지근대화론은 한국근대경제사 연구에서 수량적 방법론을 도입하고 식민지기 근대성 문제를 재론하게 한 점에서 연구사적 의미가 있지만, 군국주의로 귀결된 일본 근대문명사에 대해서는 관심이 없다. 1930-40년대에 일본에서는 민주주의를 초극하고 자유주의를 초극하는 극단적인 전체주의 사회가 조직되었다. 한국인 이전에 일본인이 부품처럼 동원되고 파괴되었다.100) 식민지가 근대문명사에서 자리매김하기 위해서는 경제성장만이 아니라 민주주의와 자유주의에 대한 논의도 뒤따라야 한다. 또한 식민지근대화론에서 언급된 것처럼, 식민지기에 한국과 일본 사이에는 긍정적이든 부정적이든 문명적 교류가 일어난 것은 분명하지만, 그 와중에서도 한국인은 일본의 근대성과 다른 서구 및 소비에트의 근대성이란 대안들을 준비하고 있었다. 그 과정에서,

다시 말해 '1876년 개항 이래 1945년 해방'을 지나는 과정에서 일본의 부르주아지와 다른 성향의 부르주아지가 등장했다. 개항 - 식민지 - 해방과 분단으로 이어진 과정에서 한반도에서는 군국주의로 귀결된 일본 근대성의 영향을 많이 받으면서도 점진적으로 자유주의와 의회민주주의를 확장해 나갈 수 있는 사회적 토대가 형성되었다.

정치제도가 뒷받침되지 않으면 성장은 파국으로 치닫는 경우가 있었다. 과도기적 단계라고 주장하며 권위주의적 성장을 옹호하는 근대화 이론이 있지만,101) 지난 60년에서 한 세기 동안 고속성장을 구가한 권위주의 정권은 립셋(Seymour Martin Lipset)의 근대화이론이 주장하는 바와 달리 민주적인 국가로 성장하지 못했다. 독일과 일본은 20세기 전반, 세계에서 가장 부유하고 산업화된 나라에 속했고, 국민의 교육수준도 비교적 대단히 높았다. 하지만 독일은 나치의 국가사회당(National Socialist Party)이 득세하는 것을 막지 못했고, 일본에서는 전쟁을 통한 영토 확장에 혈안이 된 군국주의 정권의 발호를 막지 못했다.102) 문제의 근본적 원인인 착취적 제도와 이를 뿌리내리는 정치를 불식하지 않고 "번영을 엔지니어링하려는 시도"는 결실을 보기 어렵다.103) 볼셰비키혁명은 차르 러시아의 착취적인 경제제도를 혁파하고 수백만 러시아인에게 자유와 번영을 가져다줄 수 있는 정의롭고 효율적인 체제를 뿌리내리겠다는 기치를 내걸었다. 애석하게도 결과는 정반대여서 더 억압적이고 착취적인 제도가 들어섰다. 중국 · 쿠바 · 베트남 등의 나라도 비슷한 경험을 했다.104) 북아메리카, 19세기 잉글랜드, 독립 이후 보츠와나(Botswana)의 정치혁명은 한층 더 포용적인 제도와 점진적 제도 변화가 태동할 수 있는 토대를 마련했으며, 궁극적으로 포용적 정치제도를 크게 강화시켰다. 이런 성공한 혁명의 공통점은 굉장히 광범위한 사회계층이 권한 강화(empowerment)에 성공했다는 사실이다. 포용적 정치제도의 주춧돌인 다원주의는 정치권력이 사회 전반에 고르게 분배되어야만 뿌리내릴 수 있다.[105] 대한민국이 민주주의를 발전시키고 경제성장을 도모할 수 있었던 것은 독재의 기운이 기승을 부렸지만 다원적 사회를 기반으로 한 의회주의가 때로는 위축되면서도 버텨주었기 때문이었다. [106]

제2부:
제1차 세계대전과 시민적 민족주의

제5장 해체되는 제국의 시대:
세력균형에서 집단안보로

1. 발원지 미국

1919년 8월 20일에 있었던 고등법원 신문에서 진술한 3·1운동의 기획자 최린에 의하면, 「선언서」에 서명한 33인은 파리강화회의에서 '한국의 독립문제'가 다루어지기를 간절하게 원했다.

문: 피고는 어떤 방법으로 운동을 하고 독립의 목적을 달성하려고 했는가.
답: 그것은 민족자결에 따라서 지극히 온건한 평화 수단으로 민족의 자결을 발표하고, 세계의 여론을 환기시키고, 그리고 일본 정부의 처분을 기다린다는 생각이었다.
문: 그러면 조선 민족이 독립한다는 의사를 발표하면 강화회의에서 반드시 그것을 문제 삼고, 바로 각국 대표자가 자결을 허용할 것인지 아닌지를 곧 결정할 것이라고 생각했던 것인가.
답: 민족자결의 정신 취지에서 보자면 세계적으로 적용해야 하는 것이

며 반드시 직접 전쟁에 관여한 유럽 각국에만 한정하여 적용되는 것은 아니고, 반드시 그 결과를 얻을지 아닌지는 알 수 없지만, 여하튼 각국이 소리 높이 평화를 제창하고 있을 때 조선 민족도 그것을 제창하면 좋은 것이고, 그것을 제창하는 것은 조선 민족인 우리의 의무라고만 나는 말했다.

문: 그것은 …… 미국 대통령 윌슨의 교서 14개조 중의 어느 것에 해당하는 것이라고 생각하여 그러한 발상을 하였는가.

답: 제5조 및 제14조의 취지에 의한 것이다. 곧 다른 나라의 영토로 되어 있는 국민이 민족자결을 발표하면 즉시 강화회의의 문제로 되어 그것을 의논하게 되므로, 그때 독립을 허락받고 싶은 생각이었다.[1]

최린에게 민족자결은 유럽에만 적용되는 것이 아니라, 세계에 적용되는 보편적 원리였다. 그들의 선언과 시위는 미국·영국 등을 위시한 제1차 세계대전 승전국들에게 호소하는 형태였기 때문에 한계가 있었지만, 한국이 일본의 식민지로 전락한 국제적 사정을 감안하면 그것은 나름 이유가 있었다. 한국 문제는 한국과 일본 두 나라 또는 동아시아 지역 패권에만 관련된 문제가 아니라 세계의 문제였다. 러일전쟁은 유럽의 정세와 연관되어 있었다. 한국과 일본의 문제는 중국 대 일본, 러시아 대 일본, 영국 대 일본, 미국 대 일본이라는 양자 관계를 축으로 작동되었던 동아시아 지역 패권 경쟁과 연결되어 있었고, 이들 5개국은 또한 모두 직·간접적으로 제1차 세계대전에 계루되었다. 수천만 명이 죽은 대사건을 수습하기 위해 열린 파리강화회의를 전후하여 국제질서가 재편될 조짐을 보였다. 한국을 식민지로 몰고 간 국제환경의 변화는 한국인이 독립을 상상할 수 있는 중요한 변수였다. 그로부터 약 25년 후인 1945년 8월에 그러한 상상은 현실이 되었다. 1940년대에 이미 한국 문제는 미국·영국·소련 등이 함께 논의해야 하는 세계의 문제가 되어 있었다. 여러 계통에서 한국인의 치열한 고투가 있었지만, 해방의 직접적인 원인은 미국에 대한 일본의 패배였다. 그 시작은 베르사유조약이 체결되고 3·1운동이 일어났던 1919년이었다.

민족자결주의는 미국 대통령 윌슨(Woodrow Wilson; 1856-1924)에 의해 제기되었는데, 그의 민족담론은 영국·프랑스·독일과 같은 제국주의 국가들에서 나올 수 있는 것은 아니었다. 국제사회에서 미국의 역할이 커지자 미국에 있는 이승만은 3·1운동 이후 여러 임시정부에서 주요 리더로 거론되었다(상해의 임시정부, 한성의 임시정부). 상해에 있던 신한청년당(新韓靑年黨) 대표 여운형은 중국 정부가 주최한 미 대통령 특사 크레인(Charles Richard Crane)을 환영하는 자리에서 제1차 세계대전 후 식민지 처리 문제는 피압박 민족의 의사를 존중해서 처리될 것이라는 미국 입장을 알게 되었다. 그는 「한국 독립에 관한 진정서」를 파리강화회의 의장과 미국 대통령 윌슨에게 전달해 줄 것을 크레인에게 부탁했다. 파리강화회의 중국 대표단 고문으로 파리로 떠나는 상하이 『밀라드 리뷰(*Millard Review*)』의 사장 토마스 밀라드(Thomas Millard)도 같은 문서 2통을 전달받았다. 1919년 2월 1일에는 신한청년당 대표 겸 한국 대표로 선정된 김규식(金奎植)이 파리로 출발했다.[2]

미국의 대한인국민회(Korean National Association)에서도 1918년 12월

1일에 전체회의가 소집되었다. 그 자리에서 파리강화회의에 파견할 대표들을 선정하고, 「독립청원서」를 보내기로 결의했다. 재미 한국인의 활동 소식은 일본의 영자신문 『저팬 크로니클(Japan Chronicle)』과 『저팬 어드버타이저(Japan Advertiser)』에 보도되었다. 그러나 미국정부는 정한경(鄭翰景)·이승만·민찬호(閔贊鎬) 3인에게 파리로 갈 수 있는 여권을 내주지 않았다. 어쩔 수 없이 미국에 머물게 된 3인은 1919년 2월 25일자로 윌슨 대통령에게 "한국이 일본의 속박을 벗고 자유를 획득하고자 하는데, 한국이 완전한 자립을 수립하고 내치와 외치의 권리가 있을 때까지는 국제연맹 위임통치에 붙여서 보호를 받게 하여 달라"는 문서를 보냈다.[3]

새로운 국제질서의 태동은 고립주의 노선을 고집하고 있었던 미국에서 시작되었다. 1912년에 미국 대통령 선거에서 민주당의 우드로 윌슨이 승리했다. 어느 누구도 그의 승리가 국제질서의 전환과 관련이 있을 것이라고 예상하지 못했다. 그러나 영향력이 강한 어떤 인물이 커다란 구조의 변동기와 적절한 시점에서 만날 때, 한 인간은 구조 변동의 결과에 영향을 미칠 가능성이 크다. 윌슨과 제1차 세계대전은 그런 관계였고, 그러한 '인간과 사건의 만남'은 한국 문제에 큰 영향을 미쳤다. 프린스턴 출신인 우드로 윌슨과 경쟁했던 후보들은 공화당의 예일대학 출신 윌리엄 하워드 태프트(William Howard Taft; 1909-1913), 소수당인 진보당(Progressive Party)의 하버드대학 출신인 시어도어 루스벨트(Theodore Roosevelt; 1901-1909), 또 다른 소수당인 사회당(Socialist Party)의 고등학교를 중퇴한 노동운동가 유진 빅터 뎁스(Eugene Victor Debs)였다. 그들 중 3인은 한국과 밀접한 관련이 있었거나 있을 인물들이었다.

공화당이 집권했던 16년(1897-1912) 동안 한국은 식민지가 되었고, 동아시아 지역에서 일본은 세력을 크게 확장했다. 1900년 대통령 선거에서 윌리엄 매킨리(William McKinley)와 맞붙은 윌리엄 J. 브라이언(W. Jennings Bryan)은 이번 선거를 "민주주의와 금권정치의 대결"이라고 선언하고 미국의 제국주의 노선을 강한 어조로 규탄했다. 그는 건국의 아버지인 토머스 제퍼슨의 말을 인용했다. "모든 미국인의 정신에 가장 깊이 뿌리박은 한 가지 원칙이 있다면 그것은 정복 같은 짓에는 절대 손을 대지 말아야 한다는 것이다." 그러나 미국 국민은 근소한 차이지만 공화당 윌리엄 매킨리의 손을 들어주었다.[4] 브라이언은 매킨리에게 1896년과 1900년 두 차례의 선거에서 모두 패배했다. 이 기간에 미국은 중남미와 아시아의 필리핀과 중국에서 세력을 확장했다. "전 세계 민주주의 혁명운동에 영감을 주었던" 공화국은[5] 그들이 비판하던 유럽의 제국을 닮아갔다. 이에 필리핀에서의 만행에 분노한 무정부주의자 리온 촐고츠(Leon Frank Czolgosz)는 1901년 9월에 버펄로의 범아메리카 박람회장에서 매킨리 대통령을 저격했다. 시어도어 루스벨트 부통령이 그 자리를 계승했다.[6] 1904년 미국 대선에서는 루스벨트가 재선되었고, 1908년 대선에서는 윌리엄 하워드 태프트(William Howard Taft)가 당선되었다. 루스벨트와 태프트는 미국과 일본의 가쓰라-태프트밀약(1905. 7)에 관여했고, 루스벨트는 러일전쟁 강화조약인 포츠머스조약(1905. 9)을 이끌었다. 그 사이에 일본의 입지는 점점 더 공고해졌다.

1912년에 민주당 정권이 들어서면서 상황은 달라졌다. 정치 스타일이 남달랐던 윌슨은 토마스 제퍼슨(Thomas Jefferson; 재임, 1801-1809) 이래 약 100년 동안 유지되었던 관례를 깨고 의회에서 직접 연설했다. 법률가·학자·정치가이기보다는 신학자에 더 가까웠던 그는 상대방을 개조하거나 꺾으려 했고, 타협하지 않았다. 그는 원칙주의자였다.[7] 기본 관세율을 40%에서 25%로 내리는 언더우드 - 시먼스관세법(Underwood-Simmons Tariff), 통화량을 조절할 수 있는 연방준비제도(Federal Reserve System, 1913), 독과점과 불공정거래를 방지하기 위한 연방무역위원회법(Federal Trade Commission, 1914), 대기업의 시장 지배를 견제하기 위한 클레이턴반독점법(Clayton Antitrust Act, 1914)은 그의 집권 기간에 실행된 혁신정책들이었다.[8] 1914년은 윌슨의 '신자유주의' 개혁안이 그 골격을 드러낸 해였다. 그러나 그 혁신의 이면에는 남부 출신 정치인의 그림자도 있었다. 그는 여성에게 투표권을 주자는 운동을 지지하지 않았고, 연방정부의 여러 기관에서 집행되는 인종차별에 대해 묵인했다.[9] 1915년 말부터는 재선을 위한 혁신정책들이 추진되었다. 유태인 루이스 브랜다이스(Louis Dembitz Brandeis; 1856- 1941)가 대법관에 임용되었고, 또 농민·노동자·아동 등 사회적 약자를 위한 조치들이 시행되었다.[10] 외교와 국방은 가장 어려운 분야였다. 제1차 세계대전에 대한 '중립'과 '참전' 사이에서 하나를 선택한다는 것은 쉬운 결정이 아니었다. 다양한 의견들이 제출되었다. 루스벨트 전임 대통령은 국가의 명예와 경제적 이익을 수호하기 위해 참전해야 한다고 주장했고, 윌슨 행정부의 국무장관을 지낸(1913-15) 윌리엄 J. 브라이언은 전쟁의 가능성을 부추기는 어떠한 행동에 대해서도 반대했다. 경제계 인사들은 독일이 미국과 유럽 연합국 사이의 통상을 방해할 수 없도록 대책을 마련하라고 주문했다. 또 고국에 대해 동정심을 가졌던 독일계 미국인들, 증오하는 영국에 대한 어떤 원조도 반대했던 아일랜드계 미국인들, 또 이 전쟁을 '상업적·금융적 우월을 위한 투쟁'으로 간주하는 농민과 노동자들이 있었다. 반전론자들은 미합중국이 유럽의 '불결한 구덩이'로부터 초연한 상태로 있어야 한다고 주장했다.11) 1916년 여름 그를 재지명하기 위한 민주당 전당대회에서 대의원들은 "우리는 무엇을 했는가!"를 반복해서 외쳤다. 의장은 "우리는 참전하지 않았다!"로 응답했다. 윌슨 재선 선거운동의 주요 슬로건 중의 하나는 다음과 같았다. "그는(윌슨은) 우리를 전쟁으로 몰아넣지 않았다." 그러한 구호는 유럽 전쟁에 관심이 적었던 서부와 중서부에서 관심을 끌었다. 중서부 지역의 진보주의와 사회주의 지도자들은 무시할 수 없는 투표 집단을 이끌었다.12) 마침내 그해 11월 7일에 치러진 대통령 선거에서 참전을 반대하는 민주당의 윌슨은 참전을 찬성하는 공화당 찰스 에반스 휴즈(Charles Evans Hughs) 후보를 누르고 재선에 성공했다. 그러나 연방의회 선거에서는 공화당이 승리했다. 민주당의 하원 의석수가 230석에서 214석으로 줄어든 것은 승리자 윌슨에게는 나쁜 징조였다.13)

재선에 성공한 윌슨은 전쟁에 대한 태도를 바꾸었다. 1917년 1월 22일에 상원에서 연설("A World League for Peace")을 한 그는 고통스런 기억을 남기는 '굴욕적인 평화' 대신에 '승리 없는 평화(a peace without victory)'를 제창했고,14) 독일 황제 카이저의 군사 행동을 "모든 나라에 맞선 전쟁"이고, "모든 인류에 대한 도전"으로 규정했으나, "우리는 이기적 목적을 추구하지 않을 것이고 자발적으로 한 희생에 배상금이나 물질적 요구 또한 하지 않을 것"임을 천명했다.15) 참전을 반대하는 소리는 사라지고 찬성하는 소리가 높아졌다.

평화를 위한 제언이 담긴 윌슨의 연설을 무시하는 독일의 무제한 잠수함 작전은 미국을 전장으로 부르는 초대장이었다. 1917년 초 독일 총리 테오발트 폰 베트만홀베크(Theobald von BethmanHollweg; 1856-1921)는 군부의 행동을 억제하지 못했다. 독일군 참모총장 파울 폰 힌덴부르크(Paul von Hindenburg; 1847-1934)와 그의 부관 군사 천재 에리히 루덴도르프(Erich Friedrich Wilhelm Ludendorff; 1865-1937)의 영국을 굴복시키려는 전략은 독일에게 불리한 결과를 초래했다.16) 1월 31일 독일의 공격은 바로 10일 전에 있었던 윌슨 연설을 비웃는 반응이었다. 그동안 독일 잠수함 공격으로 다수의 미국인의 생명과 재산을 잃었지만 외교적 압박을 가할 뿐 군대를 움직이지 않았던 미국은 약 두 달 후인 4월 6일 독일에게 선전포고를 했다.17)

미국 항구에 정박 중이던 독일 선박은 모두 억류되었다. 1200만 톤의 배가 건조되었고, 200만 명 이상의 군인이 유럽 전선으로 이동했으며, 구축함대는 독일 잠수함 작전에 들어갔다. 징병제도가 실시되었고, 평화산업은 통제되었으며, 철도 또한 국가의 관리 아래 들어갔다. "식량은 승리를 가져온다. 낭비하지 말라"는 캐치프레이즈도 내걸렸다. 전쟁 비용의 3분의 1은 징세로 충당되었고, 3분의 2는(대략 185억 달러) 국채 발행에 의존했다. 찰리 채플린처럼 대중에게 인기가 있는 연예인들은 '공보위원회'에 참여해서 전쟁의 명분과 의의를 선전했다.[18] 여러 방면에서 전쟁을 준비한 미국은 전방과 후방이 구별 없는 '총력전체제'에 돌입했다.[19]

윌슨은 전쟁 목적을 분명하게 제시했다. 1918년 1월 8일에 상하양원 합동회의에서 제안한 「평화 14개 조항」에는 '비밀협정 폐기', '외교와 협상의 공개적 진행', '항해의 자유', '무역의 자유', '관세와 경제적 장벽의 제거', '군비축소', '모든 나라의 독립과 영토 보전의 보장을 목적으로 하는 국제연맹의 창설', '현재 오스만제국 중 튀르크인들이 차지하는 영토 주권을 확실히 보장', '튀르크 지배를 받는 다른 민족들에게는 확실한 생활의 안전과 방해받지 않는 자율적 발전의 기회가 보장되어야 한다'는 항목들이 들어가 있었다.[20] 1918년 2월 11일에 윌슨은 다시 평화 정착을 위한 4대 원칙을 내놓았다. 그 중 2조와 3조의 내용은 다음과 같았다.

> 2조 민족과 지방들은 마치 소지품이나 체스의 졸처럼 주권국들이 물건 주고받듯 해서는 안 되며, 현재 끝없는 불신을 받고 있는 힘의 균형이라는 거대한 게임에서는 더더욱 말할 것이 없다.
>
> 3조 이 전쟁과 관련된 모든 영토적 타결은 경쟁국들 사이의 단순한 조정이나 타협의 일부로서가 아닌 그에 연관된 민족들을 위하는 방향으로 결정되어야 한다.[21]

마침내 1918년 10월 4일에 독일의 새로운 수상 막스 폰 바겐(Max

von Bagen) 공은 윌슨의 제안을 핑계 삼아 협상 테이블에 앉았다.22) 윌슨은 전쟁 영웅이 되었고, 특히 유럽에서 더 그러했다. 영국인이 외국인을 그처럼 반겼던 적은 없었다. 그를 환영하는 런던 시가행진은 영국 왕의 대관식에 필적할 정도였다. 이탈리아에서는 윌슨에게 경의를 표하려는 군중이 도로를 가득 메웠다.23) 대중의 지지에 휩싸인 윌슨은 정세를 냉정하게 판단하고 있던 참모들의 의견을 무시하고 파리강화회의에 미국측 대표로 참가했다.24) 국제연맹을 중심으로 한 새로운 국제질서를 세우려는 그의 의지는 매우 강했지만, 그의 앞에 놓여 있는 정치적 현실은 그렇게 순탄하지는 않았다.25)

우선 미국에서 그의 정책에 대한 반대 여론이 높았다. 아직 미국 군인들 200만 명 이상이 유럽에 주둔하고 있었다. 신문에는 전쟁 기사들이 넘쳐났고 전사자들의 명부가 실렸다. 거리에서는 웅성거리는 군중들이 독일 황제의 초상화를 불태웠다.26) 볼셰비즘이 미국 사회를 동요시키는 요인으로 작용하자,27) 불안한 미국인들은 이렇게 외쳤다. "우리는 독일인들을 이겼다. 이번에는 이 저주스런 볼셰비키를 타도하자. 그리고 윌슨과 그의 평화주의자 일당을 쫓아낼 차례다."28) 불안한 대중심리는 선거에 반영되었다. 1918년도 중간선거에서 윌슨의 민주당은 참패했다. 상원·하원 모두 공화당이 지배하게 되었다. 1912년은 윌슨이 대통령에 당선된 해이고, 1920년은 그의 임기 마지막 해였다. 1912년부터 2년 주기로 치러진 연방의회 하원의원 선거에서 공화당은 의석수가 134 - 197 - 216 - 240 - 302로 늘어났고, 민주당은 반대로 의석수가 290 - 230 - 214 - 192 - 131로 줄어들었다. 상원의 상황은 더 심각했다.

평화조약의 승인에는 상원의원 3분의 2, 즉 전체 96명 중에서 64명 이상의 찬성이 필요했는데, 민주당 의석수는 47석에 불과했다. 상원 외교위원회 의장 헨리 캐벗 로지(Henry Cabot Lodge)는 초대 대통령 조지 워싱턴 이래 지속되고 있던 외교정책을 고수했다. 조지 워싱턴은

〈표 5〉 미국 하원의원 선거 추이

선거 연도 / 당명	1912	1914	1916	1918	1920	1922	1924	1926	1928
공화당	134	197	216	240	302	225	247	238	270
민주당	290	230	214	192	131	207	183	194	164
농민노동당				1		2	3	2	1
사회당		1	1		1	1	1	1	
진보당	10	5	3				1		
금지당		1	1	1					
무소속	1				1				

비고: https://en.wikipedia.org/wiki/1912_United_States_House_of_Representatives_elections를 위시하여 'https://en.wikipedia.org/wiki/19**_United_States_House_of_ Representatives_elections'의 각 년도 선거 통계 참조.

〈표 6〉 미국 상원의원 선거 추이

선거연도 / 당명	1912	1914	1916	1918	1920	1922	1924	1926	1928
공화당	42	40	42	49	59	53	54	50	56
민주당	53	56	54	47	37	42	41	45	39
농민노동당						1	1	1	1

비고: https://en.wikipedia.org/wiki/1912_and_1913_United_States_Senate_elections 를 위시하여 'https://en.wikipedia.org/wiki/19**_and_19**_United_States_Senate_ele ctions'의 각년도 선거통계 참조.

미국이 유럽 문제에 개입하거나 유럽이 또한 미국 문제에 개입하는 것을 반대했다.29)

로지는 파리강화회의 대표 5인 중에서 유일한 공화당원이었던 헨리 화이트(Henry White)에게 윌슨의 입장에 반대한다는 쪽지를 전달했다. 로지의 뜻은 비밀리에 연합국측 대표들인 영국의 외무장관 아서 제임스 밸푸어(Arthur James Balfour), 이탈리아의 재무장관 프란체스코 사베리오 니티(Francesco Saverio Nitti), 프랑스의 수상 조지 클레망소(Georges Benjamin Clemenceau) 등에게 전달되었다.30) 미국 의회의 입장을 안 그들은 더 강하게 윌슨의 배상금이 없는 '승리 없는 평화'를 반대했다. 영국의 군중은 정의를 외치는 윌슨을 열렬히 환호했지만,31) 그들의 표는 복수를 부르짖는 영국 수상 데이비드 로이드 조지(David Lloyd George; 1916-1922)에게 향했다. 1918년 12월 14일에 치러진 영국 선거에서 "카이저의 목을 매달자"라는 구호가 내걸렸다. 조지 수상이 이끄는 자유당과 보수당의 연립내각은 압승을 거두었다. 정치가들은 윌슨에게 갈채를 보내면서도 영토 합병이나 징벌적인 배상금을 원하는 대중의 두 가지 모습을 정확히 간파했다.32) 전리품이 없는 윌슨의 '승리 없는 평화'는 공허한 외침으로 끝났고, 1919년 6월 28일에 베르사유궁에서 독일은 영토 손실과 많은 배상금을 지불해야 하는 평화협정에 서명했다.33) 윌슨은 두 달 전 4월 28일에 만장일치로 가결된 국제연맹 규약에 만족해야 했다.

반 토막짜리 강화안을 들고 윌슨은 유럽에서 귀국했지만, 그것은 미국에서 환영받지 못했다. 상원의원 로지는 300페이지에 달하는 평화조약안을 2주일 동안 또박또박 읽었다.34) '국제연맹 규약 10조'에는 연맹에 가입한 모든 회원국들의 영토적 보전과 현존하는 정치적 독립을 존중하고 보존할 것을 의무화했다. '국제연맹 규약 제16조'에 의하면 연맹의 규약을 집행하기 위하여 이사회는 회원국들 정부에 대하여 육해군의 출동을 요청할 수가 있었다. 이와 같은 '집단안보' 개념이 들어 있는 조항들은 의원들이 반발하는 원인이었다. 상원에서는 의회의 동의 없이 미국이 전쟁에 말려들 것을 우려하는 항의서가 작성되었다. 의원 3분의 1 이상이 그 서류에 서명했다. 로지는 "다른 열강"에게 "미국의 군대와 선박을 세계 아무 곳으로나 불러낼" 권리를 줄 수 없다고 주장했다.35) 그는 의회가 선전포고의 권리를 갖고 먼로주의를 재확인하는 보류 조항을 평화조약에 첨부할 것을 윌슨에게 요청했다. 윌슨은 이를 단호하게 거절했다. "결단코, 결단코, 나는 수락하지 않을 것이다! …… 나는 국민들에게 호소할 것이다!"36) 그러나 그의 '연설 여행'은 갑자기 찾아온 병 때문에 좌절되었다.37)

미국 독립전쟁에 영향을 미친 사상가인 토마스 페인(Thomas Paine)은 그의 저서 『상식』(1776)에서 미국의 고립을 지지했다. "유럽은 우리의 무역 시장이므로 우리는 유럽의 어떤 나라와도 편파적인 관계를 맺어서는 안 된다. 유럽의 분쟁으로부터 피하는 것이 미국에 참다운 이익이다."38) 미국의 초대 대통령 워싱턴(George Washington; 재임, 1789-1797)은 1796년 대통령 출마 포기 연설에서 미국의 고립을 천명했다. "아메리카는 유럽의 사건에 개입하지 말고 또 유럽은 아메리카의 사건에 개입하지 말라."39) 3대 대통령 토마스 제퍼슨은 그를 이어 대통령에 오른 제임스 매디슨(James Madison; 재임 1809-1817)에게 보낸 문서에서 외교 문제를 푸는 원리로 '힘과 무력(power and force)'이 아니라 '도덕률'을 강조했다. 특히 그는 '세력균형'에 입각한 정치동맹을 거부했다. 그에게 '세력균형'은 세계평화를 위협하는 흑사병이자 "유럽의 전쟁들을 만들어 내는 공장"이었다.[40] 5대 대통령 제임스 먼로(James Monroe; 재임, 1817-1925)는 1823년 12월 연례교서에서 이러한 고립정책을 상징하는 먼로주의를 발표했다. 그때 국무장관이었던 존 퀸시 애덤스(John Quincy Adams; 1767-1848)는 나폴레옹 전쟁을 정리하는 1815년 '빈회의'에 투영된 유럽 사회를 비판했다. 오스트리아·영국·프로이센·러시아가 참여했던 이 회의 이후 유럽은 프랑스혁명 이전의 왕정체제로 복귀했다. 패전국 프랑스에서는 혁명으로 몰락했던 부르봉왕가가 복귀다. "유럽 제왕들의 동맹은 양도할 수 없는 '충성'의 원리를 인간사회의 근본으로 생각하고 있다. 그러나 우리의 원리는 양도할 수 없는 '권리'의 원칙에 토대를 두고 있다."[41] 외교사가 폴 바그(Paul Varg)에 의하면 "미국인은 그들의 사회가 나머지 세계에 의해 모방되어야 할 모범적인 공화제 사회라는 것에 대해 자부심을 갖고 있었다. 다른 나라들은 특권계급에게 매여 있지만, 미국은 출생보다 개인적 가치의 표현이 한 인간의 측정 기준이 되는 기회의 나라였다."[42] 미국은 유럽으로부터의 고립을 통해 자신의 가치를 지키고 이익을 얻었다. 그런데 우드로 윌슨의 생각은 달랐다.

아메리카는 어떠한 대가를 지불하고서라도 전쟁을 회피해야 한다.

그러나 이 나라의 특성과 역사의 기반을 이루는 사람의 도리 및 정의만은 희생시킬 수 없다. 우리는 원하든 원하지 않든 세계의 일원이다. 모든 국가의 이해관계는 곧 우리의 이해관계라고 할 수 있고 우리는 언제나 모든 나라의 협력자다. 인류에 관련된 모든 문제는 유럽의 것이든 아시아의 것이든 피할 수 없는 우리의 일이다.[43]

미국 대외전략의 기본 원리는 '세력균형'으로 인한 분쟁의 위험으로부터 미국의 이익을 지키기 위한 '위대한 고립'이었다. 이와는 대조적으로 윌슨은 '세력균형으로부터의 고립'이 아니라 '세력균형의 붕괴'를 선택했고, 새로운 외교 노선을 위해 군사력도 사용했다.[44] 그러나 그의 이상주의는 유럽 국가들의 욕망과 의회의 반발을 누르지 못해서 실패했지만, '집단안보'라는 새로운 국제질서 개념을 창출했다. "윌슨 이전에는 미국의 어느 지도자도 그러한 국제사회를 이룩하기 위해 미국의 힘을 사용할 생각을 하지 못하였다."[45] 이와 같은 새로운 전통은 프랭클린 대통령의 대외전략 노선에 큰 영향을 미쳤다.[46] 32대 대통령 프랭클린 루스벨트(Franklin Delano Roosevelt) 행정부의 국무장관 코델 헐(Cordell Hull; 재임, 1933-1944)은 그의 회고록에서 이렇게 언급했다.

1차 대전 때 나는 세력 범위와 세력균형 체제에 대해 집중적으로 연구했고, 그리고 그것의 사악한 결과를 파헤쳤다. 그때 이러한 체제를 전적으로 반대한 나의 결론은 아직도 살아있다.[47]

윌슨의 지휘는 '새로운 사고방식(세력균형 타파)'이 자라나는 계기가 되었다. 냉전의 설계자로 알려진 조지 케넌의 표현을 빌리면, "이 사고방식은 윌슨에게 전쟁을 끝까지 치르는 근본적 이유이자 목표를 제공했고", 연합국의 전쟁 목표는 "민주주의를 위해 세계를 안전하게 만드는" 것이었으며, 누구나 바라는 평화를 위해 "프로이센의 군국주의"는 격퇴의 대상이었다. 또 그들은 평화를 유지하기 위해 "낡은 세력균형"에 의지하지 않았다.

이제는 '힘의 공동체'나 '조직된 공동의 평화', 곧 침략에 맞서 인류의 양심과 힘을 결합하게 될 국제연맹을 바탕으로 평화가 이루어질 터였습니다. 독재정부는 폐지될 것이었습니다. 각국 국민들은 스스로 자신들이 속할 주권 국가를 선택할 것이었습니다. 폴란드는 독립을 이루고, 오스트리아 - 헝가리 제국을 박차고 나오려고 들썩이는 민족들도 독립을 달성할 것이었습니다. 이제는 열린 외교의 시대였습니다. 정부가 아니라 국민이 관장하는 외교 말입니다. 또 상호 협력에 따라 무장을 감축하는 시대였습니다. 평화는 당연하고 확실해 보였습니다.[48]

그런데 "패자에게 강요되는 평화, 완패한 이들에게 부과되는 승자의 조건은 모욕과 협박 아래" 강요되었다. 이 평화는 "정말로 찌르는 듯한 통증과 분노와 쓰라린 기억을 남겼"다.[49] 윌슨의 이상주의는 국내외의 반대 때문에 좌초되었지만, 1920년대 이후 국제사회 질서를 구성하는 이론적 기초가 되었다. 그 토대 위에서 제2차 세계대전을 주도했던 프랭클린 루스벨트 대통령은 새로운 국제질서를 구성했다. 약 20년 후가 되어서야 윌슨의 기획은 일단락을 맺게 되었다. 국제질서 원리가 '세력균형'에서 '집단안보'로 바뀌자, 승자들은 거주민의 희망을 무시하고 영토를 나눠 가질 수 없게 되었다.50)

이러한 미국의 변화는 일본에게는 불리하고 불편했다. 일본의 정치가들과 군인들은 1920-30년대 내내 미국과의 선린관계를 유지할 것인가, 아니면 충돌할 것인가를 고민해야 했다. 1898년 스페인과의 전쟁을 치른 미국 또한 해외 영토에 대한 관심이 증가했고 대륙의 경계선을 팽창하려는 의지를 나타냈다.51) 1899년 존 헤이 국무장관이 표명한 중국에 대한 문호개방 정책에는 그런 욕망이 반영되었다. 물론 명분은 통상의 자유와 민족자결이었다.52) 1차 대전 전에 이미 중국 시장을 둘러싸고 미국과 일본은 가장 강력한 경쟁자였다.53) 1912년 선거에서는 일본인 이민자들을 둘러싼 정책 경쟁이 나타난 바가 있었다. 우드로 윌슨의 민주당과 시어도어 루스벨트의 진보당은 서로 아시아인들의 이민 금지를 찬성했다. 1913년 봄에는 캘리포니아 주의회에서 일본인들의 토지 소유를 금지하는 법률이 통과되었다. 일본 해군이 행동을 취할 수 있다는 정보가 미군에 전달되었고, 미국도 이에 대해 강력하게 반발했다.54) 양국 사이에는 군사 충돌의 개연성(蓋然性)이 높아지고 있었다. 1923년 일본에서는 중국을 둘러싼 대립이 미일전쟁으로 이어질 수 있다는 국방방침이 세워졌고, 1924년 미국에서는 대일작전계획인 '오렌지 플랜'이 채택되었다.55) 1910년대부터 금이 가기 시작한 미국과 일본의 관계는 1920년대 들어서 그 틈이 조금 더 벌어졌다.

1919년 파리강화회의에서 일본은 영국과 프랑스 등의 지원을 받아서 국가적 이익을 관철시킬 수 있었지만, 미국은 일본을 다른 틀로 견제했다. 8년 만에 집권한 공화당의 워렌 하딩(Warren G. Harding; 재임 1921-1923)은 지연되고 있던 독일과의 평화 문제를 마무리지은 후 미국의 이익을 실현하기 위한 워싱턴회의(Washington Conference)에 일본을 초청했다. 1921년 11월 12일부터 약 석 달간 진행된 '워싱턴회의'에서 의장인 미 국무장관 찰스 에번스 휴즈(Charles Evans Hughes)는 해군 주력함의 건조 중단과 보유 비율을 제안했다. 미국과 영국과 일본의 함정 수 비율은 5 : 5 : 3이었다.56) 일본과 영국은 미국의 제안을 수용했다. 또 각국들은 태평양의 섬 소유지를 서로 존중하고, 모든 논쟁은 조율과 협상을 통해 해결한다는 것에도 동의했고, 또 산둥반도와 시베리아에서의 일본 철수와 중국의 문호개방 원칙에도 합의했다. 워싱턴회의는 한 나라의 군사 무기가 국제적 관심사이자 협의의 문제임을 깨닫는 계기가 되었고, 이를 통해 당장은 태평양에서 분쟁이 일어날 소지가 제거되었다.57)

'세력균형'의 시발점은 19세기 초 '빈회의(Congress of Win)'였다.58) 18세기 말과 19세기 초의 유럽의 상황이 그러했다. 부르봉(Bourbon)왕가가 붕괴된 1789년 프랑스대혁명은 유럽의 왕정국가들에게는 공포였다. 주변 국가들은 왕정 붕괴가 확산되는 것을 막기 위해 동맹을 맺었다. 반프랑스 동맹에 오스트리아 · 프로이센 · 러시아 3국이 참가했다. 영국도 이 대열에 합류했다. 1792년부터 프랑스와 유럽 국가들 사이에 전쟁이 발발했고, 프랑스가 공화국에서 다시 황제 국가로 후퇴했다.

유럽 대륙을 지배하려고 했던 황제 나폴레옹의 뜻은 실행되지 않았다. 1805년 10월 21일에 프랑스-스페인 연합함대는 트라팔가르해전에서 영국의 넬슨(Nelson) 제독이 이끄는 함대에게 패배했다. 그로부터 10년 후인 1815년 6월 나폴레옹의 군대는 워털루전투에서 영국의 웰링턴 공작인 아서 웰즐리(Arthur Wellesley)가 이끄는 군대에게 패배했다. 두 번에 걸친 해전과 육전에서의 패배는 나폴레옹을 완전히 몰락시켰다. 프랑스는 영국이라는 장벽을 넘지 못했다. 나폴레옹전쟁을 마무리하기 위한 강화회의는 1815년 오스트리아 빈에서 열렸다. 오스트리아·영국·프로이센·러시아 등이 참여한 이 회의를 계기로 유럽은 다시 프랑스대혁명 이전 상태로 복원되었다.[59] 영국은 유럽 대륙에서 한 나라가 성장하여 자신의 지위를 위협하는 것을 싫어했다.

그런데 1815년 이래 비교적 안정되어 있던 유럽의 상황은 1871년 독일 통일 이후 달라졌다. 이번에는 정치적 요인만이 아니라 산업자본주의 발전이란 경제적 요인이 국가 간 경쟁을 촉발했다. 산업을 진흥시킨 독일은 아프리카 등 세계 여러 지역에서 다른 유럽 국가들과 경쟁했다.[60] 국제 정세는 불안정하게 되었다.[61] 경제 세계는 19세기 중반에 그랬던 것처럼 유일한 항성(恒星)인 영국을 둘러싸고 회전하는 태양계가 더 이상 아니었다. 경제 영토를 둘러싼 경쟁은 국가들의 정치적 군사적 행동과 연동되었다.[62] 독일의 해군력 증강과 북해의 해군 기지 건설은 영국을 위협했다. 바다에 대한 통제력 상실을 우려한 영국은 프랑스에 대해 그랬던 것처럼 독일을 견제하기 위한 외교적 군사적 조치들을 강구했다.[63] 1907년 영국 외무성 사무차관 에어 크로 경(Sir

Eyre Crowe)은 독일에 관한 그의 비망록에서 "한 국가가 유럽 대륙을 지배하는 것을 영국이 허락해서는 안 된다"는 점을 분명하게 밝혔다.64)

독일의 대외 팽창은 처음에는 온건하고 점진적이었다. 비스마르크 (Otto von Bismark) 수상은 프랑스를 압박하면서 인접 국가 오스트리아 및 이탈리아와 '삼국동맹'을 체결했다(1882).65) 그러나 그의 후계자들은 비스마르크만큼 노련하지 못했다.66) 그들은 해양에서 영국의 패권에 도전했으며, 발칸 지역에서는 오스트리아와 러시아의 충돌을 저지하지 않았다. 독일은 해군 군비경쟁을 통해 영국을 적으로, 터키와 발칸반도 문제로 러시아를 적으로, 그리고 모로코 보호국 문제로 프랑스를 적으로 만들었다.67) 1890년 이후 유럽의 동맹 체제는 하나는 독일을 중심으로, 또 하나는 러시아와 프랑스를 중심으로 더 견고해졌다.68) 영국은 1903년에서 1907년 사이에 유럽 대륙의 두 블록 가운데 반독일 진영에 가담했다.69)

반프랑스 · 반러시아 입장이었던 영국으로 하여금 입장을 바꾸도록 만든 것은 새로운 플레이어들 때문이었다. 그들은 유럽과의 대립을 피하면서도 태평양 지역에서 활발하게 팽창주의적인 모습을 보이던 미국과 일본이었다. 1902년에 영국은 일본과 동맹을 체결했다. 1907년에 영국은 러일전쟁에 패배한 러시아와 새로운 관계를 모색했고, 양국은 페르시아 · 아프가니스탄 · 티베트에 관한 조약을 체결했다.70) 영국과 프랑스의 사이도 좋아졌다. 1904년에 영국은 이집트에서 우월권을 갖고, 프랑스는 모로코에서의 우월권을 인정받는 협정이 양국 간에 체결되었다. 이렇게 영국 - 러시아 - 프랑스 사이에는 '삼국협상(Triple

Entente)'이 완성되기에 이르렀다. 이에 대응하여 독일은 오스트리아-헝가리와의 유대를 강화했다.71) 그런데 분열의 위기를 느낀 다민족국가 오스트리아-헝가리는 합스부르크왕가의 계승자 페르디난트(Franz Ferdinand) 황태자 암살 사건을 구실로 삼아 전쟁을 일으켰다. 오스트리아는 암살범의 나라 세르비아가 발칸 슬라브 민족주의의 구심점이 되는 것을 바라지 않았다. "민족주의에 의한 제국의 분열이 전쟁의 진정한 원인이었다."72)

독일-오스트리아와 영국-프랑스-러시아로 구성된 두 블록 사이의 세력균형이 흔들리면서 제1차 세계대전이 발발했고, 마침내 미국도 '유럽 문제'에 관여하게 되었다. 미국 대외전략의 전환을 이끈 지도자는 우드로 윌슨이었다. '전쟁' 이전 세력균형의 중심은 유럽이었다. '전쟁' 이후에는 유럽과 함께 미국과 일본이 주요한 행위자로 등장했다. 또 '전쟁' 중에 러시아에서는 혁명이 일어났다. 또 다른 층위(層位)의 대결 즉 이데올로기 경쟁이 추가되었다. 이때 우드로 윌슨은 이렇게 천명했다.

세력균형은 전쟁 이전에 만연하던 사악한 구시대적 질서다. 우리의 미래에 세력균형은 없어도 된다.73)

그리고 1918년 1월, 그는 「14개조」를 제시하면서 국제질서의 전환을 촉구했다. 그 핵심은 "강대국이나 약소국이 똑같이 정치적 독립과 영토적 자주권을 상호보장하기 위해 구체적 약속 아래 국가들이 일반적 연합을 형성하는" 것이었다. '국제연맹(The League of Nations)'이란 아이디어도 그런 문제의식에서 나온 것이었다. 도덕적 힘도 중요했지만, 군사적 힘도 필요했다. 나아가 안보는 공동의 책임이어야 했다. 모든 비침략국이 단결하면 힘의 대세는 선의 편이 될 것이며, 국제안보는 비침략국이 침략국에 대항하여 연합하는 공동의 책임이 되는 것이다. 평화는 불가분(indivisible)한 것이 될 것이다.74) 집단안보의 원칙은 국제연맹 규약에 구체적으로 들어 있었다. 국가들은 '모든 회원국이 침략으로부터 보호받을 것을 약속하는' 10조, '모든 전쟁 또는 전쟁의 위협은 모든 국가의 관심사라고 선언하는' 11조, '국가들은 분쟁을 중재에 맡기고 중재가 실패한 후 3개월이 지난 후에 전쟁을 할 수 있다는 데 동의한다'는 12조와 15조, '국제연맹이 정한 절차를 무시하는 전쟁을 국제연맹의 모든 회원국을 상대로 한 전쟁으로 간주한다고 선언'하는 16조 등에서 '집단안보'와 평화에 대한 적극적 의지가 나타났다.75) '집단안보'는 국제연맹의 특징이었다. 그런데 미국은 자신이 주도해서 창립한 국제연맹에 참여하지 않았다.76) '세력균형'을 깨뜨린 미국이 전후 질서에 대한 책임을 받아들이기를 거부하는 상황이 되었다.77) 집단안보 체제는 불안정하게 출발했다. 그래도 성과는 있었다. 국제연맹은 그리스와 불가리아 간의 분쟁을 해결하고, 군비축소를 이끄는 매개체 역할을 했다.78)

이 과정에서 한국인이 눈여겨볼 만한 새로운 현상이 나타났다. 제1차 세계대전 이후 서구 국가들과 일본의 관계는 달라지기 시작했다. 1920년대에 미국에서는 일본인 이민자를 축출하는 인종차별적인 법안이 통과되었고, 1902년 이래 약 20년간 유지되어 온 영일동맹은 끝났다.[79] 19세기 초 빈회의 이후 형성된 '세력균형' 패러다임이 20세기 초 파리강화회의 이후 형성된 '집단안보' 패러다임에 의해 해체되고 있었다. 미국의 불참으로 불안정했던 '집단안보' 체제는 제2차 세계대전을 종결하기 위한 수단으로 결성된—미국이 참여한—'국제연합' 결성으로 그 불안정성을 덜어낼 수 있었다. 그 과정에서 한국은 일본으로부터 해방될 수가 있었다. 불안정한 '집단안보' 체제와 상대적으로 안정된 '집단안보' 체제 사이에는 미국이라는 변수가 있었다. 한국의 온건한 민족주의자들은 그 변수에 기대를 걸면서 군사 영역보다는 경제적·문화적·외교적 측면에서 '실력양성'을 도모했다. 이에 비해 급진적 민족주의자들은 대외적 한계를 뛰어넘고자 하는 의지를 갖고 항일무장투쟁을 지속했다. 전자가 미국을 중심으로 형성되는 국제사회를 바라보면서 활동했다면, 후자는 소련 혹은 중국을 중심으로 전개되는 국제사회에 기대를 걸었다. '해방' 이후 한국은 국제연합이란 '집단안보' 체제와 미국 대 소련의 '세력균형' 체제가 형성되는 '이중의 국제질서' 속으로 들어가게 되었다. 그때 그 이중성을 끊어내고 한반도의 분단을 막고 통일국가를 수립하기 위해서는 한국 민족주의자들 사이의 협력과 연대가 필요했었다. 그러나 그들은 치열하게 싸우면서 분열했다.

2. 갈등하는 일본

"1914년 8월은 역사상 누구도 부정할 수 없는 '자연스런 분기점

(natural breaks)'의 하나일 것이다. 그 시점은 부르주아지에 의해 그리고 부르주아지를 위해 만들어진 세상의 종말을 알리는 것으로 받아들여졌다." 또한 그때는 "'장기 19세기(long nineteenth century)'가 끝나는" 순간이었다.80) 이러한 역사적 분기점(historical juncture)은 국제 시스템 내에서 발생하는 분쟁이나 변화라는 극적인 순간에 찾아왔다. 이때 파괴된 구체제를 대신하기 위해 등장한 강국은 기본적인 조직 형성의 규칙과 각종 계약을 재편하려고 시도한다. 제1차 세계대전을 마무리하면서 미국·영국·프랑스 등을 위시한 여러 국가들은 새로운 질서를 어떻게 창출하고 어떻게 유지해야 하는가에 대해 고민하지 않으면 안 되었다.81) 가장 영향력이 강한 국가 미국은 단지 '세력균형'이나 힘의 우위에만 의존하는 전략을 선택하지 않고 적국이 될 수 있는 국가들을 동맹관계에 편입시키거나 그 밖의 제도에 끌어들여 행동을 제어할 수 있는 계획을 세웠다.82)

일본 역시 미국과의 충돌을 회피하기 위한 전략적 선택을 해야만 했고, 또 국가 성장의 발판이 되었던 영일동맹의 파기라는 현실도 받아들여야 했다. 그럼에도 불구하고 일본에게 1914년은 아마도 더 특별한 한 해였을 것이다. 미국에 의해 개항된 일본은 비로소 그들이 닮고자 열망했던 서구와 어깨를 나란히 할 수 있는 지위를 획득했다. 그런데 빛과 그림자가 함께 하듯이 화려했던 그 해를 기점으로 해서 일본에게 성장의 발판을 제공했던 '세력균형'의 시대는 끝나가고 있었다. 그와 반대로 한국에게 처음에는 직접적인 관련이 없었던 것처럼 보였던 1914년은 점차 중요한 역사적 시간이 되었다. 이 해는 한국이 일본의 식민지로 전락하는 국제적 배경이 되었던 '장기 19세기'의 종점이었고, 한국의 새로운 시대를 여는 3·1운동의 국제적 계기가 형성된 때였다.

메이지유신에 참가했던 조슈번(長州藩)의 이노우에 가오루(井上馨)는 제1차 세계대전을 일본에게 준 "하늘의 도움이었다"라고 하였다.[83] 이 말에는 서구 국가의 반열에 오르게 된 일본을 바라보는 정치 원로의 감회가 묻어 있다. 끝나가고 있는 '세력균형'의 시대 안에서 여전히 머물고 있었던 그는 곧 달라질 국제질서에서 일본이 처할 어려움을 예상하지 못했다. 관성의 힘은 쉽게 변화를 허락하지 않았다. 유럽의 서부전선에서는 전쟁의 늪에 빠진 수백만 명의 군인들이 죽어가고 있었다. 그런 참혹함이 일어난 현실 때문에 일본에서는 무역이 늘고 생산이 증가했다. 무역수지는 적자에서 흑자로 돌아섰다. 1913년의 9700만 엔 적자는 1915년부터는 1억 7600만 엔, 1916년에는 3억 7100만 엔, 1917년에는 5억 6700만 엔, 1918년에는 2억 9400만 엔 흑자로 돌아섰다.[84] "일본의 주식시장은 언제나 강화(講和)를 싫어했으며 그런 소문이 나돌 때마다 주가는 내려갔다. 군수 경기가 언제 중지될지 전전긍긍하다가 전쟁이 계속될 것 같으면 다시 올라가는 패턴이 반복되었다."[85] 도쿠토미 소호(德富蘇峰)는 그의 저서에서 전쟁으로 인한 유럽과 일본의 상황을 너무 생생하게 비교했다. 일본인(특히, 일본의 정치 엘리트)들은 장차 자신들의 현실이 될 수 있는 비극을 즐겁게 관람했다.

런던이나 파리의 시민인 아비는 자식을 잃고, 아내는 남편을 잃고,

자매는 형제를 잃고, 살아남은 자들도 적의 장거리 포탄과 비행기·비행선의 습격에 밤낮없이 위험을 받으면서 거의 신경쇠약중 환자가 되어가고 있는 마당에 일본 국민은 황금의 비를 맞으며 유유히 태평세월을 즐기고 있다.[86]

1914년 8월 7일에 영국 정부의 메시지를 받은 일본 정부는 그로부터 약 보름 후에 독일에게 선전포고를 했다. 영일동맹에는 참전 의무가 명시되어 있지 않았지만, 일본은 기꺼이 전쟁에 참가했다. 9월 2일에 일본군은 산둥반도(山東半島)에 상륙했고, 약 2달 후인 11월 7일에는 독일의 주요 거점인 칭타오(靑島)를 함락시켰다. 해군의 활약도 눈부셨다. 9월 말부터 10월에 걸쳐 일본 해군이 영국 해군과 함께 독일령 남양제도에 대한 공동작전을 전개하자 적도 이북에서의 독일 제해권은 크게 제약되었다.[87]

1915년 1월 18일에 기세가 오른 일본은 중국에게 그들의 야망이 담긴 문서 하나를 내밀었다. 그 안에는 중국에 대한 일본의 「21개조 요구」가 들어 있었다. 그 중 1조는 장차 산둥성에 관한 독일과 일본 정부의 협정을 중국이 승인하라는 것이었고, 2조에는 경제적 침략과 관련된 조항들이 담겨 있었다. 하나는 뤼순(旅順)과 다롄(大連)의 조차 기간을 연장하는 것이고, 다른 하나는 남만주철도(南滿洲鐵道)와 안펑철도(安奉鐵道)의 사용 기한을 99년간 연장하는 것이었다.[88] 랴오닝성 뤼순과 지린성 창춘(長春)을 연결하는 노선과 그에 딸린 지선을 포괄하는 남만주철도는 러일전쟁 이후 러시아에서 일본 관할로 넘어왔다.

러일전쟁기에 석탄 운반을 위해 일본군이 부설한 안펑철도는 랴오닝성(遼東省) 단둥시(安東)와 지린성 펑톈시(奉天)를 연결하고 있었다. 가장 문제가 된 조항은 중국의 주권을 위협하는 '5조'였다. 정치·재정·군사 고문을 채용하라는 일본의 요구에 당황한 중국은 미국에게 도움을 요청했다. 미국 국무장관 윌리엄 J. 브라이언(William Jennings Bryan)이 중국측에 유리한 발언을 하자, 일본은 바로 '5조'를 삭제했다. 그렇게 미봉된 채로 위안스카이의 중국 정부는 5월 9일에 「21개조 요구」를 수락했다. 개운치 않았던 브라이언은 5월 11일에 미국의 입장을 다시 천명했다. "미국은 중국에서 미국의 권익을 침해할 수 있는, 다시 말해 중국의 문호개방과 영토 보전에 반하는 협정에 대해서는 승인하지 않겠다." 미국의 강경한 입장에 일본은 당황했다. 일본 참전을 주도했던 가토(加藤) 외상은 이에 대한 책임을 지고 사임했다.[89] 1915년 2월 6일에 주중 미국 대사는 중국 정부에게 독일과의 국교단절을 통해 중국 내 독일 권리를 소멸시키라고 권고했다. 그렇게 되면 일본이 참전의 대가로 요구할 '독일의 이권'이 사라지기 때문이었다. 이에 비해 영국은 여전히 일본을 지원했다. 그 해 2월 16일에 영국은 산둥과 남양제도 점령에 따른 일본의 이익을 보장한다는 답신을 보냈다. 프랑스·러시아·이탈리아도 영국과 같은 답신을 보냈다. 태평양을 끼고 있는 국가 미국은 일본을 견제하고, 대서양의 유럽 국가들은 일본을 지지하는 형세였다. 러일전쟁 이후부터 일본과의 전쟁을 예상하면서 미국의 해군성은 진주만에 태평양함대 기지를 건설했고, 육군성은 '오렌지 플랜'을 준비했다. 미국 내에서는 일본인에 대한 이민 금지

등 차별정책이 시행되었다.90) 세계에서 유일하게 대서양과 태평양을 아우르는 국가가 된 미국은 1910년대부터 태평양에서 자신의 이익을 침해할 가능성이 높은 일본의 성장을 견제하기 시작했다. 그러나 대서양 국가들의 입장은 달랐다. 1917년 2월 4일에 영국은 구축함 파견을 요청할 때 전쟁 후에 열릴 강화회의에서 일본 지지 의사를 일본 정부에 전달했다. 일본은 프랑스·러시아·이탈리아 3국과도 강화회의에서 권익을 상호 보장하는 데 합의했다.91)

일본은 누구라도 부정할 수 없는 보편적 가치를 지니고 있는 '인종차별 철폐' 안을 통해 미국을 견제하려고 했다. 1919년 2월 13일에 전권대사 마키노 노부아키(牧野伸顯)는 연맹규약안에 '인종적 차별대우를 철폐'한다는 한 개의 항을 삽입하자고 제안했다. 매우 영리한 전략이었지만, 미국은 강력하게 반발했다. 미국 상원의원 3분의 1 이상이 국제연맹에 반대하는 상황이 되었고, 특히 헨리 캐벗 로지 상원의원은 "이민이나 귀화의 문제를 외국의 결정에 맡기는 것"은 "미국의 주권을 침해하는", 즉 "내정간섭의 극치"라고 주장했다. 결국 미국 측의 반대로 일본의 시도는 성과를 거두지 못했다.92)

그동안 일본은 19세기 말과 20세기 초에 치러진 전쟁들에서—1894년 청일전쟁, 1904년 러일전쟁, 1914년 제1차 세계대전—모두 승리했고, 파리강화회의에서도 미국을 제외한 다른 나라들의 지지를 받았다. 그렇게 승승장구하는 일본의 외교관 마쓰오카 요스케(松岡洋右)는 오히려 파리에서 불안감을 느꼈다. 그는 일본의 '중국에 대한 21개조 요구'에 대한 영국·미국·프랑스 기자들의 입장을 분석한 보고서에서 일본인은 자기에게 유리한 것만 일방적으로 말하는 특징이 있다고 결론을 내렸다. "다른 사람이 강도를 한다고 해서 (강도짓을 하는) 자신의 행동이 반드시 비난받을 수 없다고 주장하는 것은 궁색한 변명이다. 실로 사람들을 이해시킬 수 있을지는 의문이다." 그는 일본과 서구 국가들의 협력과 소통 단절을 우려했다.[93]

  그의 예상은 현실로 나타났고, 약 2년이 지나서 일본은 달라진 미국을 만나야 했다. 그 사이에 미국 대통령은 민주당 우드로 윌슨에서 공화당 워렌 하딩(Warren G Harding; 1865-1923, 재임 1921-1923)으로 바뀌었다. 그리고 '군축(軍縮)'의 시대가 도래했다. 바로 얼마 전에 전쟁터에서 수천만 명의 사상자가 발생했고, 그것 때문에 각국은 엄청난 전쟁 비용을 지불해야만 했다. 그러한 사태를 방지하기 위해 1921년 11월 12일부터 1922년 2월 6일까지 미국 워싱턴에서 약 3개월 동안 회의가 열렸다. '워싱턴회의'(일명 태평양회의)의 주요 주제는 해군 주력함 축소였다. 그 자리에서 중국 문제도 논의되었다. 중국에 관한 '9개국 조약'(미국·영국·네덜란드·이탈리아·프랑스·벨기에·포르투칼·일본·중국)이 체결되었다. 미국 대표 엘리후 루트(Elihu Root; 1845-1937)는 중국에 관한 4개 원칙을 제안했다. '중국의 주권과 독립 그리고 영토적 행정적 통합성이 존중된다.' '중국에서 안정된 정권이 수립된다.' '중국에서 각국은 균등한 상공업 기회를 갖는다.' '미래의 특권이나 특별 이익은 배제된다.' 이 제안에 대해 회의에 참석한 9개국이 합의했다. 그리고 미국·영국·프랑스·일본 등 4개국은 태평양 방면의 섬들에 관한 조약을 체결했다. 그때 20년 동안 유지되어온 영일동맹은 깨졌다.

일본은 크게 세 가지 영역에서 미국의 견제를 받는 신세가 되었다. 첫째는, 해군 군축에서 나타났듯이 군사 영역이고, 둘째는 중국에서의 이권 문제에 나타난 영토 영역이고, 그리고 셋째는 영국과 일본의 동맹관계 해체에 나타난 외교 영역이었다. 이러한 국제관계의 변화는 국내문제에도 영향을 미쳤는데, 1922년 워싱턴에서 해군군축조약이 체결된 후 일본 신문들에서는 "정치에서 군부를 몰아내라"는 주장이 제기되었다.94)

외부 환경의 변화와 내부 민중세력의 성장이 맞물리면서 1920년대 일본에서는 이전에 희미하던 두 가지 트랙이 선명하게 드러났다. 하나의 트랙은 정당정치와 민주주의라는 것이고, 다른 하나는 극우 민족주의였다. 전자는 자유주의적 부르주아 세력이 취약한 상태에서 온건하게 느린 속도로 전진했고, 후자는 태풍처럼 여러 방면에서 에너지를 공급받아 빠른 속도로 팽창하면서 메이지와 쇼와시대의 정치를 연결하는 가교 역할을 했다.

의회민주주의의 발전을 촉구하는 세력은 민중이었다. 그 발단은 1918년 여름의 '쌀 폭동'이었다. 그동안 전쟁 준비 때문에 억눌렸던 일본인의 인내는 한계에 도달했다. 1918년 3월 혁명에 성공한 러시아는 유럽 전선에서 이탈했고 독일과 강화조약을 체결했다. 미국·영국·프랑스·일본 등은 체코군을 구한다는 명분으로 러시아혁명을 저지하기 위하여 시베리아에 공동 출병했다. 이 소식을 접한 지주와 상인들이 비싼 값으로 쌀을 팔기 위해 매점매석을 했다. 쌀값이 오르자 평범한 일본인은 분노했다. 1918년 7월 13일 도야마(富山)현 우오즈(魚津)항에서 일어난 쌀 반출 저지 운동 이후 시위는 약 한 달 반 동안에 전국에 있는 38개 시(市), 153개 정(町), 177개 촌(村)으로 번졌다. 사태 수습을 위해 번벌(藩閥)의 후예인 데라우치 마사다케(寺內正毅)가 수상에서 물러나고 정당인 하라 다카시(原敬; 재임, 1918-1921)가 신임 수상이 되었다.95) 데라우치가 육군대신과 조선총독을 지냈던 전형적인 조슈 출신 군인이었다면, 하라는 삿초(薩長)도, 군인 출신도 아닌 평민이었다. 그러나 하라는 번벌 세력이 주도하는 정당인 릿켄세이유카이(立憲政友會, 이하 정우회로 표기)의 정치적 영향력을 확산시키는 데 더 주력했다. 번벌정치를 구성하는 추밀원·귀족원·군부에 대한 개혁은 이루어지지 않았다. 국민이 아니라 번벌에 의한 정당정치가 강화되었다. 하라내각은 국민이 번벌과 싸운 덕택에 수립되었지만, 국민을 우대한 "순수한 정당내각"이 아니라 번벌을 우대한 "의사(疑似)내각"이었다. 그의 정치적 목표는 정우회의 영구집권이었다.96)

하라는 노동운동과 학문·사상·신앙의 자유도 억압했다. 선거제도 혁신 역시 번벌이 주도하는 정치를 바꾸지 못했다. 소선구제가 도입되었고, 선거를 할 수 있는 납세 자격도 10엔에서 3엔으로 인하되었다. 의원 수가 381명에서 464명으로,97) 유권자 수는 142만 명에서 307만 명으로 증가했다. 늘어난 유권자 대부분은 보수적인 농촌의 소지주였고, 도시 거주자는 11만 명 증가하는 데 그쳤다. 하라의 정우회는 1920년 2월에 치러진 14차 중의원 총선에서 278석을 얻어 압도적인 승리를 거두었다. 13회 총선 때 얻은 165석보다 무려 113석을 더 얻었다. 선거법 개혁은 정우회의 중의원 장악을 도왔고, 보통선거제도의 전면 도입은 지연되었다.98) 중의원 정원은 1회(1890)부터 6회(1898)까지 300명, 7회(1902)부터 8회(1903)까지 376명, 9회(1904)부터 10회(1908)까지 379명, 11회(1912)부터 13회(1917)까지 381명, 14회(1920)부터 15회(1924)까지 464명, 16회(1928)부터 20회(1937)까지 466명이었다.99) 한 번 분출된 민중의 개혁 열기는 쉽게 식지 않았고, 이후 보통선거제도 도입을 촉구하는 시민 모임과 운동이 전국에서 나타났다.100) 마침내 남자에 국한된 것이지만, 메이지유신이 일어난 지 60년이 되는 1928년에 보통선거제도가 실시되었다. 국민의 정치 참여 확대, 미국 주도의 국제질서 등 내외의 정치 환경 변화로 자유주의 정치세력은 보수정당인 정우회와 경쟁할 수 있는 정당인 겐세이카이(憲政會, 이하 헌정회라 표기)를 만들었다.

　조슈번 출신 이토 히로부미가 산파 역할을 했던 정우회는 메이지유신 이래 1945년 패전 때까지 존재했던 정당들 중에서 가장 오래 그 명맥을 유지했다. 이 당은 1900년 9월에 창당되어 1940년 7월까지 약 40년간 지속되었는데, 정당과 의회에 대해 거부감을 나타냈던 조슈번 출신 육군의 실력자 야마가타 아리토모와는 협력 관계를 유지했고, 사이온지 긴모치(西園寺公望) 같은 일본 귀족들도 포괄했다. 정우회는 일본 보수주의의 본부가 되었다. 야마가타 계열에 속하는 육군대장 출신 가쓰라 다로(桂太郎)와 정우회의 사이온지 긴모치가 교대로 집권했던 게이엔시대(桂園時代)는 번벌과 정당이 협력한 시대였다. 두 세력의 협력은 1901년부터 1913년까지 약 10년간 지속되었다. 그 기간에 영일동맹(1902) · 러일전쟁(1904) · 한일강제병합(1910) 등의 사건들이 있었고, 일본은 제국주의 국가로 성장해 나갔다.101) 적절한 타협 덕택에 일본은 국력을 집중시킬 수 있었다.

그러나 '다이쇼정변(大正政變)'으로 둘의 관계에 금이 갔다. 중국에서의 신해혁명(辛亥革命, 1911)과 러시아의 군사력 증강은 일본을 위협하는 요소들이었다. 육군은 2개 사단 증설을 요구했고, 사이온지내각은 재정난을 이유로 군부의 요구를 거부했다. 이에 분노한 육군대신 우에하라 유사쿠(上原勇作)는 천황에게 단독으로 사표를 제출했다. 군부에 대한 통수권이 천황에게 있었기 때문에, 내각의 수상은 육군대신의 거취에 대해 아무런 조치를 취할 수 없었다. 육군대신이 사임하자 사이온지내각이 무너지고(1912. 12), 가쓰라 다로가 다시 수상에 취임했다. 육군에 의한 내각 교체는 결국 '벌족타파와 헌정옹호운동(1차)'이 일어나는 계기가 되었다. 정우회와 입헌국민당은 가슴에 흰장미를 꽂고 등원했고, 시민은 의사당을 포위했다. 가쓰라내각은 2개월 만에 무너졌고(1913. 1), 그 뒤를 이어서 정우회를 여당으로 하는 야마모토 곤베에(山本權兵衛) 내각이 들어섰다. 야마모토 역시 번벌 귀족이었다. 사람이 바뀌어도 정치는 번벌 세력의 범위를 벗어나지 못했다.102) 평민 출신 하라가 수상이 된 것이 그 일각을 부순 것이지만, 정우회에 의지한 그의 정당정치는 번벌정치의 유산에서 자유롭지 못했다.

정우회와 경쟁했던 자유주의 정당의 명맥은 릿켄도시카이(立憲同志會, 이하 동지회로 표기) - 헌정회 - 릿켄민세이토(立憲民政黨, 이하 민정당으로 표기)로 이어졌다. 1913년 12월 23일에 결성된 동지회는 1차 호헌운동 때에 내각 총리대신 가쓰라 다로와, 번벌 정부와 타협하는 정우회에 반대하는 여러 계파의 인물들이 만든 릿켄코쿠민토(立憲國民黨)—이 당은 이누카이 쓰요시(犬養毅) 주도로 1910년에 설립됨—인사들이 합류하면서 창당되었다. 가쓰라의 변신은 동지회가 결성되는 계기가 되었지만, 그는 창당을 보지 못하고 죽었다. 동지회는 야마모토 곤베에내각을 이은 오쿠마 시게노부(大隈重信, 九州 佐賀 출신)내각까지 여당 역할을 맡았다. 1915년 12대 총선에서 1당으로 약진했다(〈표 7〉 참조, 동지회 153석, 정우회 108석, 기타 120석). 1916년 6월부터 오쿠마내각과 동지회는 합동 작업에 들어갔다. 10월 10일에 가토 다카아키(加藤高明)가 총재였던 동지회, 정우회에서 이탈한 "일본 의회정치의 아버지"로 일컬어지는 오자키 유키오(尾崎行雄)의 중정회(中正會), 오쿠마(大隈)계의 공우구락부(公友倶樂部) 등이 연합해서 헌정회(憲政會)를 결성했다.103) 이 당은 39대부터 48대 의회까지(1917년부터 1924년까지) 의회 내의 제2당이었고, 오쿠마내각의 뒤를 이은 데라우치(조슈번 출신)내각에서는 야당 역할을 했다. 그들은 번벌정치의 유산인 '원로(元老)' 제도를 비판했고, 시베리아 출병 반대, 그리고 노동조합의 공인과 '헌정(憲政)의 상도(常道)'를 주장했다.

'헌정의 상도'란 게이엔시대의 정치적 관행이었던 번벌세력과 정우회가 교대로 집권하는 것을 부정하는 정치 담론으로, 선거 결과에 따라 다수당이 집권하는 정치질서를 의미하는 것이었다. 점차 도시에서 지지층을 넓힌 헌정회는 1924년 2차 호헌운동을 이끌었다. 이때 귀족 출신 기요우라 게이고(清浦奎吾) 내각은 붕괴되었고, 가토 다카아키(加藤高明) 내각이 수립되었다. 가토를 수반으로 하는 '호헌 3파' 내각(정우회·헌정

〈표 7〉 1920-30년대 일본의 총선 및 정당 추이

총선차수(回)	11	12	13	14	15	16	17	18	19	20	21
총선일 / 당명	1912.5.15	1915.3.25	1917.4.20	1920.2.26	1924.5.10	1928.2.20	1930.2.20	1932.2.20	1936.2.20	1937.4.10	1942.4.30
입헌정우회	209	108	165	278	100	218	174	301	175	175	
입헌동지회 (헌정회)		153	121	110	151						
입헌민정당						217	273	146	205	179	
입헌국민당	95	27	35	29							
무소속	46	48	60	47				12			85
중앙구락부	31										
정우본당					116						
대외백후원회		12									
중정회		33									
중정구락부					42						
혁신구락부					30	3	3	2			
실업동지회					8	4					
무소속					17	16	5				
사회민중당						4	2	3			
노동농민당						2	1				
일본노동당						1					
구주민헌당						1					
국민동지회							6				
일본대중당							2				
사회대중당								2	18	36	
소화회									20	18	
국민동맹									15	11	
동방회										11	
국가주의단체									3		
무산주의제파									4		
제파										7	
중립									26	29	
대정익찬회											381
의원총수	381	381	381	464	464	466	466	466	466	466	466

비고: https://ja.wikipedia.org/wiki/第11回衆議院議員總選擧를 위시하여 'https://ja.wikipedia.org/wiki/第**回衆議院議員總選擧'의 각년도 선거통계를 참조

회·혁신구락부 연합)은 보통선거법의 도입을 결정했다(1925). 1927년에 다시 변신한 헌정회는 정우회에서 분리된 정우본당과 함께 민정당을 결성했다.104) 일본 의회주의는 한 단계 성장했다.

보통선거제도의 실시 이전에는 국세 10엔(나중에 3엔) 이상이라는 납세 자격 때문에 의회는 지주들의 무대였다. 정당은 의회에서 다수를 얻기 위해서 "천하의 여론을 적으로 삼더라도 번벌을 적으로 삼"지 않았다. 선거권의 확대는 번벌 관료 세력과 지주 중심의 의회 구성에 변화를 줄 수 있는 변수였다.105) 1907년에 『동양경제신보』의 2대 주간 우에마쓰 히사아키(植松考昭)는 '의원 개혁'을 다루는 논설에서 처음으로 보통선거를 주장했는데,106) 그에 의하면 번벌 출신 관료와 정당은 모두 메이지유신의 쌍생아이며, 양자 모두 입헌정치와 적대적(敵對的) 관계인 원로정치의 기둥이었다. 정당의 대표는 양자 절충(折衷)의 결과였다.107) 가쓰라와 사이온지가 번갈아 수상이 되었던 게이엔시대에는 이토와 야마가타라는 두 원로의 영향력이 강했다. 원로가 이끄는 일본 정치의 구조는 머리는 유신의 원훈(元勳), 몸통은 관료, 손발은 육해군으로 연결되어 있었다. 원로를 중심으로 관직과 인물 그리고 돈이 결합되어 있었다.108)

그러나 의회주의 발전은 일본 자유주의자들의 대외관의 변화에 영향을 거의 미치지 못했다. 전국 최고의 판매 부수를 자랑하며 번벌 관료정치를 비판하던 『오사카아사히신문(大阪朝日新聞)』이 「사설」에서 식민지 조선 문제를 다룬 횟수는, 1913년 2회, 1915년 1회, 1916년 2회, 1918년 1회, 모두 6회에 불과했고, 식민지 조선의 전제적인 총독정치에 관해서는 침묵을 지켰다.109) 오히려 대표적 논객인 나카노 세이코(中野正剛)는 식민지 획득을 강조했다. "나는 안에서 헌정 옹호를 외쳐도 결코 대외정책을 소홀히 하지 않는다. 밖으로 나가 신영토의 경영을 외쳐도 헌정의 이폐(弛廢)를 좌시하지 않는다." 그에게 헌정의 발전은 국권 확대를 위한 수단이었다.110) "일본의 자유민권운동이 메이지 왕정복고의 결과에 실망한 사무라이의 봉건적·국수주의적인 반동에서 일어났다"는 점을 감안한다면,111) 나카노의 모습은 그리 새삼스러운 것은 아니었다.

1880년과 1914년 사이 세계는 의회민주주의를 근간으로 하여 정치는 안정화되었고 경제는 성장했는데, 그 기간에 소수의 서구 국가들과 일본만이 번영을 누렸다.112) 그런데 1914년 이래로 전세계는 전쟁과 혁명의 두려움에 직면해야 했다. 임금 노동자 계급이 등장하여 자본주의 전복을 요구했고, 부르주아 자유주의자가 만든 제도가 노동자·여성들에게 확대되었다.113) 철도·증기선·전신 등 과학기술의 발전 덕택에 장거리 여행과 의사소통이 가능해지면서 지구적 차원의 경제도 형성되었다. 점차 세계는 '선진과 후진', '지배와 종속', '부유와 가난'으로 분기되어 갔다. 일본을 포함한 '서구'라는 선진 세계는 대체로 자유주의 입헌(민족)국가의 외양을 갖췄지만, 그들이 누리는 정치적 민주주의는 외부 식민지까지 확장되지 않았다.114)

과거의 전통이 유지되는 가운데에서도 새로운 사고방식이 등장했다.115) 제1차 세계대전이 발발했을 때 과두 세력 중의 일원인 오쿠마 시게노부가 내각을 이끌었지만, '전쟁' 이후에는 여러 분야의 인물들이 권력에 도전했다. 돈의 유무에 관계없이 국민의 정치 참여를 요구하는 목소리도 커졌다. 도시에서는 서양인의 생활양식을 모방하는 지식인들이 많아졌다.116) 1922년에 원로를 상징하던 야마가타의 사망은 그런 추세를 더 강화시켰다. 이토가 죽은 1909년 이래 1922년까지 약 15년간 새로운 인물들이 등장했다. 그들—장군・제독・관료・실업가 그리고 지식인들—은 메이지유신 이후에 성장기를 보냈거나 출생했다. 그들은 사무라이의 후손이었으나, 결코 사무라이가 아니었다. 그들 중에는 옛 과두 집권자 즉 이토 히로부미나 야마가타 아리토모와 같은 권위를 가진 인물은 없었다.117)

제1차 세계대전이란 외부 변수 또한 일본 사회의 변화를 강제했다. 전쟁은 일본의 상공업 확장에 큰 도움을 주었다. 큰돈을 번 자본가들은 번영하는 일본의 영웅이었고, 점점 더 중요한 존재가 되어갔다. 서방 민주주의 국가들의 성공도 일본인의 사상에 영향을 미쳤다. 민주주의가 독재정치보다 우월하다는 것이 명백해 보였다. 이러한 변수들은 의회와 정당정치에 힘과 위신을 더해 주었고,118) 1925년 가토 다카아키내각은 21개 사단 중 4개 사단을 줄였다(조선총독 우가키 가즈시게(宇垣一成)가 육군대신으로 있을 때 단행한 것으로, '우가키군슈쿠(宇垣軍縮)'라고 불린다).119)

그런데 1920년대의 자유주의는 대체로 대도시들에 머물렀다. 인구 대부분은 수천을 헤아리는 촌락과 소도시에 살고 있었다. 새 시대를 상징하는 '모던 걸'과 '모던 보이'는 주로 대도시에서 유행했다. 육군과 해군의 장교, 농촌의 지주와 농민, 소도시의 중・하류 계급의 시민, 그리고 많은 정부 관리들은 학교에서 민족주의 교육을 받았다. 그들은 메이지시대의 지도자들이 실행했던 국내에서의 권위주의적 지배와 대외팽창주의에 완전히 공감했고, 전후의 자유주의와 국제주의를 유약과 타락의 징조라고 보았다.[120]

특히 일본 육군은 그 시초부터 사병의 주요 원천을 농민에 의존했다. 농민으로서 그들은 빈곤하고 짓밟힌 계급이며 중요하지 않은 존재였지만, 군인으로서의 그들은 세계의 강대국인 일본의 모든 영광에 직접 참여하는 신비스러운 엘리트 군단에 속하는 영예로운 사람이 되었다.[121] 농민은 광적인 민족주의와 애국심의 중요한 저수지가 되었다.[122] "농민들은 군대에 순종적인 신병(新兵)의 대공급자였고, 시민생활에서는 일본정치에 결정적인 영향을 준 무정치적(따라서 보수적)이고 고분고분한 대중"이었다.[123] 군부의 장교들은 무사가 아니었다. 사실상 그들은 부유하고 귀족적인 가문에서 태어난 특권계급이 아니라 하층계급을 대표하고 있었다.[124] 그런데 일본인은 산업화된 현실에서 살면서 권위주의적 과거로부터 내려온 정신적 유산을 갖고 있었다.[125] 군부는 형식적 측면에서 봉건적 구습을 혁파했지만, 봉건적 충성을 근간으로 하는 정신적 유산을 국가를 매개로 하여 더 강화했다. 통신수단의 발달과 여러 가지 통치 기법은 1920년대의 지배 엘리트들에게 국민생활을 통제할 수 있는 힘을 주었다. 그 힘은 과거의 어떠한 천황·쇼군·다이묘가 행사한 것보다 훨씬 컸다. 보통교육제도·신문·라디오, 그리고 의무병역제도는 과거에는 상상도 할 수 없었던 통제 수단이었다. 전체주의적 통치 형태는 자유주의적 이상과 민주주의적 제도처럼 메이지 근대화의 산물이었다. 서로 적대적인 근대화의 두 가지 산물은 계획적이었던

메이지혁명의 변태기에 거의 동시적으로 나타났다.126)

이시바시 단잔(石橋湛山; 1884-1973)은 자유주의적 이상을 가장 급진적으로—행동이 아니라 사상의 측면에서—표출했다. 특히 그는 대외문제에서 두 당과—정우회와 헌정회—다른 주장을 펼쳤다.

만약 정부와 국민이 모든 것을 버리고 달려들 각오가 있다면, 회의(워싱턴회의 - 필자 주) 그 자체는 반드시 우리에게 유리해질 것이다. 예를 들면, 만주를 버린다, 산둥(山東)을 버린다, 그 외에 중국이 우리나라로부터 받고 있다고 생각할 수 있는 모든 압박을 그만둔다면, 그 결과는 어떻게 될 것인가. 또 예를 들면, 조선에서 대만에서 자유를 허락한다면, 그 결과는 어떻게 될 것인가. 영국이나 미국이나 매우 곤경에 빠질 것이다. 왜냐하면 일본에만 이와 같은 자유주의가 채택된다면, 그들은 세계에서 그 자신들의 도덕적인 지위를 확보할 수 없기 때문이다. 그때에는 중국을 비롯하여 세계의 약소국은 모두 우리나라를 향해 신뢰의 머리를 조아릴 것이다. 인도·이집트·페르시아·아이티·기타 열강의 속령지(屬領地)는 일제히 일본이 대만과 조선에 자유를 허락한 것과 같이 우리에게도 또한 자유를 허락하라고 소란을 피울 것이다. 이것이 실로 우리나라의 지위를 구지(九地)의 바닥에서부터 구천(九天)으로 상승시켜 미국과 영국 등을 그 반대의 지위에 두는 것이 아니겠는가?127)

그는 국제사회에서의 '도덕적 지위'를 강조했다. '만주와 산둥반도를 포기하라', '중국에 대한 압박을 그만두어라', '조선과 대만에게 자유를 허락하라.' 그는 제국주의 일본이 아니라 식민지 없는 일본의 미래를 제시했다.128) 그는 일본이 조선·대만·사할린을 영유하고, 관동주를 조차하고, 중국과 시베리아에 이권을 갖는 것보다 미국이나 영국과의 거래에서 얻을 수 있는 이익이 더 크다고 주장했다. 그렇게 된다면 일본은 타국(러시아와 미국 등)으로부터 침략을 받지 않을 것이다. 그는 조슈 번벌을 대표하는 야마가타 아리토모의 국방 담론, 즉 조선과 만주가 "우리 국방의 담장이다"라는 '이익선론'을 부정했다. 이시바시에게 바로 그 "국방의 담장"은 일본에게 "가장 위험한 불쏘시개"였고, '식민지 개척' 또한 인구문제 해결에도 그다지 효과가 없는 것이었다. 그에게 외교·경제·국방·인구 문제 등 여러 영역에서 군사력으로 다른 나라를 침략하는 '대일본주의'는 번영이 아니라 위험을 증가시키는 요인이었다.129) '식민지 포기론'은 이시바시 주장의 핵심이었다. 민중의 정치 참여 증가, 그 결과의 하나였던 보통선거제도 도입, 그리고 급진적 자유주의 담론의 등장은 일본 정치가 진보하는 증거들이었다.

  그러나 일본에서는 이성적이며 개혁적인 급진적 자유주의보다는 감성적인 애국적 극단주의가 더 힘을 발휘했다. 농촌에서의 농민운동과 도시에서의 노동운동 그리고 자유주의 신문사들은 극우주의자들의 폭력에 시달렸다. 학교에서는 이념 교육이 강화되었다. 마침내 1925년 4월에 치안유지법이 통과되었다. 반정부 활동 혹은 사회주의자들을 탄압하기 위한 법률적 도구가 마련되었다. 1923년은 이러한 흐름의 한 정점(頂點)이었다. 그 해 9월 1일에 일본 가나가와현에서는 대지진이 발생했다. 간토대지진(關東大震災)을 수습하는 과정에서 과도한 폭력이 난무했다. 이념이 다르다는 이유로 일본인은 같은 일본인을 매우 잔인하게 학살했다. 배링턴 무어는 이를 다음과 같이 묘사했다.

1923년에 발생했던 끔찍한 사건은 애국적인 극단주의가 당시의 정치 분위기를 여하히 망쳐 놓았는가를 무섭도록 잘 보여준다. 그 해 9월에 간토대지진을 구실로 수천 명의 주민이 투옥되었다. 그들 대부분은 사회주의자였다. 한 헌병 대장은 자신의 손으로 유명한 노동운동 지도자와 그의 아내 및 일곱 살 난 여자 조카아이를 목을 졸라 죽였다. 그는 군법회의에 회부되어 10년 형 징역형을 받았지만, 몇몇 극우적인 신문들은 그를 민족의 영웅이라고 불렀다. 모든 테러 행위—일부는 정부에 의해 조정되고 일부는 비조직적이며 "자발적"이었다—는 대다수의 일본인을 통제하는 데 분명히 필요했었다. 어떤 작가들에 의하면 일본인은 한결같이 상급자들에 대한 "봉건적 충성심"으로 가득찬 것으로 묘사되었다.130)

그들의 폭력은 내국인에 국한되지 않고 외국인에게로 더 크게 확산되었다. 일본인은 다른 민족이라는 이유로 한국인을 학살했다. 지진이 일어난 지역사회는 궤멸적인 피해를 입었다. 당국은 질서를 잡기 위해 도쿄·가나가와현(神奈川縣)·사이타마현(埼玉縣)·지바현(千葉縣)에 계엄령을 선포했고, 위기를 탈출하기 위해 임의의 폭력을 방조하거나 조장했다. "조선인이 폭도로 돌변해 우물에 독을 풀고 방화 약탈을 하며 일본인을 습격하고 있다"는 소문이 돌았다. 신문은 유언비어 확산을 부채질했다. 일본인에게 조선인은 그들이 생존하기 위해 제거해야 하는 대상이 되고 말았다. 일본인은 '15엔 50전'(十五円五十錢, 쥬고엔 고주센)' 발음이 일본식 억양이 아닌 사람은 조선인으로 간주해서 바로 살해하였다. 이때 중국인 · 류큐인(琉球人)도 발음이 이상하면 조선인으로 오인을 받아 살해되는 경우도 있었다. 일본인 자경단의 눈에는 광기가 서렸다. 극단적 애국주의는 일본인 조선인을 가리지 않고 폭력을 행사했다.131) '급진적 국가주의'에 내재되어 있던 폭력성은 이미 1919년 식민지 조선의 3·1운동의 진압 과정에서도 발휘된 바 있었다.

간토대지진이 일어난 때로부터 6년 후인 1929년에 대공황이 발생했다. 일본은 또 한 번 큰 변화를 겪게 되었다. 국외에서는 1931년 9월에 관동군이 주도한 만주사변이 발발했다. 국내에서는 우익 인사들과 군인들에 의한 정치 테러들이 자주 일어났다. 1932년 5월 15일 이누카이 쓰요시(犬養毅) 수상이 암살되었고, 그보다 앞서 재무대신을 지낸 이노우에 준노스케(井上準之助)는 2월 9일에, 미쓰이(三井)재벌의 단 다쿠마(團琢磨)는 3월 5일에 살해되었다. 정당정치와 재벌경제에 불만을 품은 군인들은 무력으로 정치적 의사를 표현했다. 해군 청년 장교와 육군 사관 후보생들은 "일본을 멸망에서 구하기 위해" 재벌과 정당 그리고 고위 관료들을 공격했다. 이 사건은 군국주의 시대로 가는 문을 열었다. 4년 뒤 1936년 2월 20일에 19회 중의원 총선거는 비교적 자유로운 분위기에서 치러졌다. 가장 많은 의석을 얻은 것은 205석 (4,456,250표 획득)의 민정당이었다. 제2당은 175석의 정우회였다. 민정당이 내건 구호 중에 하나는 "의회정부와 파시즘 중 어느 것을 택할 것인가?'였다. 다른 때보다 훨씬 높은 기권율, 특히 도시에서의 기권율은 정치와 정치인에 대한 보편적인 불만을 나타낸 것이었지만,132) 일본인은 '파시즘'보다는 '의회정부'를 선택했다. 그러나 6일 후인 26일에 소수의 군인들이 총선의 민의를 무시하고 권력을 장악하는 쿠데타를 일으켰다. 정당을 대신하여 서양의 전체주의적 정당을 어설프게 모방한 다이세이요쿠산카이(大政翼贊會)가 결성되었다. 곧 이어서 일본은 반코민테른협정을 독일 및 이탈리아와 체결했고(일본·독일 1936년 11월, 일본·독일·이탈리아 1937년 11월), 모든 노동조합을 해체시키고 그 대신 다이니혼산교호고쿠가이(大日本産業報國會, 1940년 11월)를 조직했다.133) 일본의 민중 특히 농민은 정당정치가 아니라 군국주의의 기반이 되었고, 소시민과 농민의 비참한 생활은 우익 급진주의의 산실이 되었다.134)

전체주의·군국주의는 메이지헌법 내에 잠재되어 있었다. 1889년 2월 21일에 공포된 '대일본제국헌법'은 삼권분립의 형식은 취했지만 천황은 그 위의 존재였고, 통수권과 통치권을 총람하는 지위를 가졌다. 군부는 천황제를 매개로 하여 내각으로부터 '통수권의 독립'이라는 특별한 권한을 가졌고, 내각은 군부에 대한 통제권을 갖지 못했다. 1890년 10월 30일에 제정된 '교육칙어'는 일본인들에게 국가 중심의 사고를 강요했다. '충'과 '효'는 동일시되었다. 전통적 사고는 대일본제국의 두 기둥 즉 '헌법'과 '교육칙어'에 반영되었다.135)

우리 신민은 충성을 바치고 효를 다하고 나라의 모든 사람이 다

마음을 같이해서 대대로 미풍을 꾸려왔다. 이것은 우리나라 국체의 정수이며, 교육의 기반도 실로 여기에 있다. …… 그대 신민은 부모에게 효도를 다하고 형제자매 사이좋게 지내며 부부는 화목하고 붕우는 서로 신의로서 교제하고 겸손하게 제멋대로 행동을 하지 말고 사람들에게 자애를 미치게 하고 학문을 닦고 업무를 배워서 지식 재능을 길러서 선량하고 유능한 인물이 되라. 스스로 나서서 공공의 이익을 넓히고 세상의 유익한 일을 일으키고, 항상 황실전범과 헌법을 시작으로 여러 법령을 존중 준수하고 만일 위급한 일이 일어난다면, 대의에 기초한 용기를 내서 일신을 바쳐 황실 국가를 위해 최선을 다하라.

청년 학생들은 보통교육 과정에서 민주주의와 평등의 이상과 상반되는 일본 고유의 전통에 대해서 학습했다. 군대 막사에서 일본의 전통이 주입된 병사들은 천황을 위하여 싸움터에서 죽는 것이 인간의 가장 영광스러운 운명이라고 여겼고, 또 막연하게 정의된 '국민체제 (national structure)'와 이보다 더 막연한 '일본정신(Japanese spirit)'이라는 것을 믿게 되었다. 일본 정부와 군부는 힘을 합쳐서 불과 수십 년 동안에 이미 그들이 원하는 국민을 길러내는 데 성공했다. 일본 국민은 상류계급의 열광적인 민족주의를 믿었고, 또 과두 집권자들이 장려해 온 천황에 대한 충성심으로 충만되어 있었다.[136]

1868년에 도쿠가와막부(德川幕府)를 타도한 메이지 과두 정치가들은 정치적·행정적·경제적 분야의 근대화를 추진하면서 동시에 전통적인 천황을 정치적 존재로 부활시켰다. 천황 전통의 계속성은 새로운 국가의 정체성을 형성하는 근간이 되었다. 이 새로운 국가적 일체성에서는 자유와 평등이라는 초월적 보편주의적인 지향보다는 오히려 신의 아들에 대한 특수주의적 충성이 강조되었다.[137] 도시화와 공업화가 진전되면서 일본의 계급 문제는 표면적으로는 서구의 그것과 비슷해졌다. 그러나 일본이 서구와 달랐던 것은 정치와 공업화를 추진한 엘리트 계급의 활동 스타일이었다. 그들은 정부 내에서나 기업 내에서나 고도로 관료화된 존재였고, 자유롭고 독립적이지 않았다. 그들은 전제적 과두제(autocratic oligarchy)의 후예들이었다.[138]

파리강화회의의 멤버가 된 일본은 제1차 세계대전 무렵부터 1930년대 초까지는 '서구' 세계의 일원이 되었다. '서구' 세계는 '민족자결주의'와 '집단안보'(국제연맹)라는 새로운 어젠다(agenda)를 만들어냈다. 미국은 국내 사정으로 국제연맹에 참여하지 않았지만, 그 대신 태평양을 배경으로 하는 미국 주도의 국제질서를 만들어냈다(워싱턴체제). 국제적으로 새로운 질서가 형성되고 국내적으로 민주주의가 발전하면서 자유주의 입헌(민족)국가의 틀이 강화되어 갔다. 소수의 서구 국가들이 누리는 정치적 민주주의가 식민지까지 확장되지는 않았지만, 식민지의 지배 엘리트들은 그러기를 기대했다. 서구 국가들 내의 진보 세력은 자국 영토를 넘어서는 민주주의 확장에 큰 관심을 보이지 않았다. 이것은 '현실'의 세계였다. 그러나 식민지의 저항 세력은 민주주의 확장에 기대를 걸었다. 이것은 '희망'의 세계였다. '현실'과 '희망'의 사이에서 민족주의 노선을 둘러싼 논쟁과 분열이 있었다.

일본에서 러일전쟁 이후부터 보통선거제도가 도입된 1920년대 중반까지는 의회주의가 일정하게 성장했던 시기였다. 특히 제1차 세계대전이 끝난 이후부터 1928년에 보통선거가 실시된 약 10년 동안에 의회를 중심으로 하는 정당정치가 가장 활발했다. 번벌과 군부의 영향력이 강했던 메이지시대의 과두제가 정당이란 제도 안으로 흡수 변형되었다. 보통선거의 실시는 일본 민주주의가 전진하는 증거였고, 그와 함께 자유주의 성향의 헌정회가 집권하는 상황도 발생했다. 일본의 식민통치의 양식도 전환되었다. 사이토 총독이 부임한 이후 식민통치의 외관에서 군사적 이미지가 줄어들었고, 실제 통치의 영역에서는 정치를 제외한 경제와 사회 등 여러 영역에서 조선인의 자유가 확대되었다. 그러나 이러한 '문화통치'와 함께 조선인의 일거수일투족을 감시하기 위한 경찰의 수는 늘어났다.

조선인도 여러 범주의 변화를 목도했다. 소범위에서는 식민지 조선에서 전개되는 식민통치의 변화를 경험했고, 중범위에서는 일본정치의 변화 즉 민주주의의 진전을 지켜보았고, 대범위에서는 서구를 중심으로 전개되는 국제질서의 전환과 민주주의 진전 그리고 인도처럼 자치를 실시하는 식민지의 사례를 볼 수 있었다. 러시아혁명 이후 결성된 코민테른(1919. 3)은 식민지 민족운동에 영향을 미치는 강력한 진앙이었다. 도쿄를 거점으로 바라보는 일본인의 세계와 서울을 거점으로 바라보는 조선인의 세계는 결코 같을 수가 없었다. 하나는 지배를 공고히 하려는 제국의 시선이었고 다른 하나는 해방을 갈망하는 식민지의 시선이었다.

3·1운동 후에도 하라 다카시(原敬)내각의 식민지 지배정책은 큰

변화 없이 내지연장주의였고, 이러한 기조는 1945년 해방될 때까지 변하지 않았다. 강동진은 이를 이렇게 정리했다.

> 일본 점령자에게는 독립은 물론 조선의 어떤 계층에도 정권의 한 가락도 쪼개 줄 속셈이 없었고, …… 그래서 일본 지배층이 정략적으로 이용한 것이 이른바 관제의 '참정권 부여 청원운동'이나 '자치부여 논의'였다. 다시 '완전 자치를 향한 첫발'이라고 노래하며 실시한 아무런 권한도 없는 '자문기관'의 설치였다. 그런 뜻에서 '지방제도의 개정'은 단순한 지방 행정제도의 변경에 그치지 않고 독립운동에의 대응책으로서 의의를 지니고 있는 것이다.139)

아일랜드·인도·알제리·인도차이나·네덜란드의 식민지 인도네시아 등에서, 제1차 세계대전 후에는 전세계 태반의 식민지가 얼마만큼의 참정권을 인정받는 것이 세계 추세였음에도 불구하고 식민지 조선에서는 의미 있는 변화가 일어나지 않았다.140)

야나이하라 다다오(矢內原忠雄)는 식민지 조선의 총독정치를 "세계 유일의 전제적 통치제도"라고 혹평했다.141) 일본은 '자치론'을 정치선전의 미끼로 이용은 했어도 자주성이 낮은 형식적인 자치조차도 한국에게는 허용하지 않았다.142) 그들은 심천풍(沈天風)·이기찬(李基燦) 등 친일 관료 출신이 자치제와 조선의회 설치를 요구해도 거들떠보지도 않았다.143) 일본의 언론계에서 총독정치를 청산하고 조선인에게 자치를 주라고 주장한 언론은 『동양경제신보』가 유일했다. 교토(京都)대학 교수 스에히로 시게오(末廣重雄)가 조선의 자치는 일본의 안전에 도움이 된다는 의견을 냈으나, 이런 주장들은 극히 소수였다. 위에서 검토했던 『오사카아사히신문』을 비롯하여 민본주의자였던 도쿄대 교수 요시노 사쿠조(吉野作造)를 포함한 지식인의 태반은 조선의 독립은 물론 자치에 대해서도 반대했다. 일본의 당국자들은 '자치론'을 '독립론'의 범주에서 다루었다.144) 헌정회의 와카쓰키 레이지로(若槻禮次郎; 수상 재임, 1차 1926-1927, 2차 1931. 4-12) 수상도 식민지의회를 설치하는 데에 부정적 입장을 견지(堅持)했다. 민정당의 하마구치 오사치(濱口雄幸; 재임 1929-1931) 수상도 그러했다.145)

그런데 일본의 국익을 위해 식민지 통치정책의 전환을 진지하게 검토한 정치가도 있었다. 그는 '자치론'으로 유명한 소에지마 미치마사(副島道正)인데, 그의 입장은 식민지 정책학자 야나이하라와 가까웠다.

　조선인 중에는 아직도 '독립'을 꿈꾸는 자가 있을 것이라고 생각되는데, 조선이 국가로서 독립한다는 따위는 꿈보다도 더욱 실재성이 없다. 어떤 자들이 미·일전쟁으로 조선의 독립운동을 기대하는 따위는 일소(一笑)의 가치도 없다. 나는 미국에서 강연할 때 미·일전쟁이 불가능하다는 이유를 밝혔다. 미·일전쟁은 당장 세계혁명을 불러일으키고 말 것이며 문명은 여기서 끝장나고 말 것이라고 경고했었다. …… 나는 조선인이 그러한 공상에서 깨어나 최선의 방법인 자치적 이상을 실현시키기 위해 힘쓸 것을 바라지 않을 수 없다.146)

나중에 다시 언급될 소에지마의 진술은 나름 솔직한 것이었다. 그는 일본의 국익을 위해 미국과 일본의 전쟁을 회피하고자 했고, 식민지 조선 자치를—실현되지는 않았지만—무단적 제국주의에서 문명적 제국주의로 전환한 증거로 삼고자 했다. 1920년대 조선인 중에는 대외적으로는 미국과의 관계를 중시하고 대내적으로는 의회주의의 발전을 추동했던 헌정회 계열의 식민정책에 기대를 걸었던 자들이 있었다.

제6장 시민적 네트워크와 3·1운동

1. 도시의 활기

1910년대의 일본 제국주의는 대한제국의 '대한'이라는 국호를 지워 나갔다. 한국통감은 조선총독으로, 한국은행은 조선은행으로, 대한천일은행은 조선상업은행으로 명칭이 변경되었다. 당연히 식민지 통치기관은 조선총독부였다. 어떤 일본인이 한성은행 한상룡(韓相龍)에게 조선(朝鮮) 상룡으로 편지를 보냈다는 이야기는 당시 한국의 사정을 엿볼 수 있는 웃음을 자아내는 슬픈 에피소드다.[1]

맥없이 주저앉은 것처럼 보였던 한국인에게 제1차 세계대전은 새로운 시각을 제공하는 사건이었다. 세계적 이슈로 부상된 민족자결주의는—그것에 대해 확신을 하는 사람도 회의를 하는 사람도 있었지만—한국인의 의식을 자극하고 행동을 촉구했다. 종전 후의 세계질서 규칙을 정하려는 파리강화회의에 대표단을 파견한 해외의 인사들은 영향력이 가장 강하고 조미통상수호조약을 체결했었던 미국에게 많은 기대를 걸었다. 국내의 인사들은 국제사회와 일본 제국주의에 대해 한국인의 독립 의지와 열망을 드러내기 위한 대규모의 '비폭력' 시위를 준비했다.

국외와 국내에서 각각 외교와 운동이 동시에 진행되고 있었다.

1919년 3월 1일, 서울에서 시작된 만세시위는 거의 동시간대에 경기도 개성, 평안남도 평양, 평안북도 의주 등지에서 일어났다. 기존 연구들에서 누차 언급되었듯이 시위 대열에 참여한 도시의 민중은 양반과 상민으로 차별화된 대한제국의 신민(臣民)이 아니라 한국의 국권을 되찾기 위한 시민이었다. 구체제의 신민에서 근대적 시민으로 재탄생한 한국인은, 국가 대 국가의 억압과 민족적 차별을 비판하면서 온건하고 평화로운 방식으로 독립 의사를 분명하고 단호하게 표명했다.

1919년의 식민지 조선은 도시 인구가 적은 농업사회였지만, 일본과 중국을 연결하는 경유지로서 교통과 유통에서 그 위상이 점점 올라가고 있었다. 철도역과 항구는 사람들의 왕래와 물류가 늘어나면서 점차 도시 면모를 갖춰 나갔다.2) 도시에서는 상인들의 역할이 커졌고, 외래 종교인 기독교가 확산되었으며, 민중 종교인 천도교 역시 그 세를 넓혀 나갔다. 특히 이런 현상은 서북 지역에서 더 두드러졌다. 새로운 사회적 문화적 현상은 민족 모순의 심화와 맞물리면서 정치적으로 각성된 시민의 출현 배경이 되었다. 아직 그 시작은 미미했지만 분명하게 나타나고 있었다. 한국인은 러일전쟁이 발발할 때까지만 해도 국가의 운명이 장차 어떻게 될 것인가에 대하여 잘 알지 못했다. 그 불분명함은 러일전쟁이 끝난 후 을사보호조약(1905)이 체결되면서 사라졌고, 사태의 추이는 1907년 헤이그밀사사건과 고종의 강제 퇴위 이후 명확해졌다. 1905년에서 1910년 사이에 전개되었던 한국인의 국권 회복을 위한 항일무장투쟁은 일본의 압도적 무력 때문에 실패했다. 태풍이 지나간 후의 고요한 바다처럼 1910년의 '경술국치(庚戌國恥)'를 무심하고 묵묵하게 바라보았던 한국인은 10년 후 1919년 3월에 고종의 죽음을 계기로 그들의 가슴 속에 품고 있었던 소리를 평화롭고 분명하게 표현했다. "대한독립만세."

천도교·기독교·불교계의 지도자들과 '진취적 지주' 세력을 기반으로 하는 지식인들은 한국인의 민족의식과 정치의식을 자극하는 의식을 거행했다. 카리스마를 가진 한두 명의 리더가 아니라 여러 시민의 협력에 의한 거버넌스(governance)가 운동을 이끌었다. 거버넌스라는 용어는 "정치적 관행의 변화와 세계화, 국가 - 시민사회의 경계를 초월하는 네트워크의 형성 등 현실 세계의 변화에 대응하여 그 사용이 확산되어" 왔는데,[3] 여기에서 거버넌스는 통치 당국과 대립하여 수평적 시민정치를 펼치는 시민적 네트워크라는 의미다. 이미 많은 연구에서 언급되었듯이 3·1운동은 일본 제국주의 대 한국인의 이항대립(二項對立)을 넘어서는 보편적인 평등과 평화를 지향했다. 33인을 포함하여 운동에 참여했던 인사들은 다양한 의견들을 절충하여 하나로 모으고, 그것에 입각하여 각 지역 사람들의 참여를 이끌어냈다. 그들은 종교도 다르고 성장과정도 달랐지만, '국권 회복' 혹은 '독립'이라는 목표를 가진 그들의 '거버넌스'는 짧은 기간에도 불구하고 절충과 타협을 통해 통합적 리더십을 구축하는 데 성공했다. 특히 그들은 국제질서의 변동이—'세력균형'에서 '집단안보'로—장차 한국의 독립에 영향을 미칠 수 있다는 상황을 이해하고 있었다.

국제정세의 동향을 빠르게 감지할 수 있었던 미국의 한국인들이 가장 먼저 움직였다. 1918년 12월 1일에 안창호(安昌浩; 1878-1938)가 주도하고 있던 대한인국민회(大韓人國民會)는 총회를 열어서 파리강화회의에 파견할 민족대표 3인 – 이승만(李承晩)・민찬호(閔瓚鎬)・정한경(鄭翰景) – 을 선임했다.4) 그로부터 3개월 후인 1919년 2월 25일에 대한인국민회는 중앙총회위원회 명의로 한국의 독립을 지원해 달라는 「건의서」를 미국의 윌슨 대통령에게 보냈다. 그 요지는 세 가지였다. 한국을 "일본의 학정에서 구출하라", 한국의 "완전 독립을 보증하라", 한국을 "당분간 국제연맹의 통치하에 두어라" 등이었다. 대표단은 미국 정부가 여권을 발급하지 않아서 파리에 갈 수 없었고, 윌슨 대통령과의 면담도 성사되지 않았다. 일본을 의식한 미국 정부의 조치들은 한국인의 독립운동을 방해한 것이었고, 그들이 제기했던 '민족자결주의'에 대한 위배였다. 파리행 및 윌슨 대통령과의 면담이 좌절된 대표단은 언론에 한국인의 의사를 표명했다. 3월 17일자『뉴욕타임스』에는 다음과 같은 기사가 실렸다.

　　대한인국민회는 윌슨과 파리강화회의에 대해 한국이 완전한 자치능력을 갖췄다고 판단될 때까지 국제연맹이 한국을 위임통치해 주기 바란다는 내용이 담긴 청원서를 제출했다.

같은 날『엘파소 헤럴드』도『뉴욕타임스』기사를 인용하여 보도했다. 그때나 지금이나 '위임통치론'에 대해서는 완전 독립이 불가능한 상황에서 단계적이며 점진적이고 '현실적인 차선책'이었다는 견해가 있고,5) 또 주체적 독립운동을 부정하고 외세에 의존했다는 비판적 견해가 있다.6) 신채호는 이승만을 "이완용보다 더한 매국노"라고 비판했고, 그럼에도 불구하고 1919년 4월 10일 밤 상하이임시정부에서는 이승만이 국무총리에 선출되었다.7)

중국의 한국인 역시 독립을 위한 활동에 착수했다. 1918년 11월 말에 미국 윌슨 대통령 특사 크레인(Charles Richard Crane)이 중국 정부와 파리강화회의 의제를 협의하기 위해 상하이에 왔을 때, 그는 민족자결원칙에 의해서 약소민족이 해방될 수 있다고 언급한 바 있었다. 크레인을 만나고 돌아온 여운형은 장덕수에게 「독립청원서」 작성을 지시했고, 김규식에게는 전보(電報)로 파리강화회의에 한국 대표로 나갈 것을 부탁했다. 개인보다는 민족단체의 이름으로 활동하기 위해 김규식·여운형·장덕수·선우혁 등은 신한청년당(新韓青年黨)을 창당했다. 그들이 작성한 「독립청원서」는 크레인과 『밀라드 리뷰』(Millard Review) 사장에게 전달되었다.8) 부산 백산상회 안희제는 장덕수를 통해 2,000원을 김규식의 파리행 여비로 전달했다.9)

일본에서는 유학생들이 움직였다. 1919년 1월 6일에 조선유학생학우회가 도쿄 조선기독교청년회관에서 개최한 웅변대회에서 독립을 청원할 단체로 조선독립청년단을 결성했다. 실행위원에는 최팔용·송계백·전영택·서춘·김도연·백관수·윤창석·이종근·김상덕·최근우 등 10명이 선임되었다. 전영택이 갑자기 생긴 병 때문에 사임하고, 이광수와 김철수가 추가로 선임되었다. 실행위원들은 11명이 되었다. 그들 중에서 최팔용은 운동자금 모집, 백관수와 이광수는 「독립선언서」 기초, 송계백과 최근우는 국내 인사들을 접촉하는 임무를 맡았다. 1919년 2월 만주 동삼성(東三省) 일대에서는 정안립(鄭安立)·류동열(柳東說)·김좌진(金佐鎭)·서상용(徐相庸) 등 39명이 서명한 「독립선언서」가 발표되었다. 노령 블라디보스토크에서는 이동휘(李東輝)·원세훈(元世勳) 등이 조직한 국민의회(國民議會)가 출범했다.[10] 이렇게 여러 곳에서 '독립'을 위한 활동들이 전개되었다.

1919년 1월 27일 상하이 부둣가에서 두 사람이 만났다. 장덕수(張德秀)는 독립운동에 대한 신한청년당의 계획을 알리기 위해서 상하이를 떠날 참이었고, 이광수는 유학생들의 독립운동 소식을 전하기 위해 상하이에 막 도착했다.[11] 일본에 간 장덕수는 도쿄 우에노(上野)공원에서 여운홍(呂運弘)을 만났다. 안창호의 대한인국민회의의 지원을 받는 여운홍은 파리강화회의에 제출할 한국인의 '독립청원 백만 명 서명'을 받기 위해 미국에서 한국으로 가는 길에 도쿄에 잠시 머물고 있었다.[12] 같은 해 1월 말에 '2·8독립선언'을 준비하고 있던 도쿄 유학생 송계백(宋繼白)은 서울의 북촌에서 중앙학교 교사로 일하고 있는 현상윤(玄相允)을 찾아가서 그에게 유학생들이 준비한 「독립선언서」 초안을 건넸다.[13] 그것은 곧 송진우(宋鎭禹)·최남선(崔南善)·최린(崔麟)에게도 전달되었다. 상해의 신한청년당이 파견한 선우혁은 평북 선천과 평남 평양 지역을 방문해서 기독교계 인사들을 두루 만났다. 2월 17일 일본 도쿄를 떠난 장덕수는 서울에서 이상재(李商在)를 만나 상하이와 도쿄의 사정을 전해주었고, 인천에서 일본 관헌에게 체포되었다.[14] 각자의 장소에서 행동하던 한국인은 자신들의 소식을 전하고 또 다른 협력을 구하기 위하여 서로서로 메신저를 파견했다. 중국·미국·일본·러시아, 그리고 한국 등 전세계에서 진행되고 있던 한국인의 행동을 일사불란하게 이끄는 조직은 없었지만, 그들은 서로 연락하고 협력했다. 여운홍·이광수·선우혁·장덕수·송계백 등은 메신저였다.

이 무렵에 다수의 한국인이 집결할 수 있는 우연한 사건이 발생했다. 1919년 1월 21일 아침에 고종이 갑자기 사망한 것이다. 그의 훙거(薨去) 소식은 23일자 『매일신보』를 통해 세상에 알려졌다.15) 3월 1일을 전후한 시기에 일본인에 의해 고종이 독살되었다는 소문은 '발 없는 말이 천 리를 가듯이' 일본 관헌의 눈을 피해서 한국인 사이에 빠르게 유포되었다.16) "이번 파리강화회의에 보낼 '신빙(信憑)', 즉 조선이 스스로 원해서 병합하였다는 문서에 이완용·윤덕영(尹德榮)·조중응(趙重應) 등 칠적(七賊)이 조인하고 태황제[고종]의 조인을 강하게 압박했으나 태황제가 허락하지 않아 그날 밤에 약을 타서 시해했다"는 소문이 돌았다.17) 평범한 한국인은 이승에서 저승으로 가는 고종을 배웅하기 위해 정치의 중심지인 서울에 모여들었다. 고종의 장례일은 3월 3일이었다.

한 상인의 일기에서 우리는 국장(國葬)을 보기 위해 서울에 몰려드는 사람들의 모습, 그리고 고종의 사망과 3·1운동에 대한 일반시민의 분위기 한 자락을 엿볼 수 있다. 앞에서 언급된 바 있는 주인식은 서울 마포에 거주하던 경기도 시흥 출신 대지주다.18)

3월 1일(기미 음력 1월 29일 壬子), 맑음. …… 오후에 유명중이 시내 쪽에서 와서 "각 학교 학생들이 집회를 열고 무리를 이룬 인민이 조선의 독립을 선언하고, 만세를 불렀다. 만세 소리가 하늘을 뒤흔들었다"라고 했다. …… 내 형제들과 영여·원명이 자암(紫岩)에서 서소문으로 들어가 대한문으로 나와서 구리개로 길을 틀었다. 일본 헌병과 순사들이 학생 수십 명을 포박해 갔다. 마음이 찢어질 듯 아팠다.

주인식은 찾아온 손님이 전해 준 학생들과 인민의 만세시위 소식을 듣고 그의 형제들과 함께 시내에서 일어난 시위 현장을 찾아갔는데, 그때 지금의 서울 시청 광장 근처인 구리개(을지로 입구)에서 일본 군인들과 경찰들이 학생들을 체포해 가는 모습을 목도하고 그 소감을 적었다. 그는 분노로 가득찬 한국인이었다. 경성부 봉래정(지금 서울시 중구 만리동 2가) 4정목 76번지에 살았던 주인식은 그 다음날인 3월 2일에 동네 사람들과 3월 3일 인산(因山)에 참석하는 문제로 논의를 했는데, 그의 집에는 고종의 국장 발인을 보기 위해 다른 지역의 지인(知人)들이 올라와서 머물렀다.

3월 2일(기미 2월 1일 계축) 맑음. 이날 아침 경성부로부터 '국장 당일 소애지사(所哀之事)'라 적혀 있는 반포문이 왔다. …… 인산 때 우리 동네의 상여꾼을 지원하는 사람들이[轝事軍] 줄지어 찾아와서 내일 인산 대열 참석과 식사 문제를 상의했다. …… 원명 부자, 민근원 아들 형제, 홍식 등 십여 인이 다음날 국장 발인을 보기 위해 집에 와 머물렀다. 오늘 종로에서 학도들이 독립선언을 하고, 순사가 학생들을 포박해 갔다고 한다.

이렇게 고종의 국장은 사람들이 모이는 큰 의례가 되었고, 그들은 무장한 일본 군경이 한국인을 탄압하는 모습을 직접 보고 듣고 그 울분을 서로 나누었다. 3월 3일에 만리동의 주민은 국장 행사에 참석하기 위해 새벽부터 분주하게 움직였다. 만리동 주민은 동네 깃발을 들고 장례식장에 참석했고, 상여 행렬에 참여하는 여사군(轝士軍)들도 동네의 깃발을 들었다. 만리동만이 아니라 서울 시내 여러 동네의 주민이 모두 그렇게 동원되었을 것이다. 또 그것을 보기 위해 서울 주변의 지역에서 많은 사람이 서울로 몰려들었을 것이다.

3월 3일(기미 2월 2일 갑인) 상오 4시(날이 밝지 않았다). 사랑에 나가 여러 사람을 깨웠다. 정순기 아들, 김창배를 불러 장례 행렬에 참석하라고 먼저 동대문 밖 청량리로 보냈다. 나는 영식·사열·원명·영여와 함께 서대문 밖으로 갔다. 먼저 여러 사람을 대한문에 들어가게 했다. 집에 가보니 이미 부인은 인산 행차를 보러 갔다. 나는 영성문(永成門)19) 으로 들어가서 우리 동네(本洞)의 기호(旗號)를 찾았으나 없어서 방향을 다시 틀어서 대한문 쪽으로 갔지만 역시 우리 동네 상여꾼의 깃발[轝士軍旗]을 볼 수 없었고, 또 종로로 갔다가 다시 영성문으로 들어갔으나 여전히 만나지 못했다. 다시 대한문으로 갔는데, 순사가 막아서 들어갈 수 없었다. 오전 8시, 전차를 타고 청량리의 인산 행사를 총괄하는 곳에 갔다. 창배는 없었다. 우연히 노태호를 만나 도시락 2통을 사 함께 홍릉(洪陵) 소나무 숲에 가서 먹었다. 오후에 김창배 및 윗동네[上洞] 소년 4, 5인을 만났는데, 마을 깃발[洞旗]이 없어서 인산 행렬에 끼지 못하고, 길옆[路傍]에서 발인 행렬을 바라만 봤다. 저녁때, 나는 광서와 창배를 데리고 동대문 주변에서 술 몇 잔을 마셨다(창배가 술을 샀다). 종로로 들어왔다(사람이 많아서 전차를 잡았으나 탈 수가 없었다). 다리를 움직일 수 없어서, 나는 청요리집에서 식사를 하고 집으로 돌아와서 잤다.

3월 3일 주인식의 하루는 이렇게 끝났다. 그날 그는 국장을 보기 위해 전차를 타고 청량리에 갔다가 그곳에서 우연히 만난 지인(知人)과 함께 도시락을 먹었고, 그 후 동네 사람들과 동대문 근처 중국집에서 저녁 식사를 했다. 그는 서울 거리에서 웅성거리는 수많은 사람 중의 한 사람이었다.[20] 아마도 많은 사람이 그와 같은 하루를 보냈을 것이다. 그들은 고종의 국장에 대해 이야기를 나누었고, 만세시위를 보면서 울분을 토했을 것이다. 사람이 가득찬 서울의 거리는 한국인의 항일의식이 결집되고 또 그것이 확산되는 장소였다.

조직적인 만세시위 운동은 종교 조직을 중심으로 전개되었다.[21] 서울의 천도교 리더들인 손병희·권동진·오세창·최린 등은 국제사회와 해외 한국인들의 동향을 주시하면서 조직을 점검했고, 평안북도의 북장로교 목사와 장로들은 이승훈을 중심으로 의견을 모았고, 서울의 감리교측 인사들 역시 의견들을 주고받았다. 이렇게 다원적으로 진행되고 있던 움직임들을 연결한 것은 '4인(최린·송진우·현상윤·최남선) 모임'이었다. 최린과 송진우는 평소부터 절친한 사이였고, 현상윤은 최린의 보성고등보통학교의 제자였으며, 송진우와 현상윤은 호남의 진취적 지주인 김성수와 함께 일본을 다녀온 신지식인이자 중앙학교에서 함께 근무하고 있었다. 그들은 1919년 1월 중순부터 2월 초 사이에 자주 만났다.

'4인 모임'에서 독립운동 원칙—대중화 · 일원화 · 비폭력—에 대한 합의가 있었다. 그들의 첫 번째 사업은 민족운동의 대중화를 위해 구한국 고위 관리들 중에서 명망이 있는 인사들을 민족대표로 내세우는 것이었다. 그 대상자는 5명이었다. 최린은 한규설, 최남선은 윤용구 · 윤치호 · 김윤식, 송진우는 박영효 등을 각각 교섭했다. 최린은 자신의 자서전에서 "재불차어이대(材不借於異代)"라는 말을 인용하면서 그 과정을 기억했다.[22]

그 시대의 일은 그 시대 사람으로 할 것이오 인재를 다른 시대에서 빌어다가 쓸 수는 없다는 말이다. 마찬가지로 우리의 일도 현대 인물을 등장시킬 수밖에 다른 도리가 없는 것이다. 그러므로 우선 아래와 같은 인물을 택하여 교섭해 보기로 하였다. 윤용구 · 한규설 · 박영효 · 윤치호 등 4인이었다. 윤용구는 구한국 대신으로 국변(1910년 8월 경술국치—필자) 후에 일본의 작위를 고사하였고 그 성품이 고결한 사람이었으며, 한규설은 을사보호조약 때 참정대신 즉 총리대신으로 그 조약을 한사코 반대한 사람이었으며, 박영효는 소위 개화당 영수로서 갑신정변 후 일본에 망명하였다가 귀국하여 일인의 침략을 반대하다가 제주도에 귀양살이까지 한 저명한 귀족 혁명가였다. 그 후 경술병합 후에 일인의 강압에 의하여 작위를 수작한 것이 그의 큰 결점이었으나 독립운동에 수작자 1인을 참가시키는 것도 의미가 있다고 생각한 것이오. 윤치호는 과거 광무연간에 독립협회장으로서, 특히 미국인 간에 신망이 있는 사람이었다. 그리하여 나는 한규설, 최남선은 윤용구와 윤치호, 송진우는 박영효를 각각 맡아서 교섭해 보기로 하였다.23)

그러나 당대의 인물들은 그들의 제안을 수용하지 않았다. 최린의 진술에는 빠져 있지만, 최남선이 만난 김윤식 역시 그러했다. 그들의 거절이 상징하는 바는 그들 스스로가 그 시대의 정치적·사회적 엘리트가 될 수 없음을 자인한 것이었다.

박영효(朴泳孝)의 거절은 문명개화를 외치고 조선왕조를 개혁하고자 했던 개화파의 한계를 드러냈다. 그의 부친 박원양(朴元陽)은 당시 세도 가문 중의 하나인 반남박씨의 일원으로 공조판서를 역임한 인물이었다. 그런 가문을 배경으로 1872년에 그는 철종의 딸인 영혜옹주와 결혼하여, 임금의 사위인 금릉위(錦陵尉)가 됨으로써 왕실의 일원이 되었다. 그는 박규수·오경석·유대치 등과 교류를 했고, 김옥균과 함께 개화파를 이끌었다. 1882년 8월에 제물포조약의 약정을 이행하기 위해 일본에 파견된 수신사, 1884년 12월에는 조선왕조의 개혁을 위한 갑신정변 주도, 1894·1895년 갑오정권에서 맡았던 내무대신과 총리대신 서리 등은 그의 개혁적 양반의 이력서에 올라갈 경력이다. 친일적 노선을 견지하면서 개혁운동을 이끌었던 그는 일본이 수여한 작위[侯爵]와 중추원 고문을 큰 부담없이 받아들였다. 개혁적 양반에서 국권을 강탈한 일본의 귀족으로 변신한 그에게 다시 반전의 기회가 찾아왔지

만, 그는 그것을 붙잡지 않았다.24)

한규설(韓圭卨; 1848-1930)은 청주한씨(靑州韓氏)로 대표적인 무반가(武班家) 출신이지만, 민씨 세력과의 인연으로 고위직에 오른 인물이었다. 한규설의 형 한규직(韓圭稷; 1845-1884)은 민영익과 가까운 사이였고, 그는 갑신정변 때에 피살되었다. 그 후 한규설은 중용되었고, 포도대장 시절 갑신정변으로 미국에서 귀국한 유길준을 연금(軟禁) 형식으로— 이때 유길준은 『서유견문(西遊見聞)』을 집필— 보호했다. 1902년에 법부대신을 거쳐 의정부 참정대신에 올랐다. 이때 그는 을사보호조약 체결에 반대했고, 일본이 주는 작위도 거절했다. 칩거하던 그는 1920년대에 조선교육회와 민립대학기성회에 참여했고, 신간회 건축기금을 기부(3천 원)했다. 백만장자로 알려진 대지주이며 이재(理財)에도 뛰어났던 한규설은 그 부(富)에 의존하여 "명리(名利)를 탐하지 않고 풍월지간(風月之間)"에서 보냈다고 한다.25)

윤치호(尹致昊; 1865-1945)는 1881년에 신사유람단(紳士遊覽團)의 일원으로 일본으로 가 도진샤(同人社)에서 수학한 후에 1883년 귀국했다. 1884년 갑신정변 실패 후에 상하이로 건너가서 미션스쿨인 중서학원(中西學院)에서 중학 과정을 마쳤고, 1888년 미국으로 건너가 2년 동안 신학 공부를 했다. 윤치호는 조선왕조의 양반들 중에서 가장 먼저 일본과 서구를 통해 근대문명을 보고 익힐 수 있는 기회를 가진 인물이었고, 미국 남감리회의 한국 선교 길잡이 역할을 했다. 1896년에 그는 민영환과 함께 러시아의 니콜라이 2세 대관식에 참석했으며, 그 후에는 중추원 부의장·독립협회 부회장·독립신문사 사장을 역임했으며, 만민공동회도 이끌었다. 1904년에 그는 외무협판으로 제1차 한일협약을 체결하는 데 관여했고 을사보호조약 이후 관계를 떠났는데, 그 후 개성의 한미서원(韓美書院) 설립, 대한자강회(大韓自强會) 회장, 안창호가 설립한 평양의 대성학교 교장 등 여러 방면에서 국권 회복 운동에 참여했다. 1911년에는 '105인사건' 주모자로 몰려서 투옥되었던 윤치호는 1913년 특사로 풀려난 이후에 체제에 순응했고, 3·1운동 참가도 거부했다. 그는 많은 특권을 누렸고 가장 예민하게 국가의 개혁을 바랐던 기호 양반이었지만, 그의 욕망이 컸던 만큼 좌절도 컸고, 마침내 시대감각마저 상실한 채 좌절한 지식인(혹은 사대부)으로 살았다.26)

경화사족의 일원인 김윤식(金允植; 1835-1922)은 영선사(領選使)를 이끌고 중국에 다녀왔고, 갑오정권에서는 외무대신을 역임한 개혁적 관료였다. 일제가 한국을 강점한 이후인 1916년에 성균관의 후신인 경학원(經學院)의 대제학이 되었다. 이러한 과정을 통해 김윤식은 중앙의 유림을 대표할 수 있는 지위에 올랐지만, 민족대표의 지위를 정중하게 거절했다. 지방의 유림을 대표하는 영남의 곽종석(郭鍾錫; 1846-1919)과 김창숙(金昌淑; 1879-1962)은 여러 가지 사정으로 33인 대열에 합류하지 못했다. 조직과 이념 등 복잡한 요인 때문이었지만, 시대의 긴급한 요청에 유림사회(儒林社會)는 유연하면서도 기민하게 대응하지 못했다. 그러나 그들은 3·1운동이 고조되는 현장을 목도하면서 각오를 새롭게 다졌다. 중앙의 김윤식과 이용직(李容稙; 1852-1932)은 "3월 28일에 조선의 독립 승인을 요구하는 「대일본국장서(大日本國長書)」를 작성하여 이용직과 2인 연명으로 조선총독과 일본 내각 총리대신에게 발송하였다."27) 김윤식은 강제병합 당시 자작의 작위와 5만 원의 은사금을 받았지만 중추원 부의장은 끝까지 수용하지 않았다. 3월 1일에 살포된 격문28)에 김윤식은 "한국은 일본의 정치에 열복하여 분립을 원치 않는다"는 유림의 대표로 올라가 있었다. '김윤식의 이름이 올라간 격문'은 김윤식이 「독립청원서」를 제출하게 하는 동기가 되었다고 한다.29) 그는 그가 집필한 『속음청사(續陰晴史)』에서는 「독립청원서」 제출을 '목숨을 건' 중대한 결단이라고 술회했다.

> 원래 나는 일한병합에 반대다. 그런데 병합이 되었으니 미력으로써 어떻게 할 수도 없다. 이번 백성들이 소동을 일으켜 죽은 자도 있다. 조선인으로서 편안히 가만 있을 수는 없어서 나는 죽을 것을 작정하고 하였다. 세상의 도리와 의리는 별개다. 도리로서 말하면 영작(榮爵)을 받은 것은 불합리할는지 모르겠으나, 의리만은 조선독립운동을 함에 무엇이 불합리하겠는가. 나는 이번 일이 법률에 저촉된다는 것을 각오한 다음 한 것이다. 조선의 일을 생각하면 그러한 것은 생각할 여지가 없다. 나의 생명을 걸고서 실행하였다. 나는 죽음을 각오하고 있으므로 이것저것 변명은 하지 않는다.30)

이 일로 김윤식은 경학원 대제학에서 물러나야 했고, 작위도 박탈되었다. 그의 「독립청원서」 제출은 민족적 차원에서 제기되지는 않았지만, 소극적인 보신의 태도를 벗어난 지식인의 실천적 행동이었다.31)

곽종석과 김창숙이 이끈 유자(儒者) 137명의 연서가 담긴―파리강화회의에 제출하기 위한—「파리장서」 또한 그러한 성격을 지녔다. 한용운과 곽종석의 사전 교섭설이 있지만 그 증거가 불충분하고, 김창숙역시 집안 사정(모친 병환)으로 인해 천도교·기독교·불교가 연합한모임에 참석하지 못했다. 신분 의식이 강하고 정통주의를 신념으로하는 유학자들이 여러 계층의 타종교인들과 공동으로 모의하는 3·1운동에 참여하기는 쉽지 않았을 것이다. "독립운동을 전개한 33인은 모두이단에 속한 교도이므로 우리의 민족대표로 인정할 수 없고, 유림단(儒林團)이 이교인(異敎人)을 따라 종사함은 도리어 큰 수치"라는 간제(艮齋)전우(田愚; 1841-1922)의 발언은 당시 유림의 의식을 단적으로 보여주는것이다.32) 3·1운동 100주년과 관련하여 민족운동사의 관점에서 이당시 유학자들의 활동과 사상을 적극적으로 평가하려는 글들이 제출되고 있지만,33) 최근의 성과들은 오히려 3월 1일의 모임에 유학자들이참석하지 못한 이유와 배경에 대해서는 거의 언급하지 않았다.

 4인은 송진우의 숙소인 계동 중앙학교 숙직실에서 다시 만났다. 침울한 분위기에서 최남선이 기독교 측과 연대하자는 의견을 냈다. 연락 임무를 맡은 현상윤은 2월 7일에 선우전(鮮于全)의 집에 가서 정노식(鄭魯湜)을 만났다.34) 이성태의 연락을 받고 선우전의 집에 찾아온 이승훈의 제자 김도태는 정노식의 부탁을 받고 바로 평안북도 정주로 갔다. 그때 이승훈은 평안북도 선천에서 열리고 있었던 북장로회 평북노회에 참석하고 있었다. 할 수 없이 김도태는 오산학교 교사 박현환을 통해 "오산학교 경영 문제로 상의할 것이 있으니 급히 상경하라"는 메시지를 이승훈에게 전달했다. 4인의 만남과 네트워크는 3·1운동

시민 거버넌스의 단초(端初)가 되었다.

　기독교 북장로회(평북노회)의 사경회(査經會)가 열린 선천에서는 독립운동과 관련된 논의가 진행되고 있었다. 사경회는 목사와 장로가 참여하고 있었던 성서 연구 모임이었다. 중국 상하이의 신한청년당에서 파견된 선우혁은 사경회에서 목사와 장로들에게 파리강화회의에 대표를 파견하기로 한 사정을 설명하면서 협력과 지원을 부탁했다. 그때 최남선이 보낸 메시지가 이승훈에게 도착했다. 시국에 관한 긴급 문제라고 판단한 이승훈은 바로 그날 밤에 서울행 기차를 탔다. 12일 아침에 서울에 도착한 이승훈은 송현동 김사용 집에서 송진우로부터 천도교와 기독교 합동에 대한 제안을 받았다. 이승훈은 12일 밤 기차를 타기 전에 남대문역 앞의 세브란스병원 내에 있는 교회에서 함태영과 이갑성을 만나서 송진우와 나눈 이야기를 전해주었다.35) 이들은 장로교 계통의 인물이었다. 그날 밤에 다시 기차를 타고 선천으로 내려간 이승훈은 양전백·유여대·김병조 및 장로 이명룡 등과 긴급하게 다시 협의를 했다. 그 자리에서 기독교와 천도교의 합동이 추인되었다. 14일에 이승훈은 평양으로 이동해서 기홀병원에 입원했다. 그곳에서 그는 길선주 목사와 신홍식 목사에게 기독교와 천도교의 합동 계획을 설명했다. 두 사람 역시 찬성했다. 신홍식 목사는 감리교 소속이었다. 16일 밤 다시 서울행 기차를 탄 이승훈은 북단의 평안북도로부터 남쪽으로 내려오면서 기독교계의 총의를 모아 나갔다.

　2월 17일부터 21일 사이에는 남한 지역 기독교 세력이 합류했다. 시위를 준비하는 세력은 점점 더 커지고 있었다. 서울에 올라온 이승훈은 소격동 133번지 김승희 집에 짐을 풀었다. 17일에 송진우가 그를 찾아와서 한규설·윤용구·김윤식의 불참 의사를 알리면서 기독교 측과 합동하겠다는 천도교 측의 입장을 전했다. 2, 3일 후에는 최남선이 그를 만나서 서울에서의 진행 상황을 설명했다. 이 무렵 평양 남산현교회의 목사 신홍식(申洪植; 1872-1937)이 서울에 와서 이승훈을 지원했다. 신홍식은 감리교도인 기독교청년회 간사 박희도(朴熙道; 1889-1951)와 이승훈의 만남을 주선했다. 이를 계기로 20일에 박희도의 집에서 열린 기독교계 인사들의 모임에서는 기독교 단독으로 시위를 추진하고 일본 정부에 독립청원서를 보낸다는 결의가 채택되었다. 이 모임에는 이승훈·박희도·오화영 목사·정춘수 목사·오기선 목사·신홍식 목사 등이 참석했다. 그런데 이날 다시 함태영 장로 집에서 열린 회의에서는 그 결의가 번복되었다. 이갑성(세브란스 병원 사무원)·안세환(평양기독서원 총무)·오상근·현순 등이 가세한 확대 모임에서는 의견이 분분하여 실행 계획에 대한 합의가 이루어지지 않았다.

  이 무렵 최린은 불교측 인사인 한용운의 참여 의사를 확인했다. 두 사람은 친분이 깊고 독립운동에 관해 1919년 1월부터 여러 가지 이야기를 나눈 사이였다. 천도교의 외부 창구 역할을 하는 최린과 실질적으로 기독교 조직을 대표하는 이승훈은 약 4일간 만나지 못했다. 21일에 최남선이 주선한 이승훈과 최린의 만남 이후 혼란스런 상황은 정리되었다. 그 자리에서 최린과 최남선은 이승훈에게 천도교와 기독교 양측이 합동하는 민족운동 조직의 '일원화'를 강조했다. 그날 밤 세브란스병원 내에 있는 이갑성의 숙소에서 기독교 측 인사들의 모임이 열렸다. 이승훈과 박희도를 위시하여 10여 명이 참석한 자리에서 양측이 합동할 것을 결의했고, 서울 지역 기독교계 인사들은 이승훈을 중심으로 천도교 측 인사들과 뜻을 같이 하게 되었다. 최린은 이승훈의 거처에 찾아가서 그가 요청한 운동 경비 5,000원을 건넸다.

2월 22일부터 28일 사이에는 천도교 측과 기독교 측이 공식적인 회동을 갖고 서명 작업에 들어갔다. 22일에 기독교 측 대표로 선임된 이승훈과 함태영은 운동의 형식을 '독립청원'이 아니라 '독립선언'으로 하자는 천도교 측의 의견을 수용했다. 24일에는 최린을 포함하여 권동진과 오세창 등 천도교의 리더들과 장로교의 이승훈과 감리교의 함태영 등이 회합을 가졌다. 양측의 합동이 공식화된 이후 각각은 서명 작업에 들어갔다. 25일에 권동진과 오세창은 천도교 인사들에 대한 서명 작업에 들어갔다. 그들은 서울과 지방의 천도교 간부 11명—이종일·권병덕·양한묵·김완규·홍기조·홍병기·나용환·박준승·나인협·임예환·이종훈 등—에게 거사 계획을 알렸다. 1919년 1월 5일부터 49일간 서울에서는 천도교 종교 행사인 연성기도회(煉性祈禱會)가 우이동(牛耳洞) 봉황각(鳳凰閣)에서 열리고 있었다. 서울과 지방의 천도교의 리더들은 기도회를 명분으로 서울에서 대기하고 있었다. 기독교 측 서명 작업은 하루 늦었다. 26일 정오경에 한강 인도교 근처 일식집에서 기독교 측 인사들은—이승훈·함태영·안세환·박희도·오화영·최성모·이필주 등—「선언서」에 서명할 사람을 결정했다. 27일에는 정동 이필주의 집에서 길선주·정춘수·유여대·김병조·이명룡·양전백 등이 모여서 서명 작업을 했다. 참석하지 못한 기독교

측 인사들은 자신들의 인장(印章)을 맡겼다. 「선언서」 원고는 오세창을 통해 보성사(普成社) 사장 이종일에게 전달되었다. 이종일은 공장 감독 김홍규와 함께 2월 27일 오후 6시부터 10시까지 2만 1000매를 인쇄했다. 28일 아침에 경운동 이종일 집으로 「선언서」가 운반되었고, 여러 사람이 전국 각지로 전달했다. 천도교 측의 안상덕(2 내지 3천 매), 김홍렬(약 3천 매), 인종익(2 내지 3천 매), 이경섭(약 1천 매), 기독교 측의 김창준과 함태영(2 내지 3천 매), 불교 측 한용운(약 3천 매), 학생 측의 김성국(약 2천 매), 나머지는 천도교 직원에게 배분되었다. 천도교 인사들은 주로 북한 지역 배포를 담당했다. 인종익은 전라도와 충청도, 안상덕은 강원도와 함경도, 김홍렬은 평안도, 이경섭은 황해도에 「선언서」를 배포했다. 기독교 측의 김창도도 평양과 선천에, 이갑성은 서울과 경상도에, 한용운은 경상도 사찰에 문서들을 배포했다. 이갑성의 지시를 받은 학생 김성국은 「선언서」 1,500매를 승동예배당에 모여 있는 학생 대표들에게 전달했다. 이렇게 해서 2월 28일 밤을 전후하여 전국 중요 도시에 「선언서」가 전파될 수 있었고,[36] 그날 밤 (가회동) 손병희 집에서 마지막 점검을 위한 모임이 있었다. 이 자리에서 독립을 위한 「선언서」 발표 자리가 파고다공원에서 태화관(명월관지점)으로 변경되었다. 33인은 신문 과정에서 한결같이 두 가지를 그 이유로 들었다. 하나는 학생과 시민을 보호하고, 다른 하나는 비폭력 운동의 취지를 살리기 위함이었다.[37]

2. 수하정 3번지

천도교와 기독교의 연합이 이루어진 뒤에는 4인 모임(최린·최남선·송진우·현상윤) 외에도 서울 출신 선우전, 전북 출신 정노식, 평북 출신 김도태의 역할이 있었다. 이들의 만남은 19세기 말과 20세기 초의 사회변동이 만들어 낸 우연 때문이었다. 그 한 축은 호남의 진취적 지주인 김성수를 중심으로 한 일본 유학생들이었다. 그들은 지주경영을 통해 축적한 자본으로 계몽을 위한 학교(중앙학교)와 근대적 기업인 경성직뉴(주)를 인수했다. 지식과 자본으로 무장한 신진 엘리트들이 새로운 사회세력으로 등장한 것이다. 다른 한 축에는 안창호의 대성학교와 이승훈의 오산학교 출신들이 주축인 평안도의 기독교인들이 있었다. 조선왕조에서 차별을 받았던 서북 지역의 인사들은 일찍부터 교육과 실업을 증진하는 실력 양성을 통해 국권 위기의 상황을 돌파하려는 민족운동을 전개했다. 세 번째 축으로는 조선왕조에서 핍박을 받던 동학에서 발전한 천도교 교인들이 있었다. 그들은 대한제국 재상 이용익(李容翊; 1854-1907)이 설립한 보성학교를 인수하는 과정에서 자연스럽게 서울에 터전을 잡았다. 호남의 지주, 평북의 기독교, 천도교 세력의 성장은 구체제하에서는 일어나기 어려운 일이었다. 정노식과 김도태가 만났던 선우전(鮮于全)의 거처(居處)인 수하정(지금의 서울시 중구 수하동) 3번지는 세 세력이 연결된 조인트(joint)였다.

1889년에 서울에서 태어난 선우전은 평양고등보통학교(1909)와 와세다대(1913)를 졸업했고, 1917년 12월부터 경성직뉴(京城織紐)(주)의 촉탁 및 전무이사로 근무하게 되었다.38) 경성직뉴(주)는 1911년 11월에 광희문 안 쌍림동(당시 이름, 병목정)에서 가내수공업으로 면직물을 생산하는 업자들이 설립한 한국 최초의 주식회사다. 가내수공업에서 기계제 공장공업으로 넘어가는 과도적 공정을 통해 생산된 허리띠와 주머니끈과 대님은 한복의 맵시를 유지하기 위해 필요한 소품들이었다. "이 회사는 전통 의복의 수요가 감소 추세에 있으며 성장하는 새로운 시장은 더 대규모의 기계제 생산을 요구하던 사회에서 발전 전망을 가질 수 없었다." 1917년에 일본 대기업인 조선방직주식회사(자본금 500만 원)가 설립되었고, 저렴하고 질 좋은 일본산 면제품이 수입되었다. 경영환경이 악화되자 투자자였던 기호(畿湖)의 지주이자 경화사족인 윤치소(尹致昭; 1871-1944)는 경성직뉴에서 탈출했고, 호남(湖南) 지주 김성수가 그것을 인수했다.39) 한쪽은 현실적이고 안정적인 길을 갔고, 다른 한쪽은 진취적이고 모험적인 길을 선택했다. 중앙학교 공업교사 이강현(李康賢; 1888-1976)은 상품의 다양화를 위해 직포를 생산하고, 직물생산의 기계화를 위해 직기(織機) 도입을 제안했다. 기계를 이용한 공장공업의 시작이었다. 3·1운동 이후에는 면직물 생산공장인 경성방직(주)이 창립되었다.40) 김성수가 자본을 투자하여 인수한 중앙학교와 경성직뉴(주)는 신진 엘리트들이 교류하면서 사회세력으로 성장해 가는 터전이 되었다. 1919년 당시 수하정 3번지가 인맥의 조인트였다면 경성직뉴는 여러 사회세력을 연결하는 조인트가 되었다.

전북 김제 출신인 정노식(鄭魯湜; 1891-1965)은 1911년 경성에 올라와서 경성기독교청년회관(YMCA)에서 수학하기 전까지 고향에서 이정직

(李定稷; 1841-1910) 문하에서 한문을 배웠고 김제 만경의 영명학교(永明學校)를 다녔다. 메이지대학(1912-1917)에서 장덕수·현상윤·이광수·최남선 등과 교류했고, 유학생 잡지『학지광』과『기독청년』에 글을 실었다. 정노식은 '2·8독립선언'을 준비하던 중에 갑자기 귀국해서 선우전의 집에서 유숙했고, 곧 이어 1919년 1월 하순에 송계백도 잠시 귀국해서 선우전의 집에 머물렀다. 송계백은 동문인 현상윤에게 동경에서의 운동 준비 상황을 설명했고, 정노식은 토지를 매각한 대금을 송계백에게 건네주었다.41)

1893년 평안북도 정주에서 출생한 현상윤(玄相允; 1893-?)은 1911년에 '105인사건'으로 평양의 대성학교가 폐교가 되자 서울의 보성학교로 전학을 했는데, 이때 그는 최린과 사제의 연을 맺었다. 1914년에 와세다대학 유학 시절에 그와 친교를 맺었던 인물들은 김성수·송진우·장덕수·홍명희·정인보·이광수·신익희·최남선·정노식 등이었다. 이광수와 현상윤은 모두 정주 출신이었다. 그는 1918년 3월에 '사학과와 사회학과'를 졸업했고, 김성수의 요청을 받고 그해 9월부터 중앙학교에서 교편을 잡았다. 이렇게 서울 종로 계동(桂洞)은 호남과 관서의 젊은 엘리트들이 함께 지내는 거리가 되었고, 학교 사택은 교주 김성수, 교장 송진우, 교사 현상윤이 자주 만나는 장소였다.42)

함경도 출신 최린과 서울 출신 최남선도 일본 유학생 출신이었다. 1904년에 고종의 지시로 열린 관비유학생 선발시험에서 둘은 나란히 합격했으며, 각각 1906년에 메이지대학과 와세다대학에 입학했고, 그들은 일본에서 1905년의 을사보호조약, 1907년의 헤이그밀사사건과 고종의 강제 퇴위 등을 지켜보았다. 1905년에 대학 입학을 준비하던 도쿄부립 다이이치(第一) 중학교에서 최린은 을사보호조약과 교장의 한국인 비하 발언을 문제로 삼아서 동맹휴교를 주도했고, 1906년 메이지대학 시절에는 학생들 200여 명을 데리고 한국인을 비하하는 인형전시회를 파괴했으며, 1907년 한국 황제와 황실을 모욕한 와세다대학 모의국회에 대해 유학생들의 총의를 모아 학교 당국에 강력하게 항의했다. 그는 일본에 유학하는 5년 동안에 대한유학생회·태극학회·대한흥학회 등 여러 유학생 단체에서 리더로 활약했다.[43]

최린·최남선·현상윤·송진우의 공통점은 일본 유학 말고도 또 하나 더 있었다. 네 사람은 지금의 서울시 종로구 재동 혹은 계동에서 가까이 살고 있던 북촌 주민이었다. 나중에 다시 언급되겠지만, 최남선을 제외한 세 사람은 모두 1900년을 전후하여 약 20년 동안에 서울에 올라온 '촌놈'들이었다. 동학에서 변신한 천도교 인사들의 북촌 거주는 대한제국 이전에는 쉬운 일이 아니었다. 북촌은 노론과 왕실 인사 등 조선왕조의 핵심 엘리트층이 거주하는 지역이었다. 유교의 나라에서 동학에 뿌리를 두고 있는 천도교 인사들은 탄압의 대상이었지, 왕실 주변에서 사대부들과 함께 거주할 수 있는 상대가 아니었다. 변변한 벼슬 한 번 못해 본 전라도 양반의 북촌 거주 또한 갑오개혁 혹은 대한제국 이전에는 쉽게 상상하기 어려운 일이었다. 조선왕조의 비주류가 북촌 주민이 된 것은 그것만으로도 조선왕조가 해체되고 있는 한 단면이었다. 특히 호남 지주의 서울 거주는 식민지 조선에서의 사회적 리더십의 교체와 밀접한 관련이 있었다.

선우전은 바로 호남 지주와 관련이 있는 인물이었다. 그는 경성직뉴에 근무했으며, 경제 전문가로서 『동아일보』·『개벽』·『별건곤』 등에 다수의 칼럼과 논설을 게재한 문필가였고, 조선물산장려회·조선사정연구회·조선농민사 등 온건한 민족운동에 관여했다.44) 33인 외에 구속된 17인 중의 한 사람인 정노식은 1920년에 출감하여 장덕수와 함께 조선청년연합회 결성에 관여했고, 물산장려운동과 민립대학설립운동에도 참여했다.45)

김도태는 평안북도 정주 출신으로 오산학교 1회 졸업생이었다. 그는 1891년생으로 정주 출신 현상윤과 비슷한 연배였고, 오산학교를 1910년에 졸업한 후에 만주에 있는 신흥무관학교에서 잠시 교사로 근무했으며, 1916년에는 도쿄에 있는 세이소쿠영어학교(正則英語學校)에서 수학했다. 이 학교는 일본 대학에 진학하기 위한 영어강습소로 많은 한국 유학생들이 다녔다. 김도태는 당시를 이렇게 회상했다.46)

1918년 12월이다. 어느날 동경 조도전(早稻田: 와세다)대학 고등사범부에 재적한 송계백 군이 동기휴가를 핑계삼아 귀국하였다. …… 우선 당시 자기의 동창이요, 선배인 중앙중학교 교유(敎諭)로 있는 현상윤 씨를 찾았다. 현 씨 역시 그 취지에 찬동하야 자기가 봉직하고 있는 중앙중학교 교장인 송진우 씨에게 그 뜻을 전한즉 송 씨도 또한 대찬성이었다. 삼 인이 의논한 결과 먼저 동지를 구할 필요가 있다 하여 현 씨는 자기가 중학시대에 배운 최린(당시 보성중학교 교장) 씨에게, 송 씨는 자기 친지인 김성수·정노식 씨 등에게 그 뜻을 전하였다. ……

최린 씨가 자기의 교주로 모시는 천도교주 손병희 씨에게 그 뜻을 전한즉 손 씨는 즉석에서 기쁜 낯으로 내가 오늘날까지 어떤 편에서는 악담도 들어온 바이나 결국은 이와 같은 기회를 기다렸던 것이다.

나는 그때 황해도 재령읍 명신중학 교원으로 봉직 중이었다. 1월 1일 그 학교 이사 박태환 씨 댁에 세배를 갔었다. …… 그때 마침 배달부가 나에게 전보 한 장을 가져왔다. 경성에 있는 이성탁(李盛鐸) 형에게서 급히 의논할 일이 있으니 상경하라는 내용이었다. 나는 그길로 자동차부에 가서 차를 타고 사리원을 지나 상경했다. 이성탁 씨는 만나지 못하고 수하정에 있는 정노식 씨를 찾았다. 정 씨는 만나자마자 평북 정주로 가라고 한다. …… 야소교 대표로 오산중학교 설립자로 야소교의 장로인 이승훈(일명 이인환) 씨를 가서 모셔오되 김성수 씨가 오산중학교 경영에 급히 의논할 일이 있으니 빨리 상경하시라고 전하되 우리 일은 절대 비밀로 누구에든지 말하지 말라는 부탁이었다.[47]

김도태의 말을 빌리면, 이들의 접선은 3·1운동의 거버넌스가 생기는 기폭제가 되었다. 이승훈이 설립한 오산학교 1회 졸업생이 서울의 천도교와 평북의 기독교가 연결될 수 있는 다리를 놓은 것이었다. 수하정 3번지는 식민지 조선에서 형성되고 있는 새로운 사회적 요소들—근대적 지식으로 훈련된 일본 유학생들, 조선왕조 시기에 차별을 받던 평북과 전라도 출신들, 민족교육 기관인 대성학교·오산학교·중앙학교의 관계자들, 그리고 호남 지주가 운영하는 경성직뉴(주)의 직원 등—이 융합되는 장소였다.

정노식 - 현상윤 - 김도태 등은 33인과 함께 구속되었던 17인에 포함되었다(〈표 8〉 참조). 17인 역시 천도교와 기독교계 인물들이 가장 많았다. 이들은 33인에 비해 큰 주목을 받지는 못했지만, 장차 한국 사회의 변화 방향을 알려주는 안내자와 같았다. 서울을 위시한 기호 지역 출신의 비중이 적었고, 관서와 호남 지역 출신들이 많았다. 그 중에서 경기도 수원의 김세환(金世煥; 1889-1945)은 한국 근대 이행의 한 흐름을—지역의 로컬리티와 결합된 기독교 세력—보여주는 인물이었다.[48] 감리교 수원종로교회가 운영하는 삼일여학교 학감은 자연스럽게 감리교계 인사 박희도를 자주 접촉했고, 그 인연으로 3·1운동에 참여하게 되었다. 1919년 2월 21일에 수원과 충청 지역을 담당하는 순회의원으로 선정된 김세환은 충청도의 홍성교회 김병제 목사, 경기도의 수원남양교회 동석기 목사, 이천교회 이강백 목사, 오산교회 김광석 목사, 수원종로교회 임응순 전도사 등에게 3·1운동에 관한 정보를 제공했고, 수원 지역 만세시위도 준비했다. 1919년 2월 말 수원상업강습소에서 열린 회의에 참석한 박선태·이선경·임순남·김석호·김병갑·이희경, 그리고 수원면 시위 책임자 김노적은 모두 상업강습소 출신으로 김세환의 제자들이었다.[49]

수원 지역 3·1운동에는 세 가지 특징이 있는데, 첫째는 수원 지역에서 3·1운동 초기부터 4월 중순까지 만세시위가 꾸준하게 이어졌다는 것이고, 둘째는 그 연장선상에서 제암리와 수촌리 일대에서 일본 군경에 의한 학살이 일어났다는 것이며, 셋째는 3·1운동의 리더라고 할 수 있는 김세환이다.

〈표 8〉 17인 출신 지역과 경력

이름	출생	사망	나이	출신지	현 주 소	학력 및 직업	형량	비 고
박인호	1864	1940	55	충남 예산	경성부 가회동 27	천도교 4세 교주	무죄	
김홍규	1876	1959	43	서울	경성부 가회동 217	천도교 신자	1년	보성사 공장감독
노헌용	1866	?	53	황해 곡산	경성부 화동 87	천도교 중앙총부 금융관장	무죄	
이경섭	1874	?	44	황해 곡산	황해도 곡산군 곡산면 남천리555	천도교 봉훈, 상민	1.5년	
한병익	1895	1982	24	황해 수안	황해도 수안군 수안면 석교리321	천도교 신도, 상민, 양조업	1년	「(독립)선언서」 배포 및 수안군 시위 주도
김도태	1891	1956	28	평북 정주	평북 정주군 아이포동 대산리 518	오산학교, 명신학교 교사	무죄	
안세환	1892	1927	32	평남 평원	평남 평원군 순안면 포정리 26	평양 기독교서원 총무	무죄	기독교, 「(독립)선언서」 일본정부와 의회에 전달
함태영	1873	1964	47	함북 무산	경성부 남대문통 5-75	세브란스예배당 조사, 양반	3년	기독교
김원벽	1894	1928	25	황해 은율	경성부 관수동 135	연희전문	2년	목사아들, YMCA
김세환	1889	1945	30	경기 수원	경기도 수원군 수안면 남수면 242	삼일여학교 학감	무죄	기독교, 수원종로교회
임 규	1867	1948	52	전북 익산	경성부 원동 60	慶應義塾, 일본어 교사	무죄	「(독립)선언서」 일본정부와 의회에 전달
송진우	1890	1945	29	전남 담양	경성부 계동 1	중앙학교 교장	무죄	
현상윤	1893	1950	26	평북 정주	경성부 계동 1	중앙학교 교사	무죄	
최남선	1890	1967	29	서울	경성부 삼각정 21	출판업	2.5년	
강기덕	1886	?	33	함남 덕원	경성부 안국동 34	보성전문	2년	
정노식	1891	1965	28	전북 김제	경성부 수하정 3	明治大學 중퇴	무죄	광복 후 월북
김지환	1892	1972	27	평북 정주	황해도 개성군 송도면 경정 199	오산학교, 關西大學 신학부	무죄	기독교, 「(독립)선언서」 상해 현순에게 발송

그는 운동의 기획 단계부터 시작해서 운동의 확산 과정에 기여한 인물이었다. 3월 1일 저녁 횃불 시위가 일어났고, 팔달산 서장대를 비롯한 20여 곳 성곽에서 일제히 봉화가 올랐다.[50]

김세환은 두 가지 기관에 의지해서 활동했다. 하나는 수원종로교회이고, 다른 하나는 수원상업강습소였다(1910년 직후부터 이곳에서 그는 직조감독관으로 근무했다). 수원종로교회는 서울의 상동교회와 깊은 관련을 맺으면서 1899년부터 시작되었다. 지역 인사 이하영(李夏榮)·임면수(林冕洙)·김제구(金濟九)·김제원(金濟遠)·홍돈후(洪敦厚)·차희균(車喜均) 등과 상동교회를 설립한 메리 스크랜튼(M. F. Scranton)과 베크(S. A. Beck) 선교사는 교회 안에 남자매일학교(삼일학교)와 여자매일학교(삼일여학교)를 세웠다. 1917년부터 평안남도 진남포 신흥리 교회에 목사로 부임한 이하영은 1919년 3월 1일의 만세시위를 주도하고 일본 경찰에 체포되었다. 임면수는 상동청년학원에서 영어·일어·측량을 공부하면서 기독교에 입교했고, 전덕기·이동휘·노백린 등과 교류하면서 민족의식을 키웠으며, 1907년에는 이하영과 같이 수원 지역 국채보상운동을 전개했다. 수원 삼일학교의 교감으로 일하던 그는 1910년 한일강제병합 이후 가족을 이끌고 신흥무관학교가 설립된 서간도 유하현으로 망명했다. 서울의 상동학원에서 맺어진 인연은 광복운동을 위한 무장항쟁의 길로 이어졌다. 1903년 한국에 부임한 버딕(G. M. Burdick, 邊兆鎭)의 「선교보고서」는 한국인의 '배움'에 대한 의지를 기록했다. "나의 조사(助師)는 가끔 나에게 이런 말을 합니다. '오! 목사, 당신이 공부한 과목들을 우리에게 가르쳐 주십시오. 이곳에는 지식에 대한 갈구가 있습니다.' 넓은 의미에 있어서 기독교 계몽과 기독교인 교육은 이 백성들이 손에 가지고 역경과 싸울 수 있는 유일한 무기라고 나는 믿습니다." 삼일학교 졸업생들도 배움에 목말라했다. "어서어서 알아야 한다. 우리가 너무도 모른다. 어서 배워서 알아야 한다. 국가독립을 위한 일군이 되어야 한다." 교회는 신앙의 장소였지만, 미국을 경유한 새로운 문명이 수입되는 통로이고, 실력 양성을 위한 계몽운동의 장소이며, 항일과 광복을 위한 민족운동의 기관이었다. 이러한 측면은 개량으로 평가받는 실력양성운동(온건한 민족운동 혹은 민족개량주의)과 급진적인 항일무장투쟁이 한 뿌리에서 나왔으며 또 대립적이지 않다는 것을 보여주고 있다. 상업회의소를 창립하고(1908) 후진 양성을 위한 상업강습소를 건립한(1909) 수원의 상인들은 국채보상운동에도 참여하고 수원종로교회가 운영하는 삼일학교의 재정도 후원했다. 양성관 및 홍민섭과 같은 상인들이 건립한 상업강습소는 3·1운동의 리더들을 포함하여 수원지역 인재들의 산실이었다. 1927년 10월에 설립된 신간회 수원지회장 김노적은 상업강습소 출신이며 김세환의 제자였다. 1928년에는 김세환도 수원지회장이 되었다. 개항 이후 외래문명의 충격 — 제국주의와 기독교 — 과 이에 대한 유교적 전통사회의 대응이 어울리면서 수원은 달라졌고, 그 로컬리티의 변화를 체현한 인물이 바로 김세환이었다.

3. 탈유교와 민족대표 33인

1884년(갑신정변)과 1894년(갑오개혁)을 주도했던 박영효는 1919년

3·1운동 참여를 거부했다. 그는 스스로 '당대의 인물'이 아님을 인정했다. 박영효를 위시하여 윤치호·한규설·김윤식·윤용구 모두 그러했다. 김윤식은 윤용구와 함께 「독립청원서」를 다시 일본 정부와 조선총독부에 전달했지만, 그것은 '수오지심(羞惡之心)'이 발로이지 적극적인 리더십의 발로는 아니었다. 그러나 김윤식의 처신은 한국인이 그의 장례를 '사회장(社會葬)'으로 치를 수 있는 명분이 되었다.51) 3·1운동을 계기로 왕실 및 양반 사대부의 정치적 리더십은 거의 소진되었고, 한국을 이끄는 새로운 리더십이 여러 방면에서 등장하고 있었다.

이에 비해 근대 혁명에 성공한 일본은 메이지유신 이후 형성된 리더십의 틀이 계속 유지되었다. 1925년에 의회에서 보통선거법이 통과되고 1928년에 그것에 의거한 총선이 실시되었음에도 불구하고 정치적 리더십에는 큰 변화가 없었다. 부분적 변용만 있었을 뿐 메이지기의 틀은 유지되었다. 이른바 일본의 1920년대는 '장기 19세기' 혹은 '장기 메이지'의 두 번째 국면이었다. 나중에 언급되겠지만, 1920년대 리더십이 교체된 식민지 조선의 격변과 리더십이 유지되는 일본의 안정은 1945년 8월 이후 두 나라의 민주주의 전개에도 영향을 미쳤다.

민족 대표가 되기를 거부했던 5인과 달리 능동적으로 민족 대표가 된 33인은 구체제의 고위 관리 출신도 아니었고, 치열한 전투에서 승리한 전쟁 영웅도 아니었으며, 새로운 국가를 수립한 혁명적 정치가도 아니었다. 천도교 15인(이들 중에는 손병희처럼 구체제에 저항했던 동학농민전쟁에 참여한 자들도 있다), 기독교 16인, 불교 2인으로 구성된 그들은 종교 지도자였다. 1910년에 강제로 국권이 강탈되었을 때 조선왕조·대한제국은 유림(儒林)의 세계였고, 1919년에도 일반사회에서는 여전히 유교문화가 사회를 지배하고 있었다. 그런데 33인 중에는 공교롭게도 500년 이상 사람들의 의식과 관습을 지배해 왔던 유교를 대표하는 인물이 한 명도 없었다. 시차(時差)를 두고 유학자들은 '파리강화회의'에 「독립청원서」를 보냈지만, 유림의 처신은 유교가 더 이상 사회를 지배할 수 있는 이데올로기가 아님을 나타냈다.

천도교는 신흥종교였고, 그 전신인 동학은 유교사회에서 억압을 받았다. 동학의 1대 교주 최제우(崔濟愚; 1824-1864)는 '혹세무민(惑世誣民)'의 죄로 처형되었고(1864), 평등 이념을 쉽게 농민에게 전달한 2대 교주 최시형(崔時亨; 1827-1898) 역시 처형되었다. '사람 섬기기를 하늘처럼 한다'는 사인여천(事人如天)은 최시형의 동학이 농민을 대하는 태도였다. 전라북도 완주군 일대의 삼례집회(參禮集會)를 시작으로 동학교도들은 교조 최제우의 억울함을 풀어달라는 교조신원운동을 전개했고, 또 그들은 조선왕조 관료들의 가혹한 수탈에도 저항했다. 농민적 저항에 놀란 조선왕조정부는 청에게 지원을 요청했고, 그것을 빌미 삼아 일본은 한반도에 군대를 파견했다. 청일전쟁에서 승리한 일본군은 동학농민군을 무자비하게 진압했다. 19세기 말의 동학은 조선왕조의 사회적 모순을 개혁하고 제국주의 침략에 저항했던 농민층의 사회적 종교적 대응이라는 의미가 있었는데, 20세기 동학은 일본이 러시아 세력을 물리치는 것을 넘어서 한국을 식민지로 삼자 또 한 번의 변화를 모색하게 되었다. 이때 동학의 지도부는 새로운 강자로 부상된 일본에 협력했지만, 일본이 그들의 약속과 달리 한국을 강제로 점령하자 또한 번 변신했다. '동학에서 천도교로의 개신'은 급변하는 동아시아의 정세 속에서 교단의 존립과 유지를 위한 선택이었다.52) 일본과의 마찰을 원치 않았던 천도교는 출범 당시부터 제1차 세계대전이 끝날 무렵까지 순수 종교활동에 치중했다. 동학의 사회개혁적 후천개벽론은 시대의 추이를 따라 문명개화론적 후천개벽론으로 변화했다. 천도교의 출범은 19세기 말과 20세기 초에 농민을 기반으로 태동한 토착종교의 근대화였는데, 그것은 사회진화론적 세계관의 영향을 받은 동학이 자본주의 근대문명을 수용하는 과정이었다. 손병희(孫秉熙; 1861-1922) 시대의 천도교가 동학 단계에서 부정되었던 서양과 일본의 문명을 수용했다면, 제1차 세계대전을 계기로 형성된 개조사상의 영향을 받은 1920년대 천도교 이론가들은 서양과 일본의 근대문명을 비판했다. 변화 과정에서도 천도교는 인간의 평등과 자유를 강조한 인내천주의와 '지상 천국의 내세(來世)를 믿는다'는 현세주의는 변하지 않았다. 특히 현세주의는 시대의 조건에 따라서 천도교가 변신을 할 수 있는 사상적 근거였지만, 가장 중요한 변수인 농민이 소외되고 수탈을 받는 처지였기 때문에 농민 종교 천도교는 자본주의 문명에 대해 비판적이었다.53)

이에 비해 기독교는 외래종교였다. 장로교와 감리교 계통의 선교사들이 개항 이후 조선왕조에 들어온 이래 비교적 빠르게 한국인의 신자수가 늘어났다. 1885년 4월 5일에 북감리교 최초의 선교사인 아펜젤러 목사(Rev. H. G. Appenzeller)는 북장로교 선교부에서 파송된 최초의 선교사인 원두우 목사(Rev. Horace G. Underwood)와 부활절 날에 같은 배로 한국에 도착했다. 1883년 9월에 의료 선교사 알렌(Horace Newton

Allen)이 미국공사관 공의(公醫) 자격으로 입국한 바 있지만, 공식적으로 선교 목적을 가지고 한국에 온 선교사는 두 사람이었다. 그해 여름에는 의료 선교사 헤론(J. W. Heron), 미혼의 두 여의사 엘러즈(Annie Ellers)와 호튼(Lillias S. Horton)도 도착했다. 언더우드, 알렌 부부, 헤론 부부 이렇게 5인은 미국 북장로회 선교부를 조직했다.54)

기독교는 왕실의 지원을 받으면서 두 지역을 거점으로 세력을 확장해나갔다. 관서 지역은 중국을 경유한 서구문명이 가장 빨리 도착하는 곳이고 조선왕조의 변방이었다. 서울과 경기도 일대는 개항장인 인천을 경유한 서구문명이 들어온 곳이고 조선왕조의 중심 지역이었다. 큰 어려움 없이 선교활동을 펼친 기독교는 조선왕조의 변화를 자극하는 강력한 외래 변수가 되었다.55)

방위량(邦緯良; William N. Blair) 목사는 초기 한국 교회의 신속한 성장과 부흥의 원인으로 사경회(査經會)를 들었다. 1887년 서울에서 원두우(元杜尤)·기포드(Daniel L. Gifford)·마포삼열(馬布三悅; Samuel A. Moffett) 세 선교사가 개척한 새문안교회는 한국 최초의 장로교회였다. 1890년에 원두우 박사는 7명과 함께 사경회를 시작했다. 성서를 공부하는 모임인 사경회는 기도·상담·전도 활동을 병행했다. '대부흥'이 있었던 1907년 9월 17일에 평양에서는 4개의 주한선교부(미국 북장로회·호주 장로회·미국 남장로교·캐나다 장로교)56)의 합의로 장로회가 출범했고, 장로교 역사에서 "중요한 사건"인 장로회의 초대 회장에는 마포삼열 선교사가 선출되었다. 이때 평양신학교(平壤神學校, 1903) '7인의 졸업생'이 목사로 임명되었고, 이들 중 2인은 33인의 멤버가 되었다.57) 1909

년에 북장로교 선교 구역에 있었던 약 8백 개의 사경회 인원은 거의 5만 명에 달했다. 1912년 9월에는 7개의 노회(老會)가 설치되었다. 교인 수가 증가하고 조직이 정비되었다. 1896년 입국한 남감리교58)와 1884년 이래 들어온 북감리교는 서로 협력하여 협성신학교(協成神學校, 1907)를 비롯하여 몇 개의 학교를 함께 운영했다. 각각 독자적이면서도 협력하던 두 감리교단은 1930년 하나로 통합되었다.59)

한국 서북부 지역 교회는 1906년부터 1910년 사이에 빠르게 성장했다. 남감리교 선교사인 알프레드 왓슨(Alfred Wasson) 박사는 이 기간을 '급속한 성장의 5년간'이라고 불렀다. 여기에는 몇 가지 요인이 있었다. 첫 번째는 1907년에 기독교 인사들이 평양 일대에서 적극 추진했던 '대부흥회', 두 번째는 기독교인들의 조직과 활동을 지원한 사경회와 성서학원, 세 번째는 의료와 교육사업, 네 번째는 정치적 요인 즉 독립의 실패로 인한 한국인의 좌절이었다. 서북부 지역의 문화적 요소들도 중요했다. 관서인은 문맹률이 낮았고 다른 문명에 개방적이었으며 경제적 여유가 있었고 정치적으론 소외되었다. 네 가지 요소들은 서로 연결되어 있었다. 조선왕조의 농업 관료제에서 소외된 이 지역 인사들은 상업에 종사하는 자가 많아서 중국이나 기타 지역과 교류가 많았고, 회계나 거래를 위한 문서를 만들기 위한 최소한의 문자 능력이 필요했다. 이런 연유로 기독교가 빠르게 전파되었다. 허버트 블레어(Herbert E. Blair, 邦惠法) 목사에 의하면 그 주요 통로는 가족이었다.60)

1895년부터 1905년 사이에 북감리교 선교부는 3명, 남감리교 선교사 역시 3명의 선교사를 파견했다. 이에 비해 북장로교 선교부는 21명의 선교사를 파견했다. 그 중 절반인 10명은 북쪽의 평양지부와 선천지부로 파송되었다. 서북 지역에 장로교 중심의 기독교가 빠르게 성장할 수 있었던 것은 그 지역 문화를 이해한 북장로교 선교부의 집중 지원 때문이 었다.[61] 1901년 북장로교 선교부는 선천에 독립된 선교지부를 설치했다. 휘트모어(Norman C. Whittemore)·샤록스 부부(A. M. Sharrocks)·렉크 부부(G. Leck)·체이스(M. L. Chase) 등을 파송했다. 1897년 베어드(William Baird)와 휘트모어가 평북 지방을 방문했을 때의 교인 수는 60명에 불과했으나 1903년에 교인 수는 4,537명에 달했다.[62] 오산학교가 설립된 정주와 선교지부가 설치된 선천은 기독교 민족운동의 거점이 되었다.

가장 적은 인원 2명이 참여한 불교는 조선왕조 내내 불교를 억압하는 정책 때문에 큰 조직을 가지지 못했다. 한용운(韓龍雲; 1879-1944)이 참여하게 되는 동기도 불교 내의 토의를 거친 것이 아니라 한용운과 최린의 개인적 관계에 의지하는 바가 많았으며, 백용성(白龍城; 1863-1940) 역시 한용운의 개인적 관계에 의지한 바가 많았다. 그만큼 불교는 개별적 분산적이었다.[63]

1) 천도교 15인: 일원적 위계적 관계

천도교의 리더들이 독립에 대한 상상과 그것을 위한 운동을 기획한 시점은 제1차 세계대전이 끝나가는 1918년 하반기 무렵이었다. 손병희(60세)·권동진(權東鎭; 60세)·오세창(吳世昌; 57세)·최린(崔麟; 43세) 등 4인은 매일 손병희의 집에서 윌슨 대통령의 민족자결주의에 관해 이야기를 나누었다.[64] 권동진의 경성지방법원 신문조서에 의하면, 네 사람은 일본에서 발행되는 신문을 통해서 제1차 세계대전과 민족자결주의에 관한 소식을 접했다.

> 나는 작년 11월 중에 『오사카마이니치신문(大阪每日新聞)』 지상에서 미국 대통령 윌슨이 평화회의에 제출한 의제 14개조 중에서 민족자결의 한 조항을 보고 조선도 이 문제의 범위에 들어가야 한다고 생각했다. ……미국 거주자가 윌슨이 제창한 자결 문제에 대하여 연맹대회를 열고, 13개국에 관한 문제에 대해 자기들에게 알려달라는 의사를 전보로 발송했다는 기사를 보았다. 그 뒤 나는 위의 결의가 미국 정부에 접수되어 상원 외교조사부에 회부되었음을 일본 신문에서 보았기 때문에 민족자결 문제를 해결하기 위하여 운동하지 않으면 안 되는 뜻을 세웠다.[65]

그러나 4인 중의 하나인 오세창은 민족자결주의가 "전란에 관계된 나라에 대해서는 실행되고, 그 밖의 나라에 대해서는" 실행되지 않을 것이라고 판단했었다. 그럼에도 불구하고 그는 "전 세계의 사람이 민족자결로 소요하고 있는데 홀로 조선만이 침묵하고 있기보다, 실행은 되지 않더라도 역사에 남기기 위하여 조선인도 민족자결의 의사가 있다는 것을 발표할 필요가 있다고 생각했기 때문에" 3·1운동에 가담했다고 진술했다.[66] 최린은 민족자결주의를 더 보편적 문제로 인식했다. "미국 대통령이 제창한 민족자결은 적국 내의, 또는 러시아와 같은 상태에 있는 나라 안의 일부 민족에 국한되는 것을 알고 있었는가"라고 일본인 판사가 질문하자, 최린은 그것은 "세계 모든 민족"에 해당하는 것이라고 대답하면서, 3·1운동의 의의와 목표를 덧붙였다.[67]

이때 조선을 일본에서 분리시켜 조선인에게 다시 없는 혜택을 주어 진정한 동양평화를 이룩하고, 서양인의 위세에 맞서야 한다고 생각하였다. 그리하여 첫째로 조선민족의 생존권을 확장하고, 둘째로 일본정부에게 지금까지의 조선에 대한 정책이 잘못되어 있다는 것을 깨닫게 하고, 셋째로 세계의 평화를 제창하고 있는 열국의 동정을 얻기 위하여, 요컨대 현재의 일본정부 정책을 배척하기 위하여 이 운동을 일으켰던 것이다. 그리고 나의 진정은 일본 및 일본인을 배척하는 것이 아니고, 장래 동양 전체의 행복을 유지 증진하기 위해서는 일본과 제휴하지 않으면 안 된다고 생각하고 있는 것이다.

손병희도 독립운동의 이유를 묻는 일본인 판사에게 미국 윌슨 대통령이 제기한 민족자결주의가 가장 주요한 원인이었다고 대답했다.

이번 파리강화회의에서 제창된 미국 대통령의 민족자결 문제 때문에 민심이 움직임을 알았다. 그래서 나는 우리 조선도 민족자결의 취지에 의하여 독립시키고 싶은 희망을 품었으나, 힘으로 다투지 않고 일본정부에게 그 취지의 건의를 하고, 형편을 보아 독립을 선언하는 것이 좋겠다고 생각했다. …… 미국 대통령이 주창한 민족자결은 우리의 피를 끓게 하는 주장이었다. 나는 2천만의 생명을 상실한 이번 유럽전쟁

그리고 민족자결의 제의에 의하여 세계가 새롭게 되며, 일본인의 사상도 변할 것으로 생각했다.[68]

네 사람의 발언에서 우리는 그들이 윌슨의 민족자결주의가 식민지 조선 문제에 적용되지 않는다는 사실을 인지하고 있었음을 알 수 있다. 그럼에도 불구하고 그들이 3·1운동을 기획했던 것은 '세계질서의 변동'이 식민지 조선 문제에 어떤 긍정적인 효과를 발휘할 수 있다는 희망 때문이었다. 그들은 일본이 리드하는 동양, 조선이 독립된 동양, 그리고 서양과 대등한 동양을 상상했다. 파리강화회의가 열리는 1919년 1월에 그들은 상상의 세계에 머물던 독립을 현실의 세계로 옮기는 작업을 시작했다. 천도교 도사(道師)인 권동진과 오세창은 천도교 내부의 인사들을 접촉했고, 보성학교장 최린은 기독교나 불교와 같은 다른 종파와의 연대를 모색했다.

손병희는 1861년 충청북도 청주 부근 중인(中人) 집안에서 서자(庶子)로 태어났고, 그의 손위 조카 손천민과 접주 서우순·김상일의 권유로 동학에 입문했다.[69] 그때가 1882년으로 그의 나이 22세였다. 그로부터 약 2년 후에 그는 교조 최시형을 만났다.[70] 동학농민전쟁 때에 북접(北接) 통령으로 참가했던 그는 1898년 7월에 처형된 2대 교주 최시형(崔時亨; 1827-1898)을 이어서 동학의 3대 교주가 되었다.[71] 그가 1901년과 1902년에 일본에 건너갔던 것은, "문명의 바람을 배불리 먹어서 문명의 영수가 되지 못하고는" 동학의 도를 널리 펼칠 수 없다는 판단 때문이었다. 그에게 일본이 구축한 근대문명은 따라가야 할 목표였다.[72] 그는 일본에서 이상헌이란 가명으로 활동하면서 인재들을 영입하기 위한 노력도 게을리하지 않았다.73) 그는 또한 한국이 러일전쟁에서 일본과 공동출병하여 전승국의 지위를 얻어 국가적 위기를 타개할 계책도 세웠다. '작은 나라 우리나라와 작은 섬나라 일본이 서로 협력하면 그 이로움이 서로에게 있고, 서로 갈등하면 그 해가 예측할 수 없다'며, 양국의 연대를 중시하는 논리 이면에는 서양과 러시아의 진출에 대한 두려움이 있었다.74) 러일전쟁은 황인종과 백인종의 인종 대결이었다. 계몽운동을 위한 천도교계 신문인 『만세보(萬歲報)』에는 전 지구상의 경쟁을 "황백 양색 인종의 경쟁"으로 설명하는 논설들이 다수 등장했다. '인종경쟁'이라는 진화론적 세계관은 자연스럽게 한일관계 인식에서도 '한일 간의 친선'에서 '동양 전체의 단결단합, 혹은 연방' 구상으로 확장되었고, 나아가 '대동합방론'(樽正藤吉, 1893)에 바탕한 '아세아주의'와 '일본맹주론'과도 연결되었다.75) 러일전쟁기 동학도의 움직임은 대한제국 정부와 여러 신문의 예민한 관심거리였다. 일진회는 1905년 11월 5일에 대한제국에 대한 일본의 보호 청원을 선언했고, 1905년 11월 17일에는 을사보호조약이 체결되었다. 일본의 의도가 잘 드러난 상황에서 손병희는 더 이상 기존의 입장을 견지할 수 없게 되었다. 1906년 8월 31일자의 종령 제40호와 9월 5일자의 제41호에서 정교분리에 관한 논의가 시작되었고, 종령 제45호는 천도교도의 일진회 탈퇴를 지시하였다. 이 조치는 천도교 혹은 동학이 친일적이라는 여론을 의식한 것이었다. 이에 반발한 일진회 측은 시천교(侍天敎)를 설립했다.76)

천도교의 문명파 세력은 정교분리 원칙을 내걸고 교세 확장에 진력했다. 실질적이고 구체적인 사회개벽을 지향하는 종교적 실천은 문명개벽으로 변형되었다. 변화와 개혁을 의미하는 후천개벽의 목표물은 조선왕조 비판에서 자본주의 근대문명화―산업발달과 정치개혁을 이룩한 부강한 나라 건설―로 설정했다. 일본의 침략에 대해 비판적이었던 동학의 반외세관은 국제관계를 '인종경쟁'으로 이해하고 일본과 협력하여 서양·백색화(白色禍)에 대항해야 한다는 사회진화론적 대외관으로 전환되었다.77)

여러 가지 사업을 통해 교단의 재정을 강화한 천도교는 보성학원(普成學院)을 운영하면서 권동진·오세창을 통해 애국계몽운동에도 관여했다. 1905년 봄에 일본에 납치되었던 이용익(李容翊; 1854-1907)이 귀국한 후에 설립한 보성학원은 그 내부에 전문학교·중학교·소학교를 두었다. 이용익은 또 많은 서적을 구입했고, 인쇄소 보성사(普成社)도 설립했다.78) 을사보호조약 체결 이후 이용익이 외국에 망명하게 되면서 학교 운영은 순탄하지 않았고, 그의 아들 이종호가 망명한 이후 더 어려워졌다. 보성중학교의 '학교 연혁'에 의하면 설립자는 이용익 - 손병희(천도교) - 재단법인 조선불교총무원 - 재단법인 고계학원 - 전형필(재단법인 동성학원)로 바뀌었고,79) 보성전문학교는 이용익 - 손병희(천도교) - 김성수로 바뀌었다.80)

조선왕조의 무관이었던 권동진은 1985년 을미사변에 연루되어 일본에 망명해서 약 11년간 체류했고, 『한성순보』 기자와 갑오정권과 광무정권에서 관리를 지냈던 오세창은 1902년 개혁당 사건(유길준 내란음모 사건)으로 일본에 망명했었다.81) 손병희·권동진·오세창 등 3인은 모두 구체제인 조선왕조(대한제국)의 개혁운동에 참여했다가 실패하고 일본에 망명한 공통점이 있었다. 최린은 1902년에 일심회 사건에 연루되었으나 탈출에 성공하여 새로운 학습의 기회를 얻었다.

> 임인년 25세에 활빈당(活貧黨)과 일심회(一心會)에 참가하였는데, 활빈당은 일본에 망명한 개화당 영수 박영효가 지도하는 불평객들의 단체로서 부호들의 재물을 탈취하여 청년 동지들의 일본 유학비를 보조하자는 취지의 도당이었고, 일심회는 일본 유학생 중 육군사관 졸업생들이 조직한 일종의 혁명단체로서 그 취지는 각기 영솔하고 있는 군대를 동원하여 정부를 혁신하자는 안이었다. 그런데 활빈당은 곧 해산되고 일심회는 그 모의가 발각되어 다수인이 체포되었다. 나는 다행히 피신하여 인천 가서 배편으로 '도일'하려다가 여의치 못하여 3월경에 일본사관학교 졸업생 천응성(千應聖), 고향 친우 한창직(韓昌稷)과 동반하여 ……부산까지 가서 '승선도일'하였다. …… 일본 가서 오사카(大阪)에 체류하면서 일본 한학자 야마모토 겐(山本憲)의 사숙(私塾)인 바이세이쇼쥬쿠(梅淸處塾)에서 일어를 배우고 있다가 일심회 간부급 조택현 외 20여 인이 교수형을 당하고 그 밖에 여당(餘黨)은 모두 특사되었다는 본국 통신을 보고 동년 7월 경에 귀국했다.[82]

오사카는 그의 인생이 새롭게 시작하는 장소였다. 그는 그곳에서 운명의 사람 손병희를 만났고,[83] 그로부터 2년이 지난 후인 1904년 7월에 실시된 유학생 선발시험에 합격하여, 다시 일본으로 갔다. 을사보호조약이 체결된 이후에 더 이상 국가의 관리와 보호를 받지 못하게 된 일본 유학생들이 만든 단체에서 최린은 회장에 피선되었다. 1909년 7월 32세에 졸업한 후 귀국한 그는 무력한 고국의 현실을 보며 울분의 시간을 보냈고, 1910년 8월 29일 한국은 일본에 강제로 병합된 후, 서울 북촌 재동에 있는 손병희 집을 방문했다.[84] 마침내 그는 10월 25일 오전에 전동에 있는 천도교 경성교구에서 입교식을 거행함으로써 천도교인으로서 생활을 시작했고, 11월에는 손병희의 추천을 받아서 보성학교 교장으로 부임했다.

나는 원래 타고난 성질이 방랑한 사람으로서 울울 불평한 심사를 자제하지 못하여 극도로 고민하는 때도 한두 번이 아니었다. 여가에는 활쏘기와 조선 아악으로써 한가한 세월을 보내기도 하였다. 아악은 이왕궁 악사장 명완벽(明完璧; 1842-1929)에게서 양금과 가야금을 배웠다. 그리고 그림 그리는 데 취미가 있어서 화가 심전 안중식·소림 조석진·관제 이도영·해강 김규진 등과 교류하면서 화법을 연구하였다. 그 다음 나는 수석을 사랑해서 여가만 있으면 명산승지를 찾아가서 청천백석에 놀기를 즐겨하였다. 때로는 한시도 지어보았으나 시학이란 원래 다른 문학과도 달라서 어려운 학문인데 공부할 여가도 없어서 속습을 이탈하지 못했다.[85]

다양한 재능을 지녔고 우수한 인재였던 최린은 1910년부터 자신의 재주를 알아주는 천도교라는 큰 조직에 기대어 사회활동을 시작했는데, 그는 손병희·권동진·오세창 등과 달리 일본의 한국인 유학생들과 폭넓게 교제한 경험이 있었다. 최린은 일본 유학생 출신인 송진우와 현상윤 그리고 최남선과 교유하면서 그들과 함께 3·1운동을 기획했고, 그들을 매개로 하여 천도교와 기독교 조직이 연대할 수 있는 길을 열었다.

3대 교주 손병희는 그 주변에 소수의 핵심 참모들을 두었지만 전국적인 조직을 통괄했다. 손병희·권동진·오세창·최린 외에 33인에 참여한 나머지 11인의 천도교 관계자들은 이종훈(65세)·홍병기(52세)·나인협(49세)·나용환(57세)·임예환(56)·이종일(62)·권병덕(53)·홍기조(56)·김완규(44)·박준승(55세)·양한묵(57세) 등이었다. 그 중에서 가장 나이가 많은 이종훈은 경기도 광주 출신으로 3·1운동 당시 경성부 장동에 거주하고 있던 천도교 장로였고, 1894년 동학농민전쟁에서 손병희의 부하였다. 그는 2월 25일에 오세창의 집에서 오세창·권동진·최린으로부터 독립선언에 관한 이야기를 듣고 그 일에 찬성했다.[86]

두 번째로 나이가 많은 이종일(李鍾一)은 1906년에 충남 홍산군에 거주하는 최학래(崔鶴來) 권고로 천도교에 들어왔다.[87] 그는 1882년에 수신사 박영효와 함께 일본을 다녀왔던 개화파였고, 『독립신문』과 『제국신문』의 창간과 운영에 관여했던 언론인이었다.[88] 또 그는 독립협회와 만민공동회에서 활약했던 사회운동가이자 대한자강회와 대한협회 등의 학회를 통한 계몽운동에 참여했던 교육 운동가였다. 그는 상당한 수준의 지식인이며 활동가였지만 천도교 인쇄소인 보성사 사장으로 「선언서」를 인쇄하고 배포하는 역할을 수행했다. 그가 "보지도

읽지도 못했던" 「선언서」에 날인할 인장을 권동진에게 위임한 것은 조직과 국가에 충실한 그의 태도 때문이었다.[89] 평양의 천도교 도사 임예환은 고종의 국장(國葬)과 교조 최제우 기일(忌日)의 기도식(3월 10일)에 참석하기 위해 2월 24일경에 상경했다. 그는 같은 달 27일에 권동진과 오세창의 권고를 받아서 "본 일이 없는" 「선언서」에 날인했다.[90] 전라북도 임실군의 천도교 도사 박준승도 임예환과 같은 날인 24일 상경했다. 그가 올라온 이유도, 독립선언에 관여하는 과정도 임예환의 경우와 같았다.[91] 나인협도 그러했고, "독립이란 것은 조선을 정치적으로 독립한다는 뜻인가"라는 일본인 순사의 질문에 대해, 그는 "정치적이란 것은 여하한 일인지 명확하지 않으나 …… 그것은 오세창·권동진이가 잘 알고 있다"고 답했다.[92] 이들보다 하루 늦은 2월 25일에 상경한 평안북도 용강군의 홍기조는 고종의 국장 배람과 교조 최제우 기일 기도회에 참석하기 위해 입경했고, 바로 그날 길에서 만난 권동진과 오세창 두 사람으로부터 독립선언에 관한 이야기를 듣고 그 일에 찬성하고 가입했다.[93] 평안도 출신으로 10년 전부터(1909년 무렵) 경성에 살면서 손병희에게 출입했던 나용환은 2월 26일 권동진으로부터 독립에 관한 이야기를 듣고 그 일에 찬성했다.[94] 24세에 동학에 입교한 홍병기는 손병희의 부하로 동학농민전쟁에 참여했었고, 3·1운동이 발발한 무렵에는 천도교 장로였다. 홍은 2월 26일 권동진으로부터 독립선언에 관한 이야기를 듣고 그 일에 가입하였다. 교주 손병희의 의전 담당을 맡았던 권병덕은 "선생께서 명하는 대로" 「선언서」에 서명날인을 하였다."[95]

이들의 이야기를 정리해 보면 지방의 천도교 지도자들은 24일과 25일에 서울로 상경을 했고, 25일과 26일에 주로 권동진과 오세창으로부터 독립선언에 관한 설명을 들었다. 그리고 그들은 26일 정오 무렵에 김상규 집에 모여서 서명 작업을 진행했다.96) 1912년에 건립한 봉황각에서 매년 전국의 교단 내 지역 지도자들은 '49일 특별기도'를 드렸는데 1919년에도 1월과 2월에 특별 기도회를 핑계 삼아 봉황각에 모여 있었다.97) 교주를 중심으로 전국적 조직망을 갖고 있었던 천도교는 지도부의 뜻과 의지가 아래 방향으로 관철되었는데, 3·1운동을 기획하고 주도할 수 있었던 천도교의 힘은 다수의 신도를 갖고 있었던 '일원적이며 위계적인' 조직에서 나왔다.

2) 기독교 16인: 다원적 병렬적 관계

이에 비해 기독교는 미 감리교·남감리교·북장로교 등 다양한 종파가 병립하고 있는 다원적인 조직이었고, 그들은 서로 수평적인 협업관계를 유지하고 있었다. 이 무렵 목사·장로·전도사 등 기독교 인사들은 참여를 권유하는 인물에 대한 신뢰가 높았고, 자신의 종교와 민족주의 의식이 강했다. 제국주의 침략으로 인한 국가적 민족적 위기와 종교적 각성이 만나면서 형성된 기독교 민족주의는 그들이 3·1운동에 참여하게 된 동기였다.

독립운동을 함께 하자는 천도교의 메시지가 기독교에 전달되었다. 그 발신자는 서울의 최린이었고 수신자는 평북 정주의 이승훈이었다. 최남선 - 현상윤 - 정노식 - 김도태는 릴레이 배달부였다. 다원적이며 병렬적이었던 기독교계의 운동 조직들은 이승훈을 매개로 하여 연합되었고, 또 그는 기독교와 천도교를 연결하는 가교 역할을 맡았다.

이승훈은 14세 때 임권일 유기상점에서 일하면서 상인의 길에 들어섰고, 16세 때는 행상으로서 다양한 경험을 쌓았으며, 상업계에 투신한 지 약 10년이 되던 1887년에 유기상점과 유기 제조공장의 주인이 되었다. 그의 기업활동의 거점이었던 평안북도 청정(淸亭)은 서울과 의주를 연결하는 교통의 요지이자 유기 제조로 이름난 곳이었다. 그의 사업은 평양에 지점을 둘 만큼 번성했지만, 1894년 청일전쟁에 참전한 청나라 군대가 청정을 파괴하면서 지나갔기 때문에 큰 손해를 보게 되었다. 평안북도 철산 부호 오희순의 지원을 받아서 재기한 그는 평양은 물론이고 진남포에도 지점을 신설했고, 1901년부터는 항구와 철도를 연결하는 무역과 운송업에 투자했다. 그의 상재(商材)는 서울과 인천에서도 유명했다. 러일전쟁은 그에게 다시 큰 손실을 입혔다. 전쟁이 예상보다 일찍 끝나면서 미리 사놓은 우피(牛皮)의 판로가 없어졌다. 이때부터 그는 청정 근처에 있는 용동(龍洞)에서 은거했다. 용동은 그가 사업이 잘되던 1899년에 그의 일가들과 함께 조성한 동족 마을이었다. 그들이 한문을 배우면서 유교적 가치를 내면화하고 있었지만, 은거자 참봉 이승훈은 『황성신문』과 『대한매일신보』를 꾸준히 읽으면서 바깥세상의 동정(動靜)도 살폈다. 신문들은 을사보호조약에 분개한 민영환 및 조병세와 같은 대한제국 고위 관리들의 자결, 헤이그밀사 사건으로 인한 고종의 강제 양위에 관해 보도했다.[98] 그는 답답한 마음으로 평양에서 열린 안창호(安昌浩, 1878~1938)의 대중연설회에 참석했는데,

군중에게 향하는 안창호의 말은 그의 가슴에 박혔다. "여러분 이렇게 흥분할 일이 아닙니다. 먼저 우리의 처지를 생각해봅시다." 또 "사람이 제가 자기를 업신여긴 후에야 다른 사람이 업신여기는 것입니다. 우리 국민이 모두 깨어서 자기의 덕을 닦고 행위를 바로 한다면 다른 사람이 업신여길 수 없습니다." 이승훈(1864년생)은 자신보다 15살 어린 안창호를 만나서 그의 손을 맞잡았다. 이 장면을 김도태는 이렇게 묘사했다.

이 장면이야말로 극적 광경이었으며, 선생의 심경이 돌변하는 동시에 작일의 선생은 이익을 가리는 선생이었고, 양반을 꿈꾸는 선생이었고, 성리학을 경모하는 선생이었든 탈을 한꺼번에 벗어버린 시간이었다.[99]

이승훈이 건립한 오산학교 출신으로 무교회주의자이며 이승만정권과 박정희정권기에 반독재민주화운동을 했던 함석헌도 그 장면에 주목했다.

1907년 7월, 사업에 실패하고, 울울한 심사를 금할 수 없는 선생은 이렇다 하는 소식을 듣고 그냥 있을 수 없어 궁금한 맘에 평양을 나갔다. 그랬다가 모란봉 밑에서 그때 신진 애국청년 도산 안창호 선생의 열변을 듣고 크게 깨닫고 감동하는 바가 있어, 그 자리에서 머리를 깎고 술 담배를 끊고, 앞으로 나라를 위해 몸을 바쳐 일할 것을 맹세했다.[100]

평양에서 돌아온 이승훈의 생활 태도는 극적으로 달라졌다.

선생은 꿈을 깨듯이 평양서 돌아왔다. 돌아온 선생은 나갈 때의 승일 참봉이 아니었다. …… 그 전에 집 옆에 서당을 세운 것이 있었는데, 그것을 고쳐 강습의숙이라고 하고 신학문을 가르치기 시작했다. 조금 후에 또 오산학교를 세웠다. 이제부터 선생의 생활이 바빠지기 시작한다. 나가면 안창호·이갑·이동녕·이회영·전덕기·이동휘·최광옥·안태국·김동원·이덕환·김구·류동열·류동작·양기탁이라는 신민회 사람들과 만나 나라 일을 의논하고 평양에 자기(磁器) 회사를 경영하고 돌아오면 둥지 안에서 먹을 것을 찾아 짹짹하는 새끼 같은 오산학교 선생 학생을 위해 애를 쓴다. …… 나라가 망하여 모든 동지들이 해외로 도망을 하여도 선생은 홀로 남아 있어 교육에 힘썼다. 그 맘속에는 영웅주의는 없었다.101)

한국고대사 학자로 저명한 이승훈의 종고손자 이기백102)은 그의 변화를 이렇게 설명했다.

그러나 이 양반 되려는 생각, 양반 행세하려는 생각은 일단 민족에 대하여 생각이 미치자 뒤로 물러섰다. 이 커다란 전환은 을사보호조약이 맺어진 다음해인 1907년에 있었다. 남강의 44세 때의 일이었다. …… 이때에 남강은 머리를 깎고 기독교인이 되어 온 집안에 소동을 일으켰다고 한다. …… 이 절실한 감정이 아무런 마음의 준비 없이 도산의 연설만으로써 이루어질 수는 없는 것이라고 생각한다. 그것은 그의 상업활동이 무력을 수반하는 일본 자본주의의 침략에 의하여 억제

당하던 사실에서 오는 오랜 동안의 의문이 깨우쳐졌기 때문이었을 것이다. 이제 남강에게는 가문이나 양반과 같은 낡은 관념이 사라지고 근대적인 민족에 대한 의식이 싹트게 되었던 것이다. 이것은 두말할 것도 없이 남강의 생애에 있어서 커다란 전환이었다. …… 남강을 남강으로 만든 것은 그의 기독교 신앙이었다고 위의 글에서 함석헌 선생은 말하였다. 부친도 남강은 신앙의 사람이었다고 말하였다.103)

평안도 사람들에게는 그들만의 특유의 지역 정서가 있다. 그들의 내면에는 조선왕조 내내 지속되었던 차별에 대한 억울함, 또 그것을 뛰어넘기 위한 저항적이며 개방적인 기질에 대한 자부심 등 여러 가지 복잡한 심리가 있다. "남강 할아버지"라고 부를 수 있는 이기백은 1924년에 태어났다. 그의 고조할아버지의 형제(從高祖父)인 이승훈이 세상을 등졌던 1930년에 그는 보통학교(초등학교) 1학년인 7살의 어린아이였다. 그가 남강의 일과 관련하여 기억하는 것은 남강 동상제막식에 참석하여 과자를 타 먹은 일과 남강 장례식 때의 많은 군중, 그리고 거기에 참여했던 소년단원의 옷차림이었다.

그의 이승훈에 대한 관점은 복잡했다. 그에게 이승훈은 '상놈 중의 상놈'인 평안도 출신 '상놈'이었다.

남강은 평안도의 상놈 출신이었다. 남강의 본은 여주이씨(驪州李氏)로 되어 있으나, 지금 여주이씨의 족보를 뒤져 보면 이 평안도의 일파가 기록되어 있지 않다. 물론 어찌해서 여주이씨로 통하게 되었는지를 나는 모른다. 그러나 평안도 시골서 장사꾼집 사환으로 자란 남강의 가문이 양반일 수가 없는 것은 뻔한 일이다. 상놈—그것도 평안도 상놈—이라면 사회적 신분은 알아볼 만한 일이다. 그러나 이 사실이야말로 남강을 이해하는 데는 가장 중요한 점의 하나가 아닐까 한다.[104]

또 그에게 이승훈은 가식적이지 않고 솔직담백하게 말을 하고 행동하는 '상놈'이었다. 그가 표현한 "상놈의 정신"은 체면을 차리고 가식적인 구체제의 양반 속성을 극복할 수 있는 '근대의 정신'이었다.

남강의 인품도 또한 이 상놈의 생활감정 속에서 키워졌다고 믿는다. 그는 남에게 잘 보이기 위하여 거짓을 꾸밀 줄을 몰랐다. 무슨 일이나 옳다고 생각하면 체면을 가리지 않고 단도직입적으로 말로 옮기고 실천으로 옮기었다. 이것은 양반의 속성이기보다는 상놈의 정신이었다.[105]

그러나 그에게 이승훈은 구체제의 문화에 갇혀 있었던 인물이었다. 그가 조선왕조를 세운 전주이씨처럼 잘 살아보려고 동족부락을 만든 것, 풍수를 따져 가족 공동묘지를 조성한 것, 양반가와 혼인을 하려고 애쓴 것 등은 조선왕조 기득권 문화에 편입되고 싶어 하는 '상놈'의 심리였다.

상놈 출신인 남강이 양반이 되려고 하였다. 양반을 돈 주고 사든 시절이라 이것은 돈만 벌면 가능한 일이었다. 그리고 과연 어려서 사환으로 있던 주인 임일권이 그러했듯이 남강도 상업에 성공하자 돈으로 양반을 샀다. 참봉의 차함(借啣)을 얻은 것이었다. 남강이 용동에다가 평안도 각지로부터 동본의 친척들을 모아 동족부락을 만들고, 가까운 신리(新里)의 전주이씨 못지않게 잘살아보자고 한 것도 그러한 뜻에서였던 것으로 보인다. 풍수쟁이를 불러다가 좋은 묘소를 찾아서 가족 공동묘지를 만든 것도, 말하자면 다른 가문 못지않게 자기도 양반이 되어 잘살아야겠다는 뜻에서였을 것이다. 혼인도 될수록 양반 집안과 통하려고 무척 애를 썼다고 한다. 맏사위는 충주김씨 집에서 맞이하였었는데, 이것은 억지 혼사였다고 모친(이기백의 모친—필자 주)은 말하였다. 역시 충주김씨인 모친의 이야기로는 충주김씨가 대단한 양반은 아니었지만, 위의 혼사는 문벌의 차이로 해서 무척 힘든 것이었다고 들었다 한다. 그리고 그것은 남강이 강요하다시피 하는 간청에 의한 것이었다고 한다.106)

춘원 이광수는 이승훈의 변신을 더 노골적으로 묘사했다.

남강 이승훈은 상인이었다. 그는 선천 오치은(吳致殷) 집 자본으로 평양에서 인천 등지에 상업을 경영하여 거상이 되었다. 그는 재산을 얻었으나 문벌이 낮은 것을 한탄하여서 금력으로 양반집과 혼인을 하고, 자손을 위하여 경서(經書)를 준비하고, 고향에서 서당을 설립하여 어떻게 해서라도 그 자손으로 하여금 상놈이라는 천대를 면하고 양반 행세를 하게 하고자 결심하였다. 그는 자기 집이 양반이 되려면 이문일족(李門一族)이 함께 양반이 되어야 한다고 하여 흩어져 있는 일가를 고향인 정주군 오산면 용동으로 모아서 천한 직업을 버리고 농사짓는 데 종사하고, 자제를 교육하도록 하고 남강 자신의 주택과 이문(李門)의 서당을 건축 중에 있었다. 남강이 보기에 양반촌에는 사랑문을 열어 놓고 양객(養客)하는 집과 현송지성(絃誦之聲)이 끊이지 아니하는 서재가 있었기 때문이었다. 바로 이때 남강은 평양에서 도산의 연설을 들었다. …… 그날로 상투를 자르고 고향으로 돌아와서 자기 주택과 서재의 공사를 중단하고 그 재목과 기와를 오산학교에 썼으니, 이것이 오산학교의 기원이다.107)

함석헌에게도 이승훈은 실무에 능하고 과감한 결단력이 있는 "장사꾼"이었다. "선생의 전반생은 실업으로 지냈다. 15, 6세의 소년에서부터 마흔넷까지 장사꾼으로 왔다. 장사꾼 중에도 놀라운 수완을 가진 장사꾼이었다. 심부름꾼에서 시작하여 나라에서 손을 꼽는 무역가가 됐고, 그가 물건을 내고 들임에 따라 시세에 변동이 생길 지경이었다. 이것은 선생이 실무, 실천의 사람이었던 것을 말하는 것이다."108) 또 그에게 이승훈은 차별을 받았던 평안도 출신의 저항적 인물이었다. "선생은 평안도 사람이요, 평안도에도 정주, 정주에도 가난한 군인 집에 났다." 이조 5백년 동안 "이 땅은 버려졌고, 이 사람은 눌리고 업신여김을 받을 뿐이었다." 그것이 하도 분해 견딜 수 없어 일어선 홍경래(洪景來; 1771-1812)가 "천추의 한을 품고 죽은 곳이 정주, 그 정주에 그 일이 있은 지 54년에 난 것이 선생이다." '상놈' 이승훈은 평안도 저항 정신을 상징하는 홍경래의 상속인이었다.109)

일반적으로 평안도에서 홍경래는 차별받은 평안도인들의 '분노와 저항'을 상징하는 인물로 받아들여지고 있다. 조선후기 들어서서 평안도에 대한 정치적 차별의 강도는 약해졌지만, 여전히 그 차별은 존재했다. 그들이 과거에 합격해도 – 그 수는 늘어났지만 – 중앙에서 정치적 출세는 매우 어려웠다. 그러한 차별은 정치적 감수성이 예민한 평안도의 엘리트들의 저항 심리를 자극할 수 있는 요인이었다. 김선주는 '홍경래 난' 발발의 원인으로 평안도의 주변화된 엘리트들(marginalized elites)의 역할에 주목했다. 오수창은 농민수탈이 가중되는 사회적 모순을 '홍경래 난'의 주요 원인으로 진단하지만, '저항적 지식인'의 역할을 강조한다는 측면에서 차별이 존재하는 평안도 지역의 특수성을 반란의 한 원인으로 인정했다. 그런데 지역의 차별적 상황을 강조하는 주장은 평안도의 다른 사정을 간과하는 경향이 있다. '홍경래 난' 지도부에서 활약했던 상인들은 조공무역 중심으로 돌아가는 평안도 지역의 관료적 상업체제에 편입되지 않은 주변화된 개성상인 및 의주상인일 가능성이 높다. 그들의 불만은 저항적 지식인의 정치적 불만과 쉽게 결합했다. 그런데 홍경래 난은 의주의 거상 임상옥(林尙沃; 1779-1855)에 의해 진압되었다. 그는 중앙권력과 연결된 평안도의 관상(官商)이었다. 의병 현인복은 홍경래 난의 거점인 정주를 다음과 같이 묘사했다. "하물며 우리 정주는 청천 이북의 사람과 물산이 모이는 고을이며, 관서의 요충지입니다. 모든 집이 거문고를 타고 시를 읊어, 본디 예의를 아는 고을로 불리며, 집집이 벼슬아치의 집으로 고관의 피붙이 또한 많으니, 이는 나라로부터 받은 은혜일 따름입니다." 군사적 기능 때문에 재정이 분리되어 있었고 변방이기 때문에 조공무역 및 기타 상업이 발달되어 있었다. 재정이 분리된 상황에서 지방의 토호 세력들은 관권과 유착이 된다면 지역에서 부와 지역 내의 헤게모니를 누릴 수 있었고, 수령 역시 그들을 회유 혹은 통제하면서 통치의 효율과 큰 부를 축적할 수 있었다. 평안도 내의 사족은 그러한 영역에서 형성되었다. 서북의 유향은 중앙의 권문세가는 될 수 없었지만 그들 못지않게 유교적 세계관을 내면화했다. 그 지역 내에서 향권을 먼저 차지한 세력은 관권과의 유착을 통해서 자신의 헤게모니를 공고화할 수 있었다. 평안도의 지배 엘리트들은 중앙 권력에 대한 욕망을 포기한다면 관료적 상업체제를 기반으로 하여 그들의 이익을 유지하고 확장할 수 있는 길은 열려 있었다. 평안도에서 기독교가 빠르게 확산될 수 있었던 배경에는 상업이 발달하고 차별을 받았던 지역적 특성이 있었지만, 조선왕조가 기독교를 탄압하지 않았던 사정도 있었다. 오히려 평안도의 기독교는 국가가 위기에 처했을 때 애국계몽운동을 선도했다. 지역마다 주변성(marginality)이 달랐다. 영남에서 진주민란이 일어나고 호남에서 동학농민전쟁이 발발한 것은, 세도정권의 장기화에 따른 조선왕조체제의 한계가 노출된 조세수취체계의 문란 때문이었다. 영남은 유교의 중심지 베이징에서 가장 먼 곳이었지만 여전히 유교의 보수성이 강하게 잔존했던 지역이었다. 미곡생산의 거점인 호남에서는 개항의 파고가 사회적 분화를 촉진시켰다. 미곡무역의 확대는 사회적 모순을 격화시키면서 반봉건 반외세 운동의 한 배경이 되기도 했지만, 새로운 지주 세력이 등장하는 배경이 되었다. 이러한 측면을 고려할 때 평안도의 한 측면을 강조하는 것은 어떤 사건의 실체와 의미를 이해하는 데 방해를 일으키는 요인이 될 수 있다. 평안도는 보수성과 저항성이 혼종된 공간이었다.110) 그러한 혼종성이 내재되어 있었던 이승훈은 국가적 위기를 계기로 저항성이 활성화되면서 근대적 인물로 전환했다. 함석헌은 이승훈의 저항 정신을 다음과 같이 표현했다.

사람이 사람 노릇, 즉 제 노릇을 해야 한다는 것이 선생의 속 깊이 들어 있는 정신이다. 민족운동을 한 사람이 하나둘이 아니지만, 이 점에서 선생 같은 이는 드물다. 다 무슨 방책이니 교섭이니 하여서 외국 세력을 빈다던가 비밀운동이나 폭력 수단을 쓴다던가, 그러한 식의 생각을 벗어나지 못하는데 선생은 그러지 않았다. 그런 것으로 독립이 되는 것 아님을 처음부터 뚫어 알았기 때문에 그런 운동보다는 교육을 힘썼다. 이 의미에서 선생은 시대와 함께 낡아버리는 소위 영웅주의의 인물들과 딴판이다. …… 민족을 지도하여도 정치 일편의 선동적인 말로 하는 것이 아니요 생활로써 하는 것이었다. 일본에 반항했지만 배일주의(排日主義)는 아니었다.111)

그는 "민족운동을 해도 배일사상을 선전하지 않았고 독립운동을 해도 언제 폭력주의를 쓰거나 말한 일이 없고 교육을 해도 사람되기를 가르쳤을 뿐이요 공명심을 털끝만치도 불어넣지 않았다."112) 관청을 드나드는 행정원, 교원을 초빙하는 학교 임원, 물자를 구입하는 조달업자, 자금을 지원하는 재단의 임원, 그리고 성심성의로 학생들을 대하면서 솔선수범하는 생활 태도를 보이는 교사 등 다섯 가지는 그가 학교 운영을 위해 맡아야 했던 역할이었다. 그야말로 일인다역이었다. 학교의 재정 운영이 위기에 빠진 적이 있었다. 설립 초기 학교 운영 경비는 정주향교에서 기부한 토지에서 나오는 수익금으로 충당했었다. 관찰사가 바뀌면서 정주 지역 유림측 태도가 돌변했다. 학교가 잘못될 것을 걱정한 이승훈은 그들에게 그 재산을 돌려주었고, 바로 자신의 재산을 매각해서 학교 운영비로 집어넣었다. 평양의 윤성운, 진남포의 김정민, 청정의 이용화, 덕원의 조형균, 모안리의 김순서·김낙용, 오산의 백양여 등은 찬무회를 조직해서 매달 약 40원의 경비를 학교에 보냈다. 그는 또한 수익사업의 하나로 1908년에 평양 마산동에 도자기를 만드는 자기회사를 설립했다. 오산학교와 대성학교 출신들은 이 회사에 우선 고용되었고, 이승훈은 회사에서 받는 월급마저 학교 운영 자금으로 썼다.[113] 이승훈과 오산학교의 소문은 평안도를 넘어서 전국에 퍼졌다.

1909년은 아직 대한제국 신민(臣民)이었던 이승훈에게는 매우 의미 있는 한 해였다. 1909년 초에 순종은 한국통감인 이토 히로부미와 함께 평안도 지역을 살피는 순행(巡幸)을 나갔다.[114] 1월 31일 오후 12시 무렵에 순종은 정주역에서 구태연한 지역의 신사(紳士)들에게 상투를 자르고 단발할 것을 요구했다. "짐이 단발을 한 지 오래되었는데 그대들 신사들은 아직 이러한 구습을 융통성 없이 굳게 지키고 있으니 짐이 실로 개탄하노니 지금부터 신사상을 고발(鼓發)하라." 이와 대조적으로 정주군에서 교육으로 저명한 이승훈은 황제의 격려를 받았다.[115] 오산학교 1회 졸업생인 김도태는 이 만남의 의의를 이렇게 기록했다. "이 일이 있은 후에 정주 사람으로 500여 년 동안 임금을 직접 배알한 사람은 남강 선생이 처음이라 하여 더욱 경앙하는 마음이 높아졌다."116) 김도태의 진술에서 우리는 차별을 받았던 평안도인들의 복잡한 마음을 엿볼 수 있다. 당시『황성신문』(1909년 2월 9일자)도「논설」을 통해 이승훈의 교육사업을 크게 격려했다. 그는 한미한 출신이지만 신용이 있는 실업가로 가난한 사람들을 구휼하는 사회적 활동을 전개했고, 유림의 반대를 무릅쓰고 국가의 장래를 위해 오산학교를 제대로 운영했으며, 교육을 받은 자는 물론이고 주변의 사람들에게 감동을 주어 학교 설립을 자극하는 교육가가 되었다. 그의 명성은 서북 지역은 물론이고 전국적으로 알려지게 되었다.

교사로 초빙된 여준(呂準) 또한 오산학교의 명성을 높이는 데 일조했다. 그는 경기도 죽산군 출신으로 이상설(李相卨; 1870-1917)과는 고향도 가깝고, 공부도 같이하고 사상도 서로 통하는 바가 있었으며, 신구학문에 두루 식견이 높아서 그의 명성을 듣고 찾아오는 이가 많았다.117) 또 오산학교는 해외로 망명하는 민족주의자들이 잠시 머물고 가는 명소가 되었다. 우당 이회영 가족과 단재 신채호가 그리했다.118) 오산학교는 한국이 구체제에서 신체제로 전환되는 길목에 있었던 교차로와 같았다. 한국인에게 개인 이승훈과 교육기관 오산학교는 점점 그 유명세를 더했는데, 그 때문에 그는 일제의 주요 감시대상이 되었다. 그런 상황에서도 1910년 7월 11일에 마침내 오산학교 제1회 졸업식이 거행되어 11명의 학생이 배출되었다.

조선총독부의 관리들에게 평안도는 불온한 지역이었고, 그들은 한국인의 저항 의지를 꺾기 위한 사건을 기획했다. 1910년 12월에 있었던 '안악사건'이 바로 그것이다. 이때가 바로 우당 이회영을 중심으로 하는 일군의 사람들이 무장투쟁을 위해 해외로 망명할 무렵이었다. 황해도 신천 일대에서 군자금을 모집하던 안명근의 검거는 사건의 발단이 되었다. 황해도 신천은 안중근의 고향이었고, 안명근은 안중근의 동생이었다. 이를 계기로 황해도 일대의 지식인과 자산가들이 대거 체포되었다. 그 수는 무려 160여 명에 이르렀고, 김구도 이때 체포되었다. 양기탁·안태국·이동휘·이승훈 등 신민회 중앙 간부와 지방 회원들이 많이 구속되었다. 그들은 서간도에 독립군 기지를 건설한다는 혐의로 조사를 받았다. 혹독한 고문도 더해졌다. 안명근은 무기징역을, 김구는 15년형을 선고받았다. 이승훈은 혐의가 없었지만 제주도로 유폐되는 행정처분을 받았다. 두 번째 기획 사건은 평안도에서 일어났다. 1911년 9월 무렵부터 데라우치 총독 암살 혐의로 윤치호·양기탁·이승훈 등 약 600여 명의 인물들이 체포되었다. 1912년 9월 28일에 열린 경성지방법원 재판에서 105인이 유죄판결을 받았다. 1913년 7월 15일에 열린 대구복심법원 최종 공판에서는 99명은 무죄 판결을, 이승훈·윤치호·양기탁·안태국·임치정·옥관빈 등 6인은 실형을 선고받았다.

1915년 2월에 가석방으로 풀려난 이승훈은 정주읍교회에서 세례를 받았고, 그 다음 해에는 오산교회의 장로가 되었으며, 1917년에는 52세 나이로 평양신학교에 입학했다. 상인에서 교육자로 그리고 기독교인으로 거듭나는 과정에서 이승훈은 기독교민족주의를 상징하는 인물이

되어 있었다. 이러한 업적과 시련은 그가 기독교계를 이끌고 3·1운동에 나설 수 있었던 배경이었다. 1907년 안창호와의 만남과 오산학교 건립 - 신민회 가담 - 1909년 순종과의 만남 - 안악사건과 105인사건으로 인한 고초 - 평양신학교로 연결되는 과정을 통해 이승훈은 기독교계와 일반 사회에서 지도자로 부상되었다. 그는 국가적 위기의 국면에서 유교의 세계로부터 벗어나서 기독교 세계로 들어갈 수 있었다. 그 과정에서 그는 기독교를 통해서 사회와 국가를 변화시키려고 했고, 평등한 사회와 독립된 국가를 상상했다. 함석헌은 이승훈을 "의(義)"를 힘써 실천하는 "구약 중의 선지자" 같은 사람이라고 평했다.119) 오산학교는 그의 새로운 사상을 실천하기 위한 도구였다. '참봉 승일'은 두 개의 자극—국가 그리고 기독교—을 통해 평안북도 정주라는 작은 도시에서 시민(citizen)으로 재탄생했다.

송진우로부터 서울의 소식을 듣고 선천으로 다시 내려간 이승훈은 우선 평안북도 장로회 계통의 목사와 장로들의 동의를 얻었다. 바로 평양으로 내려간 그는 기홀병원에서 손정도(孫貞道; 1872-1931) 목사에게 독립운동에 참여할 것을 권했다. 중국에 갈 예정이었던 손정도는 자신을 대신하여 감리교 남산현교회 신홍식(申洪植; 1872-1937) 목사와 장로교 장대현교회 길선주(吉善宙; 1869-1935) 목사를 소개해 주었다. 정동교회(貞洞敎會) 목사였던 손정도는 1918년 7월 갑자기 교회를 사임하고 평양 신창리에 머물면서, 의친왕(義親王; 1877-1955)의 해외망명을 추진하고 있었다.120) 다시 서울에 온 이승훈은 소격동 133번지에 짐을 풀고 서울의 기독교계 조직을 단일화하기 위한 활동에 들어갔다. 2월

19일 서울에 온 평양 남산현교회의 신홍식은 YMCA 박희도(朴熙道; 1889-1951) 전도사를 만났다.121) 신홍식의 권유를 받은 박희도는 소격동의 이승훈 거처로 갔다. 두 사람의 만남은 기독교 조직이 통일되고 의견이 조율되는 중요한 계기였다.122)

2월 20일에 기독교계의 단일전선이 형성되었다. 그날 영신학교에서는 이승훈·신홍식·박희도·정춘수·오화영 등이 모여서 결의를 다졌다.123) 그날 밤에 이갑성의 사택에서 다시 회의를 한 장로교와 감리교 인사들은 천도교와 기독교의 합동을 결정했고, 이승훈과 함태영(咸台永; 1873-1964)을 교섭 대표로 선임하였다. 23일에는 함태영 사택에서 만난 기독교 인사들은 자신들이 주장한 「독립청원서」 방법을 버리고 천도교 측이 제시한 「(독립)선언서」 발표를 수용했다.124) 신홍식은 다시 22일에 평양으로 돌아가서 남산현교회 부목사인 박석훈 목사와 더불어 평양 만세운동을 준비했고, 장로교 장대현교회의 길선주 목사와 안세환·윤원삼·강규찬·이덕환 등도 그리했다. 신 목사는 27일에 독립선언식에 참석하기 위해 다시 서울로 왔다.125)

중앙교회 전도사이며 기독교청년회(YMCA) 학생부 간사를 겸임했던 박희도126)는 자연스럽게 김원벽·한위건·강기덕 등 YMCA 간부들, 그리고 연희전문 학생YMCA 조직과 연결되어 있었다.127) 그가 교감으로 근무한 영신학교는 감리교와 장로교가 연합으로 운영하는 초교파 학교였다. 북감리교회 인사들은 대부분 조직과 정보의 중심에 있었던 박희도를 통해서 「(독립)선언서」 서명에 참여했다. 남감리교쪽 흐름은 서울 종교교회 목사 오화영과 원산중앙교회 정춘수 목사가 이끌었다.

평안북도에서 활동했던 기독교인들의 성장 과정은 대체로 이승훈과 유사했다. 평북 지역 인사들에게는 크게 두 가지 공통점이 있었다. 하나는 신민회와 105인사건이며, 다른 하나는 평양신학교였다. 이들 대부분은 20-30대 무렵에 기독교로 개종했는데, 그들이 기독교에 입문하는 동기는 국가의 위기적 상황과 관련이 있었다. 기독교 신앙의 확산과 국가적 위기는 서로 맞물려 있었다.

1870년 의주에서 출생한 양전백은 1892년에 전도사 김관근(金灌根)과 함께 서울 정동제일교회를 방문했고, 1894년에는 마포삼열(馬布三悅; Samuel Austin Moffet) 선교사로부터 세례를 받았다.128) 1896년부터 그는 위대모(魏大模; N. C. Whittemore) 선교사와 함께 선천에서 교회와 학교를 세웠다. 초등교육 기관인 명신학교 · 신성(信聖)중학교(1906) · 보성(保聖)여학교(1907) · 대동(大同)고아원(1908) 등이 설립되었다. 1907년에 그는 장로회계 평양신학교(1회)를 졸업하고 한국 최초의 목사가 되었다. 105인사건 때 구속된 양전백은 1913년 3월 무죄로 풀려났고, 1916년에는 제5대 조선예수교장로회의 총회장에 선출되었다.129)

1872년 철산에서 출생한 이명룡은 정주군 상업회의소 소장(1902)과 서북학회의 부회장(1909) 그리고 덕흥교회 장로(1913)로서 활약했다. 그가 신민회에 가입하고, 105인사건에서 구속되고, 「(독립)선언서」에 서명한 것은 모두 이승훈과 연관이 있었다.130) 그러나 그가 3 · 1운동에 참가한 직접적 동기는 식민지 조선도 독립할 수 있다는 상상을 하게 한 미 윌슨 대통령의 민족자결에 관한 기사였다.131)

1878년에 의주에서 출생한 유여대(劉如大; 1878-1937)는 27세에 의주 서교회에서 미국 선교사 위대모 목사로부터 세례를 받았고 37세에 평양신학교를 졸업한 후 목사가 되었다. 유여대는 자신의 출생지인 의주의 동교회를 중심으로 종교활동과 계몽운동을 펼쳤다.132) 유여대 역시 이승훈과 양전백이 소속된 평북노회의 영향으로 「(독립)선언서」에 서명했지만, 서울에는 올라가지 않고 의주에 남아서 시위를 준비했다. 그 경위는 1919년 5월 6일, 경성지방법원에서 판사 나가시마 유조(永島雄藏)의 질문에 대한 답변에 나타나 있다.

선천에서 의주로 돌아온 유여대는 함께 시위를 조직할 동지들을 모으기 위해 비밀리에 정명채(鄭明采)와 김두칠(金斗七)을 접촉했다. 시위에 대해 그들의 동의를 얻은 그는 용운동교회에서 사경회를 운영하면서 양전백의 연락을 기다리고 있었다. 그때 정주 사람이면서 선천교회를 담당하는 도형균이 시위 날짜와 시위 방법에 관해 전달해주었다.

선천(宣川)에서 의주(義州)로 돌아왔으나 비밀인 관계로 다른 사람에게는 이야기를 하지 않았으나 2월 17·18일경에 의주면 서부동(義州面 西部洞) 과부집 숙박업소에서 정명채·김두칠에게 선천에서 양전백과 함께 약속한 사실을 전하고 두 사람의 찬성을 얻었다. 그리고 의주군 주내면 용운동(義州郡 州內面 龍雲洞) 교회에서 동월 23·24일경부터 28·29일경까지 사경회가 개최되어 나는 성경을 가르치느라고 그 사이에 양전백으로부터 무엇인가의 통지가 있기를 기다리고 있던 때가 2월 27일경이라고 생각한다. 정주(定州) 사람인 선천교회의 영수 도형균(都

衡均)이 나를 찾아와서 독립선언은 3월 1일에 경성 및 각 지방에서 발표하기로 되었으므로 의주에서도 동일을 기하여 행하라, 그 방법은 경성(京城)으로부터 독립선언서를 보내올 터이니 그것을 낭독하고 발표하라고 말했다.133)

2월 28일까지「선언서」가 도착하지 않아서 걱정하던 유여대는 정명채·김두칠 등 여러 사람과 함께(약 20인 정도) 의주면 양실학교(養實學校)에 모여서 시위에 관해 상의를 했다. 그들은 만약 서울에서「선언서」가 도착하지 않으면 다른 곳에서 발표한「선언서」를 등사해서 준비해놓기로 했다. 정명채와 김두칠이 그 일을 맡았다. 거사 시간과 장소는 3월 1일 오후 2시 반 서교회당(西敎會堂)의 빈터였다. 안석응(安碩應)은「선언서」를 관청에 배포하는 임무를, 양실학교 교사들은 학생들의 참여를 독려하는 임무를 맡았다. 우려하던「선언서」가 거사일에 도착하자 유여대는 모여 있던 군중 앞에서「선언서」를 낭독하고 만세시위에 나섰다. 다음은 3월 1일에 대한 유여대의 진술이다.

그 다음날 3월 1일 오후 2시경 안석응에 대하여 어젯밤에 명령한 바와 같이 각 관청에「선언서」를 배포하고 오라고 말하고, 나는 오후 2시 반경에 상의한 장소로 갔었으나 그때 양실학교 교사에 대하여 생도를 데리고 오라고 명하였기 때문에 교사는 생도를 데리고 그 장소로 왔고, 생도의 부형들도 참가하여 7·800명의 사람들이 모여서 찬미가를 부르고 기도하고 있던 중, 선천으로부터 약 200매의「선언서」를 보내왔으므로 등사판 분배를 그만두고 그 선언서를 군중에 배포하고 나는 그것을 낭독하고 일동과 함께 독립만세를 부르고 있던 차에 헌병이 와서 우리를 체포하였다.134)

유여대의 진술에 의하면 지역의 시위와 서울의 선언서 낭독이 긴밀하게 연동되어 있었다. 비폭력 평화시위 태도도 그러했다. 시위가 폭동으로 전개될 것을 우려했던 그는 "선언서를 발표한 후 시중에서 만세를 부를 때" "만약 관리가 우리를 때리더라도 저항하지 말라고 했다."135) 시위의 목표는 독립이었고 그 방법은 국제적 지원을 얻는 것이었다. 소요를 일으킨 목적을 묻는 검사의 질문에 대해 그는 이렇게 대답했다. "조선민족 대표자가 파리의 강화회의에 파견된 사람들에게 '조선은 일반적으로 독립을 희망하고 있다는 것'을 통지하여……각국의 동정을 얻으면, 독립이 이루어진다고 생각했다."136)

1877년 정주군에서 출생한 김병조는 30대로 접어드는 1908년에 서당을 폐지하고 기독교로 개종했다. 이 무렵에 고종이 강제로 양위되는 등 국가적 위기가 고조되었다. 그는 평양신학교를 졸업한(1913-1917) 후 선천에서 목회 활동을 하고 있었을 때 「(독립)선언서」에 서명했는데, 유여대처럼 서울에 올라가지 않고 선천에서 만세시위운동을 준비했다.137) 1919년 1월 19일 선천에서 제15회 평북노회가 열렸을 때 선천 남교회에서는 사경회가 열렸다(평안북도에는 평북노회 · 의산노회 · 서북노회 등 3개의 노회가 운영되었다). 이 모임에 의산노회 소속 김병조는 유여대 · 장덕로 · 김승만 목사 등과 함께 참석했다. 그때 이승훈으로부터 3·1운동에 관한 이야기를 들은 김병조는 서명에 사용될 자신의 인장을 이명룡 장로에게 맡겼고, 또 이승훈이 보낸 자금으로 안동(만주) 지역에 미곡상으로 가장한 교통사무소를 설립하여 외국과의 연락 업무를 맡았다.138) 그는 안창호와 함께 임시정부의 외교와 선전 업무에서 그 역량을 발휘했지만 1923년 국민대표회의 이후 임시정부와의 관계를 청산했고, 그 이후에 남만주 일대에서 한인교회를 중심으로 선교사업을 전개했다.139)

평안남도의 목사들 중 신민회와 105인사건에 연루된 인물은 없었다. 1872년 충북 청주에서 서출로 태어난 남산현교회 신홍식 목사는 갑오개혁 이후 과거제가 폐지되면서 방황하다가 '힘이 있는 예수교회'를 알게 되었고, 스웨어러(W. Swearer, 한국명 서원보) 선교사로부터 1906년에 세례를 받았다. 그는 더 체계적인 공부를 위해 협성신학교를 다녔고 (1913년 졸업), 구미동교회에서 목사 안수를 받은 후에 1917년부터 남산현교회 담임 목사로 부임했다.140) 신홍식 목사는 개인적 계기로 기독교를 만난 경우였지만 점차 그의 신앙관은 민족 문제에 연결되었다. 1919년 4월 29일에 열린 공판에서 나가시마 판사는 그에게 "조선이 독립될 줄로 생각하는가?"라고 물었다. 그러자 그는 "하늘은 조선을 독립시켜 줄 것이며 또 우리는 정의를 주장하고 있으므로 일본은 당연히 조선을 독립시켜야 할 의무가 있다. 일본은 동양 평화를 역설하고 있으나 동양 평화를 보장하려면 조선 독립이 필요한 것이다. 또 우리가 이번 일을 하는 것은 일본을 배척하자는 것이 아니고 온화한 수단으로 독립을 청원하는 것이니 일본은 이것을 양해하고 허용할 것으로 생각하고 있다."141)

 평양 장대현교회의 길선주 목사는 평안남도 안주에서 출생했고 양전백과 함께 평양신학교 1회 졸업생으로 한국 최초로 목사가 되었다. 그는 16세까지는 서당에서 한학을 공부한 후 18세부터 상점을 차려 상인이 되었으며, 20세를 전후해서는 선도(仙道)를 수련하여 차력(借力)을 잘하는 '길 도인'이란 닉네임도 얻었다. 20대까지 조선왕조라는 세계에 갇혀 있던 길선주는 마포삼열 선교사를 만난 이후 새로운 세계인 기독교에 입문했고, 30대 중반에 평양신학교를 졸업하고(1907) 장대현교회의 목사로 부임했다.142) 샤머니즘 성향이 강한 도교에서 기독교로 개종한 대표적인 인물인 그는 새벽기도회라는 도교적 영성과 의례가 기독교 안에 자리잡는 데 기여했다.143) 옥성득에 의하면 1894년 청일전쟁 발발로 인한 평안도 지역의 피해는 종교의 지형이 변하는 원인이 되었다. 1894년 8월의 평양은 초토화되었다. 북감리회의 스크랜튼 목사는 "20,000명의 오합지졸인 중국 군인들이 두 달간 도시를 점령하면서 가옥을 약탈하고 쌀과 솥을 빼앗아 갔으며 부녀자들까지 겁탈했다. 일본군이 도시를 점령했을 때 80,000명의 주민 가운데 남은 자는 수백 명에 불과했다"고 보고했다. 일본 콜레라도 수많은 생명을 앗아갔다. 스피어(Robert E. Speer)는 당시 상황을 다음과 같이 전했다. "중국에 대한 일본의 승리는 한국인에게 깊은 인상을 남겼다. 서양 문명과 종교를 한층 더 높이 평가하도록 만들었다. 그것은 또한 귀신 숭배의 사기를 저하시키고, 중국 신들의 숭배를 죽였으며, 남아 있던 불교의 일부 버팀목들도 잘라버렸다." 서양 종교에 대한 반감이 줄어들었고, 유교적 세계관이 큰 위협을 받았다. 언더우드는 이를 "일종의 정신적 혁명"이라고 평가했다.144) 길선주의 기독교로의 개종 역시 국가적 위기 국면과 관련이 있었다. 1897년 8월 15일에 그는 널다리교회에서 그라함 리(Graham Lee, 李吉咸) 목사로부터 세례를 받았고, 한석진·김종섭·양전백·안창호 등과는 평양에서 독립협회 지부를 만들었다.145) 도교에서 개종한 개신교 지도자들은 1907년 평양부흥운동의 주역이 되었다.146)

평안도 인사들과 달리 서울 출신의 목사들은 구체제와 인연이 있었다. 1874년 서울에서 출생한 최성모 목사는 14세에 진사가 되는 과거를 통과했으나, 대한제국이 일본의 보호국으로 전락하던 무렵에 상동교회 전덕기 목사의 강연을 듣고 기독교에 입문했다. 그때 그의 나이 31세였다. 국가적 위기 국면에서 기독교를 수용한 최성모는 YMCA 활동, 협성신학교 졸업, 해주 남본정교회 담임목사 등 기독교도로서의 이력을 쌓아갔다. 1919년 2월 25일에 아들의 졸업 후 진로 문제를 상의하기 위해 박희도를 찾아간 최 목사는 「(독립)선언서」 발표에 관한 이야기를 듣고 바로 그 자리에서 서명에 동참하겠다고 약속했다.147) 그를 경유하여 또 한 사람이 참여하게 되었다. 그날 밤 최성모는 상동교회 시절부터 친하게 지내던 정동교회 이필주 목사집에서 묵었다. 이 목사는 33인에 참여한 목사들 중에서 유일하게 일본군이 지휘하던 교도중대에 편입되어 동학농민군을 진압했던 인물이었다. 그는 개인의 불행을 계기로―1902년에 자녀 둘을 잃은 후―기독교에 입문했는데, 협성신학교를 졸업한 이후 목회자의 길을 걸었다. 1918년 5월부터 손정도 목사 후임

으로 정동교회 목사로 활동했다.148)

동학농민전쟁에서 농민군으로 참여했던 황해도 평산 출신 오화영(1879-1959?) 목사는 남감리회 소속으로 개성의 북부교회(1911-1913) · 원산의 상리교회(1913-1917)에서 전도사로 근무했고, 1917년부터 서울의 종교교회 담임목사로 일했다. 그 역시 감리교 신학교인 협성신학교를 졸업했다.149) 1919년 7월 19일 예심을 담당했던 나가시마 판사가 "민족자결은 전쟁에 관계없는 조선에는 해당되지 않는 줄 알지 못하는가"라고 신문하자, 오 목사는 이렇게 답했다. "민족자결은 전 세계의 민족에 대한 문제다. 강화회의의 5대 강국의 하나로서 열국과 교섭하고 있는 일본이 민족자결 문제가 제창되고 있는 이때에 조선을 독립시킴으로써 타국에 대해 정의를 주장할 수 있을 것이라고 생각했다."150) 신문에 보도된 윌슨 대통령의 「14개조」는 오화영의 판단에 영향을 끼쳤다.151) 오 목사는 1929년 광주학생운동, 1939년 흥업구락부사건과 관련하여 두 차례 더 수감되었고, 1945년 8월 15일 이후에는 '건국준비위원', '조선민족당 당수', '비상정치회의 위원', '남조선과도정부 입법위원', 제2대 국회의원(지역구 종로구)으로 활약했고, 한국전쟁 때 납북되었다.152)

신석구(1875-1950)는 충청북도 청주군에서 출생했다. 그는 30살 무렵까지 특별한 일을 찾지 못한 채 방황하다가 1907년 7월 14일 그의 나이 33세 되던 때에 친구 김진우의 권유로 기독교에 입문했다. 1907년은, 앞에서도 언급했지만, 일본에 의해 고종의 양위가 강제로 이루어지는 때였다. 그는 이렇게 다짐했다. "참으로 나라를 구원하려면 예수를 믿어야겠다. 나라를 구원하려면 잃어버린 국민을 찾아야겠다. 나 하나 회개하면 잃어버린 국민 하나를 찾는 것이다. 내가 믿고 전도하여 한 사람이 회개하면 또 하나를 찾는 것이다. 그리하여 잃어버린 국민을 다 찾으면 나라는 자연히 구원될 것이다." 그는 같은 고향 출신 정춘수와 함께 개성으로 거처를 옮겨서 선교사 리드(C. F. Reid, 李德)의 어학선생으로 일하면서 세례를 받았고, 1909년 2월부터 개성·홍천·가평·춘천에서 전도활동을 했으며, 1917년 9월에는 남감리교 매년회(每年會)에서 목사 안수를 받았다.153) 그도 역시 다른 감리교인들처럼 협성신학교를 다녔고, 1919년 3·1운동 당시에는 수표교회 목사로 일하고 있었다.154) 신 목사는 1919년 3월 1일, 경무총감부에서 진행된 조사 과정에서 독립운동을 하게 된 이유를 묻는 질문에 대해 이렇게 대답했다. "선언서와 같다. 나는 조선은 조선민족이 통치해야 한다고 생각하였다.……이 일은 단지 조선만이 아니라, 일본에게도 이익이 된다."155) 1921년 11월, 만기 출옥한 그는 원산·고성·춘천·가평·서울·철원·한포·천안 등 여러 지역에서 목회를 했고, 중단했던 학업을 계속하여 협성신학교를 졸업했다. 그는 일본 신사(神社)가 없는 외딴 곳인 평남 용강군 신유리와 문애리에 거주했고, 1945년 5월에 일본군의 승리를 기원하는 예배와 일장기 게양을 거부하여 용강경찰서에 구금되었다. 해방 이후 북한 지역에 남았던 신 목사는 반공운동을 했다는 죄목으로 체포되었고, 1950년 10월 10일에 총살되었다.156)

정동제일교회 전도사였던 박동완은 감리교와 장로교 연합으로 발행되던 『기독신보』서기로 근무하면서 윌슨 대통령의 민족자결주의에 공감했다.『오사카마이니치신문(大阪每日新聞)』은 중요한 정보 제공자였다. '민족자결'의 문제에 관련하여 그는 "전란에 관계된 일부의 민족에"만 국한되는 것이 아니라 세계의 모든 민족에게 관련된 일이며, "조선도 그 범위 내에 있다"고 판단했다.157) 1885년 경기도 양평에서 출생한 그는 비교적 여유 있는 집안에서 성장했고, 16세 무렵에 서울로 이주해서 한성외국어학교와 배재학당을 다니면서 서양 문화와 기독교를 접했으며, 정동제일교회에서는 최병헌·손정도·이필주 등과 교류했다. 1921년 11월 5일 만기 출옥 후에 그는『기독신보』주필·『신생명』주간 등 기독교 관련 언론에서 활동했고, 이상재·조만식·유억겸·이갑성·이승훈 등과 함께 기독교계 대표로 신간회 조직에 참여했다. 1928년부터 하와이에 가서 한국인을 지원했고 그곳에서 사망했다(1941).158)

북감리파인 종로교회 목사 김창준은 박동완처럼 박희도와의 인연 때문에 3·1운동에 참가했다. 이 교회의 전도사가 박희도였다. 김창준의 출생지 평안남도 강서군 증산면은 1893년부터 선교사 홀(William J. Hall)의 활약 덕택에 교회당이 10여 개에 달할 만큼 기독교가 퍼져 있었다. 1906년 12월에 그는 선교사 무어(John Z. Moore, 文約翰)가 운영하는 강서군 반석면 야소교 소학교를 졸업했고, 숭실대학·일본 아오야마(靑山)학원, 그리고 협성신학교에서 수학했다. 1921년 12월 22일에 김창준은 최린·함태영·오세창·권동진·이종일과 함께 가출옥되었고, 출옥 소감으로 감옥 내에서의 선교활동에 대해 회고했다. "나는 조선 민족을 그리스도의 복음으로 인도코자 하던 터이니까 밖에 있으나 감옥에 있으나 하나님의 일을 하기에는 일반이올시다. 옥중에 일천 칠백 명의 죄수가 있으니까 기회 있는 대로 전도하였노라." 김창준은 1922년부터 종로교회에서 목회를 재개했고, 1923년 말경 미국으로 유학을 떠났다. 개릿신학교(Garrett-Evangelical Theological Seminary)에서 신학을, 노스웨스턴대학(Northwestern University)에서는 문학을 수학했다. 1926년 12월에 그는 다시 종로교회로 복귀했고, 1933년 4월에 중앙교회(1930년에 교회의 이름이 '종로'에서 '중앙'으로 바뀜)를 사임하고 감리회신학교의 교수로 전직했다. 전시체제인 1930년대 후반부터 1945년 8월 15일까지 그는 경기도 양주에서 은둔생활을 했다. 1947년 2월 24일 서울에서 기독교민주동맹을 결성한 김창준은 1948년 4월에 북한측 초청을 받아서 '전조선정당사회단체대표자연석회의'에 참석하기 위해 월북하였고, 그 이후에 북한에서 북조선최고인민회의 상임위원회 위원, 최고인민회의 부의장, 조국전선중앙위원회 의장 등으로 활동했고 1959년에 사망했다.159)

정춘수는 1873년 충북 청주에서 출생했고, 청년기까지 한문을 수학했다. 29세 무렵에 그는 1903년 원산의 남산동교회에서 로버트 A. 하디(Robert A. Hardie; 1865-1949, 河鯉泳) 선교사를 만나서 기독교 세계에 들어서게 되었는데, 이때 하디는 부흥집회를 원산·개성·서울로 이어가고 있는 도중이었다. 그는 협성신학교를 졸업하고(1911) 목사가 되었고, 서울의 종교(宗橋)교회(1911-1913), 개성의 북부교회(1913-1916), 원산의 상리(上里)교회(1916-1919)에서 목회했다.160) 그의 행적은 오화영 목사의 그것과 대체로 일치하는데, 「(독립)선언서」에 참여하는 것 역시 그의 권고가 중요한 계기가 되었다. 그는 원산 지역의 만세운동을 사전에 기획했고, 오화영과 함께 개성에 가서 독립선언식에 관한 이야기를 윤상은과 김지환에게 전하기도 했다.161) 그러나 그의 민족주의 밀도는 조금 약했던 것 같다. 기독교 입문도 개인적 동기에서 비롯되었고, 3·1운동에 참여하는 동기나 사태 인식도 분명하지 못했다. 그는 독립선언식에 참가하지 않았고, 경찰에 자진 출두했으며, 법정에서는 "조선자치"가 무엇인가를 묻는 질문에 대해 "독립"이 아니라는 의미로, 향후에도 독립운동을 할 것인가에 대한 질문에 대해서는 종교사업에 집중하겠다는 답변을 했다. 출소 이후 개성의 북부교회와 중앙교회, 춘천 지방 장로사, 서울의 수표교교회에서 시무했다. 전시체제가 강화되는 1939년부터는 일제의 압력에 굴복해서 친일과 반교단 행위를 자행하였다.162)

서울 지역의 장로교 인사들로는 함태영과 이갑성 두 사람이 있었다. 이승훈이 3·1운동을 준비할 때, 함태영과 이갑성을 만난 것은 종교적 인연 때문이었다. 1873년 함경도 무산에서 출생한 함태영은 1895년 설치된 법관양성소(1895년 3월) 제1기생이었고, 그의 47인 동기 중에는 그보다 15세가 많은 함경도 출신 이준 열사(1859년생)도 포함되어 있었다. 그는 1898년 독립협회와 만민공동회 관련 인사들에 대한 재판에서 정치적 압력에 휘둘리지 않는―독립협회 간부들인 이승만·이상재·윤치호·서재필 등이 공화정부를 수립하려 하는 물증이 없다는―판결을 내렸다. 함태영과 이승만의 인연은 이때부터 시작되었지만, 양자는 고종과 왕실에 대한 태도가 달랐다. 그는 이승만과 달리 대한민국 건국 이후까지도 고종과 왕실에 긍정적인 평가를 내렸다. 그에 의하면, "고종은 명군"이었고, 때를 잘못 만난 "불행한 국왕"이었다.163) 그가 기독교에 입문한 계기는 개인적 사건 때문이었다. 그는 선교사 언더우드 덕택에 복부(혹은 넓적다리)의 종양을 고칠 수 있었는데, 그 일을 계기로 언더우드의 동료 게일(James S. Gale)이 담임목사로 있는 연동교회에 다니기 시작했다. 기독교는 처음에 그에게 기복종교로 다가왔다. 1915년 감옥에서 출소한 후 이승훈은 52세 나이로 평양신학교에 입학했는데, 그때 1년 선배이며 나이가 9년 아래인 함태영을 만났다. 그렇게 만난 두 사람은 3·1운동을 준비하는 과정에서 기독교계를 대표하는 인물이 되었다. 이승훈이 천도교와의 교섭 등 전국적 차원에서 기독교계의 움직임을 리드했다면, 함태영은 기독교계 내의 서명 작업 등 운동 실무를 담당했다. 함태영은 기독교계 대표자 16명의 가정과 생계 문제를 맡아야 될 인물로 지명되었기 때문에 33인에 서명하지 않았지만, 그가 실질적으로 운동에 가담했다고 판단한 일본인 판사는 그에게 3년 실형을 선고했다. 1921년 12월 가석방 이후에 그는 주로 종교활동에 집중했다.164)

33인 중에서 가장 나이가 적은 이갑성은 1889년에 경상북도 대구에서 출생했고 경신학교를 졸업한 후 세브란스 의학전문학교에 입학했다. 그는 처와 2명의 자제를 돌보기 위해 학교를 중도에 그만두었지만, 세브란스 직원(제약과 주임)으로 근무하면서 세브란스의전 YMCA조직과 연결되어 있었다.165) 이승훈을 통해 33인 대열에 합류한 그는 전단의 배포와 살포 그리고 시위에 관련된 실무를 맡았다. 출옥 후 그는 중앙기독교청년회(YMCA) 이사(1926), 민립대학기성회 중앙이사(1926), 흥업구락부 간사(1927),166) 신간회 중앙이사(1928)로 활약했고, 해방 이후에는 대한독립촉성회 회장(1945), 정당통일기성회 위원장(1946), 민선입법의원(1947), 2대 민의원(1950-54), 국민회 최고의원(1952), 자유당 정무부장(1953) 등 정계에서 활동했다.167)

 기독교 측 인사들의 활동 근거지는 모두 중북부 지역에 있었던 도시들이다. 평안북도 정주의 이승훈 장로, 선천 북교회의 양전백 목사, 철산의 이명룡 장로, 의주 동교회의 유여대 목사, 의주 관리교회의 김병조 목사, 평안남도 평양의 장대현교회 길선주 목사, 같은 평양의 남산현교회 신홍식 목사, 함경남도 원산의 상리교회 정춘수 목사, 황해도 해주의 남본정교회 최성모 목사가 참여했다. 서울의 참가자들은 종로교회 전도사이며 YMCA 간사인 박희도, 종교교회 오화영 목사, 종로교회 김창준 전도사, 정동제일교회 이필주 목사, 수표교회 신석구 목사, 세브란스 제약과 주임 이갑성, 정동제일교회 전도사 박동완 등 7명이었다.

 구체제에서 차별을 받았던 평안북도인들은 기독교를 통해서 국가를 의식하고 국가를 통해서 기독교를 수용하였다. 서울의 상동교회 출신 최성모도 그러했다. 사람마다 그 정도의 차이가 있지만 33인으로 참여한 기독교인들이 기독교에 입문하는 동기 혹은 계기는 국가적 위기 상황과 관련이 있었다. 서울의 상동교회와 평북의 오산학교는 그러한 사정이 가장 잘 드러나는 곳이었다. 상동교회가 신민회와 신흥무관학교의 산실이 되었다면, 오산학교는 항일무장투쟁을 지원하는 후방의 지원부대였다. 특히 오산학교는 한국이 구체제에서 신체제로 전환되는 길목에 있었던 교차로와 같았다. 교육을 통해 실력 양성을 하는 현장이고, 무장투쟁을 위해 해외로 망명길을 떠나는 쉼터이자 새로운 투사의 공급처였고, 유교와 기독교의 문화가 만나면서 한국의 근대문화가 모색되는 그러한 장소였다. 노선을 따라 서로가 서로를 배제하지 않고 각자의 길을 존중하면서 융합되는 그러한 장소였다.

4. 한국에서의 시민: 한·중·일 비교사적 검토

만세시위 양상은 도시가 앞서고 농촌이 뒤따르는 선도후촌(先都後村)이었고, 또 북한이 남한 지역보다 먼저 일어난 선북후남(先北後南)이었다. 3월 1일에 서울·평양·진남포·안주·의주·선천·의주 등지에서 일어난 시위의 불길은 철길을 따라 대도시에서 중소도시·읍·면·리로 번져 나가면서 전국 13도로 확산되었다. 이 도시들은 서울과 의주 사이의 경의선과 서울과 원산 사이의 경원선으로 연결되어 있었다. 동학에서 개신한 천도교 측이 주도한 시위는 주로 6개도에서 - 황해도·강원도·평안남북도·함경남북도 - 일어났다. 전라도와 경상도의 농민조직이 1894년 동학농민전쟁 당시 일본군 및 관군에 의해 파괴되었기 때문이었다.168) 그래서 남한 지역의 시위는 학생이 리드하고 농민이 뒤따르는 경우가 많았다. 독립을 위한 만세시위의 빈도와 규모에 대한 정확한 통계는 없지만, 대체로 시위는 1,200회 이상 열렸고, 참가 인원도 100만 명이 넘었다. 만세시위의 절정기였던 3월말부터

4월초에는 하루 평균 발생 지역이 50개소를 넘었다.[169]

저항의 주요 장소가 농촌이 아니라 도시인 것은 조선왕조라는 구체제의 붕괴 과정에서 사회 주도 세력이 교체되고 지역의 역할이 달라진 사회변동과 밀접한 관련이 있었다. 양반 중심의 정치질서는 붕괴되고 여러 방면에서 새로운 엘리트들이 부상했다. 도시는 철도와 도로가 발달하고 상업과 해외무역이 늘어나면서 발달했다. 도시를 사회활동의 거점으로 삼는 신진 엘리트들은 제국주의에 저항하는 시민의 역할을 자임했다. 33인과 17인은 그러한 변화를 상징하는 인물들이었다.

3월 1일 33인의 모습은 외형적으로 초라하고 나약했다. 그들은 시위대 앞에 서지도 않았고, 요리집에서 「(독립)선언서」를 낭독한 후 순순히 일본 경찰에 체포되었다. 그러나 그들은 이미 시위를 준비해 놓았다. 3월 초에 시위를 선도한 도시들은 기독교와 천도교 인사들의 거점들이었다. 평양 남산현교회 신홍식의 사례에서 볼 수 있듯이, 33인 대부분은 자신들이 활동하고 있는 지역의 시위와 관련이 있었다. 서울에 오지 않은 의주의 유여대와 김병조는 지역(Local)에서 시위를 준비했고, 원산의 정춘수도 그러했다. 33인은 비폭력 시위로 '독립을 선언한다'는 뜻을 분명하게 밝혔다. 손병희를 위시한 33인은 편안하게 태화관에 모여서 「(독립)선언서」만 낭독하고 스스로 잡혀간 것이 아니라 비폭력 평화적 방법으로 독립의 의사를 표현할 수 있는 시위를 지역민들과 협력하여 기획해 놓은 상태였다. 그 기획들은 대부분 실행에 옮겨졌다. 이에 대해서는 기존 연구들에서 자주 언급되었는데, 그 중의 하나를 소개하면 다음과 같다.

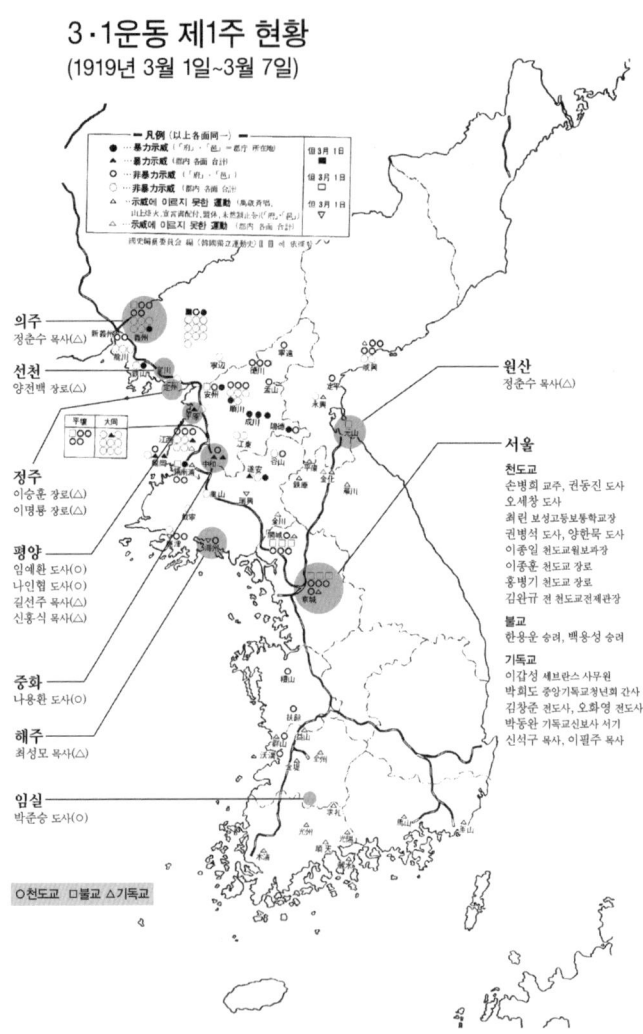

삼일운동 첫 주 상황: 1969년에 동아일보사는 삼일운동 50주년을 기념하기 위해 당대의 연구자들을 망라하여 논문집을 발간했다(『3·1운동50주년기념논집』). Ⅷ장에 「삼일운동 주별 상황 지도」 7장이 수록되어 있다. 전성현·김도훈·이애숙·이송순, 『1919, 그날의 기록 1: 종합편』, 과천: 국사편찬위원회, 2019, p. 45.

3·1운동 확산
(1919년 3월 1일~3월 10일)

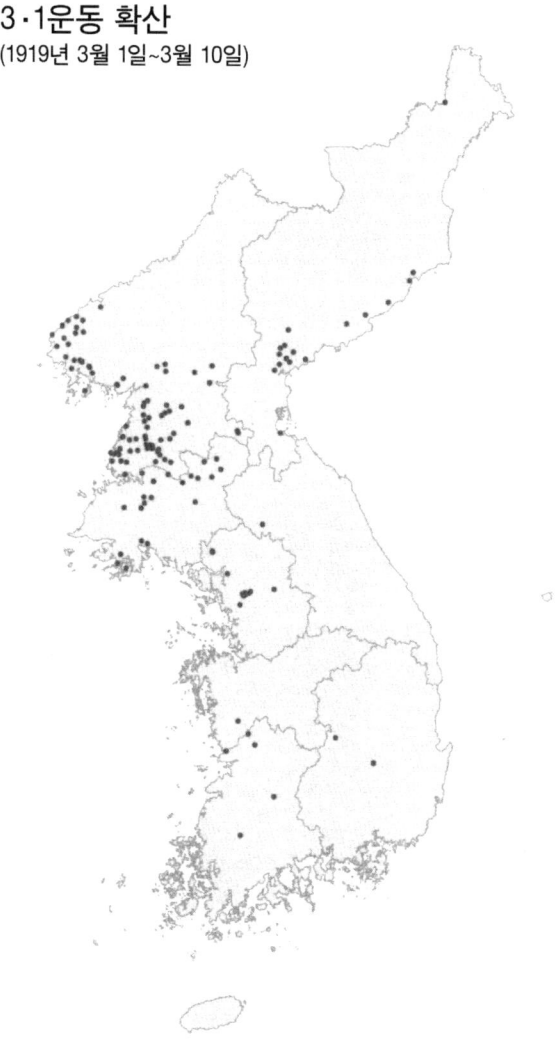

2 전성현·김도훈·이애숙·이송순, 『1919, 그날의 기록 1: 종합편』, 과천: 국사편찬위원회, 2019, p. 60

346 ‖ 제2부: 제1차 세계대전과 시민적 민족주의

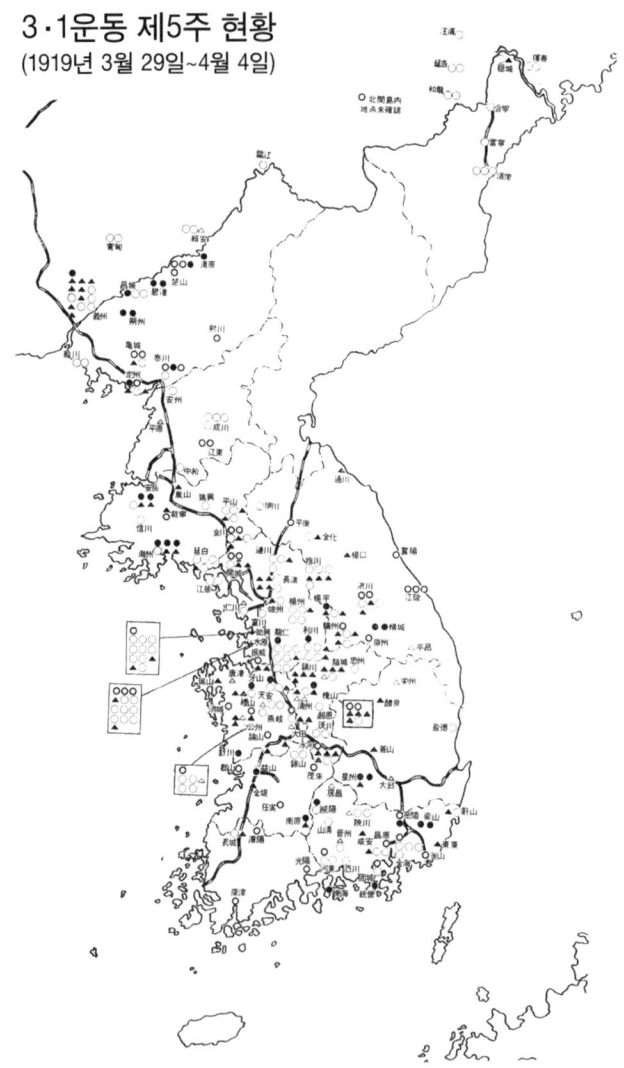

3·1운동 제5주 현황
(1919년 3월 29일~4월 4일)

50년의 시차가 있는 삼일운동 관련 지도들은 데이터 기반과 구분 기준이 다르지만, 운동 초기에는 철도 연변 도시를 거점으로 3월 말과 4월 초순 사이에 전국으로 확대되었다. 『3·1운동50주년기념논집』 Ⅷ장.

제6장 시민적 네트워크와 3·1운동 ‖ 347

3·1운동의 절정
(1919년 3월 21일~4월 10일)

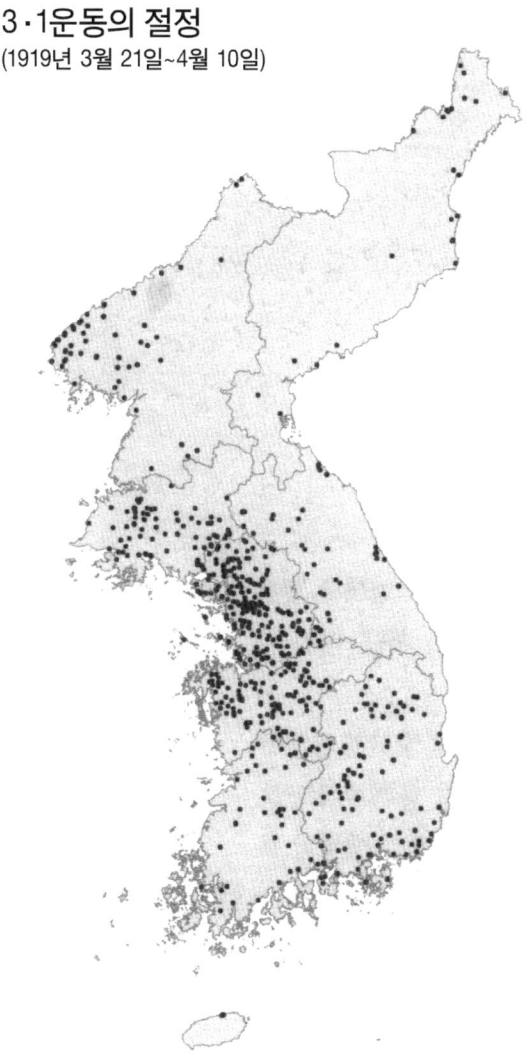

전국 삼일운동의 절정: 시위운동은 초기에 철도 연변의 도시들을 거점으로 시작해서 3월 말과 4월 초순 사이에는 전국적으로 확대되었다. 『1919, 그날의 기록』, p. 61.

서울에서 독립만세 시위운동이 시작된 같은 날에 평양·진남포·안주·의주·선천·원산에서도 시위운동이 일어났다. 그것이 가능했던 것은 이들 지역에서는 그 이전부터 3·1운동을 준비하는 과정이 있었기 때문이었다. 평양에서는 오후 1시부터 예수교 감리파와 장로파 신도들이 광무황제 봉도회(奉悼會)를 거행한 후 갑자기 「(독립)선언서」를 낭독하고 독립에 관한 연설을 한 후 시위행진에 들어갔다. 진남포에서는 오후 2시 예수교회에 기독교인과 학생 약 130여 명이 모여 '조선독립만세'라고 쓴 큰 깃발을 앞세우고 「독립선언서」를 뿌리고 만세를 부르며 시가행진을 하였다. 정주에서는 기독교인 300-400명이 집합하여 오후 5시경 「독립선언서」를 배포하고 독립에 관한 연설을 시작하였다. 평안북도 선천에서는 예수교 소속 성신학교 생도 수백 명이 오후 2시 「독립선언서」를 배포하고 태극기를 들고 만세를 연호하며 시위행진을 하며 경찰서와 군청에 쇄도하였다. 함경남도 원산에서는 오후 4시경 약 500명이 악대를 선두에 세워 일본인 시가를 행진했다. 거리에서는 약 2천 명의 군중이 모인 가운데 독립에 관한 연설을 하였으며, 일경이 쉽게 해산시킬 수 없어 일본인 소방부들과 재향군인회까지 동원하였다. 이렇게 서울의 파고다공원에서 시작된 독립만세 시위운동은 위의 7곳에서 동시에 점화되었으며, 3월 2일에는 함흥·해주·수안·황주·중화·강서·대동 등지에서 계속해서 일어났고, 3일에는 충남 예산·개성·사리원·수안(재)·송림·곡산·통천 등지에서 일어났다. 이처럼 3·1운동은 서북 지방과 경기·충청 지방을 시작으로 전국 방방곡곡으로 퍼져 나가 5월까지 계속되어 민족 최대의 독립운동으로 발전하였다.[170]

33인은 대부분 한국인에 대한 억압과 차별을 시위의 주요 동기라고 밝혔다. 천도교 16인 중에는 구체제인 조선왕조에 대한 저항인 동학농민전쟁에 참여했던 인물들이 많았다. 손병희가 그러했고, 홍기조 등 다른 인물들이 그러했다. 최린은 그리 적극적이지는 않았지만, 일심회와 같은 개화파와 일본 육사 출신들과 활동을 같이 했었다. 권동진과 오세창은 명성황후를 살해했던 '을미사변'에 연루되었다. 그들은 다양한 방식으로 조선왕조의 변화를 도모했다. 천도교 지도부 4인은 조선왕조의 탄압 때문에 일본에 망명했고, 일본은 그들이 만나는 장소가 되었다. 손병희가 이끄는 동학의 지도부는 러일전쟁 때 황인종 대 백인종이라는 인종주의 틀에서 일본군을 지원하기도 했다. 그러나 러일전쟁에서 승리한 일본이 한국에 대한 침략을 노골화하자, 동학은 일본에 대해 저항적 입장을 갖는 천도교로 개신했다. 또한 천도교 지도부는 조선왕조(대한제국)의 중심이자 경복궁 근처인 종로구의 가회동과 그 주변에 자리를 잡았다. 1894년 당시 농민운동은—농민운동의 반봉건과 반제국주의의 입장은 분명했지만—조선왕조를 넘어서는 어떤 근대국가를 지향하지는 않았다. 1919년의 천도교는 이미 무너진 조선왕조를 뒤로 하고 새로운 정체를 갖는 국가를 수립해야 했다. 그들은 '반봉건'이라는 일국적 의제, '반외세'라는 한·일 양국 사이의 문제, 황인 대 백인이라는 인종주의, 그리고 자유·평등·(동양 혹은 세계)평화·공영이라는 보편적 의제에 접근했다. 그러나 농민과 농촌을 기반으로 성장한 천도교가 점차 사람들의 생활 중심이 농촌에서 도시로 바뀌고 산업 구조가 농업에서 공업으로 전환되는 시대에 근대적 종교로서 어떻게 진화할지는 아직 미지수로 남은 상태였다. 3·1운동은 종교적 측면에서 천도교에 중요한 질문을 던진 사건이었다.

외래종교인 기독교가 3·1운동에 참여하는 경위는 천도교와 달랐다. 기독교는 조선왕조와 비교적 우호적 관계를 유지하면서 선교 지역을 확대해 나갔다. 기독교인들은 북장로교(서울·평양·평북의 선천 등), 북감리교(서울·평양·수원 등), 남감리교단(서울·개성·원산 등)을 주축으로 하여, 협성과 평양 신학교, YMCA 등을 주요 거점으로 삼아서 3·1운동에 관여했다(괄호 안은 주요 거점 도시들). 1905년부터 1907년까지 약 3년은 다양한 방면에서 한국의 민족주의가 폭발하는 시기였는데, 여기에 기독교도 반응했다. 이 시기에 을사보호조약이 체결되었고, 헤이그밀사사건을 계기로 고종은 강제로 황제의 자리에서 물러나야 했다. 구체제 인사들 중 소수는 저항과 참회의 의미를 담아 스스로 목숨을 끊었고, 전국적으로 의병투쟁이 일어났으며, 이승훈처럼 기독교를 수용하면서 탈유교의 세계로 들어가는 인물들도 출현했다. 이승훈은 기독교를 통해 국가와 민족을 새롭게 인식하고, 신분제가 혁파된 사회와 국가들이 서로 평등한 국제질서를 상상했다. 국가적 위기가 그를 교육운동가로 만들었고, 그에게 기독교라는 새로운 퍼스펙티브를 제공했다. 그는 민족의 실력 양성을 위한 오산학교의 설립과 운영에 상인으로서 축적한 자산을 기꺼이 지출했으며, 계몽운동에도 헌신했다. 평안북도 지역 사회와 기독교계에서 지도자로 부상한 이승훈은 평안북도 인사들이 많이 관련되었던 105인사건에서 고초를 겪었고, 3·1운동에서는 중심적 역할을 했다. 유교적 세계의 '참봉 승일'에서

'기독교 민족주의자 이승훈'으로 전환한 것은 어떤 한 순간에 일어나지 않았다. 이기백의 지적처럼, 수십 년간의 상인 경력, 도시 거주, 청일전쟁과 러일전쟁에서 겪은 시련, 기독교 수용 등이 누적된 결과였다. 대한제국의 붕괴 또한 구체제의 신민(臣民)에서 탈출하는 결정적 계기였다. 함석헌의 지적처럼, 교육활동을 중심으로 전개되는 이승훈의 민족주의는 온건했으나 끈질겼고, 반제국주의이지만 배일주의는 아니었으며, 비폭력 평화운동이었다. 상인·도시·기독교·교육·온건한 반제민족주의·비폭력평화주의 등은 이승훈의 민족주의를 구성하는 주요 요소들이었다. 평안북도의 양전백·유여대·이명룡·김병조 등도 이승훈만큼 강렬하지는 않았지만 비슷한 과정을 통해서 기독교도와 민족주의자가 되었다. 평안남도의 길선주와 신홍식도 그러했고, 서울의 최성모·신석구·김창준·오화영 등도 그러했다.

종교계 인사들만 도시를 거점으로 민족주의 운동을 전개했던 것은 아니었다. 구체제인 조선왕조에서 차별을 받았던 호남 지역의 인사들 중에서 부르주아 민족주의자들이 나타났다. 그 중심에는 상층 지주 출신 김성수가 있었다. 그는 부모 세대가 축적한 지주자본을 토대로 하여 근대지식을 습득하고 학교와 기업을 인수하면서 한국을 디자인했던 신진 엘리트였다. 그러한 사상을 공유하는 엘리트들이 학교와 기업을 거점으로 해서 일군의 사회세력을 형성했다. 민족주의가 폭발하는 1905-1910년 무렵에 근대 지식을 습득하기 위해 일본 유학을 떠났던 청년들은 식민지로 전락한 1910년대에 귀국하여 미래의 한국을 위한 사업을 기획했다. 그들의 활동 근거지는 식민지 조선의 중심인 서울이었다. 아직 세력은 크지 않았지만 정치의식이 발달되어 있었던 그들은 국제질서의 변화에 민감했으며, 유학생 네트워크를 통해 긴밀하게 정보를 교환하고 서로의 활동을 지원했다. 그러한 네트워크는 시민사회와 종교계를 연결하여 시민 거버넌스가 형성되는 촉매가 되었다. 수하정 3번지의 선우전, 중앙학교의 현상윤과 송진우 등은 바로 그러한 임무를 맡았다. 일본 유학생 정노식과 송계백, 그리고 평안북도 오산학교의 김도태 등은 이들과 연계되었다. 일본에서 2·8독립선언을 준비하고 있었던 정노식과 송계백이 현상윤과 송진우를 찾아왔고, 그것을 계기로 현상윤·송진우·최린·최남선 4인도 도쿄 유학생들의 움직임을 인지하게 되었다. 바로 이 '4인협의체'가 천도교와 기독교의 합동을 이끌었다. 두 세력이 만나는 과정에서 상대방의 의견과 문화는 존중되었고, 서로의 관계는 평등했다. 이렇게 의견을 조율하는 과정에서 자연스럽게 운동의 본부인 시민 거버넌스가 형성되었다. 새로운 형태의 운동 조직은 국내뿐만 아니라 해외의 한국인들과 소통을 위해서도 노력했고, 그것은 후일 대한민국임시정부가 수립되는 주요 배경이 되었다.

이러한 도시 세력의 형성은 온건하고 점진적이며 지속적인 항일 민족주의의 토대가 되었고, 해방 이후에는 한국 의회 민주주의의 자산이 되었다. 도시 세력의 형성은 민족주의의 방향에—독재 혹은 전체주의 대 의회민주주의—큰 영향을 주는 변수였다.

우리는 활동적이고 독립적인 시민들의 존재가 의회 민주주의의 성장에 필요불가결한 요소였다고 하는 마르크스주의적 주장에 즉시 확실한 동의를 표할 수 있다. "부르주아 없이 민주주의는 없다." 만일 우리가 우리의 시선을 농업사회에만 국한시킨다면 영웅은 무대 위에 나타나지 않을 것이다. …… 전체주의적 악당(the totalitarian villain)은 때때로 농촌 지역에 살았고, 도시들의 민주주의 영웅(the democratic hero of towns)은 중요한 동지들을 도시에서 갖고 있었다. …… 영국에서 절대주의(absolutism)를 확립코자 하는 기도는 확실히 미약했다. 이것은 상당히 타당한 이야기다. 왜냐하면 영국의 지주 귀족들은 일찍부터 상업성을 띠기 시작했기 때문이다. 정치 발전의 진로에 영향을 미친 가장 유력한 결정 요소 중의 하나는 지주 귀족들이 상업적 농업으로 전향했는가 혹은 하지 않았는가에 있으며, 그렇게 했을 경우 그 상업화가 어떤 형태를 취했는가에 있다.171)

우리가 17-18세기 영국과 19-20세기 한국을 비교할 지점을 찾기는 어렵다. 영국과 달리 조선왕조에서 수출무역을 위한 도시의 발달은 없었고, 해외무역을 통해 부를 축적하겠다는 욕망을 지닌 양반 지주들은 존재하지 않았다. 도시는 내륙에 있었다. 조선왕조 수도인 한양(서울)에서 중국의 베이징으로 이어지는 라인인 한성 - 개성 - 평양 - 의주 등이 상업도시로서의 기능을 발휘했고, 각각의 지역에는 한양(서울)의 시전상인(市廛商人)과 경강상인(京江商人), 개성의 송상(松商), 평양의 유상(柳商), 의주의 만상(灣商) 등이 존재했다. 이러한 상인(商人)들과 조선왕조 농업 관료제의 공생적 관계는 갑오정권과 광무정권이 근대화 프로젝트를 추진할 수 있었던 개혁 기반이 되었지만—그러한 측면에서 관상들은 부르주아지 1세대—, 그들은 기생적 세력이었다. 그들 대부분은 대한제국이 멸망한 이후 경화사족(京華士族)과 같은 지배 엘리트들이 그랬듯이 식민지 지배체제를 쉽게 수용했다. 개항 이후 인천·부산·원산·군산·목포 등 미곡수출과 면제품 수입을 위한 항구 도시들이 등장했다. 그 주변 지역에서 조선왕조 관료제의 간섭을 덜 받으면서 성장한 대지주들이 나타났다. 근대문명을 적극적으로 수용한 그들은 계몽운동 및 학교를 거점으로 해서 지역(로컬)에서 인적 네트워크를 구성했다. 특히 개항(1876) 이후인 1880년대와 1890년대에 태어난 세대들은 일본 유학을 함께 다녀오고, 학교 및 기업과 같은 공동의 사업들을 통해 시대감각을 공유했다. 그들 중의 일부는 스스로 서구의 제3신분으로서의 사회적 의식을 가졌다. 우연이었지만 그들은 조선왕조 관료제에 기생해서 성장할 기회를 가질 수 없었고, 그 대신 감수성이 예민한 청소년 시기에 국가적 위기의 국면에서 민족의식·사회의식을 형성하게 되었다. 그 과정에서 그들은 국권 회복 이후의 사회를 기획하고, 자유주의와 민주주의에 대한 정치적 감각을 발달시켰다. 또한 그들은 서울로 이주해서 구체제의 지배 엘리트인 경화사족을 대신하여 민족주의의 요구에 부응하면서 사회적 헤게모니를 장악해 나갔다.[172] 조선왕조 관료제에 기생하면서 성장한 관상들(부르주아지 1세대)과 비교적 자유롭게 활동했던 진취적 지주들(부르주아지 2세대)은 때때로 외형적으로 비슷한 모습을 보였지만 정치적 사회적 역할은 크게 달랐다.

역사적 조건은 다르지만, 영국의 케이스는 개항 이후 식민지기에 걸쳐 진행된 사회변동의 한 줄기를 이해하는 데 단서를 준다. "민주주의적 주인공들"은 그들의 "중요한 동지들"을 도시에서 만났고, 그들은 국왕의 관료체제에 저항했었다. 19세기 조선왕조에서 국왕 중심의 관료체제에 저항했던 '도시의 주인공들'은 없었다. 관상들은 도시에서 부유한 신사(紳士)들이었지만 '도시의 주인공들'은 아니었다.173) 정치적으로 황폐화된 구체제 수도 서울에 전혀 다른 경로를 통해 성장한 청년들이 이주해서 '도시(서울)의 주인공들'이 되었다. 그들은 식민지 조선의 중심인 서울에서 '서양과 일본의 충격'을 흡수하면서 점진적이고 온건한 민족운동으로서 학교·기업을 설립했고, 3·1운동을 조직하고 확산하는 데 기여했다. 다른 그룹도 있었다. 조선왕조에서 핍박을 받던 천도교와 같은 민중 종교의 리더들이 도시에서 자리를 잡기 시작했다. 기독교도 도시에서 터를 잡았다. 세 가지 계열에서―호남의 진취적 지주·기독교·천도교―형성된 '도시의 주인공'들은 제1차 세계대전이 끝나고 국제질서가 재편되는 과정에서 행동했다. 그들은 구체제인 대한제국의 고종을 정중하게 배웅하면서 일본과의 공존을 위한 독립운동을 전개함으로써 새로운 시대의 축을 돌렸다.

  3·1운동을 무력으로 진압한 일본의 정치는 여전히 메이지유신을 주도했던 '삿초(薩長)' 출신들이 지배하고 있었다. 정당정치를 상징하는 하라 다카시(原敬) 수상 역시 번벌(藩閥) 세력의 자장권(磁場圈) 안에 있었다. 일본 행정부는 서구화되었으나 정신적으로 일본 정부는 가부장적인 권위주의 국가(authoritarian state)의 전통에서 거의 벗어나지 못했다. 에도(江戶)막부 시대부터 대상인이었던 정상(政商) 미쓰이(三井)

는 은행을 위시하여 다양한 방면에 진출하여 대재벌로 성장했다. 미쓰이그룹의 총수 단 다쿠마(團琢磨; 1858-1932)는 일본인을 착취하는 재벌의 화신으로서 일본의 '혁신'을 외치는 인사에게 암살되었다. 일본의 정상은 근대 일본 경제의 중심이 되었는데, 상인의 역사에서 이러한 점은 조선과 일본이 확연히 다른 것이다. "18세기 에도의 인구는 아마 당시의 런던이나 파리보다도 더 많은 100만 명, 오사카와 교토는 각각 40만 명 정도 되었을 것이다. 또 일본 전인구의 10분의 1이 인구 만 명 이상의 도시에 살았던 것으로 추산된다." "19세기 중엽에는 아마도 성인 인구의 약 30%, 남자의 40-50% 정도가 문자를 해독할 수 있었을 것이다. 그 정도로 재정기구가 통합되어 있고, 상업이 발달하였으며, 문맹률이 낮았던 지역은 유럽과 북아메리카를 제외하고는 세계 어느 곳에서도 찾을 수 없다."174) 이러한 도시의 활력은 서구의 충격을 흡수하면서 메이지유신을 추진할 수 있었던 배경이 되었을 것이다. 그러나 유럽과 일본의 도시에는 차이가 있었다. "유럽의 도시는 일본의 도시가 경험하지 못한 어느 정도의 균일한 밀도와 자율이 있었다." "일본의 도시들은 지속적인 자치권을 획득하지 못하였다. 일본의 도시가 정점에 달한 시기는 대영주와 막부의 쇼군(將軍)들이 도시에 대한 최고의 통제권을 행사한 시기와 일치한다."175) 미쓰이의 장기 지속은, 즉 도쿠가와막부 시대의 사무라이와 상인의 '공생적 적대(symbiotic antagonism)' 관계가176) 메이지 일본 시대의 관료와 상인의 공생적 관계로 이어진 것이다. 이러한 '연속성'은 도시에서 "민주주의적 주인공"이 탄생하기 어려우며 또 '자유주의가 약한 자유주의'가 지속되는 일본 근대화 과정의 내면세계인 것이다.

1919년 5월 4일에 약 3,000명의 베이징대 학생들이 경찰 저지선을 뚫고 들어가 친일파 관료를 구타하고 내각 장관의 집에 방화를 했다. 전국적으로 그들의 대의를 지지하는 항의의 물결이 일어났다. 200개 이상의 도시에서 동맹휴업으로 학교가 문을 닫았다. 베이징의 군벌정부는 1,150명의 학생 항의자를 체포하고 베이징대학의 일부를 감옥으로 개조하였지만, 그들의 체포에 항의하는 상하이의 동조파업 때문에 그들을 석방하여야 했다.177) 1919년 6월 주요 중심 도시로 퍼져나간 파업에 상인들이 동조하여 가게를 닫았다. 일본 상품 배척운동을 하는 중국인과 재중일본인의 충돌도 일어났다.178) 이 운동을 주도한 지식인들은 과학과 민주주의라는 새로운 문화적 사고와 애국주의를 반제 프로그램에 결합시켰다.179) 중국의 5·4운동은 "막 탄생한 중화민국의 모든 존엄성을 앗아간" "군벌 할거" 시대에 일어났다.180) 중국은 1917년에 독일에 선전포고를 했고, 그 뒤에도 유럽 전선에 공병대를 파견했으므로 승전국의 입장에 서게 된 셈이었다. 그뿐 아니라 선전포고로 인해 이미 독일과의 조약 관계는 소멸된 상태였다. 그러나 파리강화회의에서 중국은 승전국의 대우를 받지 못했고, 도리어 다른 승전국들의 욕심을 채워주기 위해 영토 보전의 권리까지 포기해야 했다. 불공평한 대우에 대해 중국인은 분노했다.181) 일본의 외교적 승리는 불안정하였다.182) 미국의 여론은 윌슨 대통령의 대일 양보를 인정하지 않았다. 야당은 상원에서 윌슨의 정책에 반대하기 위하여 중국의 산둥문제를 활용하였다. "상원의원 로지는 윌슨이 '동양의 새로운 군사 독일' 일본에 항복한 것이며, 일본의 정책은 미국에 대하여 '중국 시장을 폐쇄'하는 것이므로 결국은 세계의 안전을 위협하는 것이기 때문에 미국은 '문명을 수호하기 위하여' 전쟁을 하게 될 것"이라고 하였다.183) 산둥문제는 1921-1922년에 열린 해군의 군축을 위한 워싱턴회담에서 해결되었다. 미국 대통령 워렌 하딩(Warren G. Harding)이 소집하고 국무장관 찰스 휴즈(Charles E. Hughes)에 의해 주재된 이 회의에서 일본은 비밀협정으로 인정된 중국에 대한 특권을 철회했고, 1922년에 '9개국 공동조약(Nine-Power Treaty)'이 체결되면서 중국은 산둥의 주권을 회복할 수 있었다.184) 이처럼 산둥문제는 러일전쟁을 전후한 시기에 형성되었던 우호적인 미국과 일본 그리고 영국과 일본의 관계가 재정립되는 계기가 되었다.

지식인들을 중심으로 하는 '도시의 주인공들'은 군벌에 강력하게 저항했지만, 또 다른 '도시의 주인공들'인 상인 출신의 부르주아지는 여전히 군벌에 강력하게 맞서지 못했다. 1912년 2월에 마지막 청 황제가 퇴위하였고, 3월에는 쑨원(孫文)이 중국으로 돌아와 임시 헌법을 반포하였다. 그러나 신생 공화제 정부는 궤도에 오르지 못했다. 1913년 국민당이 의석의 과반수를 차지했을 때 위안스카이(袁世凱)는 국민당의 쑹자오러(宋敎仁) 암살을 명령했다. 새로운 황제가 되겠다는 야심가였던 위안스카이는 1916년 6월에 돌연 사망했다. 그의 죽음으로부터 1928년 국민당정부 수립까지의 12년은 군벌의 할거 시기였다.185) 중국의 명·청 시대에 해안 도시 발달이 억제되었지만, 개항지였던 광둥성(廣東省) 샹산현(香山縣, 지금의 中山市)은 신해혁명을 이끈 쑨원을 배출했다. 그런데 이스트만(Lloyd E. Eastman)의 지적처럼, 상인은 청조의 독재정치에 반대하고 입헌운동에 참가했지만—그래서 1911년 신해혁명이 부르주아혁명이라고 평가되기도 하지만—정치적 심리적으로 신사(紳士)계급에게 종속되어 있었기 때문에 정치적 지도자가 될 수 없었다. 또한 그들은 공산당 세력을 의식하게 되면서 1917년 이후 등장한 장제스(蔣介石)의 관료제를 용인하기에 이르렀다.186)

이에 비해 식민지 조선에서는 '도시의 주인공들'이—특히 서울에서—교체되었다. 33인과 17인은 바로 그 증거였다. 만약에 갑오정권 혹은 광무정권이 근대적 국가를 수립하는 데 성공했다면 한국의 상인—예를 들어 대한제국 정부와 함께 근대적 금융기관인 대한천일은행(현 우리은행의 전신)을 만들었던 조진태(趙鎭泰; 1853-1933)와 같은 상인들—은 일본의 미쓰이와 같은 길을 걸었을 가능성이 높다. 식민지기에 조진태는 대한천일은행을 계승한 조선상업은행을 운영하면서 부유한 신사로서 그 명맥을 유지해 나갔을 뿐 사회적 역할이 미미했다. 강동진에 의하면, 조진태가 중요 임원으로 있었던 대정친목회(大正親睦會)는 "일본인 유력자와 한국인 갑부의 친목 사교단체"였다. 민족주의가 고양되자 대정친목회의 멤버들은 '신문명 진보주의'를 사시로 내걸고 『조선일보』(1920년 3월 5일)를 창간했지만, 그들은 3월 5일에 창간호를 내놓은 뒤 5월 9일까지 겨우 제5호를 발간했고, 결국 6월 12일에는 사장 조진태와 부사장 예종석이 신문사 경영에서 물러났다.187) 그들은 도시의 '민주주의적 주인공'이 아니었다.

3·1운동을 준비하면서 천도교·기독교·불교계의 대표들은 수평

적 관계를 유지하면서 긴밀하게 협력했다. 세 종교가 연합하는 데에는 중앙학교에 모여 있었던 진취적 지주 출신의 부르주아지 2세대가 가교역할을 맡았다. 그들은 위계적이지 않았고 서로를 존중하면서 네트워크를 형성했고, 또 독립을 주장했으나 일본을 배격하지 않았고, 또 독립의 목표로 공존공영과 평화를 내걸었다. 이렇게 유교를 넘어선 근대적 이념을 정립한 한국인은 1919년 4월에 중국 상하이에서 임시정부를 수립할 수 있었다.

33인을 중심으로 하는 거버넌스에는 정부라는 요소 즉 행정 체계는 없었지만, 그들의 결정과 행동은 시위에 참여했던 수백만 명의 한국인은 물론이고 다른 한국인에게도 많은 영향을 끼쳤다. 그들은 식민권력에 대항했다는 측면에서 저항적 시민사회의 중심에 있었다. 구체제의 인사들은 민족운동의 앞에 나서기를 거부했고, 민간 영역의 종교인들과 진취적 지주들을 중심으로 한 새로운 사회 세력이 한국의 근대를 여는 종을 울렸다. 그들은 단순하게 저항한 것이 아니라 한국인을 억압하고 차별하는 식민지 권력을 부정하고 한국인에 의해 수립되는 새로운 국가의 수립을 요청했다. 바로 이 새로운 정치적 인간들이 한국 시민계급의 초석을 놓았다. 그들은 아직 소수였지만, 민족운동을 이끄는 지도부를 형성했던 것이다. 33인 중에는 구체제에서 주류라고 할 수 있는 경화사족 출신이 없었다. 천도교와 불교는 조선왕조에서 배척된 종교들이었고, 기독교는 외래종교였다. 구체제를 주도했던 경화사족의 일부는 무장투쟁을 전개하기 위해 해외로 망명했지만, 대부분의 경화사족은 식민지 지배체제에 순응적이었다. 33인에는 포함되지 않았지만, 그들과 함께 구속된 17인 중에는 도시를 거점으로 산업화 세력으로 성장할 진취적 지주층을 대변하는 송진우·현상윤 같은 세력이 포함되어 있었다. 3·1운동 이후에는 기독교와 진취적 지주 출신 부르주아지 2세대들은 점차 그 세력을 확장해 갔고, 해방 이후에는 대한민국 정부 수립 과정에 참여했다.

고종은 황현 같은 비판적 유학자들에게 비판의 대상이 되었지만, 대부분의 국민[新民]에게는 국가의 상징이었다. 33인이 3월 1일을 거사일로 삼은 것은 국민의 정서와 의식을 감안했기 때문이었다. 가장 진보적인 유학자 중의 한 사람이던 우당 이회영의 행적에서, 서울 경기의 주민인 상인 주인식(朱寅植)의 정서(情緒)에서, 3·1운동에 참여한 만세시위의 규모와 열기에서, 우리는 고종에 대한 당시 한국인의 태도를 간취할 수 있다. 한국인은 고종의 마지막 길을 장엄하고 기품있게 배웅했고, 온건하면서도 평화롭게 구체제와 이별했다. 3·1운동은 구체제에 대한 일국적 의미의 반체제 그리고 반제국주의 운동만이 아니라, 자유·평등·평화·공영의 실현이라는 보편적 과제를 실현하기 위한 시민행동이었다.

그런 취지에서 한국인은 파리강화회의와 워싱턴군축회담을 주도했던 미국에게 지원을 요청했지만 아무런 성과를 얻지 못했다. 상원 외교위원회에서 일본의 잔학한 진압에 대한 규탄 결의안을 통과시킬 때 위원장이었던 매사추세츠주의 로지는 반일적이며 반윌슨·반조약 파에 속하는 인사로서 자신의 정치적 목적을 위해 한국의 사태를 이용했다. 그럼에도 불구하고 한국을 둘러싼 국제질서는 달라지고 있었다.

미국은 19세기 말과 20세기 초에 중국에서의 이권을 확대하기 위해 일본과 협조적 관계를 유지했지만, 제1차 세계대전을 전후한 시기의 대외전략과 미국 내 이민 문제 등을 둘러싸고 미국과 일본은 갈등했다. 한국인 내부에서는 서방 국가를 대상으로 하는 외교적 노력이 아무런 성과를 얻지 못하게 되자 워싱턴군축회담 이후에는 민족운동의 노선이 분화되었다. 한편에서는 여전히 미국과 일본의 갈등의 심화—즉 전쟁—를 예상하면서 점진적으로 실력 양성을 중시하는 민족운동이 전개되었고, 다른 한편에서는 한국 문제가 다루어지지 않는 국제사회의 현실에 좌절하면서 적극적인 무장투쟁을 강조하는 항일운동이 있었다. 식민지로 전락하고 국권회복을 위한 민족운동이 거듭 좌절되는 과정에서도 한국에는 중국이나 일본과는 다른 두 개의 진보적 자유주의 흐름이 출현했다. 하나는 개항 이후 구체제로부터 비교적 자유로운 진취적 지주들이 상업적 농업을 기반으로 하여 부르주아지 2세대로 등장한 것이고, 다른 하나는 1880년대 이래 기독교인들이 민족운동의 한 흐름을 형성하게 된 것이었다. 두 흐름은 천도교와 함께 3·1운동을 이끌었다. 내륙의 상업이 해양무역으로 확장되면서 상업적 농업의 형태가 달라졌고, 한국과 미국의 외교적 군사적 관계는 소원했지만 기독교를 매개로 하여 미국을 경유한 서구문명이 한국에 들어왔다. 두 흐름은 농촌이 아니라 도시를 기반으로 뿌리를 내리고 성장했다. 이에 비해 일본은 아시아에서 가장 먼저 근대국가로 전환하는 데 성공했지만, 도시의 취약한 진보적 자유주의는 농촌을 기반으로 한 군국주의의 발호를 막지 못했다. 정치적으로 미약한 자유주의는 여전히 현대 일본

〈표 9〉 33인 출신 지역 및 경력

33인	생몰	출생지	당시 거주지	삼일운동 당시 경력	징역	비고
손병희	1861-1922	충북 청원	경성부 가회동	천도교 교주,	3년	동학농민전쟁 참전
권동진	1861-1947	서울	경성부 돈의동	천도교 도사, 양반	3년	을미사변
오세창	1864-1953	서울	경성부 돈의동	천도교 도사	3년	개혁당
임예환	1865-1949	평남 중화	평양부 경제리	천도교 도사	2년	동학농민전쟁 참전
나인협	1872-1951	평남 성천	평양부 육로리	천도교 도사, 양반	2년	상동
홍기조	1865-1938	평남 용강	평남 용강군	천도교 도사	2년	상동
박준승	1866-1927	전북 임실	전북 임실군	천도교 도사, 양반	2년	상동
양한묵	1862-1919	전남 화순	경성부 계동	천도교 도사, 양반	사망	1900년 무렵 입교
권병덕	1867-1944	충북 청주	경성부 재동	천도교 도사, 양반	2년	동학농민전쟁 참전
김완규	1876-1949	서울	경성부 연지동	천도교 전제관장	2년	1910년 입교
나용환	1864-1939	평남 중화	경성부 연동	천도교 도사	2년	상동
이종훈	1856-1931	경기 광주	경성부 원동	천도교 장로, 양반	2년	상동
홍병기	1869-1949	경기 여주	경성부 소격동	천도교 장로	2년	동학농민전쟁 참전
이종일	1858-1925	경기 포천	경성부 경운동	천도교 월보과장	3년	개화파, 제국신문
최린	1878-1958	함남 함흥	경성부 재동	보성고보 교장	3년	관비유학생, 메이지대
한용운	1879-1844	충남 홍성	경성부 계동	신흥사 승려	3년	불교혁신운동
백용성	1864-1940	전북 장수	경성부 봉익동	해인사 승려	1.5년	
이승훈	1864-1930	평북 정주	평북 정주군	오산학교, 상민	3년	장로교, 105인 사건
박희도	1889-1952	황해 해주	경성부 수창동	중앙기독교청년회	2년	북감리교
이갑성	1889-1981	경북 대구	경성부 남대문통	세브란스의전,양반	2.5년	장로교
오화영	1880-1960	황해 평산	경성부 도염동	목사	2.5년	남감리교. *
최성모	1874-1937	경성	황해도 해주군	목사	2년	북감리교
이필주	1869-1942	경성	경성부 정동	목사	2년	북감리교, 양반
김창준	1889-1959	경성	경성부 인사동	전도사	2.5년	북감리교. *
신석구	1875-1950	충북 청원	경성부 수표정	목사	2년	남감리교. *
박동완	1885-1941	경기 양평	경성부 누하동	기독교신보사서기	2년	북감리교
신홍식	1872-1939	충북 청주	평양부 대찰동	목사	2년	북감리교
양전백	1869-1933	평북 의주	평북 선천군	목사	2년	장로교, 105인 사건
이명룡	1872-1956	평북 철산	평북 정주군	장로	2년	장로교, 105인 사건
길선주	1869-1935	평남 안주	평양부 관후리	목사	무죄	장로교, 105인 사건
유여대	1878-1937	평북 의주	평북 의주군	목사	2년	장로교, 105인 사건
김병조	1877-1948	평북 정주	평북 의주군	목사	2년	장로교, 임시정부 *
정춘수	1873-1953	충북 청원	원산부 남촌동	목사	1.5년	남감리교

* 오화영, 한국전쟁 때 납북됨,* 김창준, 북한정권 참여,* 신석구, 북한에서 처형됨,* 김병조, 조만식과 조선민주당 창당, 시베리아 유형

정치에 큰 영향을 주는 기저적인 요인이다. 아시아에서 가장 먼저 개항장 무역이 발달한 중국은 쑨원을 중심으로 한 신해혁명에 성공했지만, 농업 관료제의 틀에서 벗어나지 못한 채 결국 농촌을 기반으로 한 공산주의 혁명을 거쳐서 전체주의 사회로 귀결되었다. 한국은 미국과 유럽 국가들이 가세한 동아시아 사회에서 식민지로 전락했지만, 중국이나 일본과는 뚜렷하게 구분되는 진보적 자유주의의 흐름을 갖게 되었다. 그러한 격변 과정에서 민족주의가 결실을 맺은 것이 1919년 3·1운동이었다.[188]

# 제3부:
제1차 세계대전 이후 식민주의

제7장 식민통치와 외교

1. 미국과 무단적 제국주의

1) 한국인과 윌슨 대통령

1918년에 경찰서 751개소, 경찰관 5,402명은 주로 남부 지방에 주둔하였다. 치안행정의 주도권을 갖고 있던 헌병부대 1,100개와 헌병 대원 7,978명의 주둔지는 북부 지방이었다. 조선주차군(朝鮮駐箚軍) 19사단 사령부는 함경북도 나남(羅南)에, 그 예하부대 37여단은 함흥에, 38여단은 나남에, 20사단 사령부는 서울 용산에, 그 예하부대 39여단은 평양에, 40여단은 용산에 주둔하였다. 1919년 3월 3일에 총독 하세가와 요시미치(長谷川好道)는 조선주차군 사령관 우쓰노미야 다로(宇都宮太郎; 1861-1922)에게 발포 명령을 내렸다. 3월 11일에는 일본 하라 수상의 지시가 조선총독에게 전달되었다. "이번 사건은 내외에 대하여 표면상으로는 극히 경미한 문제로" 보이게 하며, 또 시위에 참여한 조선인들에게 "엄중한 조치를 취하여 장래에는 재발하지 않도록 기하라." 그래도 안심이 되지 않았던 일본의 당국자들은 비폭력 시위를 진압하기 위해 4월 상순경에 헌병 65명, 보조 헌병 235명, 보병 6개 대대를 한국에

증파했다.[1] 문명국의 위신이 손상되지 않으면서 무력 진압을 통해 조선인의 저항 의지를 꺾으려는 일본의 계획은 그렇게 성공적이지 않았다. 큰 흔적을 남긴 폭력은 그들의 바람과 달리 국제사회의 비판을 받았다.

3월 1일부터 5월 말까지, 약 석 달 동안에 7,509명이 죽었고, 15,961명이 다쳤으며, 46,948명이 체포되었다. 교회당 47곳, 학교 2곳, 민가 715호가 불에 탔다.[2] 3·1운동 이후 약 8개월 동안 1만 8천여 명이 구속되었으며, 그 중에서 보안법 위반으로 6,472명, 소요죄로 2,289명, 내란죄로 296명, 기타 범죄로 232명, 모두 9,289명이 기소되었다.[3] 33인 및 17인에 대한 사법적 처리는 1920년 10월 3일 공소(항소)심으로 마무리되었다. 손병희·이승훈·최린·한용운 등 8명은 징역 3년, 이갑성·최남선 등 4명에게는 2년 6개월, 임예환·나인협·이명룡 등에게는 징역 2년, 정춘수·백상규에게는 징역 1년이 선고되었다. 송진우·현상윤·길선주 등은 증거 불충분으로 무죄 판결을 받았다.[4]

3월 1일 평안북도 선천읍에서 첫 희생자가 나온 이래, 3일과 10일 사이에도 평안남도 안주읍·성천읍·강서군(사천시장)·맹산읍, 황해도 수안읍에서 일본군 총격에 의한 사망자들이 속출했다. 31일 평안북도 정주읍에서는 일본군이 총을 쏘고 교회당과 학교 건물에 불을 질렀다. 삼일운동의 리더들인 이승훈과 이명룡의 집도 파괴되었다. '미국기독교연합협의회 동양관계 위원회'의 결의서인 「조선의 상황에 대한 보고」에는 그 잔인함의 일단(一端)이 잘 나타나 있다.[5]

3월 상순 맹산에서 민중이 독립만세를 부른 후, 56명이 헌병분견소에 불려갔다. 그들 전원이 헌병대 구내에 들어가자 헌병들은 문을 잠그고 담 위에 올라가서 전원을 사격하여 쓰러뜨린 후, 그 옆에 가서 아직 살아남은 사람을 모두 총검으로 찔러서 56명 중 53명이 죽고 3명만이 시체더미에서 기어 나올 수 있었다. 그들이 과연 살아남았는지 어떤지는 모른다. 믿을 수 있는 기독교 부인이 수일 여행을 하고 와서 외국인 친구에게 가서 이상과 같은 진술을 하였다. 그 진실성을 의심할 수 없다.

1919년 4월 19일 경기도 수원군 제암리에서도 가공할 만한 사건이 일어났다. 일본군 중위가 인솔한 십수 명의 군경이 기독교와 천도교인 이십여 명을 제암리교회에 밀어 넣었다. 그리고 일본군들은 출입문과 창문을 모두 잠그고 집중사격을 했다. "나는 죽어도 좋지마는 이 아이만을 살려 달라"는 한 부인의 애원은 총칼을 든 일본군에게 들리지 않았다. 무자비하게 총을 발사한 후에 그들은 교회당에 불을 질렀다. 총질과 칼부림 그리고 방화가 비무장 비폭력 상태에 있는 한국인에 대한 일본군의 대응이었다. 선교사 스코필드(F. W. Scofield)는 그 생생한 모습을 사진으로 찍었고, 「수원에서의 잔학 행위에 관한 보고서」를 미국에 보냈다. 『재팬 애드버타이저(Japan Advertizer)』와 『재팬 크로니클(Japan Chronicle)』에 목격자의 증언, 학살 사진, 그리고 그 밖의 만행에 관한 기사가 실렸다. 일본의 자유주의자들은 크게 놀랐다. 수원군 제암리를 방문한 영문학자 사이토 다케시(齋藤勇)는 안타까운 마음을 장문의 시로 담아냈다.6) 그의 시는 한일강제병합 때부터 한국인의 독립에 대한 열망을 이해했던 우에무라 마사히사(植村正久)가 주재하는 일본기독교회 계열의 주간지 『복음신보(福音新報)』(1919년 5월 22일)에 실렸다.7)

「어떤 살육 사건」

그 살육은 터키령 아르메니아에서 벌어진 만행이 아니다.
300년 전 피에몬테에서 있었던 살육이 아니다.
아시아 대륙의 동쪽 끝에서 저질러진 참사다.
영원한 평화를 기약하는 회의(파리강화회의—필자 주)가 진행되는 가운데 일어난 살육이다.

우리의 사랑하는 조국에서는
인종차별을 철폐해야 한다고
이른바 지사가 서슬 푸르게 외치던 때
5대 열강 가운데 하나라고 뽐내는 군자의 나라 관리는
……
홀연 다섯 발, 열 발의 총성 ……
눈 깜짝할 사이에 교회당은 시체가 누운 곳으로 변하고.
그래도 성에 차지 않아 불을 들고 휘두르는 자가 있었다.
시뻘건 불꽃은 벽을 태웠지만.

관리의 독수에 걸려든 망국의 백성을—

......

40여 채의 부락은,

한 채도 남지 않고 다 타버릴 수밖에 없다.

그대는 초가집의 불탄 자리에 서서,

아직 연기가 나며 코를 찌르는 악취를 맡고 있는가.

젖먹이를 안은 채 죽은 젊은 엄마,

도망치려고 우왕좌왕하다가 쓰러진 늙은이들의

까맣게 탄 참상이 보이지 않는가.

뭐, "헤롯왕의 어린이 살해보다 심하지 않다"고 하는 것인가.

"피에몬테와 아르메니아보다 사망자가 적다"고 하는 것인가.

"사마바라와 나가사키 근처의 옛날 일도 있다"고 하는 것인가.

"군자의 나라에는 그런 예가 드물지 않다"고 하는 것인가.

......

주관성이 강한 문학작품은 어떤 객관적인 보고서보다도 어떤 사건의 실체적 의미를 생생하게 전해주는 경우가 있다. 일본인 사이토의 시(詩)가 그렇다. 1655년 이탈리아 북서부 피에몬테(Piemonte) 지방에서는 로마 가톨릭교회가 프로테스탄트인 발도파(Waldenses) 신자들을 대량 학살했다. 영국 청교도혁명 지도자 크롬웰의 라틴어 비서였던 존 밀턴(John Milton, 『실락원(失樂園)』의 저자)은 피에몬테 사건을 모티프로 한 시 「피에몬테의 학살(On the Late Massacre in Piemonte)」을 통해 가톨릭의 만행을 고발했다.8) 제1차 세계대전 중에 오스만제국은 변두리 지역에 거주하던 기독교계 아르메니아인을 집단적으로 살해했다.9) 기독교인 사이토에게 수원 제암리사건은 그런 범주의 사건이었다. 그날의 참담함을 생생하게 전하는 그의 시는 민족을 넘어서 인간이 인간에 대해 가져야 할 도리에 대해 말하고 있다.

비폭력 평화 시위를 군대와 경찰을 동원해서 탄압하고 급기야 무자비하게 한국인을 학살한 일본 제국주의의 폭력은 선교사·외교관, 그리고 언론들을 통해서 외국에 알려졌다. 미국과 영국의 정치인들은 식민지 조선에서의 참상에 대해 깊은 우려를 표명했지만 별다른 조치를 취하지 않았다. 두 나라와 일본은 제1차 세계대전에 함께 참전한 연합국의 일원이었고, 또 두 나라는 일본의 한국 병합을 인정한 바가 있었다. 1919년에는 두 나라와 일본의 그런 관계가 여전히 유지되던 때였다. 그럼에도 불구하고 '승리 없는 평화'를 외쳤던 미국 윌슨 대통령에 의해 제기된 민족자결주의, 그리고 전쟁을 승리로 이끈 미국 대통령이 주도할 것으로 보이는 파리강화회의는 한국인에게 희망을 주었고, 1918년 1월 8일 미 연방의회에서의 윌슨 대통령 연설('Fourteen Points Speech')은 식민지 조선을 포함한 피억압 민족의 지도자들의 사기를 진작시켰다.

그러므로 이 전쟁에 대한 우리의 요구는 우리 자신에게만 해당되지 않는다. 세계는 살기에 적합하고 안전해야 하며, 특히 우리와 마찬가지로 자신의 방식대로 살면서 자신의 제도를 결정하고, 또 서로 폭력과 이기적인 침략이 아닌 정의롭고 공평하게 대해주기를 바라는 모든 평화 애호 국가들에게 안전해야 한다.

　이 점에 대해 전 세계의 사람은(All the peoples of the world) 사실상의 동반자이며, 또한 우리는 정의가 타국에 실현되지 않는다면, 우리에게도 실현되지 않을 것임을 잘 알고 있다. 그러므로 세계 평화의 계획은 바로 우리의 계획이다. 우리가 보건대 그렇게 할 수 있는 유일한 계획은 다음과 같다.10)

　그 뒤에 이어진「14개조」1조는 "공개적으로 이루어진 강화 협약 이후에는 비밀스러운 국제협정은 결코 없을 것이고, 외교는 항상 솔직하고 대중이 보는 데서 이루어질 것이다"였다. 이와 같은 새로운 국제 질서의 관행이 지속될 수 있다면, "비밀스러운 국제협정"인 영일동맹과 가쓰라 - 태프트 밀약에 의해 형성된 동아시아의 국제질서가 해체되고, 한국인 또한 광복에 유리한 국제적 환경을 갖게 되는 것이었다. 이어서 러시아(6조), 벨기에(7조), 프랑스(8조), 이탈리아(9조), 루마니아·세르비아·몬테네그로(11조), 터키(12조), 폴란드(13조)에 관한 입장이 표명되었다. 세계를 구성하는 모든 국가와 민족이 동등한 권리가 있으며 동반자라는 진술은 한국인을 포함한 인도인·중국인 기타 여러 민족에게 '충격적인 희망'을 주었다. 유럽의 민족 문제는 세계인의 바로미터였다.

　이에 고무된 미국·중국·러시아 등 세계 여러 곳의 한국인은 분주하게 움직였다. 그러나 고정휴는『신한민보』의 논설을 근거로 미주한 인사회는 파리강화회의에 대해 큰 기대를 걸지 않았다고 했다. 대한인 국민회의 안창호는 그러한 입장에 동조했지만, 그래도 '외교의 기회'를 시험해보겠다는 의지를 갖고 파리강화회의 대표들—이승만·정한경·민찬호 등—을 선임했다. 이승만도 그러한 문제의식에 공감했지만, 그러한 마음을 표면에 드러내지 않았다고 한다.[11] 회의적인 시선으로 바라보는 개인들과 달리 파리강화회의에 대한 한국인의 기대는 올라가고 있었다. 미국의 대한인국민회, 중국 상하이의 신한청년당, 그리고 간도와 시베리아 등 여러 지역의 한인 단체들은 파리강화회의에 대표단을 파견했다. 그런데 미국 정부는 이승만과 정한경의 여권을 발급해주지 않았다. 파리의 랜싱 미 국무장관 역시 "한국은 전쟁과 관련된 문제가 아니며 평화회담은 한국인의 주장을 청취하지 않을 것이다"라고 단호하게 말했다. 미국 정부에 대해 "크게 실망했다"라고 논평하는 것 외에 달리 할 조치가 없었던 이승만은 개인적 인연을 통해 실마리를 풀려고 했다. 윌슨은 프린스턴대학 총장으로 재직할 때 이승만을 총애했다고 한다.[12] 1919년 2월 25일, 이승만과 정한경은 윌슨 대통령에게 청원서를 보냈다.

저희들은 자유를 사랑하는 1500만 한국인의 이름으로 각하께서 여기에 동봉한 청원서를 평화회의에 제출해 주시옵고 평화회의에 모인 연합국측이 장래 한국의 완전한 독립을 보장하는 조건하에 한국을 국제연맹의 위임통치하에 두고 현 일본의 통치하에서 해방하는 조치를 취할 수 있도록 저희들의 자유 원망을 평화회의 탁상에서 지지하여 주시기를

간절히 청원하는 바입니다.13)

그러나 미국 정부의 비협조로 이승만의 윌슨 대통령 면담은 실현되지 않았다. 볼드윈(Baldwin)에 의거하면, 미국 정부는 영국과 프랑스의 입장을 고려해야 했는데, 1918년 10월 파리강화회의가 열리기 직전에 미국·영국·프랑스 대표 들은「14개조」의 5조는 '전쟁에 의해 일어난 식민지 문제에만 적용한다'는 데에 합의를 했다. 독일이 보유하고 있는 식민지는 앞으로 창설될 국제연맹의 위임통치(mandate)로 들어갈 것이며, 그 과정에서 원주민들의 이해는 적절히 보장되고 궁극적으로 자치 - 독립의 방향으로 나아간다. 1919년 2월 14일에 윌슨 대통령이 평화회의에 제출한 최종 초안에는 그 합의 취지가 그대로 반영되었다. 이를 근거로 볼드윈은 1918년 1월에 제출된 윌슨의 '민족자결'은 전쟁에 관련된 민족과 국가에게만 적용된다는 것을 강조했다.14) 그러나 중국·인디아·이집트·한국의 민족주의자 들은 민족자결의 원칙을 어떤 지역에만 적용되는 것이 아니라 세계의 보편적 원칙으로 이해하려고 했다. 비유럽 지역의 민족주의자들의 희망과 달리, 전리품을 챙기려는 영국·프랑스와 싸우는 데 급급한 윌슨은 자신의 위선(hypocrisy)과 편의주의(expediency)를 자각하지 못했다.15) 볼드윈은 여기에서 한 발 더 나아가서, 그의 '이상'이 실현되지 못할 것을 알았던 윌슨이 '민족자결'이라는 명분으로 파리평화회의에 호소했던 순진한 민족주의 지도자들을 바로잡기 위한 어떤 조치도 취하지 않은 점을 비판했다. 승전국들은 아시아와 아프리카인들의 말을 경청할 의지가 조금도 없었다. 1919년 1-2월 사이에 국제연맹 규약(Covenant of the League of Nations) 안에 들어간 민족자결 개념은 매우 좁고 엄격했다.

비슷한 시기에 비밀스런 계획을 준비하고 있던 서울의 리더들은 파리강화회의에 한국인의 독립 의지를 보여주고자 했다.[16] 볼드윈에 의하면, '독립할 수도 있다'는 기독교와 천도교의 지도자들의 판단은 비극적으로 어긋났다.[17] 윌슨의 목표는 서구 제국주의 체제의 즉각적인 종말이 아니라 국제연맹이 주도하는 점진적인 개혁이었다.[18] 영국의 반응은 더 냉정했다. 파리강화회의에 참석한 벨푸어(Balfour) 외무장관은 "한국 문제는 전후 처리 대상이 아니며 일본의 국내 문제다"라는 것을 명확히 했다.[19] 1902년 영일동맹의 당사자였던 영국이 일본의 이익에 배치되는 입장을 천명한다는 것은 기대하기 어려운 일이었고, 두 나라는 전후 전리품을 챙겨야 한다는 점에서 입장이 같았다.

미국 정부의 협조를 받을 수 없었던 미주의 한국인은 전략을 전환했는데, 이승만·정한경·서재필 등은 여론전에서 큰 활약을 했다. 1919년 4월 14일부터 16일 사이에 열린 첫 번째 필라델피아 한인대회에 미국의 기업가·언론인·교육가·종교인들이 초청되었다. '한국의 친우'(League of Friends of Korea)라는 친한단체도 결성되었다. 미국의 언론기관들도 한국인의 활동에 주목했다.[20]

또 한국인과 선교사들이 한국의 사정을 알리는 서적들을 발간했다.[21] 특히 선교사들은 한국의 사정을 제3자의 입장에서 미국 사회에 전달했다. 구대열에 의하면, 그들의 활동은 크게 세 가지 영역에서 진행되었다. 하나는 서울의 조선총독부나 도쿄의 일본정부 방문이었다. 그들은 고위 당국자들에게 일본 군경에 의한 잔인한 탄압의 시정을 촉구했다. 다른 하나는 3·1운동의 실상을—학살 현장을 방문한 기록과 피해 상황을—본국 관리들과 선교본부에 전달하는 것이었다. 그리고 그들은 본국의 주요 언론사는 물론 아시아의 영자 신문들—일본의 *The Japan Advertiser*, *The Japan Chronicle*, 중국의 *The Japan China Herald*—에 기고했다. 이런 활동의 정점은 3·1운동에 관한 최초의 포괄적인 보고서 『한국의 정세』라는 소책자의 발간이었다. 이 책의 내용은 『뉴욕 타임스(*The New York Times*)』(1919년 7월 13일자)에도 실렸고, 미연합의회 『의사록(*Congressional Record*)』에도 수록되었다.22) 1919년 7월에 발행된 이 팸플릿은 뉴욕에 본부를 둔 '미국 기독교회 연합회의 동양관계위원회(Commission on Relations with the Orient of the Federal Council of the Churches of Christ in America)'의 작품이었다. 선교사들은 잔학한 일본의 탄압에 대해서는 적극적으로 폭로하면서 비판적 입장을 가졌지만, 그들은 대체로 일본과의 외교적 마찰을 회피하려는 미국 정부의 입장을 존중했다.

한국인에게 또 하나의 희망은 1919년 6월 6일에 있었던 미국 상원에서의 '아일랜드 독립 지지안 의결'이었다. 한국인은 로비활동을 전개했고, 상원의원들은 일본 비판과 윌슨 행정부 비판을 연동시키기 위해 한국 문제를 거론했다. 미조리주 스펜서(Selden P. Spencer), 네브래스카주 노리스(George W. Norris), 일리노이주 맥코믹(Joseph M. McCormick), 외교위원회 위원장 매사추세츠주 로지 등이 상원에서 두드러진 활약을 했다. 맥코믹 덕택에 『한국의 정세』는 의사록에 들어갈 수 있었고, 로지는 상원 외교위원회에서 일본 규탄 결의안을 통과시킬 때 위원장이었다. 이들은 친한적인 인사들이 아니었다. 3·1운동에 대한 미국의 반응을 연구한 볼드윈(Frank Baldwin)에 의하면 반일·반윌슨·반조약파에 속하는 인사들은 자신들의 정치적 목적을 위해 한국의 사태를 이용했다.23) 이들은 모두 공화당원이었다.

미국에서 아일랜드와 한국의 정치적 위상은 큰 차이가 있었다. 아일랜드인은 동부에서 많이 거주하고 있었고, 미국의 7대 대통령 앤드루 잭슨(Andrew Jackson; 1829-1837)은 민주당 소속 최초의 아일랜드 출신 대통령이었다. 17세기부터 미국으로 이민을 온 아일랜드인(Irish American)들은 미국 독립전쟁·남북전쟁 등을 위시하여 미국의 주요 역사에 깊이 관여했다. 이에 비해 한국인은 미국 정치에 거의 영향을 주지 못하는 존재이고, 미국의 정치인들에게는 거래의 대상에 불과했다. 1908년 3월 23일 대한제국 외교고문을 지낸 더럼 화이트 스티븐스(Durham White Stevens)가 두 명의 한국인 전명운·장인환에 의해 살해된 것은 그가 일본의 한국 침략을 옹호하는 미국인이었기 때문이었다. 러일전쟁·포츠머츠강화조약·가쓰라-태프트 밀약·을사보호조약 등으로 이어지는 1904년부터 1905년 사이에 일어난 일련의 동아시아 사건들에서 미국은 일본을 지지했었다. 공화당 출신의 시어도어 루스벨트와 윌리엄 태프트로 이어지는 미국의 동아시아 정책은 이른바 '세력균형' 시대의 산물이었다.

볼드윈의 지적처럼, 윌슨의 민족자결주의는 한계가 많았지만 한국인에게는 광복에 이르는 새로운 길로 보였다. 앞의 「제2부 5장」에서 국제질서 패러다임을 전환하는 미국의 리더 윌슨이 놓였던 두 가지 상황을 언급했었다. 하나는 윌슨의 보편주의 노선을 상원은 특수주의(고립주의) 입장에서 견제했고, 다른 하나는 '승리 없는 평화' 노선에 대한 영국과 프랑스의 공세였다. 두 나라는 패전국 독일에게는 과도한 부담을 주지 않고 전쟁 후의 평화 질서를 그리는 윌슨의 제안을 흔들었다. 독일을 응징하면서 전리품을 챙기려는 영국과 프랑스의 반발을 누르지 못한 윌슨의 '이상'은 조정되어야만 했다. 국내에서는 '집단안보'라는 새로운 국제질서의 원리를 수행하는 국제연맹의 규약이 미국 상원에서 거부되었다. 공화당이 주도하는 상원은 전쟁과 관련된 국가적 의사 결정권이 침해받는 것을 극도로 싫어했다. 미국은 자신이 주도적으로 설립한 국제연맹에 참가할 수 없었고, 윌슨의 민주당은 의회 권력을 상실했다. 윌슨은 미국 국민을 설득하기 위한 전국 순회 연설 도중에 병을 얻어서 쓰러졌다. 이렇게 윌슨은 실패했지만, 국제연맹이 출범하면서 국제질서의 패러다임은 불완전하게나마 '세력균형'에서 '집단안보'로 넘어가게 되었다. '세력균형' 시대에 식민지로 전락한 한국인은 '집단안보' 시대에 미국과 일본의 전쟁을 전망하면서 광복에 대한 기대를 품었다. 적극적인 무력 투쟁을 강조하는 이동휘의 질문에 대한 이승만의 답신은 달라진 국제질서와 관련이 있었다.

1919년 11월 29일자 이동휘 편지. 이승만에게 질문

각하께서는 우리 조선의 독립이 국제연맹에 요구하여 해결될 수 있다고 보십니까? 아니면 최후의 철혈주의로 해결될 수밖에 없다고 보십니까? 현명하신 각하여, …… 저는 아직도 세상이 야심이 난무하는 어지러운 판국이라고 생각할 뿐 아니라, 독하기 짝이 없는 저 일본놈들이, 고맙게도 인간의 양심에 따라 우리 조선의 독립을 순순히 승인할 리가 없다고 확신합니다. 이런 연유로 저는 언제 어느 때든 우리 조선인은 마지막 한 사람이 죽을 때까지 굳건한 마음가짐으로 나가야 독립을 이룰 날이 오지 않을까 합니다. 만약 이런 제 보잘것없는 소견이 그럴듯하다고 여겨지신다면, 이에 대한 시기·위치·준비는 어찌하면 될까요? 이 또한 명확한 의견이 필요합니다.[24]

1920년 1월 28일에 작성된 이승만의 답신

국정 방침을 문의하신 바, 저는 처음부터 평화회(파리평화회의—필자 주)나 국제연맹회에 희망을 둔 바가 없으며, 지금도 국제연맹회를 드러내지 않고 국제연맹회를 반대하면서 미국 상원의원 친구들에게 운동을 하고 있으나, 외교 행사에서 유감을 남기지 않기를 꾀할 따름입니다. 우리의 영원한 독립을 어찌 수고 없이 얻을 수 있겠습니까? 머지않아 우리가 최후의 수단을 쓴 다음에야 국토를 회복할 수 있고, 회복하는 대로 완전한 기초가 서지 않을까 합니다. 이에 대해서는 형님과 제가 서로 이견이 전혀 없는 것이지요. 그러나 최후 운동은 준비 없이 이루어질 수 없으니, 형님과 류동열(柳東說), 그리고 여러 동지가 동아시아에서 이를 준비하고 있으니, 저는 이곳 미국에서 미국 사람들의 인심을 고무하는 것이며, 이는 미국 사람들에게 우리를 위해 힘을 빌려달라고 하는 것이 아닙니까? 다만, 미국 사람들의 일본을 배척하는 상황이 수시로 늘어나고 있어, 미국 사람들의 일본 배척 열기가 극에 달하면, 제가 자금도 얻을 수 있을 듯하고, 긴히 필요한 다른 것도 얻을 수 있을 듯합니다. 만약 얻게 되면, 국내 상황과 국외 기회가 서로 호응해야 착수하게 될 것이니, 저는 이런 소견을 가지고 이곳에 있겠습니다. 이런 기회에 우리가 위험한 일을 행하는 것은 대사에 도움이 안 되고, 시위 운동이 전처럼 계속되면 각국 언론계에서 기자를 파견해 실정을 널리 알릴 듯합니다.[25]

이승만은 이동휘에게 '철혈주의'를 배격은 하지 않지만 외교적 방법도 유효하다는 뜻을 분명하게 밝혔다. 그로부터 약 2년 후에 미국이 주도한 워싱턴회의에서 일본은 영일동맹이라는 국제질서의 큰 지렛대를 상실했다. 일본이 한국 병합을 지원했던 디딤돌들이 ― '세력균형'의 해체, 영일동맹 폐기, 미일관계의 변화 등 ― 하나씩 없어지고 있었다. 국제질서의 전환기에 미국은 일본 외교의 1순위가 되었고, 다이쇼 일본은 자신의 식민주의는 '무단적'인 것이 아니라 '도덕적'이며 '침략적 의도가 없다'는 것을 설명하기 위해 노력했다. 사이토 총독기의 문화통치와 관련이 있는 소에지마 미치마사(副島道正)의 '자치론'은 서구에게 일본을 설명하는 하나의 방식이었다.

2) 일본 자유주의자의 조선자치론

1921년 11월에 하라 다카시 수상이 암살되고, 같은 달에 '워싱턴회의'(1921.11.12-1922.2.6)에서 일본은 군비 감축, 중국에서의 특수권익

축소, 그리고 영일동맹 파기라는 상황에 직면했다. 위기를 직감한 소에지마 미치마사의 눈에 비친 일본 정계는 여전히 번벌 출신의 정치인들이 지배하고 있었다. 여느 때와 마찬가지로 1923년과 1924년에도 해군대신 출신 가토 도모사부로(加藤友三郞; 재임, 1922- 1923)·해군 대장 출신 야마모토 곤베에(山本權兵衛; 재임, 1923-1924)·추밀원 의장 출신 기요우라 게이고(淸浦奎吾; 재임, 1924-1924) 등이 수상이 되었다. 외교를 아랑곳하지 않고 정권 쟁탈에 여념이 없는 정치인들을 보면서, 소에지마는 조선총독으로 있는 사이토 마코토(齋藤實)에게 국가의 이익을 돌아보지 않고 권력투쟁에 눈이 먼 자들을 대신하여 수상이 될 것을 권유했다.26) 그는 세력이 있는 정치가는 아니었지만, 제1차 세계대전 이후 위기의 일본을 돕기 위해 노력했다.

소에지마가 정계에 들어올 수 있었던 배경에는 그의 부친이 있었다. 소에지마 다네오미(副島種臣)는 사가현(佐賀縣) 출신 사무라이로 메이지 유신에 참여했고, 초기 정부에서 내무상과 외무상을 지냈으며, '정한론' 사건을 계기로 관직에서 물러났다. 1877년 세이난(西南)전쟁은 정한론을 지지하는 세력이 몰락하는 결정적인 계기였는데, 그때 중국에 머물고 있었던 그의 부친은 화(禍)를 피할 수가 있었다. 이 사건 이후 메이지유신 주도 세력 내부는 이토 히로부미와 야마가타 아리토모 등이 이끄는 과두정치 그룹과, 헌법 제정을 통해 정치를 재구성하자는 자유주의 그룹으로 분화되었다. 후자의 주요 인물들에는 1890년 무렵에 「헌법건백서」를 제출하여 의회 설립을 주장한 소에지마 다네오미와 와세다대학의 설립자 오쿠마 시게노부(大隈重信)가 있었다.27) 이러한 가문에서 성장한 소에지마 미치마사는 1887년부터 1894년까지 영국에서 유학(케임브리지대학 정치학과 졸업)을 했고, 귀국한 이후에는 학계와 경제계에서 활동을 하다가 1905년 부친이 사망한 이후 작위(백작)를 계승했고, 1918년에 귀족원 의원에 당선되었다.28) 그는 1919년 무렵에 흥망사론간행회(興亡史論刊行會)가 간행한 『영국팽창사론(英國膨脹史論)』의 서론에서 '미래 일본'에 대한 자신의 구상을 비교적 명확하게 피력했다. 이 책은 1883년 발행된 실리(J. R. Seely)의 *The Expansion of England—Two Courses of Lectures*(London MaCmillan and Co., 1883)를 번역한 것이다.29)

영국의 현재와 장래, 그리고 영국과 열강의 국제관계를 아는 데에는 말할 것도 없이 본서를 읽을 필요가 있다. 특히 우리 일본제국의 현황은, 그 내치와 외교에서, 그 식민사업에서, 그 해양사업에서, 장차 또 기타의 여러 가지 점에서 영국의 제국 팽창 당시 상황과 유사하다.

그는 영국이 추구했던 '민주적 제국주의', 혹은 '도덕적 제국주의'를 일본의 국가발전 모델로 설정했다. 영국 케임브리지대학 역사가인 실리는 『영국팽창사론』에서 명예혁명이 일어난 다음해인 1689년부터 1815년 나폴레옹전쟁이 끝나는 시기를 중요한 전기(轉機)로 파악했다. 1701-1717년 사이에 영국과 프랑스 사이에 패권을 다투었던 스페인 왕위계승 전쟁이 있었고, 프랑스혁명 이후 1793년부터 1815년 사이에 프랑스와 여타 유럽 국가들 사이에 나폴레옹전쟁이 있었다. 그는 일련의 영·불전쟁을 '2차 백년전쟁'이라고 불렀다(프랑스 왕위계승 문제가 발단이 되어 일어난 영국과 프랑스 사이의 '1차 백년전쟁'은 1337-1453년 사이에 있었다). 패권 경쟁에서 승리한 영국은 1870년부터 통일된 국가 독일을 상대하게 되었는데, 실리는 이러한 현실을 목도하면서 영국은 영국령인 캐나다·오스트레일리아와의 결속을 강화해야 한다고 역설했다.30) 1914년에 영국의 요청을 받아들여 제1차 세계대전에서 독일과 전쟁을 벌이게 된 일본은 영국에 협조했다. 러일전쟁 당시 영국의 지원을 받아서 일본이 전쟁에 승리했듯이, 영국 역시 일본을 활용하면서 세력을 확대해 나갔다.

소에지마에게 1918년에 조지프 체임벌린(Joseph Chamberlain; 1836-1914)이 언급했던 '민주적 제국주의'는 일본이 가야 할 목표였고 "자유주의 챔피언"인 영국은 닮고 싶은 모델이었지만, 독일의 승리는 나폴레옹의 "무단적 제국주의"의 재현이었다.31) 그에게 영국과 독일은 전혀 다른 이미지의 서구 국가들이었다. "어떤 영국 사람"은 『영국팽창사론』을 번역하려는 그에게 '군축과 평화'에 대해 다음과 같이 물었다.

> 제1차 세계대전이 끝나면 열강은 무장을 해제하고 혹은 병력을 제한하여 세계 평화는 영원히 확보될 것인데, 무엇 때문에 이처럼 진부한 책을 출판하려고 하는가?

소에지마는 '오히려 국가 간 경쟁이 치열해질 것'이라고 진지하게 대답했다. "무장 해제는 환상이다. 그리고 세계는 군비와 상업의 대경쟁이 일어나는 수라장이 될 것이다." 두 사람의 예상은 일부분은 맞고 또 일부는 틀렸다. 1922년 워싱턴회의 이후 미국·영국·일본·프랑스 등은 군축을 단행했다. 소에지마의 예상은 빗나갔다. 그러나 1929년 대공황 이후 각국은 다시 "상업의 대경쟁" 시대로 들어갔고, 1930년대 후반부터는 전쟁이 발발했다.32) 소에지마의 예상은 다소 시간이 흘렀지만 현실이 되었다. 그는 '두 차례의 백년전쟁'을 보면서 프랑스보다는 영국을 지지했지만, 일본이 따라갈 모델인 영국은 두 개의 결점을 갖고 있었다. 하나는 아일랜드이고, 다른 하나는 인도였다.33)

아일랜드 문제는 조만간 해결되지 않으면 안 된다. 아니 반드시 해결되어야 한다. 그렇지 않으면 영국이 유럽전쟁(1차 세계대전)에 참가한 구실도 목적도 모두 괴리 배신의 반증일 뿐. 원래 영국은 그 개전 당시에 이미 지혜롭고 용감한 결단을 내려서 아일랜드에 대해 완전한 자치제를 실시했어야 했다. 그러면 징병령을 아일랜드에서도 실시할 수 있었고, 세계도 평소 정의 자유를 높이 표방하는 대영국의 아량을 칭찬했을 것이다. …… 나는 우리 동맹국을 위해 하루라도 빨리 아일랜드가 '얼스터(Ulster)'를 포함하는 자치제 아래에서 건전한 발달을 이루기를 간절히 바란다.34)

그는 식민지에서의 자치제 실시가 일본 제국주의의 국제적 위상을 올리는 수단임을 명확하게 이해하고 있었다. 그러나 그는 문맹률 때문에 인도에서의 자치제는 단계적으로 – 지방 단위에서 먼저 시작하고 그 결과에 따라 중앙에서 – 실시되어야 한다고 주장했다. 약 3억 명의

인구 중에서 글자를 읽고 쓸 수 있는 사람은 약 6%인 1,850만 명에 불과했다.35)

식민지 조선과 대만을 보는 그의 관점은 영국 식민주의라는 프리즘을 통과한 후 형성되었다. 그에게 두 나라의 영토는 일본의 "신영토"였고, 두 나라 민중은 "신동포"였다. 특히 "조선인은 우리 동포에게 결코 종속적 인종이 아니"며,36) 고대사회에서 일본에 문화를 전해준 인종이었다.37) 그는 일본과 식민지가 실질적으로 피가 섞여서 하나의 동포가 되기를 바랐다. "앞으로 30년간 수백만의 내지인(일본인)이 이주를 하고 잡혼을 해서, 조선인이 명실공히 우리 동포가 되기를 바라마지 않았다."38) 일본이 "식민국"으로 성공하기 위한 또 하나의 방법은 조선인과 중국인을 멸시하지 않는 것이었다. 그래야 일본인은 "동서문명의 조화자, 동양 평화의 보장자, 또 동양제국의 지도자"가 될 수 있었다.39) 소에지마는 포용적이고 온건했지만, 한국에 오기 전부터 자치제를 근간으로 하는 식민론을 갖고 있던 제국주의자였다.

3·1운동 이후 부임한 사이토 마고토 총독은 그러한 소에지마를 원했고, 소에지마는 "독립독보(獨立獨步), 불편부당(不偏不黨)"해도 괜찮다는 사이토의 언질을 받고 『경성일보』와 『매일신보』를 맡았다. 사이토 총독의 책사(策士) 아베 미쓰이에(阿部充家)는 '소에지마의 식민주의'를 민족주의자들과 대화할 수 있는 소재로 활용할 계획을 세웠다.40) 소에지마는 사이토 총독의 정치적 영향력 바깥에 있는 인물이었지만, 그의 식민주의는 3·1운동 이후의 문화통치 기조와 가장 잘 어울렸다. 3·1운동 때 일본 당국의 잔인한 진압 방식은 서구 사회, 특히 미국

의회에서 비판의 대상이 되었고, 미국과의 원활한 관계를 원하는 일본은 '무단적 제국주의' 기조(基調)를 버렸다. 소에지마 역시 국가의 이익을 위해 '일본과 미국의 전쟁' 예방을 위해 노력했다. 식민지 조선에 대한 문화통치는 조선인을 겨냥했지만, 미국과 영국에 보여주기 위해 설계된 것이기도 했다.

마침내 그의 '애국심'을 발휘할 기회가 왔다. 1924년 말에 시카고대학의 총장으로부터 강연 요청이 들어왔다. 시대하라 기주로(幣原喜重郎) 외상과 상의를 한 그는 사이토 총독에게 미국 출장에 대해 양해를 구하는 편지를 보냈다.41) 강연 일자는 1925년 6월 30일부터 7월 24일 사이였다. 소에지마는 건강이 좋지 않았고, 그의 노모(老母) 역시 간토 대지진 이후 심리가 안정되지 않은 상태였지만, 그러한 개인 사정을 뒤로하고 미국으로 떠났다. 불안한 '일미관계'의 개선은 그가 자임한 국가적 사명이었다. "내가 학식이 얕고 재주가 없지만 시카코대학의 초청에 응해서, 우리 제국의 평화적 사명을 선전하여 미국인의 오해를 풀고, 일미친선에 공헌하는 것은 나의 의무다. 이 기회를 놓쳐서는 안 된다." 그가 시카코대학에서 요청을 받은 강연 주제들은 '일본의 정치·경제·사회의 현상', '일본의 중국 정책·시베리아 정책·조선통치', 그리고 '일미관계'였다.

소에지마는 미국 및 영국의 정계에 어느 정도 이름이 알려진 인물이었다. 그 덕택에 그는 제1차 세계대전 직후 미국 여행을 할 때 윌슨 대통령 및 유력한 인사들과 만날 수 있었고, 그의 연설문 역시 『뉴욕타임스』에 실렸다. 그에게는 미국인에게 알리고 싶은 몇 개의 메시지가 있었다. 첫째, 최근 일본 외교정책은 징고이즘(jingoism) 즉 호전적 애국주의(대외 강경주의)에서 벗어나서 자유주의 노선으로 변경되었다. 둘째, 일본은 중국에 대한 불간섭정책을 실행하고 있다. 셋째, 일본 육군은 이미 자발적으로 병력을 감축했다. 1922년에 야마나시군축(山梨軍縮), 1925년에 우가키군축(宇垣軍縮)이 단행되었다. 일본 해군은 침략이 아니라 방어를 위한 전력이다. 넷째, 식민지 조선의 통치는 완전히 면모를 일신해서 진정한 문명정치를 실행하고 있다.

그는 다양한 방법으로 일본의 대외정책에 관한 미국인들의 오해를 풀기 위해 노력했다. 7월 7일 강연 후에 열린 원탁회의에는 교수·관리·하원의원, 그리고 실업가 등 약 80명이 참석했다.42) 그는 성심성의껏 60여 개의 질문에 대해 대답하면서, 두 가지 점을 강조했다. 하나는 명예를 중시하는 일본인에 대한 존중, 다른 하나는 볼셰비즘 침투에 대한 미국과 일본의 공동 대응이었다.43) "금일 다행히 세계가 볼셰비즘의 정복을 면한 것은 실로 일본·영국·미국 3국이 엄연하게 존재하기 때문이다. 그런데 만약 이 건전한 국가들 사이에 오해 때문에 좋지 않은 사변이 일어나고, 나아가 일미전쟁이 발발하면, 누가 승리하더라도 세계는 적화되어 혼돈과 암흑에 빠질 것이고, 문명은 멸망할 우려가 있다. 이는 인류에 대한 죄악이고, 또 신에 대한 죄악이라고 하지 않으면 안 된다. 그러므로 일미전쟁은 유형무형으로도 피해야만 한다고 단언한다. 그와 함께 오해를 풀어야 한다. 먼저 일미 사이 오해의 중심인 이민문제를 해결하지 않으면 안 되는 것이다."44) 이러한 그에게 식민지 조선에 대한 통치는 일본의 변화를 보여줄 수 있는 중요한 사례였다.

　현재의 조선은 이미 국제문제의 범주에 속하지 않는 순연한 일본제국의 내정이지만, 그러나 일본이 조선을 어떻게 통치하고, 조선인의 복지를 어떻게 증진하는가 하는 일은, 일본제국의 문명에 대한 최고 의무를 어떻게 다하느냐의 문제다. 달리 말하면 조선은 도덕적 제국으로서 일본을 세계에 증명하는 문제다. 나는 일본을 위해서도 결코 부도덕한 국가의 오명을 쓰는 것은 견딜 수 없기 때문에 감히 이 문제를 들어서 미국 조야에 호소하고 또 고창할 것이다.[45]

　그가 생각하는 "도덕적 제국" 일본을 위한 '조선통치의 방향'은 분명했다. '조선인 2000만 명의 대의사 약 100명'은 무산계급을 대변하는 일본의 노동당 및 무산당과 제휴할 가능성이 높기 때문에 일본 국내 정치를 교란할 수 있는 위험한 세력이었다. 그래서 그는 '조선인'이 일본의회에 진출할 수 있는 참정권을 반대하고, 조선의 자치를 지지했다.[46]

　나는 장래 조선에 자치를 주지 않으면 안 된다고 주장한다. ……
　내가 제창하는 자치는 홈 - 룰의 자치다. 즉 제국의 영토로서, 조선 고유의 문화적 특질에 입각한 문명적 정치형식을 주는 것이다. 조선인 중에는 지금 독립을 몽상하고 있는 자도 있지만, 조선이 국가로서 독립 같은 것은 꿈이라기보다도 현실에서 일어나기 어렵다. 하물며 일미전쟁에 의거해서 조선의 독립운동을 기대하는 경우는 한 번 웃을 만한 가치도 없다. 조선독립은 더 우스운 공상이다. 나는 조선인이 이런 공상으로부터 깨어나서 최선의 정치적 이상을 실현하는 데 노력하는 것을 요망하지 않을 수 없다.47)

소에지마는 아일랜드와 인도의 예를 들어서 식민지에 자치를 부여하는 것이 식민지 모국인 영국의 이익에 부합한다고 평가했듯이, 식민지 조선에서의 자치제 실시가 일본에 도움이 되는 계책으로 생각했다. 다시 말해 '민주적 제국주의자' 소에지마는 '무단에서 문화로' 식민통치의 기조를 전환한 조선이 중국에 대한 일본의 침략적 의도가 없다는 증거가 되기를 원했다.48)

소에지마는 자신이 서구의 '시민'으로 평가되는 것에 대해서 매우 흡족하게 여겼다. 링컨의 영혼이 묻힌 스프링필드(Springfield) 시장(市長)은 환영사에서 "소에지마 백작은 전 귀족원 의원이라기보다, 지금 그 소신을 말하는 것을 두려워하지 않는, 또 사람의 비난을 두려워하지 않는 한 시티즌(citizen))이다"라고 소개했다. 참석자들의 기립박수를 받은 그는 시민이 된 것이 작위를 받는 것 이상의 영광이라고 생각했다.49) 그는 서구를 닮고자 했던 일본인이었다.

귀국 직후에 그는 1925년 11월 26일부터 28일에 걸쳐 「조선통치의 근본의」를 『경성일보』에 연재했다. 사이토 총독의 책사인 아베와 치안을 담당하는 경무국장 미쓰야 미야마쓰(三矢宮松)는 소에지마의 글을 민족주의자들과 대화할 수 있는 도구로 활용했다.50) 조선인 중에는 자치론에 관심을 갖는 인사들이 적지 않았다.

강동진에 의하면 이러한 '민족개량주의자'들은 모두 식민지 당국자의 계략에 빠진 존재였다.51) 그동안 민족운동사 연구에서 조선총독부 고등경찰의 수사자료는 매우 중요한 사료로 취급되었는데, 자치론과 일미전쟁의 관계에 주목했던 조성구는 강동진의 해석에 질문을 던졌다. 다시 말해 그는 문화적 실력양성운동과 자치운동을 "단지 타협적인 것에 불과하다"고 단정하는 것에 대해 비판했다.52) 조성구는 실력양성운동과 자치운동을 "타협"과 "비타협"이라는 이분법적 시각으로 보지 말고, 미국을 중심으로 하는 국제질서의 변동을 염두에 둔 '광복(독립)' 운동의 관점에서 바라볼 것을 제안했다. 이에 대해서는 인촌 김성수와 고하 송진우의 활동과 관련하여 4부에서 다시 검토할 것이다.

온건한 제국주의자로서의 모습은 그가 일본으로 돌아간 뒤에도 지속되었다. 그는 주요 인사들을 살해하면서 강경한 대외노선을 주도하는 군부를 바라보면서 제 마음대로 행동하는 "불령(不逞)의 무리를 배출한 군부"의 정치 개입을 반대했고,53) 1933년 일본의 국제연맹 탈퇴도 비판했다.54) 그의 아들의 회고에 따르면, 소에지마는 "1931년 9월 일본 군국주의의 만주 침략을 공공연히 비난했고, 1941년에는 일본을 대전쟁(大戰爭)에서 패배로 이끌 삼국동맹으로부터 탈퇴를 제창했다. 7월에는 임의출두의 형식으로 4일간 헌병대의 엄격한 수사를 받았지만 소신을 굽히지 않았다. 첫날에 숙박하라는 말을 들었지만 거절하고 귀가했다. 작위가 있는 귀족원 의원이기 때문에 천황의 승인이 없으면 체포되지 않는다는 특권을 이용했다."55) 소에지마와 군부의 입장은 일본 국내 정치, 일본과 식민지의 관계, 일본과 미국의 관계 등 여러 부문에서 현저하게 달랐다.

2. 중추원: 작은 변화의 사례[56]

1) 신설된 지방 참의와 재지세력

사이토 마코토 총독의 부임 이후 식민통치의 기조는 이전과 달라졌다. 언론·집회·결사의 자유가 허용되었고, 헌병경찰이 보통경찰로 전환되었으며, 회사 설립을 위한 허가 절차가 사라졌다. 정치·사회·경제·문화 등 여러 영역에서 규제가 철폐되거나 줄어들었다. 국제사회에서는 무단적 제국주의 독일이 패퇴하고 집단안보와 민족자결주의의 바람이 불고 있었고, 식민지 조선에서는 3·1민족해방운동이 일어났으며, 일본에서는 번벌세력이 위축되면서 정당정치가 점점 더 자리를 잡아갔다. 이렇게 바깥으로부터, 밑으로부터, 안으로부터의 압력 때문에 더 이상 무단적 식민통치는 지속될 수 없었다. 육군도 민간인도 아닌 사이토는 일본 과두정의 한 축인 조슈번 출신이 아니었다. 1905년 이토 히로부미가 한국통감으로 부임한 이래, 조선총독 8명 중 6명이 조슈번 출신이었고, 3대 총독 사이토와 6대 총독 우가키 두 사람만이 다른 번 출신이었다. 공교롭게도 두 총독은 온건한 제국주의자라는 공통점을 지녔다. 해군 출신 인사의 부임은 일본 지배 엘리트들의 영리한 타협이었다. 육군의 리더이며 조슈번벌 세력을 대표하는 야마가타 아리토모는 조선총독으로 더 이상 조슈 출신 육군장성을 고집하지 않았고, 정우회의 하라 다카시(原敬) 수상 역시 문관이 아니라 해군장성을 추천했다.

친일파 인사들의 총집결체라고 할 수 있는 중추원이 총독의 교체 이후 달라진 것은 대내외적으로 일본의 식민통치 전략과 관련이 있었다. 수정된 식민통치는 무단적 강압이 아니라 조선인의 여론을 다양하게 청취하여 국정에 반영하고 있다는 문화적 통치의 외관을 구축하는 것이었다. 우선 의관(議官) 명칭이 찬의(贊議)·부찬의(副贊議)에서 참의(參議)로 단일화되었고, 전체 의관의 수는 증감이 없었다. 종래 찬의와 부찬의에게 없었던 표결권이 참의들에게 주어졌다. 의관 임기는 3년 기한으로 제한되었고, 중임은 허용되었다. 800-2,500원이던 수당은 3,000-4,000원으로 인상되었다. 가장 중요한 변화는 '지방 참의'의 신설이었다. 1910년대에 중추원 참의에는 대부분 한일강제병합에 공로가 있었던 자들이 기용되었는데, 달라진 환경에서 "지방의 명망 있고 학식·경험이 많은 자"들이 도지사의 추천을 받아서 중추원 참의로 선임될 수 있게 되었다.[57] '친일에 대한 보상'으로 운영되던 중추원은 매우 제한적으로 조선인의 여론을 듣는 기능을 추가했다. 다른 정치 참여 기회가 없었던 조선인에게 중추원 참의는 자신들의 정치적 욕망이 조금이라도 충족되는 의미가 있었다. 그러나 여전히 중추원에는 귀족과 관리 출신이 더 많았고 지방 참의의 비중은 적을 때는 약 20% 많을 때는 약 38%에 머물렀다.[58]

1921년 5월 6일에 사이토 총독이 중추원 관제 개정을 단행한 이유는 "시대의 흐름을 느끼고 …… 지방의 정세에 따라서 민의에 기초한 정치를 하기 위한 것이다." 그로부터 약 10년 뒤에 취임한 우가키

총독은 중추원에 조선인의 민론(民論)에 영향을 줄 수 있는 민족주의자의 참여를 바랐다. 조선총독부 내무국장도 "자문 범위 내에서 선출방법의 개선과 정원을 확장하여 중추원을 개혁할 수 있다"는 발언을 했고, 그러한 소문은 신문을 통해 퍼져나갔다.[59] 마침내 1934년에 3·1운동 거버넌스의 중심에 있었고 천도교의 지도자인 최린이 중추원 참의가 되었다. '민의를 수렴한다'는 명분은 지방의 명망가들을 체제 내로 견인하는 수단이 되었다.

"아! 그런가 모모가 참의가 되었나 아! 그런가" 하는 무관심한 태도, "양로원"에 불과하다는 비아냥거리는 태도, 그렇게 조선인은 중추원의 변화를 긍정적으로 보지 않았다. 아예 폐지하라는 말도 나왔다. "권한도 없고 형식적 회의만 하는 기구인 중추원 유지에 들어가는 재정을 교육과 산업에 투자하라"는 의견도 있었다. 조선총독부 경무국에서 실시한 조선 내 각 방면의 여론조사에서도 중추원을 폐지하라는 의견이 더 많았다. 중추원 무용론에 아랑곳하지 않고 중추원 참의가 되려고 운동하는 자들도 있었다. 노골적으로 운동을 한 이는 경성의 국민협회 총무 이병렬(李炳烈)이었다. 조선총독부 당국의 입장을 이해하고 지지하는 언론기관들인 『매일신보』·『경성일보』 등은 대체로 중추원을 '고쳐서 쓰자'는 입장이었다. 그들은 중추원을 개혁하여 '민의'를 대변하고 정책의 뜻을 전달하는 기관으로 활용할 것을, 또 중추원이 "민의를 채택하여 민정에 적절한 시정을 펼치는 정치의 요체"로 거듭날 것을 요구하였다. 시모오카(下岡) 정무총감은 "아무리 좋은 기계라도 이것을 잘 이용하지 아니하면 하등의 이익이 없을 것이지만 다소 불완전한 기계라도 이용을 잘하면 다대한 효과를 내는 일이 적지 아니하다"고 하면서, 중추원을 민정시찰의 보조기관 및 조선총독부 당국자를 "편달" 하는 수단으로 활용하자는 의견을 냈다.

　논란이 많은 통치기구였지만, 시간의 흐름은 도시 풍경과 함께 중추원의 면모를 바꾸어 놓았다. 대한제국기부터 공원과 광장이 조성되고 전기로 움직이는 전차가 종로 거리를 다녔다.60) 일제강점기에는 관공서가 밀집한 광화문 - 시장 근처 남대문 - 교통 중심지 경성역 - 일본군이 주둔한 용산을 연결하는 도로가 크게 확장되었다. 종로 - 을지로 - 충무로를 남북으로 연결하는 도로도 신설되었다.61) 도시 외관도 달라졌지만, 양반 사대부의 그늘에 있었던 상인들이 지역을 대표하는 인사로 부상했다. 그들은 민족주의의 리더는 아니었다. 조선왕조의 관료적 상업체제 위에서 성장한 상인들은 부(富)를 바탕으로 로컬의 유지가 되었다. 이런 변화는 한말부터 일제시기 초반기, 다시 말해 1890년대부터 1910년대에 걸친 약 30년 동안 진행되었다.62) 중추원 참의 구성에도 그러한 변화가 반영되었다. 상인들은 식민통치의 무난한 동반자였다.

　도지사(道知事)는 무난한 동반자인 로컬의 유지 - 상인들을 주로 추천했다. 조선총독부가 도지사 추천 과정을 둔 목적은 지방 참의를 통해 "일반 사회의 총의"가 반영된다는 시정(施政) 상황을 보여주는 데 있었다. 경기도지사가 조선총독부 정무총감에게 제출한 후보 참의들의 이력서에는 지역적 연고성을 나타내는 ─ 경성부협의회원 · 경기도평의회원 · 경성상업회의소 부회장 등 ─ 이력들이 들어가 있었다.

참의 후보들은 대부분이 1910년대 중반부터 시작된 관제 지방자치제에 초대되었던 인물들이었다. 1914년 4월 1일부터 경성·인천 등 일본인 거류지가 발달한 항만 지역의 12개 도시에 새로운 부제(府制)가 실시되었다. 관할 구역 안에는 농촌의 면(面)은 제외되고 나머지 시가지 지역을 포괄한 부(府)는 공법인의 지위를 갖게 되었다. 그러나 '부'는 자치단체가 아니었다. 예를 들어 경성 부윤은 총독에 의하여 임명되었으며 도장관의 지휘 감독을 받는 관리에 불과했다. 자치의회에 해당하는 부협의회의 의원은 총독의 인가를 받아 도장관이 임명하였으며, 협의회는 의결기관이 아니라 부윤의 자문기관이었다.[63] 이러한 관제 지방자치제도는 3·1운동 이후 일부 수정되었다. 도지사에 의해 임명되던 부협의회 의원은 주민들의 선거에 의해 선출되게 되었다. 25세 이상의 독립 생계를 영위하며 해당 부에서 1년 이상 거주했고 1년에 5원 이상 부세를 납부할 수 있는 남자는 선거권과 피선거권을 가질 수 있게 되었다.[64] 그러나 개혁을 요구했던 조선인에게는 '신지방제도'는 "실로 괴기한" 제도였다. 1922년 4월 1일에 『동아일보』는 창간 2주년 기념호 3면에서 백악산인(필명)이 「공개장: 사이토 마코토 군에게 여(輿)함」이라는 글에서 "조선총독 남작 사이토 마코토 군"을 11번을 호명하면서 식민통치 전반에 걸쳐 비판의 각을 세웠다.

지방자치제도의 실시는 군의 부임 당시에 성명한 주요 정강의 하나다. 우리는 군의 성명을 정직하게 해석하여 지방자치제도는 틀림없이 실현되리라고 생각하였는데 결과는 우리의 기대를 비참하게 깨뜨려

버렸다. 군의 손에 의해 만들어진 이른바 신지방제도는 지방자치의 제도가 아니요 실로 괴기한 일종의 유희적 연습기관으로서 각 지방에 수많은 중추원을 설립한 것이나 다름없는 것임은 군이 익히 인정하였을 것이라. 우리는 군이 만든 지방 자문기관의 유명무실함을 책하기 전에 성명과 사실이 상부치 못한 정치가의 배신행위를 힐문하지 않을 수 없는 것이다. 또 조선인은 이 지방제도의 실시로 어떤 이익을 얻었는가, 몇 명의 재산가 계급자가 지방예산의 낭독을 듣는 광영을 얻었을 뿐이다 (방점 - 인용자).65)

선거로 뽑혔다고 해서 의원들이 권한이 달라진 것은 별로 없었다. 『동아일보』의 지적처럼 1920년 11월에 선거에 의해 선출된 의원들은 대부분 실업인이거나 자산가들이었다. 1914년부터 관에 의해 선임되었던 경성부협의회 의원들은 1920년 선거에서 거의 탈락되었고 상대적으로 젊은 실업계 인사들이 당선되었다. 경성에서 당선된 30대 중반의 의사 원덕상은 1915년 덕제의원(德濟醫院)을 개업했고 1920년부터 경성부협의회원과 경기도회의원으로 활약하면서 조선생명보험(주)을 위시하여 금융과 기업 분야에 관여를 했던 인물이고, 1927년 6월에는 참의에 임명되었다. 그는 재계와 정계에 두루 인맥을 구축했다. 초선이 많이 당선되는 경향은 1923년 · 1926년 · 1929년 선거에서도 되풀이되었다. 선거 비용이 많이 들었고 명예직에 가까웠지만, 선거에서 새로운 인물들이 계속 등장했다.

이러한 현상은 중추원 참의진 구성에서도 나타났다. 1920년대에는 지역 연고가 있으면서 관계·경제계·교육계 등 다양한 경로에서 사회적 영향력이 있는 참의 수가 늘어났고, 이에 비해 한일강제병합에 공을 세운 참의 수는 줄어들었다. 그 변화는 1930년대에 더 확대되었다. 1933년에 새로 임명되는 54명 중에서 재임되는 자는 20명 내외였고, 신규 임용이 34-35명에 달했다. 당시 언론은 이를 '중추원의 신진용'이라고 의미를 부여했다. 1920년대 임명된 지방 참의들은 식민지시기에 들어와서 학교를 다녔거나 사회활동을 시작했으며, 지역사회에서 사회적 헤게모니를 갖고 있는 민간인들이었다. 또 그들 중에는 면회·읍회·도(협의)회·부회 등에서 의원을 지냈거나 지역에 실질적 영향력이 있는 면장·금융조합장·산업조합장의 이력을 가진 이들이 많았다.

1937년 6월 7일 오전 9시부터 조선총독부 제1 회의실에서 열린 제18회 중추원 본회의에 참석한 구성원들은 그간의 변화를 잘 보여주었다. 이날 미나미 지로(南次郞; 1936-1942) 총독은 국체명징(國體明徵)·선만일여(鮮滿一如)·교학쇄신(敎學刷新) 등을 주제로 연설을 했다.[66] 나이가 많은 참의들은 대체로 1910년대부터 회의에 참석해왔고, 상대적으로 젊은 참의들은 1920년대부터 등원했다. 직급이 높은 친임(親任)과 칙임(勅任) 참의들은 60대 이상이 대부분이었다(29명 중에서 22명. 나머지 7명도 50대). 근대 교육을 받은 자들의 비율은 50%가 넘었고, 일본 유학을 다녀온 자들도 37%에 달했다. 1867년도 이전에 태어난 나이 70세 이상의 참의들(12인) 대부분은 한학 공부를 통해 지식과 교양을 쌓았다. 1868년 이후에 태어난 자들은(17인) 3인(김명준·윤덕영·유진순)을 제외하고 대부분 국내·미국·일본 등지에서 근대 교육을 받았다. 일본 대학과 육사, 미국 유학을 포함한 대학 이상의 학력을 가진 자는 전체 29명 중에서 9명으로 칙임급 이상 참의 총수에서 30%에 달했다. 특히 도쿄와 와세다대학 그리고 육사를 졸업한 일본 유학파가 가장 많았다. 국내에서 근대식 교육을 받은 참의로는 이진호(연무공원, 1886) · 박상준(한성관립전보학당, 1900) · 박용구(관립일어학교, 1898) 등이 있었고, 김윤정은 미국 콜로라도대학(1903) 출신이었다. 이들은 대체로 1910년대에 중추원 참의가 되었는데, 윤갑병과 장헌식은 1920년대에 이르러서야 그 진영에 참여할 수 있었다. 1920년대에 들어와서 칙임 참의가 된 신석린 · 김윤정 · 김명준 · 한상룡 등은 러일전쟁 이후 친일 활동을 했었다

이에 비해 주임(奏任) 참의들은 40-50대가 대부분이었다(38명 중에서 31명, 나머지 7명은 60대 이상). 근대교육을 받은 자들의 비중은 약 75%였다. 그들은 주로 보성전문학교(안종철)와 경성전수학교(유태설)처럼 국내의 고등교육 기관을 다녔다. 칙임 참의들 중에는 객관적으로 한일병합에 이르는 과정에서 공을 세웠던 고위 관료 출신들이 많았다면, 주임 참의들은 한말의 격동에서 비켜서 있었던 대체로 로컬 엘리트들이었다. 지역 엘리트의 '세대교체'는 서클 · 학교 · 기업 등 다양한 분야에서 나타났고, 후발 세대는 재산 · 지식 · 사회적 명망을 모두 갖춘 지주들이었다.

1920-30년대에는 개인에게는 성공의 기회를 주고, 낙후된 지역에는 발전의 기회를 줄 수 있는 학교나 도로와 같은 공공시설에 대한 요구가 분출하고 있었다. 지역사회의 발전 담론과 연결된 사업에는 지역민이

다수 참여했고 그 열기도 높았다. 지역사회의 엘리트들은 주민들의 요구를 도(道) 당국과 조선총독부에 전하는 역할을 맡는 경우가 있었다. 그러한 일을 했던 강원도 강릉의 최준집(崔準集; 1893-1970)은 메이지대학 출신으로 지역 출신의 유학생들과 함께 고향에서 계몽활동과 학교 설립 운동에 관여했다.

1924년 금강구락부(金剛俱樂部)의 일원이었던 최준집은 지역 대표로서 강릉고보 유치를 위해 총독부 당국과 직접 교섭했다.67) 1920년대 초부터 강원도의 영동 6개 군과 영서 3개 군 인사들은 관립고등보통학교를 설립하기 위해 분주하게 움직였고, 1922년 2월 7일에는 강릉고보 설립기성회가 출범했다. 분위기가 고조되면서 3년에 걸쳐 적립하려고 했던 기금 20만 원이 1년 만에 달성되었다. 한 달 뒤 3월 10일에는 춘천에서도 춘천고보기성회 임시총회가 열렸다. 강릉 쪽 인사들은 강릉이 강원도의 중심지라는 점을 내세웠고, 춘천 쪽 인사들은 춘천이 도청소재지라는 점을 강조했다. 최준집은 이미 30대 초반에 이 지역을 대표하는 유지로서 총독부 당국과 대면하는 위치에 있었다. 지역 교육을 위한 그의 활동은 1930년대에도 이어졌다. 1933년에는 강릉군 학교평의회 의원으로서 지역의 교육 대책 수립을 당국에 요구했고, 1934년 8월 3일에는 지방 유지와 학부모들로 조직된 무산아동 교육기관인 삼락학원후원회에서 '재정 확립과 학교 승격'이라는 임무를 담당할 '19명 위원들' 중의 하나로 선임되었고, 1935년에는 삼락학원의 학생감이 되었다. 1936년 4월 8일에 열린 강릉상업학교 설립을 위한 군민대회는 강릉인들의 "열렬한 지지"를 받았다. 영락관(永樂館) 주인 백연향은

"일찍이 생활난에 쫓기며 여러 남성들에게 인형 노릇을 하여 가며 온갖 모욕과 천대를 달게 받으면서 남모르는 한숨과 눈물 가운데에서" 푼푼이 모은 금전에서 '일금 천 원'을 기성회에 기부했다. "당지 재산가"로 알려진 최준집은 2만 원을 희사했다. 모금액은 4월에 5만 원, 5월에 7만 원에 달했고, 마침내 강릉상업고등학교는 1938년 4월 23일 개교하기에 이르렀다.[68]

전근대의 교육 체계는 주로 가족과 같은 사적 영역에서 형성되어, 신분제와 같은 사회구조를 떠받치는 문화적 배경이었지만, 근대의 교육 체계는 개인 누구에게나 신분에 구애받지 않고 자신의 행복과 발전을 추구할 수 있는 기회를 주었다. 학교와 같은 대중교육은 인간을 획일적으로 규율할 수 있지만, '교육의 대중적 보급'을 통해 신분에 구애받지 않고 개인이 발전할 수 있는 기회를 제공할 수 있다. 식민지 '사회이지만, 개인의 성공을 바라는, 혹은 지역 사회의 낙후를 벗어나고자 하는 지역민의 욕망은 분출되었다. 그러한 '민간의 힘'은 학교와 같은 공공 영역을 창출했다. 그러나 어렵게 설립된 강릉상업고등학교는 시대의 한계 때문에 군국주의 교육기관으로서의 역할을 피해갈 수는 없었다.

최준집은 지역의 운수창고업·전기업·양조업 등에 투자해서, 1924년에 강릉상사(주), 1926년에 동해자동차운수(주), 1927년에 강릉전기(주), 1929년에 태평양조(주), 1936년에 동해흥업(주) 등을 설립했다. 지역의 이데 가메(井出龜)·이마키 다케시(今城武) 등의 일본인들과 최돈승(崔燉昇)과 같은 조선인, 그리고 최씨 일가들은 공동출자했다. 1937년 5월 11일에 최준집은 강원도 도의원에 임명되었다. 그때 같이 임명된

도의원들 중에는 최양호(崔養浩)·심용수(沈龍洙)·김기옥(金基玉)·박보양(朴普陽)·야마나카 도모다로(山中友太郞)·와카 마고코치(和氣孫吉)·이나바 도요지로(稻葉豊次郞)·이데 가메·고미야마 하치로(小宮山八郞) 등이 있었다. 그 중에서 최준집과 이데 가메는 강릉상사(주)·강릉전기(주)·영서화물운수(합자)에, 최준집·최돈승·이데 가메 3인은 강릉전기(주)와 동해흥업(주)에서, 최준집과 고미야마 하치로는 강원식산(주) 경영에서 긴밀한 관계였다. 박보양은 1939년에 중추원 참의에 선임되었다. 1930년대 중반에 그의 투자는 강릉을 넘어서 경성 지역까지 확대되었다. 1936년 1월 30일에 그가 운영하던 동해자동차운수(株)는 경기와 강원 지역의 12개 트럭 업자들이 경쟁력을 강화하기 위해 설립된 경강육운주식회사(京江陸運株式會社)로 통합되었다. 1930년대 후반에 가면 본사를 서울에 두고 있는 조선국자(주)·중앙주조(주)·조선중앙무진(주)·매일신보사(주)의 임원으로 참여했다. 그들은 지역에서 공공활동(사회)·기업(경제)·자치기구(지방정치) 등에서 영향력을 갖고 있으면서, 그들 중의 일부는 중앙의 유력한 인사들과 연결되었다.

  1934년 4월 중 중추원 참의에 임명된 최린은 그 해 11월 5일에 조선호텔에서 어용단체 시중회(時中會)를 출범시켰다. 김사연(金思演)이 개회선고를 하고, 사회자인 박영철(朴榮喆)은 「한일병합조서」를 봉독했으며, 정대현(鄭大鉉)이 발회식에 임하는 소감을 피력한 후에 박희도가 그간의 경과를 보고했다. 최린은 회원들의 마음가짐을 담은 선서를 한 후 '천황' 폐하와 시중회 만세삼창을 했다. 3시 30분부터는 명월관에서 열린 피로연 자리에서 최린·박영철·정대현·김사연·장직상(張

穩相)·하준석(河駿錫)·박희도 등 7명이 이사로 선임되었다. 신생활의 건설, '신인생관의 확립, 내선일가(內鮮一家)의 결성, 근로신성(勤勞神聖)의 체행(體行), 성(誠)·경(敬)·신(信)의 실천 등이 시중회 강령으로 채택되었다.

시중회의 결성은 관심을 끌었다. 출범식이 열리기 약 두 달여 전인 8월 30일 최린의 집에서 김사연·조기간(趙基栞)·장직상·박희도·정대현·하준석·정광조(鄭廣朝)·김대우(金大羽)·박준영(朴駿榮)·최석연(崔碩連)·정응봉(鄭應琫)·주종선(朱鍾宣) 등 18명이 시중회를 조직하였다. 그 배후에는 조선총독부 이케다 기요시(池田淸) 전 경무국장과 우시지마 쇼조(牛島省三) 내무국장이 있었다고 알려졌다. 시중회는 겉으로는 수양단체임을 표방했지만 정치단체라는 의심을 받았다. 일반인은 일진회의 재판이라는 시선을 보냈다.[69] 1935년에 약 250명 수준의 회원 수는 점차 늘어 1937년에 1,750명으로 늘어났고, 간부들은 각지 순회강연을 다녔다.[70]

멤버 중에서 전라북도 대지주 출신 박영철(1933년 참의),[71] 은행가 출신 김사연(1934년부터 참의), 민족주의 교육운동에 참여했던 정대현(1935년 참의), 삼일운동을 이끈 33인 중의 한 사람이며 좌파와 기독교 계열의 연합으로 창간된 『신생활』에서 활약했던 박희도 등은[72] 주로 서울을 중심으로 활약했다. 이에 비해 경남의 지방 참의라고 볼 수 있는 하준석은 경남 창녕에서 1930년대 전반기에 명덕수리조합·이송농장(二松農場) 등 농촌사업을 전개했고, 도평의회 의원·관선 도의원 등을 역임했으며, 창녕·함안·부산 등 경남 일대에서 크고 작은 기업에 관여했다. 1930년대 후반에 하준석은 한상룡·박흥식·김연수 등과 함께 군수공업에 투자하여 기업가로서도 명성을 쌓았고, 1939년에 중추원 참의에 임명되었다.73) 경북 대구의 장직상은 대구 일대에서 조선인과 일본인 자본가들과 두터운 관계를 맺으며 경인은행·남선양조사(주)·경북화물자동차(주)·경북산업(주) 등을 경영했으며, 1925년에는 대구상공회의소 회두에 선출된 유력자였고, 1927년에는 경북도 평의회원이 되었다. 1930년에 중추원 참의가 된 후 1945년까지 그 직을 유지한 장직상은 1930년대 후반에는 최린·김사연 등 경성 지역의 친일 활동가들과 관계를 맺으면서 전시체제에 협력하였다.74) 지주이며 지역의 기업가로서 교육 운동에 앞장서서 지역의 리더로서 실력을 발휘했던 최준집은 시중회의 취약 지역인 강원도를 보완할 수 있는 인사였다. 충북·함북·전북 등의 인사들도 이사 및 평의원으로 영입되었다. 그들은 예산의 대지주이며 충남제사(주)와 호서은행 설립과 운영에 관여했던 성원경, 청진 실업계의 실력자이며 부협의회 의원과 관선 도의원을 역임한 함북의 함종국, '운봉의 박부자'로 지역의 사회사업과 교육사업에 많은 지원을 하여 '공익심 많은 독지가'로 평판이 있었고 두 번 중추원 참의를 지낸 남원의 박희옥이었다.75) 조선총독부가 재력과 학력이 있으면서 지역에서의 공공적 사업에 헌신하여 지역 사회에서 어느 정도 지지를 받고 있는 인사들을 지방 참의로 충원했고, 또 시중회와 같은 어용적 단체 조직에 동원했다. 지방 참의로 선임된 자들은 많은 경우 교육·경제·기타 도로 건설이나 구빈사업과 같은 영역에서 공공적 담론을 이끄는 지위에 있었지만, 그들이 지역 네트워

크 위에서 성취한 공공적 성과는 대륙 침략에 동원되었다.[76]

　시중회에 참여하지 않았던 참의들 역시 지역 개발과 관련이 있었다. 그들은 옥천금융조합장과 충북 도평의원 그리고 지역 교육의 활성화를 위해 노력했던 충북의 정석용, 학교 훈도와 면장 출신인 황해도의 김기수, 전남도시제사(全南道是製絲)를 설립하고 지역의 구빈과 교육사업을 지원하거나 식리사업을 통해 소작인들을 지원했던 전남 고흥의 김상형, 농회 부회장·관선 도평의회원·면장·면협희원·금융조합장 등을 역임한 경남 하동의 이은우, 도쿄법정대학(東京法政大學)과 베를린대학 법학과 그리고 미국 프린스턴대학에서 수학하고 돌아온 평안북도의 고일청, 지역의 교육사업을 지원하여 사회에 '공헌이 있는 유지'로 평가받기도 했으나 수리조합 운영과 관련해서는 조합원들의 불신임을 받았던 평남의 이교식, 재계의 리더로서 원산항 수축과 평원선 설치 문제와 같은 지역의 숙원사업 해결에 앞장섰던 함남 원산의 손봉조(孫祚鳳)였다.[77]

　일본이 일으킨 전쟁은 점점 더 격렬해졌다. 시간이 지나면서 일본 제국주의의 힘은 고갈되어 갔다. 그럴수록 그들의 식민지 조선 사회에 대한 수탈의 강도는 세졌고, 조선인에 대한 동원(動員) 요구도 점점 강해졌다. 결국 1941년 2월 26일에 최준집은 '국민총력조선연맹' 강원 대표로 위촉되었고, 이때 김정호(金正浩, 경기)·김원진(金元振, 충북)·임창수(林昌洙, 충남)·김영무(金英武, 전북)·김신석(金信錫, 전남)·서병조(徐丙朝, 경북)·김경진(金慶鎭, 경남)·김기수(金基秀, 황해)·이기찬(李基燦, 평남)·이희적(李熙迪, 평북)·방의석(方義錫, 함남)·장헌근(張憲根,

함북) 등도 함께 위촉되었다. 이들은 대부분 전현직 중추원 참의들이었다. 1941년 12월 22일에 최준집은 강원도지사를 방문하여 고도국방화 학병기 비용에 써달라고 1만 원을 헌금했다. 1920-30년대에 최준집의 강릉상업학교를 위시한 강원도 교육 인프라 구축은 지역사회에서 근대적 공공시설을 건설하는 것이었다. 그의 시간과 돈은 1920년대에 강릉의 교육을 위해 들어갔다면, 1930년대 후반과 1940년대에는 일본 제국주의를 위한 전쟁에 동원되었다.

2) '상상된' 조선의회

1920년대에 식민지 조선에서는 두 가지 정치운동이 있었다. 하나는 일본 국회에 조선인 대표를 보내자는 참정권 청원운동이고, 다른 하나는 '조선의회'를 설치하자는 자치운동이었다. 전자는 1920년에 친일 관료 출신 민원식(閔元植)이 이끄는 국민협회가 주도했다. 그들 중 다수는 1910년 이전에 일본에서 교육을 받았거나, 러일전쟁 이후 대한제국의 중하급 관리로 근무했고, 1910년 이후에는 조선총독부의 군수나 중추원 의관을 지냈다.[78] 대표적 사례인 초대 의장 민원식은 유력 가문 출신이 아니었지만, 일본에서 8년간 체류할 기회를 얻었고, 러일전쟁 이후 한국통감 이토 히로부미의 추천으로 대한제국 관리가 되었으며, 퇴직 후에는 『시사신문(時事新聞)』・제국실업회(帝國實業會)・정우회(政友會) 등에서 친일활동을 했다.[79] 사이토 총독이 두 번째로 부임한 1929년경에 재론된 자치운동은 『동아일보』의 송진우와 천도교의 최린이 관심을 갖는 주제였다.[80] 송진우는 조선인 지주와 자본가 세력의 구심점 역할을 하고 있었던 『동아일보』 계열의 인사였고, 최린은 토착 종교인 천도교를 기반으로 하고 있었다.81)

두 가지 정치운동은 중추원에서도 재현되었다. 국민협회 출신 이병렬은 1928년 제8회 중추원회의에서 일본과 조선 "내선일가(內鮮一家)의 실효를 거두기 위해서는 양 민족의 권리와 의무를 동일하게 하고, 양 민족 간의 차별을 철폐해야" 하며, 그 방법으로서 "조선에 참정권을 부여하는 시기를 분명히 밝혀 조선 민족으로 하여금 제국신민(帝國臣民)이라는 자각을 촉진시키는 것"이 중요하다고 주장했다. 또 1930년 중추원회의에서도 "조선인도 천황폐하의 적자인 이상, 일본인과 동등하게 참정권을 부여받음은 당연한 이치"이며 일본에서 여성들의 참정권 획득 운동이 일어나고 있는 지금 "조선에 참정권을 주지 않는 것은 심히 유감스러운 바로서, 같은 제국의 판도 내에 있는데도 마치 젖먹이 취급을 받는다는 느낌이 든다." 만약에 이러한 상태가 방임된다면 "조선인 때문에 동양의 평화가 교란될 우려도 없지 않다. 마땅히 국가 백년의 대계를 수립하여 하루라도 속히 조선에도 참정권을 부여할 것을 바란다"는 의견을 피력했다. 『조선일보』 1927년 9월 27일자 보도에 의하면 당해 연도의 조선총독부에 전달하는 「중추원답신안」 중에는 '참정권을 부여할 것을 요구하는 의견'이 부록으로 첨부되었다. 1927년부터 1933년까지 매년 열린 중추원회의에서 이병렬을 위시하여 '조선일본인'으로 불리는 국민협회 출신들은 조선인에게 참정권을 부여해야 한다는 주장을 제기했다.82)

자치론의 입장이 투영된 조선의회론 또한 중추원회의에서 나왔다.

1930년에 전라남도 대표로 지방 참의가 된 호남 지주 현준호는 '유식계급'이나 '정치 방면에 관심을 가졌'으나 '절망의 연못에 빠진 상태인 조선인'의 정치적 요구를 해소하기 위한 제도개혁을 역설했다. 그것은 중추원 개혁을 통한 자치제의 실시였다. 호남 지주 김성수와 개인적 사업적으로 긴밀한 사이였던 그의 주장은 한 개인이 아니라 지주적 지반의 로컬 엘리트들의 이해관계가 반영된 것이었다.83)

…… 중추원의 개혁 문제는 실로 오래된 여론으로서, 오늘날 이 개혁의 기운을 볼 수 있게 된 것은 매우 늦은 감은 있지만, 만약 근본적 개혁을 가하여 완전한 자치제도를 수립하게 된다면 조선통치를 위해, 아니 나라 전체를 위해 큰 축복이 아닐 수 없다. …… 지난번 발포된 지방제도 개정이 당국의 입장에서는 일대 영단에 의해 조선통치사상 획기적 개정을 가한 것임에도 불구하고, 여기에 대해 식자계급이 한결같이 냉정한 것은 개정의 정도가 너무 미온적인 까닭에 여전히 불만을 가진 탓이다. …… 이에 조선 중추원을 바꾸어 조선의회로 하고, 조선통치에 관한 중요 사항은 모두 이 의회의 의결·협찬을 거쳐 시행되기를 희망한다.84)

현준호는 조선의회의 구체적인 모습도 제의했다. 정원은 130명(30명 관선, 100명 민선), 선거권은 25세 이상의 남자로 국세(國稅) 연 3원 이상을 납부하는 사람에게 주고, 피선거권은 30세 이상의 남자로 독립의 생활을 경영하는 자에게 주며, 그리고 중추원의 조선의회는 결의권을 갖는다.85) 1921년부터 1933년까지 참의였던 류승흠(柳承欽) 또한 민선

(民選)에 의한 참의 선출을 기대했었다. 개혁에 대한 요구는 1935년 중추원회의에서도 계속 이어졌다. 현준호는 여러 영역—특수은행회사 중역진, 고위 관직, 관공립학교 등—에서의 차별 철폐를 요구하면서 중추원 개혁을 요구했고,[86] 참의 김사연(金思演)은 일본을 '민족적 제국주의'로 비판했다.

조선인의 지식계급은 총독정치에 대한 타협과 비타협의 두 파로 나뉜다. 그 사상 동향을 보면 타협파는 직접 총독정치의 은혜를 받은 자도 부지불식간에 원통한 탄식과 저주(咀呪)를 토로합니다. 주된 이유는 정책정신에 모순하는 대우와 기회 균등·지위 향상·노무 보수 등의 차별 때문입니다. 일가 생활의 안정을 도모하기 어려워 불평불만이 잠재되어 있습니다. 다음에 비타협파 즉 총독정치에 직접 관계없는 인사는 정책의 선악(善惡)에 전혀 관심이 없습니다. 우가키(宇垣) 총독의 정책은 진실로 찬미하는 데 아깝지 않지만, 그것을 응용하는 정치기관 상하관료의 정치적 정신이 근본적으로 민족적 제국주의를 이탈하지 않는 한, 우가키 총독의 정책에 담겨 있는 근본정신이 그대로 반도 민중에게 직접 전파되기 어렵습니다.[87]

정현과 염창섭은 불만들을 정리해서 경제·교육·인사 영역에서의 조선인 중심의 정책 실시를 요구하는 보고서를 작성했다. 그 방법은 자치제 실시였다. 그들 역시 "부원(富源)의 개발, 교통기관의 정비, 전기 사업의 발전, 상공업의 번영, 토목건축 사업의 발흥, 기타 문명시설은 날로 발달"하고 있지만, "조선인은 그 혜택을 많이 받지 못하고, 오로지 일본인만이 이용하고" 있는 현실을 비판했다. 계속해서 그들은 "가속적으로 향상 발전의 행운을 누리고 있는" 일본인과, "우월자(優越者)의 압박으로 인해 원래의 능력조차 제대로 발휘할 기회를 못 찾고, 도리어 위축쇠미(萎縮衰微)되고 있는" 조선인을 비교하면서, "하루하루의 삶조차 꾸려가기 힘든" 조선인의 상황을 타개하기 위해서는 "조선인 본위로" 하는 자치제를 요구했다. 그들의 정치개혁안은 영국이 호주나 캐나다에서 실시한 것처럼 조선의회의 설치였다. "이대 정당주의(二大政黨主義)에 입각하여 우세를 점한 정당은 마치 중앙정부에서 내각을 조직하듯이 정무총감 이하의 통치기관을 조직하고, 총독은 결재권을 가지고 대국적인 견지에서 일본의 정략정책과 두드러지게 합치되지 않는 부분만을 지적·교정하는, 이른바 완전한 자치제"였다. 이렇게 되면 "조선인은 사소한 불평도 없게 될 것이고, 일본인과 조선인은 혼연융합(渾然融合)·일치단결(一致團結)하게 될 것이고, 그렇게 되면 병역 의무는 당연히 부담하게 될 것이다."[88]

'조선일본인'으로 불리던 국민협회 출신의 참의들이 식민 모국 일본의 중앙정치에 참여하려는 참정권 청원운동을 통해서 민족적 정체성을 소각하려고 했다면, 지주적 기반의 로컬 엘리트 참의들은 조선인에 의한 자치를 요구하는 조선의회 설립을 통해서 민족적 정체성을 유지하려고 했다.[89]

중추원을 둘러싼 환경은 미나미 지로 총독 부임 이후 나빠졌다. 조선총독부는「중요산업통제법」(1937)을 통해 경제통제를 강화했고,

「국가총동원법」(1938)을 실시하여 조선의 대륙병참기지화를 도모했으며, 나아가 조선인의 정신과 심리까지 통제했다. 일본 내지(內地)와 조선은 하나라는 '내선일체론(內鮮一體論)'을 근간으로 한 황민화(皇民化) 정책은 매일매일의 생활을 지배했다. 학생들은 '황국신민(皇國臣民)의 서사(誓詞)'를 외웠고, 익숙한 조선어를 버리고 일본어를 사용하지 않으면 안 되었다. 또 조선인은 자신들이 일으키지 않은 전쟁에 병사로, 노동자로, 그리고 위안부로 동원되었다. 중추원 역시 전시체제에 동원되었다. 1937년 7월 7일 중일전쟁이 발발하자 미나미 총독은 중추원 참의와 재계·언론계를 위시한 유력 인사들에게 시국에 협력할 것을 요구했고, 1941년 중추원회의에서 조선인이 '고도국방국가체제의 확립'을 위해 "황국신민으로서의 자질을 갖출" 수 있도록 중추원 참의들의 분발을 촉구했다. 태평양전쟁 발발 이후 부임한 고이소 구니아키(小磯國昭; 1942-1944) 총독 역시 중추원에서 조선의 역할과 조선인의 정신자세를 강조했다. 중추원 참의들은 제국의 입장과 그 진의를 설명하기 위한 간담회와 시국강연회에 동원되었다. 『조선일보』 보도에 의하면 각지에서 시국강연회 연사로 선발된 중추원 참의 9명은 한상룡(경성과 인천), 신석린(개성과 수원), 한규복(청주·충주·대전), 최린(전주·군산·남원), 김명준(대구·안동·부산), 김사연(신의주·정주·강계), 유진순(춘천·철원), 현은(종성·청진·회령) 등이었다.[90]

제8장 식민통치와 전쟁

1. 정당과 군부의 갈등[1]

　제1차 세계대전 덕택에 호황을 누렸던 일본 경제는 1920년대 초부터 긴 불황의 늪에 빠져들었고, 1930년대 초부터는 지나친 애국심을 가진 소수의 군인들이 폭력적 방법으로 정당정치를 위협했다. 의회민주주의의 기반은 흔들렸다.[2] 국외의 불안 요인도 증가했다. 조선과 중국에서 민족운동이 고양되고 있었고, 세계를 큰 혼란에 빠뜨린 대공황 이후 국제관계도 변화했다. 그동안 우방국이었던 미국과 일본의 관계는 겉으로는 평온했지만 속에서는 충돌했다. 위기 국면에서 일본 특유의 움직임들이 나타났다. 3월사건, 5·15사건, 10월사건, 아이자와(相澤)사건, 2·26사건으로 이어지는 정치적 변란에 군부가 개입했다. 일본 바깥에서는 만주의 관동군이 독자적으로 '만주사변'을 도발했다. 국내외에서의 군사도발은 일본의 대외정책에 큰 영향을 미쳤고, 정당들은 군부의 압력 앞에서 허둥지둥했으며, 군부 내에서는 파벌 간 권력투쟁이 일어났다.

　가장 유력한 파벌은 황도파(皇道派)와 통제파(統制派)였고, 육군대신을 4번이나 지낸 우가키 가즈시케(宇垣一成)를 중심으로 하는 파벌도 한 축을 이루고 있었다. 육군을 창설한 야마가타 아리토모는 물론이고, 조선총독으로 부임해 온 육군대장 출신들은 대부분 조슈(長州, 지금의 山口縣 일대) 출신이었다. 우가키 총독은 세토나이카이(瀨戶內海)를 마주하면서 히로시마(廣島)와 오사카(大阪) 사이에 있는 오카야마현(岡山縣) 출신이었다. 그는 조슈 출신 인사들의 후원을 받으면서 성장했지만, 공정한 인사를 통해 청년 장교들의 신망을 얻었다. 그러나 그 인기 덕택에 일어난 1931년 3월사건은 그에게 정치적 부담이 되었다.[3] 오카와 슈메이(大川周明)와 같은 우익 정치가와 하시모토 긴고로(橋本欣五郎) 중좌와 같은 청년 장교들은 우가키 내각을 수립하기 위한 쿠데타를 기획했지만 미수에 그쳤다. 이에 관해 우가키는 명확한 입장을 나타내지 않았기 때문에 육군 내에서 그의 지지 기반은 급격히 붕괴되었다. 새롭게 세력을 확장한 황도파와 통제파 군인들은 쿠데타 등의 급진적인 방법으로 일본의 정치와 사회개혁을 요구했다. 황도파의 리더는 아라키 사다오(荒木貞夫)였고, 육군성이나 참모본부 등의 주요 요직을 장악하고 있었던 통제파의 리더는 나가타 데쓰잔(永田鐵山)이었다.[4]

우가키는 민정당 하마구치(濱口雄幸)내각(1929-1931)의 서구 중심의 대외정책을 적극적으로 지지하지는 않았지만 그럴 수밖에 없다는 '현실'을 인정했고, 그런 전제 위에서 하마구치내각의 육군대신에 취임했다.[5] 1930년 1월부터 4월 사이에 열린 '런던군축회담'에는 미국·영국·일본·프랑스·이탈리아 등 5개국이 참석했는데, 그 자리에서 일본의 보조함 비율은 미국의 6할 9분 7리 5모로 결정되었다. 해군의 반발을 무릅쓰고 미국과의 관계를 고려한 하마구치내각은 타결을 강행했다.6) 이 일을 계기로 누가 군대를 관할하는가를 둘러싼 통수권 논쟁이 시작되었다. 1925년에는 가토 다카아키(加藤高明)내각에서 우가키는 육군대신으로서 '군축'을 담당했고, 그러한 전력(前歷)은 군인들이 우가키를 불신하는 한 요인이었다.7) 반(反)우가키 세력에는 국제주의와 군비축소를 반대하는 고쿠혼샤(國本社)가 있었다. 이 단체는 1924년 3월에 히라누마 기이치로(平沼騏一郎)가 만든 것으로, 사법 관계자, 육해군, 내무 관계자, 실업가, 학자, 추밀원 고문관을 포함한 고급 관리, 귀족원과 중의원 의원 등을 아우른 정치단체이고 민간 우익과도 관계를 맺고 있었다. 발기인에는 우가키 가즈시케도 들어가 있었다. 이들은 일본의 강력한 무장을 강조했고, 금권만능의 사상을 가진 경제계와 붕당(朋黨)을 만드는 폐단에 빠진 정치계를 비판하면서 군인의 반재벌·반정당 의식을 자극하고 조장했다. '런던군축회담' 당시 우가키는 고쿠혼샤에서 추방되었다.8) 우가키도 '통수권간범(統帥權干犯)' 문제와 '런던군축회담'을 이용하여 자신을 공격하는 고쿠혼사와 정우회 그리고 군부 세력을 신랄하게 비판했다.9)

자부심이 남달랐던 그는 자신의 정치적 태도에 대해 이렇게 설명했다. "나는 총재나 총리 열에 들뜬 허영심이 있는 자도 아니고 정권욕에 눈먼 장님"도 아니며. "나에게 정치에 야심이 있다고 보는 것은 제비와 참새(燕雀)가 기러기와 고니(鴻鵠)의 뜻을 모르는 편벽된 것이다." 나는 '크게는 세계의 우가키, 작게는 일본의 우가키'다. 우가키는 그런 심리를 갖고 있었던 인물이었다.10)

우가키의 뒤를 이어 그와 친분이 두터운 미나미 지로(南次郞)가 육군대신에 취임했다. 그러나 미나미는 청년 장교들의 지지를 얻지 못하고 8개월(1931-1931) 만에 자리에서 내려와야 했다. 정우회의 이누카이 쓰요시내각은 육군 통제를 위해 청년 장교들의 지지를 받고 있는 아라키 사다오(荒木貞夫)를 육군대신에 기용하였다. 아라키는 우가키 계보의 인물을 모두 배제시키고, 자신의 파벌을 육군 내의 주요 부서에 중용했다. 육군에 대한 우가키의 영향력은 급격하게 줄어들었다. 이런 상황은 그에게 치명적이었다.11)

미나미 지로·가와시마 요시유키(川島義之) 장군(조선군사령관)에게도 우가키와의 접근을 피하라고 충고하는 군 간부가 있다. 이런 것으로 보아 매우 간섭이 심하며 다른 사람도 압박하고 있다고 상상하기에 충분하다. 수세적인 입장의 다수 현역 장교는 지금은 가능한 나에게 접근하지 않는 것이 좋다. 나도 힘써 피하고 있다. 광기적인 인사 행정의 희생이 되는 것은 어리석기 때문에 각별한 주의가 필요하다.12)

그는 아라키를 정치적 혼란을 일으키는 주범으로 지목했다.

오가와 슈메이(大川周明)를 육군대학으로 끌어들여 청년과 중견 장교의 뇌리에 오가와이즘을 부식하고 군기가 삼엄한 군부 내에 하극상의 곰팡이를 만드는 것은 아라키(荒木)다. …… 제국의 수도를 혼란에 빠트려 계엄을 실시하여 군사정부의 성립을 생각하고 있었던 것도 아라키인

것이 요즈음 더욱 명확하게 되었다.13)

1932년 5월 15일에 이누카이 수상이 암살되었을 때, 우가키는 "일부 군인의 편견을 눌러 화근을 일소해야" 하고, "헌법을 지켜야" 한다고 생각했다.14) 그러나 사이토 마고토(1932-1934)내각은 군부에 대해 아무런 조치를 취하지 않았고, 아라키는 육군대신에 유임되었다. 이에 대해 우가키는 분노했다. 정당은 군부도 통제하지 못하는 "무력 부패"한 집단이었고, 정치인은 "정권을 위해서는 부끄러움도 체면도 구애받지 않는" 존재였다.15) 우가키에 의하면 사이토 내각은 "무력 무능"했고, 민정당과 정우회는 국가의 비상한 국면 타개를 하지 않고 자신의 안위를 찾아 "현상 유지만을 외치는" 정치집단이었다.16) 그가 강조했던 군부 숙청은 "우유부단한" 내각에게는 쉽지 않은 일이었다.17)

1934년 1월 아라키 육군대신이 사이토 내각에서 물러나자,18) 황도파는 점차 그 힘을 잃어갔다. 하야시 센주로(林銑十郎)가 그 뒤를 이어 육군대신에 취임한 이후에 나가타 데쓰잔이 부상했고, 통제파는 그 세력을 확장할 수 있었다. 황도파는 반발했다. 1935년 8월 12일에 아이자와 사부로(相澤三郎) 중좌(中佐)는 자파를 제거하는 나가타 군무국장을 살해했다.19) 우가키는 새로운 육군대신의 취임에 대해 기대를 걸었고,20) 미나미 지로 또한 하야시 육군대신에게 우가키를 배척하지 말라고 조언했지만, 그들의 희망은 이루어지지 않았다.21)

이러한 분위기에서 치러진 1936년 2월 20일 중의원 선거에서 국민에게 '의회주의와 파시즘' 중 하나를 선택할 것을 호소한 민정당은 투표율은 저조했지만 전체 446석 중에서 205석을 차지했다. 민정당의 승리는 의회정치에 더 큰 기대를 걸고 있었던 일본 시민의 뜻이었다. 그러나 "군부 극단주의자들은 재빨리 공격을 가하였다. 그 해 2월 26일 미명에 동경에 주둔했던 한 연대의 청년장교 일단은 완전무장한 사병을 거느리고 여러 명의 지도급 정치인의 자택을 습격하고 그들을 도살하였다. 당시의 오카다 수상과 사이온지 공작은 간신히 암살을 모면했지만, 육군 교육총감이었던 와다나베 장군, 재정전문가인 다카하시 고레키요(高橋是淸) 대장대신, 국새의 보관자이며 천황 측근이자 고문인 사이토 제독은 모두 암살되었다."22)

히로타 고키(廣田弘毅; 재임 1936-1937) 수상은 2·26사건 이후 조선총독 사임을 자청한 우가키를 만류했다. 그 이유는 네 가지였다. 첫째, 식민지 조선에서 치적이 크게 일어나고 있다. 둘째, 일본과 소련(러시아)의 관계가 급박하다. 이럴 때 총독이 바뀌면 조선 내의 인심이 동요될 가능성이 있다. 셋째, 후임자 인선이 어렵다. 넷째, 시국이 불안하다. 우가키는 이에 굴하지 않고 "자신을 경질하는" 것이 일본이 "진보할 수" 있는 길이라고 답했다.23) 혼란스러운 일본을 수습하겠다는 그의 '욕망'은 매우 컸다.

그런데 그는 내각을 조직하라는 '천황'의 대명(大命)을 받았지만 군부의 반대에 직면했다. 군부는 '육군대신 현역 무관제'를 근거로 우가키 육군대신을 추천하지 않았다.24) 다이쇼 데모크라시 시기인 1913년 야마모토 곤베에내각 때 폐지되었던 이 제도는 1936년 2·26쿠데타 직후인 1936년 5월에 다시 부활되었다. 군부는 주도면밀하게 정치를 지배하기 위한 장치를 하나둘 구축해 나갔다.25) 『호치신문(報知新聞)』 「호외」에는 군부로부터 배척된 우가키의 심정이 보도되었다.

나는 지금 일본이 파쇼인가, 고유한 헌정인가의 분기점에 서 있다고 생각한다. 군(軍)이 금일처럼 정치단체 상태로 이르게 된 데에는 나도 역시 그 책임을 져야 하지만, …… 긴 세월 사랑한 군이 이와 같은 상태에 이른 것은 실로 유감스럽기 그지없다.26)

우가키는 조슈 대 사쓰마라는 틀에서 황도파를 비판적으로 바라봤지만, 통제파의 야망에 대해서는 제대로 간파하지 못했다.27) 하야시 육군대신-나가타 군무국장 라인의 군인들은 '도쿄에서의 쿠데타'가 아니라 '만주에서의 도발'을 통해 그들의 의도를 관철시켰다. 그들은 만주에서 자신들이 주도하는 국가의 혁신―군부 주도의 국가 총동원 체제―을 꿈꾸고 있었다. 두 군부 파벌은 메이지유신의 목표가 실현되지 않았다는 문제의식을 공유했지만, 그것을 타개하는 방법이 달랐다. 황도파는 이상주의 역사관을 갖고 있었고, 통제파는 실용주의적 공리주의 태도를 취했다. 데쓰오 나지타의 견해에 따르면, 일본 근대사에서 이상주의 역사관을 가졌던 세력은 제거되었고, 통제파는 테러가 아니라 냉혹하고 합법적인 방법을 통해 군부 주도의 국가 총동원 체제를 수립했다.28)

그들이 진군하는 길에 우가키와 같은 거물급 정치 군인의 자리는 없었다.29) 우가키와 통제파는 영국·미국·국제연맹 등을 포괄하는 국제질서와 만주 경영에 관한 관점이 크게 달랐다. 만주사변을 주도했던 이시하라 간지(石原莞爾)는 군비를 증강하고 만주국을 대소(對蘇)전쟁 기지로 만들려는 구상을 방해할 우가키가 아니라[30] 자신을 지지할 하야시 센주로의 내각(1937년 2월-6월)을 희망하였다.[31] 통제파는 내각까지 그들의 영향 아래 두었고, 1937년 7월 7일 중일전쟁의 발발은 일본 군국주의의 출범을 알리는 신호탄이었다.

1930년대 일본 외교는 미국과 영국 중심의 국제질서를 타파할 것인가 아니면 순응할 것인가의 사이에서 힘들어했다. 그것은 만주 문제를 푸는 방식과도 관련되어 있었다. '방식 1'은 만주를 넘어서 중국 대륙으로 들어가는 것이고, '방식 2'는 만주에서 일단 전진을 멈추고 장기적 관점에서 미국이나 영국과 경쟁하는 것이고, '방식 3'은 만주와 조선까지 포기하는 것이었다. '방식 2'는 '안에서는 입헌주의를, 바깥에서는 제국주의'를 추구하는 온건한 제국주의 노선이다. 우가키 총독을 비롯하여 자치론을 주장했던 경성일보 사장 소에지마 미치마사는 이 노선을 지지했었다. '영국을 위시한 구미 세력에 대항할 수 있는 일선만(日鮮滿) 블록을 구축하자'는 우가키의 주장은 '방식 2'에 가까웠다. '방식 3'은 식민지 자체를 포기하는 급진적 자유주의 계열, 즉 『동양경제신보』의 이시바시 단잔 같은 자유주의자의 주장이었다.

스스로 국가 지도자로 자부했던 우가키는 "'니혼카이(日本海)'를 세토나이카이처럼 만들자"는 구상을 갖고 있었다. 세토 나이카이는 일본의 혼슈·규슈·시코쿠 지방으로 둘러싸인 지역으로 일본의 부와 문화의 중심 지역이다. 1931년 5월 오사카(大阪)의 재향군인회 간부회의 석상

에서 그는 니혼카이에 대한 자신의 구상을 밝혔다.32)

나혼카이를 세토나이(瀨戶內)에 있는 나이카이(內海) 호수처럼 만들고, 그 연안 지방을 세토 연안 지방과 같이 번창시키려는 나의 희망은 최근에 착착 현실에서 일보일보 전진하여 윤곽이 드러나는 단계에 이르렀다. 게으름을 피우지 않고 노력해 가면 그다지 멀지 않은 장래에 희망을 달성할 수 있다. 만주 연해주로부터 더욱 오지로 진출하는 것은 …… 수십 년 수백 년 후에 이루어져야 한다. 그러므로 앞의 희망이 달성된 후에 반세기 정도는 남향책(南向策)을 채택하여 앵글로 색슨 세력의 억제 구축을 도모할 필요가 있다. 이와 관련된 준비와 조사와 연구는 지금부터 진지하고 철저하게 시작해야 한다. 지나치게 고집스럽게 러시아 혹은 미국에 편중되는 것은 조심해야 한다.33)

그는 중국 내륙으로 진출하고 서구 세력과의 대결을 도모하는 것은 '일본해'와 만주를 중심으로 일본제국의 역량을 키운 후의 과제로 설정했다. 그의 조선에 대한 식민통치정책은 일본제국의 장기적 발전 전략의 일환이었다.34) 그는 전쟁을 긴급한 과제로 삼고 있지 않았기 때문에 전시를 상정한 통제경제정책을 유보시켰다. 그 대신 일본 - 조선 - 만주 블록을 연결하는 공업화정책을 추진했다. "만주를 농업과 원료 지대로 만들자"는 그의 의견은 여러 중요한 사람에게 전달되었다. 1932년 6월 21일 사이토 수상은 우가키의 「대만주 정책에 관한 의견서」를 볼 수 있었고,35) 일본 정계 및 관동군, 만철 등 만주의 주요 기관들도 그의 의견을 들을 수 있었다. 우가키는 이누카이내각 때부터 수상·육군대신·관동군 사령관·만철 총재 등과 만주에 대한 의견을 주고받았는데,36) 그에게 만주는 '국방의 제1선', '과다 인구의 이식지(移植地)', '자급자족에 필요한 자원의 공급지' 그리고 '상품 시장'이었다.37)

이러한 이유 때문에 그는 관동군이 도발한 '만주사변'에 대해 지지를 보냈고, 만주에 "새로운 정권"의 수립을 촉구했다.38) 그는 두 가지 이유 때문에 구미인(歐美人)이 일본의 만주 지배에 대해 호감을 가질 것이라고 판단했다. 하나는 일본의 만주 진출이 중국의 공산화를 저지하고 소련의 동쪽 진출을 견제하는 수단이며, 다른 하나는 만주국이 일본·영국·미국 등 여러 나라 기업인이 함께 활약하는 무대였다. 그에게 만주는 일본의 배타적 이익이 관철되는 지역이 아니었다.39)

한편 우가키는 국제연맹과 만주국의 관계를 보면서 일본이 러시아·독일·프랑스에 의한 삼국간섭(1895) 때문에 청일전쟁 전리품인 랴오둥반도를 중국 측에 다시 반환해야 했던 상황을 떠올렸다. 그는 그러한 과거가 되풀이되지 않기를 희망했고, 국제연맹이 만주국을 승인하지 않은 것을 오히려 "하늘의 도움"이라고 생각했다.40) 그에게 만주는 일본이 장기적인 안목을 갖고 다루어야 할 대상이었다. "만주가 진실로 제국의 생명선으로서의 가치를 발휘하기까지는 상당히 오랜 시간과 거대한 노력이 필요하다." 일본인들은 "백년대계"를 세운다는 태도로 만주 경영에 임하고, 만주 개발과 관련하여 외국의 원조를 수용하고 이용해야 한다.41) 그는 미국과 영국 등의 구미 세력이 일본의 만주 침략을 반공의 방벽으로 그 의의를 인정하고 있었다고 판단했고, 실제 그들은 중국의 기대와 달리 일본을 제재하지 않았고 오히려 중국의 반일 보이콧 운동을 비판했다.42) 이런 이유 때문에 우가키는 만주를 일본과 구미 세력이 이익을 공유하는 완충지대가 될 수 있다고 판단했다.

평화 외교를 통해 적의 예봉을 피하려고 했던 우가키는 국제적 고립을 자초하는 우치다 고사이(內田康哉) 외교를 크게 우려했다.43) "단조롭고 식견이 없는 외교관 때문에 국제관계는 긴장 고립되고 있다. 편협하고 저돌적인 군인들 때문에 평화는 파괴되고 있다."44) 우치다는 베르사유회담과 군축회담이었던 워싱턴회의에 관여한 베테랑 외무관료였지만, '만주사변' 이후 돌변하여 강경 외교를 이끌었다. 1932년 9월 15일에 만주국에 대한 국제연맹의 승인을 얻으려고 한 일본의 시도는 좌절되었고, 마침내 1933년 3월 27일에 일본은 국제연맹을 탈퇴하고 말았다.45) 우가키가 걱정하던 일이 일어났다.

…… 과거의 실패를 지금 다시 한탄하여도 소용없는 일이지만, 지금도 단순하고 헛되기 짝이 없는 즉각 연맹 탈퇴만을 큰소리로 외치면서 국민을 흥분시키고 있다. …… 무릇 일본제국은 평화와 협조를 생각하는 숭고한 정신으로 국제연맹에 참가한 것이다. 만주 문제에서 그들과 소견을 달리한다고 해서 일본이 위의 정신을 잊어버리는 것은 경솔한 짓이다. …… 과거에 제국이 비상시국이라고 한 것은 구호이자 선전에 불과했고, 진정한 비상시국은 금일 이후에 있을 것이며 국가적 재난이 오는 것도 이것 때문이다.46)

우가키는 일본의 강경한 대외정책을 크게 우려했고, 그것으로 인한 '혼란'은 자신이 해결해야 할 과제로 생각했다. 그런데 급진적 군인들의 생각은 달랐다. 황도파와 통제파 모두 국제연맹의 탈퇴를 지지했다.

1933년 9월 13일에 우치다 외상은 '워싱턴체제'를 이탈한 일본에 대한 국제사회의 반발을 무마하기 위해 사임했고, 그 후임에 히로타 고키(廣田弘毅)가 임명되었다. 사이토 내각 때의 일이었다. 히로타의 절충적인 노선은 '협화외교(協和外交)'라고 불렸다. 그는 국민당과 접근하여 중국과의 관계를 개선하고 아울러 영국이나 미국과의 관계 개선을 위해 노력했다. 이에 비해 통제파는 소련과의 불가침 조약 체결을 시도했고, 미국과의 충돌을 일으킬 수 있는 중국 진출을 서둘렀다.[47] 관동군은 통제파의 대륙 침략 정책을 수행하는 선봉이었다. 만철경제조사회(滿鐵經濟調査會)도 당시 국제연맹의 규약은 서구 중심의 체제이며 베르사유체제의 현상 유지를 도모하는 것이라 비판하면서 이에 대한 이탈을 강력하게 권고했다.[48] 일본군이 만주 지역을 군사적으로 점령하게 되면, 일본과 소련, 일본과 중국의 군사적 긴장이 높아질 것이다. 누구라도 예상할 수 있는 미래였다. 이렇게 만주 활용책은 각각 달랐다. 우가키는 소련이나 중국·영국·미국과의 전면적인 충돌을 원치 않았고, 만주에서는 일본의 이익도, 다른 나라의 이익도 보장되어야 한다고 생각했다. 이에 비해 통제파(관동군)는 배타적 이익을 확보한다는 전략을 갖고 있었고, 만주를 대륙병참기지로 만들기 위한 경제 정책을 실행했다. 황도파는 소련의 남하를 가장 경계하기는 하였으나 구체적인 만주 경영에 대한 비전은 마련되어 있지 않았다.

우가키의 만주정책은 1920년대 일본 외교노선인 시데하라(幣原) 외교와 다나카(田中) 외교의 영향을 받았다. 시데하라의 중국 정책은 워싱턴조약을 기축으로 하는 국제질서 위에서 추진되었는데, 그 골자는 '일본은 중국에서 경제적 이익을 중시하고 내란 같은 정치적 문제에는 개입하지 않는다'였다. 또 그는 만주는 중국의 일부라는 것을 인정하고, 만주 때문에 일본과 중국의 관계가 악화되는 것을 원치 않았다. 이에 비해 다나카는 군사 개입을 통해 만주를 중국으로부터 떼어내려고 했다. 그러나 양자 모두 워싱턴체제를 파기하면서까지 미국 및 영국과의 대결을 원하지 않았다.[49] 우가키는 육군대신으로, 시데하라는 외무대신으로 하마구치(浜口)내각의 일원으로 런던군축회담을 성사시킨 경험을 공유하고 있었다. 또 군부에서 우가키는 다나카의 후원을 받으면서 성장했다.[50] 우가키는 세 가지 측면에서 시데하라와 다나카 정책을 계승했다. 첫째는 만주에서의 일본 권익 중시, 둘째는 군사보다는 경제적 측면에서의 중국 진출, 셋째는 미국 및 영국과의 마찰을 피하는 것이었다.

이와 달리 중국으로 군사적 진출을 시도하는 관동군은 만주에서 군수공업 육성을 위해 '중요 산업 부문의 국가통제방침'을 결정했다. 1933년「만주국경제건설요강」에는 '국방적 또는 공익적 성질을 갖는 중요 산업은 공영 또는 특수회사로 하여금 경영시킨다는 원칙'이 천명되었다. 같은 해 9월 다렌(大連)에서 개최된 일만(日滿)실업간담회에서 고이소(小磯) 특무부장은 만주국 경제건설을 담당하는 기관의 경영형태를 세 가지로 분류하면서, 통제경제에 대한 계획을 분명히 제시하였다. 세 가지는 ① 국영·공영·특수회사, ② 약간의 국가 통제에 의한 민간 자유 경영, ③ 완전한 자유 경영이었다.[51] 만주국의 경제개발은 특수회사 혹은 준특수회사들이 주도했다. 자본은 만주국과 만철에서 조달되었다. 만주국은 현물을, 만철은 현금을 출자했다. 미쓰이와 미쓰비시와 같은 재벌은 만주국 국채를 인수하는 방식으로 자본을 투자했지만, 그다지 적극적이지는 않았다.[52] 한편 관동군 내에는 '재벌은 만주에 들어와서는 안 된다'는 반재벌 풍조가 있었다. 1937년 6월경까지 19개의 특수회사와 10개의 준특수회사에서 일본 재벌이 차지하는 자본 비중은 4%와 3% 수준에 불과했다.[53]

1932년 만철경제조사회(滿鐵經濟調査會, 이하 '만철')가 수람한 『대만경제정책(對滿經濟政策)에 관한 각종 의견』에도 만주를 활용하는 것에 대한 두 가지 제안이 있었다. 하나는 만주를 원료품의 공급지와 일본 공산품의 시장으로 하자는 것이고, 다른 하나는 '자연적 생산 조건'의 우월을 이용하여 만주에서 새로운 공업을 발전시키자는 것이었다.[54] 전자는 주로 일본 경제계 인사들의 견해였다. 오사카상공회의소 이사·닛신(日淸)방직사장·도쿄실업단·오사카실업단 등은 "만주의 일부에서 자본가를 배격하는 소리가 크게 퍼지는" 점을 우려했다.[55] 후자는 주로 대륙 침략을 지지하는 여러 방면의 인사들이었다. 호세이(法政)대학교의 고지마 세이치(小島精一), 다롄거래소(大連取引所) 신탁전무, 만철 도쿄지사장, 만주실업단(滿洲實業團) 등이 그들이었다. 통제경제 기조의 '일본-만주(日滿)블록' 형성은 그들의 주요 주장이었다.[56] 관동군의 경제정책은 후자의 입장에 서 있었다. 1933년 『만주경제연보』에는 '통제경제'

의 당위성과 '일만블럭'을 구축해야 한다는 의견들이 실렸다.[57]

만철의 조사를 바탕으로 관동군은 군수공업을 육성하기 위한 조치와 중국 진출을 서둘렀다. 이에 대해 영국은 국민당에게 차관을 제공했고, 미국은 은(銀) 협정을 맺어 중국의 화폐제도 사업을 지원했다. 화폐개혁은 성공적이었다. 점차 중국에서 일본과 구미 세력의 갈등은 깊어지고 있었다. 일본의 국제관계는 점점 더 악화되었다. 결국 일본은 1933년 3월 국제연맹 탈퇴, 1934년 12월 워싱턴조약의 단독 폐기, 나아가 1936년 1월에는 런던군축회담을 탈퇴했다. 일본은 미국을 중심으로 하는 세계질서에 대해 거부의 의사를 분명히 했고, 그에 상응하여 1936년 11월 25일 독일과 방공협정(防共協定)을 조인하는 등 파시즘 세력과 연대했다.[58]

일본 경제가 미국 및 영국에 의존하는 바가 많았기 때문에, 대재벌들은 미국 주도의 워싱턴체제를 지지했다. 그것은 또한 만주사변이 발발했을 때 집권 세력이었던 민정당의 외교노선이었다.[59] 관동군에 의한 '만주사변' 도발은 재벌과 정당의 대외노선을 부정하는 것이었다. 우가키는 "국제연맹 탈퇴, 워싱턴조약·런던조약 등의 폐기 청산"이 일본의 위기를 불러왔다고 진단했다.[60] 미쓰이와 미쓰비시 등 일본 재벌은 두 가지 중에서 하나를 선택해야 하는 기로에 서게 되었다. 그러나 이러한 차이들은 1936년 2·26사건 이후 통제파가 주도하는 군국주의로 흡수되어버렸다.

2. 조선공업화 대 만주공업화

1931년 5월 27일 조선공업협회 2회 총회에서, 마쓰무라 마쓰모리(松村松盛) 조선총독부 식산국장은 '조선의 사상과 생활의 안정'을 위해 농업뿐만 아니라 공업의 발전이 필요하다는 입장을 천명했다.[61] 특히 우가키는 공산주의를 예방하기 위한 '방공적(防共的) 농업정책'과[62] 농촌의 과잉 인구를 실질적으로 해소하고 조선인의 생활 안정을 위한 조선공업화가 필요하다는 문제의식을 갖고 있었다.

궁핍함이 극에 달한 조선 민중의 생활을 어느 정도 향상시키고 개선시키기 위해서는 농촌진흥과 자립갱생에서 성과를 올려도 되지만, 그 근저에 널려 있는 인구 문제에 근본적인 고찰을 시도하면 종래와 같이 농업 본위로는 …… 한계가 있다. 그러므로 이민정책에 의한 과잉인구의 조절과 공업진흥에 의한 생활의 향상과 개선을 기대해야만 한다.[63]

조선 농민의 곤궁함이 일시적 현상이라면, 이것을 구제하고 개선하는 일은 그다지 어렵지는 않다. 그러나 농업이 경제적으로 곤란한 것은 금일 전세계적이며 또 영구적이다. 다시 말해 농업은 세계적으로 가능성이 없다. 따라서 그것을 타개하기 위해 조선의 공업화를 추구하지 않으면 안 된다. 이것에 의해서만 근본적으로 구제 개선이 성립할 수 있다.[64]

그에게 공업의 발전은 일본과 조선[內鮮]의 진정한 융합을 위한 방법이었다. 한 공장에서 공동으로 노동을 해야 일본인과 조선인은 생활수준을 맞추고 서로 이해하고 융화할 수 있다. 조선에 일본인의 비율이 2할(400만 명)이 되어야 두 민족이 일상생활에서 융화할 수 있다. 우가키는 그렇게 판단했다. 1930년대 초 식민지 조선에서의 일본인의 인구는 약 54만 명이었다. 관공리와 기타의 샐러리맨이 많았고, 이들에 기생하는 상업 종사자가 대부분이었다.[65]

또 일본의 발전, 일본제국의 미래 경영을 위해서도 조선의 공업화가 필요했다. 우가키 총독은 일본 국가 경영의 핵심으로 일선만(日鮮滿) 블록의—정공업(精工業) 지대, 조공업(粗工業) 지대, 농업 지대, 원료 지대로 연결되는 산업의 하이어라키—완성을 역설했다.

일본의 블럭 분업적 입장에서 말하면 일본을 정공업 지대로 하고, 조선을 조공업 지대로 하고, 만주를 농업과 원료 지대로 만들면 3자가 서로 협력하는 것이 점차 대립 관계를 최소화하고 상호 의존 관계를 가장 긴밀하게 할 수 있고, 더구나 3자가 각각 특징과 이익을 최선으로 보호하고 보증할 수 있는 진보적 방법이다. …… 이것에 의해 전체적인 일본 경제의 입장에서 보면 조만간 없어질 조공업을 영속시킬 수 있다. 그 위에 경쟁력을 갖춘 조선의 공업발전은 안일함에 빠진 공업계에 항상 분투노력할 수 있는 신선한 자극을 주어 일본 공업의 대성을 위한 기초 공작이 된다.[66]

우가키 총독은 1935년 2월 하순에 경제학자 다카하시 가메키치(高橋龜吉)와 대담하면서 조선 공업의 중요성을 강조했다. 그는 지금 "조선은 농업 본위에서 중공업으로" 산업의 구조가 바뀌어야 하기 때문에, 고도의 기술이 필요한 "정공업(精工業)은 일본으로 보내고, 조선은 조공업(粗工業) 혹은 일본에서 할 수 없는 공업을 선택하면" 양자는 "공존공영"할 수 있다는 문제의식을 갖고 있었다.67) 우가키 총독이 조공업 중심의 공업화를 구상한 데에는 몇 개의 근거가 있었다. 첫째, 생산 원가가 저렴했다. 조선은 섬유와 경금속공업의 원료가 풍부하고 만주산 원료의 이용에도 유리했다. 석탄과 수력도 풍부하고 노동자도 많고 임금도 낮았다.68) 둘째, 조선은 일본·만주·몽골을 대상으로 하는 상품 생산 기지로서 유리하다.69) 조선은행이나 조선의 상공단체들은 원료·동력(動力)·노동력·판로 등에서 조선 공업의 전망이 밝다는 보고서들을 제출했다.70) 다카하시 가메키치는 그의 저서 『현대조선경제론(現代朝鮮經濟論)』에서 우가키 총독의 '조선론'을 지지했다. 그는 경제적 측면에서 "일본을 정공업 지대로 하고, 조선을 조공업 지대로 하며, 만주를 농업 지대로 하여 3자가 상호 협력하는 것"이 "3자 각각의 이익을 최선으로 보호 보증하는 최선의 진보적 방법"이고, 또 공업 발전은 그에 못지않게 "조선 통치의 안정이라는 정치적 측면에서도 효과가 있다"고 주장했다.71) 노선을 세운 조선총독부는 일본 자본을 조선에 유치하기 위해 노력했는데, 1935년 2월 9일에 도쿄상공회의소에서 호즈미 신로쿠로(穗積眞六郞) 조선총독부 식산국장이 일본 자본의 조선 투자를 권유하는 강연을 했다.

아직 통제가 없는 조선에 일본의 자본이 들어오는 것이 필요하다. 조선총독부는 통제에 대해서 일본과 가능한 한 보조를 맞춰야 하지만, 1, 2년은 그럴 필요가 없고, 대체로 자유롭게 경쟁하라는 태도를 취하고 있다.[72]

조선총독부와 일본 대자본의 이해관계는 일치했다.[73] 조선총독부는 투자환경 조성을 위해 「중요산업통제법」(1931년 4월 일본에서 발효)과 노동자의 권리를 일부 보호하는 「공장법(工場法)」의 실시를 유보했다. 이에 비해 일본에서는 두 법령 외에도 노동자를 보호하기 위한 「건강보험법」(1927년 1월)과 「노동자재해부조법」(1932년 1월)이 실시되었다.[74]

재벌을 중심으로 하는 일본 자본 역시 조선 투자를 늘렸다. 먼저 반응한 기업들은 미쓰이와 미쓰비시 계열 회사들이었다. 미쓰이는 방직·고무·주류(소주) 공업 분야에 진출했다. 1934년에 미쓰이는 14개 공장을 합동해서 산와(三和)고무주식회사 설립을 주도했고, 소주의 전국적인 판매망도 구축했다.[75] 고무와 주류 산업에 종사하는 조선인의 사세(社勢)는 위축될 수밖에 없었다. 미쓰비시는 쇼와키린맥주(昭和麒麟麥酒)와 중공업에 진출하였다. 두 재벌은 모두 광산업, 정어리기름 및 기타 소비재 상품의 유통에도 관여했다. 여러 대자본은 기러기떼처럼 두 재벌을 따라서 조선에 진출하였다.[76] 이에 대해 『동아일보』는 대재벌 중심의 경제정책을 비판했다. "물가의 등락이 수요공급의 원칙에 지배되는 것보다도 대재벌의 이해 여하에 따라 등락되는 것은 너무도 분명한 사실이다." 대재벌은 "그들이 당초 들고나온 매매의 자유란 무기를 집어던지고 독점의 왕좌에 앉아서 생산을 통제하고 가격을 자의로 결정하고 있다." 조선총독부가 고무신·소주를 대재벌의 통제하에 두는 것은 "당국이 대재벌을 편호(偏護)"한다는 비난에 직면할 것이다.77)

1920년대에 산업예비군이 축적되고 있던 농촌은 저렴한 노동자의 공급처였다.78) 그들이 공장에서 장시간 노동하는 것은 선택이 아니라 생존을 위해서였다. 일본의 대자본이 진출한 북부 지방에는 광산과 중공업 공장이 신설되었고 농촌에서 일자리를 얻으러 온 사람들이 모여들었다. 도시에도 농촌에서 유입되는 인구가 늘었다. 조선총독부는 노동자 알선을 통해 기업들을 지원했다. 이러한 인구 이동은 당시 뚜렷한 사회 현상의 하나였지만, 열악한 노동 조건 때문에 다시 고향으로 귀향하는 노동자들이 적지 않았다.79)

저렴한 전력이 공급되는 조선은 매력적인 투자처였다. 신흥재벌 니혼질소(日本窒素)(주)는 전력 시장 개척에 가장 적극적으로 나섰다. 우가키 총독 이전에도 수력발전이 필요하다는 인식이 널리 퍼져 있었다.80) 전력 시장에 대한 확신이 없었던 미쓰비시는 장진강(長津江) 수리권(水利權)의 갱신만 반복할 뿐 발전소 건설을 지연시키고 있었다.81) 미쓰비시와 달리 함경도 부전강(赴戰江)에서 수리권을 얻은 니혼질소는 1926년에 조선수전(朝鮮水電)(주)을 설립했고 가정용 전기를 생산할 수 있는 발전소를 세웠다(1929년 11월, 생산량 15.2만kW). 우가키 총독이 부임한 이후 상황은 달라졌다. 조선총독부는 사업 의지가 약한 미쓰비시를 대신할 수 있는 다른 투자자를 물색했다. 미쓰비시는 강력한 로비를 통해 수리권 계약을 연장했지만, 여전히 발전소를 건립하지 않았다. 조선총독부는 전격적으로 니혼질소의 노구치 준(野口遵)에게 장진강 수리권을 양도했다. 그때 네 가지 조건이 따라붙었다. 서둘러 완성할 것, 허가를 받은 날로부터 6개월 이내 공사 시행 인가 신청을 할 것, 2년 6개월 안에 공사를 마무리할 것, 발전 출력의 반은 공공용으로 할 것 등이었다.82) 장진강 전력개발 사업의 퍼즐은 아직 다 맞추어지지 않았다. 재원 조달 문제가 남았다. 니혼질소는 미쓰비시은행에서 자금을 많이 융통하고 있었기 때문에 미쓰비시 방계회사라는 혐의도 받았다. 노구치는 미쓰비시은행과의 관계를 청산하고 모든 자산을 담보로 조선은행·조선식산은행·일본흥업은행 등의 국책 금융기관으로부터 재원을 조달하는 결단을 내렸다.83) 야심적인 사업가 노구치 준은 기회를 얻었고, 니혼질소는 약속을 지켰다. 조선총독부는 송전·배전 등의 전력망도 확충해 나갔다. 1930년에 4만 8759kW(수력 1만 1555kW, 화력 3만 7204kW)에 불과했던 발전량은 1936년 43만 76kW(수력 32만 6650kW, 화력 10만 3426kW)로 거의 10배 가까이 성장했다. 또 가정용(자가용) 발전설비도 3만 6058kW에서 5만 7916kW로 점증했다. 특히 부전강과 장진강 두 발전소의 30만 9375kW는 전체 발전 용량의 94.7%를 차지했다. 이 중 많은 전력량이 니혼질소계의 화학공장으로 들어갔다. 1935년 7월에는 조선총독부의 알선으로 조선전기흥업(朝鮮電氣興業)(주)이 세워졌다. 영월탄광은 무상으로 불하되었으며, 그 석탄을 이용하여 10만 7000kW가 생산되었고, 송전망은 영월·대구·부산·

대전까지 깔렸다.[84] 조선총독부는 이 밖에도 공장부지 지원, 보조금·장려금 지불 등 다양한 지원사업을 전개했고,[85] 또 면화 증산 개정계획(1933)과 면양(緬羊) 장려 계획(1934)이 담긴 남면북양정책(南棉北羊政策), 그리고 1932년부터 15년 계획으로 실시된 북선개척(北鮮開拓)을 실시했다.[86]

조선의 공업화는 두 가지 방향에서 진행되었다. 하나는 노동력이 많이 필요한 조공업이었고, 다른 하나는 새로운 광물을 이용해야 하는 중화학공업이었다. 전자는 주로 소비재공업 분야이고, 후자는 부전강·장진강 개발에 따른 풍부한 전력을 바탕으로 한 전기화학공업, 북선과 만주 지방의 원료를 이용한 화학공업, 광물(명반석과 마그네슘·알루미늄 등)을 기반으로 하는 경금속공업 등이었다. 전자는 미쓰이로 대표되는 기존 재벌이 맡았고, 후자는 니혼질소로 대표되는 신흥 재벌이 담당했다. 스즈키 마사후미(鈴木正文; 1899-1978)에 의하면 식민지 조선은 '자본주의적 독점에 의한 공업 통제' 상태에 있었다. 이에 비해 일본은 정부가 주도하는 통제경제, 만주국은 계획경제였다.[87]

그런데 구 재벌과 신흥 재벌 사이에서 「중요산업통제법」(이하 「중통법」)의 조선 실시를 둘러싸고 다른 이해관계가 표출되었다. 그 근저에는 일본 지배 엘리트 내의 갈등이 깔려 있었다. 1935년 제국의회에서 「중통법」 개정안이 통과된 이후 외지(外地)인 조선도 「중통법」의 예외 지역이 될 수 없었다. 일본의 척무성·상공성과 조선총독부 관리들은 그 적용 범위와 방법을 둘러싸고 치열한 토론을 벌였다.[88] 조선총독부나 민간단체 조선공업협회 모두 가능한 한 「중통법」을 회피하자는 입장이었다. 그들은 다섯 가지 '조선 공업의 특수성'을 강조했다. ① 산업발달이 낙후되어 있다. ② 문화와 민도가 낮아서 상공업 발달이 필요하다. ③ 조선은 토지·저임금·연료·동력 등 개발 여지가 많다. 지금 통제 실시는 지금 막 성장하는 조선의 산업에 타격을 줄 것이다. ④ 복잡한 민족 문제와 과잉 인구를 해소하기 위해서는 공업 진흥이 필요하다. ⑤ 황산암모늄(硫安)·설탕(砂糖)·어유(魚油)를 제외하면 외지 조선은 과잉생산도 독점 폐해도 없다. 통제는 '내지(일본)'의 관점에서만 볼 때 필요한 것이다. 통제의 강행은 조선이 내지를 위해 희생되는 것이다.[89] 이 중에서 가장 핵심되는 사항은 ③·④·⑤였다. ③과 ④에는 조공업화를 통해 조선을 개발하면서 정치적 안정을 도모하려는 조선총독부의 입장이 반영되어 있고, ⑤에는 독점적 이익을 누리고 싶다는 대자본의 의견이 반영되어 있었다. 이러한 입장을 반영한 문건들은 계속해서 발표되었다.[90]

 조선총독부는 일단 「중통법」의 전면적 실시를 유보했다. 1936년 초에 호즈미 식산국장은 '조선은 반도 근성을, 내지는 도국(島國) 근성'을 버려야 「중통법」 실시를 둘러싼 갈등이 풀린다고 지적하면서, 내지의 일방적인 입장 관철은 적절한 방법이 아니라고 했다.[91] 1936년 제3회 전선공업자대회(全鮮工業者大會)[92]에서 조선총독부의 입장이 선명하게 드러났다.

 「중통법」을 그대로 조선에 시행하고 20여 종의 종목을 모두 지정하여 내지와 같이 취급하는 것은 시기상조다. 그뿐만 아니라 그때의 상황을 말씀드리면 아직 조선에 「중통법」을 시행하지 않아도 제국 전체의 공업이 진전하는 데 전혀 장애가 되지 않는 바이어서 산업통제법의 시행 취지에는 찬성하지만 시기적으로 아직 이르다. …… 내지의 요구는 내선간(內鮮間)의 관계가 긴밀해짐에 따라 외지의 생산이 내지에 영향을 주는 바가 나날이 많아지게 되었기 때문에 일찍이 「중통법」을 시행하여 내선(內鮮) 산업 통제의 획일을 도모하고 싶다는 것이고, 이 요구가 내지에서 매우 격하게 일어나고 있다. …… 그런데 제국 전반을 생각하지 않으면 안 된다는 취지에는 동감하나 조선의 실정은 아직 「중통법」을 전반적으로 시행할 수준은 아니고 …… 시멘트만은 산업통제법의 시행을 진지하게 고려할 만한 시기에 이르렀다고 생각한다.[93]

이미 우가키 가즈시게에서 미나미 지로로 총독이 교체된 이후에도 갈등이 표출된 것이었다. 미나미 총독의 '선만일여(鮮滿一如)'는 만주를 중시하는 '일만블럭' 노선이었다.[94] 1936년 10월 20일부터 열린 조선산업경제조사회에서도 두 노선은 충돌했다.[95] 이 자리에는 일본·조선총독부·만주국을 대표하는 관리·자본가·학자 등 76명이 모였다. 특히 공업 부문에 관한 제2분과에서는 「중통법」의 조선 적용 여부를 둘러싸고 격렬한 논쟁이 일어났다. 이 분과에 참여하고 있는 위원들은 크게 네 부류였다. ① 조선의 관청 대표로는 조선군 참모장, 조선총독부의 경무국장 등 관계자가 참석했고, ② 조선의 민간인 대표로는 경성방직주식회사 사장 김연수와 조선질소비료주식회사 사장 노구치 준을 비롯하여 조선면사포상연합회 이사장 등 재계 인사들이, ③ 조선

외 관청 대표로는 관동군 참모, 내각 자원국 장관과 조사국 조사관, 만주국의 실업부 차장 등 만주국과 일본 내각 관료가, ④ 조선 외 민간 측 대표로는 남만주철도주식회사 이사, 다이니폰(大日本)맥주주식회사 회장, 경성전기주식회사 사장, 후지전력주식회사 이사, 미쓰비시광업주식회사 회장, 미쓰이물산주식회사 상무 등 재계 인사들이 참석했다.[96]

③의 조선 외 관청 측 대표들은 일관되게 조선에서도 「중통법」이 적용되어야 한다고 주장했고, ①의 조선의 관청 대표는 그에 대해 반대했다. ②의 조선의 민간측 대표의 입장은 통일되지 않았다. 「중통법」 실시에 대해 방직업계를 대표하는 조선직물(주)의 미야바야시 야스시(宮林泰司)와 경성방직(주) 김연수는 입장을 밝히기를 꺼려 했고, 중공업계를 대표하는 노구치 준은 크게 개의하지 않았으며, ④의 조선 외 민간측 대표들은 환영했다. ③의 조선 외 관청측 대표인 일본 상공성 관리들의 입장이 가장 복잡했다. 그들은 내지 즉 일본측 자본가들의 입장을 반영해야 하는 의무도 있었지만, 산업구조를 만주까지 포함해서 재조정해야 하는 일본제국의 시선도 가져야 했다. 다시 말해, '내외지 일원적 통제' 즉 조선을 위시한 식민지와 일본을 포괄하는 관점에서 산업을 조정해야 하는 입장이었다. 제2분과 공업에 관한 회의에서 일본 상공성 임시산업합리국 제1부장 쓰지 긴고(辻謹吾)는 이렇게 말했다. "일본의 산업은 크게 말해 만주 산업과 조정하는 입장에서 조선의 산업 방침을 결정해 나가야" 한다. "제국 경제권 내의 전체적인 경제력 충실과 대외경쟁력 강화라는 목표"를 갖는 것은 당연하다. 예를 들어

조선의 "법랑철기나 전구(를 생산하는) 업종"은 일본의 그것과 "이해득실을 달리" 한다. 그래서 조선총독부와 일본의 상공성과 척무성이 협의해서 조선과 일본의 업자들을 모아서 서로 논의하는 것이 필요하다.97) 법랑철기산업은 조선에서 어느 정도 성공한 편이었다. 1930년의 생산고가 8만 8803엔에 불과하였지만 1935년에는 134만 428엔으로 약 15배 이상 증가하였다. 수출도 증가했는데, 수출고가 1930년 7만 538엔에서 1935년 94만 3821엔으로 격증하였다.98) 이 때문에 일본의 업자들이 조선에서의 생산을 통제해야 한다는 목소리를 높였다.

관동군 참모 아키나가 쓰키조(秋永月三)는 상공성의 '내외지 일원적 통제' 원칙에 찬동을 표하면서 국방상의 관점에서 만주가 내지와 일체가 되기보다는 조선과 일체가 되는 것이 바람직하다는——선만일여(鮮滿一如)——의견을 냈다.99) 이에 대해 조선총독부 식산국장 호즈미는 다른 의견을 냈다. 그는 아직 유치한 조선의 산업을 고려하여 「중통법」의 전면 실시를 유보하고100) 선만일여 또한 더 깊은 연구가 필요하다는 입장을 표명했다.101) 조선에서 사업을 하는 자본가들은 더 세게 반대했다. 우선 조선은 현재 과잉생산 상태가 아니어서 통제를 운운할 단계가 아니다. 또 만약에 과잉생산이 있는 경우에는 통제가 아니라 수출을 통해 그것을 극복해야 한다. 조선 외 민간 측을 대표하는 가네보방적주식회사(鐘淵紡績株式會社) 사장인 쓰다 신고(津田信吾)도 비슷한 입장을 가졌다.102) 니혼전력주식회사(日本電力株式會社) 부사장 나이토 구마키(內藤熊喜),103) 오지(王子)제지주식회사 사장 후지와라 긴지로(藤原銀次郞)도 쓰다 회장의 입장에 가까웠다.104) 그러나 토론은 조선에서 「중통법」 실시'로 모아졌다.

인적 요소에 있어서 우가키 총독과 이마이다(今井田) 정무총감 콤비는 비교적 자유주의적 기업가들과 접촉이 많았다. 이에 비해 미나미 총독과 오노 로쿠이치로(大野綠一郞) 정무총감 콤비는 만주국 인사들과 더 가까웠다.105) 양자가 합의하는 바는 달랐다. 우가키의 조선총독부는 일선만(日鮮滿) 블록경제를 구축하기 위해 일본 독점자본을 유치하기 위해 노력했다. 그 노선은 단기적으로는 일본이 미국이나 국제연맹과 우호적으로 지내는 것이었고, 장기적으로 미국에 도전할 수 있는 국력을 키우는 것이었다. 미나미의 조선총독부는 조선의 산업을 일만(日滿)블록경제의 하위 범주로 놓고 만주에서 시행되던 통제경제 원칙을 조선에 적용했는데, 미국이나 영국과의 충돌을 배제하지 않는 군부의 대륙침략 노선을 식민지 조선에서 관철시킨 것이었다.

3. 온건파의 좌절

1956년 5월 9일 제24회 국회에서 열린 우가키 추도회에서 참의원 아오키 가즈오(靑木一男) 의원은 우가키내각의 유산(流産)을 무척 아쉬워했다.

군(君)은 그 인물로 보아도, 경력으로 보아도, 당연히 정권을 담당할 만한 그릇이었습니다. 1937년 일화사변이 시작되기 직전, 군(君)은 조각의 다이메이(大命)을 받았음에도 불구하고, 소위 우가키내각 유산(流産)

의 쓰라림을 보아야 했던 것은 당시 도도한 파쇼의 흐름을 저지시키려는 군(君)의 진출을 달가워하지 않은, 또 과거의 군축 단행을 탐탁지 않게 여기던 군부 내 일부 인사의 방해 때문이었습니다. 그 조각의 실패는 당시 국민을 매우 실망시킨 것이고, 이러한 사실에서 우리나라 비극의 근원이 있다고 생각합니다.106)

자유주의 계열의 언론인 바바 쓰네고(馬場恒吾)도 아오키보다 먼저 우가키 전기를 다룬 저서의 「서론」에서 우가키내각의 유산을 반추했다.

지금 일본은 무모한 태평양전쟁에 돌입한 결과로서, 비참한 패전국의 모습이 되어가고 있다. 이것은 일본 시작 이래 미증유의 경험이다. 1937년에 우가키내각(宇垣內閣)이 성립되었다면 그것에 의해 육군의 정치적 진출이 억지되고, 그에 따라서 4년 후의 대영미전 개시도 없었을 것이다. 돌아오지 않는 일에 대한 푸념에 불과하지만, 일본인이라면 누구라도 이것을 유념해야 한다고 생각한다.107)

1930-40년대에 미국이나 영국과 유화적 관계를 유지하면서 일본제국주의의 이익을 실현하려는 일본의 온건주의 노선은 급진적인 군부를 통제하지 못하고 정국의 주도권을 넘겨주고 말았다. 1936년 2·26사건은 그 전환의 결정적 계기였고, 우가키는 그러한 전환에 도전했지만 성공하지 못했다. 한국인의 눈에 비친 그의 모습은 군국주의자였지만 그의 식민정책에는 전쟁보다는 평화 노선이 내포되어 있었다. 1910년

대 후반과 1920년대는 근대일본의 절정기였다. 1차 세계대전의 승전국으로 일본은 서구 국가들과 같은 반열에 섰고, 보통선거제도의 도입은 일본 의회주의의 일대 진전이었다. 그렇지만 같은 기간에 간토대지진의 무자비한 폭력이 있었고, 「치안유지법」이 도입되었다. 1920년대에 일본은 온건하게 의회주의 길로, 아니면 급진적으로 침략과 전쟁의 길로 나갈 것인가의 갈림길에 있었다. 그런데 1920년대 후반 대공황기를 지나면서 잠재되어 있던 군국주의가 혁신이라는 이름으로 역사의 전면에 등장했고, 그러한 일본의 변화는 약간의 시차를 두고 식민지 조선을 압박했다. 사이토 총독기에는 일본과 미국·영국의 협조적 관계를 전제로 한 워싱턴체제하의 일본의 대외노선이 반영된 것이고, 우가키 총독기에는 강경파와 온건파가 경쟁하는 일본 대외정책의 혼돈기에 후자의 노선이 관철되었으며, 미나미 총독기 이후에는 워싱턴체제를 벗어나서 미국과의 전쟁을 무릅쓰는 급진주의 노선이 적용되었다.

귀족 출신 소에지마 미치마사는 일본을 영국과 같은 도덕적 제국주의로 만들기 위해 최선을 다해 노력했고, 그 일환으로 사이토 총독과 긴밀한 관계를 유지했다. 그의 자치론은 단순한 기만전술이 아니라 그가 설정한 목표에 도달하기 위한 통치전략이었다. 그러나 일본의 의회주의는 최절정기인 1920년대에도 소에지마의 노선을 수용할 수 있는 여력이 없을 만큼 허약했다. 우가키 가즈시게는 소에지마와 같은 귀족 출신은 아니었지만 육군 내에서 추앙 세력이 있을 만큼 명성이 높은 군인이었다. 그러나 '우가키군축'이라는 말이 상징하듯이 팽창을 추구했던 급진적 군인들에게 우가키는 비판의 대상이었다. 조슈번 출신이 아님에도 불구하고 그는 육군대신을 위시하여 육군의 요직을 두로 섭렵했다. 정당 세력과 우호적 관계를 유지한 군인 우가키는 조선총독 재임 시절 급진파와 달리 미영과의 대결을 유보하는 일선만 블록을 구축하려고 했다. 군축과 온건 노선은 결국 그가 수상이 되는 길을 막는 결정적 요인이 되었다. 소에지마와 우가키의 좌절은 일본 내에서 온건파의 입지가 사라졌다는 것을 의미했다.

마루야마 마사오는 자유민권 운동의 배경으로 두 개의 '불평 합류'를 언급한 바가 있었다.

민권운동은 이른바 '불평' 사족에 의해 점화되었는데, 그것은 두 개의 본래 성질을 달리하는 '불평'의 합류였다. 하나는 유신에서 적극적으로 변혁 측에 섰던 그룹이다. 그들은 유신의 '정신'을 존왕양이 혹은 만기공론(萬機公論)의 측면에서 이해했는데, 유신 후의 사태는 유신정신에 대한 배반이었다. 유사전제(有司專制=관료전제—필자 주)에 의한 '문명개화'의 진행은 배반이었다. 혁명의 좌절 의식에서 오는 '불평'이 하나의 원천이었다. 다른 하나는 바쿠후의 신하이거나 그것을 돕거나 중립적이었던 번(藩)에 있으면서 '유신(遺臣)'적 의식을 가지고 원한을 품어온 분자들의 '불평'이다. 두 개의 '불평'은 폐번치현(廢藩置縣)에서 폐도령(廢刀令)·질록처분(秩祿處分)과 같은 유신정부의 잇따른 조치에 의해 사족이 생활기반을 상실하게 되고 명예가 훼손되면서 합류하게 되었다.108)

소에지마 미치마사의 부친인 메이지유신의 공로자 소에지마 다네오미는 전자에 속한 인물이었다. 미치마사는 그런 아버지 덕택에 영국 유학을 다녀왔고 그의 귀족 작위를 물려받은 인물로서 영국을 모델로 하는 일본제국을 상상했다. 우가키는 농민 출신이지만, 다른 번 출신으로 전자의 '불평' 부류에서 진화한 의회주의 세력과 긴밀한 관계를 유지했다.

"일본근대화는 봉건적 충성과 그 기반을 해체시킴으로써"[109] 가능했지만, 자유주의가 일본 근대를 지탱하는 원리가 되지 못했다. "봉건적 충성"은 국가 혹은 천황에 대한 "충성"으로 전이되었고, 유사전제(有司專制)에 저항하는 자유민권운동의 시민적 기반은 취약했다. 천황제 안에서 전개된 자유민권은 천황의 이름으로 국가에 통합될 수 있는 여지가 많았다. 농민 출신 군인들은 '충성의 전이'가 일어날 수 있었던 중요한 사회적 기반이었다. 1936년 2월 20일 19차 중의원 선거에서 일본 국민은 파시즘보다 의회정부를 선택했지만(온건한 민정당 승리), 그로부터 6일 후에 그 유명한 2·26사건이 일어났다. 군인들은 온건한 시민사회를 억압하면서 급진적인 군국주의를 강화해 나갔다. 그들은 "천황을 통수권자로 떠받드는 일본 군대만이 발휘할 수 있는 특별한 정신력"을 구축했다. "천황이 자신의 본질이므로, 천황만 살아 있으면 개개의 일본인이 아무리 죽더라도 자신의 본질은 살아남는 것이 되므로, 자신이 죽을 것인지 살 것인지는 아무래도 좋다는 식으로 된다. 천황이 죽으라고 말하면, 자신의 의사로 죽는 것이다." 일본인은 "'천황폐하 만세'를 외치면서 …… '만세 돌격'"하는 군인들이 되었다.[110]

제4부
지주와 의회, 그리고 분단

제9장 개항과 지주

1. 개혁주의 세대의 등장

1) 김성수와 그의 친구들

전라북도 고창에는 한국사에 지대한 영향을 준 일가(一家)의 고택이 잘 보존되어 있다. 그 일가의 한 사람인 김성수는 대한제국 말기에 일본 와세다대학에서 근대학문을 익혔고, 식민지기에는 대지주이자 산업자본가 그리고 교육가와 언론인이었으며, 1945년 8월 이후에는 보수적 반대당의 시원이라고 할 수 있는 한민당 창당에 관여했다. 그런데 그의 화려한 명성 뒤에는 전시체제에 협력한 경력 때문에 '친일파'라는 주홍글씨가 붙어 있다. 두 가지 측면 중에서 어디를 더 강조하느냐에 따라 그에 대한 평가는 극적으로 갈린다. 한편에서 그는 교육·산업·언론 등에서 근대의 길을 닦은 개척자가 되고, 다른 한편에서는 식민지 당국과 타협하면서 자신의 계급적 이익을 지키는 데 더 충실했던 부역자가 된다. 『동아일보』측에서 발간한 저서들에는 대체로 전자의 입장이,[1] 시민사회 영역과 국가 차원에서 공식적으로 발행한 문헌에서는 후자의 시각이 반영되었다.[2] 학계에 제출된 뛰어난 연구들 역시 두 가지 견해로 갈린다.3) 이렇게 견해들이 대립하는 가운데 대한민국 정부는 인촌 김성수에게 1962년에 수여한 '건국공로훈장 복장'을 2018년에 취소했다.4)

  김성수에 관한 이야기는 그의 조부로부터 시작되어야 한다. 김요협(金堯莢; 1833-1909)은 가난한 양반가에서 태어났지만 우연히 찾아온 기회를 잘 활용하여 천석꾼 지주가 되었고, 그의 두 아들 기중과 경중은 만석꾼의 반열에 올랐다. 개항이라는 변수는 그들의 성장에 결정적인 계기가 되었다. 그들의 활동무대인 호남은 곡창지대였고, 국내에 한정되어 있던 미곡시장이 국외(國外)인 일본까지 확대되었다. 전북평야는 금강·만경강·동진강·고부천·정읍천 등의 크고 작은 하천들이 흘러들어서 수원이 풍부하고 토지가 비옥한 미작지대이고, 그 앞에 있는 군산항과 줄포항(茁浦港)은 미곡수출의 관문이었다. 금강 하구에 있는 군산은 세곡미의 수송 및 보관의 거점인 조창(漕倉)이 있었던 곳이며, 줄포는 부안과 고창 사이에 있는 바다를 앞에 두고 있는 항구였다. 군산항과 더불어 전북 지방의 2대 항구인 줄포항은 "군산·법성포·목포·인천 등지에 정기 기선으로 연결되고, 그 배후의 부안·고부·흥덕·정읍·고창 등지에는 육로로써 연결되는 요충의 땅이다. 이 지역으로 들어오는 상품이나 이 지역에서 나가는 상품이 집산되는 줄포항은 항구이면서 상업도시"였다. 이곳에서 군산으로 수송되는 상품은 미곡이 대부분이었는데, 일제 초기에 그 양은 연간 5만 석(石)에 달했다. 이 일대의 지주들은 미곡수출 증가와 더불어 번영하고 있었다.5) 지주경영과 미곡무역이 융합된 상업적 농업의 발달은 새로운 대지주가 탄생할 수 있는 배경이었고, 가난한 양인 농민의 처지와 별 차이가 없었던 양반 중에서 김씨가처럼 지주로 성장하는 이들이 나타났다. 그런데 지금 줄포는 폐항이 되고 내륙화되었다. 우리는 강인원의 「폐항」이라는 시에서 줄포가 항구였다는 사실을 확인할 수 있다. "줄포는 옛날에 항구였느니라, 고깃배, 소금배가 둥싯거리던 포구가 바로 여기였느니라."6)

『매천야록(梅泉野錄)』의 저자 황현(黃玹; 1855-1910)에 의하면, 조선왕조의 변방인 호남은 조선에 원한을 갖고 있는 고려의 수도였던 송도(松都) 또는 홍경래난(洪景來亂)이 일어났던 서북 지역과 별 차이가 없었다. 관리가 될 수 없었던 호남의 양반은 "갈 곳 없는 선비들"이고, 또 "수준 낮은 선비"였다.

호남은 나라 안에서 일반적으로 송도(松都)나 서북(西北)과 같은 대우를 받았기 때문에 뛰어난 인재임에도 벼슬길에 나가지 못하고 파묻혀 있게 된 세월이 제법 오래되었다. 결국 갈 곳 없는 선비들이 잇달아 산림의 문하로 기어들어가 버젓이 학자로 행세했다. 그리하여 근래의 산림은 호남의 수준 낮은 선비를 다투어 초청하고, 목이 빠지게 기다렸다. 호남은 본디 물산이 풍부하여 수업료를 넉넉하게 냈을 뿐만 아니라 안부를 묻고 예물을 올리는 일도 자주 있었기 때문이다. 아아! 나는 인재의 출세와 시대의 운수가 모두 막혀버리고 아래로부터 풍속이 변하는 세태를 걱정하지 않을 수 없다. 그러나 이것이 어찌 호남 사람만의 불행이겠는가!7)

벼슬길이 막힌 호남의 선비들은 관직을 겹겹이 두른 중앙의 양반을 모방하려고 했다. 유교사회의 문화적 전통은 변방인 전라도에서도 굳건했다. 그런데 그 중의 일부가 권력의 중심인 기호(畿湖) 지역 일대의 지주들과는 다른 역사적 역할을 자임하고 나섰다. 개항이란 역사적 사건과 사소한 인연이 새로운 지주가 출현하는 발단이 되었다.

김성수의 증조부 김명환(金命煥)은 "어느 해 가을 볼 일이 있어서 고창군(高敞郡)의 해변인 해리(海里)라는 마을에 갔다가 돌아오는 길에 인촌리(仁村里)에서 하룻밤을 묵게 되었는데, 그 유숙한 집 주인과 하룻밤 사이에 의기투합하여 서로 사돈을 맺기로 작정"했다. "집주인인 진사(進士) 정계량(鄭季良)은 세종(世宗) 대의 병조판서(兵曹判書)로 안평대군(安平大君)의 장인(丈人)이기도 한 영일(迎日)정씨 연(淵)의 후손으로 만석꾼이라는 이름을 듣는 거부였다. 규범(規範)이 지극한 그의 딸을 본 명환공(命煥公)은 즉석에서 그의 셋째 아들 요협(堯莢)과의 혼담(婚談)을 결정하였다. 요협은 외동딸을 가까이에 두고 싶어 하는 장모(丈母)의 간청에 따라 처가(妻家)의 고향인 인촌리에 와서 살게 되었다." 장인은 "얼마간의 전답"을 마련해 주어서 부부가 살 수 있게 했는데, 그 살림살이는 "청년시절까지 넉넉한 편은 되지 못하였다"고 한다. 부인 정씨(1831-1911)는 검박한 생활과 절약이 몸에 밴 인물로 돈을 아끼고 저축하여 지주로 성장할 수 있는 기반을 마련했다.[8] 이러한 부인 덕택에 요협은 중년기에 들어서 중소지주로 성장하고 말년에는 천석꾼 지주가 되었고, 1909년에 그는 장남 기중(1859-1933, 호 同福)에게는 천 석, 차남 경중(1863-1945, 호 芝山)에게는 이백 석을 추수할 수 있는 토지를 물려주

었다.9)

 1907년에 요협과 두 아들은 고부군 부안면 인촌마을 인근에 있는 부안군 건선면의 줄포(현 부안군 줄포면 줄포리)로 이주했다. 그 이유는 두 가지 때문이었다. 하나는 안전이었다. 이 무렵에 이 지역에서는 일제에 항거하는 의병활동, 지주와 농민의 갈등으로 인한 농민항쟁, 그리고 "화적떼"의 출현이 잦았다. 일본군 부대가 주둔하고 있는 줄포는 그러한 위험을 피할 수 있는 장소였다. 다른 하나는 사업이었다. 포구(浦口)가 가까운 줄포는 쌀 수출에 유리했던 곳으로 군산과 목포가 축항(築港)되기 이전까지 영광군의 법성포(法聖浦)와 함께 서남해안 물산의 집산지였고, 일본 수출의 거점이었다. 지주들은 미곡무역을 통해 번 돈을 토지에 다시 투자하는 경우가 많았고, 김씨가 역시 그러한 "지주대열"의 일원이었다.10)

 근면한 부친의 가업을 계승한 두 아들 기중과 경중은 토지를 더 늘렸다. 큰아들 기중의 토지 규모는 1909년에 약 100정보에서 1920년대 중엽에는 900정보가 되었고, 차남 경중의 토지 규모는 1909년의 약 20정보에서 1920년대 중엽에 약 2,000정보가 되었다. 19세기 후반부터 20세기 초반에 이르는 시기에, 김씨가가 "고속성장"을 할 수 있었던 비결은 소작료 수입의 재투자와 적절한 타이밍의 토지매매에 있었다. "국어학자 이희승의 회고에 의하면, 경중은 1910년대의 쌀값 상승기에 돈을 모았다가, 1920년 이후의 쌀값 하락기에 저렴한 가격으로 토지를 구입했다고 한다." 또한 춘궁기에 토지를 담보로 한 식량 대부 즉 고리대 또한 토지 확대의 한 수단이 되었다.11) 한편 미가의 하락은 지주경영의 수익률을 떨어뜨리는 한 요인이었는데, 그들은 농장의 설치를 통해 그러한 문제들을 돌파해 나갔다. 성수의 동생 연수는 구래의 지주경영의 변화를 주도했다. 1924년부터 1938년 사이에 장성농장(長城農場)을 필두로 줄포·고창(高敞)·신태인(新泰仁)·명고(鳴古)·법성(法聖)·영광(靈光)·함평손불(咸平孫佛)·해리(海里) 농장 등이 차례로 개설되었다. 소작인들은 선별되었고, 농장은 총대에 의해 체계적으로 관리되었다.

회사의 농장경영은 일본인 회사나 자본가들의 농장경영과 동일하였다. 작물의 재배 수확, 농사 개량, 농자 대부, 소작료의 책정 징수, 소작인의 계약 조건·해약 조건 등 농사 경영에 관한 모든 규정을 근대법적인 계약의 이름으로 마련하는 가운데, 소작 농민을 철저하게 예속시키고, 농장을 일본인 지주 자본가들의 그것과 마찬가지로 운영하는 것이었다. …… 그 본부에는 정미소를 설치하고 선박을 구비하기도 하였다. 그리하여 지대가 농민 자신에 의해서 본부에 수납되면, 이것을 그 정미소에서 도정하여 자가 선박으로 군산으로 이동하여 판매토록 하였다. 농장으로 개편된 후 지대의 징수·도정·수송·판매에 이르는 전 과정이 보다 조직적으로 운영되고 있었으며, 이같은 자본가적인 합리적 경영을 통해 그 지대 수입은 증대될 수가 있었다.12)

김씨가는 미곡단작을 위시하여 생산과 유통을 모두 관장하는 경영의 합리화를 통해 이윤 확대를 도모했지만, 이것은 일본에 저렴한 쌀을 공급하기 위한 일본제국주의 식민지 농정의 목표와 부합했다.[13] "자본가적인 합리적 경영"과 식민지 구조는 연결되어 있었다.

김씨들은 자산이 증가하자 사회적 지위에 변화를 주었다. 그 방식은 세대에 따라서 달랐다. 성수의 조부(祖父) 요협은 조선왕조 양반문화의 테두리를 벗어나지 못했지만, 부(父) 기중과 경중은 구체제에 한 발 걸치면서도 서구문명에 개방적인 태도를 보였다. 그들의 자손인 성수는 대한제국이 국권을 빼앗기는 과정에서 성장했고, 훨씬 더 적극적 자세로 서구문명을 수용하였다.

"관직 쇼핑"에 나섰던 요협이 1872년에 구매한 첫 관직은 토목과 건축 공사를 감독하는 선공감(繕工監) 감역이었고, 1876년 이후에는 의금부 도사·참릉 참봉·상서원 별제·사용원 주부로 이어졌다. 1888년 이후에는 화순·진안·군위 군수 등을 역임했으며, 또 중추원 의관·비서원 승(秘書院丞)·시종원 부경(侍從院副卿)도 그의 이력에 추가되었다. 요협의 큰 아들 기중 역시 1888년에 진사, 1897년에 의릉(懿陵) 참봉, 1900년부터 1907년 사이에 용담·평택·동복 군수 등을 역임했고, 그의 둘째 아들 경중은 1898년 이후 경릉 참봉·비서원 승·봉상시 부제조를 거쳐 1905년에 진산 군수로 임명되었으나 곧 이를 사퇴했다.[14] 세 사람은 과거에 급제하지 않았지만 개항을 전후한 무렵부터 관직에 진출하면서 양반으로서의 지위를 공고히 했다. 김용섭은 이러한 상황을 참작하여 조선왕조 관료제가 고창김씨가의 자산 축적에 기여했다는 평가를 내렸다.

이 시기는 바로 우리나라의 지배층 중심·지주층 중심의 근대화 과정이 진행되는 가운데 사회적 혼란과 수탈이 자행되는 때였으며, 또 농산물의 수출을 통해서 지주층이 급속도로 성장하는 시기였으므로, 이 시기에 정부 관리나 지방 수령으로서 농민을 다스리는 입장에 있었다는 것은 대단히 중요한 의미가 있었다. 관인이 되면 일반적으로 권력을 통해서 수탈적인 치부가 가능하다는 점에서도 그렇고, 가령 그러한 수탈자가 되지 않는다 하더라도 수탈의 대상에서 면제되는 것은 말할 것도 없고, 지주로서 성장하는 데도 여러 가지 혜택을 누릴 수가 있는 까닭이었다.[15]

『대군의 척후』 저자 주익종도 이에 대해 동의했다.[16] 그런데 이러한 평가들은 그들이 지주로서 계급적 이익을 추구했다는 사실과 관련하여 일리가 있지만, "권력을 통해서 수탈적인 치부"를 하는 자와 "수탈자가 되지 않는다 하더라도 수탈의 대상에서 면제되는" 자의 차이를 설명하기에는 미흡하다. 조선왕조의 관료제에서 관리라고 해서 다 같은 관리는 아니었다. 예를 들어 돈으로 관직을 얻은 김요협과 동학농민전쟁의 원인을 제공한 고부 군수 조병갑(趙秉甲)의 처지는 매우 달랐다. 조병갑이 "권력을 통해서 수탈적인 치부"를 한 중앙의 관리라면, 김요협은 "수탈의 대상에서 면제되"기 위해 매관(買官)한 향촌의 지주에 불과했다. 그런데 "권력을 통한 수탈적인 치부"는 어느 날 갑자기 관직을 돈 주고 매입한다고 해서 가능한 행위가 아니라 '부정부패 네트워크'에 들어가 있는 사람만이 누릴 수 있는 '부당한 권리'였다. 우리는 김요협과 조병갑의 네트워크 비교를 통해 그 사정을 이해할 수 있다. 김요협은 지방에서 중소지주이며 양반이란 지위를 겨우 유지할 수 있었다면, 조병갑은 왕실의 외척이자 '세도정치가'인 조두순(趙斗淳)의 조카였다. 군수라고 해서 다 같은 군수는 아니었다. 조병갑은 18세기 정조의 치세기를 지나면서부터 형성되기 시작했던 세도정치, 다른 말로 표현하면 서울 중심의 관료제가 타락할 수 있는 최악의 단면을 보여준 인물이었다. 대원군 이하응을 지원해서 고종이 왕위에 오르는 데 기여한 풍양조씨 조두순은 고종 집권 초기에 좌의정과 영의정을 두루 역임한 권력자였고, 조병갑의 부친 조유순(趙猷淳)은 그의 형제였다.17) 조병갑의 부패는 개인의 문제가 아니라 19세기 외척과 관련된 조선왕조 관료제의 특징인 세도정치와 관련되어 있었다. 그 길을 연 인물은 안동김씨 김조순(金祖淳)이었다.

김조순은 순조(純祖; 재임 1801-1834)의 장인 즉 국구(國舅)가 된 인물로, 1636년 12월에 침략한 청나라와의 전투를 주장했던 주전파(主戰派) 김상헌(金尙憲; 1570-1652)의 후손이었다. 김상헌은 인조가 청 황제에게 항복하기로 했을 때(이른바 1636년의 '삼전도굴욕') 차마 거역하지 못하고 안동으로 내려가서 칩거하던 중 1639년에 청이 조선왕조정부에 명을 공격하기 위한 출병을 요구하자 이에 대해 반대하는 상소를 올렸다. 결국 이 문제로 그는 청나라에서 4년간 억류되는 신세가 되었다. 그러나 이러한 역경은 김상헌이 양반 사대부 사회에서 명나라에 대한 '의리'를 지킨 인물로 추앙을 받게 되는 계기가 되었고, 인조의 뒤를 이어 즉위한 효종은 청을 공격하기 위한 북벌(北伐)을 계획할 때 "김상헌을 이념적 상징으로 떠받들고 '대로(大老)'라는 존칭을 내렸다."18) 정조도 "청음 김상헌은 바른 도학과 높은 절의로 우리나라에서 존경할 뿐만 아니라 청나라 사람들도 복종하고 존경하였으니 …… 참으로 전후에 드문 명문가이고, 절의 있는 인물이 많기로는 덕수이씨와 연안이씨도 미치지 못한다"고 높이 평가했다.19) '북벌론(北伐論)'은 무력으로 평화로운 국제질서를 파괴하고 중원의 주인이 된 청나라를 공격해서 복수하겠다는 것이고, '존주론(尊周論)'은 명나라가 멸망한 현실에서 주(周)나라로부터 전승된 중화(中華)문화를 조선이 존중하여 계승해야 한다는 논리였다.20) '중화'를 계승하는 것이 중요한 명분이 된 정치사회에서 그의 후손들은 정치적 부침이 있었지만 항상 정치의 중심에 있었다.

안동김씨의 정치적 기반은 왕권이 상대적으로 안정되고 강했던 21대 왕 영조(英祖; 재임 1724-1776)와 22대 왕 정조(正祖; 재임 1776-1800)대에 공고해졌다. 두 왕은 정치적 측면에서 여러 정치 세력의 관계를 조율하는 탕평책을 실시했고, 사회경제적 측면에서 양반의 이익을 일부 제약하고 농민의 부담을 조금 덜어주는 균역법(均役法, 영조 28, 1705)과 신해통공(辛亥通共; 정조 15, 1791)을 실행했다. 그런데 개혁적 군주로 알려진 정조는 안동김씨 김조순의 딸을 세자빈으로 선택했다. 이는 왕권을 보호하기 위한 조치였지만 결과적으로 왕권의 약화를 초래했다. 1800년에 갑자기 정조가 사망하면서 왕위에 오른 그의 아들은(제23대 순조) 아직 혼인도 치르지 않은 11세의 어린 군주였다. 왕실 서열상 증조모인 영조의 계비 정순왕후(貞純王后; 1745-1805) 김 씨가 나이 어린 순조를 대신하여 수렴청정(垂簾聽政)을 하게 되었다. 경주김씨 정순왕후가 주도하는 정국에서 안동김씨 김조순은 순조와 자기 딸의 혼인을 성사시켰다(1802). 은인자중하면서 때를 기다리던 그는 정순왕후가 사망하자 권력의 중심에 서게 되었고, 포용적 태도로 다른 세도가인 반남박씨(潘南朴氏) 및 풍양조씨(豊壤趙氏)와 협력 관계를 유지하면서 정국을 안정시켰다.21) 그의 딸이며 순조의 비인 순원왕후(純元王后; 1789-1857)가 헌종(憲宗; 1827- 1849)과 철종(哲宗; 1831-1863) 연간에 수렴청정을 하게 되면서 안동김씨 권력 기반은 더 공고해졌다.

새로운 외척도 등장했다. 1819년에 순조의 아들 효명세자(孝明世子; 1809-1830)는 풍양조씨 일가인 조만영(趙萬永; 1776-1846)의 딸—그녀는 나중에 이하응의 아들을 왕으로 지명하는 신정왕후(神貞王后; 1808- 1890) 조씨—와 혼인하게 되었다. 효명세자(재임 1827-1830)는 순조를 대신하여 통치를 하는 대리청정(代理聽政)에 나선 지 3년 만에 젊은 나이로 사망했지만, 이 시기에 조만영은 외척으로서 정부의 요직에 올랐다. 세도가문들은 적절하게 권력의 평형을 유지하면서 그들만의 권력을 유지하는 '과두적' 정치구조를 만들었다. 제임스 팔레는 이에 대해 적절하게 논평했다.

어떤 경우라도 왕비와 대비는 출신 가계가 달랐다. 그러므로 왕비의 친족이라 할지라도 자신들의 지위를 유지하기 위하여 노골적으로 힘을 행사하지는 못했다. 그리고 어느 씨족도 경쟁상대를 완전히 제거하지는 못했다. 어떤 씨족이라도 젊은 국왕이나 후계자와의 혼인에 실패했을 경우 그들은 기꺼이 그 결과를 받아들였다. 왕비 일가의 경쟁자들이 자신들의 정략을 세련되고 자비롭게 운용하여 왕비의 출신 가계들 간의 균형이 19세기 전반에 지속되었기 때문이다. 그리고 왕위를 이을 후사가 없을 경우 섭정을 맡은 대비는 갑작스런 정치권력의 변동을 결정함으로써 그 위치가 중요한 것이 될 수 있었기 때문이다.22)

순조가 사망한 후에는 효명세자의 아들이 8세의 나이로 왕위에 올랐는데—제24대 왕인 헌종(憲宗; 재임 1834-1849)—왕비로는 안동김씨 김조근의 딸(孝顯王后; 1827-1849)이 간택되었다. 어린 왕을 대신하여 순조의 부인 순원왕후 김씨가 정사를 관장하게 되면서 안동김씨의 정치적 기반은 더 단단해지지만, 풍양조씨 또한 헌종의 외가로서 그 명맥을 유지했다. 헌종 재위 기간 두 세도 가문은 관직을 나누어 가졌다.23)

헌종 또한 후사 없이 사망함에 따라 정조의 아우 은언군의 손자 이원범이 순원왕후의 명으로 왕위를 계승하게 되었다. 그가 25대 왕 철종(哲宗; 재위 1849-1863)이 되었고, 왕비에는 안동김씨 김문근(金汶根; 1801-1863)의 딸(哲仁王后; 1837-1878)이 간택되었다. 철종 역시 후사 없이 사망하게 되자, 신정왕후 조씨는 왕실의 최고 어른으로서 새로운 왕을 결정하는 데 가장 중요한 역할을 맡게 되었고, 그녀는 이하응의 둘째 아들 명복을 왕으로 옹립했다. 이렇게 제26대 왕 고종(高宗; 1852-1919)은 1863년에 12살의 어린 나이에 왕위에 올랐다. 고종을 그녀의 죽은 남편 익종의 아들로 입양한 신정왕후는 자신이 철종의 비를 대신하여 섭정하겠다는 의지를 나타내면서도 대원군 이하응에게도 정치에 관여할 수 있는 길을 열어주었다.24) 소수의 가문이 주도하는 과두정치에서

섭정을 맡은 대비는 새로운 정치가 들어올 수 있는 입구를 열었고, 이때부터 다시 왕이 권력의 중심에 서게 되었다.

안동김씨가 고종의 즉위를 반대하지 않았던 것은 자신들에게 적대감을 갖고 있는 신정왕후와의 갈등을 피하면서 정치적 기반을 유지하기 위해서였다. 그들은 정치적 야심이 작아 보이는 고종의 아버지 이하응을 두 세력의 중재자로 받아들였다.[25] 1866년에 고종의 가례(嘉禮)를 명분으로 신정왕후가 물러났는데, 이 해에 조선왕조정부가 천주교를 대대적으로 탄압한 병인사옥(丙寅邪獄)이 일어났다. 연갑수에 의하면, 프랑스 선교사를 통해서 조선과 프랑스의 관계를 진척시키려던 풍양조씨의 계획이 좌절되고, 그 여파는 조대비의 정치 일선 후퇴라는 결과를 낳았다. 김병국을 비롯한 안동김씨는 풍양조씨를 공격했고, 대원군 역시 이 대열에 합류했다.[26] 이 사건을 계기로 대원군은 실질적인 정치적 헤게모니를 갖게 되었다. 소수 가문에 의한 과두정치는 위기를 맞이했지만 해체되지는 않았다. 국가를 혼란에 빠뜨리는 세도가문과 외척에 의한 부정부패는 점점 심해졌다. 동학농민전쟁의 발발은 축적된 모순의 폭발이었다. 황현은 그러한 사정을 다음과 같이 기술했다.

왕비는 기도하는 일에 절제할 줄을 몰랐고, 기도를 위해 하사하는 재물이 엄청나서 그 비용을 도저히 감당할 수 없었다. 끝내는 돈을 받고 수령(守令) 자리를 헐값으로 마구 팔았는데, 군과 읍의 재정 형편, 급료의 많고 적음을 고려하여 가격을 불렀다.[27]

〈표 10〉 세도정권과 외척의 관계

왕비	생 몰	왕비 본관 (부친)	왕	생 몰	즉위 (나이)	수렴청정 (기간)
정순(貞純) 왕후	1745-1805	경주김씨 (김한구)	21대 영조	1694-1776	1724	
효의(孝懿) 왕후	1753-1821	청풍김씨 (김시묵)	22대 정조	1752-1800	1776	
순원(純元) 왕후	1789-1857	안동김씨 (김조순)	23대 순조	1790-1834	1800 (11세)	정순왕후 (1800-1804)
신정(神貞) 왕후	1808-1890	풍양조씨 (조만영)	효명세자 (익종)	1809-1830	1927 (19세)	*세자의 대리청정
효현(孝顯) 왕후	1827-1849	안동김씨 (김조근)	24대 헌종	1827-1849	1834 (8세)	순원왕후 (1834-1841)
철인(哲仁) 왕후	1837-1878	안동김씨 (김문근)	25대 철종	1831-1863	1849 (19세)	순원왕후 (1849-1852)
명성(明成) 황후	1851-1895	여흥민씨 (민치록)	26대 고종	1852-1919	1863 (12세)	신정왕후 (1863-1866)

① 효의왕후는 슬하에 소생이 없어서 1790년에 수빈(綏嬪)박씨가 낳은 아들을 왕세자로 삼았고, 그는 순조가 되었다.
② 헌종이 후사가 없이 죽자 정조의 아우 은언군의 손자 이원범이 순원왕후의 명으로 왕위를 계승했다.
③ 이하응의 둘째 아들 이명복이 신정왕후의 명으로 왕위를 계승했다.
④ 이하응은 인조의 넷째아들 인평대군의 8세손이다. 그의 아버지 남연군이 정조의 이복동생인 은신군의 양자로 들어가서 영조로부터 내려오는 왕계에 편입되었다. 영조 이후의 왕계는 영조-사도세자의 후손들로 이어졌다.
⑤ 헌종의 장인 영흥부원군(永興府院君) 김조근은 순조의 장인 영안부원군(永安府院君) 김조 순과는 7촌간, 철종의 장인 영은부원군(永恩府院君) 김문근과는 8촌

그는 왕실의 타락을 부채질한 대표적인 외척인 민영휘의 행적에 대해서도 언급했다.

영휘는 돈을 마련하고자 하는 임금의 마음을 지레짐작한 뒤 온갖

명목의 조세를 남발하여 교묘하게 거두고 강제로 빼앗는 데 온 힘을 쏟았다. 관찰사와 유수(留守) 자리를 해마다 한 번씩 교체했고, 매달 대여섯 차례씩 문무관의 인사 담당자를 불러다가 인사 회의를 열어서 미리 뽑아둔 전국의 부자들을 참봉(參奉) 도사(都事) 감역(監役)과 같은 초임 벼슬자리에 억지로 끼워 넣었다.[28]

이러한 상황에서 부패한 관리들은 더 많은 권력과 부를 얻기 위해 중앙의 고위 관리들에게 뇌물을 제공했고, 그들의 일부가 갑오농민전쟁의 원인을 제공했던 조필영(趙弼永)과 김창석(金昌錫)이었다.

조필영은 세곡(稅穀)의 운반을 주관하는 전운사(轉運使)가 된 것을 틈타 교묘한 명목으로 세금에 세금을 더해 불법적인 수탈을 자행했다. 해마다 임금에게 사적으로 엽전 100만 꿰미를 바치고도 3년 사이에 일약 소론(少論)의 갑부가 되었다. 그러나 호남 전역은 모두 골병이 들고 말았다.

김창석은 농지의 측량과 정확한 조사를 통해 민정을 살피는 임무를 맡은 균전사(均田使)로 파견되었지만(1890년 호남 균전관 부임), 수확이 없어서 면세를 받아야 할 땅에 억지로 세금을 매기어 거두는가 하면, 조세 대상으로 토지대장에 올라 있는 논밭의 면적을 떼어내 자신의 사유지에 편입시켜 제 이익을 취하는 데 몰두했다. 이런 짓을 자행하면서도 임금에게는 끊임없이 예물을 바친 덕에 총애를 샀다. 그러나 백성의 원성은 자연히 날로 높아갔다. 또한 직무를 팽개치고 시골집에서 빈둥거렸는데도 공로를 세웠다고 기록되어 관직이 승지에 이르렀다. 이런 상황으로 인해 전라우도는 더욱 피폐해졌다.29)

전운사는 세곡(稅穀)을 운반하는 임무와 세곡 운반에 드는 뱃삯(船價)을 농민들로부터 징수하는 권한을 가진 관리이고, 균전사는 땅의 사정을 살펴서 세금을 공정하게 부과하는 관리였다. 지방에서 세금을 납부해야 하는 농민들에게 두려운 존재였던 두 사람이 농민군의 효수 대상이 된 것은30) 조선왕조 관료제의 위기를 알리는 징조였다. 민영휘와 함께 왕에게 뇌물을 바치고 농민을 수탈한 조필영은 "돈 긁기에 전력한" 인물로 이름이 널리 알려졌고,31) 이에 대해 한 유생은 "호남의 난(농민전쟁)은 조필영으로부터 시작되어 조병갑을 거쳐 이용태로 끝났다"는 자조적인 평가를 내렸다.32) 또 다른 유생 역시 비슷한 내용의 상소를 중앙정부에 올렸다.

아! 전운사의 임무가 얼마나 중요합니까? 그런데도 국가의 재정을 돌보지 않고 직무를 빙자하여 자신의 사욕을 채우며, 역졸(驛卒)에게 비밀 감결(甘結)을 내려 전 도를 두루 돌아다니면서 지나치게 거두고 토색질을 하도록 한 것을 일일이 열거할 수가 없습니다. 심지어 농간을 부려 나라의 곡식을 빼돌려 팔아서 이익을 꾀한다는 소문이 파다하여 백성들의 원성이 길거리에 널려 있으니, 이 난을 최초로 조성한 자는 조필영입니다. 그는 균전사(均田使)라는 직책으로 몰래 자신의 집안을 살찌우려고 나라의 토지를 농간하고 백지징세(白地徵稅)를 일삼아 백성들이 그 고통을 입은 지 이미 여러 해가 되었습니다. 그리고 김창석 또한 난을 조성한 자 중의 하나입니다. 난은 고부(古阜)에서 처음 일어났습니다. 고부에서 난이 발생하도록 조장한 것은 전 군수(前郡守) 조병갑(趙秉甲)입니다. 그는 갖은 방법으로 수탈을 일삼으며 못하는 짓이 없지 않았습니까?33)

전라북도 일대의 균전 문제는 다년간 황무지로 방치된 전답을 왕실에서 자금을 투자해서 개발한 후에 조세를 거두어들이는 과정에서 발생했다. 개간한 공로가 있는 농민은 왕실이 자신들의 권리를 제대로 인정하지 않고 과도하게 수탈하자 저항했다.34) 농민을 힘들게 하고 국가를 혼란에 빠트린 부정부패의 정점에는 세도가문과 왕실이 있었다.

백남신(白南信)의 사례는 부정부패한 관리와 외척이라는 지위를 이용하여 부를 축적한 세도가문이 구체제에서 식민지체제로 이어지는 과정에서 어떻게 그 부를 유지해 갔는가를 보여주었다. 그는 조선왕조 관료제의 정점에 있었던 관리들이 근대화의 주역이 되지 못한 이유를 잘 보여준 인물이었다. 1893년에 38세의 나이로 무과에 급제한 그는 그 이듬해에 일어난 동학농민전쟁에서 공을 세웠다. 고종은 그에게 낙신(樂信)이란 이름을 대신하여 남신(南信)이란 이름을 주었다. 1897년 왕이 사는 대궐에 물품을 조달하는 궁내부 영선사(營繕司) 주사, 전주 진위대(鎭衛隊)에 물자를 보급하는 향관(餉官), 1902년에 전라남북도 조세를 관리하는 탁지부 검쇄관(檢刷官)은 그가 거친 주요 보직(補職)이었다. 항상 그는 물자와 화폐가 드나드는 요직에 있었고, 전주·임실·부안・옥구・익산 등지의 전라북도 일대의 비옥한 토지를 시작으로 하여 충남・강원・황해도 일대의 땅을 소유하였다. 막대한 토지를 관리하기 위한 '화성(華星)농장'이 설립되었다. 국권이 흔들리고 있었지만 그의 지위는 흔들리지 않았다. 1906년에 일본인이 주도적으로 설립한 전주농공은행과 전주어음조합의 임원, 1908년에는 동양척식(주)의 설립위원이 되었다. 그는 새로운 정치적 환경에 잘 적응했다. 1918년 시베리아에 출병하는 일본 군대를 위한 4천 석의 군용미 기부는 새로운 권력자 일본 제국주의에게 바치는 백남신의 충심이었다.35) 한 계단 두 계단 지위가 오르면서 축적된 막대한 부를 상속한 백남신의 아들 백인기(白寅基)는 1906년에 설립된 한일은행에 투자했다.

　1905년 7월부터 일본이 강제한 화폐정리사업은 제조가치보다 통화가치가 높은 불량화폐인 동전[白銅貨] 사용을 금지시키고, 일본의 다이이치(第一)은행의 화폐와 새로운 보조화를 유통시킨 조치였다. 그런데 이 사업은 일본이 1900년에서 1904년 사이에 진행되었던 대한제국의 화폐와 금융제도의 혁신을 물리적으로 저지한 후에 실행된 것이었다.36) 제도 변화에 제대로 대응하지 못했던 한국 상인들의 어려움을 타개하기 위해 한일은행이 설립되었다. 왕실도 상인들의 어려움을 덜어주기 위해 자금을 지원했다. 그런데 1907년 6월에 일어난 헤이그밀사사건의 여파로 고종이 강제로 양위하게 되면서 정국은 매우 혼미한 상태가 되었고, 한일은행의 자금 흐름도 영향을 받았다. 이때 긴급자금을 지원한 백인기는 은행의 전무로 영입되었다. 또한 그는 통감부가 주도하는 한성공동창고(漢城共同倉庫)(주)・한성농공은행(漢城農工銀行),

그리고 일본인 자산가들이 관여하고 있는 일한가스(日韓瓦斯)(주)·대한권농(大韓勸農)(주)에도 참여했다.37)

그러나 지주경영에 더 관심이 많았던 백인기는 결국 은행에 막대한 손실을 끼쳤다. 전주·이리·부안·고부·임실 등 전라북도 일대에 분포해 있었던 그의 농장 규모는 3만 2000여 두락에 달했다. 소작인도 8천여 명이나 되었다. 토지 매수자금은 한일은행(주)·광업(주)·동양척식(주)·조선은행 등 금융권에서 조달되었다. 1914-15년 사이의 미곡 경기가 하락하면서 농장 수익률은 떨어졌다. 금융기관의 운영 자금을 사적으로 전용한 백인기는 전무직에서 해임되었고(1915년 3월), 은행장 민영휘도 퇴임했으며(같은 해 7월), 결국 그 해 9월에 한일은행은 휴업하게 되었다.38)

대지주는 크게 흔들리지 않았다. 1914년 무렵에 그의 부친 백남신은 2천 정보에 달하는 거대한 토지를 소유했고, 1922년 그것을 계승한 백인기의 토지는 901정보였다. 1923년에 백인기의 토지 소유 규모는 전국 랭킹 9위였고, 국세 납부는 3위였다. 1930년대 말에 가면 그의 토지 소유 규모는 대략 3천 정보로 늘어났다. 그와 함께 부채도 증가했는데, 도박은 부채 증가의 또 다른 원인이었다. 1942년에 사망한 백인기는 다른 산업 분야에서 두드러진 성과를 내지 못했지만, 고위관리 및 자산가들과 함께 여러 회사에 투자하면서—고려요업(주)·경성흥산(주)·동양척식(주)·조선화재해상보험(주)·조선물산(주)·조선무연탄(주) 등—사회적 네트워크를 구축했다. 1927년 중추원 참의가 된 것은 그 동안의 노력에 상응하는 보상이었다.39) 1945년 8월 해방 이후에도 『농지개혁시피분배지주명부』에 의하면 그의 후손들이 소유한 토지 규모는 약 905정보에 달했다.[40)]

백인기는 은행에서 '땅'으로 갔지만 민씨가는 은행계를 떠나지 않았다. 1915년 10월에 한일은행이 다시 개업했을 때 민영휘는 은행장으로 복귀했고, 그의 아들 민천식(閔天植)은 지배인 겸 영업부장에 임명되었다. 지배인 김한규(金漢奎)는 서울 상인 출신으로 동대문시장 관리회사 광장(주)의 중역, 조선상업은행 이사와 한호농공은행 감사 등을 두루 거치면서 은행 실무에 밝았던 인물이었고, 무엇보다도 민영휘를 은행장으로 추대하는 데 앞장을 섰다. 은행에 대한 민씨가의 지배력은 더 강해졌다. 한일은행에 대한 민씨가의 주식 비중은 1916년에 15.1%에서 1922년에는 32.6%로 증가했다. 은행 경영은 제1차 세계대전으로 인한 호황과 조선은행의 자금 지원 때문에 개선되었다. 지점 수가 늘었다. 한일은행 주주 대부분은—513명 중 99%—한국인이었고, 대출자들 역시 서울의 유력한 상인들이 많았다.[41)] 1920년에 한일은행과 주식회사 광장이 합병하면서 민영휘의 둘째 아들 민대식이 은행장, 셋째 아들 민규식은 상무에 취임했고, 민영휘는 고문으로 물러났다.[42)]

미국과 영국 유학을 다녀온 민영휘의 아들들은 '월부예금제도'라는 새로운 금융상품을 개발하고 '성과급제도'를 도입하여 경영을 혁신했다. 경제적 실력 양성 운동에도 공감한 그들은 제조업에도—1922년 조선제사(주)와 1923년 조선견직(주)—투자했다. 한일은행은 민씨가의 자금을 공급하는 역할을 담당하게 되면서 "민영휘 재벌의 총본영"이 되었다.[43)] 1920년대 일본을 포함하여 식민지 조선에 지속된 불경기 때문에 한일은행은 충남 예산 지역을 기반으로 설립된 호서은행과의 합병을 단행하여 동일은행으로 재탄생했다. 1931년에 일어난 일이었다.44) 결국 민씨가는 그들의 지주경영과 부동산 매매 및 임대업에서 사업의 활로를 찾았고, 그와 관련하여 가족 회사 영보(永保)(합명)(1933)와 계성(桂成)(주)(1935)이 설립되었다.

1937년 상반기에 『삼천리』라는 잡지에서 '돈과 사업'을 주제로 좌담회가 열렸다. 사회는 김동환이었고, 참석자들은 조선신탁(주)의 한상룡, 화신백화점 박흥식, 호남의 대지주이자 은행가인 박영철·김기덕·민규식 등이었다. 사회자가 "첫째는 김성수 씨계, 둘째는 민규식 씨계, 셋째는 박흥식 씨계"가 재벌처럼 여러 회사를 거느리고 있는 현황을 설명하면서, 민규식에게 '돈과 사업'에 관해 질문을 던졌다. 이때 그는 "조선은 워낙 무대가 좁으니까, 신흥공업이라야 그렇게 유리한 것이 전반적으로 몇 개가 못 되지요. 그렇지만 전답에서 나오는 추수야 천재지변이 없는 한 불변하니까요"라고 대답했다. 그의 발언은 '영원히 보유한다'는 의미의 '영보(永保)'라는 회사 이름에 부합했다. 지주경영은 그에게 안전한 사업이었고, 빌딩 매매와 임대를 하는 부동산업은 그에게 유망한 사업이었다. 그 근거는 100만에 육박하고 있었던 서울의 인구였다.45) "금고의 파수꾼에 불과"하다는 혹평을 받았던 민대식과 민규식46)은 은행과 제조업 분야보다는 지주경영과 부동산임대업에 더 열의를 보였다. 저금리를 제공했던 동양척식(주)은 그들이 성장할 수 있는 든든한 배경이 되었다. 그 덕택에 그들의 자산 규모는 2, 3배로 늘어났다.47)

민대식과 민규식의 사업자금 원천은 부친 민영휘의 자산이었다. 그는 조병갑과 함께 탐학의 상징으로 불렸다. "개 같은 도적놈들이 많이 있어서 백성의 기름과 피를 빨아내며 학대하고 압제하여 오늘날 이러한 비참한 운수를 빚어낸" 배경에는 탐학의 상징이었던 민영휘와 조병갑이 있었다.48) "일반적으로 민씨 성을 가진 사람들은 하나같이 탐욕스러웠다. 그런 민씨들이 전국 큰 고을의 수령 자리를 대부분 독차지했다. 평안도 관찰사와 삼도수군통제사는 이미 10년 넘게 민씨가 아니면 차지할 수 없었다."49) 그 중에서도 민영휘는 가장 으뜸이었다.

우리나라의 과거제도에 따르면 진사는 200명만 뽑도록 되어 있다. 그러나 요 몇 해 사이에 임금은 군색한 나라 살림을 걱정하여 식년과의 합격자를 100명이나 더 늘려 뽑게 했으며, 임금의 특명으로 치르는 임시 과거인 응제(應製)도 매번 수십 명을 더 뽑으면서 합격자들로부터 돈을 받았다. …… 이 해(1894)는 초시(初試) 합격자를 대상으로 치르는 2차 시험인 회시(會試)가 2월에 있었지만, 임금을 알현하는 합격자는 3월이 되어서야 비로소 확정되었다. 합격자 명단이 나오자 돈을 낼 사람이 너무 많았기 때문에 전부 거두는 데 시간이 걸려 자연히 날짜가 지연되었고, 또 도적에 대한 경계로 여러 번 연기했다가 이때야 마침내 시행했다. …… 이 해 봄, 돈을 내겠다는 약속을 하고 과거에 합격하여 신고식까지 치른 영남의 어떤 유생이 있었다. 그런데 민영휘는 그 유생이 가난하다는 소문을 듣고 서둘러 합격자 명단에서 이름을 삭제했다. 그 유생은 밤새 죽을힘을 다한 끝에 마침내 어느 부유한 상인을 보증인으로 내세웠다.

영휘가 비로소 다시 합격자 명단에 이름을 올려주었다.50)

특히 그는 평안감사 때 백성의 재산을 약탈하고 관직을 매매하고 백성을 학대한 경우가 많았다.51) 일제가 한국을 강점한 이후에도 민영휘는 '조선귀족령'에 따라 자작이란 작위를 받았고, 은사공채 5만 원도 받았다. 지칠 줄 모르는 '영달(榮達)'의 연속이었다. 조선왕조 관료제보다 더 강력한 식민지 관료제는 민씨일가의 자산 축적도 지원했다.

그러나 우리는 여기에서 유의할 점이 있다. '매관매직'은 조선왕조에서만 나타난 특이한 현상은 아니었고, 부정과 부패는 아직 사회적 경제적 실력이 충분하지 않은 상황에서 관료제 운영의 보조 수단으로 활용되는 경우가 많았다. 다만 민영휘는 그 중에서 가장 교활한 자였다. 매관매직은 중세질서 즉 구체제가 해체될 때에는 프랑스를 위시한 여러 나라에서 나타났던 현상이었다.

루이 14세 치하에서 …… 프랑스 왕정은 다른 농업 관료제 국가—러시아의 차르(Tsarist), 인도의 무굴왕조, 중국의 청조—를 괴롭혔던 똑같은 어려움에 직면했다. 전(前) 산업사회들에서는 관료들에게 급료를 지불할 만큼 경제적인 잉여가치가 산출되지도 또 추출될 수도 없었다. 왕에 대한 복종의 대가인 관료들의 급료는 다른 방식으로 지불되었다. 즉 그들은 특정한 토지로부터 수입을 보장받았고, 또 그들에게는 중국처럼 관료들에게 부패가 허용되었다. 중국에서는 국가가 관료의 지위에 걸맞은 수입을 충분히 지불할 수 없었다. 관료들은 부패를 통해 그

결손을 보상받을 수 있었다. 그러나 이와 같은 간접적인 보상 방법은 중앙의 통제를 약화시키거나 농민들의 불만을 일으키는 착취를 장려할 위험이 있었다. 프랑스 군주는 이러한 문제를 매관매직에 의해서 해결하려고 했다. …… 이러한 특징들이 대체적으로 프랑스 사회에 긍정적이지는 않았지만, 특히 국왕의 입장에서 생각할 때 그것은 중요한 세입원이자 또한 값싸게 행정을 집행할 수 있는 방법이었다.52)

오랜 시간을 두고 형성된 사회문화는 쉽게 무너지지 않았다. 상층계급 문화는 다른 신분의 사람들이 동경하는 대상이었다. 관직이 매매된다는 것은 신분제에 기초한 조선왕조 사회가 해체되는 징후이지만, 그것은 또한 그 체제의 생명을 연장시키는 수단이 되었다. 귀족이 아닌 사람들 중에는 프랑스나 일본 등 여러 사회에서도 무너지고 있는 구체제의 '귀족'이 되고자 하는 사람들이 있었다. 구매력이 있는 사람들은 '관직 쇼핑'을 통해서라도 자신의 욕망을 충족시키려고 했고, 김요협과 그의 아들들도 그러한 대열에 합류했었다. 구체제의 중심으로 들어가고 싶었던 김요협의 욕망은 사위 김용완—해방 이후 경성방직(주)을 이끌었고 전국경제인연합회 회장—의 진술에도 일부 나타나 있다.

나의 장인은 그 스스로 거부요, 또 지체 높은 양반댁이었으면서도 충청도 양반이고 광산김씨인 우리집 양반보다는 격이 떨어진다 하여 사돈을 높여서 맞기 위해 우리집과 혼담을 맹렬히 추진시켰던 모양이다. 그는 점치고 사주 관상을 보아가며 지체 높은 양반댁만 골라서

혼인을 했다. 그래서 내 동서 하나는 당시 나는 새도 떨어뜨리는 세도가인 안동김씨였다.53)

김용완의 회고는 다음의 설명과도 일맥상통한다.

요협은 1872년에 비교적 높은 등급인 2급의 선공감 감역으로 관직생활을 시작했다. 그는 1885년에 6품과 8품 사이의 등급을 소지한 의금부 도사 관직을 받았고, 이듬해(1886)에는 관료기구의 최하층인 9품의 참봉으로 떨어졌다. 그리고 2년 후인 1888년에 화순 군수로 격상되었다. 이처럼 기이한 경력은 …… 김씨가가 그때그때 시장에 나와 있는 관직을 매입한 것으로 설명할 수 있다.54)

다시 말해 그들이 관직 쇼핑에 나선 것은 '수탈을 위한 권력'을 갖겠다는 동기보다는 지방의 양반사회에서 자신의 품위를 높이기 위한 사회 문화적 동기 때문이었다. 황현은 그러한 호남의 현실을 다음과 같이 전하고 있다.

호남은 돈과 재물을 만들어내는 땅이었기 때문에 치부(致富)를 쉽게 할 수 있는 곳이었다. 전주와 장성 사이에는 작록(爵祿)이나 봉토(封土)를 받지 않았음에도 그것을 받은 사람에 못지않게 서민 부자가 즐비했다. 이들은 과거(科擧)의 합격증과 벼슬자리를 팔고 사는 일이 벌어지자 채찍을 휘두르며 서둘러 마차를 몰고 가서 아침까지 미천했던 신분을 저녁에는 귀한 신분으로 바꾸어버렸다. 돈이야 얼마든지 있었으므로 아무리 가격이 올라도 조금도 아까워하지 않았다. 이런 탓에 과거 합격증과 벼슬자리의 가격이 날로 치솟았는데, 모두 호남 사람이 그 값을 올려놓았기 때문에 그렇게 된 것이다.55)

1910년대 초에 전국적 차원의 부호로 거론될 만큼 자산 규모가 컸던 김씨가의 사람들에게 관직 쇼핑에 드는 비용은 큰 문제가 안 되었을 것이다. "1911년 『시사신보(時事新報)』에 의하면 50만 원(圓) 이상 자산가는 1,018명이며", 그 중 "조선의 귀족은 이희(李熹)·이강(李堈) 양공(兩公), 박영효(朴泳孝)·이완용(李完用)·이재완(李載完)·송병준(宋秉畯)·민영휘(閔泳徽)·민영달(閔泳達) 팔씨(八氏)오, 기타 경성의 이동구(李東九)·이근배(李根培), 용산의 고윤묵(高允黙)·김진섭(金鎭燮)·김돈희(金敦熙)·김용하(金鎔夏)·최사영(崔思永), 개성의 김려황(金麗煌), 청주의 편정진(片廷津), 전주의 백남신(白南信), 전북 부안군의 김기중(金祺中)·김경중(金暻中), 경주의 최현식(崔鉉軾), 인동의 장길상(張吉相), 원산의 김병언(金秉彦), 성진의 오중묵(吳重黙)·허태화(許泰和), 진남포의 강유승(姜裕承) 십팔씨(十八氏) 등"이었다.56) "조선의 귀족" 8명은 흥선대원군의 큰아들 흥친왕 이희와 고종의 아들 의친왕 이강을 필두로 하는 왕실 인사와 고위 관료들이었다. "용산의 고윤묵"을 위시한 5명은 경강(京江)의 객주를 비롯한 상인이었고, 그리고 나머지 인물들은 충청도·전라도·경상도·함경도·평안도를 대표하는 지주와 상인들이었다. 이들의 성장 경로는 크게 대비되는 경우가 있었다. 백남신이나 민영휘와 같은 경성의 관료들과 상인들이 조선왕조 관료제에 기생해서 대지주로 성장했다면, 전라도 부안의 김씨 형제들은 개항 이후 시장의 확대를 이용하여 지주로 성장했다. 큰 부를 축적하는 과정이 백남신과 민영휘 그리고 김기중과 김경중은 달랐지만, 그들은 구체제의 문화에서 자유롭지 못한 인사들이었다. 그런데 위의 부호들 중에서 거의 유일하게 부안의 김기중과 김경중의 후손들만이 한국의 근대화를 이끄는 진취적이고 개방적인 지주들로 거듭났다는 것이다.

2) 서울 · 경기의 관료적 지주 대 호남의 진취적 지주

앞에서도 언급했듯이, 전라북도 고창과 전라남도 담양 일대는 개항 이후 미곡시장이 확대되면서 상업적 농업을 통해 자유롭게 부를 축적할 수 있는 기회의 땅이었고, 또 조선왕조 관료제의 주변부인 이 지역의 인사들은 새로운 문명에 대한 거부감이 상대적으로 적었다. 고창의 김씨들은 자신들의 지향하는 바와 비슷한 인물들과 어울렸다. 김성수는 1903년 13세 되는 해에 장흥고씨 집안 광석(1886-1919)을 배우자로 맞이했는데, 그녀는 서울에서 규장각 직각(直閣)[57]을 그만두고 창평으로 내려와서 호남학회를 발기하는 등 지역의 계몽사업을 위해 활동하던 고정주(高鼎柱)의 여식이었다. 고정주는 둘째 아들 고광준(『동아일보』사장을 지냈던 고재욱의 부친)과 사위 김성수를 위해 영어를 가르치는 '영학숙(英學塾)'을 운영할 정도로 시대의 변화에 민감한 지식인이었다.[58] 이 학교에서 고창 출신 김성수, 담양 출신 송진우, 장성 출신 김시중과 김인수,[59] 영암 출신 현준호가 교류했고, 1907년에 영학숙이 확대개편된 창흥의숙(昌興義塾)은 지역의 젊은이들에게 한문 외에 영어·일어·산수 등 신학문을 전수했다. 이 학교 1기 학생 중에는 유학자 최익현이 이끌던 의병부대에 가담한 인물도 있었다. 그는 대한민국 초대 대법원장인 순창 출신 김병로(金炳魯)다.60) 1906년에는 송진우의 부친 송훈(宋壎) 역시 전남 담양군 고지면 손곡리에61) 사재(私財)를 털어서 담양학교를 세웠고, 1908년에 김성수의 양부 김기중도 줄포에 영신학교를 세웠다. 외세의 침략이 가시화되는 위기의 국면에서 학교 설립은 전국적인 현상이었다. 서울에서는 1898년부터 1905년까지 매년 평균 2.7개씩, 1906년부터 1908년 사이에는 38개교가 설립되었다. 1910년 10월말 현재 서울의 사립학교 수는 64개교가 되었다.62) 이러한 흐름 속에서 전라남도와 전라북도가 서로 만나는 고창·담양·창평 일대에서는 근대문명에 대한 체계적인 학습을 통해 국가적 위기를 돌파하려는 일군의 청년들이 등장했다. 특히 김성수는 지역의 인물들과 재력을 연결하는 독특한 역할을 수행했다. 그들의 등장 이면에는 열린 자세로 근대적 학문을 수용하려고 했던 부모 세대의 노력과 재력(財力)이 있었다.

   1907년 여름에 부모의 허락을 얻은 김성수는 줄포에서 30리 떨어진 내소사(來蘇寺) 청련암(靑蓮庵)에 들어갔다. 그때 줄포에서 20리 거리에 있는 흥덕(興德) 출신 백관수(白寬洙; 1889-?)가 동행했다. 양가 사람들은 서로 잘 아는 사이였다. 김성수는 백관수에게 영학숙에서 배운 영어를, 백관수는 김성수에게 한문을 가르치면서 지내고 있었는데, 어느 날 송진우가 김성수를 찾아왔다.63) 세 사람은 산과 바다가 만나는 변산(邊山) 일대를 돌아다니면서 위기에 처한 나라를 걱정했다. 1907년 5월에 이완용내각이 들어섰고, 같은 해 6월에 헤이그밀사사건이 일어났으며, 7월에는 그 일 때문에 고종은 강제로 양위를 해야만 했다. 곧 이어 '정미조약'이 체결되면서 대한제국의 군대는 해산되었고, 통감 이토 히로부미는 실질적으로 통치 권력을 장악했다.[64]

 그들은 자신들의 진로를 두고 깊은 고민에 빠졌다. 백관수는 기회를 봐서 서울로 가자고 했고, 송진우는 신학문을 배우러 일본에 가자고 했다. 그들은 일단 각각 집으로 돌아갔다. 1908년 봄에 김성수는 줄포와 흥덕 사이에 있는 후포(後浦)에서 열린 대한협회(大韓協會)의 강연회에 참석했다가 인생의 중요한 전환점이 된 연설을 들었다. "주권재민(主權在民)"을 강연한 한승리(韓承履)는 그와 백관수를 금호학교로 이끌었다.[65] 또 다른 인연은 김성수에게 일본을 소개했다. 금산 군수에 임명된 홍범식이 김성수의 생부 김경중에게 부임 인사를 하러 찾아왔을 때 그의 아들 홍명희(洪命憙)가 동행했다. 도쿄의 다이세이(大成)중학교에 다니고 있었던 홍명희는 그에게 일본 이야기를 들려주었다. 일본 유학을 결심한 김성수는 송진우에게 도쿄행을 제안했다. 1908년 10월에 19세 청년은 상투를 자른 사진과 일본 유학을 떠난다는 편지를 부모님에게 보냈다. 그들은 화륜선 시라카와마루(白川丸)호를 타고 시모노세키(下關)항에 도착했고, 기차를 타고 홍명희가 있는 도쿄로 갔다. 부모의 승낙을 얻지 못한 백관수는 동행하지 못했다. 두 사람은 홍명희의 안내에 따라 세이소쿠(正則)영어학교를 거쳐 1909년 4월에 긴조(錦城)중학교 5학년으로 편입해서 대학 진학을 위한 시험 준비를 했고—그 해 10월 안중근 의사가 하얼빈역에서 이토 히로부미를 사살하였다—1910

년 4월에 와세다(早稻田)대학교 예과에 입학했다. 전북 순창 출신 김병로도 이 무렵에 도쿄로 유학을 왔다. 그들의 희망과 달리 한국이 일본에 강제로 병합되자, 비분강개한 송진우는 귀국했고 김성수는 마음을 다잡고 학업을 계속하여 예과를 마치고 정경학부에 진학했다. 한국에 돌아온 송진우는 "격하지 말라"는 부친 송훈의 말을 듣고 1911년 이른 봄에 다시 도쿄로 건너갔다. 이때 그는 김성수의 동생 김연수와 동행했다. 세 사람은 같은 방에서 하숙했다. "송진우는 김성수와 함께 일본으로 건너올 무렵 가세가 기울어졌기 때문에 고학을 할 작정이었다. 그 당시 학비는 12원(圓) 안팎의 하숙비를 비롯하여 수업료와 교통비 등 고정적으로 필요한 것이 20원 정도였으니 적어도 한 달에 35원이 있어야 했다. 김성수는 그의 학비를 보조해 줄 것을 집안 어른들에게 간청했고, 그의 부친 김기중은 그것을 쾌히 받아들였다."[66]

타고난 기질이 다르듯 두 사람의 유학생활은 달랐다. 김성수가 상대적으로 학교생활에 충실했다면, 송진우는 정치집회에 자주 참석했다. 1904-05년에 러일전쟁 발발 후에 일본에서는 정치집회에 참여하는 시민의 수가 증가했다. 집회에서는 권력을 독점하고 있는 소수—메이지유신을 주도한 번벌 출신 정치가들—이 주도하는 과두정치에 대한 불만이 터져 나왔다. 1912년 다이쇼(大正) 천황이 즉위하면서 번벌세력이 다소 후퇴하고 정당세력이 약진했다. 1911년에 중국에서는 신해혁명(辛亥革命)이 일어나 청조(淸朝) 제정(帝政)이 무너지고 공화국이 출현했다. 도쿄의 거리에는 이러한 국내외 정치의 동향을 느낄 수 있는 여러 행사가 열렸다.[67] 김성수는 1908년부터 1910년 사이의 도쿄 유학 시절 송진우의 행동을 다음과 같이 회고했다.

　고하는 입학시험이란 어려운 관문을 눈앞에 두고서도 강연만 있다면 쫓아다녔지. 더욱이 새 사조와 세계정치의 동향에 관심이 많았다. 그때는 무엇보다도 '민주주의'라는 용어가 무섭도록 매혹적이었어. '민주주의'라는 말과 '민권'이란 말을 나는 열일곱 되던 해에 후포(後浦)에서 들은 바 있지마는, 고하가 '민주주의'와 '민권'이란 말을 들은 것은 이때가 처음이었어. 일어를 잘 해독하지 못하면서도 쫓아다녔어. 또한 이 방면의 책을 읽을 만한 어학 실력도 갖추지 못했으면서도 열심히 읽었어.68)

　김성수는 도쿄에서 또 다른 평생지기 장덕수(張德秀)를 만났다. 장덕수 역시 김성수에게는 "운명의 사람"이었다.69) 1912년도 와세다 대학 신입생 장덕수의 2년 선배로는 안재홍·김성수·송진우·문일평·조만식·현상윤·정세윤·최한기·윤현진 등이 있었고, 1년 선배로는 신익희·최두선·백남훈·김양수(金良洙)·양원모·정노식·이현규 등이 있었다.70) 김성수는 송진우에게 했던 것처럼 일본인의 지원을 받고 있는 장덕수의 학비를 지원했다. 그 덕택에 장덕수는 학우회 평의원으로, 『학지광(學之光)』 편집위원으로, 수많은 간행물의 고정필자 등으로 활약하면서 학교 공부에도 정진할 수 있었다. 김성수는 귀국한 후에도 그의 학비를 송금해주었다. 장덕수를 도운 유학생들에는 윤홍섭(尹弘燮; 1894년생, 서울 출신, 와세다대 정경과 졸업), 정노식(鄭魯湜; 1891년생, 전남 김제, 1912년 메이지대 입학, 1917년 퇴학),71) 양원모(梁源

模; 1893년생, 전남 담양군, 와세다대 정경과 졸업, 동아일보 경리부장) 등도 있었다.[72] 와세다대학 캠퍼스는 한국의 미래를 고민하는 청년들이 만나는 장소가 되었고,[73] 그곳에서 그들은 요시노 사쿠조(吉野作造) 교수와 같은 자유주의자와 다이쇼 데모크라시로 표현되는 일본 민주주의 실태를 엿볼 수 있었다.[74]

호남의 농촌 마을 출신인 김성수와 송진우는 도쿄 외관을 보고 놀랐다. 일본 사회를 비판하는 강연회가 자주 있었던 거리와 서양 사회의 원리를 배울 수 있었던 강의실은 '새로운 일본'을 배울 수 있었던 현장 실습장이면서 이론 학습장이었다. 그들의 하숙집은 '미래 한국'을 건설하기 위한 토론장이 되었다. 와세다·메이지·도쿄 대학 등의 한국인 유학생들은 서로 친교를 맺었다. 김성수·송진우·백관수·김병로·현준호 등으로 이어지는 호남의 인맥은 장덕수(황해)·현상윤(평북)·안재홍(경기)·홍명희(충청)·신익희(경기) 등 다른 지역의 인물들과 연결되었다. 고향인 전북 고창 일대가 김성수가 처음으로 사적인 친구이자 공적인 사업의 파트너가 된 동지를 만난 첫 번째 장소였다면, 일본 도쿄는 청년 엘리트들과 교류한 두 번째 장소였다.

1914년 7월에 귀국한 김성수는 그의 관심 분야인 교육사업을 상의하기 위해 고향에서 요양하고 있는 송진우를 찾아갔다.[75] 그때 의사를 대동한 김성수의 태도는 이노우에 가오루를 극진히 간호하던 이토 히로부미의 그것과 유사했다. 둘은 오랜 고향 친구이자 정치적 동지였다. 그해 가을에 서울에 홀로 올라간 김성수는 최남선·안재홍 등과 의기가 투합해서 백산학교 설립을 추진했지만, 당시 조선총독부 학무국장 세키야 데이자부로(關屋貞三郞)의 거절로 그 뜻을 이루지 못했다. 이때 식민지 조선의 교육 실태는 시설은 물론이고 교육 기한에서도 일본과 차이가 났다. 1911년에 제정된 「조선교육령」에서는 일본인은 소학교 5년, 중학교 5년이었는데, 한국인은 보통학교 4년, 고등보통학교 4년이었다.76)

학교 설립을 준비하던 김성수에게 중앙학회는 운영난에 빠져 있던 중앙학교를 지원해 달라는 요청을 했다. 1905년 이래 국권 상실 위기에 경기도를 포함한 기호 지역과 평안도를 포함하는 서북 지역 등 여러 지역에서 설립된 학회들은 계몽운동의 일환으로 학교를 운영했었다. 1908년에 1월에 서울 신문로 보성소학교에서 창립된 기호흥학회(畿湖興學會)는 이용직(李容稙)·지석영(池錫永)·유성준(兪星濬)·석진형(石鎭衡)·이상재(李商在)·윤효정(尹孝定)·장헌식(張憲植)·정교(鄭喬)·장도(張燾)·류근(柳瑾)·류일선(柳一宣)·안종화(安鍾和) 등 105명이 참여했다. 그들은 서울의 고위 관료와 지식인 그리고 자산가들이었다. 이 단체는 『기호흥학회월보』 발행과 사립기호학교의 설립을 통해 애국계몽운동을 전개했다. 기호학교의 초대 교장은 윤효정, 2대 교장은 박승봉(朴勝鳳), 3대 교장 유성준 등은 기호지방의 유력인사들이었다. 2대 교장 박승봉은 종로구 화동(花洞) 138번지 한옥을 교사(校舍)로 기증했다.77) 그런데 기호 인사들 중에는 학회 설립과 학교 운영에서 기호가 서북 지역보다 뒤진 데 대해 비판적 의식을 가진 자가 있었다. 다음의 기사는 기호 지역 인사들의 그러한 면모를 보여준다.

우리 한국 사회에서 일반유지가 모두 교육을 보급하기 위한 방침을 강구하고 힘써 실행하는 데 있어 서북 인사가 가장 먼저 용진(勇進)하여 학회를 조직하고 학교를 확장하여 현시 문명의 창도자가 되었다. 이에 기호 인사가 동일 사상과 동일 목적으로 기호흥학회를 발기하니 그 위치는 전국 문물의 중심점이오 그 세력과 재정으로 말하면 서북 인사보다 몇십 몇백 배이니 만약 정성스런 마음으로 힘을 합쳐서 단체를 만들고 분발해서 전진하면 문명사업은 들인 노력에 비해 큰 발전이 있을 것이다.78)

또한 기호 인사들은 세인들의 비평을 매우 의식하고 있었다.

혹자는 '우리 기호인의 성질은 부패한 지 이미 오래되어서 용진의 기(氣)가 없으니 어찌 일을 할 수 있겠는가'라 하며, 혹자는 '우리 기호인은 당파당쟁의 습관으로 흩어지고 하나가 되지 못하여 단합하지 못하니 어찌 단체를 만들 수 있겠는가' 하며, 혹자는 '기호학회의 사무소를 보면 일반 임원이 하는 일이 없고 단지 농담과 한담으로 세월을 허송한다' 하며, 혹자는 '기호학회의 기부금은 몇백 원 몇십 원이라고 하는 것이 모두 장부상의 기록일 뿐이지 실제로 출현하는 것은 아직 없다'라고 한다.79)

그로부터 10년 뒤에도 기호학회에 관련된 기호 인사들의 태도를 비판하는 논설이 실렸다. 그 글에는 두 가지의 아름다운 이야기가 소개되었다. 하나는 기호 지역 재산가들 중에서 중하(中下)에 해당되는 전 군수인 민영채 씨와 이우규 씨가 특별히 각각 1,000원씩을 기부한 것이고, 다른 하나는 영희전(永禧殿) 앞 목수의 일꾼인 이덕화와 연성화 두 사람이 비록 자신들은 천한 신분이지만 기호 사람이기 때문에 아들 교육을 위해서 기호학회에 참석하고 싶다고 하면서 각각 70전씩을 출연한 일이었다. 이를 들은 기호 인사는 "기쁨이 미친 듯이 용솟음쳤다"고 하면서, 위 네 사람의 기부(寄附)와 의연(義捐)은 중등(中等) 이상 재산가의 "목석 같은 심장"을 자극할 것으로 생각했다. "집에 만금을 쌓아두어도(家蓄萬金) 나라가 없으면 소용이 없고, 허리에 십만 관을 둘러도(腰帶十萬) 몸이 없으면 쓸모가 없다." 지금 나라가 있고 몸이 있다고 말하는 자들은 "사람의 노예가 되는 것을 부끄러워하지 않는 자들이다." 어찌 "자가의 재산을 아까워하며 국가의 멸망을 돌아보지 않는가?"[80]

　　슬프다 기호 인사여. 서북학회가 일어선 이후 언필칭 말하기를 단체력은 서북을 당할 수 없다고 하니 서북인은 대한 인종이오 기호인은 대한 인종이 아닌가? 똑같은 대한 인종으로 대한을 위하여 단체를 만드는 것은 피차가 없으니 어찌하여서 서북인에 대하여 이처럼 움츠리고 물러나는가? 만약 벼슬살이 경쟁과 같을지라도 서북인에게 사양할 것인가? 자가(自家)를 위하여 영광을 도모할 때는 서북인을 누르고 업신여기며 국가를 위하여 강토를 보존할 때는 서북인에게 사양하니 서북인으로 하여금 기호인에 대하여 인류의 동류로 삼을 수 없다고 말해도 과언이

아니로다.81)

　기호 지역 인사들은 자신들의 '자존심'을 위해서라도 대책회의를 열었다. "각원로대신제씨(各元老大臣諸氏)와 모모실업가제씨(某某實業家諸氏)가 …… 학무국장 윤치오 씨(尹致旿氏) 집에서 회동하여 유지방침을 협의하였다."82) 그러나 별다른 대책이 마련되지는 않았다. 1908년 말에 완흥군 이재면 씨(完興君 李載冕氏)와 영선군 이준용 씨(永宣君 李埈鎔氏)와 같은 왕실 인사들과 여타 고위 관리들이 거금을 출연했다는 소식이 신문에 보도되었다.83) 1910년 9월에 기호학교는 유길준이 설립했던 사립융희학교와의 통합을 통해 재정난을 타개하려 했지만 그마저도 여의치 않았다. 그로부터 약 석 달 후인 12월에 기호흥학회·호남학회·교남교육회·관동학회 모두 중앙학회로 통합되었다.84)

　그래도 재정난은 해결되지 않았다. 결국 1915년에 기호 인사들은 호남 출신 젊은 신사(紳士)에게 국가의 기둥을 세워달라는 부탁을 하기에 이르렀다. 기호 인사들의 "목석 같은 심장"에는 끝까지 뜨거운 피가 흐르지 않았다. 기호 지역 인사들은 그들이 의식하고 있는 것처럼 조선왕조라는 구체제에서는 중심적 역할을 했지만, 시들어가는 조선왕조를 구하기 위한 교육사업에서는 소극적인 태도를 넘어서 방관자에 가까웠다. "자가(自家)를 위하여 영광을 도모할 때는 서북인을 누르고 업신여기며 국가를 위하여 강토를 보존할 때는 서북인에게 사양"한다는 자조적 진술은 공공의식이 부족하고 사사로운 이익을 탐하는 구체제 엘리트의 단면을 지적한 것이었다.

이에 비해 조선왕조의 변방이라고 할 수 있는 전북 고창에서 올라온 약관(弱冠)의 김성수는 그 길로 고향에 내려가서 부모에게 그간의 경위를 설명하고 출자를 요청했다. 부모는 그의 제안을 처음 들었을 때에는 반대했지만, 결국 아들의 선택을 존중했다. 또 그는 마침 서울에서 체류하고 있던 와세다대학의 법학 교수였던 나가이 류다로(永井柳太郎; 1881-1944)와[85] 다나카 호즈미(田中穗積; 1876-1944)의 도움을 받아서[86] 학교 설립에 관한 당국의 허가를 받았다. 이렇게 해서 "일개 백면서생"이 공인(公人)으로서의 첫걸음을 내디뎠다.[87]

1915년 4월에 인수할 때 학교는 안채와 사랑채를 양철로 인 대청으로 연결한 건평 80평 가량의 기와집이었다. 1908년 개교한 이래 졸업생 수는 약 300명이 되었고, 인수할 당시의 학생 수는 70-80명이었다. 기호학교 창립에 참여했던 류근(柳瑾)이 초대 교장, 일본에서 유학생활을 같이 했던 안재홍이 학감으로 취임했다. 학생들의 수업 연한이 3년에서 4년으로 늘어나면서 학생 수가 증가했다. 교실 증설이 필요했다. 김성수의 부친 김기중은 8,800원의 거금을 지원하여(당시 쌀 한 섬 가격이 6원이었다) 1917년 6월에 백인기로부터 종로구 계동 1번지 약 4300여 평의 터를 매입했다.[88] 이 땅의 소유주는 고종의 총애를 받으면서 관료 지주로 치부했던 백남신의 아들 백인기였다. 김성수는 그 땅 위에 학교 건물을 세웠다. 근대적 학문을 수련한 교사들과 그 지식을 배우기 위해 모인 학생들은 작은 한국인 사회를 만들었다. 구체제의 후원으로 성장한 지주 백씨가의 땅에 개항 이후 구체제의 외곽에서 성장한 진취적 지주가 학교 건물을 세웠다. 김씨가의 중앙학교 인수는 학교 운영 주체의 변화를 넘어서 시대의 교체라는 의미가 있었다.

1916년에는 안재홍의 뒤를 이어 송진우가 학감을, 1917년에는 류근의 뒤를 이어서 김성수가 교장을 맡았다. 송진우는 교사 신축 사업을 주도했다. 그는 학생들과 함께 "터를 닦고, 흙을 나르고, 돌을 깨고, 벽돌을 날랐다." 드디어 1917년 12월 1일에 중앙학교는 서양식 신식 건물로 이사할 수 있었다. 당시 「계산(桂山)에 우뚝 선 장엄한 광경」이란 기사의 제목처럼, 양반이 주로 살던 계동에는 새로운 외양의 건물이 들어섰다. 어떤 신문은 그때의 감동을 다음과 같이 전하고 있다.

> 이백오십 평의 이층연와제의 광대한 교사가 계동 계산의 반공(半空)에 솟았는데 일곱 곳의 교장(敎場)에는 넉넉히 사백 명의 생도를 수용할 만하며 생도의 책상 의자와 기타 비품도 아주 새롭게 준비하였는데 지면과 기타 공사비를 합하여 약 삼만 원의 거액이 들었으며 그 외에 사람의 노력으로 말하여도 학교의 직원 강사들은 조석으로 공사를 돌보았으며 일반생도들도 휴일과 여가에는 손수 삽을 잡고 수레를 끌어 터 닦는 공사를 보조하는 등 위로는 교주 교장으로부터 직원 생도 일동이 힘과 마음을 합하여 한양의 교육계에 자랑할 만한 아름다운 집을 이루었더라. …… 그 교주 되는 가장 희한한 김기중(金祺中) 씨의 특별한 성격이 아니면 되지 못할 것인데, (그는) 전북 부안군(扶安郡) 줄포(茁浦)에 살고 있다.[89] (방점—인용자)

작은 직사각형 벽돌로 치장한 학교 건물 외관은 계동의 새로운 주인이 나타났다는 것을 알리는 광고판 같았다. 고래등 같은 검푸른 기와집 주변에 검붉은 서양풍 건물이 들어섰다. 그 건물을 만든 인물들은 조선왕조의 주인이라고 수백 년간 자부해왔던 서울의 고위 관료들이 아니라 조선왕조의 변방인 전라도 고창의 김성수와 그의 동료들이었다. 숙소 겸 숙직실로 이용된 작은 기와집은 송진우나 김성수와 같은 청년들이 모여서 한국의 미래에 관한 이야기를 나누는 사랑방이 되었다.

중앙학교의 교사진들은 당시 한국에서 최고의 실력자들이었다. 한국 고등교육 기관에서 공부했던 수학자 최규동, 국어학자 이중화(李重華)·이광종(李光種)·권덕규(權惠奎) 등이 있었고, 일본 유학을 다녀온 송진우·최두선·이강현·현상윤·고희동·변영태·유경상·유태로·조철호(趙喆鎬; 1890-1941, 서울 출신, 일본 육사 출신의 독립운동가)·나원정·박해돈 등을 교사로 초빙했다. 국어학자 이희승의 회고에 의하면, 당시 서울 장안에서 이강현은 '이 기하(幾何)', 최규동은 '최 대수(代數)', 안일영(安一英)은 '안 산술(算術)'로 불릴 만큼 그 명성이 자자했다.[90] 고향에서 뜻을 나누었던 친구 송진우는 교장으로, 일본 도쿄에서 교류했던 학우들은 교사로, 또 기호학회와 중앙학회에서 활약했던 인사들도 교사진으로 합류했다. 교장 송진우는 수학 교사 최규동을 모시기 위해 자신의 월급보다 약 2.5배 많은 80원을 지불하기도 했다.[91]

중앙학교가 안정적으로 돌아가자, 김성수는 또 다른 사업에 눈을 돌렸다. 구체제의 엘리트인 윤씨가(윤치소)와 광희문 안 쌍림동(병목정)

의 가내수공업자들이 함께 설립한(1911년 11월) 경성직뉴(京城織紐)(주)가 경영의 위기에 빠졌다. 이 회사는 "1919년 김씨가가 경성방직을 세우기 전에 한국인이 설립한 가장 큰 공업회사 중의 하나이자, 실제 기업 활동의 증거가 있는 최초의 주식회사 형태의 직물회사였다. 1917년까지 자본금 7만 5000엔, 직공도 32명(1910)에서 75명(1917)까지 증가했다." 생산방식은 기계보다는 노동에 의존했고, 생산품도 광폭직물 대신에 면사와 마사 및 견직 등을 재료로 만든 허리띠와 주머니끈 그리고 대님이었다. "이 회사는 조선의 공업생산에서 낡은 것과 새로운 것 사이에 있던 일종의 과도적 존재였다." 서구와 일본에서 생산된 면직물에 대항하기 위해서는 다른 관점과 더 많은 자본이 필요했다. "새로운 시대에 맞는 새로운 주인"이 요청되는 때였다. 친구이자 중앙고등학교 교사이며 방직 기술자인 이강현은 김성수에게 경성직뉴(주)의 인수를 권했고, 경성직뉴(주) 소유자들은 손실을 줄이기 위해 비싸지 않은 값에 회사를 팔았다.[92] 리스크가 있는 경영보다는 자연재해가 아니면 해마다 일정한 수익을 보장하는 지주경영에 안온함을 느낀 '관료적 지주' 출신은 기업경영에서 후퇴했고, 경제적 실력 양성을 통해 민족적 역량 강화를 고민하고 있던 '진취적 지주'는 미래의 성장 가능성을 보고 회사를 샀다. 그때가 1917년 10월 무렵이었다. 김씨가의 사업 동기를 이윤 추구에서 찾는 한 연구는 그 이유를 다음과 같이 설명했다.

그러므로 이러한 시대적 추세로 보아 김씨가에서 산업 분야에 투자를 하려고 할 때 …… 그 대상은 방직공업이 아닐 수 없었다. 방직공업은 영국에서나 일본에서도 산업자본을 확립시킨 중심이었으며, 면직물은 생활필수품이므로 기업으로서의 안전도가 높았다. 일본 자본주의가 이 산업을 대대적으로 확대시키고 있는 까닭이 여기에 있었다. 본시부터 자본 전환을 하려고 하였던 김씨가에게는 이 시기가 실로 절호의 기회가 아닐 수 없었다. 일본보다 노임이나 여러 비용이 싸서 생산비가 적게 드는 중국에서도 기업투자가 증가했다. 1913년부터 1922년까지 중국의 방추 수는 5배 반, 직기 수는 3배 이상으로, 방직공장 수는 1915년에서 21년에 이르는 사이 25개나 더 세워졌다. 1차 세계대전의 발발로 인한 중국에서의 독일 자본 후퇴와 영국 기업의 부진은 중국인들에게는 투자의 기회가 되었다.93)

1920년 무렵에 방직공업이 유망한 업종이었지만, 도요방적(東洋紡績)(주)과 같은 유력한 기업의 상품이 인기를 끌고 있는 상황에서 기술과 자본이 부족하고 경험이 없는 지주의 자본 전환은 쉽지 않은 일이었다. 윤치소는 경성직뉴(주)보다 더 안전한 지주경영에 투자했다. 식민지 조선에서 이 분야에 대한 투자는 단순하게 자본수익을 바라는 것 이상의 다른 목표가 있지 않으면 쉽지 않은 일이었다. 앞서 기호 인사가 고백했듯이, 서울을 중심으로 하는 기호지방은 "전국 문물의 중심"이고 서북 지방보다 세력과 재정에서 수십 배 내지 수백 배 많았다. 그런데 기호 인사들은 방직공업에 선도적으로 투자하지 않았다. 유학을 다녀온 지 얼마 안 되는 청년 김성수는 세계대전이 벌어지고 있는 격동의 세계를 직시하면서, 교육과 실업에서의 '실력 양성'을 통한 '미래의 한국'을 상상했다. 그는 일본에서 대학을 졸업한 후 서울에서 중앙학교와 경성직뉴(주) 인수에 매달렸고, 가업인 지주경영에는 관여하지 않았다. 김씨가가 안전한 이익을 중시한다면 다른 많은 지주들이 그랬듯이 아예 이런 일들을 하지 않아야 했었다. 특히 지주경영의 수익성 악화 때문에 새로운 활로를 찾기 위한 투자는 아니었다. 그가 교육과 기업 활동에 나선 1917-19년은 쌀값이 해마다 올라서 지주경영에 유리한 시절이었다.94)

김성수의 행보와 대비되는 상층 지주는 관료 지주 출신 경성직뉴(주) 사장 윤치소였다. 그는 사업의 리스크가 큰 2차산업에서 손을 떼면서 자본의 포트폴리오(portfolio)를 조정했고, 지주경영과 금전대부업에 집중했다. 그가 관여한 광업(주)은 1907년 군대 해산 때 실업자가 된 군인들이 전당포 영업을 하기 위해 만든 조합으로 자본금은 3천 원 수준이었는데, 1910년 2월 이래 경성의 관료 출신 부호들이—예를 들어 민영휘와 민대식—참여하면서 자본금은 50만 원으로 증가했다.95) 광무정권이 주도해서 설립한 대한천일은행의 감사(1909년 9월부터 1911년 7월), 해산된 군인들이 설립한 분원자기(주)의 감사(1911-1916)도 윤치소의 이력에 추가되었다.96) 그가 소유한 토지—1935년 전답 1,182정보, 임야 217정보—는 충남의 아산·천안·예산·당진·연기·공주, 경기도의 안성·진위·양주, 강원도 철원 등지에 분포되어 있었고, 토지 구입 자금의 출처는 주로 동양척식(주)과 같은 식민지 금융권이었다.97) 윤치소는 1920년대 초에 조선교육회 설립(1920년 6월)과 민립대학설립운동 등에 수동적으로 참여했지만, 1924년 4월부터는 조선총독부가 제안하는 중추원 참의를 수용하면서 체제 안으로 더 들어갔다. 그의 모습은 정치적 권리가 상실된 구체제의 기호 출신 양반과 대지주가 자신의 기득권을 지켜 나가는 전형 중의 하나였다.[98]

윤치소의 백부 윤웅렬(尹雄烈)은 갑신정변에 가담했지만 대한제국기에는 군부대신을 지낼 만큼 처세에 능했고, 국권 상실 후에는 일본제국주의로부터 남작(男爵)이라는 작위를 받은 자였다. 윤치소는 윤웅렬의 동생 윤영렬(尹英烈)의 둘째 아들이었는데, 윤영렬은 그의 형과 달리 자작 작위와 은사금도 거절하고 충청남도 아산군 둔포로 내려가 칩거하였다.[99] 윤씨들은 16세기 후반과 17세기 초에 조선왕조 14대 왕이었던 선조 대에 정승을 지낸 윤두수와 윤근수 형제의 후손이다. 18세기 말에 몰락한 윤씨가는 조부인 윤취동이 충청남도 아산에 정착하면서 큰 부를 축적하기 시작했고, 윤치소의 아내 이범숙은 아산의 부호이며 대한제국 말기 중추원 의관을 지낸 이재룡의 딸이었다. 윤취동의 큰아들 윤웅렬이 무과에 급제하고 둘째 아들 윤영렬이 중앙관직에 진출하면서 윤씨가의 위세는 커졌다. 윤치소는 동학농민전쟁이 발발했을 때 아버지 윤영렬이 천안·아산 일대에서 조직한 300명 규모의 부대에 참가한 공로 때문에 1894년 11월에 순무영 본진 별군관에 제수되었다.[100] 윤씨가의 인물들은 농민 저항을 무력으로 탄압한 기호 지역의 관료적 지주였다. 백남신도 동학농민전쟁에서 공로를 세우면서 출세의 기회를 잡았고, 민영휘는 동학농민전쟁을 촉발한 권력형 부정부패의 원흉이면서 청나라에 원병을 요청한 장본인이었다. 그들은 새롭게 들어오는 서구문명의 요소들을 이용하여 지주경영과 금전대부업 등에서 치부의 아이디어를 만들 수는 있었지만, 그것들을 활용하여 한국의 근대적 혁신을 도모하지는 않았다. 그들은 그러한 경제적 부를 재생산하기 위해 조선왕조의 관료제에서 그랬듯이 식민지의 관료제와도 원만한 관계를 유지했다.

1910년 8월에 일어난 일본의 한국 강점(경술국치)은 기호지방을 중심으로 구축되어 있던 조선왕조 지배계급인 경화사족이 분화되는 결정적인 계기로 작용했다. 앞서 검토했던 이상설과 이회영으로 이어지는 경화사족의 주류 일부가 헤이그밀사 - 신민회 - 신흥무관학교로 이어지는 국권회복운동을 주도하기 위해 해외로 망명했다면, 경화사족들 중에는 민영휘와 그 아들들, 그리고 백남신·백인기 부자처럼 기존의 기득권 위에 '식민지 기득권'을 더하는 자들이 적지 않았다. 전자는 해외로 망명하여 서울을 비웠다면, 후자는 서울에 살지만 정치적 헤게모니를 상실했기 때문에 사회의 리더가 될 수는 없었다. 이렇게 서울을 중심으로 형성되었던 경화사족과 부르주아지 1세대는 분화되었다.

해외 유학을 통해 지식을 구축한 진취적인 호남의 지주는 자신이 가지고 있는 자본과 지식 그리고 인맥을 총동원하여 교육·산업·문화 분야에서 한국인이 운영하는 기관을 설립하였다. 중앙학교와 경성방직(주) 그리고 동아일보(주)는 그들이 한국의 광복을 위해 설립한 민간 차원의 사회 설비들이었다. 이러한 부르주아지 2세대는 교육·산업·사회문화 영역에서 헤게모니를 가진 사회적 리더로 부상했다. 개항기와 식민지기에 걸쳐서 한국 사회에서는 엘리트의 교체라는 사회적 변동이 점진적으로 일어나고 있었다. 3·1운동은 그 과정을 더 촉진했고, 김성수를 필두로 '1880-90년대'에 출생한 인사들은 구체제 엘리트들을 대신하여 정치적 영향력이 있는 사회세력으로 성장했다. 광복 이후 그들은 민족주의 세력과 연대하여 대한민국 정부 수립에 관여했고, 특히 이승만 독재에 대항하는 의회주의 세력의 진지를 구축했다.

2. 점진과 온건

1) 북촌의 『동아일보』 그룹

1915년 중앙학교 운영진과 1917년의 경성직뉴(주)의 리더십의 변화가 한국 사회에서 지배 엘리트의 교체를 알리는 상징적인 사건이었듯이, 수백 년간 양반의 세거지(世居地)였던 북촌 일대의 주민 구성에도 중요한 변화가 있었다. 북촌은 청계천 북쪽의 경복궁과 창덕궁 사이에 있는 삼청동·가회동·계동·원서동·재동·안국동·화동·사간동·소격동·인사동 일대를 일컫는 동네 이름이다. 북촌에는 흥선대원군 같은 왕실 인사와 김옥균과 같은 고위 관료들이 많이 살았다. 기와집이 즐비한 이곳의 풍경이 달라지게 되는 계기는 1884년 갑신정변이었다. 북촌에는 실패한 정치 쿠데타인 갑신정변에 가담한 인사들이 여러 명 살았다.[101] 개혁적 양반으로 평가되는 개화파는 대부분 일본으로 망명했고, 갑신정변의 주도 세력인 김옥균(화동)·홍영식(재동)·서광범(사간동) 등 역적의 북촌 집터에는 다른 건물들이 들어섰다. 김옥균의 화동에는 관립중학교가, 홍영식의 재동에는 제중원(濟衆院)과 광제원(廣濟院)이, 서광범의 사간동에는 관립안동소학교·관립덕어(독일어)학교·사립광동학교가 들어섰다. 반역의 장소에 근대학문 혹은 외국어를 익힐 수 있는 학교들이 설립된 것이다.[102] 6명의 대신이 살해되었던 경우궁은 군사 관련 기관, 한성위생소, 경성위생실행부로 사용되었다. 1922년에 경성위생실행부의 7천 평 중에서 4천 평은 민영휘의 휘문고보에 매각되었다. 식민지 시기에도 북촌의 변화는 계속되었다. 경우궁 옆에 있던 계동 147-1번지 계동별궁은 경성건물(주)에 매각되어, 그 자리에는 100여 채의 한옥들이 들어섰다. 별궁 매각 이유는 40만 원의 빚 때문이었다. 이기용(李琦鎔)의 조부는 대원군의 형 흥녕군(興寧君) 이창응(李昌應; 1809-1828)이고, 그의 부친은 이재원이다.[103] 또 1917년도 『경성부관내지적목록』에 의하면 계동 일대에는 구체제의 인사들이 여전히 살고 있었다. 그들 중의 한 사람은 『서유견문』의 저자 유길준의 동생이며 대한제국기에 내부협판을 지냈고 식민지기에는 충청남도지사를 지냈던 유성준(兪星濬; 1860-1936)이었다. 또 한 사람은 1881년 유길준과 함께 신사유람단의 일원이었고 대한제국기 탁지부의 고위관료를 역임했으며, 식민지기에는 중추원 참의를 지낸 류정수(柳正秀; 1857-1938)였다. 또 다른 사람은 대한제국의 외무관료 출신으로 식민지기에 일제로부터 남작이란 작위를 받고 중추원 고문을 지냈던 한창수(韓昌洙; 1862-1933)였다. 이들 외에도 1910년대 북촌에는 구체제의 인사들이 다수 거주했다.

그 속으로 변방 호남의 20대 젊은 신사(紳士)들이 들어왔다. 그들의 이주는 식민지가 된 조선을 움직이는 지배 엘리트의 교체와 관련이 있었다. 1917년에 계동 1번지에 중앙학교 교사가 신축되었고, 계동

134번지에는 김성수의 살림집이 들어섰으며, 송진우는 주로 중앙학교 숙직실에서 기거했다. 천도교 인사들도 이미 북촌에 입주한 상태였다. 천도교의 교주 손병희는 가회동 170번지의 매우 큰 기와집에서 살았고, 일본 유학을 다녀온 최린은 계동 127번지와 재동 37번지를 거처로 사용했다. 새로운 이주자들이 3·1운동을 이끌었기 때문에 계동·가회동·재동의 골목길과 기와집들은 1919년 3·1운동의 '책원지(策源地)'가 되었다. 북촌에서는 3·1운동 이후의 민족운동과 관련된 사업들을 기획하고 추진하기 위한 모임들이 자주 열렸다. 『동아일보』 창간 모임도 북촌에서 열렸다.

> 서울 계동 130번지에는 3·1운동 검거 선풍을 모면한 청년 지사들이 김성수를 중심으로 모여 연일 난상숙의를 거듭하고 있었다. …… 김성수 댁을 자주 찾은 사람들, 박용희·이강현·현준호·김우영·최두선·이상협·진학문·장덕준 등 …… 중앙학교가 3·1운동의 책원지였다면, 계동 130번지는 그 3·1운동의 함성으로 깨어난 조선의 맥박을 고동치게 하는 산실이 된 것이다.104)

계동 김성수의 사랑방에는 1880년대와 1890년대에 태어난 고학력 엘리트들이 자주 드나들었다. 그들은 대부분 사회·경제·언론·문화 등 다양한 영역에서 일어났던 국내의 온건한 민족운동에 관여했다. 이때 해외에서는 상하이임시정부를 위시하여 민족운동의 조직화와 무장화를 추진하는 적극적인 민족운동이 전개되었다. 1910년대 중반의 중앙학교 인수는 '교육의 근대화', 1919년 경성방직(주) 설립은 '경제의 근대화', 비슷한 시기에 한국인의 사상이 표현될 수 있는 언론기관인 『동아일보』 설립은 '사상의 근대화'와 관련이 있었다. 교육 - 경제 - 언론과 사상 영역으로 이어진 조직은 사회경제적 기반과 그에 조응하는 이데올로기를 생산해 내는 사회계급 기관이었다. 김성수는 그 중심에 있었다.

신문사 설립은 서울 출신으로 『매일신보』 편집장을 지냈던 이상협(1893-1957)과 황해도 재령 출신으로 『평양일일신문』 주간을 지냈던 장덕준(1891-1920) 두 사람이 주도했다. 이상협은 중앙학교 교장이었던 최두선을 통해 김성수에게 신문사업을 제안했으나, 그때 중앙학교 경영과 경성방직(주) 설립이라는 당면한 문제가 있었던 김성수는 언론사업에 대해 그다지 관심을 보이지 않았다. 그러나 그는 중앙학교 교장을 역임했고 『황성신문』을 창간했던 류근의 권유와 주변 사람들의 이야기를 들으면서 신문 발행이 갖는 의미를 이해하게 되었다.[105] 이 일들은 동시에 추진되었다. 조선총독부 경무국에 신문 발행 허가 신청서를 제출한 1919년 10월 9일은 경성방직(주) 창립총회가 열린 나흘 후였다. 그로부터 약 3개월이 지난 1920년 1월 6일자에 신문 발행 허가가 나왔고 1월 14일에는 동아일보사 발기인 총회가 열렸다. 창간 주도 세력은 '민족의 대표 기관'이란 명분을 살리기 위해 주주를 전국적인 규모로 모집했다.[106]

발기인 명부에는 전국 13개 도의 인물들이 포괄되었다. 경기도에서는 경성의 박영효·장두현·박용희, 고양의 고윤묵, 수원의 나홍석,

그리고 호남 출신 김성수와 그의 친구 현준호를 포함하여 16명, 충청북도 유세면, 충청남도 성원경, 전라북도에는 김성수의 부친 김기중을 포함하여 11명이었고, 전라남도에는 광주의 박하일과 담양의 고이주를 포함하여 8명, 경상북도에는 경주의 최준을 포함하여 4명, 경상남도에는 부산의 안희제와 윤상은을 포함하여 14명, 강원도에는 철원의 이봉하, 황해도에는 재령의 장덕준과 장덕수 형제를 포함하여 7명, 평양남도에는 진남포의 이효건, 평양북도는 철산의 오희원을 포함하여 4명, 함경남도는 함흥의 김순선과 정평의 김효택, 함경북도는 명천의 이종호 등이 발기인으로 참여했다.107) 그들은 대지주와 대상인 그리고 유학을 다녀온 청년 지식인들이었다. 박영효는 철종의 유일한 혈육인 영혜옹주와 혼인한 왕실의 부마이면서 갑신정변에 참여했던 개화파 인사였고, 장두현·박용희·고윤묵 등은 서울 지역의 미곡과 포목 관련 상인이었으며,108) 나홍석은 수원 지역 지주였고, 그의 사촌 형제 나경석은 사회주의자로, 나혜석은 화가로 이름을 떨쳤다.109) 성원경은 (주)충남제사와 호서은행 등에 관계했던 충남 예산의 지주였다. 김기중은 김성수의 양부(養父)로서 대표적인 전북의 대지주였다. 최준은 경북 경주의 지주로 안희제는 부산의 민족 기업가로 유명했고, 윤상은은 김성수와 유학 생활을 같이했던 학우인 동시에 부산 지역을 대표하는 지주였다. 장덕준과 장덕수는 황해도 출신의 지식인이었다. 이종호는 대한제국의 내장원 경을 지낸 이용익의 손자로 함북 지역을 대표했다. 이효건은 1920년에 광원무역(주)과 조선자건거(주) 등에 참여했던 인물로 서북학회에 빌딩을 기부한 평남 진남포의 기업가였다.110)

사옥은 화동 138번지 중앙학교 구교사를 쓰기로 했다. 『동아일보』의 역사는 1926년에 광화문에 사옥이 신축되기까지 약 7년간 화동의 약 80평 규모의 기와집에서 시작되었다. 다양한 경력의 소지자들이 운영진과 기자들로 참여하게 되면서 『동아일보』는 지역뿐만이 아니라 여러 계통의 인사들을 통합한 기관이 되었다.111) 초대 사장 박영효는 개혁적 엘리트였지만 오랜 망명생활을 하면서 친일 인사가 되었고, 편집 고문 역할을 하는 류근과 양기탁은 『황성신문』과 『대한매일신보』에서 활약했던 민족주의 계열의 인사들이었다. 주간 장덕수, 편집국장 이상협, 초대 통신부장 겸 조사부장이었던 장덕준 등의 이념적 경향은 단정하기 어렵지만 사회주의에도 관심이 많았던 온건한 민족주의에 가까웠다. 장덕수의 형 장덕준은 1920년 11월에 '간도참변(경신참변)'—홍범도 장군이 이끄는 독립군이 일본군 부대를 섬멸하자 이에 대한 보복으로 일본군이 훈춘(琿春) 일대에서 무고한 민간인들까지 학살한 사건—을 취재하러 간도에 갔다가 일본군에 의해 살해되었다. 1894년생 서울 출신 진학문은 초대 정치경제부장을 역임했는데, 게이오의숙(1908) · 와세다대학 · 도쿄외국어학교 등을 두루 거친 일본통으로서 『아사히신문』 경성지국처럼 일본계 신문에서 활약이 많았다.112) 와세다를 졸업한 김명식(제주, 1890년생)은 이념적으로 급진적인 사회주의자였고 (1921년에 신생활사 주필로 활동했다),113) 같은 와세다 출신 김양수(전남, 1896년생)는 『동아일보』에 입사했다가 1925년에는 제2차 태평양회의에 참석차 미국에 건너간 후 미국 콜롬비아대학에서 수학했고,114) 보성전문학교를 졸업하고 와세다대학에서 수학한 박일병(함북, 1893년생)은 대종교와 사회주의 성향을 지닌 인물로 1926년 2차 조선공산당 사건 때 고문 후유증으로 시력을 잃어버렸다.115) 1920년대 초 『동아일보』의 사원 구성—가장 친일적인 박영효로부터 민족주의 계열의 류근과 양기탁과 장덕수 그리고 사회주의 계열의 김명식과 박일병 등이 포진된—은 이념이 다른 인사들을 포괄하고 있었다. 일단 외관상으로는 '통합적 민족주의'가 구현되었다. 주간 장덕수는 1920년 4월 1일자의 창간사 「주지(主旨)를 선명(宣明)하노라」에서 세 가지 목표를 천명(闡明)했다. "조선 민중의 표현 기관"이라고 한 것은 '단일적 전체로 본 2천만 민중의 기관으로 자임'하겠다는 민족주의의 발로였다. "민주주의를 지지"하겠다는 것에는 민주주의를 '국체니 정체의 형식적 표준이 아니라 곧 인류 생활의 일대원리요 정신'으로 이해하고, 그 용도 역시 '국내정치에 처하여서는 자유주의요, 국제정치에 처하여서는 연맹주의요, 사회생활에 처하여서는 평등주의요, 경제조직에 처하여서는 노동본위의 협조주의'라는 정치사상이 현상되었다. 그리고 "문화주의 제창"에는 부의 증진과 함께 정치·도덕·종교·과학·철학·예술의 발달에 대한 염원이 반영되었다.116)

특히 '정치사상'의 방향은 "동아(東亞)에 있어서는 각 민족의 권리를 인정한 이상의 친목단결을 의미하며, 세계전국(世界全局)에 있어서는 정의, 인도를 승인한 이상의 평화연결을 의미"하는 것이었다. 그 의미는 "오늘날 우리 조선의 독립은 조선 사람으로 하여금 정당한 생존과 번영을 이루게 하는 동시에 일본으로 하여금 그릇된 길에서 벗어나 동양을 붙들어 지탱하는 자의 중대한 책임을 온전히 이루게 하는 것이며, …… 또 동양 평화로써 그 중요한 일부를 삼는 세계 평화와 인류 행복에 필요한 단계"라는 기미년 3·1운동「선언서」를 계승하는 것이라 할 수 있다. 그들은 1919년 3월 1일로부터 1년이 조금 지난 시점에서 민주주의와 문화주의를 구성원리로 하는 다성적(多聲的)이며 '통합적인 민족주의'를 표명했다.

신문사의 제작비를 해결해야 했던 김성수는 부친의 토지를 담보로 은행 융자를 신청했고, 1920년 7월에『동아일보』는 매시간 2만 장을 찍어낼 수 있는 마리노니(Marinoni)식 윤전기를 도입했다.117)『동아일보』경영진들은 재정 문제를 해결하기 위해 발기인들을 다시 구성하는 제2의 출발을 했다(기존 78명 중에서 45명이 빠지고 22명이 새로 참여하여 55명이 됨). 그들은 다시 주식 대금을 모집하여 자본금 70만 원의 주식회사를 설립했다(제1회 납입 자본금 17만 5000원, 주주 총수는 400여 명). 1회 납입 자본금에서는 김성수가의 비중이 높았다. 영남 지역 인사들이 많이 빠지고 호남 지역의 대지주들이 새로 참여했다. 윤상은·최준·윤현태·김홍조·손영돈 등 경남은행 계열의 인사들은 계속 참여했지만, 안희제를 위시한 백산상회 관련 인사들과 평안도 및 강원도의 인사들이 빠졌다.118) 1921년 9월 14일 서울 돈의동 명월관에서 열린 주주총회에서 이운·장덕수·김찬영·송진우·이상협·성원경·장두현·정재완·신구범·김성수 등 10인의 이사들과, 현준호·장희봉·박용희·이충건·허헌 등 5인의 감사들이 선출되었다. 이날 행사는 제2의 창립총회의 성격을 지녔다. 다음 날 계동 김성수 집에서 열린 이사회에서는 주식회사 동아일보의 새로운 사장에 송진우가 선출되었고, 부사장 장덕수(주필 겸임), 전무 신구범, 상무 이상협(편집국장 겸임) 등이 임명되었다. 보성전문대학교 교수를 지냈고 두 사람을 모두 잘 아는 유진오는 이런 상황을 다음과 같이 묘사했다. "고하(송진우)는 그에게 맞는 활동 무대를 얻었다. 인촌(김성수)은 그에게 신문사의 일을 일임한 것이나 다름없었다"고 하면서, "세상이 다 알 듯이 인촌과 고하 두 분은 친한 친구 사이였을 뿐만 아니라, 둘도 없는 동지로서 일심동체가 되다시피 하여 일생을 보낸 분들인데, 매사에 있어서 인촌은 안에서 계획을 세우고 자금을 대고 하는 참모의 일을 맡아 보았다면, 고하는 밖에서 장병을 지휘하여 전투에 종사하는 사령관의 일을 보신 셈이다."[119] 사장 송진우는 다시 출범하는 소회를 다음과 같이 밝혔다.

> 본보의 창설이 일 년이요 칠 개월이라 …… 독자의 수가 기만(幾萬)에 달하고 사원의 수가 백 명에 미치니 소조(蕭條)한 우리 사회에서는 호대(浩大)한 기관이오 …… 그 소유래(所由來)와 소이연(所以然)이 …… 시대의 산물이니 지난 수년간의 구주의 대란이 끝나고 평화의 서광이 발현하매 개조의 정신과 해방의 사조가 전세계에 넘치니 …… 미로(迷路)에서 방황하던 우리 민족의 사상계가 쇠약한 원기를 경장(更張)하려 하며 ……이에 순응하여 민중의 표현기관으로 본보가 탄생된지라.[120]

초기의 필화사건들은 『동아일보』의 이념적 방향성을 드러내는 계기들이 되었다. 창간 후 보름만인 1920년 4월 15일자 '평양 만세 시위'에 관한 기사는 『동아일보』의 발행과 배포가 금지되는 빌미가 되었고,[121]

두 논설은 유학자들을 자극했다. 하나는 5월 4일부터 9일까지 6회 연재된 「조선부로(朝鮮父老)에게 고(告)함」이고, 다른 하나는 5월 8, 9일에 연재된 중앙학교 교사이며 국어학자인 권덕규(權悳奎)의 「가명인(假明人) 두상(頭上)에 일봉(一棒)」이었다. 그 중의 한 대목을 소개하면 다음과 같다.

그들의 생각은 어디서 배운 것인지 조선에서 낳아 조선 의식(衣食)으로 조선에 살면서 생각에 오직 대명(大明: 즉 중국)이 있을 뿐이요, 조선은 없나니 좀 풀어 말하면 단군 선조 적부터 계승하여 온 사상 감정과 생활의식을 내어버리고 공맹이나 주자만 존숭하는 것이 아니라 그네의 출생한 지나 및 그네의 동족인 지나인까지 본받아 그로부터 그네는 '어버이시어'할 것을 '부모시어' 하고 불렀고 '아이고 아파' 하지 아니하고 '오호 통제' 하여야 만족하였다.

이 글은 명나라 사람이 아니면서 명나라 사람으로 행동하는 조선인의 허위의식을 통박한 것이었다. 이처럼 '사대모화' 사상을 비판하는 반유학의 논설들은 망국의 결과를 낳은 구체제의 이념을 부정하는 것이었고, 이 때문에 구체제 인물인 박영효는 사임을 했다. 그 뒤를 이어서 김성수가 2대 사장으로 취임하게 되었다.

일본에 대한 비판적 논설도 간헐적으로 계속 실렸다. 주간 장덕수는 1920년 9월 24일과 25일에 실린 「제사 문제를 재론하노라」에서 '경(鏡)·주옥(珠玉)·검(劒). 즉 삼종신기(三種神器)를 떠받드는 것을 우상숭배라고 비판했다. 기독교를 믿는 남편은 아침저녁으로 시어머니

영궤(靈几)에 올리는 상식(上食)을 반대했다. 유교식 상례(喪禮)에 따르면 자식들은 부모님이 돌아가시면 일정 기간 아침저녁으로 음식을 올리면서 자신의 도리를 다해야 했다. 예를 들어 '삼년상'에는 인간이 태어나서 3년이 되어야만 부모의 품을 떠날 수 있듯이, 적어도 3년이 될 때까지는 돌아가신 부모를 살아계신 부모를 모시듯 해야 도리라는 의식이 내포되어 있다. 이러한 전통윤리가 몸에 밴 부인은 자식의 도리를 다하지 못한 자신의 잘못을 속죄하기 위해 냇물에 몸을 던졌다. 이를 계기로 유교와 기독교 사이에 제사 문제에 관한 논쟁이 일어나게 되자,『동아일보』는 조상에 대한 제사(祭祀)와 우상숭배(偶像崇拜)는 다르다는 입장을 여러 차례에 걸쳐 밝혔다. 첫 번째 논평인 24일자「사설」에서는 사회제도로서의 제사에 관한 설명을 했고, 두 번째 논평인 25일자「사설」에서는 '조상 기념'은 조상의 영혼을 숭배하는 것이 아니고 오히려 "혹은 거울[鏡]로 혹은 옥구슬[珠玉]로 혹은 칼[劍]로 모양을 만들어 이에 대하여 숭배하며 기도하는 것"이 전형적인 우상숭배 사례라고 언급했다. 이 논설은 한편으로는 한국 전통문화를 교조적으로 해석하는 기독교를 비판하는 것이었지만, 또한 1919년 7월부터 서울 남산에 건립된 조선신사(朝鮮神社)에 삼종신기(三種神器)의 모조품을 전시한 조선총독부의 종교정책을 풍자한 것이었다. 그리고 바로 그 기사 옆에는 영국의 식민정책에 대한「대영(大英)과 인도(印度)」라는 칼럼이 14회에 걸쳐 연재되었다. 1회부터 6회는 1920년 8월 30일부터 9월 4일에, 7회부터 14회는 1920년 9월 17일부터 25일에 걸쳐 실렸다. 이 칼럼에서 영국은 인도라는 '창고'를 파먹는 '쥐'에 비유되었고,122) 영국의 인도 지배는 천하에서

"불의한 예"에 속하는 것으로 소개되었으며, 영국인이 인도인에게 부여한 "극히 제한된 자치권"도 조명되었다.123) 조선총독부 당국은 1920년 9월 25일자로 『동아일보』에 대해 무기발행정지 조치를 단행하면서, 다음의 이유를 들었다.

단지 표면적으로 독립을 선동하는 일은 피하나 항상 끌어오는 사례[引例]를 타국에 취하여 교묘히 반어(反語) 은어(隱語)를 써서 독립사상의 선전에 노력하는 형적이 현저하여 혹은 로마(羅馬)의 흥망을 논하여 몰래 조선의 부흥을 이야기(說)하며 …… 또 총독정치를 비판함에 당(當)하여는 공정한 이해에 노력치 아니하고 근본적으로 총독정치를 부정하여 악의적인 추단을 내려 총독정치에 대한 일반의 오해를 깊고 절실하게 하는 데 노력하는 것과 같으며, …… 또한 25일 발행의 신문지상에 우상숭배를 논할 때, 유난히 아(我) 제국신민(帝國臣民)의 신념의 중추인 검경새(劍鏡璽)에 대하여 무이해(無理解)한 망설(妄說)을 일으키며, 다시 이십세기의 인도를 인용하여 영국의 악정(惡政)을 논하되 몰래 이를 조선과 대조하는 것과 같은 바, 그 내용이 또 과장 허위의 점도 적지 않은(不少) 즉, 제국(帝國)의 신문으로서 우방과의 국교를 저해할 우려가 없지 않은(不無) 바, ……124)

대체로 온건하지만 '반유학'과 '반제국주의' 기조를 유지하던 『동아일보』는 미국의원단의 서울 방문을 계기로 '실력양성론'과 '민주주의론'을 자주 언급했다. 1920년 8월 24일에 미국의 의원단이 홍콩과 상하이를 거쳐 한국을 방문한다는 계획이 알려지면서, 상하이의 임시정부가 발행하는 『독립신문』에서는 미국과 일본 그리고 러시아와 일본의 전쟁을 예상하는 기사도 실렸다. 제1차 세계대전에 참전했던 일본은 전리품으로 중국 산둥반도에서의 독일의 이권을 계승했으며, 또 태평양 적도 이북의 섬들을 획득하여 태평양 방면으로 진출할 수 있게 되었다. 일본의 팽창은 태평양 진출을 시작한 미국과 충돌할 가능성이 높다는 전망이 나왔다. '미일전쟁설'이 거론되는가 하면 러시아혁명 시기 시베리아에서 군사 충돌까지 일어나자 '러일전쟁설'도 불거졌다.[125] 『동아일보』는 미국 의원단이 도착하는 날에 맞추어서, 「미국 의원단을 환영하노라」라는 사설을 게재했고, 그 옆에는 사설 번역문 "Welcome to the Congressional Party"도 함께 실었으며, 그리고 그 밑에는 경성방직(주), 동양물산(주)・(주)오자와(대학)상회 경성지점 등 여러 국내외 회사들의 환영 광고가 배치되었다. 그야말로 식민지 조선의 모두가 그들을 환영하는 기세가 높을수록, 경성의 거리는 삼엄하고 삭막했다. 그들이 도착한 24일에 경관들은 만약의 사태를 대비하여 경비를 철저하게 했고, 한국인 상점들은 '미국에 대한 환영'과 '식민지배에 대한 항의'의 의미로 철시를 단행했다.[126]

   캘리포니아 하원의원인 허스맨(L. B. Hersman)은 『동아일보』의 입장을 강화하는 데 도움이 되는 강연을 했다. YMCA에서 진행된 강연에서 그는 "학술과 공업에 노력하여 모든 것을 향상하라"라 했는데, 『동아일보』는 이를 3차례의 「사설」을 통해 소개했다.

오인은 …… 이 말을 숙고 상찰함이 가하다 하노라. …… 현재 조선 사회에서 적어도 양 방면으로 나뉘어 정치운동과 사회운동이 필요한 줄로 생각하나 …… 학술을 연구하며 공업을 발달시키는 것은 곧 나를 충실하게 함이오 동시에 타인으로 하여금 나를 존경하게 하는 까닭이 아닐까. …… 오인은 조선 민족을 위하여 문화운동자가 되며 운명개척자가 되어 정의와 인도를 옹호하고자 함이로다.127)

또한 그들은 민주주의 제도의 발전에도 큰 관심을 표명했다. 부인들의 정치적 참정권이 보장된 영국과 미국의 선진적인 선거제도는 따라갈 목표였다. 영국과 미국의 부인들과 정치적 무권리 상태인 한국인 남자들이 비교되었다. 이는 자신들이 살고 있는 식민지 조선의 현실에 대한 풍자였다.

영국은 작년에 선거법을 개정하여 육백만의 부인에게 참정권을 부여하고, 이제 미국은 헌법 개정에 필요한 주의회(州議會) 4분의 3 이상의 의결을 얻어서 약 2천만 내외의 부인에게 참정권을 주게 되었으니 …… 천하에 막강한 영미 양국이 이 '성적 평등'을 정치제도상에 실현함은 과연 세계 대세의 취향을 명백히 표시함이로다. …… 이에 이르러 오인은 실로 스스로 부끄러움을 금하지 못하겠으니 조선의 여자는 어떠한고가 아니라 여자는 고사하고 조선의 남자는 어떠한고 조선 남자여 제군은 조선 여자를 멸시하는도다. 제군의 멸시를 받는 여자는 영국에서 또 미국에서 참정권을 가졌거니와 멸시하는 제군은 어떤 권리를 제군의

인격에 대하여 용인한 바 되었는가 부끄러움을 아는 것은 남자의 제일보니라.128)

창간 초기의 『동아일보』의 논설에는 자치론과 참정권과 관련된 민주주의 담론이 '반유학'과 온건한 '반제국주의' 담론과 함께 자주 등장했다. 그들은 한 눈으로 미국과 영국의 민주주의 역사를 바라보면서, 다른 한 눈으로는 미국과 일본의 갈등도 눈여겨보았다. 당시 미국은 '토지소유권'과 '소작차지권' 제한, '미국 태생 아이들의 시민권' 제한(양친이 모두 시민일 경우에만 시민권을 부여) 등 여러 가지 차원에서 일본을 견제하고 있었고, 『동아일보』는 1920년 9월에 이에 대한 기사를 여러 차례 실었다.129)

또 『동아일보』는 자신들의 계급적 정체성 즉 한국 부르주아지 2세대의 정치적 지향을 나타냈는데, 이는 민주주의 담론과 관련이 있는 것이었다. 『동아일보』의 주도층은 자신들의 역사적 위상을 서양의 봉건시대를 혁파한 "제삼계급"에 비유하면서130) "현대의 정치적 중심"은 "유산계급 즉 자본가"에 있음을 명확히 했다.131) 또한 "현대의 사회제도와 문명"은 "제삼계급의 문명"인 자본주의적 제도라고 규정했다.132)

상공업의 제3계급이 발흥하여 사회의 중심이 되는 결과 그 사회생활에 미치는 바 영향은 어떠하며. 따라서 각인은 어떠한 각오를 포지하여야 할 것인고. 첫째는 평등의 기풍이 일어나는 것이니 상공업자에게는 수요와 공급의 구별은 있으나 …… 상하존비의 사회적 계급의 구별은 의미가 없으며, 둘째는 자유의 기풍이 일어나는 것이니 …… 이럼으로 상공업자가 발흥하여 사회의 중심계급을 이루게 되면 그 사회는 반드시 자유와 평등의 원칙에 의하여 나아가게 되나니 그 정치상에 민주주의가 실현될 것은 물론이오 그 사회적 생활에 있어서도 빈부의 구별은 있을지언정 기타의 계급적 차별은 존재하지 못하게 되는 것이라. …… 이럼으로 상공업의 발흥을 따라 정치는 필히 민중화하나니 현대의 입헌정치와 민주주의가 어찌 일편법리의 자유론으로서만 왔으리오. 그 배경에는 이와 같은 경제적 실생활의 기초가 존재하여 비로소 완성된 것이로다. 그런즉 조선에 상공업계급이 점차로 발흥하는 것은 정치를 민중화하는 원동력을 양성하는 것이라 하여도 과언이 아닐지니……133)

「창간사」에 등장했던 자유주의와 민주주의를 근간으로 하는 부르주아 중심의 '통합적 민족주의'의 기조는 1923년에 일어났던 물산장려운동에서도 발로되었고, 이때 『동아일보』는 계급적 분열보다 민족적 단결을 촉구하면서 '개인'보다는 '민족'을 강조하면서, 민족경제의 양적 성장을 요청했다.134) 이에 대해 사회주의적 성향의 지식인들은 그들의 노선을 '개인'의 희생 위에서 자본가 계급의 이윤을 도모하는 "중산계층의 이기주의"라고 비판했다. 양자는 식민지라는 조건을 극복한다는 점에서 목표는 같았지만, 당대의 현실에 대한 상황인식과 실천 방법에 대해서는 입장 차이가 적지 않았다.

2) 타협과 비타협의 경계

민족운동의 노선 분화는 여러 분야에서 나타났다. 1919년 '2·8독립선언'에 참여했던 이광수는 상하이임시정부에서 활동하다가 1921년 초에 국내에 들어왔다. 그로부터 1년여가 지난 1922년 5월에 잡지 『개벽』에 「민족개조론」을 실었고, 그로부터 다시 1년 반 정도가 지난 1924년 1월 초에 『동아일보』에 「민족적 경륜」을 발표했다. 그가 주장하는 바는 크게 두 가지였다. 하나는 당시 유행하고 있던 개조 사상을 반영하여 조선인의 주체적 성찰을 하자는 것이고, 다른 하나는 '조선 민족을 위해 정치적 산업적 교육적 결사를 조직하자'는 것이었다. 특히 그는 식민지라는 조건에서라도 '조선인에 의한 정치'를 강조했다. '조선인의 정치'가 없는 것은 모든 정치 활동을 금지시킨 일본의 태도 때문이지만, 모든 정치적 활동을 거부하는 "조선 민족의 강렬한 절개 의식"도 한 원인이었다. 그는 정치활동은 비밀결사가 아니라 민족적 차원의 공개된 결사의 형태여야 한다고 주장했고, 그것을 위한 '정치적 결사'가 "조선 내에서 허하는 범위 내에서" 있을 수밖에 없는 현실을 수용했다.[135] 그의 민족담론은 식민지 지배체제를 일단 인정한 위에서 전개되었기 때문에 투항적 타협적 주장이라는 비판을 피해 나갈 수 없었고, 그의 논설을 게재한 『동아일보』는 불매운동의 대상이 되었다. 식민지 조선 내에서 공개적이면서 합법적인 정치조직의 결성은 일정한 '타협'을 전제하는 것이었다. 그래서 가장 대표적인 비타협적 민족좌익전선인 신간회조차도 조선총독부의 허가를 받아야 했다. 이러한 상황은 총독정치와 관련된 정치적 현실이었다. 이광수가 그 '현실' 속으로 들어가려고 할 무렵에 안창호를 두 번 만났다(1920년 1월에 상하이, 1923년 10월에 베이징). 김윤식은 두 사람의 만남을 이렇게 묘사했다. "도산을 한쪽 팔로 하고 허영숙을 다른 한쪽 팔로 한 춘원"이었다.136) 강동진에게 비친 안창호는 "조선의 독립을 영원의 장래"에서 도모하는, 즉 '당장이 아니라 먼 미래의 일'로 여기는 '점진주의자'였고, '타협적 성향이 강한 임시정부 내의 문치파'였다.137) 당장 식민지배체제에 대해 저항하지 않고 미래의 독립을 준비하자는 '실력양성론'은 '항일의 기운을 약화시킨다'는 비판에 직면하곤 했다.138)

이광수가 국내에서 활동을 시작한 즈음에 3·1운동 민족대표인 최남선과 최린이 가석방되었다. 1921년 10월 18일에 가출옥한 최남선은 주간지『동명』과『시대일보』를 창간했고, 또 풍부한 지식을 바탕으로 한국문화에 대한 저술활동을 했다. 그는 상대적으로 탈정치적인 활동을 하면서 충실한 직업인으로 살았다.139) 이에 비해 1921년 12월 출소한 최린은 천도교 내에서 지위를 확보하면서, 다른 한편에서는 '조선민립대학기성회'와 '조선기근구제회' 등 일반 사회와의 접촉을 늘렸으며, 또한『동아일보』인사들과도 교류했다.140) 1924년 1월 중순에 결성된 '연정회(硏政會)'는 그러한 성과 중의 하나였다. 그러나 이 단체는『동아일보』에 실린 이광수의「민족적 경륜」에 대한 '조선인'의 비판이 고조되면서 세상에 그 모습을 드러낼 수 없었다.141) '연정회'에는 해외 임시정부의 안창호, 천도교의 최린,『동아일보』의 김성수·송진우·최원순·이광수, 대구의 서상일, 평안도의 이승훈과 조만식, 그리고 이종린과 박승빈 등이 연결되어 있었다.142) 강동진에 의하면 이러한 일련의 움직임은 고양된 민족주의에 대응하는 "조선총독부 당국의 대응책"이었고, "아베 미쓰이에(阿部忠家)의 지시에 따라 은밀히 계획된" 것이었다.[143] 그 근거는 최린과 이광수의 행적이었고, 송진우 등 『동아일보』 관계자들과 총독 및 총독의 브레인인 아베의 잦은 접촉이었다.[144] 자치론을 염두에 둔 것 같은 『동아일보』 논설들도 이러한 의심의 단서가 되었다. 특히 그는 『동아일보』의 「사설: 정치적 결사와 운동에 대해서」(1924년 1월 29일자)를 가장 대표적인 사례로 언급했다.[145] 그런데 이 글의 취지는 다음의 인용문에서 알 수 있듯이 1924년 1월 3일자 사설 「민족적 경륜(二): 정치적 결사와 운동(一)」을 해명하는 데 있었다. 우선 이 글은 "우리 민족의 정치적 최고 이상을 실현하는 방법"으로 공고한 "민족적 단결"을 바탕으로 하여 민족의 "당면한 권리와 이익을 증진"시켜야 한다고 주장했다.

예컨대 우리 민족의 생명의 원천이 될 민립대학운동이라든지 또한 경제적 파멸을 구급하는 물산장려운동이라든지 우리 자체의 단결력으로써 완성케 하며 발전케 하는 것이 현하 조선 내에 있는 형제의 책무가 아닐까. 이러한 운동을 통일적 조직적으로 하기 위해서는 민족적으로 일대 단결을 요구하지 않으면 아니 되고 또 일대 민족기관이 설립되지 아니하면 안 될 것이다. …… 그 누가 이를 부인하랴?

『동아일보』는 '민립대학운동'과 '물산장려운동'을 제대로 하기 위한 민족적 단결의 필요성을 제기한 것이지 그 이상도 그 이하도 아님을 분명히 했다. 그런데 문제는 "정치적 결사"라는 표현에 있었다. 「사설」은 그 수사(修辭)에 대해 "우리 생존권의 통일적 계통적 보장과 확장"을 위한 것이지 "주권(主權) 조직"과 관련이 없으며, 총독정치 아래에서는 "주권 조직"을 논의할 정치적 자유가" 없기 때문에, "우리가 제창하는 정치적 결사와 운동"은 "경제 및 교육 문제를 향상시키려"는 "생활운동"임을 강조했다. 그리고 오해가 생긴 이유는 '수사의 졸렬함 때문이다'라는 사과의 말이 첨부되었다.

『동아일보』는 4월 23일 「사설」에서는 다른 각도에서 '연정회'와 「사설: 민족적 경륜(二)」에 대해 해명했다.146) 그 요지는 1월 3일자 「사설」과 '연정회'는 아무런 관련이 없으며, 이른바 '연정회'는 친목회에 불과하다는 것이었다. 23일자 「사설」은 이승훈·최린·조만식·김동원·안재홍·송진우·김성수 외 몇 사람이 망년회를 겸하여 명월관에서 만난 이유도 밝혔는데, 그들은 정치적 결사를 위해서가 아니라 이런저런 세상 이야기를 하면서 친목을 도모했다고 해명했다.

그런데 세간(世間)의 오해를 받았던 사람들은 1925년 9월 15일에 '조선사정연구회'를 결성했다. 그들은 대부분 일본 유학을 다녀왔고, 이념적 스펙트럼은 사회주의로부터 자유주의까지 다양했다. 백남운·김준연·한위건 등은 사회주의 성향이 있었고, 안재홍·조병옥·백관수·최원순·최두선 등은 민족주의 성향이 강했다. '2·8독립선언'에 참여했고 김성수의 고향 친구인 백관수는 나중에 『동아일보』 사장을 지냈다. 전라남도 영암 출신 김준연은 1920년대 중반에 『동아일보』 편집국장으로 근무했고, 1928년 조선공산당 3차 사건으로 7년 반 복역한 이후에도 『동아일보』에서 다시 일했다. 최원순은 『동아일보』 기자였고, 최남선의 동생 최두선은 중앙학교 교장을 지낸 바 있었다.147) 여러 사람이 김성수 그룹과 관련되었다. 일본 당국도 그들의 이념이 어떤 성격을 지녔는지를 정확하게 특정하지 못했고, 두 개의 이념이 충돌하고 있다고 파악했다. 하나의 흐름은 "극단의 공산주의를 주장하고 외국의 제도 문물 학설과 같은 것을 그대로 섭취하여 조선에 통용(通用) 실시"하자는 것이었고, 다른 하나의 흐름은 "조선의 역사가 있고 독특한 민족성이 있으니 이러한 행위는 조선민족을 자멸"로 이끌 수가 있으므로 잘 연구해서 그 장점을 받아들여서 "민족정신의 보지에 노력하자"는 민족주의 계열이었다.148) 여러 성향의 지식인들이 교류하던 이 모임은 약 두 달 후인 1925년 11월 28일에 결성되는 '태평양문제연구회 조선지회'(회장 윤치호, YMCA 총무 신흥우 주도)의 밑거름이 되었다.

1925년에 미국 주도로 결성된 '태평양문제연구회'는 민간학술단체로 출범했기 때문에 회의 출석 단위는 국가가 아니라 민족이었고, 그 목적은 교수·언론인·정치가·법률가·실업인 등 다양한 전문가들이 개인 자격으로 참여해서 동아시아와 태평양문제에 관해 학술토론을 하는 것이었다. 1925년 7월에 하와이 호놀룰루에서 열린 제1차 회의에서는 미주 본토·하와이·필리핀·일본·조선·중국·캐나다·오스트레일리아·뉴질랜드 등지에서 140여 명 회원이 참석했다. 그들은 개인 자격으로 참석했지만, 국가 혹은 민족 대표로서의 입장을 발표하고 토론했다. 일본은 한국인들이 독자적인 지회 조직으로 회의에 참석하는 것을 막기 위해 노력했고, 결국 1927년 7월 하와이에서 열린 2차 회의부터는 회원 자격이 국가 단위(National Unit)로 제한되었다. 1929년 10월 일본 교토에서 열린 3차 회의는 한국인은 옵서버 자격으로 참가했고, 4차 회의에는[1931년 10월 중국 항저우(杭州)] 아예 참석할 수 없었다. 1차 대표로는 신흥우(기독교청년회)·송진우(동아일보)·김양수(조선일보)·유억겸(연희전문)·김종철(보성전문) 등 5명, 2차 대표로는 백관수·유억겸·김활란, 3차 대표로는 윤치호·유억겸·백관수·송진우·김활란 등이 활약했다. 이 '회의'는 공식적인 외교 채널에서는 미국과 일본이 갈등하더라도, 양측이 비공식 채널을 확보해서 서로의 의견을 교환하고 정보를 수집할 필요가 있었기 때문에 유지되었다. 이들과 달리 한국인이 '회의'에 대해 관심과 기대를 가졌던 것은 "회의에 참석하는 각국 대표들"에게 그들의 "인도적 양심적 정치적 상식에 호소"하면서 식민지 조선의 실정을 그대로 전달하기 위함이었다.[149] 한국인은 1919년 초에 열린 제1차 세계대전의 전후처리를 위한 파리강화회의에 대표를 파견했고, 또 1921년 말부터 1922년 초에 열린 워싱턴회의에도 그리했지만 말석 한 자리도 얻을 수 없었다. 그런 전철이 있음에도 불구하고 한국인이 민간 차원의 태평양문제회의에 관심을 보이는 이유는 다음과 같은 문제의식 때문이었다.

그것은 송진우가 태평양문제연구회에 참석한 후에 돌아와서 제출한 글에 잘 나타나 있다. 그가 집필한 「세계대세와 조선의 장래」는 『동아일보』에 1925년 8월 28일부터 9월 6일까지 10차례 연재되었다. 그 요지는 달라지는 국제정세 즉 미국과 일본의 충돌 결과에 따라서 '조선문제'가 결정된다는 것이었다.[150] 이러한 정세 판단과 문제의식은 여러 사람의 공감을 얻었고, 그러한 움직임은 '태평양문제연구회 조선지회'라는 성과로 연결되었다. 1925년 11월 28일에 서울 종로 기독교청년회관에서는 발기인 모임이 열렸고, 참석한 인사들 중에는 미국과 일본에 유학을 다녀온 자들이 가장 많았다. 구영숙·구자옥·김활란·노정일·백상규·신흥우·안동원·윤치호·조병옥·조정환 등은 미국 유학생들이었고, 백관수·백남운·송진우·안재홍·유억겸·이순탁 등은 일본 유학생들이었으며, 김기전은 국내에서, 이관용은 스위스에서 공부한 이력을 갖고 있었다. 신흥우·윤치호·유억겸·구자옥·구영숙·조정환·안재홍 등은 이승만과 연결된 흥업구락부(1925년 4월 창설) 회원들이었다.151) 강동진은 이러한 흐름을 다음과 같이 파악했다.

> 조선사정연구회를 이용해서 많은 민족주의자를 끌어들인 뒤 당국은 민족개량주의자의 영향 아래에 있었던 사람들을 시켜 1926년 가을 제2단계로서, 독립 부정의 전제에서 본격적인 자치운동 정치단체의 조직에 들어갔다. 당국이 이 시기에 이르러 민족개량주의자 주도의 정치단체를 결성하기로 결단을 내린 이유는 1926년쯤부터 일본의 '후쿠모토(福本)이즘'의 영향에 따른 사회주의자의 이른바 '방향전환론'이 제창돼서 '분립에서 통일로'라는 기치 아래 비타협적 민족주의자에 대한 접근을 볼 수 있었기 때문이다.152)

아베 미쓰이에가 사이토 총독에게 보낸 편지들은 강동진이 확신하고 있는 '아베공작설'의 강력한 근거였다. 1925년 10월 6일자 아베의 편지를 보자.

> …… 주의자(主義者) 다카쓰 미치마사(高津正道)가 찾아와 …… 그가 조선에서 느낀 것은 …… 공산주의의 공기가 짙으면서도 동시에 우경적 경향인 정당이 수립될 공기로 넘쳐 있다는 것을 확인했다고 하기에 어디서 그런 것을 알아냈느냐고 물었더니 조선일보의 안재홍의 말꼬투리에서 실마리를 잡았다고 하더군요. ……

그리고 한 달 후인 11월 6일자 편지에도 그와 관련된 구절이 있었다.

> …… 이번 조선에 가게 되면 최린·송진우 등과 만나 꼭 우경단체를 만들어 내도록 촉구하고 ……

이러한 자료를 근거로 '연정회'와 관련하여 강동진은 다음과 같이 정리했다.

> 연정회 부흥 계획은 송진우·최린·김성수·이종린 등이 주도하고, 여기에 박희도·김준연·조병옥·김여식·최원순·한위권·심우섭·최남선·이광수·변영로·김찬영·홍명희·박승철·백관수·민태경(閔泰瓊)·홍병선(洪秉璇)·김필수 등을 끌어들인 것이다. 그 중에는 그 후 사회주의자가 된 자(한위권과 김준연)와 친일파였던 자(심우섭)가 있었다. .... 이 계획이 실은 아베(阿部)의 직접 간여 아래 진행됐기

때문에 나중에 그 진상을 안 안재홍과 김준연이 이 일을 설립 직후의 '조선민흥회'에 통보하자 참가했던 민족주의자의 반발을 빚어 깨지지 않을 수 없게 됐었다. 이상으로 연정회는 단순히 좌익에 대한 우경단체의 결성이라는 것이 아니라, 총독부 권력에 따른 식민지 지배정책의 하나로 추진된 면을 그냥 넘겨서는 안 된다.153)

강동진에 의하면 최린은 사이토 총독의 참모인 아베와 매우 민감한 정치적 문제를 상의할 수 있는 사이였던 것으로 보인다. 아베가 일본이 "멀지 않아 조선에 자치를 주고 조선의회가 열리게 될 것이다"라고 하자 최린은 "만약 일본의 정치가 및 당국에게 그런 의사가 있었다면 왜 일찍 그 뜻하는 바를 밝혀서 조선 인민에게 가야 할 바를 알리고 앞날에 한길 빛을 주지 않았느냐"고 반문했다.154) 그런데 '인용된' 양자의 대화가 어느 정도 실질적인 의미를 담고 있었는지는 불분명하다.

자치운동과 관련된 소문은 1925년 8월 헌정회 단독 내각이 성립되었을 때 나돌았으나, 2년도 버티지 못하고 붕괴되었다. 정우회 내각이 수립되자, 실망한 최린은 세계 여행을 떠났다. '자치'라는 식민정책은 고도의 장기적 전략에서 나올 수 있는 것이지 단순하게 공작적 차원에서 진행될 일은 아니었다. 앞에서도 언급한 것처럼 그것은 일본의 대외전략과 일본 의회정치의 발전단계와 관련된 일이었다. 최린 역시 그러한 사정을 모를 리가 없었을 것이고, 그가 바라본 것은 아베가 아니라 일본의 자유주의 정당인 헌정회였다. 일본에서 보통선거제도가 실시되고 무산정당이 진출하는 자유주의적 정당정치 시대가 열리는 상황은 '조선인에 의한 자치'를 상상할 수 있는 근거였다. 한상구는 조동걸의 '식민지외교론'을 참조하여 '자치론'을 "일제 통치에의 참여 전술론"이라고 평가했다.155) 최린이 도쿄를 다시 방문한 시점은 1931년 4월이었다. 이 시기는 두 번째 총독 임무를 수행중인 사이토 마고토가 조선총독부 일각에서 마련했던 자치론에 관해 일본 정계와 교섭할 것이라는 소문이 나돌고 있었다. 그는 그런 사정을 살피기 위해 일본에 건너갔으나 일본 정계는 매우 혼란스런 상태였다. 온건한 하마구치 오사치(濱口雄幸; 재임 1929-1931) 수상이 1930년 11월 도쿄역에서 우파 청년이 쏜 총탄에 맞아 부상을 입었고, 1931년 4월에 와카쓰키 레이지로(若槻禮次郎; 재임 1931.4-1931.12)가 수상에 취임했다. 그리고 그 해 9월에 만주의 관동군은 내각을 무시하고 독자적으로 움직였다. 1931년의 '만주사변'은 군국주의 시대의 도래를 알리는 신호탄이었다. 그러한 일본을 목도한 최린은 점차 대일 타협의 길을 공개적으로 걷기 시작했다.

  1925년부터 1927년 사이에 일본에서의 정치적 변화에 따라 식민지 조선에서도 타협적인 정치조직이 만들어질 조짐—이른바 연정회 부활—이 있었다. 그러나 그러한 현상은 자치제 실시로 연결되지 않았고, 최린이 주도하는 천도교 신파를 제외한 거의 모든 세력—서북 지역과 흥사단의 수양동우회, 호남 지역과 『동아일보』 계열 등—이 신간회에 합류했다.156) 1927년 12월 20일 신간회 평양지회(지회장 조만식)가 만들어지고, 1928년 1월에는 경성지회에 송진우가 가입했다. 조만식의 평양지회 설립과 함께 '수양동우회' 세력도 신간회(1927년 2월 15일에 창립)에 합류했다. 이른바 '민족적 대단결'이 이루어진 것이었다.

이에 대해 기존의 연구들은 '민족주의 우파의 신간회 침투 공작'이라고 묘사했다.

국내에서의 민족운동과 사회운동 세력이 이렇게 하나로 뭉쳐서 자치운동 배격을 들고 나오고, 국외에서도 최린의 자치운동이 이렇다 할 성과를 거두지 못하게 되자, 『동아일보』계열은 초조감을 느끼지 않을 수 없게 되었고, 여기에서 그들은 당분간 자치론 주장을 표면적으로 내세우는 것은 유보하고, 당시 아직 신간회에 참여하지 못하고 있던 수양동우회 및 평양 쪽의 민족주의 우파와 연대하여 부르주아 민족주의 우파의 신간회 침투 공작을 펼치게 되었다.157)

자치 문제와 관련된 연구들에서는 민족분열 정책을 기획하는 아베, 이를 실행하는 『경성일보』의 소에지마 미치마사, 그리고 그러한 정책에 부응하는 최린과 『동아일보』 그룹이 연결되어 있다. 조선총독부 당국에 대해 타협적 태도를 보이는 『동아일보』 그룹의 활동은 민족분열 정책이 성공한 증거이고, 그들은 지주와 자본가 세력으로서 계급적 이익을 위해 지배 당국과 타협한 세력으로 민족적 역량을 분열시키는 대표적인 민족개량주의자들이었다.

그러나 그러한 '상식'을 다른 각도에서 바라보는 연구들도 제출되었다.158) 그들의 신간회 입회는 이미 기존 연구에서 언급되었듯이 '침투 공작'이 아니라 기존 신간회를 주도하는 세력들과 협의 위에서 진행된 일이었다. 신간회가 출범한 1927년의 일본의 정치 상황은 자유주의

색채가 상대적으로 강한 헌정회가 주도하던 1925-26년의 그것과 달랐다. 1927년 4월부터 육군대장 출신으로 조슈계 출신인 다나카 기이치(田中義一; 재임 1927-1929)가 26대 총리대신으로 취임했고, 보수적인 정우회가 주도하는 내각의 대외정책은 중국 산둥에 군대를 파견하는 강경한 노선을 선택했으며, 조선 총독도 육군 출신 야마나시 한조(山梨半造; 재임 1927-29)가 부임했다.159)

야마나시 총독이 부임하기 이전인 1927년 6월에 『동아일보』는 「사설」에서 일본의 정치적 변동을 긍정적으로 평가했다. 헌정회와 정우회에서 갈라져 나온 정우본당이 합당하여 민정당이 출범하자 『동아일보』는 기대에 찬 논조로 그 의미를 설명했다.

…… 일본 정계에 2대 정당의 대립을 보게 된 것은 영미에 있어서 경험하여 온 바와 같이 헌정의 운용을 매우 원활하게 하는 이익이 있을 것을 기대할 수 있다. …… (입헌)민정당의 성립으로 인하여 2대 정당의 대립을 기뻐하는 꿈은 내년의 보선(보통선거―인용자)제도에 의한 총선거에 가서 여지없이 깨뜨리지고 말 것이니 일본의 무산계급은 벌써 그만한 지위에 도달하여 있다고 볼 수 있다. 그러면 다시 당면하게 올 문제는 민정당과 정우회가 연합하여 무산정당에 대하게 될 것이겠다.160)

『동아일보』는 (입헌)민정당의 창당이 미국과 영국처럼 일본이 양당제로 재편되는 계기로 작용하기를 기대했고, 또 그러한 정치 변동이 보수당 대 진보적인 무산정당이 대립하는 정당구조로 재편되리라 전망했다.

그렇게 되면 일본의 무산계급과 거의 이해관계를 같이 하는 식민지 조선인의 정치적 권리도 올라갈 것이다. 『동아일보』는 일본이 미국 혹은 영국의 의회정치로 발전할 수 있다고 긍정적인 '상상'을 했다. 그런데 이 당시의 『동아일보』는 보수적이고 자유주의 세력이 약한 일본 사회의 흐름을 읽지 못했기 때문에 무산계급이 식민지인의 처지를 옹호할 것을 기대했다. 물론 이것은 오판이었다. 결국 야마나시 총독이 부임하게 되는 1927년 12월이 되자 다른 논조의 「사설」이 실렸다.

다나카(田中)내각이 …… 무단적 외교가 표면적 성공을 거둔 모습을 일반 국민에게 던져준 것으로 볼 수 있는 것이다. …… 다나카내각의 기초는 조슈(長州)의 군벌이라는 배경과 정우회(政友會)라는 지주적 세력하에 있어서 점차 도리어 그 견고한 도를 더해가는 모습이 있다는 것을 또한 부인할 수 없게 되었도다. ……지난번 부현회의원 선거 때 본 바에 의하면 무산정당이 당면의 정치적 세력으로 내년도의 총선거를 맞이하여 선전적 효과의 특별한 효과를 거두기 어려울 것이요. 현재의 형세로 보아서 민정당의 223명이 정우회의 189명보다 30여 명의 대의사를 더 포용하였다고 할 수 있으나 집권하고 있는 정부당에 대하여 이만한 우세는 별로 신뢰하기 어려울 것이요. …… 내년에 당연히 있을 총선거 …… 정부당으로서의 정우회가 당연히 승리를 얻는다고 볼 수 있겠다. 그러면 일본에 있어서의 반동적 정치가 정우회의 활동과 함께 얼마 동안 계속된다고 볼 수 있을까 한다.161)

일본 정치에 대한 기대는 사라지고 당분간 지속될 일본의 반동적인 정치에 대한 우려가 생겼다. 신간회 주도 세력도 이에 대해 걱정을 하면서 민족주의 세력의 외연을 확장하기 위해 노력했다. 이를 계기로 송진우 등 『동아일보』 세력은 신간회의 경성지회에, 그리고 수양동우회의 사람들은 신간회의 평양지회에 가입하게 되면서 '민족적 총역량의 집중'이라는 명분은 더 세를 얻게 되었다. 일제의 구상대로 민족주의 세력은 분열하지 않고, 오히려 단결했다.162) 조선총독부는 신간회의 활동을 좌시할 수 없었다. 1928년 2월의 신간회 정기대회는 무산되었고, 안재홍은 일본군의 중국 산둥성 서부 지난(濟南) 출병을 비판한 논설 때문에 구속되었으며, 『조선일보』는 무기한 정간 처분을 받았다.163)

한편 식민지 조선에서는 3차 조선공산당을 만든 사회주의자들이 1927년 11월 이후 경성지회에 참여하게 되면서 사회주의와 민족주의 사이에 주도권 경쟁이 일어났다. 이러한 내부 사정도 '민족적 총역량의 집중'을 촉구하는 배경이 되었다. 『조선일보』는 1927년 12월 8일자, 「사설: 총역량의 집중문제 – 원만무결한 합동을 촉함」에서 "민족주의적 각개의 중요한 기성 세력의 계통을 유루(有漏) 없이 망라"할 것을 촉구했다. "비타협·타협의 설이 다만 풍문으로 전한 바"이지 누구를 지목한 바가 없고 "조선인 사회에 아직 정치운동다운 정치운동이 없었고 또 없느니만큼 소위 비타협·타협의 별(別)이 엄정"하게 할 수 없었으니 "각 계통의 사람들이 합동"해서 "응분의 투쟁"을 하자고 제안했다. 『동아일보』도 「사설」을 통해서 이에 화답을 했다. 1927년 12월 29일자 「사설: 반대파에 대하는 태도」에서는 조선인은 "민족적 통일전선이 점차 성취되는 오늘날에 ……공연히 드러나지 않은 것을 이유삼거나 또는 그 정체가 드러나기 전에 파쟁적 대상을 삼"지 말자고 제안했다. '현실'에서는 타협적 태도를 견지했다고 알려진『동아일보』및 평양 일대의 인사들과 비타협적 태도를 견지했던『조선일보』의 인사들은 신간회에서 단일한 대오를 형성했다.164) '민족적 역량을 집중하는 방법'은『동아일보』에서 1928년도 신년 기획으로 연재되었다.165)

여기에서 우리는 '익숙한 것'을 다시 한 번 곱씹을 필요가 있다. 우리는 너무도 쉽게 조선총독부 당국자와 그 주변 인물들의 마음속 의도가 표현된 자료에 의거하여 민족주의 운동 내의 타협과 비타협의 경계를 구분했다. 국내에서 조선총독부 당국과 타협하지 않으면서 공개적이고 합법적인 민족운동은 현실적으로 일어나기 어려웠다. 신간회가 합법운동 단체로 등장하기 위해서는 조선총독부 당국의 허가를 얻어야 했다. 우리는 일본 귀족인『경성일보』사장 소에지마 미치마사와 도쿄대학의 식민정책 학자 야나이하라 다다오(矢內原忠雄)에 대해서도 다시 살펴볼 필요가 있다. 두 사람 모두 식민지 조선에서의 자치 혹은 조선의회 설립의 필요성을 강조했던 일본인들이었다. 소에지마가 1925년 11월(26 · 27 · 28일)에『경성일보』에 세 차례 연재한「조선통치의 근본의」라는 논설은 사이토 총독의 한국인을 회유하기 위한 통치 정책에 보조를 맞춘 것이고, 민족주의 분열을 위한 식민지 당국의 교활한 술책이라는 평가를 받았다.166) 그런데『경성일보』는 1925년 12월 10일부터 3회에 걸쳐「소에지마(副島) 백작의 조선통치론」을 연재하면서 소에지마의 '자치론'을 다시 자세하게 설명했다. 그 요지는 다음과 같았다. "자치론은 총독정치와 모순되지 않는 것"(조선에 거주하는 일본인에게 이 점을 강조)이며 궁극적으로 "일본이 조선을 영구히 영토로서 잃지 않는다는 전제 아래 조선인의 이익과 일본제국의 이익을 묶으려는 하나의 관찰 방법이며 하나의 문제제시"였다.[167] 소에지마는 아직 의회정치에 미숙하고 전제정치가 더 편하고 자신들에게 유리하다고 생각하는, 다시 말해 식민지 조선에서 자치가 실시되면 자신들의 처지가 불리하게 될 상황을 우려하는 일본인을 달래기 위해 '당장 조선에서 자치를 실시할 수 없다는' 의미가 담긴 구절도 첨부했다.

…… 그들을 정신적 몰핀 중독에서 살려내어, 과격한 자극적인 사상 대신 건전한 영양가가 있는 정신적 음식을 주어서 자포자기의 상태에서 깨어나게 해야 한다고 생각한다. 그래서 나는 조선인에게 자치의 희망을 주는 것이 유독 그들을 건전한 진보 발달로 이끄는 것이라고 믿는다. 더욱이 나는 조선의 현 상태로 해서 아직 자치 운운할 경우가 아니라는 것은 유감이지만 시인하지 않으면 안 된다. 아무리 두둔해 보아도 현재의 조선인은 자치로서 행복해진다고 믿을 수 없다. …… 자치라는 최고의 정치형식은 민족의 정치적이자 다시 경제적인 발달의 결과로 이르게 되는 것으로서, 그제야 비로소 자치의 이익을 맛볼 수 있는 것이다. 그러지 않고 주어진 자치는 민중에게 그저 화근만을 미치게 된다. 야심가만을 위한 자치, 선동가만을 위한 자치가 민중에게 어떠한 결과를 안겨 주게 될까 하는 것에 생각이 미치면 소름이 끼치며 두려워하지 않을 수 없다. 더구나 내가 조선에 자치를 주자고 제창하는 것은 조선인

에게 건전한 희망을 안기고, 착실한 사상을 주며, 합리적인 수단으로 그 민족주의가 실현되도록 하기 위한 것이다.168) (방점—인용자)

앞에서도 언급했지만, 소에지마는 일본 귀족 출신으로 영국 유학을 다녀온 인물로 온건한 의회주의 노선 때문에 정치적으로 소외를 겪었던 시기에 『경성일보』 사장으로 재임했다. 그는 일본이 영국식 모델을 따라서 발전하기를 바라는 의회주의자였다. 그에게 식민지 조선의 자치 문제는 이민법 문제로 충돌하는 일본과 미국의 관계를 개선하고 3·1운동에서 나타난 일본의 무단적 제국주의 이미지를 완화시키기 위한 방안이었다.169) 자치 문제가 정치적 이슈로 부상되면서 조선인 사회에서 논쟁 대상이 되었지만, 그에게 식민지 조선의 자치는 일본이 미국과의 대립을 피하기 위해 '도덕적 제국주의'로 거듭나는 외교적 선전수단이었지 '민족분열 정책'이라는 식민정책 차원에서 고안된 것이 아니었다. 강동진은 "소에지마의 자치론 제창은 일본의 대외선전상의 필요한 일"임을 마지못해 인정했지만, 그는 소에지마의 '의도'를 과소평가했다.170)

1920년대 〈국제질서〉 인식에 대한 두 사람의 차이를 이해하게 된다면, 우리는 이 시기 식민지 조선에서 일어났던 자치론에 대한 단선적 이해를 벗어날 수 있는 단서를 얻을 수 있다. 두 사람은 식민지 조선의 송진우와 제국주의 일본의 소에지마 미치마사였다.

1925년 1차 태평양문제연구회의에 다녀온 송진우는 세계 대세의 추이와 동양 정국의 위기로 보아서 4, 5년 지나지 않아 태평양을 중심으로 '세계적 풍운'이 일어날 것으로 전망했다. 그는 장차 '조선 문제'가 미국과 일본의 충돌 결과에 따라서 결정될 것이기 때문에 조선과 미국의 관계 형성이 필요하며, 또 국내적 차원에서는 '사상적 수련'과 '민족적 단결'을 강조했다. '세계적 풍운'은 중국을 둘러싼 미국·일본·소련의 각축에서 종국적으로는 자본주의의 모범국인 미국과 사회주의 국가인 소련이 충돌하는 것인데, 그 전 단계에서 그는 미국과 일본 사이에 전쟁이 일어날 것을 예상했다.171) 송진우는 신흥우와 유억겸 등과 함께 '태평양문제연구회 조선지회'를 설립했다. 그의 '전략'은 민족적 실력을 착실히 쌓으면서 '미·일전쟁'과 같은 절호의 기회를 이용하여 '조선의 독립'을 회복한다는 것이었다. 바로 이 점에서 '외교독립론'의 이승만과 '실력양성론'의 기독교 및 『동아일보』 그룹은 운동 방법에서 크게 다르지 않았다.172)

이에 비해 『경성일보』 사장 소에지마 미치마사(副島道正)는 국제질서의 미래를 송진우와 전혀 다르게 전망했다. 그는 미국과 일본 사이에 전쟁이 일어날 가능성은 없으며, 조선인은 그러한 공상에서 깨어나 자치적 이상을 실현할 것을 촉구했다.173)

> 조선인 중에는 아직도 '독립'을 꿈꾸는 자가 있을 것이라고 생각되는데, 조선이 국가로서 독립한다는 따위는 꿈보다도 더욱 실재성이 없다. 어떤 자들이 미일전쟁으로 조선의 독립운동을 기대하는 따위는 일소(一笑)의 가치도 없다. 나는 미국에서 강연할 때 미일전쟁이 불가능하다는 이유를 밝혔다. 미일전쟁은 당장 세계 혁명을 불러일으키고 말 것이며,

문명은 여기서 끝장나고 말 것이라고 경고했었다. …… 나는 조선인이 그러한 공상에서 깨어나 최선의 방법인 자치적 이상을 실현시키기 위해 힘쓸 것을 바라지 않을 수 없다.

기존의 연구에서는 '자치'는 독립을 포기한 타협이고, 제국주의자들이 쓴 회유의 수단으로 평가되었다. 그러나 미·일이 충돌하리라는 송진우의 예상은 16년 후에 실현되었고, 식민지 조선은 그 결과로 광복을 맞이할 수 있었다. 현실은 이념을 바탕으로 설계된 미래를 압도했다. 그래서 역사적 현실은 '자치' 문제에 대한 다른 관점을 요구한다. 전자의 뿌리는 미일관계의 파탄을 예상하면서 점진적으로 '독립'을 준비하는 온건한 민족주의였고, 후자의 뿌리는 미국과 일본의 우호적 관계 위에서 일본의 국익을 추구한 온건한 식민주의였다. 그런데 우리는 '온건하고 타협적인 태도'에 대해 매우 냉혹한 눈으로 바라보는 경향이 있다. 이러한 시각은 광복을 위한 민족주의 운동을 매우 단선적이고 경직된 틀에서 바라볼 위험이 있고, 실천 방법이 다르다는 이유로 민족주의 연합전선을 분열시킬 가능성이 크다. 광복─그것을 위한 민족주의 운동─이 민주주의를 실현하기 위한 공화주의를 수반하지 않는다면, 민족주의는 또 다른 억압적 기제(機制)가 될 위험이 있다. 다음 10장에서 살펴보겠지만, '온건하고 타협적이었지만' 분리독립의 목표를 견지했던 인물들은 해방 이후 실질적인 공화주의자가 되었고, '급진적이고 비타협적이었던' 민족운동가들은 형식적 공화주의자·실질적 독재자가 되었다.

일본의 진보적 자유주의자 야나이하라 다다오는 더 적극적으로 조선인에 의한 정치를 주장했다. "조선인의 민족적 전통은 존중"되어야 하며, 조선처럼 인구가 많은 경우에는 '조선의회'를 개설해서 조선의 내정은 조선인이 해야 한다고 주장했다. 그것이 참정권에 관한 그의 견해였다.

조선총독부에 대한 민의대표의 중앙기관으로서 의결권을 지닌 입법의회는커녕 아무런 자문기관조차 마련되어 있지 않다. 또 장래에 대한 약속도 없다. 중추원 따위는 유명무실한 영예적 관제에 지나지 않다. 때문에 조선에서의 중앙행정은 총독의 독재전제이다. …… 그러한 식민지 통치제도는 넓은 세계에서도 유례가 드물다. 특히, 면적·인구·역사에 있어 소규모가 아닌 식민지라는 점에서 본다면 아마도 세계 유일의 전제적 통치제도다.174)

또 그는 "우선 조선의 내정에 대한 참여의 길"을 열기 위한 '조선의회'의 개설을 주장하면서, 프랑스의 인도차이나, 미국의 필리핀, 화란(네덜란드)의 자바에도 주민의 참정권이 있는데, 그렇지 않은 식민지 조선의 현실을 비판했다.

한 마디로 조선 민중에 대해 참정을 인정하지 않는 것은 정부가 바라지 않는다는 것 외에 아무런 이유도 있을 수 없다. …… 문제는 조선의 대의사를 제국국회에 보내게 하느냐, 혹은 조선의회를 특설할 것이냐에 있다. 와카쓰키(若槻) 수상은 앞서의 의회에서 식민지 의회의 특설 따위는 있을 수 없다는 듯이 말한 것으로 기억하고 있다. 우리나라 정치인의 견해로는 대충 제국의회로 합치는 것으로 기울고 있는 듯하다. 그러나 나는 이에 근본적으로 반대다. …… 조선은 내지와 동일한 의회로 대표되어야 하는 사회적 기틀을 갖추지 못하고 있다는 것을 알아야 한다. 제국의 정치에 대한 조선의 참여 문제는 제2의 것이다. 우선 조선 내정에 대한 조선인의 참여 문제가 해결되어야 한다. 그래서 조선의 내정은 조선인을 주로 하는 의회에서 결정지어야 한다. ……175)

다시 야나이하라는 조선의 '자치'가 독립으로 발전할 수 있다는 "지배층의 위구심"에 대해서는 다음과 같이 답을 했다.

가령 자주 조선이 전적으로 일본으로부터 분리, 독립을 바란다 해도 그것이 일본에게는 몹시 슬퍼해야 할 일이겠는가. 도의로써 영유 관계가 평화적으로 끝장났을 경우에는 그 후의 우의 관계 유지가 기대될 수 있다. 설사 조선이 우리나라로부터 분리한다고 해도 우리나라의 적국이 아니라는 것은 당연하다. …… 조선의 사회적 및 정치적 자주 발전을 이룩하게 해서 자주적 지위를 용인하는 것은 정의가 요구하는 터다. 그리고 이것은 다시 조선과 일본의 제국적 결합을 굳게 하는 유일한 길이다. 주는 자는 100배로 불려 받게 될 것이다.176)

이러한 야나이하라의 식민 담론에 대해 강동진은 "부르주아 민주주의의 식민지관"이 체현된 것이라 했고, 부르주아 민주주의는 식민지 문제에서 민족자결을 용인하고 나아가 식민지의 분리와 독립에까지 이르지 않을 수 없는 논리구조를 가지고 있다고 보았다. 그런데 그는, 식민지의 단순한 형이상(形而上)의 분리·독립이 아니라, 그 독립의 실태이며 독립운동의 주체가 어떤 계층인가를 더 중시했다. 그에게 야나이하라의 '분리·독립'은 "조선과 일본의 제국적 결합을 굳게 하는 유일한 길"에 불과한 것이고, 그런 점에서 야나이하라의 주장은 신식민지주의 아래에서 말하는 식민지의 형식적 독립 허용론과 닮은 것이었다.177) 그러나 강동진도 인정하고 있듯이 야나이하라의 주장은 일본에서는 대중화될 수 있는 토대가 없었고, 특히 일본의 지배층은 완전독립에 이어질 수 있는 '자치'를 두려워했다. "독립의 실태와 독립운동의 주체가 중요하고, '형식적인 독립'이 아니라 '실질적인 독립'이 되어야 하고, 그러기 위해서는 부르주아가 아닌 민중이 주도하는 독립이 되어야 한다"는 강동진의 주장은 다시 돌아보아도 실체도 없고 관념적이고 추상적이다. 1979년에 제출된 그의 저서에서 그가 언급한 "민중이 주도하는 독립국가"는 과연 어떤 나라를 상상한 것일까? 일본제국주의는 대한제국을 강점하고 '한국'의 흔적을 없애기 위해 일부러 '조선'이란 이름을 다시 호명했음에도('조선은행' 및 '조선총독부' 등) 불구하고, 그의 저서명은『日本の朝鮮支配政策史硏究』(東京: 東京大學出版會, 1979)였다. 오히려 필자가 강동진의 주장을 따라가면서 든 생각은 '자치론'이야말로 일본제국주의를 실질적으로 그 내부에서 위협할 수 있는 온건하지만 실질적인 수단이라는 것이다. 그는 부르주아지의 역사적 역할과 부르주아 민주주의의 역사적 의의 자체를 인정하지 않았다.

강동진의 연구는 민족운동 역량의 분열을 꾀하는 식민정책의 본질을 생생하게 그려냈다는 데 큰 의의가 있다. 그렇지만 그는 일본인이 생산한 자료에 의존해 자신의 논지를 전개했다. 일본인의 주관적 욕구가 반영된 자료들이 주로 활용되었다. 특히 그는 자치와 관련된 서술을 할 때 아베와 같은 일본인의 '실현되지 않은' 의도를 사실로 전제하고 그들의 마음을 구체적 증거로 간주하곤 했다. 현실에서 자치제는 실시되지 않았고, 그와 관련된 논의와 간접적인 행동이 있었을 뿐이었다. 또한 강동진은 그가 이상적인 모델로 생각하는 민족운동의 모습과 독립을 상정해 놓고 그에 맞지 않으면 모두 일본에 의해 조정되는 것으로 평가했다. 어느 민족 혹은 사회나 마찬가지로 조선인도 다양한 사회적 정체성을 지닌 사람들이 이룬 집단이다. 농민과 지주, 노동자와 자본가, 상민과 양반, 일반민중과 지식인 등을 비롯하여 여러 가지 갈래의 사회적 성격을 지닌 집단들이 존재한다. 그들이 민족을 경유하여 독립국가로 가는 길을 상상할 때 서로 공통되는 바도 있지만 서로 다른 부분이 있을 수밖에 없다. 어떤 사람은 당장의 무력투쟁을 주장할 수도 있고, 어떤 사람은 국제관계를 중시하여 외교적 역량 강화를 역설할 수 있으며, 어떤 사람은 경제와 교육 등의 분야에서 실력을 양성하면서 독립을 준비하자고 할 수 있고, 어떤 사람은 그냥 생존하기 위해 애쓸 수 있다. 이 모든 것은 존중되어야 하지만, 어떤 한 가지를 민족주의의 절대적 모습으로 간주하여 나머지 것들을 배제하려는 경향이 나타나곤 했다. 강동진에 의하면 민족개량주의·문화운동·실력양성운동 등은 아베 미쓰이에와 같은 일본인의 공작과 조선총독부의 회유 정책에 따른 것에 불과하였다. 최린은 일본 측이 조선인을 연결하는 활동가로서, 이광수 또한 민족주의의 개량화를 위한 지식인으로서 그들의 주요 공작 대상이었다. 사이토 총독의 민족 분열 정책은 3·1운동이라는 민족주의 기세에 밀려서 어쩔 수 없이 선택한 전략이었다. 다시 말해 학교·기업·언론사 등의 설립은 조선인이 일할 수 있는 영역의 확대이고 성장이지 단순히 민족주의 운동의 분열은 아니었다. 조선인이 일본 당국자와 만나면 만날수록 체제에 협력할 가능성도 높아지지만, 그 과정에서 확장된 조선인의 영역은 일본의 지배 체제 혹은 식민지배체제를 위협하는 요인들이 늘어나는 것이다. 이러한 우려 때문에 일본 정치사회는 '자치'를 수용할 수 없었다.

강동진의 지배정책사 연구를 정치사상사 차원에서 심화시킨 박찬승은 자치론에 대해 다음과 같이 평가했다.

현실적으로 볼 때 자치운동론은 민족운동의 목표를 '독립'에서 '자치'로 끌어내린 것을 의미했고, 따라서 그것은 민족주의 우파의 일제에 대한 '정치적 타협'을 의미했다. 자치운동론은 일제 권력에 밀착하여 예속하고 있던 일부 민족자본가 최상층의 입장에서, 또 부르주아 민족주의 우파 가운데에서도 일제의 정치적 지배를 불가피한 현실로서 인정하고 일제 권력에 타협하자는 입장에서 나온 운동론이었다.[178]

그에 의하면 자치운동은 부르주아 민족주의 우파의 실력양성운동론이 정치적 측면에서 구현된 것이었다. 그에게 실력양성운동은 타협주의 운동이고 민족주의 우파들은 총독부 권력에 예속적인 민족자본 상층의 입장을 대변하는 자들이었다. 정치적으로 독립의 발판을 마련한다는 공리주의적 계산에서 나온 '자치론'과 같은 단계적 운동론은 당시 민족주의 좌파가 지적했듯이 독립운동으로부터 일보 후퇴한 운동의 타협성을 은폐하기 위한 명분에 지나지 않았던 것이다.[179] 독립운동으로부터 일보 후퇴했다는 그의 수사는 실력양성운동론 - 자치운동 - 부르주아 민족주의 우파에 모두 적용되었다. 이러한 계급주의 입장은 상황의 일단을 이해하는 데는 도움을 줄 수 있지만, 식민지 조선의 민족주의 운동은 그렇게 단순하게 전개되지 않았다.

김만규는 『조선지광』(1927년 2월호)에 실린 당시 자치론자들을 크게 세 부류로 나누었다. 첫째, "민족운동×××× 향하여 나아가는 도정은 …… 현실에 있어서는 자치운동 그것도 대중을 위한 일부 당면이익이 될까 하는 ××를 가진 ××파의 분자"와, 둘째, "고급 지식벌이며 중산계급 이상의 재산벌(財産閥)인 그들의 생활조건이 그들의 이상을 약정(約定)하게 하여 …… 점진주의 개량주의적 견지로서 운동을 간주하게 되어서 자치운동을 당면이익으로 보기보다는 차라리 민족운동의 …… 일종의 계단으로 확인하는 온화파 분자와", 셋째, "기회를 포착하여 자기의 정치욕 사환욕(使宦慾)을 추구하는 데 몰두하는 간웅벌분자(奸雄閥分子)이다."[180]

박찬승은 두 번째 케이스를 이렇게 평가했다. "'중산계급 이상의 자산가'란 바로 경성방직의 호남 재벌과 같이 민족자본 상층으로 출발하여 예속자본으로 전화하고 있던 대자본가의 경우를 가리키는 것으로 보인다." 그들은 "한편으로는 일제 당국의 보호와 육성을 다시 호소하고, 다른 한편으로는 자본의 성장에는 정치권력의 뒷받침이 필수적이라고 생각하고 '최소한의 정치적 권리의 획득'을 내걸면서 자치운동을 전개한" 자들이었다. 그리고 "고급 지식층이란 바로 자치운동의 추진 주체인 최린을 중심으로 한 천도교 신파의 간부, 송진우 등 동아일보 간부, 이광수 등 일부 수양동우회 간부, 윤치호·박희도 등 일부 기독교계 인사 등을 가리키는 것으로 보인다. 본래부터 자력에 의한 독립쟁취·독립유지를 불가능한 것으로 생각하고 있던 이들은 외세의 지원에 의존한 외교운동이 좌절되고, 실력양성 우선론에 입각한 '경제적·문화적 실력양성 운동'이 한계에 부딪히자, 이제는 '정치적 측면에서의 실력양성 운동'으로서 일제 지배하에서의 자치권 획득을 목표로 한 자치운동을 제창하고 나섰던 것이다." 이들 자치론자들은 "민족자본 상층에서 예속자본으로 전화하고 있던 일부 대자본가의 입장을 대변하고 있었다."[181] 이러한 주장이 제기될 수 있는 근거는 안재홍의 민족담론이었다.

자치운동을 추진하고 있는 자들과 달리 안재홍은 당시 '민족주의 좌익전선'의 입장을 가장 선명하게 나타냈다. 그는 『조선일보』의 주요 필진으로 민족담론을 주도했고, 이른바 '자치당'의 출현을 견제하기 위해 신간회 창립을 주도했다. 그에 의하면 한국인의 "유일한 목표"는 "정치상으로나 경제상으로나 문화상으로나 어떠한 방면을 물론하고 완전한 해방"인 것이었고,[182] 조선인의 타협운동이 있다면 "그것은 반드시 통치군들과 연락되고 호응함이 아니고서는 용이하게 출동하지 못할 것이요, 그들 통치군의 양해 혹은 종용의 아래에 비로소 있을 수 있는" 그것은 불신임의 "관제적 타협운동"인 것이었다.[183] 1926년 최린과 같은 "조선인의 공리론적 점진주의자와 저들 통치군들"은 "조선 대중의 돌진적 또는 좌경적 기세를 줄이기" 위해 서로 호응하여 타협운동을 전개할 것이다.[184] 궁극적으로 그들은 민족운동의 보조를 교란시킬 것이다.[185] 사회주의 경제사학자로 유명한 백남운도 자치론 비판에 동참했다. "중앙정부의 재정원조를 받는 동안은 내 추측으로는 일본의 정치적 낭인들이 여하히 발광할지라도 기형적 자치도 난산"일 것이다.[186]

    비록 '계획적 자치운동'이라도 실제상 취정배(醉政輩)의 소위 활동적 충동을 만족시킬 뿐이고 대체로는 조선 민중의 실익을 기대할 수 없을 것이다. …… 자치운동은 민족적 기혼(氣魂)을 마취시키는 동시에 계급 통일 의식을 교란하고 종국에는 사회 분열의 계기가 되고 말 것이다. 현실의 범위 내에서 거세한 정치를 요구하는 것보다는 명일을 동경하는 충직한 노동이 오히려 생활가치가 거대하다.[187]

이러한 담론들은 민족주의 운동을 바라보는 한 기준이 되었다.

  자치운동론은 한편에서는 1910년대 이후 신지식층들의 실력양성운동론의 논리적 귀결의 형태로 나타난 것이었으며, 다른 한편에서는 그 실력양성론이 일제의 식민지 지배정책과의 타협에 매몰되는 모습을 띠고 나타난 것이었다. 그리고 그것은 결과적으로 일제의 식민지 지배정책에 이용당하면서 민족운동전선을 분열시키는 역할만 하고 말았다. 따라서 부르주아 민족주의 우파의 개량주의적 운동에 타협주의적 성격이 강하게 가미된 자치운동은 결코 '독립운동을 준비하는 일 단계'가 될 수 없었다.188)

그런데 우리는 이와 관련하여 두 개의 역사적 사실을 주의 깊게 살펴볼 필요가 있다. 하나는 1920년대에 민족주의 진영 내부에서 뜨거운 논쟁이 있었던 자치 문제에 관련하여 구체적인 실행이 없었다는 것이고, 또 다른 하나는 자치론자로 의심을 받았던『동아일보』그룹과 그들과 가까운 세력들이 신간회에 합류했다는 사실이다. 위에서 언급했듯이 자치론을 주장하는 그룹들을 셋으로 분류한 김만규 역시 "자치 그것이 여하한 형태로 출현될 것은 아직 미래에 속할 추상적 예측이지만"이라고 지적했듯이, 자치제는 실시되지 않았고 여러 가지 많은 이야기가 난무하고 있었을 뿐이었다.189) 자치제가 실시되지 않았기 때문에 실질적인 자치론자는 등장할 수 없었다.

1928년 3월 말이 되면 '민족주의좌익전선'을 표방했던 신간회도 온건한 활동 지침을 마련하지 않을 수 없었다. 안재홍은『조선일보』1928년 3월 27일자「사설: 실제운동의 당면문제 – 신간회는 무엇을 할까」에서 몇 개의 활동 지침을 알렸다. 이 글은 1926년 12월 16일부터 19일까지『조선일보』에 연재된「조선 금후의 정치적 추세」이후 1년 4개월

만에 나왔는데, 민족주의 운동과 관련하여 유연하고 현실적인 목표들이 제시되었다. 그것들은 '농민 교양', '경작권 확보와 외래 이민 방지', '조선인 본위 교육', '집회 결사 출판의 자유', '협동조합 운동의 지도와 지지' 등이었다. 조선총독부라는 전제적 권력은 '비타협적이며 합법적인 정치운동'의 공간을 거의 허용하지 않았다. '비합법 조직을 통한 투쟁'은 일본 경찰이나 군대 등과 같은 우월한 물리력과 정보력을 갖고 있는 조직과 싸워야 하는 어려움이 있었고, '합법적인 정치운동'은 체제를 인정하고 수용한다는 민족 내부의 비판을 이겨내야 한다는 어려움이 있었다. 이지원에 의하면 안재홍의 글에서 제기된 신간회의 '당면방침'은 개량적이고 준비론적인 성격으로 보이지만, 당면한 현실의 어려움을 돌파하기 위한 궁여지책이었다. 이러한 한계에도 불구하고 여러 계열의 세력이 연합한 단체 즉 신간회는 그 존재만으로도 의미가 있었다.190)

3) 민족주의자들의 차이

식민지기에 교육·경제·사회문화 등 여러 영역에서 근대적 기관의 설립에 기여한 호남의 지주 김성수는, 강동진에 의하면, 사이토 총독을 14번 만났다.191) 그는 어느 날 조선인의 사회적 역량을 강화하는 영역과 조선총독부 당국자들과 만나는 영역의 경계를 넘나드는 일상을 뒤로하고 긴 여행을 떠났다. 1929년 12월 3일 경성을 출발한 그는 일본 고베(神戶), 이탈리아 나폴리(Napoli)와 로마, 프랑스 파리를 거쳐 영국 런던에 도착했다. 그때가 1930년 4월 초였다. 『동아일보』 부사장직을 유지하면서 컬럼비아(Columbia)대학에서 유학하고 있었던 장덕수는 김성수의 유럽 여행에 동행했다. 당시 영국에는 이활(李活)과 신성모(申性模) 등도 유학 중이었다(나중에 다시 언급하겠지만 1990년 '건국훈장 애족장'을 받은 신성모는 1951년 한국전쟁 중에 발생한 거창양민학살사건과 국민방위군사건 당시 국방장관이었다). 그는 런던의 러셀 스퀘어(Russel Square)에 있는 국제학생운동회관에서 약 1년간 머물면서 아일랜드·스페인·포르투칼·스웨덴·노르웨이·핀란드 등을 비롯하여 유럽 여러 나라를 돌아보았고, 아일랜드에서는 독립운동의 리더 에이먼 데 벌레라(Eamon de Valera)를 만났으며, 1931년 봄에는 미국으로 건너갔다. 그는 유럽과 미국에서 특히 대학들을—영국의 옥스퍼드와 케임브리지, 프랑스의 소르본, 독일의 베를린과 하이델베르크, 체코의 프라하, 미국의 컬럼비아·하버드·예일 등—방문했다. 그렇게 그는 1년 8개월의 긴 여행을 끝내고, 1931년 8월 무렵에 귀국했다.192) 이러한 '사치'를 누릴 수 있는 사람은 당대에 매우 드물었다. 김성수가 유럽 여행을 떠나기 3개월 전인 1929년 9월에 사이토가 조선총독으로 다시 부임했고 그로부터 약 21개월 후인 1931년 6월에 일본으로 돌아갔다. 우연이겠지만 두 사람의 서울 체류가 겹치는 시간은 약 3개월에 불과했다. 구미여행을 다녀온 후 김성수는 그 해 9월에 중앙고등학교 교장에 취임했다. 『동아일보』는 김성수의 귀국 직전부터(1931년 7월 16일) 브나로드(vnarod)운동에 참여할 학생 모집 광고를 실었다. "남녀학생 총동원 휴가는 봉사적으로" 하자. '학생 계몽대'(중학교 4, 5학년 대상), '학생 강연대'(전문학교 학생 대상), '학생 기자대'(전문학교 학생과 중학교 상급생)

를 결성하자. "민중에게로" 가서 '문자 보급'과 '민족보건운동'을 전개하자. '학생 하기(夏期) 브나로드' 운동의 "배우자 가르치자"는 농촌계몽운동을 상징하는 표어가 되었다.

1932년 3월부터는 보성전문학교가 김성수 그룹의 영역 안으로 들어왔다. 일본에 납치되었던 대한제국의 대신 이용익이 귀국한 직후에 설립한(1905) 이 학교를, 대한제국이 멸망한 후에는 그나마 재정 여력이 있는 천도교가 운영했었다. 김성수가 인수한 뒤에 미국 대학들의 건물 디자인이 반영된 교사(校舍)들이 신축되었다.193) 이때까지 김성수는 '온건하다' 혹은 '타협적이다'라는 비판을 받을 수 있었지만 그럭저럭 민족주의자로서의 위신을 지켰고, 동생 김연수처럼 사업을 확장하기 위해 일본 제국주의 정책에 적극적으로 부응하지 않았다.

1930년대 중반까지 타협과 저항의 경계에 있던 김성수는 중일전쟁 이후 강화되는 전시체제의 압력을 받게 되었다. 1939년 9월에는 경성방직(주) 고문직을 사퇴했고, 1940년 8월 10일에는 『동아일보』가 강제 폐간되었다. 더 직접적인 압력이 있었다. 김성수는 1938년에 '국민정신총동원조선연맹 이사', 1943년에 '국민총력조선연맹 이사' 및 동 총무위원, 1941년에 흥아보국단 준비위원을 맡았고, 『매일신보』 1943년 8월 5일자에는 「문약의 기질을 버리고 상무의 기풍을 조장하라」라는 글도 실었다. 이 밖에도 몇 개의 글이 더 『매일신보』와 『경성일보』에 실렸다. 1944년 4월에는 보성전문학교가 '경성척식경제전문학교'로 격하되었고, 학생들은 강제로 전쟁에 동원되기 시작했다. 이러한 경력 때문에 김성수는 친일 혐의에서 자유로울 수 없었다. 그런데 그 주변의 사람들은 그를 엄호했고, 그는 1945년 8월 15일 이후의 정치영역에서 중심적 역할을 했다. 한민당의 창당은 그 증거라 할 수 있다. 한민당에는 여러 계통에서 활약한 민족운동가들이 합류했고, 그들은 김성수의 정치적 지위를 대체로 인정했다. 어떻게 친일 혐의가 있는 인물이 정치사회에서 중심적 지위에 오를 수 있었는가? 유진오의 진술은 그 단서의 일부를 제공한다. 1932년에 김성수가 보성전문학교를 인수했을 때, 경성제대 조수로 재직하고 있던 유진오는 보전 교수로 스카우트되었다. 그는 김성수의 연설문들을 여러 차례 작성해 주었고, 누구보다도 그의 생각과 행동이 갖는 의미를 가장 잘 아는 사람 중의 한 사람이었다.

『경성일보』(총독부의 일본어 기관지) 사장을 지낸 아베 미쓰이에(阿部充家)라는 낭인(浪人)이 있었는데, 1924년 10월경 서울에 온 그는 나와 이종수(李鍾洙) 군을 조선호텔 만찬에 초대하였다. 나와 이종수 군은 맥도 모르고 초대에 응해 갔지만 나중에 알고 보니 아베(阿部)는 동경 조선인 유학생 등과 항상 접촉을 하며 지내는 사람이었다. …… 나와 이종수 군이 선택된 것은 그해 봄에 창설된 경성제국대학 예과의 문과 A(학부로 올라가서 법과 할 사람)에 내가, 문과 B(진짜 문과 계통할 사람)에 이종수 군이 각각 수석으로 합격하였기 때문이었을 것으로 생각된다. …… 아베(阿部) 씨의 덕택에 나는 신축된 지 얼마 안 되는 호화찬란한(그때 나의 눈에는 정말로 그렇게 보였다) 조선호텔을 처음으로 들어가서, 본 일도 들은 일도 없는 '진수성찬'을 처음으로 먹어보고 했는데, 그 자리에서 뜻밖에 인촌과 방태영 씨, 그리고 그때 한참 유명하던 소프라노 윤심덕 양을 만났던 것이다. …… 인촌과는 그때 그렇게 한 번 만난 일이 있을 뿐임에 반해 고하 송진우 선생과는 자주 접촉이 있었다. ……194)

이 에피소드가 연상시키는 것은 신문사를 경영하는 한국인 부르주아지와 일본인들의 일상적 관계다. 그들은 자주 접촉하면서 밥도 먹고 행사도 기획하던 관계였다. 김성수는 그런 위치에 있었던 인물이었다. 김성수가 1927년에 일본으로 돌아간 사이토 총독에게 보낸 편지에는 양자의 관계를 짐작할 수 있게 하는 대목이 있다. 예를 들어 이런 구절이다.

각하께서 조선에 계시는 동안 여러 가지로 두터운 정을 입었고 특히 경성방직회사를 위해 애고(愛顧)를 주신 것에 깊은 감명을 받았습니다. 195)

이러한 '인사치레'는 보는 관점에 따라 "정치 현실에 굴복하는 태도"였고, 비타협적 민족주의에서 이탈한 "문화적 민족주의의 점진주의" 모습이었다.196) 그런데 '타협과 비타협의 경계'는 그렇게 분명한 것이 아니었다. 유진오는 보성전문학교의 교수이기도 했지만 친일문학과 친일 논설을 생산한 문필가였고, 해방 이후에는 헌법기초위원회 위원으로서 제헌헌법제정에 참여했으며 3·4공화국에서는 박정희 독재정권에 대항했던 민주당 국회의원이었고, 전두환 군사정권에서는 국정자문위원회 위원에 위촉되었다. 그는 매우 복잡한 인물로, 법학자와 문학가로서의 명성, 친일의 혐의, 진보적인 대한민국 헌법의 기초, 박정희 독재에 대항했지만 전두환 군사독재정권에 간접적으로 관여한 정치인의 면모를 보여주었다.[197] '경계'를 넘나들었던 그의 진술은 김성수가 처해 있었던 상황을 잘 보여주었다.

> 학병 문제에 관해서는 한 가지 더 남겨둘 이야기가 있다. …… 이번에는 모모하는 인사들에게 학병을 격려하는 글을 신문(총독부기관지 『매일신보』)에 쓰라는 명령이 총독부로부터 내려온 것이다.
> 내게 그 명령을 전달해온 것은 『매일신보』 기자인 김병달 군이었다. …… 김의 말에 의하면 집필자 명단은 경무국에서 직접 인선한 것으로서 김성수・송진우・여운형・안재홍・이광수・장덕수, 나와 그밖에 1, 2인이었다. …… 나는 어떻게 쓰겠지마는 글 쓰지 않는 인촌이 문제였다. 김은 벌써 인촌을 만난 모양으로, 인촌의 글을 자기(김병달)가 대필하겠다 하였더니, 정 안 쓸 수 없는 것이라면 대필은 하되, 쓴 것을 나(유진오)에게 반드시 보이고 내도록 하라고 인촌이 말씀하였다고 전하였다. 전화로 확인해 보았더니 '창피한 글'이나 안 되도록 주의해 달라는 인촌의 대답이었다. ……
> 김(병달)이 대신 집필해 온 인촌의 글 아닌 인촌(仁村) 명의(名義)의 글을 보니 수재인 만큼 염려한 것 같은 창피한 표현은 거의 없는 조촐한 글이었다. 나는 「조선 청년의 입영은 힘의 증대다」라는 취지의 글을 써서 인촌 명의의 글과 함께 김군에게 넘겨주었다.[198]

길게 인용한 유진오의 기록에 의하면 김성수 이름으로 『매일신보』에 실린 논설은 김병달이 썼다. 그렇다고 해서 조선총독부의 압력에 굴복한 김성수의 친일활동이 덜어지지 않는다. 글이 과장이 심하지 않기를 바라는 정도의 '염치'가 있었다고 해서, 김성수가 자신의 글이 조선인을 전쟁에 동원하기 위한 수단으로 이용될 수 있다는 사실을 모를 리 없다. 유진오 역시 당시 상황을 어쩔 수 없는 것으로 받아들이고, 전쟁에 나서는 학생들을 배웅하는 "침묵의 전송길"인 평양 출장을 다녀왔다.

김성수의 동생 김연수는 "일본인들을 따라다니며 사업을 할 것이 무엇이냐"는 형의 말을 그냥 흘려보냈다. "한창 사업에 대해 자신이 생겼을 때요, 사업 의욕이 번성할 때"라 "그는 형의 말이 귀에 들어오지 않았다."[199] 그러나 일본 제국주의라는 교각 위에서 만주와 중국으로 확장된 김연수의 회사들은 일본의 패전 이후에 '신기루'처럼 사라졌다. 김연수는 형이 주도해서 세운 작은 공장 경성방직(주)의 사세를 중국 대륙에 대규모의 방직공장을 세울 만큼 크게 키운 인물이었다. 1949년에 김성수의 동생 연수는 '반민특위' 재판에서 자신은 조선총독부의 강요 때문에 어쩔 수 없이 내선일체(內鮮一體)에 관여한 것이라고 주장했지만, 그의 사업에 대한 욕망과 일본 제국주의에 대한 협력은 비례했다.[200] 경성방직(주)을 중심으로 김성수 일가에 대한 충실한 연구를 제출한 카터 에카트는 김연수와는 달리 김성수의 복잡한 면을 인정했지만, 에카트 역시 김성수의 순응적인 측면을 지적했다.

김성수는 훨씬 더 알기 어려운 의문의 인물이다. 그는 김연수나 다른 많은 저명한 조선인의 경우보다 내선일체 활동에 정식으로 관여한 것은 확실히 적었고, 문화적 민족주의 운동과 강한 유대관계를 맺고 있었다. …… 그가 사실 1920년대 이래 식민당국과 충심으로 순응하는 관계를 맺어왔다는 것을 주목해야 한다.201)

에커트는 1945년 7월 8일에 세키야 데이자부로에게 보내는 답장에 (김성수는 세키야로부터 5월 29일에 편지를 받았다) 대해서도 이렇게 평가했다.

분명히 자기 이익의 요소, 즉 과거에 유용한 것으로 드러났던 오래된 개인적 관계를 강화하려는 욕망도 있었다. 또 그가 세키야의 기분을 맞추기 위해 자신의 진짜 감정을 고의로 변색하거나 과장했을 것으로도 생각할 수 있다. 하지만 편지에 사교적 수사가 많다는 것을 인정한다고 해도, 김성수가 전에는 그렇지 않았을지 몰라도 식민지기 말에는 여하튼 내선일체를 받아들였으며, 일본인 당국자들과 지속적으로 개인적·공적인 교류의 기반을 닦고 있었다. …… 적어도 그는 일본이 전쟁에 승리할 경우의 선택지를 계속 남겨 두었던 것 같다고 할 수 있다.202)

그리고 이러한 평을 더했다.

김씨가가 내선일체 운동에 참여한 것은 식민지 부르주아 민족주의의 종언을 장식하였다. …… 예컨대 김성수는 문화적 민족주의 운동에서의 중요한 역할과 전쟁 중의 비교적 적은 공직 활동 덕분에, 적극적 부일 협력자로 널리 간주된 동생보다 훨씬 덜 비난받았다. 그러나 부르주아 민족주의 입장의 힘과 취약성을 가장 잘 체현한 인물인 김성수조차도 내선일체기 동안 추락을 경험했다.203)

에카트는 "추락"을 "종언"으로 단정했다. 그러나 우리는 조금 더 신중할 필요가 있다. 거대한 폭력에 위축된 모습 역시 인간의 한 단면을 보여주지만, 거대한 폭력이 사라진 뒤 인간의 자율이 어느 정도 허용된 국면에서 한 인간의 정치적 사회적 특징이 더 잘 나타날 수 있다. 『친일파 군상』이라는 책에서 같은 시대를 살았던 사람이 묘사한 '김성수의 모습'는 다음과 같다.

모(某) 정당 측에서는 김성수(金性洙)도 전시 협력이 많았다 하여 친일파시한다. 그러나 전시에 모모(某某) 단체, 모종(某種) 집회 등에 김성수의 명의가 나타난 것은 왜적과 그 주구배(走狗輩)들이 김성수 명의를 대부분 도용한 것이라 하며, 김성수 자신이 출석 또는 승낙한 일은 별로 없다고 한다. 그리고 김성수는 조선의 교육사업, 문화사업을 위한 큰 공로자인 동시에 큰 희생자이다. 그는 광대한 사업을 유지하기 위하여 다음과 같은 몇 가지 그 이름을 낸 일이 있었다고 한다.204)

이 책의 저자는 '친일파' 문제에 매우 신중한 자세로 접근했다.

전시에 황국신민서사를 부르고, 보국채권 매입 또는 국방금풍 헌납, 정회 총대, 조반장(組班長) 등을 한 자를 모두 친일자, 전쟁협력자라고 한다면, 성인이고 국내에 거주한 조선 사람은 거의 모두가 그 범죄자라고 하는 이가 있다는 것을 우리는 종종 듣는다. 우리의 친일자, 전쟁협력자 규정에 한 참고로 삼아 좋을 말이라 생각하나, 한계의 도를 무시한 말이기 때문에 그대로 쫓을 바는 아니다. 우리의 이 범죄자는 적다면 극히 적은 수이며, 많다면 또 극히 많은 수이다. 그러므로 세상에서 한 입으로서 친일파 또는 전쟁협력자라 하지만 우리는 그것을 다음과 같이 분류함이 타당하다고 생각한다.

  1) 자진해서 나서서 성심으로 활동한 자
  2) 피동적으로 끌려 활동하는 체한 자.

그는 이를 또다시 내분(內分)했다. '자진해서 활동한 자'들을 다시 (갑)·(을)·(병)·(정)·(무) 5개로 나누었고, '피동적으로 활동한 자'들은 (갑)·(을)·(병)·(정) 4개로 구분했다. 후자에 속한 김성수는 유억겸과 함께 '경찰의 박해를 면하고 신변의 안전 또는 지위, 사업 등의 유지를 위하여 부득이 끌려다닌 자'인 (갑)으로 분류되었다. 역시 후자에 속한 장덕수는 유진오와 함께 '원래 미영(美英)에는 호의를 가졌으나 일본에 호감을 가지지 아니하였고, 혹은 친미 배일사상의 소지자였으나 위협에 공포를 느끼고 직업을 유지하기 위하여 과도한 친일적 태도와 맹종적 협력을 한 자'인 (을)로 분류되었다. 그는 책을 마무리하면서 다시 한 번 '친일파' 및 '전쟁 협력자'를 평가할 때 매우 신중해야 할 것을 당부했다.

그렇게 각인의 경우와 행적이 부동(不同)한 만큼 그 한계의 규정이 용이치 아니한 점을 고려하여야 될 것이다. 독자 중 혹은 기계적 속단으로 누구는 『본집(本輯)』에 그 이름이 등재되었고, 어느 때 어떤 담화를 발표하였고, 어떤 강연회의 연사가 되었고, 어떤 친일적, 전쟁협력적 단체의 간부로 그 이들이 발표되었으니, 그 이는 친일파, 전쟁 협력자에 틀림이 없다는 경홀(輕忽)한 단정을 내려서는 아니 될 것이다.205)

『친일파 군상』에서는 친일파 문제와 관련하여 9개의 기준이 제시되었다. 특히 이 책의 저자는 "기계적 속단"과 가볍고 신중하지 않은 "경홀(輕忽)한 단정"을 경계했다. 우리는 여기에서 같은 시대를 호흡했던 사람과 '뒤에 태어난' 후대인의 평가 중에서 어느 것이 실체에 가까운 모습일까? 둘을 비교하는 것은 쉽지 않은 작업이지만, 우리는 최소한 '민족 대 반민족' 혹은 '비타협 대 타협'이라는 단순 구도로 역사적 상황을 이해하는 것에 대해 신중해야 한다. 그렇지 않으면 '민족주의'는 또 다른 폭력의 수단이 될 가능성이 있기 때문이다.

『친일파 군상』에서는 '친일파'와 대비되는 '민족혁명가'들을 예시했는데, "8·15 이전 그렇게 전쟁협력으로 진출하도록 전 민족에게 향하여 강요하고 있던 그때에" 그것을 회피한 인물들로 홍명희·조병옥·김병로·김준연·이영·박헌영·정백·김약수·이인·이묘묵(李卯默)·최용달(崔容達)·백남운(白南雲)·원세훈·송진우·여운형·안재홍 등이 거론되었다.206) 그런데 그들 중에서 조병옥·김병로·김준연·원세훈·송진우 등은 김성수와 함께 한민당을 창당했고, 그들은 김성수를 반민족적 친일파가 아니라 정치적 동지로 받아들였으며, 나아가 당의 리더로, 또 부통령으로 추대했다. 그들의 행동은 무엇을 의미하는가?

또한 우리는 전시체제기 일본군국주의의 상태에 대해서도 고려해야 한다. 조선인을 억압하고 전쟁에 동원한 일본군국주의는 일본인의 자유와 사상도 압살했고 그들의 신체 역시 전쟁에 동원했다. 1910년대 후반과 1920년대 초반의 일본은 경제도 성장하고 정당정치도 어느 정도 활성화되었고, 자유주의 사상이 확대되고 진보적인 선거제도가 도입되었다. 이때가 일본 민주주의가 발전했던 다이쇼 데모크라시 시대였다. 그러나 군부 내에서는 다른 생각이 자라나고 있었다. 1923년에 소장으로 예편한 나카시바 스에즈미(中柴末純)의 신념은 그들의 '정신 상태'를 단적으로 잘 현상하고 있었다. 그는 '갖지 못한 나라'라도 '가진 나라'로 하여금 상대를 두려워하게 만들 수 있다면 승리할 기회가 오고, '일본인이 척척 기꺼이 죽는 모습'은 적에게 두려움을 줄 것이라고 믿었다. 천황이 죽으라고 말하면 자신의 의사로 죽을 수 있다는 생사관이 형성되었다. 처음부터 이런 사고방식이 군인들에게 확산된 것은 아니었다. 일본 육군의 한 파벌인 황도파 군인들은 강한 정신력으로 열세인 물질력을 보완하자고 했지만 일본이 이길 수 있는 상대하고만 전쟁을 하자고 했고, 다른 파벌인 이시하라 간지(石原莞爾)는 국력을 충분히 키운 다음에 자신이 생각하는 최대의 가상적국 미국에 도전하자는 입장을 갖고 있었다. 처음부터 무모하지 않았고, 대체로 많은 군인들은 준비론적 자세가 더 강했다. 그러나 1920년대 후반 일본의 위기는 급진적인 군인들을 출현시키는 변곡점이 되었다.207)

배링턴 무어에 의하면, 그때 일본의 상황은 비교적 평온했다. 1936년에 비교적 자유로운 선거가 실시되었는데, 가장 많은 의석을 얻은 민정당(4,456,250표, 205석)이 내건 구호 중의 하나는 "의회정부와 파시즘 중 어느 것을 택할 것인가?"였다. 이 선거는 선거 참여율이 낮았지만, 일본 시민은 애국적 급진주의에 대해서도 지지를 보내지 않았다. 일본 군부는 이러한 상황을 무력으로 뒤엎었다. 2·26사건(1936)으로 알려진 또 하나의 쿠데타에서 여러 중신이 살해되었다. 이 "사건은 전체주의적 국면의 도래를 초래한 그 후의 여러 가지 정치적 책동의 서곡이었다." 마루야마 마사오는208) 이 사건을 대중의 지지에 의존하는 "아래로부터의 파시즘"의 파괴라고 평가했다. "위로부터의 파시즘"은 반자본주의(anticapitalist)적 대중적 우파(popular right)를 제거했다. 국민동원령이 내려지고, 사회주의자들은 검거되었다. 정당들은 서양의 전체주의적 정당을 어설프게 모방한 대정익찬회(大政翼贊會)에 의해 대치되었다. 또 일본은 반코민테른 협정을 체결하고, 모든 노동조합을 해체시키면서 그 대신 '산업을 통해 국가에 봉사하기 위한' 단체(大日本産業報國會)를 설립했다.209) 이를 계기로 일본인에게 신의 아들 '천황'을 중심으로 한 조직에 '특수주의적 충성'이 강요되었고, 개인으로서의 일본인은 전체주의적 국가에 매몰되었다.

일본인은 '천황'이라는 일본만의 특수한 정치적 기구를 통해 '급진적 힘'을 집중시켰고, 개인들은 그 흡입력에 빨려 들어가고 말았다. "천황 전통의 계속성은 상징적인 것만이 아니라 새로운 국가적 일체성의 주요한 초점과 내용으로도 이바지했다. 그런데 이 새로운 국가적 일체성은 일반적인 초월적 보편주의적인 지향을 천황이 대표한다는 측면보다는 오히려 신의 아들로서 천황에 대한 특수주의적 충성이라는 측면에 놓여 있었다."210)

1920년대는 일본이 미국이나 영국과 타협을 통해서 온건한 제국주의 노선을 걸을 것인지, 아니면 전쟁을 불사하는 급진적 무력적 제국주의 노선으로 갈 것인지를 선택해야 하는 시기였다. 일부 일본의 정치가들과 지식인들은 전자의 길을 선호했는데, 그러한 움직임은 식민정책(이른바 사이토 총독기의 '문화통치')에 반영되었다. 1925년 보통선거제도의 도입은 일본 의회주의의 가능성을 보여준 것이었다. 식민지 조선인은 그러한 변화에 기대를 걸었었다. 그러나 그 기대는 곧 일장춘몽처럼 무너졌다. 1936년 2월 26일 이후 군인들이 지배하는 일본의 정치사회는 조선총독을 지낸 우가키 가즈시게도 수용하지 않았다. 그는 1920년대 군축을 주도했고 미국과의 대결에 신중한 태도를 견지했었다. 일본의 '천황'은 우가키에게 내각을 조직하라는 '대명(大命)'을 내렸지만, 일본 군부는 그것을 따르지 않았다. 일본 군부는 '천황'의 지휘 아래에 있었지만, 그들이 실질적으로 이 시기 일본 정치를 주도하고 있었다.

김성수는 '천황'의 말에 '척척 죽을 수 있는' 군인들이 주도하는 군국주의에 협력했다. 회유와 압박에 굴하지 않은 민족주의자들의 태도는 거룩한 것이다. 광기 어린 폭력정치에 굴종한 한 인간의 행위와 사상도 신중하게 살펴보아야 한다. 민족주의의 목표는 단순한 반일운동이 아니고 군주정으로의 회귀는 더더욱 아니며, 국민주권의 민주주의와 공화정의 실현이다. 민족주의는 민주주의와 공화정치라는 의제에 기여할 수 있을 때에 애국의 도구이지만, 그렇지 않으면 일본의 군국주의가 그러했듯이 개인과 국민을 억압하는 매국적 독재정치의 도구가 되는 것이다.

약 40년간 지속된 식민지 상태에서, 그리고 군국주의로 귀결된 일본 제국주의 지배 아래에서, 여러 갈래의 민족주의 노선은 복잡하게 경쟁했다. 어느 날 전쟁이 끝났다. 전쟁이 일어나기 전부터 어느 정도 예상된 결말은 전쟁이 거듭될수록 점점 또렷해졌지만, 그 종점은 정확히 알 수 없었다. 패전과 함께 일본제국주의가 이룩한 화려한 번영은 신기루처럼 사라지고 말았다. 그 이후 미국과 소련이 진주한 현실에서 여러 갈래의 민족주의 노선은 주도권을 놓고 치열한 싸움을 전개했다. 그 여파는 외세들이 쳐 놓은 분단의 38선이 오히려 더 날카로운 휴전선으로 고착되는 결과를 낳았다. 일본 제국주의에 의한 식민주의는 파괴되었고, 여러 민족주의는 분열되고 절단되었다. 세계전쟁이란 대폭발이 끝난 후 식민지의 유산은 핵폭탄의 낙진처럼 한반도에 내려앉았다. 외부의 압력에 의한 분단은 얼마 후에 한반도에서 전쟁이 발발하는 배경이 되었고, 한국인의—민족주의—분열은 그것이 일어나는 직접적인 원인이었다. 그래서 우리는 민족주의를 바라볼 때 다음의 몇 가지를 신중하게 살펴볼 필요가 있다.

첫째, 제1차 세계대전을 계기로 달라진 국제질서다. 19세기 '세력균형론'이 20세기 '집단안보론'으로 바뀌기 시작하면서 국제연맹이 등장했고, 영일동맹은 폐기되었다. 또 다른 국제적 변수인 공산주의 국가 소련은 이념과 자금은 물론이고 다양한 경로에서 한국의 민족운동에 관여했다. '집단안보'란 새로운 국제질서는—아직 완성되지는 않았지만—제1차 세계대전의 승전국 일본을 긴장시키고 식민지 조선인에게 희망을 주는 외부적 조건이 되었다. '유럽 내전'의 성격이 강했던 제1차 세계대전은 '집단안보' 기구인 국제연맹이 탄생하고 미국 주도의 워싱턴체제가 출범하는 계기가 되었다. 그 영향력은 아시아까지 미쳤다. 특히 미국은 새로운 국제질서의 리더로 부상했고, 식민지 조선인 중에는—특히 부르주아 민족주의자—미국의 등장을 환영하는 자들이 적지 않았다. 일본인은 이러한 국제정세의 변화에 불안감을 느꼈다. 송진우는 미국과 일본의 갈등관계에 기대를 걸었고 소에지마 미치마사는 일본과 미국의 우호적 관계가 지속되기를 기대했다. 일본제국주의는 한국인의 강한 민족주의로부터 압력을 받기도 했지만 미국과의 관계를 고려하면서 식민통치의 전략을 수정했다. 사이토 총독의 문화통치에는 민족주의를 약화시키기 위한 전술적 목표가 내포되어 있었지만, 도덕적 제국주의 국가로서의 일본이 미국 및 영국과의 긴장관계를 높이지 않으려는 전략적 목표도 들어가 있었다.

둘째, 3·1운동 이후 전개된 1920년대는 한국의 민족운동이 양적으로나 질적으로나 크게 발전한 시기였으나, 그 발전의 이면에는 운동의 힘을 약화시키는 분열의 기운이 자라나고 있었다. 광복에 대한 한국인의 염원이 모여서 출범한 상하이의 임시정부는 운동의 노선을 둘러싸고 의견이 대립하면서 그 힘이 점점 약화되었다. 이미 간도와 연해주 일대에서는 1910년대부터 이주하여 군대를 양성하면서 일본군과의 전쟁을 준비하던 그룹들이 활약하고 있었다. 약 3천 명의 인재들을 배출한 신흥무관학교를 위시하여 여러 계열의 무장 조직들이 활약하고 있었고, 그러한 일련의 움직임들은 봉오동과 청산리 전투에서 일본군을 격퇴하는 전과를 올렸다. 그러나 1921년 자유시참변과 1923년 '국민대표회의' 결렬은 통합적 민족운동에 큰 타격을 주었다.

해외에서의 민족운동은 여러 갈래로 전개될 수밖에 없었다. 국내에서는 민족운동과 계급운동이 연결되는 측면이 나타났다. 노동·농민·청년 운동 등에서 조직적 성과가 나타났고, 조선공산당도 결성(1925)되었다.[211] 이러한 흐름은 각자가 처한 상황과 국제정세를 이해하는 방식에 따라서 외교론·준비론·비타협적인 민족운동론·항일무장투쟁론 등으로 다양하게 전개되었다. 이들은 현실에서 상호협력하기보다는 배타적 관계로 진전되었다. 특히 외교론과 준비론은 항일무장투쟁론의 관점에서는 비판의 대상이었다. 결국 민족주의 세력은 통합되지 못하고 분열되었다. 단재 신채호의 「조선혁명선언」(1923)에는 민족운동 세력들이 분열된 이유가 명확하게 나와 있다.[212] 그는 "강도 일본과 타협하려는" 내정독립론자·자치론자·참정권론자 들과 "강도 정치에 기생하려는 주의를 가진" 문화운동자를 모두 "우리의 적"이라고 선언했다. 그리고 외교론은 민중의 전진하는 용기를 부정하는 매개에 불과한 것이었다.

　…… 강도 일본의 구축을 주장하는 가운데 또 다음과 같이 논하는 자들이 있다. 제1은 외교론이니, …… 국망(國亡) 이후 해외로 나가는 모모 지사들의 사상이 무엇보다도 먼저 '외교'가 그 제1장 제1조가 되며, 국내 인민의 독립운동을 선동하는 방법도 '미래의 일미전쟁·일로전쟁 등 기회'가 거의 천편일률의 문장이었고, 최근 3·1운동에 일반 인사의 '평화회의·국제연맹'에 대한 과신의 선전이 도리어 2천만 민중의 분용전진(奮勇前進)의 의기를 타소(打消)하는 매개가 될 뿐이었도다.

그에게는 안중근의 이토 히로부미 저격 또한 "겨우 하얼빈의 총"에 불과했다. 그리고 "강도 일본의 구박" 때문에 경제·교육·군사 등 여러 영역에서 실력을 키울 수 없으니 '준비론' 역시 현실적 기반이 없는 것이었다.

　제2는 준비론이니 …… 강도 일본이 정치·경제 양 방면으로 구박을 주어 경제가 날로 곤란하고 생산기관이 전부 박탈되어 의식의 방책도 단절되는 때에 무엇으로? 어떻게? 실업이 발전하며, 교육을 확장하며, 더구나 어디서? 얼마나? 군인을 양성하며, 양성한들 일본 전투력의 100분의 1의 비교라도 되게 할 수 있느냐? 실로 일장의 잠꼬대가 될 뿐이로다.

그에게 유일한 '수단'은 '외교론'과 '준비론'이 아니라 '민중 직접 혁명'이었다. '우리 조선 민족'이 '이족인 강도 일본'을 살벌하는 것은 정당한 행동이며, '우리 생존의 적인 일본'과 '타협하려는 자들은 모두 '우리의 적'이었다. 그는 "양병 10만"보다는 폭탄을 한 번 던지는 "일척(一擲)의 작탄(炸彈)"을, "억천 장 신문·잡지"보다는 "일회 폭동"을 선호했다. '폭력'은 "혁명의 유일무기"였다. 그는 이렇게 다짐했다.

> 우리는 민중 속에 가서 민중과 손을 잡고 끊임없는 폭력·암살·파괴·폭동으로써 강도 일본의 통치를 타도하고, 우리 생활에 불합리한 일체 제도를 개조하여 인류로써 인류를 압박치 못하며, 사회로써 사회를 수탈하지 못하는 이상적 조선을 건설하자.

이 '선언문'의 높은 기개(氣槪)는 24시간 365일 '적'과의 전투를 준비해야 하는 의열단원들의 사기를 진작시켰을 것이다. 그러나 총독정치를 대면하면서 일상을 살아가야 하는 사람들이 모두 의열단원은 아니었다. 그에게 국가는 있었지만 민중 개인의 삶은 안중에 없었다. 이러한 '폭발'·'폭동'·'폭력'으로 채색된 '낭만적 민족주의'는213) 혁명가에게나 어울리는 것이지, 모든 한국인이 그렇게 될 수는 없었다. 한국의 광복은 그러한 '폭력'에 의해 이루어진 것이 아니라 일본제국주의의 패전에 따른 것이었다. 그렇다 해도 현실이 어떠하든 그들의 행동과 기개는 존중되어야 한다. 그러나 '낭만적 민족주의'에 근거한 역사인식이 지배하는 사회에서는 증오와 분열이 조장되거나 독재와 전체주의가 자라날 가능성이 높다. 앞서 잠시 언급한 일본 장군 나카시바는 '갖지 못한 나라' 일본이 '가진 나라' 미국을 상대로 전쟁에서 이기는 방법으로 천황이 죽으라고 말하면 '스스로 척척 죽는' 일본인의 태도를 거론했다. 이러한 사고방식을 가진 일본 군국주의자들의 최대 피해자는 일본 국민 즉 평범한 일본인이었다. 그들은 식민지 조선인을 비롯하여 다른 민족들도 전쟁의 희생양으로 삼았지만, 수많은 일본인을 전쟁의 도가니로 밀어 넣기도 한 무책임한 광적인 급진주의자들이었다. 폭력이 유일한 혁명의 도구이며, 다른 운동방식은 일체 배제되며, 폭력투쟁을 위해 민중이 동원되는 단재의 민족주의와 나카시바의 군국주의는 서로 그리 멀어 보이지 않는다.

셋째, 기존 논문 중에는 경찰과 조선총독부 당국자들이 남긴 자료에 의거하여 민족주의 진영 내부의 노선 차이를 대립적 분열적으로 묘사하는 경향이 있었다. 그러나 민족주의 진영은 오히려 일제의 분석이 무색하게 그렇게 대립적이지도 분열적이지도 않았다. 그들은 1926년과 1927년을 지나면서 결국 신간회라는 민족협동전선이라는 배를 함께 탔다. 겉으로 보기에 노선의 차이는 존재했지만, 그들은 수시로 만나서 민족운동의 방향에 대해 논의하는 사이였다(유령 같은 단체인 '연정회' 설립 문제에서도 그렇고, '조선사정연구회'와 '태평양문제조사연구회 조선지회' 등의 조직을 만들 때에도 자주 만났다). 오히려 비타협적 민족주의자들과 사회주의자들 사이에 틈이 벌어지면서 신간회는 해소되기에 이르렀다. 사회주의자들의 전략이 민족연합노선에서 '계급 대 계급' 투쟁 노선으로 전환되었고, 비타협 민족주의자들은 사회주의자들과 신간회를 둘러싸고 헤게모니 경쟁을 벌이는 관계였다. 비타협적 민족운동은 합법적 공간에서 현실적으로 존재하기 어려웠고, 그들이 전개했던 '당면이익' 투쟁은 이른바 타협적 민족운동이 추구했던 방향과 큰 차이가 없게 되었다.214) 예를 들어 서상일은 강동진과 박찬승의 논저에서 타협적 민족주의자로 분류되었다.215) 과연 그는 단지 지배체제에 순응하는 '타협적 민족주의자'에 불과한 것인가? 그는 1931년 3월 26일자로 작성한 『합법운동과 비합법운동에 관한 사견』(필사본)에서 신간회의 해소를 안타깝게 바라보면서 합법운동이 필요하다는 의견을 피력했다. 그는 신간회의 해소 과정을 이렇게 표현했다. "신간 운동은 대회조차 열지 못하고 4개 성상이라는 오랫동안 침묵과 침체로 일관하여 오다가 오늘날에 와서 해소론과 분열극을 일으켰다."216) 신채호에게 비타협적 폭력투쟁론이 민족운동의 최선이었다면, 서상일에게는 합법적 의회 설립이 현실을 반영한 가장 적절한 민족운동이었다. 그는 여러 나라의 무산계급운동에 대한 고찰을 통해 '경제투쟁에서 목적의식적 정치투쟁으로 비약할 때'에는 부르주아 의회의 역할이 중요하다는 것을 발견했다.

…… 어느 나라든 무산계급운동에서든지 자연생장적 경제투쟁으로부터 목적의식적 정치투쟁으로 비약할 때에 …… 부르주아지 의회에서 참정권 획득을 요구하며 또는 그를 획득하여서 합법적 활동과 비합법적 활동을 연결시켜서 비합법적 영역을 극복하여가는 투쟁 형태를 취하지 아니한 해방운동이 어디에 있으며,

여러 나라 약소민족의 운동에 대한 고찰에서도 민족운동의 영역을 확장시키는 '합법적 수단'의 유용성을 인정했다.

…… 합법적 수단으로서 초계급 범민족적 국민운동의 압력적 무기를 가지고 비합법적 영역을 확대 발전시켜 가면서 종주국 부르주아지의 전제지배로부터 정치적 자유를 보장할 국민의회의 관문에서 자치권을 획득치 않고 분리의 자유로 비약한 해방운동을 보지 못하였다.217)

서상일은 1919년 3·1운동에서 삼백만의 신도를 거느린 천도교와 오십만 신도의 기독교라는 합법적 종교 집단의 역할을 높이 평가했다. 합법적 집단에 의한 합법운동은 더 고도의 투쟁을 전개할 수 있기 때문에, 그래서 바로 합법운동과 비합법운동을 연결하는 의회운동은 매우 중요한 의미를 갖고 있었다.218) 그의 의회전술은 일본의회에 참여하는 것이 아니라 '조선의회'를 별도로 하는 자치권 획득이었다.219)

그런데 의회전술은 일단 식민지 지배체제와의 타협을 피할 수 없었지만, 그에게 타협은 목표가 아니라 수단이었다. 그는 '정치적 자유' 획득과 '민족의 평등권'을 얻어야 한다는 레닌의 민족문제에 관한 테제를 끌어와서 의회전술에 정당성을 부여했고,220) 급진민족주의 및 좌익 공산주의자는 물론이고 '조선문제'에 관심이 있는 자는 누구나 민족적 동권(同權)과 정치적 자유의 획득을 보장할 조선의회 설립이 갖는 역사적 의미를 인정해야 한다고 주장했다. 이를 위한 "국민운동"은 조금의 다른 의견도 허용되지 않는 매우 중요한 "당면" 문제였고,221) 의회운동은 국제정세의 변화에 흔들리지 않고 한국인의 힘으로 할 수 있는 민족운동이었으며, '자치권 획득'은 국제정세의 변화에 대응하여 해방을 바라는 한국인에게 더 유리한 조건이었다.222)

레닌의 의회전술론과 아일랜드와 폴란드 등 여러 약소민족 사례는 그에게 의회전술의 정당성을 부여했다. 신간회 해소 과정을 지켜본 그는 합법운동의 필요성과 민족적·민중적 단결투쟁의 중요성을 강조했다. 자치권 획득은 합법운동의 한 방법으로 제기된 것이고, 의회전술은 1단계 '자치의회', 2단계 '독립의회', 3단계 '소비에트의회'로 단계적으로 강화될 예정이었다. 이러한 '의회전술'을 주장했던 자들은 해방 후에도 그 기조를 이어가면서 의회주의 및 공화주의를 실현하는 주체로 등장했다. 서상일은 당장 식민지 지배체제를 부정하지는 않았지만 '자치문제'를 강동진의 지적처럼 조선총독부 당국자들의 기획에 따라 피동적으로 수용한 것이 아니라, 식민지 지배를 타파하기 위한 전략적 관점에서 바라보았다. 의회전술과 자치문제를 배격하고 거부하는 논리는 "계획과 방략이 없는 공론(空論)"에 불과한 것이었다.223)

민중폭력투쟁과 합법적 의회투쟁은 방법은 달랐지만 목표는 같았다. 전자는 소수의 혁명가만이 할 수 있는 매우 급진적 운동론이고 후자는 대중이 참여하는 온건한 운동인데, 오히려 일본 사회의 내부를 교란시킬 우려가 있는 후자는 일본이 더 수용하기 어려웠다. 이러한 점을 감안한다면 우리는 민족주의 운동을 고찰할 때 형식적인 '타협과 비타협' 못지않게 '운동의 목표와 결과'를 함께 고려해야 한다. 특히 광복을 위한 저항적 민족주의는 단순한 '반일'이 아니라 공화주의 건설이라는 근대적 의제에 부합해야 한다. 그렇지 않으면 저항적 반일 민족주의는 군주정으로 회귀하려는 복벽주의와 큰 차이가 없거나 오히려 군주정 때보다 더한 압제정치의 도구로 전락할 위험 요소를 내포하고 있다.

김동명은 식민지 '저항과 협력의 경계'를 다룬 논문에서 '조선인 정치운동'을 '삼(三)분할'—"저항·분리형 협력·동화형 협력"—으로 할 것을 제안했는데,224) 기존에 '협력'하는 세력 혹은 '타협'적 세력 내에서 지배체제에 '동화'되는 길을 선택한 세력과 일시적으로 '협력' 혹은 '타협'을 하지만 궁극적으로 '분리와 독립'을 추구했던 세력을 분리했다. 당시 경찰 당국도 자치운동을 "동화주의를 반대하고 조선민족 독립을 주장"하는 "반체제적 운동"으로 평가했다. 이 글에는 민원식·안재홍·김상회·백남운·이광수·이기찬·서상일·송진우 등 여러 사람들의 주장들이 소개되었는데, 그 중에서 『동아일보』의 송진우는 "일본과 다른 제국주의와의 전쟁을 예기하며 그들의 원조를 기대하는 대기론적 정치운동을 비판하고, 즉시 조선민족의 중심세력을 확립해서 조선민족 자체 세력에 의해 조선민족 문제를 해결하기 위한 실천적이고 조직적인 정치운동, 즉 자치운동을 전개해 나갈 것을 주장"했다.225) 이 논리는 서상일의 합법적 '의회전술'과 유사한 것이었다.

서상일은 국권상실의 위기에 1910년을 전후하여 대구를 거점으로 하여 청년을 대상으로 한 계몽활동과 독립운동을 전개했고, 3·1운동 이후에는 민립대학설립운동을 위시하여 합법적인 민족주의 운동에 참여하였으며 『동아일보』 지국을 약 18년간 운영했다. 그는 1920년대부터 『동아일보』계와 거의 유사한 민족운동 노선을 가졌고, 1945년 8월 이후에도 송진우·김성수 등과 함께 한민당을 창당했다. '헌법기초위원회 위원장'으로서 제헌헌법의 기초에 참여한 서상일은 1952년에 이승만 저격 사건에 연루되는 등 이승만 독재 타도 투쟁에 적극적으로 나섰고, 김성수가 1954년에 이승만 독재에 대항하기 위해 야당 통합 운동을 할 때, '민주대동파'의 일원으로서 조봉암을 '민주국민당'에 입당시키기 위해 노력했다. 조병옥 등 독립운동가 출신이 많았던 '자유민주파'는 조봉암의 입당을 반대했다. 이와 관련하여 서상일은 1956년에 『주간희망』이란 잡지사와의 인터뷰에서 죽산 조봉암과 관련된 이야기를 했다.226)

참 딱한 일이에요. 아 글쎄 '이데올로기' '이데올로기'라고 밤낮 그러지만 반공·반독재 이것 얼마나 좋은 뚜렷한 대의명분이에요. …… 지금 대한민국은 내가 보기에 민주 세력과 비민주 세력의 2대 대립밖에 없으니 민주 세력이 대동단결해서 정권을 담당하도록 하는 것이 급선무가 되는 것이지 언제까지나 이대로 있을 수 있소? 이건 불가피한 대중의 요청이고, 한국 신당은 한국 정치의 필연적 소산이에요. …… 죽산이 공산당이란 말이 어디 있소? 그 사람같이 대한민국의 장관도 하고 국회 부의장까지 한 정치인을 그때는 가만히 있다가 대통령에 출마했다고 해서 그리 못 살게 할 것이 뭐 있소. 신당에서는 얼마든지 환영해도 좋지 않아요. 공연히 몇몇 사람들이 그렇게 쓸데없는 소리를 하는 바람에 국가 일이 이토록 늦어지는 거지.

이른바 '분리형 협력'론자라고 할 수 있는 서상일과 『동아일보』계의 '의회전술'론은 1945년 8월 이후 민족주의의 가장 중요한 목표인 민주주의와 '공화정'으로 수렴되었다. 이에 비해 이승만과 김일성은 겉으로는 '공화주의'를 추구했지만, 실질적으로 독재의 길을 걸었다. 일제가 강요한 것도 아니고 그들 스스로 그 길을 선택했다.

제10장 '집단안보'의 국제질서와 분열된 민족주의

1. 실패한 1차 통합

1) 루스벨트 대통령의 신탁통치 구상

독일이 미국 상선을 잠수함으로 공격하고 멕시코와 동맹을 맺자, 1917년 4월 6일 마침내 미국은 독일에 선전포고를 했다. 1941년 12월 7일 일본이 미국의 진주만을 기습적으로 공습하자, '삼국동맹'(1940년 9월 7일)에 따라 독일과 이탈리아도 미국에 선전포고를 했다. 일본은 제1차 세계대전에서는 승전국이었으나, 제2차 세계대전에서는 패전국이 되었다. 한국은 참전하지 않았지만, 두 개의 세계대전은 한국의 독립 문제와 직접적으로 연루되었다. 1차 세계대전 직후 식민지 조선에서 3·1운동이 일어났지만, 한국인은 미국을 위시한 서방 여러 나라로부터 아무런 지원을 받을 수 없었다. 미국의 윌슨 대통령은 베르사유조약과 국제연맹 창설을 선도하면서 국제질서의 전환을 시도했지만, 여전히 영국을 필두로 한 19세기 '세력균형'에 입각한 국제질서는 완고했다. 이때 일본은 영국과 여전히 동맹관계를 유지하고 있었다. 2차 세계대전을 치른 미국의 32대 대통령 루스벨트(Franklin Roosevelt, 1882-1945)는 28대 대통령 윌슨의 '실패'를 상기하면서 '집단안보' 논리에 입각한 새로운 국제질서의 구축을 시도했다. 일본의 패전이 분명해지면서 한국의 독립 문제가 국제사회의 주요 이슈의 하나로 등장한 것은 국제질서의 전환과 밀접한 관련이 있었다. 그 과정을 윌슨주의를 '창조적'으로 계승하고 있는 루스벨트 대통령이 주도하고 있었다.

1943년 11월 22일 대서양과 지중해를 건넌 루스벨트 대통령은 이집트 수도 카이로에 도착했다. 그다음 날에 그는 중국의 장제스(蔣介石; 1887-1975) 대원수와 만났고, 24일에는 영국의 처칠(Winston Churchill, 1874-1965) 수상과 회담을 했다. 중국은 일본에 빼앗겼던 영토를 다시 돌려받을 수 있게 되었고, 미국의 국제적 파트너로 대우를 받았다. 11월 27일에는 이란의 수도 테헤란에서 미국의 루스벨트와 영국의 처칠 그리고 소련의 스탈린(Joseph Stalin, 1879-1953)이 만났다. 마침내 12월 1일에 '카이로선언'이 발표되었다. 카이로와 테헤란에서 만났던 4개국은 나중에 국제연합의 안전보장이사회의 상임이사국이 되었는데, 루스벨트는 4국 중심의 전후 국제질서를 구상했다. 테헤란에서 만난 미국·영국·소련은 공동으로 군사적 행동을 결의하면서 그 목적과 의미 그리고 전후처리에 대한 입장을 밝혔다. 전쟁의 목적은 "일본국의 침략을 제지하고(restrain) 이를 벌하기(punish) 위한" 것이었다. 전후 처리와 관련해서 일본은 "1914년 제1차 세계대전의 개시 이후에 탈취 또는 점령한 태평양에 있어서의 도서들에" 대한 권리가 박탈되었고, 또 만주·대만·팽호군도(澎湖群島) 등 청국으로부터 빼앗은 지역도

중화민국에 반환해야 했다. 대만과 팽호군도는 청일전쟁(1894)의 전리품이었다. 한국 문제와 관련해서는 미국·영국·중국 3국은 "한국인들의 노예 상태에 유의하면서, 적당한 시기에 한국이 자유롭고 독립된 국가가 될 것을 결정했다."1)

'카이로선언'은 1905년 러일전쟁 이후 실질적으로 일본의 지배하에 들어간 한국 문제가 국제사회에서 공식적으로 거론된 첫 사례였다. 1905년 을사보호조약이 강제로 체결된 이후에 의병투쟁을 위시하여 다양한 항일운동이 일어났고, 1907년에는 국제사회의 지원을 호소하기 위해 헤이그(Hague) 만국평화회의에 고종의 사절단이 파견되었으나, 모두 실패했다. 1919년에도 한국인은 제1차 세계대전을 처리하기 위한 파리강화회의에 참석하여 한국 독립에 대한 국제사회의 지원을 요청하려고 했지만, 그 뜻을 이룰 수 없었다. '세력균형'에 입각한 국제사회에서 서구의 열강들은 일본을 비판하지 않았다. 그러나 1920년대부터 미국은 국내 문제 및 중국 문제와 관련하여 일본을 견제하기 시작했고, 1931년 '만주사변' 이래 일본의 대륙침략에 대한 비판적 태도를 나타냈다. 1941년 12월의 진주만 공습은 악화상태에 있던 미국과 일본의 관계를 전쟁상태로 몰아넣었다. 이를 계기로 아시아와 유럽에서 전개되는 제2차 세계대전에 참전하게 된 미국은 그들이 주도하는 새로운 국제질서를 구축(構築)하려고 했다. 한국의 독립 문제는 이렇게 국제질서의 패러다임이 전환되는 과정에서 공식적으로 처음 언급되었다.

카이로선언과 관련하여 한국에서는 크게 두 방향에서 연구가 진행되었다.2) 하나는 '장제스 - 김구'의 역할을 강조한 것이고, 다른 하나는

'루스벨트 - 이승만'의 역할에 주목했다.3) 아울러 이러한 선행 연구들은 카이로선언이 탄생한 전후 내막을 밝혀냈다. 그런데 바로 앞에서 조금 전에 언급했듯이 4개국 합의를 이끌어낸 인물은 미국의 루스벨트였고, 1941년부터 한국의 독립 문제는 미국이 구축하려는 국제질서와 무관할 수 없었다. '독립'이라는 단어가 카이로선언에 들어간 공로가 누구에게 있는가를 이해하는 것도 중요하지만, 한국인이 미국의 '의도'를 어떻게 이해하고 대응했는가를 살펴보는 것도 필요하다. 카이로선언에 나타난 미국의 의도는 1945년 4월 루스벨트의 사망 이후에도 한국 문제를 직접적으로 논의했던 1945년 '모스크바 삼상회의' 때까지 지속되었다. 이에 대한 한국인의 대응은 '통일해방'과 '분단해방'의 길을 결정하는 중요한 변수였다. 한국의 독립은 여러 나라의 국익과 관련되었기 때문에 조심스럽게 다루어야 할 문제였다. '적절한 시기에'라는 애매모호한 수사적 표현은 그러한 사정과 관련이 있었다. 태평양전쟁의 전 과정을 주도한 미국은 일본의 전후 처리를 다른 나라들과 공유하지 않았다. 소련은 일본이 점령한 사할린과 쿠릴열도를 다시 돌려받는 데 관심이 있었지 일본 문제에 관여할 엄두를 내지 않았다. 미국은 중국과 한국에서 소련의 권리를 부분적으로 인정했다. 한국인은 이러한 상황을 받아들이기 어려웠지만, 그러한 거래를 막을 수 없었다.

　미국이 구상하는 새로운 국제질서의 골격은 1941년 8월 14일에 발표된 「대서양헌장(Atlantic Carter)」에 나타났다. 그 안에는 영국을 필두로 한 보호주의 성향이 있는 제국주의 국제무역을 견제하고, 독일과 일본의 블록경제를 타파하며, 소련의 위협을 감소시키기 위한 방안들이 들어가 있었다. 유럽 국가들은 국익이 제한받을 수 있음에도 불구하고 「대서양헌장」을 수용했다.4) 그 이유는 유럽의 지도자들이 현재의 위협인 독일과 미래의 위협인 소련을 억제하기 위해 미국의 역할이 필요하다고 생각했기 때문이었다. 「대서양헌장」은 한국인에게도 각별한 관심의 대상이 되었다. 대한민국 임시정부 역시 환영하는 성명서를 발표하고, "임시정부에 대한 승인과 군비 원조를 요구하고 세계 우방 각 민족의 최후 승리를 위한 공동전선 참가를" 천명했다. 「대서양헌장」 제3항에 미국과 영국은 "모든 인민들이 자신들을 통치할 정부 형태를 선택할 권리를 존중"하고, 또 "강압적으로 빼앗겼던 주권과 자치권이 강제로 빼앗긴 인민들에게 다시 회복되기를 바란다"는 입장을 표명했다. 제8항에는 "자국 국경 밖에서 침략을 자행하거나 자행할지도 모를 국가들"의 군비를 통제하겠다는 양국의 의지가 명시되었다. '일본의 무력이 통제'될 수 있다는 것은 국가를 다시 찾겠다고 열망하는 한국인에게 반가운 소식이었다. 이에 대해 대한민국임시정부가 "독립 자주 민족혁명 전쟁에 시종일관"할 "충용한 광복군"이 "세계 각 민족과 더불어 최후의 승리를 공동 전취"하겠다고 선언했지만,5) 미국과 영국의 당국자들은 그 간절한 목소리를 귀담아듣지 않았다. 그럼에도 불구하고 「대서양헌장」에 명기된 '자유주의 국제질서'의 원칙들은 한국인에게 독립의 문제를 풀 수 있는 중요한 단서를 제공했다. 모든 국가는 "그들의 경제적 번영에 필요한 무역과 세계의 원자재에 접근할 수 있는 권리"가 있다(4항). 모든 국가의 인민은 "자기들 국경 내에서 안전하게 살"고, "공포와 궁핍에서 벗어나 자유 속에서 일생을 살 수 있"어야 한다(6항). 모든 사람은 자유롭게 "공해와 대양을 항해할 수 있"어야 한다(7항). 이에 의하면 1930년대에 블록경제를 구축하고 있었던 제국주의 국가들의 기득권은 해체되어야 했다. 독일과 일본의 자급자족적인 블록경제를 타파하려고 한 미국은 영연방과 영국 사이에 생긴 제국주의적 특혜 시스템 역시 국제협조적인 다국간 질서의 장애물로 간주했다. 「대서양헌장」은 자유주의적이고 민주주의적인 전쟁 목적을 영국에게 승인시키기 위한 미국의 노력이었다.6) 루스벨트는 제1차 세계대전 후 윌슨 대통령의 실패를 반복하지 않기 위해 노력했다. 그는 미국이 모르는 곳에서 진행되었던 동맹국들의 음모를 기억했다. 윌슨의 '승리 없는 평화'는 동맹국들에 의해 저지되었다. 루스벨트와 그의 주요 각료들은 '윌슨의 교훈'을 잊지 않았다. 그러한 실수를 반복하지 않기 위해 미국은 참전하기 이전에 영국과의 합의를 시도했고, 원하는 결과를 얻었다.7) 루스벨트 대통령, 헐(Cordell Hull) 국무장관, 웰즈(Sumner Wells) 국무차관 등 미국 대외정책의 트로이카는 윌슨 대통령을 지지하는 인물들이었다.8) 3거두의 테헤란회담 직전에 모스크바에서 열린 외무장관 보고서에서 헐은 국제질서의 패러다임이 달라진다는 것을 적시했다. "과거 불행했던 시절에 국가들이 자국의 안전을 보장하고 이익을 증진시키기 위해 사용한 영향권·동맹·세력균형, 그리고 어떠한 개별적인 동맹도 더 이상 없을 것이다." '세력균형'을 확고하게 신봉한 시어도어 루스벨트 대통령은 1905년 일본의 한국 점령에 대한 양심의 가책을 느끼지 않았다. 그러나 우드로 윌슨 대통령은 전쟁의 발발에 책임이 있는 국제정치의 원칙을 비판하고 그것을 바꾸었다. 1943년 가을이 되자 새로운 세계질서를 세우려고 했던 윌슨의 비전이 국제문제에 대한 미국의 사고를 지배했다.9)

스탈린은 미국의 주도권을 인정하면서도 아주 신중하게 소련의 이익을 관철시켜 나갔다. 1943년 10월 그는 모스크바를 방문한 미국 국무장관 헐에게 독일이 항복한 후에 일본을 패퇴시키는 연합국에 소련이 동참하겠다고 말했고, 그와 관련하여 11월 말 테헤란회담에서 자신의 요구를 루스벨트에게 전달했다. 소련은 일본이 점령한 사할린 남부와 쿠릴열도를 넘겨받고, 다롄항과 중국 북동쪽의 만주철도 조차권에 대한 권리도 인정을 받았다. 루스벨트는 스탈린의 요구를 대부분 들어주었고, 스탈린은 루스벨트의 한국에 대한 40년간의 신탁통치 안에 동의했다.10) 얄타회담 이전의 루스벨트의 목표는 승전국들을 설득해서 대국들에 의한 평화유지 기구를 실현시키는 것이었다. 그는 아메리카 대륙의 미국, 유럽 대륙의 영국, 아시아 대륙의 중국, 그리고 공산주의 진영의 소련이 각각 지역의 책임을 지는 평화를 예상했다.11)

1944년 1월 테헤란에서 돌아온 루스벨트는 회담에서 합의한 3가지 사항을 '태평양전쟁위원회'에 알렸다. 일본이 점령한 사할린 남부와 쿠릴열도를 소련에게 넘긴다. 다롄항과 중국 동북 지역의 만주철도 조차권에 대한 소련의 권리를 인정한다. 한국에 대한 40년간의 신탁통치를 실시한다.12) 이들은 얄타회담에서 다시 한 번 확인되었다. 테헤란회담에 이어 얄타회담에서 스탈린이 얻은 또 하나의 성과는 독일의 일부와 폴란드를 자신의 영향권 아래에 둘 수 있게 된 것이다. 영국의 처칠은 소련의 힘을 견제하기 위해 프랑스를 재건하려고 했다. 이에 비해 미국의 루스벨트는 유엔과 개방된 국제경제체제를 원했다.[13] 서로 상충된 목표들을 이루기 위해서 세 정상은 치열한 '전투'를 전개했다. 소련은 유럽과 아시아에서 영토와 관련된 자신의 목표를 달성했다. 소련의 국경 옆에는 "적대적 폴란드가 아닌 독립적인 폴란드"가 수립될 수 있었다.[14] 2월 10일 아침에 미국 측은 폴란드 선거에서 서방국가 대사들이 참관하는 안을 포기했다.[15] 식민지 및 홍콩 문제가 걸려 있었기 때문에 영국 처칠은 둘의 거래를 반대하지 않았다.[16] 루스벨트는 스탈린으로부터 가장 중요한 대일전 참전 약속을 받아냈다. 미국 대통령은 종전을 앞당기고 미국인의 희생을 줄일 수 있는 카드를 하나 더 확보했고,[17] 미군 지휘관들은 "우리는 200만 명의 미군 생명을 구했다!"고 환영했다.[18] 루스벨트와 스탈린은 한국 문제에 대해서도 이야기를 나누었고 양자는 타협점을 찾았다. 스탈린은 한국이 미국의 보호령이 될 것을 우려했고, 루스벨트는 그것을 불식(拂拭)시키면서 한국에서 20-30년간 신탁통치를 실시하자는 안을 제시했다. 스탈린은 "기간은 짧을수록 더 좋겠지요"라는 말을 덧붙였지만 루스벨트 안에 찬성했다. 미국·소련·중국·영국 4개국이 '신탁통치'에 공동으로 참여하는 것에 대해서도 양국은 동의했다.[19]

그런데 얄타회담 직후인 1945년 4월에 루스벨트 대통령이 갑자기 사망했다. 그의 사망으로 인해 미국의 대외전략은 경직되고, 스탈린은 조금 더 적극적인 행보를 펼쳤다. 전시 중에 처칠을 필두로 하는 영미 당국자들은 전후 소련의 의도를 어느 정도 의심했지만 봉쇄정책을 계획하지 않았다. 루스벨트는 1945년 4월 죽음을 맞이하기 전까지 스탈린을 억제할 수 있으며 미소 양국의 협력으로 국가 간 관계를 관리할 수 있는 전후질서를 만들 수 있다고 믿었다.20) 루스벨트만이 전쟁의 마지막 몇 달간 유럽을 이해관계 영역으로 나누는 데 공개적으로 반대하고 UN의 가치를 옹호하면서 동부 유럽에 대한 스탈린의 야망을 견제했다.21)

루스벨트의 사망 이후 소련은 동부 유럽에 대한 야심을 조금씩 드러냈다. 1945년 4월 24일 소련군이 베를린 외곽에 도달한 날에 스탈린은 상황을 교착상태로 이끄는 편지를 처칠과 트루먼에게 보냈다. "우리는 소련에 우호적인 정부가 폴란드에 세워지게 할 권리를 갖고 있"다. 이것은 "무엇보다 폴란드의 독립을 위해 폴란드 땅에 많은 피를 흘린 소련 인민의 명령"이다.22) 처칠은 스탈린에게 답신을 보내 그리스 같은 나라에서 영국은 '질서를 회복하고 선거를 실시하는 데 관심이 있으며, 민주적 절차에 따라 수립된 어떤 정부도 받아들일 용의가 있다'고 분명히 밝혔고, 그가 폴란드에 대해 기대하는 것도 바로 이것이었다. 보통선거와 비밀선거 그리고 자유롭고 구속받지 않는 선거를 통해 정부를 구성하기로 한 약속은 지연되고 있었다. 소련은 정부 구성에 대한 협의를 지연시켰다. 처칠은 탄식했다. "맙소사! 이것 중 어느 것도 진전된 것이 없다."23) 처칠은 스탈린에게 보낸 편지에서 우울한 미래를 예상했다. "당신들이 지배하고 있는 나라들, 그리고 모든 다른 나라의 공산당이 한편에 모여 서고, 영어 사용권 국가들과 이들의 동맹들과 영연방 국가들이 다른 한편에 서 있는, 이 같은 미래의 상황을 보는 일은 매우 불편합니다."24)

새 대통령 트루먼 행정부는 루스벨트 행정부에서는 상상하기 어려운 정책을 선택했는데, 그것은 소련을 효과적으로 다루기 위해 미국의 '영향권을 확립하는' 실용노선이었다.25) 트루먼은 7월 5일에 폴란드의 새 임시정부를 승인했고 7월 7일에 포츠담으로 출발했다.26) 트루먼의 신임을 받은 제임스 번스(James F. Byrnes) 국무장관이 회담을 이끌면서 독일과 동부 유럽을 두 영역으로 나누는 안을 내놓았다. 소련이 자국의 점령한 지역에서만 배상금을 챙겨가는 것에 동의하면, 소련은 서 나이세(Neisse) 강을 경계로 한 폴란드의 서부 국경과 불가리아·루마니아·헝가리에 우호적인 정부를 세울 수 있었다.27) 서구의 정치가들이 우려했던 일은 현실이 되었다. 소련은 유럽의 중부와 동부에서 '완충지대'를 만드는 데에 성공했다.28) 또 소련은 유럽전선에 비해 아시아전선에서는 큰 피해를 입지 않고 적지 않은 전리품을 챙길 수 있었는데, 나가사키에 원자탄이 투하된 날 소련 군대는 만주로 진입했다.29) 스탈린은 유럽처럼 한반도의 분할을 기대하면서 미국의 38도선 제안을 별다른 이의 제기 없이 수용했다.

미국은 소련에게 중국과 한국에서 부분적으로 기득권을 인정해주었지만, 국제사회의 논의 틀에 소련을 가두려고 했다. 한국문제와 관련해서는 4개국 신탁통치안은 한반도에서 1국 지배를 저지하려는 미국의 계획이었다. 소련은 4분의 1의 지분에 만족할 수 없었으나 카이로선언을 파기했다는 비난을 피하기 위해 신탁통치안을 반대하지 않았고, 일본이 점령하고 있던 영토의 일부를 돌려받는 실익도 챙겼다. 중국은 신탁통치를 반대하면서도 미국에 대한 의존 때문에 미국 정책을 따랐다.30) 「국제연합헌장」 77조에 의하면, '제2차 세계대전의 결과로서 적국으로부터 분리될 수 있는 지역'에서는 신탁통치가 실시될 수 있었다. 루스벨트가 소련을 동반자로 생각했던 것과 달리 트루먼은 적으로 경계했지만,31) '모스크바삼상회의'는 열렸다. 그들은 한국 문제에 관해 중요한 사항들을 합의했다. 이는 루스벨트 외교노선의 유산이었다.

① 한국(조선)을 독립국으로 부흥시키고 조선이 민주주의 원칙 위에서 발전하게 하며 장기간에 걸친 일본통치의 악독한 결과를 신속히 청산할 조건들을 창조할 목적으로 '한국(조선)민주주의임시정부'를 창설한다.
② 한국(조선)임시정부 조직에 협력하며 이에 적응한 방책들을 예비 작성하기 위하여 남한(남조선) 미군사령부 대표들과 북한(북조선) 소련군사령부 대표로 공동위원회를 조직한다. 위원회는 자기의 제안을 작성할 때에 한국(조선)의 민주주의 정당들, 사회단체들과 반드시 협의할 것이다.
③ …… 공동위원회의 제안은 조선임시정부와 협의 후 5년 이내를 기한으로 하는 조선에 대한 4개국 신탁통치(후견)의 협정을 작성하기 위하여 미·소·영·중 각국 정부의 공동심의를 받아야 한다.
④ 남·북 한국(조선)과 관련된 긴급한 제문제를 심의하기 위하여 (중략) 2주일 이내에 한국(조선)에 주둔하는 미·소 양국 사령부 대표로

서 회의를 소집할 것이다.32)

이렇게 합의된 신탁통치안에는 4개국의 공동지배와 남과 북을 통합한 행정체제를 수립하고, 또 지리적으로 인접한 소련의 한반도 독점을 저지하는 목표가 있었다.33) 미국은 인도차이나에 대한 영국과 프랑스의 기득권을 견제하기 위해 신탁통치를 주장한 바 있었다.34) 신탁통치안은 세계 여러 지역에 식민지를 두었던 영국과 프랑스는 물론이고 공산주의 국가 소련에 대한 미국의 견제장치였다.

루스벨트의 정신이 반영된 '모스크바삼상회의' 합의 사항들은 한국 민족주의의 큰 저항을 받았는데, 특히 남한에서의 반대운동은 격렬했다. 이에 비해 북한에서는 모스크바의 합의를 지지하면서 정부 수립을 위한 조치들을 강구해 나갔다. 소련 또한 '모스크바삼상회의'의 합의 사항을 풀어나갈 '미소공동위원회'의 원활한 활동을 겉으로는 지지하면서 속으로는 지연시키는 전략을 구사했다. 민족주의의 저항과 소련의 전략 때문에 루스벨트의 국제주의 노선이 좌초되고 미국의 '봉쇄정책' 기조는 강화되었다. 결국 남한만의 단독정부 수립 문제는 유엔으로 넘어갔다. '미소공위'의 결렬은 세계적 수준의 냉전과 맞물렸고, 이는 결국 통일보다는 분단을 강화하는 결과를 낳았다. 다시 언급하겠지만, 박명림의 언급처럼, 1946년 5월 1차 '미소공위' 결렬과 함께 한반도는 실질적인 분단의 길로 들어섰다. '모스크바삼상회의'가 열린 1945년 12월부터 1946년 5월까지의 약 6개월은 '운명의 시간'이었다. '통일해방'은 한국의 민족주의가 미국·소련과 어떻게 호의적인 관계를 형성하느냐에 달려 있었다.

1947년 3월 12일에 트루먼 대통령은 의회 연설에서 미국의 '외교정책 및 국가안보'에 대하여 언급하면서 그리스와 터키 양국에 대한 원조를 세계의 대의를 지원하는 미국의 새로운 책무라고 포장했다. 이 트루먼 독트린은 '봉쇄정책'의 시발점이 되었다. "운명의 시기가 도래했다. 세계 사람들은 자신들의 삶의 방식을 두 가지 중에서 선택하지 않으면 안 된다. 만일 미국이 리더십을 갖지 못한다면 세계의 평화를 위기로 몰아넣게 될지도 모른다."35) 그는 전 세계 자유 인민을 보호해야 한다고 말했다. 미국의 원조는 도덕적이고 이데올로기적인 행위가 되었다.36) '봉쇄정책'은 두 가지 점에서 상당히 모호했다. 하나는 봉쇄의 목적으로, 소련의 힘을 봉쇄하느냐 공산주의를 봉쇄하느냐의 문제였다. 다른 하나는 봉쇄의 수단으로, 즉 소련 힘의 자그마한 증가도 막기 위해 자원을 소비할 것인가 아니면 세력균형에 결정적이라고 생각되는 주요 지역에만 자원을 동원할 것인가의 문제였다.37) 1949년의 두 사건은 대립을 더 강화하는 계기가 되었다. 하나는 소련이 핵무기 개발에 성공한 것이고, 다른 하나는 중국 공산당이 국민당을 축출한 것이었다. 큰 충격을 받은 미국은 국방비 지출을 크게 증가시켰다. 1950년 6월의 북한의 한국 침략은 국방비 증강에 대한 미국의 고민을 말끔하게 날려 버렸다.38) 한국전쟁은 스탈린의 팽창 야욕에 대한 서구의 의심이 옳았다는 증거가 되었다.39)

1945년 여름 독일의 포츠담에서 열린 회담에서 미국과 영국, 소련은 독일을 공동으로 관리하는 동시에 경제적 통합체로 간주하기로 결정했다. 그런데 소련 군정은 독일 내 자국 점령 지역에 사회주의적 인민민주주의 정권을 수립하려 했고, 미국은 영국·프랑스와 함께 서방 점령 지역 세 곳을 자국이 주도하는 안보 및 경제 체제에 통합시키려 했다. 소련 군정은 울브리히트 그룹(Ulbricht)과 같이 모스크바와 가까운 공산주의자들이 활동하기 쉬운 환경을 조성했고, 1946년 4월에 독일사회민주당과 독일공산당을 강제로 통합하여 독일사회주의통일당(SED)을 만들었다. 그해에 실시된 선거에서 SED가 겨우 승리하자, 깜짝 놀란 소련 군정은 점령한 지구 내에서 어떠한 자유선거도 허용하지 않았다. 한편, 1948년 7월 1일에 미국·영국·프랑스 세 나라는 서방이 점령한 지역에 연방국가를 수립한다는 결정을 내렸다. 그에 따라 독일 각 주의회 대표들로 구성된 헌법제정위원회가 1년 후인 1949년 5월 23일 본(Bonn)에서 독일연방공화국 기본법을 제정했고, 9월 15일에는 콘라트 아데나워(Konrad Adenaue; 1876-1967, 기독교민주당)가 독립연방공화국 총리로 선출되었다. 그로부터 약 20일 후인 1949년 10월 7일에 소련과 SED 지도자들은 독일민주공화국(동독)을 수립했다.[40] 이렇게 유럽 지역에서는 미국을 중심으로 하는 서방 대 소련을 중심으로 하는 동구권이 충돌하는 '냉전'이라는 세계사의 새로운 흐름이 형성되었다. 그러한 '충돌'은 한반도에서도 거의 그대로 재현되었다.

    1945년 12월까지 루스벨트의 대외전략 구상은 트루먼 행정부에서도 유효했었다. 루스벨트는 '봉쇄'가 아니라 '개방'을 통해 영국을 위시한 제국주의 국가들을 견제하면서 소련을 관리하려는 유연하고 온건한 대외정책을 추진했었다. '임시정부 수립'과 '신탁통치'를 골자로 하는

'모스크바삼상회의'의 결정들은 그러한 흐름 위에 있었다. 한국의 민족주의가 당장의 독립 못지않게 미국에도 소련에도 적대적이지 않은 임시정부를 구성하려고 했다면 한반도의 상황은 달라졌을 가능성이 있었지만, 그러한 일은 일어나지 않았다. 이념적 경향이 매우 다른 민족주의 리더들인 이승만·김구·조만식·송진우·여운형·김일성·박헌영 등이 타협과 공존을 모색하는 통합적인 임시정부는 구성되지 않았다. 이러한 시도는 외부의 지원과 간섭 없이도 가능한 일이었다. 그 대신 '모스크바삼상회의' 합의 사항들이 전해진 직후에 한민당의 송진우는 바로 암살되었다.

2) 남한의 민주파

유럽에서 전후질서 수렴을 위한 여러 가지 시도들이 전개되고 있던 1945년 7월과 8월 사이에 미국에서는 인류에 큰 영향을 미치는 사건이 일어났다. 7월 16일, 미국은 뉴멕시코주 알라모고도(Alamogordo)에서 최초의 원자탄(Trinity) 실험에 성공했다. 그리고 8월 6일과 9일에 미국은 일본의 히로시마와 나가사키에 각각 원자탄을 투하했다. 태평양을 둘러싼 전쟁은 그렇게 끝났다. 수십만 명을 한 번에 죽음의 길로 몰아넣은 원자탄의 공포는 종전과 함께 부상되었다. 전쟁의 광기는 평범한 일본인을 폭력의 가해자로 만들었고, 또 그 때문에 일본인은 공포의 도가니에서 폭력의 피해자가 되었다. 8월 10일에 일본정부는 미국·영국·중국·소련 등 4개국에게 포츠담공동선언을 수락한다는 서신을 주일 스위스와 스웨덴 공사관을 통해 보냈다. 4개국의 회답은 8월

11일부로 12일 아침에 스위스공사관을 통해 일본정부에 전달되었다. 그리고 일본 '천황' 히로히토(裕仁)는 8월 15일 항복을 선언했다.41) 전쟁이 조기에 끝날 것을 예상한 미국은 한국문제에 더 깊은 관심을 보였고, 1945년 8월 10일과 11일 사이에 미 국무성·육군성·해군성 3성조정위원회(SWNCC)는 한반도 분할선을 38도선으로 결정했다.42)

만주의 관동군을 격파하면서 남하한 소련군은 8월 16일에 원산에 상륙했고, 22일에는 평양에 진주했다. 9월 2일에 연합군최고사령부가 조선의 분할 점령을 정식으로 발표한 이래, 9월 8일에 미 8군 24사단이 인천에 상륙했고, 그들은 다음날인 9일 서울에 진주했다. 소련은 한반도를 먼저 점령할 수 있었지만, 미국이 제안한 38선 - 분계선을 수용했다. 9월 19일에 김일성은 원산을 통해 귀국했다. 그로부터 약 25일 후인 10월 14일 그는 평양 군중대회를 통해 북한 정치계에 화려하게 데뷔했다. 11월 3일 북한에서 기독교 민족주의자 조만식을 대표로 하는 조선민주당이 창당되었다. 38도선 이북에서는 반탁론자 조만식이 주도하는 조선민주당, 소련군의 지원을 받는 김일성 중심의 항일 빨치산 세력, 소련군과 함께 들어온 '한인들'이 서로 경쟁하는 구도가 형성되었다. 친일 경력이 있는 경찰과 관리들 그리고 지주들 중에는 남하하는 자가 많았다. 북한에서는 민족주의 대 공산주의 세력이 주도권을 두고 다투었다. 북한에 진주한 소련군은 함경도처럼 좌파가 강한 곳은 그대로 두고, 평안도처럼 민족주의가 강한 곳은 좌파를 후원했다. 25군 사령관 치스차코프(Ivan Mikhailovich Chistyakov)는 조선총독부의 행정권 이양, 한국인 정치조직의 결성 또는 내부 구성 재편에 관여했다.[43] 미군이 한국인의 자율적 자발적 정부 구성을 인정하지 않았듯이, 소련도 그러했다.[44] 일(一)지역 사회주의론과 민주기지론으로 표현할 수 있는 '구축(構築)' 정책의 의미는 이중적이었다. 하나는 남한으로의 공산주의 확대를 시도하지 않는다는 소극적 의미였다. 다른 하나는, 소련의 진주에 맞서 38선 분할을 제안한 미국의 입장을 수용한 후 소련은 북한에서 자기 체제의 구축에 먼저 돌입했다. 이는 유럽의 점령 지역에서 소련이 공산주의 체제를 수립한 과정과 거의 유사했다. 소련군은 체제를 이식시키기 위한 작업을 단계적이며 계획적으로 주도 면밀하게 수행했다. 우선 그들은 민족주의와 공산주의의 연립정책을 추진했고, 또 연안계열 공산세력의 입국을 거부했다.[45] 이는 1944년에 폴란드에서 소련이 루블린위원회(Lublin Committee)로 알려진 '폴란드민족해방위원회(Polish Committee of National Liberation)'[46]만을 폴란드의 유일한 정부로 인정하고, 민주주의를 천명한 런던 소재 폴란드망명정부의 본국 귀환을 거절한 것과 유사한 것이라 할 수 있다. 또 소련군의 조선의용군 입국 거부는 미군이 민족주의자 김구의 입국을 임시정부의 대표가 아니라 개인 자격으로 허용한 것과 같은 의미를 갖고 있었다.[47] 조선의용군은 북만주 지역에서 중국공산당과 관계가 깊은 항일군사단체로, 그 지도자는 김무정이었다. 소련군은 한국인에 의한 조직을 선택적으로 허용했고, 신탁통치 균열 때까지 북한 지역의 중심 인물로 김일성이 아니라 조만식을 내세웠다.[48]

　미군(24군단)은 9월 9일 오후 4시에 조선총독부 제1회의실에서 항복문서 조인식을 열었다. 미국 대표로는 태평양 방면 제24군 사령관하지(John Reed Hodge; 1893-1963) 중장과 태평양 방면 해군 사령관 킨케이드(Thomas Cassin Kinkaid; 1888-1972) 대장이, 일본 대표로는 조선군 사령관 고즈키 요시오(上月良夫) 중장과 진해 경비사령관 야마구치 기사부로(山口儀三郞) 중장과 아베 노부유키(阿部信行) 조선총독이 참석했다. 같은 시간 조선총독부 광장에서는 일본을 상징하는 일장기가 내려오고, 미군 군악대의 음악이 흐르는 가운데 미국을 상징하는 성조기가 올라갔다.[49] 1882년 '조미수호통상조약'이 체결된 지 63년 만에 한미관계는 군사적 점령을 시작으로 새로운 단계로 접어들고 있었다. 1945년 10월 10일 군정장관 아놀드(Archibald V. Arnold; 제24군단 제70보병사단 사단장) 소장은 남한에서 미군정 이외에 어떤 정부도 인정할 수 없다는 발표를 했다. 미군정의 조선인민공화국의 부인은 좌파의 독주를 견제하겠다는 공개적인 선언이었다.

북위 38도 이남의 조선에는 오직 한 정부가 있을 뿐이다. 이 정부는 맥아더 장군의 포고, 하지 중장의 발령과 군정장관의 행정령에 의하여 정당히 수립된 것이다. 군정장관과 군정관들이 엄선하고 감독하는 조선인으로 조직된 정부로 행정 각 방면에 있어서 절대의 지배력과 권위를 가졌다. 자천자임한 '관리'라든가(경찰) 국민 전체를 대표하였노라는 대소의 회합이라든가(자칭) 조선인민공화국이든가(자칭) '조선공화국 내각'은 권위와 세력과 실재가 전연 없는 것이다.[50]

미군은 통치의 실용적 측면에서 식민지 관료와 경찰 조직을 그대로 온존시켰고, 또 통치의 명분을 위해 민족주의자들과의 연대를 모색했다. 1945년 10월 5일에 군정장관 아놀드 소장은 한국인 명사 11명을 군정장관의 고문관으로 임명했다. 그들은 김성수(金性洙, 교육가)·전용순(全用淳, 실업가)·김동원(金東元, 실업가)·이용설(李用卨, 의사)·오영수(吳泳秀, 은행가)·송진우(宋鎭禹, 정치가)·김용무(金用茂, 변호사)·강병순(姜柄順, 변호사)·윤기익(尹基益, 광업가)·여운형(呂運亨, 정치가)·조만식(曺晩植, 정치애국가) 등이었다. 여운형을 제외하고는 반공산주의라는 입장을 취할 가능성이 높은 인물들이었고, 위원장에는 김성수가 선임되었다.51) 미군정은 같은 날에 소작인의 권리를 보호하기 위해 '최고소작료를 모든 수확물의 3분의 1을 넘지 못한다'는 「법령 9호」를, 또 '미곡의 자유시장'을 위한 「일반고시 제1호」를 공표했다.52) 수요와 공급의 법칙에 의거하여 미곡시장을 안정시키기 위한 조치는 오히려 미곡가 상승을 부채질했다. 서민의 생활은 더욱 악화되었다. 브루스 커밍스는 1945년 8월 이후의 한국 상황을 다음과 같이 묘사했다.

　　1945년 8월에 한국은 철저한 정치적·경제적·사회적 변화에 대한 요구를 광범위하게 하는 한 시대로 접어들었다. 정치적 변화에 대한 요구는 많은 새로운 조직적 형태들의 창조로—정당들·인민위원회들·노동조합들, 그리고 농민·청년·여성 등의 대중조직들—나타났다. 정치적 참여의 폭발을 수반하는 사회적 경제적 변화에 대한 요구들은 일제 통치로부터 물려받은 토지문제(land situation)에 집중되었는데, 대부분의 농민은 지주들에 의해 지배되고 있는 소작제도에 얽매여 있었다. …… 1950년에 발발한 전쟁의 기본적 문제들은 해방 이후 바로, 3개월 내에 이미 뚜렷해졌다. …… 그 충돌은 시민적이며 혁명적인 성격을 지닌 것이었는데, 1945년 직후에 시작되어 혁명과 반동의 변증법적 과정을 경과하면서 진행되었다. 1950년 6월에 발발했다고 습관적으로 알고 있는 전투들은 다른 수단으로 이 전쟁을 지속시킨 것에 불과했다.53)

소련과 미국은 각각 국가적 이익을 관철하기 위해 한반도에 진주했지만, 한국인은 '갑자기 일어난 해방'을 맞이하여 우왕좌왕하면서 합의된 '대안국가(counter-State)'의 틀을 만들어내지 못했기 때문에 여러 정치 세력이 지배 헤게모니를 둘러싸고 충돌했다.54) 한국 사회가 분열되어 있었기 때문에 미국과 소련은 더 큰 영향력을 발휘했다. 두 나라는 다른 나라의 확장을 막고 자국의 체제를 이식시키기 위해 한국인 협력자들을 지원했다. 한국이 분단되지 않고 독립되고 통일된 국가를 만들기 위한 관건은 두 강대국의 이해관계를 조정해 낼 수 있는 한국인에 의한 통일임시정부 수립이었다. 『자유신문』의 「창간사」에는 그것과 관련된 고민이 잘 드러나 있다.

3천리 산하도 소리쳐라. 조국의 역사를 더럽힌 지나간 36년의 통한을 회고할 때에 누가 일본제국주의의 야만적 폭압을 분격치 아니할 사람이 있을 것이냐. 그러나 한 번 일본이 포츠담선언을 수락하고 조선의 독립이 연합국에 의하여 보증됨에 우리는 비로소 민족자결의 정치적 구상을 위하여 심혈을 기울일 기회를 갖게 된 것이다. 보건대 조선의 현상은 아직도 낙관을 용허치 않은 바 크다. 외부로는 남북이 사상체계를 달리한 2대 군정에 의하여 분열되고 내부로는 무수한 정치적 파벌의 대립이 그 귀추를 짐작할 능력조차 없는 대중으로 하여금 생업에 돌아갈 바를 알지 못하게 하고 있다. 우리는 이 혼돈된 상태로부터 다시 해방되기 위하여 민족적 총역량을 자주적 독립정부 수립에 기울이지 아니하면 안 될 것이며 이에 이바지하려는 언론 출판 또는 강력한 자유를 필요로 하게 될 것이다. 『자유신문』은 이러한 민족적 요청에서 탄생한 것이며 이 역사적 임무를 자임하고 나가는 바이다. 『자유신문』은 조선민족통일정권 수립을 위한 민중여론의 공기(公器)가 되기를 기한다.[55]

그러나 한국인은 "민족적 총역량"을 발휘하여 "자주적 독립정부"를 수립하는 데 실패했다. 처음에 분단의 계기는 외부로부터 왔지만, 그 계기를 지렛대 삼아 분단의 상황을 더 악화시킨 것은 내부였다.

대안국가를 만들려고 한 여러 세력 중에서 가장 **빠르게** 움직인 이들은 건국준비위원회(이하 건준)를 만든 여운형과 안재홍이었다. 조선총독부의 2인자 엔도 류사쿠(遠藤柳作) 정무총감과 회담을 마치고 돌아온 여운형은 1944년에 만들어 둔 지하조직 건국동맹을 주축으로 건준의 결성을 서두르는 한편 원서동으로 송진우를 찾아가서 협력을 요청했다. 임시정부의 봉대(奉戴)를 염두에 두고 있던 송진우는 여운형의 제안에 선뜻 응하지 않고 "국내에 있는 우리가 일본으로부터 행정권을 인수할 일이 아니고 해외의 망명 선배들, 특히 3·1운동의 정신을 이어받은 충칭 임시정부의 법통을 받들어 연합국으로부터 받아야 하는 일이니, 정부를 세우는 일은 그때까지 보류하자"고 제안했다.56) 송진우는 항복한 일본이 여전히 군사력과 경찰권을 갖고 있기 때문에 한국인이 "행정권을 이양받는다는 것은 결국 그들의 심부름을 하는" 즉 "독일 점령 당시 프랑스의 페탱정권"과 다를 바 없는 정부, 즉 일본의 괴뢰정부에 불과하니, '행정권 이양' 문제를 일본이 정식으로 항복한 이후에 연합국과 논의하자는 입장이었다.57) 그는 일본 측과 협조하려는 여운형에게 비판적이었다.58) 그들은 건국의 방법이 달랐다. 송진우는 임시정부나 미국과의 협력을 고려했고, 여운형은 국내에서 아래로부터의 힘 즉 농민에 의지했다. 여운형은 안재홍과 손을 잡고 그날로 건준을 발족시켰다. 8월 16일 오후 3시 10분부터 20분 동안 경성중앙방송국에서 안재홍은 건준 부위원장의 자격으로 조선건국준비위원회의 결성 소식과 현 정세에 대해 설명했고, 여운형은 휘문중학교 교정에서 군중 대회를 열었다.59)

이 무렵 북촌 일대는 정치의 중심지가 되었다. 여운형은 계동 140-8번지에 살고 있었고, 건준 사무실은 계동 141번지였으며, 휘문중학교 교정은 계동 140-2번지이고, 송진우 집은 원서동 76-2번지였다. 길가에 있는 휘문중학교 교문 앞에서 건준 사무실을 지나 똑바로 북진하여 김성수 집(계동 134번지)을 들른 후에 오른쪽 골목길을 지나 조금 더 가면 송진우 집이 있었다. 거기로부터 창덕궁 담장을 끼고 터벅터벅 5분 정도 내려오면 약간 오르막에 여운형의 기와집이 있었다. 계동길은 1919년 3·1운동을 위해 중앙학교 학생들 그리고 중앙학교 교직원이었던 송진우·김성수 등이 분주하게 다녔던 길이었는데, 해방 후에도 역시 새로운 국가 건설을 위해 여운형과 송진우와 같은 활동가들이 분주하게 다니는 '정치 길'이 되었다. 그리 넓지 않은 북촌에서 새로운 국가 건설을 꿈꾸는 정치 엘리트들은 가깝게 살고 있었지만, 그들의 이념은 가깝지 않았다.

 8월 16일에 전국 형무소와 경찰서에 구금되어 있는 정치범이 석방되었고, 약 보름 만인 8월 말에 건준은 전국에 145개 지부를 건설했다. 지역에 따라 인민위원회나 그것에 준하는 조직을 구성하는 인물들의 성향은 달랐다. 평안도 지역에서는 민족주의 계열 또는 우파로 분류될 수 있는 사람들이, 함경도는 공산주의자 또는 좌파가 발 빠르게 조직의 주도권을 장악했으며, 황해도는 아마도 그 중간 형태로 불릴 수 있다.[60] 서울은 가까운 거리에 있는 황해도와 유사했는데, 충청도·전라도·경상도 등은 진보적 민족주의자들이 주도권을 잡은 형세였다. 또 이념적 성향은 달랐지만, 혁신적인 학생들, 그리고 일본과 북부 지방 공장지대에서 농촌인 고향으로 귀환한 노동자들이 참여하는 조직들이 건설되었다. 건준을 주도한 인사들은 그 여세를 몰아 한국인에 의한 정부를 인정받기 위해 노력했다. 9월 6일에 종로구 재동에 있는 경기여고 강당에서 열린 전국인민대표자회의에서 조선인민공화국이 수립되었다. 인민위원 55명, 후보위원 20명, 고문 12명이 선출되었다. 중앙인민위원회 주석에 이승만, 부주석에 여운형, 국무총리에 허헌 등 정부 부서가 발표되었지만, 송진우의 이름은 없었고, 김성수는 문교장관으로 위촉되었다.[61] 그러나 미군의 한국 진주가 확실시되면서 상황은 복잡해졌다.

　그동안 상황을 주시하고 있었던 국내의 온건한 민족주의 계열 인사들은 9월 4일에 '임정 및 연합군환영준비회'를 결성하고 설립 취지와 그 조직 현황을 전단(傳單)을 통해서 알렸다. 위원장에 천도교 계열의 민족주의자이며 원로라 할 수 있는 권동진, 부위원장에는 『동아일보』의 김성수, 그리고 변호사이며 민족주의자인 허헌과 이인이 그 이름을 올렸다.62) 이틀 후인 6일에 한국민주당 발기모임이 있었다. 9월 7일에는 대한민국임시정부를 지지하는 '국민대회준비회'가 열렸고, 그 자리에서 위원장에는 송진우, 부위원장에는 서상일과 원세훈이 선임되었다.63) 1889년생 서상일은 대구 출신으로 3·1운동 때 복역했고, 식민지기 '자치론'을 의회전술론 차원에서 제기했던 인물이며, 1888년생 원세훈은 함경남도 정평 출생으로 20대에 만주로 망명해서 대한민국 임시정부 요원으로 활동했었다. 9월 16일 창당된 한국민주당은 지주와 자본가들도 있었지만 독립운동가들도 참여하게 되면서 복합적이면서 통합적인 조직이 되었다.

　시간이 흐르면서 남한에서는 우파 진영이 강화되었다. 10월 17일에 귀국한 이승만은 독립촉성중앙협의회의 총재가 되었고, 11월 23일에는 김구 등 임시정부 인사들이 개인 자격으로 귀국했다. 그들 역시 남한 정치 사회의 중요한 정치세력이 되었다. 1945년 가을이 끝날 무렵에 남한에서는 건준의 여운형과 조선공산당의 박헌영, 독립촉성중앙협의회의 이승만, 임시정부의 김구, 국내의 지주와 자본가 세력 및 민족주의자들의 한민당 등 여러 정치세력 간의 경쟁 구도가 형성되었다.

미국은 개인 자격으로 임시정부 인사들의 귀국을 허용했고, 소련은 김일성의 귀국을 적극 후원했다. "질서의 외선을 두 제국이 결정해 버렸고 한국인들의 활동 영역은 그 외선 안에 제한"되고 말았다.[64] 이것은 연합군 측과 상대할 수 있는 단일한 독립운동조직이 없었던 사정과도 연관이 있었다. 한국인은 좌익과 우익의 연합전선이었던 신간회가 해소된 이후 국내외에서는 여러 세력이 각자의 입장에서 독립운동을 전개했다.[65] 통합되지 못했던 한국인은 외부와의 투쟁과 협상에서 불리했다.

변수는 그것만이 아니었다. 한국인을 전쟁에 동원했던 조선총독부의 관료조직은 식민지 유산으로 남겨졌다. 식민지 지주제와 군수공업의 발달에 따른 사회적 경제적 변동과 침략전쟁에 따른 정치적 군사적 이유 때문에 일본·중국·만주·소련 등 여러 지역으로 흩어져 있던 한국인이 귀향했다. '농민노동자'(worker-peasants)와 '농민군인'(soldier-peasants)으로 돌아온 한국인은 1945년 8월부터 1950년 전쟁이 발발하기 전까지 사회적 대충돌의 진앙지(震央地) 역할을 했다. 커밍스에 의하면, 연합군 부대들의 상륙 이전에 한국에는 인민위원회 혹은 노동조합, 농민회 등 수백 개의 자치기구들이 등장했다. 한국인이 새롭게 경험하는 이러한 요소들은 외국군의 진주와 맞물리면서 '해방 5년기'의 한국적이고 내적 기원(Korean and civil genesis)을 갖고 있는 대충돌의 원인이 되었다.[66]

1945년 12월 15일에 열린 미국·영국·소련 외상들의 한국 문제에 관한 모스크바 합의는 '이념 대결의 용광로'에 불을 질렀다. 1945년 겨울에 한반도에서는 불길한 징후(徵候)가 나타났다. 그것은 독일을 경계로 하여 유럽 지역에서 일어나고 있는 자본주의 대 사회주의의 대립이었다. 전범국가 일본은 분할되지 않고 일본의 식민지 한국이 오히려 분단의 위기에 놓였다.

모스크바삼상회의에서 합의된 신탁통치 소식을 접한 한국사회는 큰 충격에 빠졌다. "어떠한 해명도 온 나라를 휩쓸고 있는 저항의 천둥소리를 잠재울 수 없었다."67) 항일민족주의자들에게 반신탁통치 운동은 제2의 3·1운동, 제2의 독립운동이나 마찬가지였다. 임시정부 인사들은 긴급국무회의를 열어서 대한민국 임시정부 국무위원회 주석 김구와 외무부장 조소앙의 이름으로 「반탁결의문」을 공표했다.68) 이승만도 신탁통치 기간이 짧다는 데에 현혹되지 말고 그것을 배격하자는 입장을 표명했다.69) 조선인민공화국의 중앙인민위원회도 신탁통치를 배격하는 의견을 표명했다.

좌파인 인민위원회는 물론이고 우파인 군정청의 한국인 관리, 서울 시내 경찰서장 등도 신탁통치 반대 의사를 표시했다.70) 신탁통치의 반대말은 독립이었고, 그것은 또한 애국이었다. 1945년 12월 27일자 『동아일보』 보도는 좌익과 우익 진영의 갈등이 폭발하는 기폭제가 되었다. "소련은 신탁통치 주장, 미국은 즉시 독립 주장"이라는 『동아일보』 기사는 가짜 사실을 전한 것이고 나중에 그 오류가 밝혀졌지만, 이미 한국사회에는 반탁 대 찬탁, 애국 대 매국이라는 대립 구도가 형성되었다.71)

여기저기에서 신탁통치를 반대하는 시위들이 조직되었다. 28일에 김구가 주도하는 임시정부 국무위원회는 정당·종교단체·언론기관

등의 주요 인사들을 초청하여 긴급회의를 개최했다. 그 자리에서 김구는 새로운 독립운동을 제안했다. "불행히도 이 사람의 말이 들어맞아서 지금부터 새 출발로서 독립운동을 전개하지 않으면 아니 되게 되었다. 우리가 기대치 않던 탁치라는 문제가 3천만의 머리 위에 덮어 씌워졌다." 한민당 원세훈도 김구의 말을 거들었다. "우리는 좌우 남북을 막론하고 싸우자. 이 사람도 정당 대표로서 이 자리에 참석한 것이 아니고 독립운동자로서 참가했다." 신탁통치반대총동원위원회가 결성되었고, 장정(章程)위원 9인이 선출되었다.[72] 30일에는 중앙위원 76명이 선임되었고, 31일에는 제1차 신탁통치반대행동위원회가 열렸다.[73]

그런데 이날(30일) 새벽에 한민당의 송진우(宋鎭禹)는 자택에서 괴한들에게 암살되었다. 당시 신문들은 "한국민주당 수석총무 송진우는 30일 오전 6시 10분경 시내 원서정 74번지 자택에서 취침 중 괴한 5, 6명의 피습을 받고 권총으로 안면에 1발, 심장에 1발, 복부에 3발, 하관절에 1발의 피탄(被彈)을 입고 즉시 서거하였다"라고 보도했다.[74] 브루스 커밍스는 "좌절한 민족주의자 김구 일파들"이 송진우를 암살(assassination)했을 가능성이 있다고 추정했다.[75] 송진우는 피살되기 전날인 12월 29일 밤늦게까지 김구의 사무실인 경교장에서 임시정부 인사들과 모스크바삼상회의의 결정 사항에 대한 대책을 논의했었다. 그러한 송진우가 왜 피살된 것인가? 『주한미군사』에는 임시정부 내 중도파 인사들에 대한 송진우의 영향력이 커지는 것을 꺼리는 인사가 관여되었을 가능성이 높다는 의견이 피력되어 있다.[76] 송진우의 전기(傳記)에 의하면, 반탁에 대한 입장에서 송진우와 임정 측 의견이 다르지 않았지만, 그 방법에 대해서는 양측이 달랐다고 한다. 양측의 입장을 전하는 기사를 다시 전재하면 다음과 같다.

임시정부 측: 그러면 고하(송진우 아호)는 찬탁파요?
송진우: 찬탁이 아니라, 방법을 신중하게 하자는 것이지요. 반탁으로 국민을 지나치게 흥분시킨다면 뒷수습이 곤란할 것이니 좀 더 냉정하게 생각해서 시국을 원만히 수습해야 하지 않겠소.
임시정부 측: 무슨 소리요? 짚신감발을 하고라도 전국 방방곡곡에 유세를 펴서 찬탁하는 미국을 반대하고 군정을 배척하여 당장 독립을 쟁취해야 하오. 반탁 뒤에 오는 모든 사태는 우리가 맡지.[77]

양측은, 특히 미군에 대한 태도에서 차이가 있었다. 민족주의와 사회주의의 갈등은 물론이고 민족주의 내부에서도 분열과 폭력이 발생했다. 이러한 격렬함은 그 의도가 어떠하든 한국사회의 '분단'을 내부에서 촉진하는 한 요인이 되었다. 찬성과 반대를 강요받는 상황이 조성된 것이다.

그리고 그날 바로 30일 11시에 서울시 안국동 서울시 인민위원회 회의실에서 열린 반파쇼공동투쟁위원회결성총회는 신탁통치안을 철폐하라는 성명서를 발표했다. 이 자리에는 과학자동맹·경기도인민위원회·조선공산당·'전농'(전국농민조합총연맹) 등 40여 단체 대표 100여 명이 참석했다. 이들은 대체로 사회주의 계열의 단체들이었다. 위원장에는 신탁통치반대총동원위원회의 중앙위원으로 선임된 홍명희가 맡았다.

> …… 일찍 미국 극동부 책임자 빈센트 같은 사람은 공공연하게 조선을 신탁관리할 것이라 말하였고, 국내의 소수 매국매족적 반동분자들은 여기에 영합하여 혹은 당분간 군정기가 필요하다고 하고, 혹은 3년 후가 아니면 독립되지 못한다고 하였다. 이 반동분자들의 갈망하는 신탁통치는 결국 실현되고야 말았다. …… 우리는 이런 때를 당면하여 좀 더 현실을 정시(正視)하고 냉정히 자기를 비판하여서 사리사욕을 버리고 정당정파를 초월하여 전 민족의 통일전선을 결성해야 할 것이다. 그럼에도 불구하고 일부 반동분자들은 또 이 기회를 기화로 하여 반미 반소 반공을 모략하므로써 다시 민족을 분열하고 통일을 부수는 구렁텅으로 민중을 몰아넣으려고 한다. 여기서 우리는 신탁통치를 절대 반대한다. 이 신탁의 철폐를 위하여는 이 민족통일전선을 좀 더 공고하게 결성하여야 할 것을 또 다시 제창한다.[78]

12월 30일은 한국인에게 그렇게 긴 하루였다. 거대한 외세의 압력을 밀어내기 위한 민족주의가 폭발했고, 민족주의 리더 한 사람은 암살되었다. 며칠 후 1월이 되면서 상황이 달라졌다. 1월 4일에 조선인민공화국 중앙인민위원회에서는 모스크바삼상회의의 결과를 지지하는 「결정서」를 발표했다. 그들은 모스크바삼상회의의 진보적 역할과 그 필연성과 정당성을 인정했고, "완전독립"을 하루라도 빨리 달성하는 최선의 방도는 "무모한 반탁운동이나 연합국 배척이나 독선 전제나 테러 폭행"

에 있는 것이 아니라 "임시적 민주주의 정부 수립에 참가"해야 한다고 주장했다.[79]

1월 5일자 『뉴욕타임스』의 왜곡 보도는 혼란스런 신탁통치 정국을 악화시키는 데 기여했다. 기자회견에서 박헌영은 기자들에게 모스크바삼상회의 결정을 지지한다는 입장을 밝히면서, 그 말미에 반파시즘 민주주의 원칙 아래에서 진행되는 국제협조주의 정신에 따라서 "조선도 국제관계의 일환으로서 이러한 국제적 노선에 순응해야 비로소 조선독립이 가능한 것이요 또 그 독립이 조선을 위한 독립이요 세계를 위한 독립이 된다"고 언급했다.[80] 그런데 리차드 존스톤(Richard Johnston) 기자는 박헌영이 "소련의 장기간의 신탁통치와 더불어 한국을 소연방에 가입시킬 것을 주장"한 것으로 보도했다.[81] 이 신문은 '모스크바삼상회의를 지지하는 좌파는 친소 혹은 친공의 반민족주의자로 간주될 수 있다'는 기사를 내보냈다. 하지 장군의 말에 의하면 남한에서는 "신탁통치, 소련의 지배 및 공산주의는 전부 동의어가 되고 말았다."[82] 이승만과 한민당은 소련과 남한에 있는 소련의 꼭두각시 그리고 미 국무성 내의 공산주의 동조자들만이 신탁통치를 지지한다고 주장했다.[83] 좌파는 소련과 결탁했다는 비난으로부터 비켜나기 어렵게 되었고, 신탁통치를 주장했던 미국이 오히려 독립의 옹호자로 변신했다.[84]

사회주의 계열의 동향과 달리 임시정부를 구심점으로 하는 민족주의 계열은 기존의 입장을 유지했다. 1946년 1월 12일 그들은 반탁국민대회에서 신탁통치반대국민총동원중앙위원회 이름으로 모스크바삼상회의의 결과를 비판하는 성명서를 발표했다. 그들의 주장은 6개항목에 압축되었다. ① 일제를 타도한 연합국에게 충심으로 감사한다. ② 우리는 한국의 즉시 독립승인을 요구한다. ③ 우리의 유일한 정부인 대한민국임시정부의 즉시 승인을 요구한다. ④ 우리는 이유 여하를 불문하고 국제신탁통치를 거부한다. ⑤ 당면문제로 38도의 장벽을 즉시 철폐하라. ⑥ 우리의 문제는 우리의 힘으로 해결하자. 그것은 "외래세력의 내정간섭에 대한 배격"이었다.85)

송진우의 사망은 지주와 자산가 계급 출신이 많이 참여했던 한민당을 혼돈 상태로 몰고 갔고, 결국 김성수를 정치 무대 위로 호출했다. 그의 등장은 갈등과 대립이 심한 정국에 새로운 요소가 되었다. 한민당에서 송진우가 드러난 중심이었다면, 김성수는 그 그늘에 가려진 또 다른 중심이었다. 1946년 1월 7일에 한민당 중앙집행위원회는 본인 양해 없이 김성수를 수석총무에 선출했다. 그 결과를 갖고 장덕수·서상일·백관수 세 사람이 김성수를 찾아갔다. 그는 그들의 제안을 고사했다. 김병로가 다시 김성수를 만나서 이렇게 말했다. "인촌(김성수) 때문에 당이 깨어져도 좋단 말이요? …… 우리가 일제 36년 동안 민족의 독립을 바라고 고초를 겪으면서 살아왔는데, 이제 민족의 운명이 결정되는 싸움을 앞에 하고 인촌은 혼자 뒤에 물러앉아 있을 생각이요?"86) 김성수는 차마 김병로의 제안마저 거절할 수 없었다. 김성수의 정치적 입장은 1945년 12월의 행적에서 이미 결정되어 있었다. 그는 서울운동장에서 열린 임시정부환영회에 참석했고, 신탁통치반대 국민총동원위원회 위원이 되었으며(1945년 12월 30일), 곧 이어 반탁독립투쟁위(고문 이승만, 위원장 김구)에서 조소앙·조성환 등과 함께 부위원장에 피선되었다(1946년 1월 16일). 1946년 1월 4일에 김구는 임시정부를 확대하여 과도정권을 수립할 비상정치회의를 제의했다. 김성수는 이승만의 반응을 우려했지만 그 제안을 수용한다는 담화를 1월 14일에 발표했다.[87]

    신탁통치는 조선의 완전 독립에 배치되는 것이니 절대로 반대하지 않으면 안 될 것입니다. 민족 통일이란 말이 사용되고 있지마는 나로서는 분열된 것은 민족이 아니오 동지라고 생각하므로, 현재에 있어서 가장 이상적인 비상정치회의 기관을 통하여 조선 독립이란 공통된 목표를 세운 동지들이 소이(小異)를 버리고 대동(大同)의 입장에서 하루바삐 일치단결하도록 나 역시 노력할 각오입니다. 물론 비상정치회의보다 더 나은 기관을 세운다면 언제든지 그 기관에 참가할 터입니다. 그러나 독립의 피안에 건너가는 다리로서 27년간의 역사를 가진 임시정부의 법통 이외에 무슨 신통한 다리가 있겠습니까. 그 임시정부에서 제시한 바의 비상정치회의를 소집토록 하여 통일을 단행하는 것이 좋을 줄 압니다.

이 발표에서 김성수는 두 가지의 입장을 분명히 밝혔다. 하나는 '조선의 완전 독립에 배치'되는 신탁통치는 반대한다. 다른 하나는 '임시정부의 법통' 아래에 단결하자. 그것을 실현하는 수단으로 '비상정치회의'를 운영하자였다. 김성수는 그의 정치 고문 역할을 했던 장덕수와 함께 이승만이 거처하고 있는 돈암장을 여러 차례 찾아갔다. 이승만은 자신이 주도하는 정당 및 사회단체 연합 기구로서 '독립촉성중앙협의회'를 구성해 놓고 있었기 때문에 내키지 않았지만, 명분에 밀려 '비상정치회의' 참여에 동의했다. 2월 1일에 명동천주교당(명동성당)에서 이 단체의 출범식이 열렸는데, 그때 이름이 '비상국민회의'로 바뀌었다.[88] 얼마 후에 또 다른 반전이 있었다. 하지 사령관이 미군정의 자문기관으로서 '민주의원'을 구성하기로 했다. 미군정과의 관계를 중시하고 있던 한민당과 이승만은 이에 동조했다. 김구는 그것을 반대했지만, 장덕수의 중재로 '민주의원'에 참여키로 마음을 바꿨다.[89] 이처럼 미군정의 후원을 받는 이승만과 임시정부의 법통을 계승하고자 하는 김구의 경쟁이 전개되고 있었고, 김성수의 한민당은 두 가지—임시정부의 민족주의와 미군정의 국제주의—를 다 원했다.

한국인뿐만 아니라 모스크바삼상회의의 한 주체인 미국의 입장도 1946년 1월 말에 변할 조짐이 나타났다. 모스크바삼상회의의 합의가 무산될 위기에 봉착했다. 하지를 위시하여 한국에 근무하고 있던 미국의 내셔널리스트들은 소련과의 협조보다는 소련을 봉쇄하는 정책으로 전환했다. 그들의 "도발적이고 독단적인 행동"은 미국의 국무성 관리들과 대통령 트루먼의 노선을 선도한 결과가 되었다.[90] 앞에서 잠시 언급했듯이, 봉쇄정책은 미국 정부 내에서도 제기된 상태였고, 혁명적 민족주의가 강한 현지의 사정도 미군의 정책 전환에 영향을 미쳤다. 1945년 9월에서 12월 사이에 미군정은 조선총독부에서 일했던 한국인 관료들, 그리고 식민지 경찰에서 일했던 한국인을 다시 기용했다. 이러한 조치는 일본제국주의의 유산에 비판적이었던 미 국무성의 입장과 다른 것이었지만 그대로 진행되었다.91) 남한만을 위한 방위대도 창설되었다. 먼저 경찰이 창설되었다. 1945년 11월 중순까지 그 규모는 1만 5000명 수준이었다. 군대는 1946년 4월까지 8개도에 1개 연대씩 배치되었다(Bamboo Plan).92) 식민지 유산은 미군이 남한을 효과적으로 지배할 수 있는 행정체계의 토대가 되었다.

한국을 처음 대면한 미군에게 외국 유학 경험이 많았던 조병옥·윤보선·송진우·김성수·장덕수·서상일·설의식·김용무·김도연 등은 든든한 우군이었다. 미군의 정보 보고는 그들을 "민주주의를 위한 주도 세력", "존경받는 기업가"로, 또 그들이 주도적으로 결성한 한민당을 "한국인의 대다수를 대표하는 정당"이라고 평가했다.93) 인천에 상륙한 이래 1주일째 되는 날인 9월 15일에 주한 정치고문 베닝호프가 애치슨 국무장관에게 제출한 한국 상황 보고서에는 '특별한' 이야기가 있었다.94)

정치 상황에서 유일하게 가장 고무적인 요소는 연로하고 교육받은 한국인 가운데 수백 명의 보수주의자가 서울에 있다는 것입니다. 비록 이들 중 많은 수가 일본인을 위해 일했지만, 그러한 오명은 결국 사라질 것입니다. 그러한 인사들은 "임시정부(Provisional Government)"의 귀환을 지지하는데, 비록 다수를 점하지는 못하지만 아마도 가장 규모가 큰 단일 그룹일 것입니다.

그로부터 2주일 후인 9월 29일에 베닝호프는 다시 한국의 정치세력에 관한 보고서를 보냈다. 민주파(democratic) 또는 보수주의자 그룹(conservative group) 내에는 대체로 미국 유학을 다녀오거나, 또 미국 선교사 기관으로부터 교육을 받은 이들이 많다. 한민당은 그들을 대표하는 정당이다. 다른 하나는 급진파 또는 공산주의 그룹(communist group)이다. 그들은 중도좌파로부터 급진파에 이르는 다양한 사상을 갖고 있는데, 몇 개의 소규모 분파로 구성되어 있다. 그들 중에서 여운형과 그 지지자들은 조선인민공화국을 세워서 스스로 정부를 자처하고 있다.[95] 베닝호프는 애치슨(Atcheson)에게 보낸 또 다른 서신에서도 한민당을 강조했다.[96] 10월 20일에 서울 시민 주최로 성대한 연합군 환영회가 개최되었다. "미국과 한민당의 우정"이 강조되었다. 그 행사를 주도한 사람들은 "교육받은 수백 명의 보수주의자들"로 한민당계 인사들이었다.[97] 이 행사를 주관했던 조병옥은 군정청 경무부장에, 통역을 담당했던 장택상은 수도경찰청장에 임명되었다. 미군과의 인연은 한국인들에게 유리한 정치적 배경이었다.

미군과 한민당의 관계는 수세에 처했던 친일파 인사들에게 나쁘지 않은 환경이 되었다. 1945년의 마지막 3개월 사이에 유임되거나 새로 기용된 한인 관리들의 수는 약 7만 5000명에 달했는데, 부일협력자들은 자신들의 동맹자와 적을 정확하게 인식했다. 온건한 민족주의자들은 그들의 울타리가 되었다. 조병옥은 '우파 군사집단들'의 해체를 바라지 않았다. 그는 국립경찰을 이용하여 좌파인 인민공화국과 인민위원회를 해체시키려고 했다.[98] 이응준이 인솔하고 있는 일본군 출신 한국인 장교들과 원용덕이 인솔한 관동군 출신 한국인이 국방경비대의 주축이 된 것은 남한에서 부닥친 혁명적 조건에 대한 미군정의 반응이었다.[99] 미군정의 최고 책임자였던 하지 장군은 1945년 10월 중순에 인민위원회, 농민동맹 및 기타 좌경조직들이 남한 각지에 산재하고 있다는 보고를 전국으로부터 받고 있었다.[100]

   미군정은 우익 진영(보수주의 그룹)과의 관계를 강화하면서 "현지의 현실적 조건"과 맞지 않는 신탁통치안을 폐기하고 소련을 봉쇄하기 위한 정책을 추진했다. 1945년 11월 20일의 윌리엄 랭던의 전보에는 그러한 현지 점령 당국의 입장이 나타나 있다. 1945년 가을부터 미군정은 좌익 세력을 약화시키기 위한 작업들을 추진했다. 그 중의 하나가 인민공화국 측에게 정부 행세를 하지 말고 정당으로 재조직할 것을 권고한 것이다. 1945년 11월 11일에 인민당을 창설한 여운형은 자신의 타협적 태도가 미군정과 한민당 및 임정의 관계를 약화시키는 결과로 이어지기를 바랐다. 그의 기대는 어긋났고, 미군정과 좌익의 관계는 악화되었다. 1945년 11월 20일과 22일 사이에 서울에서 열린 전국인민위원회 대표회의는 조선인민공화국을 해체하라는 미군정의 제안을 거절하고 세력 확장을 위한 조직사업을 강화했다.[101] 11월 5일에 50만 노동자의 전국조직인 '전평'(조선노동조합전국평의회)이 결성되고, 12월 8일에는 '전농'(전국농민조합총연맹)을 조직하기 위해 지방 농민조합의 대표자들이 서울에 집결했다.[102] 12월 12일에 하지 장군은 정부의 성격을 가지고 있는 어떤 단체의 활동도 허용하지 않겠다고 언명했다.[103] 이렇게 양측의 긴장관계는 계속 높아지고 있었다. 마침내 미군정은 12월 19일 11시에 서울의 옥인동에 있는 중앙인민위원회 사무실을 압수수색했고,[104] 1946년 1월 초에는 서울에 있는 국군준비대 본부와 양주군에 있는 훈련학교를 습격했다. 체포된 국군준비대의 요원들은 미군정이 주도한 재판에서 징역형을 언도받았다.105)

미군정은 좌익 진영에 대한 탄압에 그치지 않고 1946년 2월에 민주의원을 설치했다. 미군정이 "모든 주요 정당들의 연합체"라고 선전한 민주의원(남조선대한민국대표 민주의원)의 출범식은 1946년 2월 14일 오전 9시에 군정청 제1회의실에서 열렸다. 의장에는 이승만, 부의장에는 김구와 김규식이 선임되었고, 정원 28명 중에서 23명이 참석했다. 출석한 의원들은 이승만·김구·김규식·김준연·이의식(李義植)·백관수(白寬洙)·최익환(崔益煥)·김법린(金法麟)·김도연(金度演)·김여식(金麗植)·박용희(朴容羲)·장면(張勉)·조완구(趙琬九)·황현숙(黃賢淑)·백남훈(白南薰)·백상규(白象圭)·권동진(權東鎭)·황진남(黃鎭南)·원세훈(元世勳)·김선(金善)·김명준(金朋濬)·안재홍(安在鴻)·오세창(吳世昌) 등이었다. 결석한 의원들은 여운형(呂運亨)·함태영(咸台永)·김창숙(金昌淑)·정인보(鄭寅普)·조소앙(趙素昂) 등이었다. 의원들 대부분은 한민당과 임시정부 관계자들로 우파 인사들이었다. 공산계열 인사들은 배제되었고, 인민당 계열의 여운형은 민주의원에서 바로 빠졌다.106) 이 당시 미군정은 한국민주당을 만든 우파 진영보다 인민공화국을 만든 좌파 진영의 사회적 기반이 더 공고하다는 판단을 했고,107) 온건좌파를 급진좌파들로부터 분리시키려고 했다. 민주의원은 그런 문제의식에서 나온 정치기획이었지만 그다지 성공적이지 못했다. 온건좌파인 여운형은 민주의원에 참여하지 않았고, 오히려 좌파 진영은 민주의원 설립에 대응하여 '민전'(민주주의민족전선)이란 연합체 건설을 통해 세력을 확장해 나갔다. 남한에서 민주의원은 14일에, '민전'은 15일에, 북한에서도 14일에 과도인민위원회가 창설되었다.[108]

이렇게 남북한에서 앞서거니 뒤서거니 하면서 벌어진 '2월의 경쟁'은 3월 20일에 열리는 미소공동위원회를 대비한 것이었다. 이 시기 미국 정부의 상황 역시 1945년 8월 무렵에 비교하면 많이 달라졌다. 미국 정부는 더 이상 친일부역자에 대한 숙청 요구를 하지 않았고, 남한의 행정을 북한을 참조해서 상호 보완하라는 명령도 내리지 않았으며, 하지에 대한 비판도 하지 않았다. 국무성 내의 국제주의자 빈센트(Vincent)의 발언은 점령 당국의 편을 드는 맥클로이(McCloy)·해리만(Harriman)·케넌(Kennan) 기타 인사 들의 개입으로 약화되었다.[109] 미국의 대한정책의 주요 목표는 소련의 한국 지배를 막는 것이었고 한국의 독립은 2차적 목표였다.[110] 1946년 2월 23일에 시행된 정당 등록에 관한 '군정법령 제55호'와 미군정에 적대적인 행위에 대해 처벌할 수 있는 '군정법령 제72호'는 좌파 세력을 약화시키기 위한 조치였다. 이들을 근거로 경찰은 좌익 인사들이나 단체들을 수사하거나 체포할 수 있는 권한을 갖게 되었다.[111] 미군정은 탄압과 병행하여 지배의 정당성을 확보하기 위한 조치도 준비했다. 1946년 3월 초에 워싱턴에서 미군정을 관할하는 맥아더사령부에 전달한「전문」은 미국이 한국을 대하는 입장을 잘 보여주고 있다.

다음의 사항은 매우 어려울 것이라고 생각되겠지만, 무슨 수를 써서라도 현재 미국이 점령하고 있는 지역에서 미군은 김구 세력이나 소련이 지배하는 세력과 연계되지 않는 세력 중에서 한국에서 확고한 진보적인 프로그램을 추진할 지도자들을 찾아야 한다. 이러한 그룹은 대부분의 한국인에게 호소할 수 있는 네 가지 자유와 기본적인 토지개혁과 재정개혁을 강조하는 진보적 프로그램을 자세하게 설명해야 하며, 그러한 진보적 프로그램이 공산주의자의 프로그램이 자신들에게 최선의 희망을 준다고 믿는 사람들을 설득할 수 있는 효과를 수반해야 한다.112)

이 전문에는 소련과 연관된 공산주의 그룹과 민족주의자 김구에 대한 미국 측의 거부감, 그리고 공산주의 그룹과의 경쟁에서 이기기 위해서는 자유주의 기획과 토지와 금융개혁이 실행되어야 한다는 미국의 입장이 나타나 있다.

이러한 정책 기조 위에서 1946년 3월 20일부터 서울 덕수궁에서 미소공동위원회(이하 미소공위) 1차 회의가 열렸다. 6주 간의 토의를 거쳤지만 양측은 합의에 도달하지 못했다. 그 원인은 양국 대표단이 모스크바삼상회의의 결정에 따라 한국의 임시정부를 구성하는 데 있어서 어떤 한국인 집단들과 협의할 것인지에 대한 의견이 달랐기 때문이었다. 결국 미소공위는 5월 6일부터 무기한 휴회에 들어갔다. 4월 18일에 미국과 소련이 합의한 「공동성명 5호」는 "과거에 반탁을 주장하였다 하더라도 신탁통치 조항을 포함한 모스크바삼상회의 결정을 수락한다는 내용의 선언서에 서명하는 정당과 사회단체는 미소공위의 협의대상이 될 수 있다"는 것이었다. 좌익은 대체로 이 합의를 지지했으나, 우익은 의견이 갈렸다. 「공동성명 5호」의 수용은 반탁운동을 부정하는 의미였기 때문이었다. 이승만과 김구는 반대 입장을 천명했고, 이에 비해 중도파였던 김규식과 보수주의 그룹이 이끄는 한민당은 찬성했다. 특히 한민당의 장덕수와 김성수는 남한의 사회단체가 "미소공위의 협의 대상이 되어 그 내부에서 신탁통치를 아주 없애버리도록 힘쓰는 것도 결국은 반탁투쟁이 된다는" 논리를 갖고 있었다. 김성수는 민주의원 쪽에 속해 있는 원세훈·김준연·김도연 등을 불러 의견을 나눈 후에 한국민주당은 미소공위 협의에 응한다는 성명서를 발표했다.

> 본당(한민당—필자)은 미소공동위원회 제5호 성명이 발표되자 사건의 중대성에 감하여 신중히 토의를 거듭한 결과 동 성명에 포함된 선언서에 서명하는 것은 미소공동위원회와 협의하여 임시정부 수립에 참가하여 신탁통치를 반대할 수 있는 계기를 확인하였기 때문에 동 위원회에 참가하기로 결정하였다.113)

설산 장덕수의 설득 작업이 계속되고, 하지 중장의 성명서를 들은 후에 이승만과 김구도 「공동성명 5호」에 서명했다. 우익 진영의 의견은 일단 통일되었다. 그런데 소련 측이 다른 소리를 냈다. 그들은 반탁 의사를 갖고 있는 단체는 협의 대상에서 제외하자는 제안을 했다.114) 1차 미소공위의 무기 휴회는 '48년 질서' 형성의 큰 전환점이 되었다. 남한과 북한은 일정 기간 각자의 길을 갔고, 신탁통치를 둘러싼 대립은 1945년 8월에 일어난 영토적 분단을 더 심화시키는 요인이 되었다.115) 박명림은 이 당시 한국사회의 모순구조를 다음과 같이 설명했다.

첫째, 이념에 따른 갈등은 점차 한국인들에게 거주지 선택을 강요했다. 그것은 한국의 정치에서 타협이 소멸되고 '애국'을 독점하려는 '폭력적 경쟁'이 광폭하게 일어나는 배경이 되었다.116) 둘째, 식민국가가 물러나고 대안국가를 수립해야 하는 초기 이행 시기에 공산주의자 김일성과 박헌영은 이념의 교의(敎義)에, 마찬가지로 이승만과 김구와 조만식 등도 임시정부 수립이라는 목표보다는 반공과 민족주의라는 교의에 더 충실하였다. 어느 쪽에서도 타협과 공존의 노력은 없었다. 대립의 지형은 반탁 대 찬탁, 이는 반공(반소) 대 친공(친소), 애국 대 매국, 선과 악의 대립으로 전화되었다.117) 역설적으로 반탁운동에서 제기된 '독립'이라는 명분은 친일반민족 세력에게는 도덕적 탈출구가 되었다. 그것을 제공한 장본인은 항일민족주의 세력이었고, 그 중심에는 남한의 김구와 북한의 조만식이 있었다.118)(방점—인용자)

3) '1948년 질서'

1947년 초에 미소공위가 재개될 조짐을 보이자, 다시 반탁운동이 일어났다. 1월 16일에는 민주의원·비상국민회의·민족통일총본부·독립촉성국민회·한국독립당·한국민주당·조선민주당을 포함한 35개 우익 정당과 사회단체가 모여 탁치를 배격하는 공동성명서를 발표했다.119) 그날 하오 3시부터 한국민주당 회의실에서 민족 진영의 35개정당 단체 대표가 모여서 자주독립과 반탁운동에 관한 협의회를 개최하였다. 이 자리에서 조소앙(趙素昂)·명제세(明濟世)·백홍균(白弘均)·김준연(金俊淵)·양우정(梁又正) 등 9명이 임시위원으로 선정되었고, 그들은 김구를 보좌하여 반탁과 독립운동을 추진하는 역할을 맡았다. 또 이 회의에서는 두 가지가 결의되었다.[120]

① 미소공위 「제5호」 성명에 대한 서명을 취소함.
② 하등 지반과 근거가 없이 한갓 민족을 분열과 의혹으로 유도하는 소위 좌우합작위원회를 단호 분쇄할 것.

1월 20일에는 미군정이 지원하는 입법의원 제12차 본회의에서 반탁결의안이 제출되어 결의되었다.[121] 24일에는 김구를 중심으로 반탁독립투쟁위원회가 결성되었다. 위원장에는 김구가, 부위원장에는 김성수와 조소앙이 선임되었다.[122] 29일에 이 단체는 참여 단체들에게 실천강령을 담은 공문을 발송했는데, 그 요지는 철저한 그리고 지속적인 '신탁통치반대운동'을 고무하는 것이었다.[123] 2월 14일부터 비상국민회의는 명칭을 '국민의회'로 개칭하고, '민족통일총본부' 및 '대한독립촉성국민회'와의 합동을 결의했다.[124] 반탁운동의 깃발 아래 남한 내 여러 계열의 민족주의 세력은 집결했다.

제2차 미소공동위원회는 1946년 5월 6일 제1차 회의가 무기휴회된 지 만 1년 16일 만인 1947년 5월 21일 하오 2시 정각에 시내 덕수궁 석조전에서 열렸다. 그런데 5월 초에 국민의회 내에서는 임시정부

봉대론을 둘러싸고 임정계와 이승만계의 의견이 갈렸다. 이승만계는 임시정부의 봉대를 유보하자는 입장이었고, 임정계 인사들은 그 반대였다.125) 그럼에도 불구하고 김구와 이승만은 22일에 제2차 미소공위에 대해 불참하겠다는 뜻을 공동으로 발표했다. 그들이 내건 명분은 두 가지였다. 하나는 '신탁통치와 독립 정부 수립은 모순된다.' 다른 하나는 '미국의 민주주의와 소련의 민주주의가 다른데, 어떤 민주정체를 채택할 것인가를 분명하게 하라'였다.126)

이때 한민당은 다른 입장을 나타냈다. 그들은 2차 미소공위를 통일정부 수립의 마지막 기회로 보고 미소공위에 참여할 것을 주장했다. 한민당은 미소공위 내부에서 총선거를 통한 통일정부의 수립을 주장했고, 170여 단체가 그 호소에 호응했다. 6월 10일자로 미소공위에 참여하겠다는 한민당의 성명서 요지는 두 가지였다. 하나는 "신탁 조항 삭제의 실지적(實地的) 구체 방법이 전 민족적 역량을 집중한 임시정부를 수립하여 이 정부로 하여금 단연 국권 침해의 신탁을 거절케 함에 있는 것"이다. 다른 하나는 "단연 민주주의적 방법으로 총선거를 통하여 발표되는 민족적 총의에 기본한 자주적 임시정부의 수립을 기하는 것"이다.127) 미소공위 참여 논리를 제공한 설산 장덕수는 7가지의 이유를 들어 당내 인사들을 설득했다. ① 2차 미소공위는 미·소 간의 마지막 담판장이다. ② 한민족이 그 안에 들어가서 우리의 요구를 피력해야 한다. ③ 민족 진영이 참가하지 않으면 좌익 계열의 목소리만 반영된다. ④ 그때 미국 측이 공동위원회를 결렬시켜야 하는데 그 명분이 약해진다. ⑤ 그 안에서 임시정부 수립을 토의하는 것은 남북한 통일정부 수립을 요구할 수 있는 마지막 기회다. ⑥ 신탁통치 문제는 그 안에 들어가서 투쟁해야 한다. ⑦ 마샬(George C. Marshall) 미 국무장관이 이미 남한 단독정부 수립을 시사했다. 그 과정의 일환으로 미소공위 참가는 정치적 명분이 있다.128) 그는 참여를 통한 반탁과 자주적인 임시정부의 수립을 주장했다.129) 우익 진영의 미소공위 참여파는 '임시정부대책협의회'를 만들고 19일 오전 11시에 태고사(太古寺)에서 제1차 회의를 개최했다.130) 우익 진영은 참가파와 비참가파로 균열되었다.131) 한독당은 구임정계 · 민주파(신한민족당계) · 혁신파(국민당파) 등 3개 정파로 분열되었다. 미소공위 참가 의사를 갖고 있는 민주파와 혁신파는 한독당에서 제명되었다.132)

그런데 7월 10일에 소련 대표는 한민당을 비롯한 15개 반탁 정당을 협의 대상에서 제외할 것을 주장하면서 2차 미소공위는 다시 교착상태에 빠졌고, 별다른 성과를 내지 못하고 끝나버렸다. 미국과 소련은 각각의 명분을 내세우며 주장하는 바를 조금도 양보하지 않았다. 양국은 어떤 단체들이 참여하는가에 따라서 통일된 한국의 정체가 결정될 수 있다고 생각하고 있었다. 이 문제는 한국인이 스스로 풀어야 했지만 분열되어 있었다. "미 · 소의 협조에서만 조선독립도 보장되어 생장 발전될 것이고 1국의 독단적 지도는 제2 화단(禍端)이 발생 성장하여 필경은 조국과 민족의 위기를"133) 다시 불러올 수 있다는 안재홍의 우려는 현실이 되었다.

1947년 7월 2차 미소공위의 결렬은 더 이상 남북한 통일정부를 수립할 수 있는 길이 없어졌다는 것을 의미했다. 한국뿐만 아니라 유럽

등 세계 여러 곳에서 대립하고 있던 미국과 소련 두 나라는 어느 쪽도 자신들이 원하지 않는 정부와 체제가 수립되기를 바라지 않았고, 최소한 자신이 점령한 지역에서는 더 그랬다. 두 나라의 욕망을 제어하려면, 한국인 내부가 이념을 뛰어넘어 연합정부를 수립하기 위한 협력 대오를 형성해야 했었다.

1945년 12월 말에 전해진 모스크바삼상회의의 합의 사항인 신탁통치 문제에 대해 누구라고 할 것도 없이 한국인은 모두 반대의 목소리를 냈지만, 며칠 후부터는 다른 목소리들도 나왔다. 앞에서도 언급했듯이 공산당과 같은 좌파 계열의 단체 및 인사들은 모스크바삼상회의의 합의 사항들을 지지하는 입장으로 선회했다. 정국이 혼탁해지고 있었지만, 1946년 1월 7일에 주목할 만한 만남이 성사되었다. 이른바 우파 계열의 한국민주당과 국민당 그리고 좌파계열의 인민당과 공산당이 '4당 공동성명서(코뮈니케)'를 발표한 것이었다. 당시 한 언론은 4당이 「공동성명서」를 발표하는 광경을 "혼돈하던 정국"을 비추는 희망의 징조인 "서광"이라고 묘사했다(『조선일보』 1946년 1월 9일, 「통일노선으로 일보전진」).

임시정부를 중심으로 신탁통치를 반대하는 우익진영과 삼상회의를 지지하는 좌익 측 각 정당은 그 사이 미묘한 움직임으로 개별적 회합이 누차 속행되고 있던 바 7일 시내 모처에서 인민당 대표 이여성·김세용·김오성, 한국민주당 대표 원세훈·김병로, 국민당 대표 안재홍·백홍균·이승복, 공산당 대표 이주하·홍남표 제씨가 회집하여 간담회를 열고 현하의 긴급 제문제를 신중 토의한 결과 회견의 일치를 보아 별항과 같은 인민당·한국민주당·국민당·공산당의 4당 공동성명서를 발표하는 단계에까지 이르러 혼돈하던 정국은 통일일로를 걷게 되어 이 서광은 박두하는 미소공동위원회를 앞두고 자못 관심을 끌고 있다. 즉 공동성명서의 내용 중 탁치문제를 단적으로 해명하면 신탁통치라는 제도는 배격하되 연합국의 우의와 원조는 거절하지 않는다는 것이라고 한다. 이같이 4당회의 관계로 7일 밤 임시정부에서 개최할 예정이던 5인정당대표회의는 양일 연기될 것으로 보이며 이상 4당에서는 8일 신한민족당을 참가시켜 5대 정당으로 계속하여 시내 모처에서 민족통일촉성에 관한 토의를 계속 중이다.(방점 – 인용자)

4당이 의견의 일치를 이룬 부분은 신탁통치는 배격하되 연합국과의 우의와 원조는 유지하겠다는 것이었다. 다른 신문은 4당의 합의사항에 대해 조금 더 자세하게 보도했다(『동아일보』 1946년 1월 9일, 「탁치는 의연 반대 4당 공동 코뮈니케 내용」).

'4정당' 공동 코뮈니케 전문
  1. 모스크바삼상회의 조선문제 결정에 대하여 …… 조선의 자주독립을 보장하고 민주주의적 발전을 원조한다는 정신과 의도는 전면적으로 지지한다. '신탁'[국제헌장에 의하여 의구(疑懼)되는 신탁제도은 장래 수립될 우리 정부로 하여금 자주독립의 정신에 기(期)하여 해결케 함.
  2. 테러 행동에 대하여

투쟁의 수단으로 암살과 테러 행동을 감행함은 민족단결을 방해하며 국가독립을 방해하는 자멸행동이다. 건국의 통일을 위하여 싸우는 우국지사는 모든 이러한 반민족적 테러행위를 절대 반대하는 동시에 모든 각종 비밀적 테러단체와 결사의 반성을 바라며 그들이 자발적으로 해산하고 각자 진정한 애국운동에 성심으로 참가하기를 바라는 바이다.
1946년 1월 8일 조선인민당 한국민주당 국민당 조선공산당

이념이 다른 4당은 분단을 막고 통일임시정부를 수립하기 위한 당면의 민족적 국가적 과제 앞에서 정치적 타협을 이룩하고 폭력이 아니라 타협과 대화를 통해서 난관을 극복할 수 있는 가능성을 보여주었다. 약 10일 전에 한민당의 송진우가 자택에서 괴한들에게 암살되었지만, 이 합의는 새로운 정치적 돌파구가 될 수 있었다.

'4당 공동 코뮤니케'와 관련하여 긴급하게 소집된 한민당의 간부회의는 합의사항 전체를 부정하지는 않았지만 신탁통치와 관련된 조항을 승인하지 않는다는 「성명서」를 1월 8일자로 발표했다.134) 대한민국임시정부 외교부장의 자격으로 인터뷰를 한 조소앙은 이 합의에 대해 긍정적인 메시지를 보냈다.135) 그러나 "통일일로"의 결정적인 좌절의 계기는 바로 공산당의 이탈이었다. 국민당의 안재홍은 신탁통치를 포함한 모스크바삼상회의를 무조건 지지하는 공산당 측 인사들의 경직된 태도에 대해 우려를 나타냈다.136)

최근의 한 연구는 한민당이 이승만 및 김구와 달리 제1차와 제2차 미소공동위원회에 일관되게 참여를 주장했다고 밝혔다. 한민당은 모

스크바삼상회의의 합의 사항인 '임시 민주주의 정부' 수립을 주장했고, 반탁문제는 새로 수립된 '임시정부'가 처리하면 된다는 입장을 갖고 있었다. 물론 한민당 내에는 신탁통치 문제에 대해 더 강하게 반대하는 의견과 유연한 의견이 팽팽하게 대립했지만, 그들은 토론을 통해 의견을 도출한 후에는 모스크바삼상회의 합의 사항을 실천하기 위한 미소공동위원회에 참여하자는 한목소리를 냈다.[137] 장덕수는 토론을 통해 정치적 의사를 결정하는 과정을 선도했다. 당시 한 신문은 모스크바삼상회의 한국문제 결의 3항목에 대한 정당 및 단체들의 태도를 크게 세 가지로 분류했다. 그 중 둘은 선명한 "전폭적 반대와 전폭적 지지"이고 나머지 하나는 "1, 2항은 지지하나 3항인 탁치에 관한 방책만은 반대"하는 '선택적 지지'였다.[138] 한민당은 일관되게 '선택적 지지'의 태도를 견지했다. 「공동성명 5호」가 발표되었을 때 좌우익 정당이 함께 공동위원회와 합작할 의사를 표명하자, 『자유신문』은 「사설」에서 "여러 가지 해석은 다르지만 …… 좌우합작의 통일정부가 수립될" 수 있는데, 그러기 위해서는 "조선적 조건과 세계적 조건의 종합에서 성립한다는 것을 망각"하지 말라고 했다.[139] '조선 임시 민주주의 정부를 수립한다'는 제1항과 제2항이 실현된다면 제3항에서 언급된 신탁통치 문제는 미소공동위원회가 조선 임시 민주주의 정부 및 민주주의 단체들과 협의해야 했기 때문에 '건국'과 관련하여 후자는 전자에 비해 부차적이었다. 만약에 좌파와 우파가 '조선적 조건'과 '세계적 조건'을 고려하여 통일정부를 수립하려고 했다면 '절대적 지지'와 '선택적 지지'의 차이는 그리 크지 않았다. 그런데 북한에서는 제1차 미소공위가 열리는 1946년 3월과 5월 사이에 토지개혁을 신속하게 마무리했는데, 그것은 새로 수립될 '조선 임시 민주주의 정부'가 한반도 전체에 걸쳐서 진행할 과제였다. 북한에서는 이미 토지개혁을 포함하여 정부 수립과 관련된 일이 진행되고 있었다.140) 소련은 아마도 남북한 전역에 걸쳐서 총선거가 실시된다면 그 결과에 대해 장담할 수 없었을 것이다. 통일정부 수립을 위한 환경은 내부에서 만들어야 했지만, 결국 그렇게 되지 않았다.

결국 한국문제는 유엔에 이관되었다. 그 이후 남한에서는 좌파에 대한 공격이 강화되었고 좌우합작운동은 시들해졌으며 친일파에 대한 처벌 움직임도 약화되었다. '반공의 강화와 개혁의 중단'은 서로 맞물려 있었다.141) 이승만과 한민당으로 이어지는 우익 진영은 그 방향을 지지했다. 국가기구는 경찰 병력이 47년 7월 무렵 2만 8000명에서 48년 3월 무렵에 3만 6000여 명으로 증가했다. (국방) 경비대 역시 5만 명으로 증가했다.142) 1947년 7월 19일에 좌우합작운동을 이끌던 여운형이, 1947년 12월 2일에는 한민당의 장덕수가 암살되었다. "온건 합리주의의 실패를 상징하는 비극이었다." 좌와 우에서 각각 분열을 넘어서 통일로 가려는 지도자들이 제거되었다.143)

정치적 상황은 매우 경직되는 가운데, 이승만과 김구는 8월 초 정부 수립의 방법을 놓고 또 분열했다. 이승만은 남한만이라도 총선거를 실시할 것을 주장했지만, 김구는 북행을 선택했다. 48년의 평양회의는 김구의 식민지기부터의 공산주의에 대한 증오와 그에 대한 북한좌파의 강렬한 반감에 비추어볼 때 상호 대전환이었다.144)

9월 17일에 미 국무장관 마셜은 '한국의 독립에 관한 문제'를 정식으로 유엔에 제출했고, 23일에 열린 유엔총회에서는 한국문제에 관한 의제가 가결되었으며, 28일부터 열린 유엔정치위원회(UN political committee)에서 한국문제가 논의되었다. 11월 5일에는 유엔정치위원회에서 유엔감시위원회 설치가, 14일 유엔총회에서는 유엔조선위원회 설치가 가결되었다. 이때 총회를 통과한 결의안에는 한국에서 실시될 선거를 감시할 위원회의 설치와 독립 정부 수립을 전제로 한 외국 군대의 철수에 관한 규정이 들어가 있었다. 1948년 2월 27일에 열린 유엔소총회(Little Assembly)는 가능한 지역에서 선거를 실시한다고 결정했다.[145]

남한의 각 정파들은 1948년 5월 10일의 선거에 대한 참여를 놓고 크게 분열하였다. 제주도에서는 단독 선거에 반대하는 운동을 진압하는 공권력의 폭력 때문에 수많은 희생자가 발생했다(4·3사건). 1948년 2월 16일 김구와 김규식은 '48년 질서' 형성을 저지하기 위해 남북지도자회의를 열자고 김일성과 김두봉에게 제안했다. 이에 북한 측이 호응했다. 4월 19일 평양에서 '남북조선 제정당사회단체연석회의'가 열렸다(이때 한국민주당은 빠졌다). 김구의 "북행은 통일을 추구하는 명분과 정치패배라는 현실정치의 결합"이었다. 1948년의 시점에서 "반공의 이승만 노선 대 연공의 김구 노선은 결별의 수순을 밟아갔다."[146] 분단 대 통일, 반공 대 연공, 정치적 현실 대 민족적 명분 등이 충돌하면서 남한만의 단독 선거는 격렬한 반대에 부닥쳤다. 2월에 전평 산하의 각 단위노동조합들이 조직적으로 파업을 시작했다. 5월 8일부터 10일까지 전국적으로 57개의 투표소가 공격을 받았다. 7명의 경찰관과 72명의 민간인이 사망했다. 134개의 선거사무소가 공격받았고, 파업과 맹휴도 63건에 달했다.147) 그럼에도 불구하고 예정된 날짜에 선거가 실시되었다. 6월 7일에는 통일독립촉성회가 김구와 김규식 주도로 결성되었다.

　제주도에서의 저항은 이념보다는 경찰과 서북청년단의 탄압과 차별에 대한 민중저항이라는 성격이 강했고, 그와 함께 분단 선거의 저지라는 명분이 있었다. 그런데 두 분단국가의 등장은 사건의 성격이 달라지는 계기가 되었다. 1948년 7월에 제주도 저항 지도부의 일원인 김달삼은 박헌영과 홍명희 등과 함께 해주에서 열린 남조선인민대표자대회에 참석하여 북한국가 주석단 30명 중의 한 명이 되었다. 이러한 이유로 미군과 이승만정부는 제주도 저항이 북한 지도부와 연계된 것으로 인식하게 되었다. 남한에서의 저항은 북한에 대한 지지라는 의미를 갖게 되었다. 남한과 북한의 정치적 리더들은 그렇게 생각했다. 이러한 사정 때문에 남한에서 일어난 좌파 공격은 정당성을 갖게 되었다. 또 북한이 간첩과 게릴라 부대를 남으로 보낸 것은 남한에서의 자생적 저항 세력에게는 '파멸'이라는 치명적인 결과를 가져왔다.148)

　제주도에서의 저항이 육지로 확대되는 과정에서 정부군 대응은 훨씬 강경해졌다. 민중은 남한과 북한 둘 중에 누구를 선택할 것인가를 강요받았다. "정부군은 한라산 전체를 포위하여 한쪽에서 다른 한쪽으로 마치 토끼몰이를 하듯 공격했다. 이러한 작전은 제주도 주민에게 유격대로의 합류와 군경 관할 구역으로의 하산 중 어느 하나의 선택을 강요했다."149) 이것은 분단이라는 '48년 질서'가 민중에게 가한 폭력이었다. 48년 가을과 49년 봄 사이에 국가기구에 의한 비극적 폭력 때문에 약 1년 사이에 제주도민 3만여 명이 사망했다. 희생자의 대부분은 민간인이었다. 이 기간에 사망한 군경은 118명, 서북청년단은 40명이었다.150) 제국주의였던 일본은 다시 전쟁의 패배를 딛고 미국 점령 하에서 재탄생하고 있었는데, 식민지였던 한국은 분단이라는 폭력적이고 비극적인 상황을 스스로 초대하고 있었다.

1948년 10월 19일에 여수에 주둔하고 있는 국방경비대 14연대 소속 군인들은 제주도에서 일어난 4·3사건을 진압하기 위해 출동하라는 명령을 거부하고 반란을 일으켰다. 여수·순천·광양·곡성·구례·순천·고흥 등 전남 동부 지역에는 다른 지방과 달리 해방 직후의 건준 지부와 인민위원회를 주도했던 세력이 남아 있었다. 지역의 사회경제적인 불만이 있는 농민과 진압군 중 일부도 반란군에 가담했다. 반란군이 점령한 지역에서는 친일협력·경찰·우익 인사, 그리고 청년단원들이 반동과 반역자라는 이름으로 처형되었다. 미군의 지원과 지휘를 받은 대한민국 정부군은 몇 차례 어려움을 겪었지만 반란군을 진압했다. 여수와 순천 일대에서 약 7천 명에 달하는 인명 피해가 났고, 반란군 중 일부는 지리산에 들어가 빨치산 활동을 1950년 초까지 계속했다.151) 결과적으로 여순사건은 군대와 대중 속의 좌파적 요소를 청산하고 국가를 강화하는 결과를 가져왔고, "혁명적 사태의 마지막 절정이었다."152)

국회에서는 '미군계속주둔요청결의안'이 가결되었다. 미군의 철수는

1948년 말에서 1949년 6월로 연기되었다. 또 국회에서는 민주주의의 수호를 위해 국가 보위를 위한 입법을 하자는 논리 대 반민주 악법은 용납할 수 없다는 논리가 충돌했다. 그러나 1948년 12월 1일 대한민국 정부는 "국헌을 위배하여 정부를 참칭하거나 그에 부수하여 국가를 변란할 목적으로 결사 또는 집단을 구성한 자"를 처벌할 수 있는 도구인 「국가보안법」을 갖게 되었다.153) 이승만정권은 4·3사건과 여순사건에 대한 강력한 무력 진압에 이어서, 정치적 반대파를 제거할 수 있는 강력한 무기 하나를 더 추가했다. 1949년 5월에는 「국가보안법」에 의거하여 국회의원 10여 명을 체포한 '국회프락치사건'이 일어났다.154) 반공을 기축으로 탄생한 제헌국회의원 200명 중에서 83명의 젊고 개혁적인 국회의원들은 민주주의에 어긋난다는 이유를 들어「국가보안법」 제정을 반대했다. 소속 정당과 정파에 관계없이 개혁적이고 민족주의 입장을 견지했던 그들은 민중주의적 토지개혁, 철저한 친일세력 숙청, 주한미군 철수와 평화통일, 「국가보안법」의 반대, 공산주의에 맞서기 위한 민주주의 수호를 주장했다. 그들의 외침은 반공의 힘이 강한 의회 내에서 수용되기 어려웠지만,155) 그들의 활동은 한국 민주주의의 성장 발판이 되었다.

남한 사회에 반공의 기운이 점점 더 강해지면서 김구 역시 정치적으로 곤란한 상황에 처하게 되었다. 김구의 선거 거부는 이승만에게는 기회였다. 이승만은 선거를 통해 압도적 지배세력을 형성했다.156) 신탁통치 반대 운동에서 선두에 섰던 김구의 민족주의는 의도하지 않게 분단의 강화에 기여했다.157)

이른바 1949년 5월부터 시작된 '국회프락치사건'에서 구속된 국회의원들은 김약수(金若水)·노일환(盧鎰煥)·이문원(李文源)·김옥주(金沃周)·김병회(金秉會)·황윤호(黃潤鎬)·강욱중(姜旭中)·최태규(崔泰圭)·이구수(李龜洙)·서용길(徐容吉)·신성균(申性均)·배중혁(裵重赫)·박윤원(朴允源) 등 13명이었다.158) 「국가보안법」은 친일 문제 청산에 적극적인 국회의원들을 잡는 올가미가 되었고, 반공이 친일 문제를 압도해가는 상황이 되고 말았다. 1949년 6월 6일에는 경찰이 '반민족행위특별조사위원회(반민특위)'를 습격했다. 사실상의 반의회 쿠데타였다. '국회프락치사건'과 '반민특위습격' 때문에 이승만은 큰 비난을 받았지만, 그의 권력 기반은 강화되었다.159) 1949년 6월을 계기로 '48년 질서'에 반대하는 정치세력은 용인된 정치 공간에서 배제되었다. 이승만과 민국당이 다시 연대하여 반소반공단정 정치연합을 복원하였을 때 '반민특위 해체', '김구 암살', '국회의원 대량 검거'라는 범상치 않은 사건들이 연이어 일어났다.160) 친일 세력 숙청 문제는 사회적 핵심 의제에서 사라졌고, 김구의 암살과 국회프락치사건으로 개혁적 민족주의는 무력화되었다. 진보적 강령인 농지개혁의 실시(1949년 6월 21일)와 반동적 행위인 반민특위 습격과 김구 살해(동년 6월 26일)는 거의 비슷한 시기에 일어났다. 전자가 대중을 전취하기 위한 조치였다면, 후자는 정치적 헤게모니를 장악하기 위한 술수였다.

친일파는 '반탁운동은 독립운동이며 그러한 행위는 애국'이라는 틀이 만들어지자 재생할 수 있었다. 반탁운동을 통해 이승만은 또한 좌파를 누르고 정치적으로 성장할 수 있는 계기를 확보했다. 김구는

1946년 3월에 김일성을 죽이려 했고 임시정부의 법통을 고집했고, 1948년에는 김일성을 만나러 갔고, 남한의 단독정부 수립 과정에 참여하지 않았다.161) 결국 김구는 이승만과 김일성에게 '큰 선물'을 주고, 1949년 6월에 암살되었다.

우리는 여기에서 또 다른 '죽음'들을 기억할 필요가 있다. 그 중의 하나는 앞에서 언급한 1945년 12월 30일의 송진우의 죽음이다. 그 역시 신탁통치 반대론자였지만, 모스크바삼상회의의 합의 사항에 대해서는 조금 유연하게 대처하자는 입장이었다. 그러나 신탁통치론이 사회적 논쟁의 이슈로 등장하자마자 그는 살해되었다. 또 하나는 여운형의 죽음이다. 그는 좌우합작을 통해 한민족이 통일을 위한 임시정부를 세우고 미국과 소련 사이에서 형성된 국제주의 흐름에서 한국문제를 풀려고 했는데, 2차 미소공동위원회가 결렬될 조짐을 보일 때 살해되었다(1947년 7월 19일). 또 다른 하나는 한민당 정치부장 장덕수의 죽음이다(1947년 12월 2일). 그는 자신의 저택에서 정복을 입은 경찰관과 사복을 입은 청년 두 명에게 저격되었다.162) 53세의 나이로 죽은 장덕수는 김성수와 함께 『동아일보』를 창간했고, 1923년부터 1936년에 걸쳐 컬럼비아대학에서 박사학위(『영국산업평화에 대한 방법론』)를 취득했고, 1930년대 후반기부터는 보성전문학교 교수로 재직했으며, 해방 이후에는 김성수 및 송진우와 함께 한민당을 창당했다. 장덕수 암살 사건은 정치문제화되었다. 미군정 당국은 1948년 3월 13일 살해범을 심판하는 법정에 증인으로 김구를 소환했다.163) 사건의 배후는 밝혀지지 않았지만, 김구는 의심을 받았다.

왜 장덕수는 피살된 것인가? 그는 탁월한 정치이론가로 한민당의 정치 노선에 큰 영향력을 발휘했던 인물이었다. 그는 기본적으로 신탁통치를 반대하는 입장을 갖고 있었지만, 모스크바삼상회의 합의의 틀 안에서 신탁통치 반대를 관철시키고 남북한 총선거를 통한 통일정부 수립을 주장했다. 그런 이유로 한민당은 1차 2차 미소공위에 모두 참여했다. 많은 단체가 한민당을 따랐다. 장덕수는 '반탁(反託)'이라는 입장에서 김구나 이승만과 같았지만, 그것을 실현하고 통일임시정부를 수립해 가는 방법에서 그들과 달랐다.

'중간' 지점에서 한국 문제를 다루었던 인사들은 암살되는 비운의 지도자가 되었다. 이때의 '중간'은 좌파와 우파의 사이가 아니라, 정치적 이념을 뒤로 하고 민족통일국가 수립이라는 공공적 목표를 위한 타협과 통합의 지점이었다. 서로 다른 '이념의 땅'이 굳어지기 전에 '중간'을 건설하려고 했던 송진우·여운형·장덕수는 살해되었고, '이념의 땅'이 굳어진 후에(남북분단이 현실화된 후에) '중간'을 건설하려고 했던 김구도 살해되었다. 1945년부터 1950년 사이에 급진주의는 분단의 내부적 배경이 되었다. '중간'에 서 있던 온건주의는 희생되기도 했지만 남한 사회에 시민사회의 뿌리가 되었다.

1941년부터 1947년 사이에 미국은 한국 문제에 관한 두 가지 처리 방식을 보여주었다. 하나는 신탁통치를 근간으로 하는 루스벨트안이었다. 그는 1945년 4월에 사망했지만, 그의 안은 1945년 12월의 모스크바삼상회의와 1946년 3월 미소공위까지 유지되었다. 아마도 한국인이 오스트리아처럼 이념을 뛰어넘어서 서로 협력하여 임시정부를 구성했다면 외세가 쳐놓은 분단선을 치울 가능성이 있었다. 오스트리아인은 "1945년 해방된 이후에 소련군이 진주한 상태에서 사회당·인민당·공산당 3당 대표 들은 연립정부를 위한 정치회담에서 '연정협약'을 체결했다. 정당 간 온건한 정치투쟁의 장이 열렸다. 연립정부라는 틀에서 그들은 충성의 대상을 당에서 국가로 전환시키고 계급 간 이해를 조화시키는 방법을 발견했다."164) 오스트리아는 10년 후인 1955년에 중립국의 지위를 갖고 온전하게 독립했다. 그러나 한국인의 반탁민족주의의 열기는 루스벨트 사망 이후 등장한 미국 내셔널리스트의 소련에 대한 봉쇄정책과 맞물리면서 분단의 길을 열고 말았다. 반탁민족주의가 '독립'을 강하게 외치면 외칠수록 점점 더 '분단'은 강화되었다. 소련은 겉으로는 반탁민족주의를 비판했지만 자신에게 우호적인 정부를 북한에 수립하는 데 활용했다.

2. 분단국가와 2차 통합

1) 통합의 길, 농지개혁

민족주의자들의 경쟁과 외세의 이해관계가 복잡하게 엉키는 가운데 분단국가 수립이라는 '1948년 질서'가 형성되어 갔다. 한국인에 의한 정부 수립은 정치적 자유와 사회적 평등이라는 목표에 한 걸음 더 갈 수 있는 디딤돌이었다. 남한과 북한의 지배 엘리트들이 자신들의 정치적 정당성을 확보하기 위해 가장 신경을 쓴 사회개혁은 조선왕조의 유산인 동시에 식민지의 유산인 지주제 타파였다. 다행스럽게도,

그것은 외세의 이해관계와 충돌하지 않았다. 남한의 농지개혁과 북한의 토지개혁은 한국이 일본의 식민지로부터 해방되었다는 가장 구체적인 표시였다. 1946년 초부터 북한 지역에서 단행된 토지개혁은 '무상몰수 무상분배'라는 급진적 원칙으로 추진되었고, 지주들이 대부분 남하했기 때문에 큰 저항 없이 수행되었다.165) 남한의 지주들에게 북한에서의 변화는 무시할 수 없는 요인이었다. 헌법을 기초했던 유진오가 그 당시 지주 세력을 대표한다고 할 수 있는 한민당의 김성수에게 '반공'을 위한 농지개혁의 필요성을 설명했다. 그때 김성수는 선뜻 그 안에 동의하지 못했다. 그 자신이 대지주이고 한민당에는 지주 출신들이 많았다. 유진오는 농민이 공산당에 쏠리는 것을 막기 위해서는 농지개혁이 필요하다는 것을 다시 한 번 강조했다.

공산당의 토지정책은 본래 토지의 국유화인데, 지금 공산당이 토지를 지주로부터 무상몰수 무상분배해 준다는 것은 농민의 지지를 얻기 위한 임시방편에 불과하고 농민의 지지로 정권을 잡게 되면 그들은 반드시 농지를 국유화할 것이라 하여 1905년 당시의 러시아 사회민주당의 고사(故事: 레닌의 주장으로 '토지국유화' 대신 '농지는 농민에게'라는 강령을 내어걸던—원주)를 인용해가면서 설명하였다. 그러니까 지금 우리는 공산당의 그러한 기만전술을 폭로하는 동시에 우리가 하겠다는 농지개혁은 농민에게 농지를 정말로 분배해 주는 것임을 납득시켜야 한다 하였다. …… 김성수 씨는 '농지개혁만이 공산당을 막는 최량의 길'이라는 내 말에 '그것도 그렇겠다' 하면서 결국 농지개혁에도 찬성하였다.166)

김성수는 농지개혁이 공산주의의 확산을 막고, 농민적 토지소유가 실현될 수 있다는 유진오의 의견에 공감했다. 이승만 역시 1948년 5월 31일에 열린 '국회개회식사'와 9월 30일의 '시정방침연설'에서 토지개혁에 대한 중요성을 강조하면서, 정부는 농민적 토지소유를 위한 조치를 강구하겠다고 언급했다.

헌법의 조항에 의거하여 앞으로 토지개혁법이 제정 시행될 것이니 토지개혁의 기본목표는 전제적 자본제적 토지제도의 모순을 제거하여 농가경제의 자주성을 부여함으로써 토지 생산력의 증강과 농촌문화의 발전 기여에 지향될 것인 고로, 먼저 소작제도를 철폐하여 경자유기전(耕者有其田)의 원칙을 확립할 것이나 농민 대중의 원하는 바에 의하여 정부는 균등한 농지를 적당한 가격 또는 현물보상의 방식으로써 농민에게 분배할 것입니다.[167]

조봉암도 1949년 4월 1일 69차 본회의에서 다음과 같이 발언을 했다.

이것은(농지개혁) 여러분도 말씀하십니다마는 소작제도라는 이 수천년 내려오는 제도를 고치자는 것이에요. 없애버리자는 것이에요. 이것이 개혁이에요. 개혁이란 그렇게 무서운 것도 아니고 어려운 것도 아닙니다. 그 문자가 결코 무서운 문자가 아니에요. 그런 까닭에 소작제도를 없애고 우리나라의 봉건적인 사회조직을 근대적인 자본주의제도로 발전시키기 위한 한 노력이올시다.[168]

이러한 입장은 미 국무성의 진보적 정치 노선과 비슷한 것이었다. 한국 점령의 명분을 확보하고 실리를 얻어야 하는 미국은 '반소와 반공'의 입장에서 과격하지 않으면서 토지와 금융개혁을 추진할 수 있는 정치세력을 찾고 있었다.169) '반공과 반소 연합'의 입장을 견지하고 있던 한민당·이승만·조봉암·미국 등은 '소작제도 철폐'에 대해 큰 이견이 없었다. 그들의 농지개혁 방침은 「제헌헌법」 86조에 반영되었다. "농지는 농민에게 분배하며 그 분배의 방법, 소유의 한도, 소유권의 내용과 한계는 법률로써 정한다."170)

문제는 그 방법이었다. 1948년 11월 23일에 이승만 정권의 농림부는 '지주에 대한 보상지가를 5년 평균 생산고의 150%, 농민이 부담할 상환액은 5년 평균 생산고의 120%로, 농민의 방법은 3년 거치 10년 분할상환한다'는 초안을 제출했다. 농림부의 초안은 정부 산하의 기획처를 거치면서 크게 수정되었다. 기획처 안은 '지주들에 대한 보상지가를 200%로, 농민이 부담해야 상환지가 역시 200%로' 인상되었다. 1949년 2월 4일에, 기획처 안은 국무회의를 통과했고, 그다음 날인 5일에 국회에 제출되었다. 지주 세력이 강한 국회의 산업위원회는 지주에게 더 유리한 안을 만들었는데, 지주 보상지가를 300%로 인상했다. 개정안은 갈수록 지주에게 유리한 방향으로 바뀌었다. 국회의 반발에 직면한 이승만 정부는 대중에게 직접 농지개혁의 의미를 홍보했고, 전국 도청 소재지에서는 그것과 관련된 청문회들이 열렸다. 국회는 농림부 관리들에 대한 감찰을 통해 정부를 견제했다. 1949년 2월 2일에 정인보가 위원장으로 있는 감찰위원회는 조봉암(농림부 장관)·권서윤(농림부비서실 비서관)·조규설(대한식량공사이사장 서리)·김형규(귀속농지관리국장) 등 4인에 관한 감찰 결과를 국회의장 신익희에게 보고했다. 그들은 '양곡매입 대금 3497만 원 중에서 500여만 원을 부당지출했다'는 혐의를 받았다. 2월에 감찰위원회는 조봉암 농림부 장관 파면 건을 국회의장과 대통령에게 보고했다. 이에 대해 비한민당계 국회의원 80여 명은 이승만 대통령에게 조봉암의 장관직 유지를 바라는 청원서를 제출했다. 결국 파면된 조봉암은 서울지방검찰청과 대검찰청에서 5개월간 불구속 조사를 받은 후에 '업무횡령 및 배임' 혐의로 기소되었다.171) 그러나 1949년 11월 11일에 법원은 조봉암에게 무죄를 선고했다.172)

장관직에서 물러났지만 조봉암은 국회에서 농지개혁의 '제3의 길'을 강력하게 주장하면서, '무상몰수 무상분배' 방법으로 진행된 북한의 토지개혁안을 비판했다. "소작인은 지금 땅을 거저 준다고 하면 그 뒤에 세금을 안 받겠다고 하는 것을 할 때에 기뻐할 것입니다." 그의 우려대로 북한 농민의 국가에 대한 부담은 현물세율로 27%에 달했다. 농민이 소작료를 납부하는 대상은 지주에서 국가로 변경되었을 뿐이다.173) 그는 국회의 산업위원회안에 대해서도 신랄하게 비판했다. "지주도 국민이니까" 보호 대상이지만, 보상액이 30할(300%)이 되는 안은 "지주까지도 비웃는"다. 그는 농지분배를 유상으로 한다면 15할 이상 절대로 올라가지 않아야 된다고 주장했다.174)

1949년 2월에 한민당과 대한국민당의 합당을 통해 탄생한 민국당은 시대의 요구인 농지개혁법안을 폐기할 수는 없었지만 통과를 지연시킬 수 있는 힘은 있었다. 이승만은 한민당의 협력을 얻어서 대통령에 올랐지만 자신의 정치적 세력을 확대하기 위해 한민당과 거리를 두기 시작했다. 정부 수립 초기에 김성수와 이범석 사이에는 국무총리 인준을 조건으로 한민당에게 각료직 8자리를 주는 합의가 있었지만, 이승만은 그 약속을 지키지 않았다. 특히 귀속재산처리를 담당할 상공부 장관에 이승만의 측근 임영신, 토지개혁을 담당할 농림부 장관에 사회주의자로 알려진 조봉암이 임명되었다. 사회주의자로 알려져 있었던 조봉암의 기용은 이승만의 농지개혁에 대한 의지를 대중에게 천명하는 정치적 효과가 있었고, 또 한민당의 물질적 기초인 지주제를 붕괴시키기 위한 "계략"이었다. 이승만의 인사를 편안하게 환영할 수 없었던 한민당 의원들은 장관 조봉암, 차관 강정택, 농지국장 강진국 등을 "빨갱이"라고 공격하면서 농림부를 견제하고 나섰다.[175]

농림부 고위관리들은 그러한 이념 공세에 휘둘리지 않고, 차분하게 농지개혁의 의의를 설명하면서 동의의 범위를 넓혀갔다. 그 중의 한 사람인 강진국은 1949년 4월 17일, 18일, 19일에 걸쳐 『동아일보』에 「농지개혁과 지주대책」을 연재했다. 그는 우선 농촌의 실태와 산업의 사정을 진단했다. 남한 "농가의 49%가 소작농민이고 소작을 주로 하는 영세 자가농가가 18%"였다. 농가의 67%가 곤궁하게 살고 있었다. "남한 인구의 70% 이상이 농업에 종사하고 있고 그 절대다수가 이러한 영세농"이고 "문맹(文盲)한 환경에" 처해 있었다. 그는 "우리 민족이 뒤떨어진 후진성을 조금이라도" 빨리 극복하려면 "영세와 문맹의 상태"에서 벗어나야 하는데, 농지개혁은 대한민국이 "식량 수탈을 목적으로 한 중농정책의 농본국가(農本國家)에서 이탈하여 근대산업의 종합적인 조기 건설을 위한 근대식 자본국가로" 전환하는 길임을 역설했다.176) 그에게 "지혜와 역량이 있는" 지주들은 자본주의 경제발전을 이끌 주도세력이었다.177) 다시 말해, 그의 제안은 국민의 대부분이 소작을 주로 하는 영세농이면 민족과 국가의 발전을 기대하기 어려우므로 소작제를 타파하여 농가경제의 향상을 도모하고, 지주들은 "이익 회전이 빠른" 산업에 종사하게 하자는 것이었다. 지주들에게 지급되는 지가보상액은 1000억 원으로 계상(計上)되었다. 그에게 농지개혁은 농업국가에서 산업자본국가로 이끄는 첩경이었다.

강진국의 글을 읽고 농지개혁의 의의를 이해한 김성수는 당 간부회의에서 150%안을 받아들일 것을 지시했고, 아무도 그 지시에 대해 이의를 제기하지 않았다.178) 당대 최대 지주가 농지개혁과 관련하여 결정적인 결단을 내렸다. 1949년 4월 25일에 열린 제2회 84차 국회본회의 농지개혁법안 심의에서 지주보상액은 평년작 생산량의 15할(150%)로 가결되었다.179) 4월 27일에는 제2회 86차 국회본회의는 전문 6장 28조의 「농지개혁법안」을 통과시켰다. 상환액은 '당해 농지의 주생산물 생산량의 2할 5분을 5년간 납입케 한다'로, 상환 기간은 '10년'에서 '5년'으로 수정되었다.180) 우여곡절 끝에 「농지개혁법안」은 드디어 6월 21일 '법률 제31호'로 공포되었다. 이날 농림부의 농림국은 들뜬 기분이 담긴 「농지개혁의 근본이념」에 대한 해설 기사를 『주보』에 실었다. 문장 곳곳에 자부심이 가득했다.

소련을 비롯한 공산주의 국가계열의 토지개혁 방법을 개관할 때

지주에 대한 보복적 수단 혹은 무산계급의 독재정권 수립의 혁명적 도구로써 사용한 예를 엿볼 수 있을 뿐 아니라 민주주의 국가에 있어서도 다만 봉건적인 소작제도를 타파하는 데 급급하였을 뿐이요, 지주를 포함한 국민 각층의 역량을 고려하는 데 박(薄)하였으나 신생 대한민국의 농지개혁의 구상은 이러한 불순성을 가지고 돌발적 태도, 사회개혁적 동기로서 재래(齋來)한 것이 아니라 국민부강의 기초를 닦을 수 있는 이상적 농지개혁을 하려는 데 그 진의와 특징이 있는 것이다. ······ 국회를 통과한 농지개혁법안의 지주에 대한 지가보상은 평년작 주생산물 생산량의 15할로 결정되고 농지를 분배받은 농민에게는 이보다도 낮게 12할 5푼의 상환율로써 매년 생산고의 2할 5푼 정도를 5년 간 연부상환(年賦償還)하기로 되었다. 말이 유상분배지 실은 무상분배의 가면을 쓴 다른 지역의 그것보다도 훨씬 유리한 것임을 알아야 할 것이다.181)(방점─인용자)

1950년 3월 농지개혁법이 부분 개정되어 상환지가가 12.5할에서 15할로, 연간상환도 2.5할에서 3할로 변경되었다.182) 반공주의와 공업입국론의 기조 위에서 추진된 농지개혁은 빠르게 진행되었다.183) 농민의 연평균 수확량의 30%를 5년간 현물로 상환지가를 납부해야 했고, 지주는 연평균 산출의 150%에 해당하는 지가증권을 받고 매년 30%씩 현금으로 수령해야 했다.184) 이 안은 농림부의 초안에 근접한 것이었다. 이승만과 조봉암이 이끌고 김성수가 뒤에서 밀면서 농지개혁안은 의회에서 통과되었다. 농지개혁에 관한 연구들에 의하면 1950년 3-4월 사이에 농지분배가 실질적으로 완료되었다. 농지개혁이 확실시되면서 1947년과 1948년 사이에 많은 토지가 방매되었고, 극히 일부의 지주들은 무상으로 토지를 분배하는 경우도 있었다. 분배된 농지 58만 정보는 총 농지 230만 정보의 26%, 총 소작지 145만 정보의 40%에 달했다. 정부에 의한 직접적인 분배 58만 정보와 지주들이 사전 방매한 71만 정보를 합한 규모는 전체 농지의 약 57%에 육박했다.[185] 1950년 2월 2일에 국회를 통과한 개정된 농지개혁법은 같은 해 3월 10일에 공포되었고, 같은 달인 3월 25일에 '농지개혁법시행령'이, 약 한 달 후인 4월 28일에 '농지개혁법시행규칙'이, 약 두 달 후인 6월 23일(한국전쟁 발발 2일 전)에는 '농지분배점수제규정'이 공포되었다. 경상남도와 충청남도의 사례에서는 4월 중·하순경에, 경상북도에서는 6월 25일 이전에 「농지분배예정통지서」가 발급되었다. 토지소유권 이전의 행정적 법적 절차가 완료되지는 않았지만 전쟁 발발 이전에 「농지분배예정통지서」가 발급됨으로써 사실상의 농지분배 사무는 실현되었다. 지주에 대한 보상 사무는 전쟁 등 여러 가지 원인으로 법정 기한(1955)이 지난 1957년에 가서야 지가증권 발급이 마무리되었다.[186] 최근 사회복지의 관점에서 농지개혁을 조명한 정창률은 후속 조치의 미비로 인해 소농경제의 안정이 지속되지 못한 점을 지적하면서 농지개혁의 한계를 지적했지만 "지주의 토지를 농민에게 분배하기 위해 국민의 기본권인 재산권을 강력하게 제한하는 조치가 실행"되었다는 점에서 그 의의를 적극적으로 평가했다.[187] 특히 그는 우대형·Dani Rodrik 등의 경제사 연구 성과를 수용하여 '농민에게 유리하게 설계'된 농지개혁 덕택에 개선된

분배구조 즉 불평등성의 약화를 1960년대 이후 한국경제 발전의 '기초조건'으로 보았다. 1960년 한국의 토지지니계수는 0.34로 미국(0.73), 일본(0.43) 등이 포함된 42개국 평균 0.69보다 훨씬 낮았는데, 비슷한 시기에 농지개혁을 단행한 대만 역시 그러했다. 한국과 대만 모두 농지개혁 이후 자산의 불평등이 줄어들었다.[188] 그만큼 농지개혁에 대한 농민의 의지와 시대의 흐름을 수용하는 지주들의 처신이 잘 융화되었다. 이제 농촌과 농민은 혁명의 진원지가 아니라 사회를 진정시키는 완충지가 되었다. 농지개혁은 이승만과 조봉암이 언명했듯이, "수천 년 내려온 제도"인 소작제도를 철폐하는 것이고, "우리나라의 봉건적인 사회조직을 근대적인 자본주의 제도로 발전시키기 위한 노력"이었다.[189] 농지개혁과 그것을 합의해가는 과정은 왜 '광복' 혹은 '해방'이 필요한지를 보여주는 중요한 역사적 사건이었다.

이 무렵의 한국에서 근무하던 하지 장군 및 무초 주한미대사와 같은 미국인들은 농민을 보수적 정치에 동원되는 저수지로 파악했다. 점령 초기에 그들은 농민을 사회주의의 대중적 기반이 될 수 있다고 판단한 바 있었다. 농지개혁은 그들의 걱정을 쓸데없는 것으로 만들어 버렸지만, 이승만 대통령의 대중적 지지를 다지는 계기가 되었다.[190]

농지개혁의 성공은 그 자체만으로도 역사적 의미가 있는 것이지만, 그 과정 역시 중요한 유산을 남겼다. 대통령 이승만은 사회주의자 조봉암을 농림부 장관으로 기용하여 역사적 책무를 맡겼다. 지주세력의 이익을 반영하고 있던 민국당은 이승만정부의 계획을 1년 연기시켰지만 결국 그 대세를 수용했다.[191] 민국당의 '저항'은 의회 내에서 일어난 온건한 것이었고, 북한에 비해 늦었지만 남한의 「농지개혁법」은 의회 내의 합의로 통과되었다. 소작제 철폐라는 구체제의 근간을 허무는 혁신적인 법안이, 다시 말해 사회의 대전환을 뒷받침하는 법안이 의회의 논의를 거쳐서 만들어졌다는 사실은 한국 의회주의 역사의 시금석이 될 만한 대사건이었다. 그것은 걸음마 단계였던 한국 의회주의의 미래를 위해 좋은 징조였다.

의회 안에서의 타협은 우연히 일어난 것이 아니라 민국당에 참여하고 있었던 지주들의 사회적 성격과 깊은 관련이 있었다. 민국당은 관료제에 기생했던 '구체제의 지주'들이 아니라 개항 이후 '상업적 농업'을 통해서 자본을 축적하고 근대적 사상을 과감하게 수용했던 진취적 지주들이 이끌고 있었다. 앞에서 언급했듯이 김성수를 필두로 하는 민국당의 리더들은 이미 1910년대 중반부터 전라도 농촌에서 도시 서울로 생활의 중심지를 옮겨서 식민지 한국의 교육·경제·문화 영역에서 중심적 역할을 수행했던 도시인들이었고, 식민지 한국에서 전개된 이른바 '실력양성운동'으로 알려진 온건한 민족운동에 관여했었다. 그들은 농촌의 대지주이자 도시의 부르주아지이기도 했던 것이며, 조선왕조의 관료 지주들을 대체하는 정치세력으로 부상했다.

그들은 '반공·반소연합'의 틀 안에서 토지개혁에 대한 농민의 요구를 수용하면서 다른 한편에서는 자유주의 및 자본주의 체제의 수립이라는 지주·부르주아지의 요구도 실현해 나갔다. 한민당의 리더였던 김성수와 같은 상층 지주는 "영국에서처럼 자본주의적이며 민주주의적인 흐름에 합류하든지 그것에 저항할 경우라면 혁명이나 내란의 격동 속에 휩쓸려 소멸해" 갈 처지에 있었다.192) 살아남은 상층 지주 세력은 불안정한 민주주의 제도를 지탱하는 한 역할을 맡았다. 특히 온건한 자유주의적 부르주아의 존재는 한국의 농민에게 그다지 나쁘지 않았다. 오히려 농민혁명을 통해 탄생한 북한은, 배링턴 무어가 지적했듯이, 농민의 자유와 삶을 희생시켰다. "20세기 농민혁명들은 농민 사이에서 많은 지지를 받았지만, 농민은 공산주의 정권들에 의해 추진된 근대화의 주요 희생물이 되고" 말았다.193)

대한민국은 분단이라는 한계 상황에서, "정치 분야에서 자유의 발달이, 만인은 평등하며 누구나 스스로 선택한 대표자를 통해 정부에 참여할 동등한 권리를 갖는다는 원칙에 바탕을 둔 근대적 민주주의 국가"가 되었다.194) 영국에서 이런 수준의 국가를 수립하기 위해서는 17세기 이래 수백 년의 기간이 걸렸지만, 한국에서는 그러한 국가가 길게는 1876-1948년 사이, 짧게는 1945-1948년 사이에 수립되었다. 그렇기 때문에 한국에서의 민주주의 제도는 불안하게 출발했다.

어떤 사람은 17세기 이래 세계에서 가장 먼저 근대국가로 전환했던 영국과, 19세기 후반에 근대국가를 수립한, 일본의 식민지였고 1945년 8월 이후에야 다시 독립국가가 된 한국을 비교 검토하기 어렵다고 생각할 수 있다. 근대로 이행하는 양국의 역사과정이 다르기 때문에 그러한 지적은 일리가 있다. 이 글의 포인트 역시 양국이 같은 과정을 밟아갔다는 것을 설명하는 데 있지 않다. 그러나 우리가 조금 더 신중하게 양국의 역사를 비교해 보면, 영국사의 몇몇 사례들은 한국의 사정을 이해하는 데 도움을 주는 나침판이 될 수 있다.

그 중의 하나는 상층 지주의 정치적 역할이었다. 17세기에 심각한 내전을 겪었던 영국에서는 왕을 희생시킨 대가로 의회가 강화되었고, 다른 한편에서는 농민계층이 붕괴되었다. "국왕의 권력을 무너뜨림으로써 내란은 인클로저를 추진하는 영주들에게 부과되었던 중요한 제약을 완전히 제거했으며, 이와 동시에 영국이 지주위원회(committee of landlords)에 의해서 지배되는 상황으로 나아가게 되었다. 이 지주위원회는 18세기 의회에 대한 가식이 없는 정확한 표현이다."195) 영국은 거대한 보수적 반동적 세력의 두 축인 왕과 농민을 온존시키지 않은 채 근대화를 진행할 수 있었는데, 상층 지주는 도시의 상공인들과 함께 의회를 구성하는 주요 세력이 되었다. 이에 비해 독일과 일본은 모두 '왕과 농민' 세력을 어느 정도 온존시킨 채 근대사회로 이행했다.196) 보수적 반동적 세력의 저수지인 농촌의 농민이 존재했던 독일과 일본은 각각 나치즘과 군국주의라는 전체주의 길을 피하지 못했다. 배링턴 무어에 의하면, 농촌은 전체주의의 근거지였고, 도시는 민주주의의 주인공이 움직이는 무대였다.

우리는 활동적이고 독립적인 시민들의 존재가 의회 민주주의의 성장에 필요불가결한 요소였다고 하는 마르크스주의적 주장에 즉시 확실한 동의를 표할 수 있다. 부르주아 없이 민주주의는 없다. 만일 우리가 주의를 농업사회에만 국한시킨다면 주역은 무대 위에 나타나지 않을 것이다. …… 전체주의적 악당(the totalitarian villain)은 대체로 농촌 지역에 살고 민주주의적 주인공(the democratic hero of towns)은 많은

중요한 동지들을 도시에서 발견했을 것이다.197)

정부가 수립될 때의 대한민국은, 강진국이 언급했듯이, "70%"가 넘는 인구가 농민이었기 때문에, 농민을 기반으로 한 전체주의 체제로 나아가도 크게 이상할 바가 없는 사회적 상황에 있었다. 이를 견제하는 세력으로 의회를 거점으로 한 보수적이지만 자유주의적인 지주 세력이 있었다. 이승만과 김성수는 양자를 대표하는 인물들이었다. 이승만 독재에 저항하는 의회주의 세력은 어느 날 갑자기 나타난 것이 아니라 앞에서 언급했듯이, 개항 - 식민지 - 분단이라는 역사적 상황 속에서 형성되었다.

김성수 사례에서 볼 수 있듯이, 농촌의 상층 지주들과 도시의 지배 엘리트들은 같은 사람들인 경우가 많았다. 농지개혁은 지주들의 토지 기반을 박탈했지만, 그것은 강진국이 전망한 대로 그들의 사회적 전환을 촉구했다. 아시아에서 가장 먼저 근대화에 성공한 일본에서는 농민이라는 광대한 저수지를 기반으로 군국주의의 길을 갔고, 그것을 저지할 수 있는 도시의 자유주의 세력이 그리 강대하지 못했다. 그 유산은 현대 일본에도 남아 있다. 이와 달리 1945년 이후 한국에서는 도시의 자유주의 세력이 독재와 대항하는 정치집단으로 성장했고, 그 근간은 지주들이었다. 1876년 개항 이래 등장했던 '진취적 지주' 세력이 1945년 8월 이후 온건한 자유주의 세력으로서 의회주의의 발전을 담당하게 되었다. 우리는 한민당에 참여했던 지주 세력에서 영국의 왕권과 국교를 옹호하면서 상층 지주의 입장을 지녔던 보수적인 토리당과 왕권과 국교에 비판적이면서 상인의 입장을 대변했던 자유주의적인 휘그당의 전통을 모두 발견할 수 있다.[198] 대한민국에서의 '진취적 지주' 세력은 자유주의적인 도시인의 성격을 겸비하면서 의회주의를 발전시키는 역할을 맡았다. 영국에서 토리와 휘그의 경쟁이 있었다면, 한국에서는 농민을 기반으로 하는 전체주의 대 '토리와 휘그'의 전통을 함께 체현하는 의회주의의 투쟁이 전개되었다.

2) 독재와 반독재

이승만을 정점으로 하는 정치세력은 한 번 잡은 권력을 유지하기 위해 선거제도와 권력구조에 대한 합의가 담긴 헌법에 손을 댔다. 폭력이 동원되고, 의회의 다수결 제도는 악용되었다. 한국전쟁 중에 벌어졌던 1952년의 '발췌개헌', 그리고 장기집권을 보장하기 위한 1954년의 '사사오입개헌'은 막 새싹이 돋고 있는 의회주의를 위태롭게 했다. 이에 대항하여 보수적 세력—상층 지주와 소수의 자본가들—을 주요 지지 기반으로 한 한민당(민국당)은 의회를 거점으로 하여 독재에 대항하는 전선을 구축했다. 반공반소의 기조 위에서 연합했던 한민당(민국당)과 이승만 양자의 정치적인 경쟁은 격화되었지만, 둘의 갈등은 한국 민주주의의 발전에 유익한 요소로 작용했다.

이러한 양상은 17세기 영국 내전기에 왕권에 대항했던 독립적인 귀족들과 왕의 관계와 유사하다. 배링턴 무어는 영국이 온건하게 그리고 커다란 반동을 겪지 않고 민주주의로 이행할 수 있었던 요인 중의 하나로 '독립적인 귀족'의 역할을 거론했다.[199] 그런데 조선왕조에는

'독립적인 귀족'이 존재하기 어려웠다. 앞에서도(1장) 검토했지만, 왕권과의 유대 위에서 관료적 지주로서 귀족적 특권을 누렸던 기호 지역의 양반 엘리트들(세도정권을 이끈 경화사족)은 근대적 개혁에 실패하고 대한제국의 식민지화를 막지 못했으며, 그들 중 다수가 식민지 지배체제에 순응하면서 정치적 엘리트로서의 지위를 상실하고 말았다. 그들을 대신하여 개항과 식민지로 이어지는 국제질서의 변동 과정에서 조선왕조의 변방인 호남에서 성장한 진취적 지주들은 '독립적인 귀족'과 부르주아로서의 성격을 동시에 갖게 되었다. 그들은 조선왕조에 대해서도 식민지 지배 당국에 대해서도 일정한 거리를 유지하면서 지주와 부르주아지가 되었다. 이에 비해 한국을 식민지로 삼은 일본에서는 독자적인 정치세력으로서 민주주의를 견인할 수 있는 지주와 부르주아지 세력이 매우 미약했다.

또한 한민당(민국당)은 미군 철수를 주장하는 국회 내 소장파 의원들의 급진주의도 경계했다. 한민당(민국당)에게 미군은 '반공반소'를 기조로 하는 민주주의 제도를 후원하는 세력이었기 때문이었다. 18세기 후반에 영국의 농촌 귀족들과 도시의 부르주아들은 프랑스 혁명의 급진주의에 대해 큰 경계심을 가졌다. 프랑스 혁명 이후 등장한 나폴레옹의 군사독재 위협은 워털루전쟁(1815)으로 종식되었다. 영국은 스스로 다시 평화로운 민주적 진화를 위한 국제적 조건을 만들었다.200) 영국의 근대 이행 역시 대륙국가 프랑스, 다시 말해 '외부'의 영향을 받으면서 진행되었다.

한민당은 이승만 행정부의 전횡과 소장파 의원들을 견제하기 위해

의회 내의 세력을 확장했다. 1949년 2월 10일에 한민당은 신익희와 이청천이 이끄는 대한국민당과 합당하여 민주국민당이 되었다. 그 이후 민국당은 경제적 토대와 반공주의를 이용하여 많은 무소속과 군소정당 소속 의원 등을 끌어들여서 소속 의원 69명의 제1당으로 부상했다. 민국당 안에는 크게 두 개의 세력이 병존하게 되었는데, 하나는 지주 출신이며 온건한 민족주의와 반공적 자유주의를 추구하는 보수적 인물들이고, 다른 하나는 급진적인 민족주의와 반공적 자유주의 성향의 해외(주로 중국) 독립운동가들이었다. 양자는 사회경제적 기반과 민족주의에서 차이가 났지만, 모두 반공주의를 견지했다. 양자의 만남은 송진우 - 김성수 - 신익희 - 조병옥 - 장면 - 윤보선 - 유진산 - 김영삼 - 김대중으로 이어지는 한국정치의 '보수적 반대당'의 계보를 형성하는 계기가 되었다.[201)]

이승만 대통령이 정부 수립 직후 한민당 인사들을 경원시하다가 1949년이 되자 다시 한민당의 후신인 민국당의 인사들을 각료로 기용하게 된 것은 1948년 하반기에 일어난 여순반란사건과 국회 내 소장파 의원들의 정부 비판 때문이었다.[202)] 내각에는 새로운 장관들인 내무부 김효석(1949년 3월 21일), 상공부 윤보선(1949년 6월 6일), 체신부 장기영(1949년 6월 14일) 등과 기존의 장관들인 재무부 김도연(1948년 8월 22일 임명), 교통부 허정(1948년 10월 4일 임명)이 포함되었다. 그러나 이승만과 민국당은 한 손으로는 악수를 하면서 다른 손으로는 상대를 치기 위한 준비를 하고 있었다.

1949년 6월 2일 국회에서는 국무총리 이하 각 장관의 총퇴진과 더불어 각 도지사의 파면을 건의하는 안이 82 대 61로 가결되었다. 대통령중심제를 규정한 제헌헌법에는 '행정부의 국회에 대한 해산권이 없고 국회 또한 내각불신임안을 제출할 권한이 없다'는 것이 명시되어 있었다. 그럼에도 불구하고 이러한 결의가 나온 것은 정부에 대한 의회의 정치적 공세였다.203) 이승만정권은 이에 아랑곳하지 않고 반민특위를 해산하는 특단의 조치를 취했고, 그날에(1949년 6월 6일) 민국당 인사를 장관에 임명했다. 법무부 장관에 기용된 '반민족행위특별조사위원회' 특별검찰부장 권승렬은 임명된 소감을 묻는 기자의 질문에 대해 이렇게 대답했다.

우리나라 국시(國是)가 민주주의인 만큼 이 국시에 의하여 일을 할 뿐이다. 그리고 전(前) 이 장관(李다)이 하시던 일을 계승할 것이며 나로서는 감히 이 중책을 도의상으로 보아 수락할 수 없는 것이나 모든 사(私)를 버리고 공(公)을 위하여 일을 하겠다는 각오하에 수락한 것이다.204)

이승만은 자신을 위협하는 세력의 일부를 포섭하면서, '적의 예봉'을 꺾는 조치를 단행했다. 이날 다시 각료들의 총퇴진을 촉구한 국회의 결의가 있었지만, 그것은 구속력 있는 조치는 아니었다.205) 이렇게 대립을 격화시킨 이승만 대통령은 6월 10일 오전 10시 반 경무대 대통령관저에서 열린 국내외 기자단과의 회견에서 국회와 행정부의 대립에 관해 언급했다.

전 민족은 정부가 공고히 되어가는 것을 원하고 있는 것이며 세계 열국이 한국 정부를 승인한 것도 이 정부가 공고히 되어질 것으로 알고 승낙한 것이다. 내각책임제로 하여 내각불신임안이라는 것을 자주 내서 정당작란(政黨作亂)을 한다면 정부는 약해지고 말 것이므로 정부와 민중은 개헌을 원치 않는 것이며 국회에 상정된다고 하더라도 통과되지 못할 것이다.206)

국회와 이승만 대통령의 공방이 이어지는 가운데 6월 말에는 정국에 큰 충격을 주는 사건들이 발생했다. "정부 수립 후 가장 다난한 시기였던207) 1949년 6월에 반민특위 해산, 국회의원 대량 체포, 김구 암살이 일어났고, 그리고 농지개혁법도 통과되었다. 이승만 정부는 반동과 진보의 두 모습을 모두 구현했다. 박명림은 이러한 사건들을 반공단정 세력의 공세라는 의미에서 '6월의 공세'라고 명명했다. 반탁운동 과정에서 친일세력에게 최초의 면죄부를 부여한 사람은 김구와 이승만이었다. 김구는 임시정부의 법통 확보를 위해 1945년 말부터 반탁운동을 주도하면서 분단정부(단독정부)를 위한 조건의 창출에 앞장서다가, 1948년에는 갑자기 북한과의 연대를 도모하는 연공(連共)을 주장하고 나섰다. 분단정부가 가시화된 '1948년 질서'에서 이승만은 현실주의 노선을 택하면서 정치적 헤게모니를 장악했고, 정치적 경쟁에서 밀린 김구는 도덕주의 노선을 고수했다. 이승만의 현실주의는 사회적 합의인 친일세력 숙청을 거부하고 「국가보안법」을 동원하여 친일세력 숙청을 요구하는 국회의원들을 구속한 것에서 또 한 번 드러났다. 그의 선택은 도덕적 비난을 받았지만 체제를 강화하는 효과를 얻었다.[208] 1949년 6월을 기점으로 '1948년 질서'에 반대하는 정치세력은 용인된 정치 공간에서 배제되었다. 그리고 그 후에 이승만과 민국당이 연대한 반공정치연합은 권력구조를 둘러싸고 다시 대립하게 되었다. 1950년 1월 27일에 제헌헌법 기초위원장을 지낸 서상일 의원은 78명 이름으로 '내각책임제개헌안'을 국회에 제출했다.[209] 서상일은 「대한민국 헌법 개정안 제출설명서」에서 내각책임제 개헌을 실시해야 하는 이유 다섯 가지를 제시했다.

첫째, 정부 수립 후 1년 반이 지난 시점에서 각료들의 큰 실정에 대하여 책임을 물을 곳도 없고 책임을 지는 사람도 없다.

둘째, '정변이 빈발하고 혼란을 야기할 것'은 국민의 정치 참여를 합법적으로 할 것인가 아니면 비합법적으로 할 것이냐의 문제이다. 의회정치의 정변은 '악의 작용'이 아니라 '선의 작용'이다.

셋째, '정권 야욕으로 이조 붕당의 폐해를 낳게 될 것'이라는 지적은 입법 사법 행정 등을 군주 1인이 독재하던 전제군주제와 삼권이 분립된 민주법치제를 구분하지 못한 견해에 불과하다. 정치적 경쟁에는 정강정책을 내걸고 보수와 진보가 전개하는 합법적인 의회투쟁이 있을 뿐이다.

넷째, '일당독재'를 염려하지만 개헌 후 국회가 갖게 될 정부불신임권이라는 무기는 그러한 독재적 상황을 분쇄할 수 있다.

다섯째, '제헌의원으로서 그 임기 중에 개헌은 부당하다'는 지적이 있는

데, 원래 '양원제, 내각책임제'를 근간으로 설계된 제헌헌법이 국회의장 이승만 박사의 요구대로 대통령중심제로 변경되었기 때문에 과오를 범한 제헌의원은 그 임기 중에 '잘못'을 시정하여 국민 앞에 사과해야 한다.210)

의회의 책임정치와 의회 내의 정치투쟁을 주장하는 서상일의 내각제개헌안은 3월 14일 국회에서 실시된 투표에서 3분의 2 미달로(찬성 79, 반대 33, 기권 66) 부결되었다. 같은 날 이승만 대통령은 담화를 통해 상하양원제 및 대통령직접선거제로의 개헌을 시사했고, 또 총선거 연기 방침을 국회의장에게 전달했다.211) 어떤 신문은 이를 '개헌전'이라 불렀다.212) 이승만 대통령은 약 두 달 후인 3월 17일에 열린 외국 기자들과의 회견에서 11월까지 총선거를 연기하겠다는 뜻을 밝혔고, 3월 31일에는 11월까지 총선거를 연기한다는 서한을 국회의장에게 보냈다. 제도의 불안정성을 야기할 수 있는 이승만 대통령의 총선거 연기 발언에 대해 여러 방면에서 예민한 반응이 나왔다. 1950년 4월 3일에 미 국무장관 애치슨은 주미대사 장면을 통해서 "공화국(대한민국)의 기본법"을 어기지 말고 선거를 예정대로 실시했으면 좋겠다는 미국 정부의 입장을 전했다.213) 민국당의 최고위원인 김성수와 이청천과 백남훈은 이 대통령과 만나서 5월 총선거를 주장했다. 이 대통령은 국회에서 새해 예산안을 통과시켜 주면 총선거를 예정대로 실시하겠다고 응답했다.214) 4월 7일 주례기자간담회에서 이 대통령은 5월 중 총선 실시를 언급했고, 그날 국회에 출석하여 정부예산안의 국회 통과를 "간청"하면서 5월 25일부터 30일 사이에 총선거를 실시하겠다는 의사를 밝혔다. 또 그는 균형예산을 실현하지 않고 총선거를 연기하면 원조를 삭감하겠다는 미국 측의 압력을 받았다는 사실도 털어놓았다.[215] 4월 19일에 국무원공고 제8호가 나오자, 언론들은 "대망의 총선거일이 5월 30일로 확정되어 공포되었다"고 다투어 보도했다.[216] 국회도 4월 22일 열린 본회의에서 일부 예산을 삭감했지만 정부예산안(약 1056억 원)을 거의 원안대로 통과시켰다.[217]

중요한 격전인 두 번째 선거를 앞둔 5월 26일과 27일에 민국당의 실질적 리더였던 김성수는「총선거와 국민의 각오」라는 글을『동아일보』에 발표했다. 그 요지는 크게 네 가지였다. ① 양심에 따른 공평하고 깨끗한 선거, ② 인격이 있고 애국심이 있는 좋은 인물을 선출하는 선거, ③ 의회정치를 담당할 좋은 정당을 고르는 선거, ④ 정당의 노선을 보고 투표하는 선거였다. 이 네 가지의 목표는 원활한 의회정치와 정당정치였다.

원래 민주주의는 의회정치여야 하고, 의회정치는 정당정치여야 합니다. 왜 그러냐 하면 민주주의 정치는 어느 일개인이나 소수 개인의 의사로 행하여지는 전제정치나 독재정치가 아니요 반드시 국민의 여론에 의하여 국민 대다수의 의사를 반영하는 정치이므로 그것은 자연 정당의 정치가 안 될 수 없는 것입니다.

그는 이어서 사색당파와 정당을 구분하지 못하는 것은 "자파의 성쇠가 투쟁의 목표인" 사당(私黨)과 "국책 수립의 우열이 투쟁이 목표"가 되는 공당(公黨)을 오해한 때문이고, "강력한 정당의 일당독재"를 우려하는 것은 "다수결이라는 민주주의 원칙"을 부인하고 "한 사람 혹은 몇 사람에 의한 독재"를 시인하는 결과를 초래할 수 있다고 우려했다. 그에게 정당은 "행정은 정부가, 사법은 재판소가, 입법과 국정감사는 국회가 행하게" 되어 있는 권력 분립을 위한 민주국가의 도구이며, 국민과 정부 사이의 의사소통을 위한 매개체였다. 다시 말해 그에게 정당은 정치의 중심이었다. 또한 그에게 선거는 "좋은 사람과 좋은 정당을 선택하여, 정실이나 유혹(誘惑), 위협에 끌리지 말고 어디까지든지 광명정대하게 또 애국적으로 우리의 귀중한 한 표를" 행사(行使)하는 행사(行事)였다.218) 이러한 입장을 갖고 있었기 때문에 그는 같은 공산주의 진영임에도 불구하고 다른 나라(예를 들어 유고)의 주권을 인정하지 않는 소련, 그리고 그러한 소련에 의존하는 김일성과 타협하는 것을 불가능하다고 주장했다. 그에게 유일한 통일의 길은 한국이 민주국가로서의 기초를 쌓아서 '민주국가들'과 협력을 강화하는 것이었다. 그래서 이번 총선거는 그것을 위해 "민주주의 정신을 발휘하여, 좋은 사람과 좋은 정당을 선택"하기 위해 "애국적으로 우리의 귀중한 한 표를 던져야 하는" 중요한 행사였다.219)

　그러나 그가 소속한 민국당은 두 번째 총선거에서 전체 210석 중 24석을 얻는 데 그쳤다. 농민은 농지개혁안을 지주에게 유리하게 수정하려고 시도했던 지주정당 민국당에게 지지를 보내지 않았다. 여당의 역할을 맡았던 대한국민당도 24석을 얻는 데 그쳤다. 승리한 것은 무소속으로 전체 의석 210석 중에서 60%인 126석을 차지했다. 나머지 의석들은 대한독립촉성국민회(14석), 대한청년당(10석), 대한노동총연맹(3석), 일민구락부(3석), 사회당(2석) 등 기타 정당들이 나누어 가졌다.[220] 이제 무소속의 동향이 국회에서 가장 중요한 변수로 떠올랐다. 그들은 국회의장 선거에서 일단 민국당을 지지했다. 거의 소수당으로 전락한 민국당의 신익희가 국회의장에 당선되었고, 무소속의 장택상과 대한국민당의 조봉암은 부의장으로 선출되었다. 무소속 의원들 중에서 친민국당 경향이 많다는 것을 확인한 민국당은 급한 대로 일단 한숨을 돌릴 수 있게 되었다. 이승만 역시 선거의 결과에 만족할 수 없었을 뿐만 아니라 집권 연장이라는 '지배 욕망'을 채우기 위해서는 다른 비상수단—대통령 직선제 개헌—을 강구해야 했다. 의회는 이승만에게 더 이상 호의적이지 않았다. 그가 다시 대통령이 되기 위해서는 국회가 아닌 다른 무대가 필요했다.

 2대 국회의원 선거 26일 후인 6월 25일에 한국전쟁이 발발했다. 전쟁 초기에 한국군은 일방적으로 밀렸다. 한국정부 공보처는 27일에 서울을 사수하겠다는 발표를 했지만, 대통령과 내각의 관료들은 서울에서 철수했고, 28일에 국군 공병대는 한강 인도교를 폭파했다. 1950년 7월 27일에 유엔군이 참전한 이래, 9월 15일에 인천상륙작전이 있었고, 9월 28일에 서울 수복과 함께 정부는 환도했으며, 10월 19일에 미군이 평양에 입성했다. 10월 말에 중공군이 참전하면서 전세는 나빠졌다. 1951년 1월 4일에 정부는 다시 부산으로 철수하게 되었다. 3월 14일에 서울은 다시 수복되었지만, 정부는 전쟁이 거의 끝나가는 1953년 5월

19일이 되어서야 환도했다.

아직 전쟁이 끝날 기미를 보이지 않았던 1951년 5월 10일에 이시영 부통령은 국민방위군과 거창양민학살 사건을 다루는 이승만 정부에 항의하기 위해 사표를 제출했다. 국민방위군은 「국민방위군설치법」(1950년 12월 21일)에 의하여 만 17세 이상 40세 미만의 제2국민병으로 구성된 일종의 예비군이었다. 1951년 1월 30일 국회에서 국민방위군 예산은 통과되었지만(매우 적은 액수로, 방위군 50만 명 추산, 3개월분 총 209억 원), 그마저도 집행되지 않았다. 1·4후퇴 때 전국 각지에서 창설된 국민방위군 병사들 중 다수가 대구와 부산으로 남하하는 과정에서 동사하거나 아사했다(사망자 수 9만 명 추산). 부대 간부들의 부정부패 때문이었다. 국회는 1951년 4월 30일 「국민방위군설치법 폐지안」을 결의함으로써 국민방위군을 해산시켰다. 이 사건의 주모자인 김윤근·윤익헌·박기환 등 5명은 중앙고등군법회의에 회부되어 사형에 처해졌다. 거창양민학살은 빨치산 토벌을 위해 거창에 배치된 11사단 9연대장 오익균(吳益均)의 지시를 받은 3대대장 한동석(韓東錫) 소령이 1951년 2월 10일과 11일에 걸쳐 신원면 소재 부락 주민들을 빨치산 또는 빨치산과 내통했다는 죄목으로 다이너마이트를 폭파시켜 대부분을 죽이고 살아남은 사람들도 총살한 사건이었다.[221] 이시영의 사임서에는 관리들의 부정부패를 막기 위한 국정감사와 부정사건에 대해 철저한 조치를 국회에 당부하는 말이 담겨 있었다.

현명하신 제공에게 긴절히 요청하고자 하는 것은 국정감사를 더욱

엄정하게 진행함으로써 모든 관료들의 이도(吏道)에 어그러진 비행을 적발 규탄하되 모든 부정사건을 미온적인 태도에서 좀더 적극적인 조치를 취함으로써 국민의 의혹을 석연(釋然)하게 하여 주실 것입니다.222)

의회에서는 새로운 부통령의 선출 작업에 들어갔다. 민국당은 김성수의 동의를 받지 않고 그를 후보로 내세웠다. 김성수는 여권이 미는 이갑성 후보와 2차까지 가는 경선을 통해 부통령에 당선되었다. 20-30석에 불과한 민국당의 김성수가 부통령에 선출된 것은 무소속 의원들이 결성한 공화구락부의 지원 때문이었다. 국회의장 선거 때 민국당의 후보가 무소속의 지원을 받았던 것처럼, 이번 부통령 선거에서도 그러한 양상은 되풀이되었다. 처음에 고사하던 김성수는 국회의 뜻을 수용했고, 5월 16일 취임의 변에서 반독재와 민주주의를 강조했다.

지금 공산 침략의 직접 전화(戰禍)를 당하고 있는 우리나라에 14개 우방의 정의군이 직접 전투에 참가하고 있으며, 53개국의 민주우방이 물심양면으로 성원을 아끼지 않고 있는 것은 대한민국이 민주국가로 지향하고 있는 까닭이다. 그러므로 대한민국이 민주국가로 나가지 않고 어떠한 성질의 독재주의로 나간다면 일시 내정은 잘 다스리게 될지 모르나 머지않은 장래에 국기(國基)가 무너지고 말 것이다. 우리는 군국주의 독재의 일(日)·독(獨)·이(伊)의 과거를 상기할 때 더욱이 민주주의적 국가 노선을 지지 육성해야 되는 것이다. 그리고 국사를 다스리는 데 있어서 헌법의 시비보담도 그의 실질적인 운영을 통해서 명실이

상부한 민주국가로 육성 발전되기를 바라는 바이다.223)

그는 군대를 파견한 14개국과 물자를 지원하는 53개국, 즉 민주우방과의 관계를 위해서, 또 파멸한 일본·독일·이탈리아 군국주의 독재를 상기하면서 민주주의를 강조했다. "어떠한 성질의 독재주의"에 빠져서도 안 되고, "헌법의 시비"를 다투지 말고 민주국가 운영에 더 충실할 것을 당부했다. 그러나 그의 희망과 달리 이승만 대통령은 1951년 8월 15일 광복 5주년 기념식에서 대통령직선제 개헌을 제안했고, 그로부터 10일 후인 8월 25일에는 '일민주의'를 기반으로 하는 정당을 조직하겠다고 선언했다. 11월 30일에 '대통령직선제와 양원제'를 담은 정부의 개헌안이 국회에 제출되었고, 12월에는 이승만이 언명한 것처럼 자유당이 출범했다. 이범석을 중심으로 하는 원외 자유당이 먼저 출범하고(12월 17일), 며칠 후에 국회의원들이 결성한 원내 자유당이 출범했다(12월 23일). 이에 대해 국회는 1952년 2월 29일에 '호헌을 위하여 결사투쟁할 것'을 결의했고, 그로부터 48일이 지난 4월 17일에 123명이 연서한 '국무원(내각)책임제'를 골자로 하는 개헌안이 국회에 제출되었다. 정부는 다시 개헌안을 대통령이 임석한 국무회의 의결을 거쳐서 5월 14일에 제출했다. 두 개의 개헌안이 국회에 제출된 것이었다.

그런데 제헌헌법 규정에 의하면 1952년 6월에 국회에서는 대통령선거를 실시해야 했는데, 민국당은 이시영을, 원내 자유당은 장면을 대통령 후보로 내세울 예정이었고, 둘은 사전 투표를 통해 1표라도 앞선 자를 대통령으로 밀어주기로 합의한 바 있었다. 그러나 그 합의는 바로 의미가 없어졌다. 이승만 정부는 5월 25일에 계엄령을 발동하고 국회의원들을 강제로 헌병대로 연행하는 무리수(無理手)를 두었다. 국회는 '계엄해제안' 가결을 통해 정부를 압박하고, 유엔통일부흥위원단도 부산 지역 계엄 해제와 구속 의원의 석방을 촉구했다. 그리고 부통령 김성수는 이승만정권에 대한 항의의 표시로 1952년 5월 29일 장문의 사퇴서―「민주주의 수호만이 대한민국을 지키는 길」―를 남기고 사임하였다. 그 사임서의 요지에는 이승만 정치에 대한 우려와 비판 그리고 분노가 가득했다. 사임서에 의하면 이승만은 관료들이 서로를 감시하고 의심하는 불신의 정치를 조장하며, 신성모처럼 권모와 술수로써 국정을 혼탁하게 한 자를 국가를 대표하는 외교관에 등용하는 독선의 정치를 자행하고, 또 그는 실정을 거듭함에도 불구하고 책임을 지지 않고 집권 연장을 도모하는 자였다.[224]

…… 그러나 나(김성수―필자)는 이때까지도 아직 대한민국의 최고 집정자가 그래도 완전히 사직을 파멸하려는 반역행동에까지 나오리라고는 차마 예기하지 못하였습니다. 그랬더니 그는 돌연 비상계엄의 조건이 하등 구비되어 있지 아니한 임시수도 부산에 불법적인 비상계엄을 선포하고 소위 국제공산당과 관련이 있다는 허무맹랑한 누명을 날조하여 계엄하에서도 체포할 수 없는 50여 명의 국회의원을 체포 감금하는 폭거를 감행하였습니다. 이것은 곧 국헌을 전복하고 주권을 찬탈하는 반란적 쿠데타가 아니고 무엇입니까?[225]

또한 김성수는 권력욕이 강한 정치가가 헤게모니를 가진 미래에 대해 우려를 표명했다. "한 사람이 거의 황제에 가까운 강대한 권한을 쥐고 있는 현행 대통령제" 아래에서 "지난번 보결(補缺)선거와 지방선거에 나타난 관권의 압박을 볼 때 우리나라에 있어서 대통령 직접선거라는 것은 곧 현 집권자의 재선을 의미"한다. 이승만 대통령이 재선되면 "장차 국회는 그의 추종자 일색으로 구성될 것"이며, 그 후에 그는 "그의 3선 4선을 가능하게 하도록 헌법을 마음대로[自在로] 고칠" 것이다. "종신대통령이나 세습대통령"의 출현을 걱정한 김성수의 예언은 현실이 되었다.226)

유엔한국위원회·트루먼 대통령·유엔 사무총장·영국 정부 등 한국과 관련된 국제기구와 유력한 인물들의 항의가 이어졌지만, 이승만 대통령은 크게 개의치 않고 자신의 의도대로 밀고 나갔다. 1952년 6월 20일 부산 남포동 국제구락부에서 전 부통령 이시영을 비롯한 여러 인사가 추진했던 '호헌호국선언대회'는 경찰과 정치부랑자들에 의해 열리지 못하고, 서상일 등 몇 사람은 구속되었다. 1952년 6월 28일에 계류 중이던 부통령 사임서가 국회에서 수리되었고, 7월 4일에 경찰과 군인이 국회를 포위한 가운데 「발췌개헌안」이 통과되었다. 위압적인 분위기에서 진행된 투표 결과는 찬성 163, 반대 0, 기권 4로 나타났다. 이것은 독재의 욕망을 가진 정치집단이 폭력으로 의회주의를 뒤흔든 첫 번째 사례였다. 1950년에 2대 민의원으로 법사위원장을 지낸 윤길중의 회고에 따르면, 장택상 국무총리가 개헌 작업을 지휘했다. "정부의 대통령직선제 개헌안과 그 후 국회가 이에 맞서 제출한 내각책임제 개헌안을 발췌 혼합한 소위 「발췌개헌안」이 나오게 되었다. 정부는 개헌안 표결의 정족수를 채우기 위해 7월 초부터 경찰을 풀어 안내라는 명목하에 피해 다니던 국회의원들을 끌어냈고, 잡아 가두었던 의원들을 의사당 안에 옮겨 놓은 후 거의 감금상태와 비슷한 분위기에서 이 개헌안을 통과시켰다." 소위 '5·26정치파동'으로 알려진 이 사건은 이승만 대통령의 재선과 독재의 시초가 되었다.227)

「발췌개헌안」은 장택상의 국무총리 인준에 찬성하는 의원들을 중심으로 결성된 정치단체인 신라회가 작성한 것으로, 그 안의 주요 항목들은 '대통령직선제', '상·하 양원제', '국무총리 제청에 의한 국무위원 임면', '국무원에 대한 국회의 불신임결의권' 등이었다. 그 안에는 서로 충돌할 수 있는 대통령책임제와 내각책임제의 운영 원리가 짜깁기되어 있었지만, 가장 중요한 것은 대통령직선제였다. 이승만이 대통령에 재선되기 위해서는 국민이 직접 투표하는 대통령직선제 외에는 다른 방법이 없었다. 이때의 제도 변경은 거의 강제로 이루어졌지만, 그럼에도 불구하고 1952년 8월 15일에 대통령 선거는 치러졌다.

이승만 독재를 반대했지만 민국당은 일단 '제도의 변화'를 수용했다. 그들의 온건성은 이때에도 유감없이 발휘되었다. 민국당이 이승만에 대항하는 대통령 후보로 이시영을 지지한 이유는 그의 조국 광복을 위한 헌신과 '국무원책임제'론 때문이었다. 우리는 여기에서 기묘한 조합을 엿볼 수 있다. 이시영은 도덕주의적 민족운동에서 가장 높은 수준의 윤리적 실천을 한 인물이었다. 그의 경주이씨 가문은 백사 이항복 이래 300년간 한 번도 권력의 중심에서 벗어난 적이 없었던 세도가의 일원이었지만, 우당 이회영을 비롯한 그의 형제들은 국권 상실에 대한 책임을 지고 자신들의 모든 재산을 매각한 자금과 자신들의 신체를 바쳐서 신흥무관학교를 세웠다. 그들은 민족운동의 토대를 놓았고 민족운동 전선에서 산화했다. 그의 형제들 중에서 살아 돌아온 자는 이시영 혼자였다. 이에 비해 민국당의 김성수는 식민지기에 대지주이자 자본가·교육가·언론인으로서 다양한 방면에서 온건한 민족운동에 관여했고 해방 직후에는 한민당의 정치적 리더가 되었다. 조선왕조의 관료적 지주에서 진보적 민족주의자로 전환한 이시영과 개항 이후 진취적 지주에서 온건한 민족주의로 활동했던 김성수가 반독재 전선에서 연대하게 되었다. 그들은 반독재와 의회민주주의에서 공감대를 형성했다. 김성수가 대통령 후보로 이시영을 공개적으로 지지한 것은 한국 민족주의 역사에서 매우 의미 있는 사건이었다. 양자의 유대는 도덕적 민주주의와 현실적 민족주의의 조합이기 때문이다. 김성수는 "역사상 미증유의 국난에 처"한 이유로 두 가지를 들었다. 하나는 "6·25사변이라는 적귀(赤鬼)의 침략"이고, 다른 하나는 "위정자의 부패와 무지"였다. 그는 국사(國事)를 개혁하기 위한 제도개혁과 인물 교체를 강조했고, 특히 우익독재를 조장할 수 있는 대통령책임제의 개혁을 역설했다. 이러한 제도개혁을 달성할 정치적 리더는 바로 민족주의자 이시영이었다.

성재 이시영 선생은 …… 애국 지성(至誠)과 수십 년간 조국 광복을 위해서 분골쇄신하여 …… 지공무사(至公無私)하시어 …… 정강(政綱)으로 '국무원책임제'를 주장하시니 덕망이 높으신 선생을 우리의 원수로 추대함으로써 우리의 국난을 극복하고 따라서 민심을 안정시키고 국제적 신용을 확보하고 그럼으로써 성전을 승리로 완수하여 우리의 최고최대의 과업인 남북통일을 실현하여 우리는 진정한 민주주의 대한민국을 우리 자손에게 물려줄 수 있을 것입니다. ……228)

그런데 한국전쟁 중에 치러진 선거에서 국민은 자유당의 이승만 후보에게 5,238,769표를 주었다. 이승만의 득표는 무소속의 조봉암 79만 표, 민국당의 이시영 후보 76만 표, 무소속의 신흥우 22만 표에 비해 압도적으로 많았다. 이승만은 국회 내의 선거에서는 불리했지만, 국민을 대상으로 하는 선거에서는 압도적인 표차로 승리했다. 아직 다수가 농민인 국민은 농지개혁을 실행한 대통령이고 민족운동가로서의 명성이 있는 이승만을 지지했다. 농촌은 우파독재 정치의 대중적 기반이었다.

선거에 진 민국당은 1952년 10월 13일에 전국대의원 대회를 열어서 지난 일을 돌아보고 새로운 각오를 다졌다. 서울 시내 동아극장에서 열린 정치행사에 대의원 617명과 다수의 정당 관계자가 참석했다. 그 자리에서 행해진 조병옥(趙炳玉; 1894-1960)의 '당무보고'에는 당시의 '독재 대 의회주의의 대립'에 대한 인식이 잘 나타나 있다.

　3, 4천 명의 지방의원이 떼를 지어 민의라고 부르짖고 백골단·땃벌떼 등의 괴상망측한 집단이 횡행하여 언론은 봉쇄되고 민의는 말살되어 민주 한국은 위기에 봉착하게 되었을 때 우리는 민주주의에 의한 진정한

민의를 전 국민에 알리기 위하여 국제구락부에서 반독재호헌구국선언 대회를 열었던 것이다. 그러나 계획적인 폭동(모지에 의하면 당시 내무장관 이범석 씨의 계획이라 함)으로 말미암아 참석하였던 이시영·김창숙·이동화 등등 인사들이 많은 부상을 당하고 우리 당원 30여 명은 유치장 투옥생활까지 하게 되었으니 …… 정·부통령 선거에 있어서도 이 박사의 재선을 합리화시키는 결과밖에 안 되므로 단념하자는 논의도 있었으나 "한국에는 민주주의의 발전 가능성이 없다"는 외인들에 대한 수치를 면하기 위하여 출마를 하게 되었던 것인데 예상대로 패배는 되었으나 전국 방방곡곡에 많은 동지들이 잠재했었다는 사실은 알게 되었다.229)

이승만정부가 대중의 지지를 바탕으로 "백골단·땃벌떼"와 같은 폭력 집단을 동원하여 급진적으로 제도의 변경을 추진했다면, 민국당은 그러한 공세에 저항하면서도 제도의 변경을 수용하는 온건한 대응을 전개하면서 이승만의 독재 대 민국당이 주도하는 의회주의의 대립전선을 형성했다. 이러한 민국당의 온건성 때문에 한국의 의회주의가 시달림을 받으면서도 제도적으로 뿌리를 내렸다.

급변하는 국제정세도 이승만에게 결코 불리하지 않았다. 1952년 11월 미국 대통령 선거에서 한국전쟁 휴전을 선거공약으로 내세운 공화당의 아이젠하워가 당선되었고, 1953년 5월 3일 스탈린이 사망했다. 한국전쟁의 총성은 시기가 문제였지 곧 멈출 운명이었다. 휴전협상은 1951년 7월 10일부터 시작되었지만 교착상태에 빠져 있었는데,

그 요인 중의 하나는 반공포로 문제였다. 북한 측은 포로를 전부 송환할 것을 요구했고, 유엔군 측은 포로의 의견을 물어서 선별적으로 송환하겠다는 의사를 갖고 있었다. 양측이 긴 줄다리기를 하던 중에 이승만 정부는 1953년 6월 18일 자정을 기해서 전격적으로 북한군 포로를 석방했다. 이 조치는 협상 담당자인 유엔군 측에게는 당혹감을 주었지만, 국민에게는 대통령의 결단으로 수용되었다. 이 일로 이승만은 1년 전 직선제 개헌과정에서 잃었던 국민의 신망을 되찾을 수 있었다.230) 그런 분위기에서 7월 27일에 유엔군 측과 공산국 측이 휴전조약에 서명하면서 한국전쟁은 일단 멈추었다.

이에 비해 민국당의 사정은 악화되었다. 김성수는 와병 중이었고, 백남훈은 이승만 대통령 저격 미수 사건으로 수감 중이었으며, 지(이)청천은 부산 정치파동 때 당을 떠났고, 남은 신익희는 초당적으로 움직여야 하는 국회의장이었으며, 사무총장 조병옥은 이 대통령의 포로 석방은 우방과의 우의를 해치는 것이라 비난하였다가 정치적으로 어려움에 빠진 사태였다. 남은 중진은 서상일 · 김도연 · 김준연 · 이영준 등이었지만 그들은 국회의원이 아니었다. 김성수는 김도연 등 한민당을 함께 창당했던 동지들에게 신익희 중심으로 당의 새로운 돌파구를 만들 것을 권고했다. 그의 뜻대로 1953년 11월 22일, 민국당 제4차 전당대회에서 당헌 개정이 이루어졌다. 최고위원회와 소위원회가 폐지되었고 위원장제가 신설되었다. 당의 지배구조는 집단지도체제에서 위원장 신익희를 중심으로 하는 단일지도체제로 바뀌었다. 최고위원이던 김성수 · 백남훈 · 서상일 · 조병옥 등은 고문으로 일선에서 일단 후퇴했다.231) 1953년 민주국민당의 실질적인 권한은 대한국민당 출신 신익희에게 넘어갔다.

이러한 노력에도 불구하고 1954년 5월 20일에 실시된 3대 국회의원 선거에서 민국당은 원내 교섭단체도 구성할 수 없는 15석을 얻는 데 그쳤다. 이에 비해 이승만의 자유당은 114석을 획득하는 압승을 거두었다.232) 의석수를 137석까지 늘린 자유당은 1954년 9월 6일에 이기붕 이하 136명이 연서한 개헌안을 국회에 제출하면서 그들의 장기집권 플랜을 위한 행동을 개시했다. 이 무렵 미국을 방문한 이승만은 미국에서 환영을 받았다(1954년 7월 26부터 8월 13일까지, 18박 19일). 다수의 힘을 과시하면서 전개되는 여권의 질주에 대해 민국당은 개헌 반대 성명을 냈고(9월 20일), 무소속 동지회도 그 대열에 동참했다(10월 13일). 전반적으로 야권은 침체를 벗어나지 못한 상태에서 1954년 11월 7일에 열린 민국당의 5차 전당대회에서 김성수는 다시 한 번 민국당 당원들에게 편지를 보내 신익희 위원장을 중심으로 단결할 것을 호소했다.

지리멸렬했던 야권의 생기를 찾아준 것은 무리하게 추진했던 자유당의 '사사오입개헌'이었다. 억지를 부려서 통과된 '개헌'은 이승만이 3선 대통령이 될 수 있는 길을 열었지만, 그것은 또한 그의 몰락을 재촉했다. 11월 27일에 자유당 의원들이 제출한 개헌안에 대한 가부를 결정하는 투표에서 찬성 135표, 반대 60, 기권 7이라는 결과가 나왔다. 135표는 재적의원 3분의 2인 136명에 미달되었기 때문에, 당시 자유당 소속의 최순주 부의장은 개헌안 부결을 선포했다. 그런데 그다음 날 긴급총회를 연 자유당은 반전을 시도하기 위한 모략을 꾸몄다. 그것은 재적의원 203명의 3분의 2는 '135.333…'이므로 사사오입하게 되면 개헌안 통과는 135명이어도 된다는 억지논리였다. 그다음 날 29일에 열린 본회의에서는 '헌법개정안 의결정족수와 제90차 회의록 수정에 관한 결의안'을 통과시켰고, 정부는 이를 받아서 개헌안을 공고해 버렸다. 그 유명한 '사사오입개헌'은 이렇게 완성되었다. 이 사건을 계기로 야권은 다시 조직을 정비하면서 장기집권 즉 독재에 반대하기 위한 행동을 시작했고, 30일에 민주국민당·무소속 등 야당 의원들이 단일 원내교섭 단체로 호헌동지회를 결성했다. 그들은 신당발기촉진위를 구성해서 야당 통합을 위한 움직임을 시작했다. 12월 9일에 원내 자유당 소장파 의원들이 탈당하면서 야권 통합 즉 신당을 향한 움직임은 더 탄력을 받게 되었다. 의회주의의 원칙을 다시 궤도로 진입시키기 위한 활동이 시작되었다.[233]

그 중의 하나는 야권의 외연 확장이었고, 그와 관련하여 조봉암의 영입 건은 가장 큰 논쟁거리가 되었다. 1955년 1월 21일에 열린 호헌동지회 총회에서 두 세력은 충돌했다. 민주대동파(대동단결파)로 불리는 서상일·박기출·장택상 등은 조봉암 영입에 찬성했고, 자유민주파로 불리는 장면·김준연·김도연·조병옥 등은 공산주의 활동을 했었던 조봉암의 경력을 문제삼았다.[234] 해외에서 독립운동을 했고 호헌동지회의 구심점을 형성하고 있던 신익희는 조봉암을 적극적으로 끌어들이기 위한 어떤 조치도 취하지 않았다. 김성수는 "민주대동이라고 했으면 그대로 해야지, 왜 딴소리들을 하느냐, 해공(신익희)의 책임 회피가 문제"라며 안타까워했다.[235] 호남의 대지주 출신인 그가 자신의 지주적 기반을 박탈한 농지개혁의 기획자이자 계급적 측면에선 적대적 관계인 조봉암을 끌어들이는 대통합을 추진했던 것은 반독재운동의 일환이었다. 조봉암 영입에 반대했던 인사들도 한민당 이래 민국당까지 당의 실질적인 리더인 김성수가 '대동단결'을 강조하게 되자, 그의 뜻을 수용하는 자세를 취했다. 그 대신 자유민주파 인사들은 조봉암이 반공노선을 견지하겠다는 뜻을 공개적으로 밝힐 것을 요구했다. 김성수는 조봉암에게 반공주의 노선을 견지하겠다는 것을 공개적으로 약속하라고 요구했다.[236] 그 요구를 받은 조봉암은 22일에 다음과 같은 성명서를 발표했다.

나는 8·15 이후 즉시 공산당과 절연하고 오늘날까지 민주주의 국가로 장래가 약속된 대한민국에 비록 미미하나마 모든 심력을 바쳐왔고 공산주의가 인류에게 끼치는 해독을 누구보다도 깊이 알기 때문에 이론적으로나 실제적으로나 대공산당 투쟁에 여생을 바칠 것을 나의 임무로서 자부하는 터이지만 그와 동시에 나는 여하한 독재정치도 이를 반대한다. 공산당의 독재는 물론이고 관권을 바탕으로 한 독점자본주의적 부패분자의 독재도 어디까지나 반대한다.
이번에 조직될 신당은 발안자인 호헌동지회에서 누차 성명한 바와 같이 반공산반독재투쟁을 위한 재야민주세력의 총집결을 기도하는 것이니만치 정권 담당을 목표로 하는 구체적인 정강정책 그것보다도 법질서 유지와 개인의 창의가 존중되는 합리적 경제정책의 시행을 위한 구국운동인 것이며, …… 이 운동의 주체인 호헌동지회의 중요한 분들이 이 운동을 위하여 나의 협조를 구하기에 비록 미력이기는 하지만 지팡이를 집고서라도 따라갈 것을 작정하고 이 글을 널리 동포 앞에 드리는 터이다.237)

그러나 김성수와 조봉암의 연대는 열매를 맺지 못했다. 1955년 2월 24일자 『동아일보』 1면에는 '신당운동'과 '김성수의 사망'을 애도하는 기사로 가득찼다. 「기사: 신당운동 성패기로에 — 조씨 포함 여부로 양론」, 「사설: 애도 인촌 선생의 영결」, 조봉암의 성명서 「신당운동에 호응할 터」 등이 지면 위에 올라가 있었다. 같은 면에 실린 「단상단하」에는 안타까운 기자들의 취재 후담이 실렸다.

더욱이 조 군은 동 성명에서 8·15 이후 걸어온 자신의 정치적인 과거에 대하여 소상히 해명함으로써 고 인촌 선생의 재세시(在世時) 권고를 그대로 받아들인 것이 분명하나 아직도 일부에서는 조 군의 입당을 반대하는 태도를 보이고 있다. 안타까운 일.238)

기자들이 우려한 대로, 3월 25일에 호헌동지회는 단일 야당 결성에 실패했다는 것을 인정하기에 이르렀고, 마침내 자유민주파는 1955년 9월 19일에 신익희를 대표로 하는 민주당을 창당했고, 다른 하나인 대동단결파는 조봉암을 중심으로 진보당 결성을 위한 준비 작업에 힘을 쏟았다. 호헌동지회 즉 야권 분열은 이승만에게는 희소식이었다. 그래도 두 세력은 1956년 5월 15일에 치러진 3대 대통령 선거에서 선거연합을 위해 절충을 시도했지만 그것마저도 성사시키지 못했다. 신익희가 사망하게 되면서 야권의 대통령 후보는 조봉암으로 자연스럽게 단일화되었고, 박기출 후보가 사퇴하면서 야권의 부통령후보는 민주당의 장면으로 단일화되었다. 2대 대통령 선거와 달리 3대 대통령 선거에서는 여러 가지 선거 부정에도 불구하고 야권 후보를 지지하는 표가 많았다. 자유당의 이승만 후보는 5,046,437 표를 얻었고, 무소속의 조봉암 후보는 2,163,808 표를 얻었다.[239] 부통령에는 민주당의 장면 후보가 자유당의 이기붕 후보를 누르고 당선되었다. 민주당은 조봉암을 견제했다. 선거 도중에 사망한 민주당의 신익희에게 약 200만 표가 몰렸다. 결과적으로 민주당은 이승만의 승리를 도왔다. 만약에 김성수가 살아 있었다면 그의 권위가 호헌동지회의 분열을 막고, 1956년 선거 역시 다른 양상으로 진행되었을 것이다. 그 후 조봉암은 조작된 진보당사건으로 인해 사법 살인의 피해자가 되었다.[240]

반탁운동 때부터 형성된 반공정치연합은 이승만의 반공단정수립 대 김구의 연공통일정부수립의 균열을 거쳐서, 이승만의 반공독재주의 대 김성수의 반공의회주의의 균열을 거치면서 분화되어 나갔다. 바로 이 균열의 구조가 대한민국 정치적 갈등의 기본축이 되었다. 친일파는 '반공반소단정연합' 안에서 관계·정계·재계·경찰·군부 등의 영역에서 주요한 사회 세력으로 잔존했고, 또 이승만의 독재 욕망을 채우면서 반공주의에 기초하여 사회의 전체주의화를 추동하는 정치적 도구였다. 농민은 사회개혁을 추동하는 에너지를 제공하는 원천이었지만 북한 전체주의 체제의 수립은 물론이고 농지개혁 이후 이승만 전체주의의 대중적 기반이었다. 한민당은 친일파가 잔존한 '반소·반공단정연합'의 출현에 일익을 담당한 주요 정치 세력이었지만, 이승만의 반공독재주의를 견제하는 세력으로서 보수적이면서 의회주의를 지탱하는 세력이 되었다.

이승만 독재 대 한민당 반독재의 균열에는 급진적 민족주의의 반동화 흐름이 내재되어 있었다. 1949년 3월부터 1951년 5월까지 2대 국방부 장관을 지낸 신성모는 한국전쟁 중에 발생한 거창양민학살사건과 국민방위군 사건에 연루된 인물로, 반국가적 범죄에 연루되었지만 이승만 정권에 충성한 대가로 아무런 책임을 지지 않고 국방부 장관에서 주일공사로 파견되었다. 그는 대한민국 임시정부의 군사위원으로 근무하는 등 해외에서 민족운동과 직접적 혹은 간접적으로 관여한 것이 인정되어 1963년에 서훈을 받았고, 1990년에는 '건국훈장 애족장'이 추서되었으며, 1993년에는 대전국립묘지로 안치되었다. 양민학살 만행에 대해 김종원을 비롯한 군(軍)은 신성모의 지시에 따라 끝까지 은폐와 위장을 기도했다. 국방장관 신성모는 "양민학살이란 사실무근이며 양민이 아니라 공비를 토벌한 것"이라고 주장했다. 박명림은 '거창사건'이 '국가테러'와 '집단학살'의 측면을 동시에 갖고 있다고 진단했다.241) 초대 국무총리를 지낸 이범석은 1952년에 약 2달간 내무장관(5월 24일 - 7월 22일)으로 반의회적 폭거인 '발췌개헌'(7월 4일)을 주도했고, 신익희와 함께 대한국민당과 한국민주당의 합당을 주도했던 이청천은 '발췌개헌'이 일어날 무렵에 민주국민당을 탈당하여(6월 28일) 이범석이 주도했던 원외 자유당에 합류하면서 이승만 정권의 연장에 힘을 보탰다. 이범석과 이청천은 한국광복군을 상징하는 인물들이었다. 대한국민당을 이끌고 한국민주당과 합당했던 이청천과 신익희는 발췌개헌 정국을 계기로 정치적으로 결별하게 되었다. 우파의 급진적 민족주의를 대표하는 한 그룹이 식민지 유산인 경찰과 함께 이승만정권을 지탱하는 중요한 정치적 자원이 되었다. 반공지배연합 내에서 이승만 - 이범석 - 이청천 등으로 이어지는 민족주의의 흐름이 반공화주의적 독재의 길에 복무했다면, 식민지기 이른바 '자치운동'을 했다고 민족개량주의자로 평가를 받거나 일제 말기 전시체제에 굴신했다고 비판을 받는 서상일 - 김성수로 이어지는 정치세력은 반독재 투쟁을 하면서 공화주의와 의회주의를 실현하기 위해 노력했다. 한민당의 송진우는 광복된 조국에서 모스크바삼상회의의 결과가 알려진 날 암살되었고, 같은 당의 장덕수는 모스크바삼상회의 합의 사상인 통일국가로 가기 위한 전단계로서의 임시정부 수립을 위해 미소공동위원회 참여를 적극 추진하다가 2차 미소공위가 결렬된 이후에 암살되었다. 식민지 지배 체제 내에서 온건한 방식으로 정치운동을 전개했던 한민당 창당 주역들은 온건한 방식으로 통일국가 수립을 위해 노력했고, 사회주의 계열의 이념과 노선을 수용하는 통합의 정치를 실현했으며, 반독재 정치운동의 구심점이 되었다.

결 론

    병자수호조약 이후 때때로 굳게 맺은 갖가지 약속을 배반하였다 하여 일본의 배신을 죄주려는 것이 아닙니다. …… 우리의 오랜 사회 기초와 뛰어난 민족의 성품을 무시한다 해서 일본의 무도함을 꾸짖으려는 것도 아닙니다. 스스로를 채찍질하고 격려하기에 바쁜 우리는 남을 원망할 겨를이 없습니다. 현재를 꼼꼼히 준비하기에 급한 우리는 묵은 옛일을 응징하고 잘못을 가릴 겨를이 없습니다.
    오늘 우리에게 주어진 임무는 오직 자기 건설이 있을 뿐이지, 결코 남을 파괴하는 데 있는 것이 아닙니다. 엄숙한 양심의 명령으로 자신의 새로운 운명을 개척하고자 하는 것뿐이지, 결코 묵은 원한과 일시적 감정으로 남을 시샘하여 쫓아내고 물리치려는 것이 아닙니다. 낡은 사상과 낡은 세력에 얽매여 있는 일본 제국주의 통치배들의 부귀공명의 희생이 되어 압제와 수탈에 빠진 이 비참한 상태를 바르게 고쳐서 억압과 착취가 없는 공정하고 인간다운 큰 근본이 되는 길로 돌아오게 하려는 것입니다.
……
    오늘 우리의 이번 거사는 정의와 인도주의 그리고 생존과 영광을 갈망하는 민족 전체의 요구이니 오직 자유의 정신을 발휘할 것이요, 결코 배타적인 감정으로 정도에서 벗어난 잘못을 저지르지 맙시다.
    〈1919년 3·1운동 때 33인이 선포한 「선언서」〉

    유구한 역사와 전통에 빛나는 우리들 대한국민은 기미 삼일운동으로 대한민국을 건립하여 세계에 선포한 위대한 독립정신을 계승하여 이제 민주독립국가를 재건함에 있어서 정의인도와 동포애로써 민족의 단결을 공고히 하며 모든 사회적 폐습을 타파하고 민주주의 제제도(諸制度)를 수립하여 정치·경제·사회·문화의 모든 영역에 있어서 각인(各人)의 기회를 균등히 하고 능력을 최고도로 발휘케 하며 각인의 책임과 의무를 완수케 하여 안으로는 국민생활의 균등한 향상을 기(期)하고 밖으로는 항구적(恒久的)인 국제평화의 유지에 노력하여 우리들과 우리들의 자손의 안전과 자유와 행복을 영원히 확보할 것을 결의하고 우리들의 정상 또는 자유로이 선거된 대표로서 구성된 국회에서 단기 4281년 7월 12일 이 헌법을 제정한다.
    대한민국은 민주공화국이다(제1조).
    대한민국의 주권은 국민에게 있고 모든 권력은 국민으로부터 나온다(제2조).
……
    농지는 농민에게 분배하며 그 분배의 방법 소유의 한도 소유권의 내용과 한계는 법률로써 정한다(제86조). (방점-인용자)
    〈대한민국 「제헌헌법」〉

1. 두 개의 정의

 감성보다는 이성에 의한 역사 이해는 자유와 평등의 신장과 관련이 있다. 민족주의 혹은 이데올로기의 도덕과 윤리에 호소하는 역사 인식은 일시적으로 통렬함을 줄 수 있지만 결국 인간을 억압하고 지배하는 도구로 변질되고 만다. 우리는 여러 차례 그러한 장면을 목격했다. 1945년 8월 이전의 일본의 군국주의와 독일의 나치즘은 대표적 사례들이다. 민족과 국민을 위한다는 명분으로 민족과 국민의 이성을 마비시키고 민족과 국민을 분열시키는 애국심이 없는 민족주의와 반공주의는 궁극적으로 국민의 사상을 통제하고 자유를 후퇴시키는 반동적 결과를 낳았다. 일본제국주의에 의한 식민통치기와 분단과 전쟁을 경유한 한국 근대사의 특수성은 이성보다 감성에 더 의존하는 역사 인식의 배경이다. 내적인 힘보다는 외세라는 변수가 때로는 역사적 결정요인이 되었던 한국 근대사의 특수성은 이성보다 감성에 의존하는 역사인식의 원인이다. 한국 사회는 해방 직후에 정의를 독점하려는 도덕적 민족주의와 반공주의 때문에 민족주의가 분열되고 결국 분단 및 전쟁을 치렀다. 그럼에도 불구하고 21세기에도 한국인 중 일부는 여전히 감성적 역사 인식에 의존하는 경향이 있다. 점진적이어서 유약해 보였지만 한국의 경제성장과 의회주의 발달은 개혁적인 통합의 역사 때문이었다. 겉으로 강렬한 급진주의와 달리 속에서 사회적 토대로서 한국 사회의 발전을 떠받친 점진주의에 대한 재발견은 급진적인 좌파와 우파의 역사 인식의 싸움터를 생산적인 경쟁과 공존의 무대로 바꾸는 계기가 될 것이다.

그리스 비극 「안티고네」에서는 똑같이 정당하고 합법적인 두 원리 즉 '두 개의 정의'가 충돌한다. 오이디푸스의 두 아들 에테로클레스(Eteocles)와 폴리네이케스(Polyneices)는 왕위를 다투고 결투를 하다가 동시에 사망했다. 조카 에테로클레스의 왕위를 계승한 크레온(Creon)은 왕국을 지킨 에테로클레스를 위해선 명예로운 장례식을 치르지만, 왕권에 도전한 폴리네이케스의 시신을 굶주린 새들과 개들의 먹이가 되도록 들판에 방치했다. 그 명령을 거역하는 자는 죽음을 각오해야 했지만, 폴리네이케스의 동생 안티고네는 시신을 수습해 주었다. 무덤에 갇힌 그녀는 스스로 목숨을 끊음으로써 크레온의 징벌을 거부했다. 그녀가 죽자 그녀의 약혼자이자 크레온의 아들이 자살했고, 아들이 죽자 크레온의 부인도 자살했다. 결국 크레온의 '국가 정의'는 자신의 가족을 파멸시켰다. 헤겔에 의하면 소포클레스는 「안티고네」를 통해 친족의 원리 즉 친족의 '도덕적인 힘'과 국가의 원리 즉 국가의 '도덕적인 힘'을 표상하는 두 인물의 갈등을 통해서, 그들이 표상하는 두 개의 원리나 권리가 똑같이 정당하다는 것을 보여주었다고 한다.[1] 정당하기 때문에 조금도 굽힐 수 없는 신념들의 충돌은 결국 잔인하고 슬픈 결말로 끝났다. 현실에서 '두 정의의 충돌'은 문학작품에서보다 더 끔찍하고 잔인하게 수많은 희생자를 낳는다. 1940·50년대 한국에서는 그러한 '충돌'이 있었고, 지금도 그 여진이 이어지고 있다.

일본의 지배로부터 막 해방된 한국인의 신탁통치 배격과 즉각적인 독립은 자연스럽고 당연한 요구였다. 그러나 현실을 돌아보지 않은 강렬한 도덕적 민족주의의 열기는 미소공동위원회를 활용하여 통일국가로 가기 위한 임시정부를 수립하지 못하고 오히려 민족주의를 분열시키는 원인이 되었다. 통합적이고 온건한 리더들은 제거되고 분열적이고 급진적인 리더들이 정치적 헤게모니를 장악했다. 38선 이남에서 반탁운동이 일어나자 반공주의는 민족주의 명분을 얻었고, 친일파는 갱생의 길을 찾았다. 1차 미소공동위원회의 무산 이후 한반도는 실질적인 분단의 길을 갔고, 미소공동위원회를 활용하여 임시정부를 수립하려고 했던 한민당의 장덕수는 살해되었다. 또 하나의 정의였던 반공주의는 민족주의와 달리 국가를 어떤 체제로 수립할 것인가에 대한 이데올로기의 문제였다. 미군정은 공산주의 세력을 억압했고, 남한의 민족주의자들 중에도 반공 노선을 가진 인사들이 많았다. 북한에 있던 지주들은 토지가 몰수되면서 대부분 남하했고, 많은 기독교인들도 그리했다. 한국전쟁을 감행한 북한의 통일민족주의는 수많은 생명을 앗아갔고, 많은 재산을 파괴했으며, 사람들의 마음에 트라우마를 남겼다.

이러한 충돌은 근대사 인식을 둘러싼 공론장에서도 나타났다. 1960년대 이후 식민사관을 극복하기 위한 역사 연구는 구석기시대부터 근대사 전 분야에 걸쳐서 뚜렷한 진전이 있었다. 1980년대 후반 이후에는 대한민국의 경제 성장의 배경과 원인에 관한 연구에서 괄목할 만한 연구 성과들이 제출되었다. 그런데 1990년대를 지나면서 두 개의 역사 담론은 날카롭게 충돌했고―경제는 더 성장하고 민주주의가 발달했지만―그 대립은 사회운동과 정치와 외교 영역까지 확전되었다. 민족사학의 전통을 계승하는 전자는 민족 대 반민족의 대립 구도 위에서 사회의 내적 발전 양상과 민족해방운동의 역사를 적극적으로 평가했다면, '식민지근대화론'으로 불리는 후자는 조선후기 사회가 상대적으로 정체된 원인과 한국 자본주의의 '역사적 기원'으로서 식민지기에 주목했다. 이처럼 두 역사담론은 근대사상(近代史像)이 크게 다르지만, 일원주의 혹은 단선적 발전사관이라는 특징을 공유했다. 박명림은 한국전쟁에 관한 연구에서 이사야 벌린(Isaiah Berlin)을 인용하여 일원주의의 위험성을 경고한 적이 있었다. "민족자주·통일이라는 목적의 정당성은 모든 수단을 사용해서 이를 이루어도 좋다는 문제의식으로 연결된다. …… 외골수의 일원주의자들은 현실을 도외시할 수 없는 사람들의 회의와 고뇌를 모른다. 결국 일원주의는 유토피아주의와 전체주의, 그리고 독재의 철학적 기반을 제공하게 되는 것이다."[2] 에리히 프롬은 이미 오래 전에 그러한 인식의 위험에 대해 지적했다.

민주주의와 파시즘의 차이의 진정한 의미를 정의하는 한 가지 방법이 있다. 민주주의는 개인의 완전한 발달을 위한 경제적·정치적·문화적 조건들을 만들어내는 제도다. 파시즘은 어떤 이름으로든 상관없이 개인을 외래의 목적에 종속시키면서 진정한 개체성의 발달을 약화시키는 체제다.[3]

2. 한국에서의 민주주의 경로

서구는 자신의 세력을 아시아로 확장하면서 중국과 일본을 차례로 개항시켰고, 일본에 의한 조선의 개항은 서구 확장의 또 다른 모습이었다. 1876년의 개항은 500년간 양반 사대부 중심의 사회를 지탱하던 농업 관료제를 해체시키는 결정적인 계기였다. 기간산업인 농업과 양반 중심의 관료제 위에 수립된 조선왕조는 세 가지 요소를 중시했다. 첫째, 농민에 대한 적은 세금, 둘째, 내부의 반란을 진압할 수 있는 정도의 작은 군사력, 셋째, 비지배적 종속관계인 조공책봉관계였다. 중국과의 군사적 긴장이 약했기 때문에 비용이 많이 들어가는 강한 군대에 대한 요구가 매우 약했고, 그래서 농민에 대한 수탈이 상대적으로 적었다. 상업 또한 내륙에서 형성된 조공무역로에 있는 도시들을 중심으로 발달했다. 그 중에서 행정의 중심인 서울은 대외무역뿐만 아니라 국내 무역의 거점이었다. 조선의 상업은 조공책봉관계를 매개로 하여 운영되는 농업 관료제의 운영과 밀접한 관련을 가지면서 발달했다. 상인들은 서울·개성·평양·의주 등에 거주하면서 조공무역에 참여하기도 하고, 정부 기관에 상품을 조달 및 조세청부를 담당하면서 이윤을 창출했다. 양반과 상인의 공생관계에 의한 관료적 상업체제는 농업 관료제를 운영하는 중요한 요소가 되었다. 그런데 개항 이후 해양으로 나가는 길은 내륙의 길에서 수립된 농업 관료제에게는 중대한 도전이었다.

개항 이후 조선의 국제적 위치는 중국의 변방에서 대륙과 해양세력의 사이에 놓이게 되었다. 이것은 외교의 대상이 한 나라에서 여러 나라로 바뀌는 국제관계의 큰 변화였다. 청(淸)은 군인들에 의한 임오군란과 개화파에 의한 갑신정변 이후에 조선과 중국의 관계를 비지배적 종속관계에서 지배적 종속관계로 전환시키려고 했다. 청일전쟁에서 승리한 일본군의 지원을 받아서 등장한 갑오정권은 러시아가 한반도 문제에 관여하게 되면서 붕괴되었고, 아관파천 이후 한반도에는 러시아와 일본 두 나라가 세력 균형을 이루게 되었다. 그 무렵부터 조선왕조의 고종은 중국으로부터의 독립을 의미하는 독립문을 세우고 독립협회를 출범시켰고, 대한제국을 수립하여 광무개혁을 추진했다. 그러나 관료적 상업체제에 의존해서 추진된 대한제국의 근대화 프로젝트는 외압 때문에 실패했고, 대한제국은 일본의 식민지로 전락했다.

그러나 한반도에서는 새로운 사회세력이 성장하고 있었다. 영국이 대서양항로를 개척하면서 역사적 전환의 계기를 잡았듯이, 조선 역시 개항 이후 새로 열린 해로를 통해 중국 혹은 일본을 경유하지 않고도 서구와 교류할 수 있게 되었다. 갑오정권과 광무정권의 금융 근대화 과정에서 부르주아지 1세대로 전환한 상인들은 거의 대부분 비교적 쉽게 식민지 지배체제에 편입되었다. 만약 대한제국이 존속했다면 그들은 일본의 미쓰이처럼 정상(政商)의 길을 갔을 것이다. 이에 비해 호남에서 개항 이후 해외 시장을 겨냥한 비교적 자유스러운 교역을 통해 농업 관료제의 간섭을 덜 받고 부를 축적한 진취적 지주가 등장했다. 호남 지주의 아들인 김성수를 필두로 한 청년들은 중앙학교·동아일보·경성방직에 대한 투자를 통해 도시 서울에서 교육·산업·문화

영역에서 헤게모니를 가진 부르주아지 2세대로 전환했다. 그들은 일본 유학을 통해 서구문명을 학습하고, 여러 영역에서 근대화를 이끄는 기관들을 운영하면서 독립적이고 자유주의적인 도시인이 되었다. 이러한 부르주아지의 등장은 일본과 구별되는 한국의 근대 이행기의 두드러진 특징이었다. 개항이 준 또 하나의 충격은 미국에서 전래된 기독교였다. 기독교가 일본을 경유하지 않고 직접 조선에 상륙했으며, 중국과 일본보다 조선에서 가장 빠르게 확산되었다. 일본에 의해 개항되고 여전히 중국 대외관계에 영향을 미치고 있었던 유교국가의 군주 청년 고종은 조선과 미국의 관계를 강화하기 위해 친미정책을 추진하는 과정에서 기독교를 초청했다. 1884년 이래 고종의 간접적인 지원을 받은 기독교는 서울·경기 및 평안도를 거점으로 별다른 장애를 받지 않고 꽤 빠른 속도로 교세를 확장했다. 19세기 말부터 한국은 근대문명이 들어오는 경로로 일본 외에도 기독교를 매개로 하는 미국을 확보했다. 한국을 침략한 일본의 영향력은 위로부터 강요되었지만, 반일민족운동 및 내적 근대문명에 대한 욕구와 관련된 미국 발 기독교 문명은 아래로부터 확산되었다. 1905년과 1907년 국권이 흔들릴 때 기독교는 더 확산되었다. 3·1운동을 이끈 33인 중에 기독교 인사가 거의 절반인 것은 단순한 우연이 아니라 기독교 문명의 사회화와 관련이 있었다. 한국인과 기독교의 문명적 융합에서 저항적인 기독교 민족주의가 출현했다.

　진취적 지주를 중심으로 하는 호남 세력과 기독교 인사들을 중심으로 하는 평안도 세력은 조선왕조의 유산인 천도교 세력과 결합하여

3·1운동을 이끈 탈유교적 기반의 시민적 네트워크를 형성했다. 3·1운동은 광복을 위한 민족운동으로서만이 아니라 광복 이후의 한국사회 발전의 방향까지 제시했다. 협력적 거버넌스를 실현한 33인과 17인은 "약속을 배반"한 일본을 탓하지 않고 바쁘게 "스스로를 채찍질하고 격려"하여 한국인의 "주어진 임무는 오직 자기 건설"임을 분명히 했다. 그들은 "묵은 원한과 일시적 감정에" 휘둘리지 않고, "낡은 사상과 낡은 세력에 얽매"이지 않고 "억압과 착취가 없는 공정하고 인간다운 큰 근본이 되는" 사회를 건설하자고 했다.

고종의 죽음을 기리는 의례와 3·1운동의 민족적 열기는 분리될 수 없지만, 고종은 과정적으로나 결과적으로나 실패한 군주였다. 1919년 이전의 국권회복운동에서 중요한 인물이었다. 정치의식이 민감했던 정치인들은 1905년 '을사보호조약'이 국권의 위기를 체감하는 사건이었고, 1907년 고종의 강제 양위는 한국인에게 그러한 위기감을 증폭시켰다. 이 무렵에 기독교도가 크게 증가했다. 유교적 가치관을 가졌던 참봉 이승훈은 실력양성을 위한 오산학교를 설립했고 마침내 기독교도가 되었다. 경화사족 중에서 진보적인 양반 사대부인 이회영과 그의 동료들은 애국계몽운동을 위해 신민회를 결성했고 또 항일무장투쟁을 위한 신흥무관학교를 설립했다. 헤이그밀사단을 이끌었던 이상설은 연해주 일대에서 국권회복을 위한 대한광복군정부를 조직했다. 이러한 운동의 저변에는 경화사족과 기독교가 연결된 상동파가 있었다. 뚜렷한 족적을 남긴 자들 외에도 상동파의 대부분은 독립운동의 근간을 이루는 인물들이 되었다. 그중에서 이승만은 러일전쟁의 수습을 위한 '포츠머스조약'에서 한국 측의 입장을 대변하라는 고종의 밀명을 받고 미국에 파견되었다. 실권이 없지만 국가의 외형이 유지되던 시기에는 군대를 조직해서 싸우는 것은 무장투쟁이었고, 학교와 기업을 세우는 것은 실력양성운동이었으며, 외국 외교관과 정치가를 만나는 것은 외교활동이었다. 삼자는 모순 관계가 아니었다. 1905년 을사보호조약 이후 대한제국의 국가적 기능은 위축되었고 결국 5년 후에 멈추었지만, 한국인은 스스로 제국의 신민에서 국민국가의 국민으로 거듭났다. 공화정을 지향한 신민회에 참여한 독립운동가들, 균명학교를 세운 주인식과 만리동 주민들, 오산학교를 세운 이승훈과 그의 동료들, 서울의 중앙학교에 모여든 신진 엘리트들, 독립운동을 위해 해외로 망명한 인사들이 그러했고, 또 여러 방면에서 그러한 전환이 일어났다. 이러한 흐름 위에서 3·1운동 직후 수립된 상하이임시정부는 대한제국의 국가성을 계승하면서도 구체제를 넘어서는 공화정체를 지향할 수 있었다. 3·1운동은 온건했지만 한국인이 고종을 포함한 구체제를 정중하게 떠나보내는 장대한 의식이면서 민족운동이었다.

한국이 식민지로 전락하게 된 국제적 배경이었던 양자 관계의 '세력균형'에 의한 국제질서는 3·1운동을 전후한 시기에 다자적 관계의 '집단안보'에 의한 국제질서로 전환되고 있었다. 이러한 변화를 촉발한 미국 대통령 윌슨의 민족자결주의는 한국인에게 국권회복에 대한 희망을 주었지만, 일본과 함께 제국주의 국가들인 미국·영국·프랑스 등은 한국 문제에 대해 냉담했다. 이에 비해 제1차 세계대전 중에 등장한 공산주의 국가 소련은 한국의 민족운동을 지원했다. 매우 복잡하게 전개되는 국제사회의 동향은 민족운동 노선에 영향을 미쳤다. 3·1운동 이후 민족운동은 '타협'과 '비타협'으로 구분되었다. 전자는 주로 교육·경제·언론·문화 등 여러 운동이 제도 안에서 이루어지는 합법적 투쟁을, 후자는 식민통치 당국의 간섭을 받지 않고 제도 바깥에서 이루어지는 비합법적 투쟁을 의미했다. 타협운동 내에는 '분리형'과 '동화형' 두 개의 타입이 있었다. '분리형' 인사들은 후자와 달리 독립을 포기하지 않았지만, 체제에 투항했다는 의심을 받았다. 일각의 인사는 일국적 차원에서 일본제국주의를 무력으로 물리칠 수 없기 때문에 일본의 패배를 전제로 한 미일전쟁이 국권 회복의 결정적인 변수라고 생각했다. 그들은 그에 대비한 '외교'와 '실력 양성'을 강조했고, '자치론'과 같은 정치운동 역시 그러한 문제의식에서 나왔다. 그러나 1920년대 일본 정치는 '식민지 자치'를 포용할 수 있는 수준이 아니었고, '자치론'은 무성한 소문만 남기고 소멸되었다. 온건한 민족운동의 중심 가운데 하나가 미국의 이승만이라면, 또 하나의 중심은 국내의 『동아일보』그룹이었다. 이에 비해 중국 및 소련과 협조적 관계를 유지했던 여러 갈래의 운동 조직은 간헐적으로 항일 무장투쟁을 지속했지만, 일본군과 정규전을 전개할 정도의 대규모 부대와 통일된 지도부를 구축하지 못했다.

   1920년대와 1930년대 전반기에 광범위한 감시체계가 유지되면서도 비교적 온건하게 실시된 사이토 및 우가키 총독기의 식민통치는 미국이나 영국과의 관계를 고려하고 있었던 일본의 대외정책과 관련이 있었다. 소에지마 미치마사는 온건한 외교노선을 추구하고 있던 정당

정치 기조 위에서 영국을 미래 일본의 모델로 설정한 귀족이었다. 그는 교활한 정치꾼이 아니라 일본의 파멸을 막아보겠다는 애국심을 갖고 있었던 정치가였고, 그가 제기했던 '식민지 자치론'은 일본이 미국이나 영국과의 관계를 중시하는 도덕적 제국주의로 거듭나기 위한 수단이었다. 그의 노선은 온건한 민족주의자들과 소통할 수 있는 여지가 있었지만, 자치론의 선교사인 소에지마는 미일관계의 유지와 지속적인 식민지 지배를 원했고, 분리형 타협론의 한국인은 미일관계 파탄 뒤의 독립을 전망했다.

언젠가 일어날 것이라고 예상했던 미일전쟁은 마침내 발발했고, 결국 한국은 일본제국주의의 지배로부터 해방되었다. 함석헌은 이를 두고 "이 해방은 우리가 자고 있을 때에 도둑같이 왔다. …… 어느 인물이 힘써서 된 것도 아니요, 어느 파가 투쟁을 해서 된 것도 아니다"라고 했다.4) 또 그는 "이 해방은 민족주의자가 한 것도 아니요. 공산주의자가 한 것도 아니요. 전체주의자가 한 것도 아니요. 무정부주의자가 한 것도 아니다"라고 했다.5) 이러한 사정 때문에 남한에서는 이승만과 김구는 민족단체의 대표로서가 아니라 개인으로 귀국해야 했다. 카이로선언(1943년 11월)·얄타회담(1945년 2월)·포츠담선언(1945년 7월)에서 한국문제에 관한 대강의 원칙이 결정되었고, 모스크바 3국 외상회의(1945년 2월)에서 한국문제에 관한 실행세칙이 마련되었다. 그런데 신탁통치 문제를 둘러싸고 분열한 한국사회에서 급진주의자들은 민족주의 통합을 모색했던 3인(송진우·여운형·장덕수)을 제거했다. 그 중의 송진우와 장덕수는 '분리형 타협론'자들이었으며 한민당의 리더들이었다. 결국 통합국가 건설은 무산되고, 두 개의 분단국가가 수립되었다. 한국의 광복과 실질적인 공화국의 수립과 운영은 민족 대 반민족의 구도로 간단하게 정리될 문제가 아니었다. 광복은 한국인의 자주적 힘으로 쟁취되지 않았고, 미국과 소련의 한반도 점령 때문에 일어난 일이었다. 어쩔 수 없이 한국인의 국가건설 문제는 미국과 소련이라는 두 강대국의 이해관계와 조절되지 않으면 안 되는 것이었다. 통일 민족국가 수립을 위해서는 서로 결이 다른 '민족주의들'이 연합한 세력이 미·소와의 절충을 통해 임시정부를 수립해야 했었다. 그런데 급진주의자들은 민족주의를 앞세워서 자신의 정치적 욕망을 위해 대중을 이념 갈등의 소모품으로 소비해 버렸다. 그것은 폭력적 독재였던 군국주의가 다수의 일본인을 전쟁의 소모품으로 사용한 것과 크게 다르지 않았다. "1945년에 외국군의 점령이 없었던들 인민공화국과 인민위원회는 불과 수개월 사이에 반도 전체를 장악했을 것이다."[6] 이 진술은 사실에 가깝지만, 이러한 사회적 분위기에 휩쓸린 급진적 민족주의는 미국과 소련이 점령한 한반도의 현실을 간과했거나 이용했다. "북한의 지도부는 소련 주관하에 태어났다는 누명을 쓰게 되었다. 그들의 민족주의적 신임장이 미국 지원하의 한국인에 비하여 우월하긴 했으나 소련군이 진주하지 않았다면 다른 지도층이 나왔을 것이라는 견해를 막을 길이 없었다. 특히 한국의 저항운동에는 내세울 지도자가 많았기 때문이다."[7] 민족주의 정통성이 더 있다고 평가되는 북한 지역에서도 외세 소련의 영향력은 강력했다. "분할선인 38선을 먼저 확정한 것은 미국이었으나 그 단초를 타고 자기들의 영역 내에서 먼저 독자적 체제를 수립해 나간 것은 명백히 소련 - 북한 쪽이었다. …… 나중에 혁명과 건설을 위한 민주기지론을 통일을 위한 국토완정론으로 대체하고 이를 스탈린과 마오쩌둥이 수용하자 이는 전쟁으로 연결되었다."8) 외세는 분단의 환경을 조성하고, 내부의 급진적 민족주의자들은 주관적으로는 통일을 지향했지만 실질적으로는 분단을 더 가속화시켰다. 오히려 '분리형 타협운동'을 전개했던 온건주의자들이 반공주의 노선을 견지하면서도 통일임시정부 수립을 위한 국제주의 노선을 추구했다. 한민당은 남한 내에서 미소공동위원회에 들어가서 합의 사항 중의 하나인 통일임시정부를 가장 적극적으로 수립하려고 했던 정치세력이었다. 동아시아의 한국과 대조적으로 유럽의 오스트리아는 여러 정파들이 타협하여 연립정부를 수립하여 10년의 4개국 점령 기간을 거쳐 분단되지 않고 '통일국가'를 이룩했다.

그러나 보통선거를 통해 구성된 분단국가 대한민국 정부는 농지개혁을 통해 봉건적 잔재를 일소하여 사회통합을 이루고 '주권재민'과 '권력분립'에 기초한 다원적인 민주공화국을 지향했다. 이처럼 자유주의·사민주의 등 여러 계열의 인사가 통합된 대한민국 정부는 중요한 성과를 얻을 수 있었다. 통일국가 수립이라는 1차 통합에 실패하고 사회계급 및 이념의 차이를 넘어선 2차 통합은 한국 사회의 중요한 토대가 되었지만, 이념 갈등과 민족주의 분열은 일제의 인적 유산이 부활할 수 있는 통로였다. 이승만정권은 과거청산기관인 반민특위를 강제로 중단시켰고, 농민의 지지를 이용하여 독재의 길을 열었다. 부패한 이승만정부의 인사들은 한국전쟁 중에 민간인 학살을 방조하기까지했다. 민족운동가 출신 신성모는 '거창양민학살'과 '국민방위군' 사건 당시의 국방장관이었다. 민족운동가 출신 초대 총리 이범석은 독재의 길을 열었던 '발췌개헌' 당시 내무장관이었다. 이승만 독재 정권에 가장 강력하게 맞선 세력은 한민당 - 민국당으로 이어진 야당이었다. 그 중심에는 김성수가 있었고, 신흥무관학교를 건립한 경화사족 출신 이시영도 그와 함께 반독재운동에 나섰다. 이승만정권의 기반이 농촌과 경찰이었다면, 야당의 기반은 도시와 시민이었다. 이승만정권은 개헌을 통해 장기집권의 길을 열었고, 선거를 통해 정치적 기반을 강화했다. 대지주 출신이며 자본가인 김성수는 자신과 적대적 관계라고 할 수 있는 조봉암과의 대통합을 추진해서 야당의 정치적 역량을 강화하고자 했다. 이러한 통합 시도는 김성수의 사망과 조봉암의 이념을 의심한 조병옥 등 당내의 민족운동가 출신들의 반대로 좌절되었다. 김성수와 함께 대통합에 나섰던 조봉암과 서상일은 결국 진보당의 길을 걷게 되면서 야권은 분열되었고, 대통령 후보로 이승만과 경쟁했던 조봉암은 '사법살인'의 희생자가 되었다.

영국처럼 상층 지주세력의 온건하고 타협적이나 자유주의 원칙에 충실한 태도는 의회주의의 제도적 안정에 중요한 요소였다. 근대 민주주의를 위한 결정적인 선결 조건의 하나는 "부르주아 없이 민주주의 없다"는 말이 함축하고 있듯이, 활동적이고 독립적인 시민의 존재였다.9) 이승만-조봉암-김성수 등으로 대표되는 정치세력들은 갈등하면서도 연합하여 농촌의 혁명적 요소들을 제거해 나갔다. 1948년 7월 17일 헌법의 탄생과 8월 15일 정부의 출범과 1950년 농지개혁의 실행은 한국현대사의 정신과 물질의 기초가 된 개혁적인 "점진주의라는 위무적인 신화"가 형성되는 과정이었다.10) 다르게 살았고 다른 방법으로 투쟁했던 사람들이 함께 모여서 '반공·민족주의 지배연합'을 구축했다. 진취적 지주를 기반으로 형성된 자유주의 세력은 미국 주도의 국제질서에 조응하면서 의회주의를 구성하고 주도했다. 이들은 농지 및 토지 개혁을 추동했던 농촌 사회의 혁명적 에너지를 이용하여 성립한 이승만 독재와 조선민주주의인민공화국의 전체주의에 저항하는 중심 세력이 되었다. "영국의 의회민주주의는 주로 상층 지주 세력의 산물"이었듯이11) 한국에서 의회주의가 성립하는 데에는 독립적인 자유주의 시민으로 전환한 상층 지주 세력의 역할이 컸다. 만약에 한국이 일본의 식민지로 전락하지 않고 분단이 되지 않았다면, 또 한국이 일본처럼 구체제의 지배 엘리트들이 근대혁명을 이끌었다면, 즉 갑신·갑오개혁 혹은 광무개혁이 성공했다면, 20세기 이후의 한국 사회는 전혀 다른 방향으로 전개되었을 것이다. 왕실은 건재했을 것이고, 구 지배 엘리트 내의 혁신그룹이 정치를 주도했을 것이다. 빛과 그늘이 공존하고 사물에도 양면성이 언제나 존재하듯이, 역사적 과정 역시 한 가지 결과만을 낳지는 않는다. 한국인은 개항과 식민지와 분단이라는 상황에서 역사발전을 추동하는 새로운 요소들을 활용했다. 역사는 실패하면서 전진했다.

'을사보호조약'을 주도한 이토 히로부미의 메이지 일본은 고종과 경화사족이 이끌던 대한제국을 식민지로 삼았지만, 그 후계자인 쇼와 일본은 결국 군국주의로 귀결되었을 뿐만 아니라 아시아에 대한 침략을 넘어서 패전의 멍에를 지게 되었다. 일본의 자유주의 세력은 메이지기에 형성된 번벌 출신 엘리트들에 의한 과두적 지배구조를 넘어서지 못했고 쇼와기의 군국주의에도 압도되었고, 종전 이후에 미국의 일본 점령과 함께 그들의 정치적 영토는 확대되었지만 자민당에 견줄 만큼 성장하지 못했다. 그것은 그들의 역사적 성장 경로와 관련이 있었다. 다이쇼 데모크라시를 이끌었던 주도 세력 역시 메이지유신 주도층 내에서 갈라져 나왔다. 대표적인 인물로는 사가현(九州의 佐賀縣) 출신 사무라이 오쿠마 시게노부와 소에지마 다네요미였고, 특히 오쿠마는 의회정치의 기초를 놓기 위해 노력한 인물이었다. 구체제 하에서 독립적인 부르주아지로 성장하지 못하고 사무라이 계급과 공생관계를 형성했던 도시의 상인들은 메이지유신 이후에도 그러했다. 서로 유착한 정당과 재벌은 대공황 이후 군부의 혁신대상이 되었다. 군부를 견제할 의회주의 및 독립적인 자유주의 세력은 매우 미약했다. 1945년 8월 15일 이후 일본은 '제1의 전후'(1945-1955, 전후 이행기, 국제적 냉전 질서의 등장, 한국전쟁의 발발), '제2의 전후'(1955-1990년대, 자민당정권의 등장과 보수와 혁신이 대립하는 국내정치와 국제적 '냉전' 질서, 일본경제의 고도성장기), '제3의 전후'(1990년대 이후, 국제적 '냉전' 질서 종식 이후)를 지나왔다. '종전' 이후에 미국의 점령 그리고 다시 정립된 미일관계와 함께 의회주의 세력이 약진했지만, 여전히 '종전' 이전의 정치 구조는 여러 가지 형태로 변환되어 잔존되었다. '종전' 이전에 가장 급진적 자유주의자였던 이시바시 단잔(石橋湛山)이 자민당 소속으로 약 두달 간 수상(1956-1957, 65일)직을 수행한 바가 있었지만, '제2의 전후'에서는 보수가 우위를 점하는 가운데에 '보수와 혁신'이 경쟁하는 정치 구도가 형성되었다. '제3의 전후'에서는 민주당이 집권했던 시기-하토야마 유키오(鳩山由紀夫) 총리가 집권한 2009년 9월 이후부터 노다 요시히코 (野田佳彦) 총리가 사임한 2012년 12월까지-를 지나서 다시 보수가 우위를 점하는 상황이 되었다. 아베 신조(安倍晋三) 2기 내각이 2012년 12월 이래 2020년 8월까지 지속되었다.12) 1929년 대공황 이후에 쇼와 군국주의의 대두와 1990년대부터 시작된 일본의 장기불황 이후의 보수 우익의 신장은 매우 닮았다. '과거사' 인식에서도 유사한 현상이 나타났다. '제2의 전후'기인 1960년대에는 "과거의 전쟁 책임 추궁과 한몸을 이루었던 전사자의 기억"이 오히려 '제3의 전후'기에는 "보수 내셔널리즘의 상징으로 회수(回收)되어 갔다."13) 이러한 전도 현상 때문에 일본에서는 "민주와 애국의 공존상태는 붕괴되었다."14) 이러한 경향은 전쟁에 대한 체험과 기억이 거의 없는 세대가 많아진 '제3의 전후'기에서 더 강화되었다. 일본은 전후 부흥에 성공하며 경제대국이 되었고, 한국은 가난한 농업국가에서 산업국가로 전환했고 경제성장에 성공했다. 일본에서는 '종전' 이후부터 21세기 현재까지 메이지 일본의 후예들이 여전히 정치를 주도하는 측면이 강하다. 이에 비해 한국에서는 식민지기를 지나면서 자연스럽게 대한제국의 유산이 청산되었고, 그 후예들은 현대 한국 정치의 중심에 있지 않다. 일본은 한국보다 의회주의 역사가 훨씬 길지만 독립적인 자유주의 세력이 미약하고, 한국은 일본보다 그 역사가 짧지만 호남의 진취적 지주들을 중심으로 하여 독립적인 자유주의 정치세력이 성장했다. 또 다른 한국인 조선인민민주주의 공화국은 자유주의 정치세력이 전무한 채 농민혁명을 계기로 노동당이 주도하는 전체주의 국가가 되었다. 북한의 체제는 구체제의 유산을 급진적으로 극복하면서 또 반동적으로 계승했다. 토지개혁은 급진적 극복이고 독재는 반동적 계승이었다. 식민지기의 조선은 일본제국주의가 대한제국을 부정하기 위해 사용된 이름이었는데, 이런 점을 감안하면 북한이 사용하고 있는 국호 조선에는 왕조와 식민지 위에 공산주의라는 의미가 하나 더 담겼다. 결국 농민을 위한 개혁은 반농민의 반동으로 귀결되었다.

3. 개혁과 점진주의

세계사나 한국사에서 급진주의는 진보적 발전을 추동하는 것처럼 보였지만 대체로 보수적 반동으로 귀결되었다. 갈등을 폭력과 복수로 해결하는 방법은 반동의 초청장이었고, 관용과 제도 개혁은 자유와 번영의 개척자였다. 19세기 말 한국에서 진행된 근대 이행을 위한 개혁운동은 일본과 달리 통합적으로 국가의 역량을 동원하는 데 실패했고, 결국 한국은 일본의 식민지로 전락했다. 20세기 전반기에 있었던 여러 갈래의 민족운동 또한 통합적인 힘을 응축하는 데 실패하고, 결국 민족주의는 분열된 상태에서 해방과 분단을 맞이했다. 급진주의자들이 다른 민족주의와 공존하지 못하고 자신만의 민족주의를 고수했을 때 통일국가를 수립하려는 '1차 통합'은 실패로 끝났다. 온건한 민족주의자들에 의한 '2차 통합'은 진보적 발전을 이루었다. 대지주 출신이 많았던 한민당과 민족주의자 이승만 대통령과 사회주의자였던 조봉암 농림부 장관 등은 공산주의를 견제하면서 국가가 발전할 수 있다는 판단 위에서 반공정치연합을 구축하여 봉건주의를 청산하고 의회민주주의의 기초를 다졌다. 제헌헌법과 농지개혁의 대의에 동의한 김성수는 대한민국 정부의 공동설립자인 이승만정권이 독재정치로 흘러갔을 때 우당 이회영의 6형제 중에서 유일하게 생존한 이시영과 함께 반독재민주화 운동 전선에 섰다. 김성수를 필두로 한 부르주아지 2세대 즉 시민은 두 가지 측면에서 독립적이고 자유로운 존재였다. 하나는 구체제 조선왕조 관료제였고, 다른 하나는 이승만 독재정권이었다. 국민주권과 공화정치라는 보편주의가 결여된 민족주의는 그 앞에 통일이라는 거창한 명분을 내세우지만, 국민과 민족을 분열시키고 폭력적 억압을 위한 도구로 변질되었다. 3·1운동에서 발아된 국민주권과 공화정치는 통합국가인 대한민국에서 하나의 결실을 맺었다. 과거에 중대한 도전을 받았던 한국의 민주주의는 앞으로 수리하고 보완할 부분들이 많이 있는데, 그때 우리는 근대국가 수립과 관련하여 공화주의적 애국심과 민족주의적 도덕 중에서 무엇이 먼저인가를 진지하게 물어야 한다.

참고문헌

1. 자료

1) 신문류

국립중앙도서관의 대한민국신문아카이브(http://www.nl.go.kr/newspaper/)에는 한국 근현대사의 정치·경제·사회·문화 연구에 중요한 사료적 가치를 지닌 신문 98종의 기사(620만 건)와 색인(1800만 건)을 구축하여 서비스하고 있다. 『황성신문』·『독립신문』·『대한매일신보』·『만세보』·『자유신문』 등 여러 신문을 이용할 수 있다.

네이버(NAVER) '뉴스라이브러리'는 『동아일보』·『경향신문』·『조선일보』 기사들에 대한 원문 제공뿐만 아니라 검색기능도 지원하고 있다.

2) 국사편찬위원회 '한국사데이타베이스'

국사편찬위원회에서는 다양한 자료들을 전산화하여 원문에 관한 피디에프 자료 및 텍스트 자료를 제공하고 있다. 이 책에서 아주 유용하게 사용한 자료들의 사이트는 아래와 같다.

◆ 『중추원조사자료』
이 데이터베이스는 국사편찬위원회가 소장하고 있는 부동산법조사회(不動産法調査會), 법전조사국(法典調査局), 중추원(中樞院), 조선사편수회(朝鮮史編修會) 등에서 조사·정리하거나 중추원에서 소장하고 있던 자료를 번역한 것이다(일부 자료는 국사편찬위원회 미소장). 번역된 자료는 1차 년도 분 25권(2001년), 2차년도 분 23권(2002년) 총 48권이다. 이들 자료를 편의상 경제관계, 관습관계, 풍속관계, 기타로 분류하였는데, 경제관계에는 시장과 소작조사 등의 자료, 풍속관계에는 조선의 제례(祭禮), 의식(儀式), 종교 등에 관련된 조사 자료들 및 이들 조사에 대한 정리보고서류, 관습관계에는 조선의 민법(民法) 상법(商法)과 관련된 관습, 즉 구관조사 및 각 지역의 특별한 관습에 대한 조사 자료, 기타에는 조선사편수회 회의록 및 서무철, 중추원 관제, 식민지 조선의 일반적 사정 등에 관한 조사들이 포함되어있다. http://db.history.go.kr/introduction/intro_ju.html 참조.

◆ 『한국사』
이 데이터베이스는 국사편찬위원회에서 1973~1979년 7년에 걸쳐 간행된 『한국사』(총 25권)를 전산화한 자료이다. 일반적인 웹 페이지 형식으로도 열람할 수 있으며 텍스트 피디에프로도 열람할 수 있다. http://db.history.go.kr/introduction/intro_oh.html 참조.

◆ 『(신편)한국사』
이 데이터베이스에는 국사편찬위원회에서 1993년부터 2002년까지 52책으로 간행된 『(신편)한국사』가 입력되었다. 1970년대에 간행된 『한국사』(25권)와 구별하기 위하여 『(신편)한국사』로 부른다. 53권은 총색인집이다. 1권 총설 이후 선사 시대부터 시대순으로 서술되어 있으며 1948년 대한민국 정부 수립까지 다루고 있다. 일반적인 웹 페이지 형식으로도 열람할 수 있으며 텍스트 피디에프로도 열람할 수 있다. http://db.history.go.kr/introduction/in tro_nh.html 참조.

◆ 『한민족독립운동사 자료집』

이 데이터베이스에는 국사편찬위원회가 1986년부터 2007년까지 총 71책(목차·색인집 1책 포함)으로 완간한 대표적인 독립운동 관련 자료집인 『한민족독립운동사 자료집』의 원문이 실려있다. 독자들은 주요 항일민족독립운동 사건별로 사료 원문과 번역문을 이용할 수 있다. '105인 사건' 및 '3·1운동'을 위시하여 다양한 민족운동 자료들이 수록되어있다. http://db.history.go.kr/introduction/intro_hd.html 참조.

◆ 『한민족독립운동사』
이 데이터베이스는 국사편찬위원회에서 1987~1994년에 걸쳐 모두 13권으로 편찬 간행한 한국 독립운동의 역사에 대한 연구서를 전산환 것이다. 이 시리즈에는 일제에 강점되기 전 침략에 맞서던 시기부터 1945년 해방까지 우리 민족의 독립운동사가 시기별 및 주제별로 서술되어 있고, '독립운동 연구의 현황과 과제' 및 '독립운동사 연표'도 포함되어 있다. http://db.history.go.kr/intro duction/intro_hdsr.html.

◆ FRUS
FRUS(Foreign Relations of United States)는 미 국무부가 작성한 외교문서들로 1861년부터 시리즈로 발간되기 시작했다. 국사편찬위원회의 '한국사 데이터베이스' 사이트에서는 2020년 현재, 1945년부터 1972년까지 미 국무부에서 간행한 자료의 한국편에 수록된 전체 자료를 국역 및 영문으로 제공하고 있다. http://db.history.go.kr/introduction/intro_frus.html 참조.

◆ 『자료 대한민국사』
이 데이터베이스는 1945년 8월 15일부터 1953년 7월까지의 역사를 날짜별로 정리하여 국사편찬위원회에서 간행한 『자료 대한민국사』(출간시기, 1968~2008, 전 29권)를 전산화한 것이다. 당시 신문 자료를 중심으로 관보, 국회 속기록, 미국이 작성한 해당 시기 관련 자료, 각종 통계와 일지류 등이 포함되어 있다. http://db.history.go.kr/introduction/intro_dh.html 참조

◆ 『동아일보』
이 데이터베이스는 삼일운동의 성과로 창간된 한글 신문『동아일보』의 1920년 4월 1일 창간호부터 1962년 12월 31일까지의 기사를 포괄하고 있다. http://db.history.go.kr/introduction/intro_npda.html 참조.

◆ 『한국근현대잡지자료』
이 데이터베이스는 근현대잡지 총 83종을 원문 전체 또는 목차가 입력되어 있다. 원문을 모두 입력한 잡지는 대한제국기 발행된 학회지 12종 -『기호흥학회월보』, 『대동학회월보』, 『대조선독립협회회보』, 『대한유학생회학보』, 『대한자강회월보』, 『대한학회월보』, 『대한협회회보』, 『대한흥학보』, 『서북학회월보』, 『서우』, 『태극학보』, 『호남학보』 - 과 일제시기에 발행된 잡지 7종 - 『개벽』, 『대동아』, 『동광』, 『만국부인』, 『별건곤』, 『삼천리』, 『삼천리문학』 - 등 총 19종이다. 나머지 잡지들은 목록만 입력되었다. http://db.history.go.kr/introduction/ intro_ma.html 참조.

◆ 『동학농민혁명 자료총서』
이 데이터베이스는 동학농민혁명 관련 사료를 집대성한 『동학농민혁명사료총서』(동학농민전쟁100주년기념사업추진회 간행, 전 30권)를 저본으로 제작되었다. 동학농민혁명참여자명예회복심의위원회에서 제작한 자료가 추가되었으며 아울러『동학농민혁명 국역총서』(동학농민혁명참여자명예회복심의위원회 간행)도 함께 실려 있다. 자료총서의 원본 자료와 한글 번역문을 서로 연결하여 열람할 수 있다. http://

db.history.go.kr/introduction/intro_prd .html.

- ◆ 『미군정기 자료 주한미군사』

번역 대본은 미육군 군사연구소 자료관이 소장한 원고(History of the United States Army Forces in Korea, HUSAFIK)를 사용했다. 이 자료는 국내에서 『주한미군사』 1-4(돌베개, 1988)로 영인되었다. 누구라도 한국사데이타베이스의 '미군정기 자료 주한미군사'에서 웹페이지 형식으로 원문과 번역문을 이용할 수 있다. http://db.history.go.kr/introduction/intro_husa.html 참조.

- ◆ 『주한일본공사관기록 · 통감부문서』

국사편찬위원회가 유일 소장하고 있는 1894년부터 1910년까지의 주한일본공사관 · 통감부의 문서를 디지털화한 데이터베이스이다. 『주한일본공사관기록』은 28권(27,28권은 목차 · 색인집)이고, 『통감부문서』는 11권(11권은 목차 · 색인집)이다. 이 자료의 원문(일문) 텍스트, 한글 번역문 텍스트, 원문 이미지 등을 모두 이용할 수 있다. http://db.history.go.kr/introduction/intro_jh.html 참조.

- ◆ 『친일파관련문헌』

『민족정기의 심판』, 『반민자 대공판기』, 『반민자죄상기』, 『친일파군상』 등 4책의 텍스트가 실려 있는 데이터베이스이다. 이 책들은 1948년 반민족행위처벌법이 제정되고 반민족행위특별조사위원회가 활동하던 시기에 출판되었다. 『친일파군상』은 1948년 9월 민족정경문화연구소에서 펴냈다. http://db.history.go.kr/introduction/in tro_pj.html 참조.

- ◆ 『한국근현대인물자료』

한국 근현대에 활동한 다양한 인물의 정보를 수록하고 있는 인명록 등의 자료를 각 인물별로 해당 정보를 모아서 데이터베이스화한 것이다. http://db.history.go.kr/introduction/in tro_im.html 참조.

◆ 『한국사료총서』
1955년부터 국사편찬위원회는 유실되기 쉽고 한국사 연구에 필수적인 자료들을 선정하여 『한국사료총서』를 간행하고 있다. 2014년부터는 『한국사료총서 번역서』도 함께 간행하고 있다. 사용자는 황현의 『매천야록』, 『동학란기록』(상·하), 『윤치호일기』 등을 위시하여 60가지 자료들의 원문 및 한글 번역문을 이용할 수 있다. http://db.history.go.kr/introduction/intro_sa.html 참조.

◆ 『일제침략하 한국36년사』
이 사이트에서는 국사편찬위원회에서 편찬·간행한 『일제침략하 한국36년사』(1966~1978, 전 13권)의 원문을 웹서비스하고 있다. http://db.history.go.kr/introduction/ intro_su.html.

◆ 『한국근대사 기초자료집』
이 테이타베이스의 주요 자료들은 『일제강점기의 교육』 및 『개화기의 행정』에 관한 것이다. http://db.history.go.kr/introduction/intro_mh.html 참조.

◆ 『사료 고종시대사』
이 데이터베이스는 국사편찬위원회에서 2015년부터 2019년 사이에 간행된 『사료 고종시대사』 자료집을 전산화한 것이다. 이곳에서 고·순종 시대의 주요 사료를 날짜순으로 원문, 기사제목, 출전 정보 등을 확인할 수 있다. 한글 번역문도 실려 있다. http://db.history.go.kr/introduction/intro_sk.html 참조.

◆ 『고종시대사』
1863년 고종 즉위년부터 1910년까지의 시기를 대상으로 한『고종시대사』를 전산화한 데이터베이스이다. 국사편찬위원회는 1967부터 1972년 사이에 전 6책으로 이 시리즈를 간행했다. http://db.history.go.kr/introduction/intro_gj.html 참조.

◆ 『동학농민혁명 자료총서』
이 사이트에서 원문 텍스트(167종)와 원문 이미지 그리고 한글 번역문 텍스트(105종)를 이용할 수 있다. 『동학농민혁명 자료총서』의 『순무선봉진등록(巡撫先鋒陣謄錄)』에는 양호선봉장(兩湖先鋒將) 이규태(李圭泰)가 2차 동학농민혁명 진압과정(1894년 10월 11일부터 1895년 2월 5일까지)에서 각처와 주고받은 공문들이 수록되어 있다. http://db.history.go.kr/introduction/intro_prd.html 참조.

◆ '삼일운동 데이터베이스'
국사편찬위원회에서는 3·1운동 100주년을 맞이하여 2016년부터 4년에 걸쳐 삼일운동 관련 기초 정보를 종합하고 GIS(지리정보체계)와 연동된 데이터베이스를 구축했다. http://db.history.go.kr/samil/home/introduce/introduce_content.do

◆ '주제별 연표'
'회사기업가연표' 및 '광고연표'와 '화폐연표' 등 15개 주제를 모은 연표 데이터베이스다. 항목 수는 43,000개다. http://db.history.go.kr/introduction/intro_ch.html 참조.

3) 일기

『宇垣一成日記』, 東京: みすず書房, 1968(영인본, 서울: 國學資料院, 1988).
『每日錄事』(미간행).

4) 기타

친일반민족행위진상규명위원회, 『친일반민족행위진상규명보고서』1·
　　2·3 (1-4)·4(1 - 1 9), 서울, 2009.
친일반민족행위진상규명위원회, 『친일반민족행위관계사료집』1-16, 서
　　울: 친일반민족행위진상규명위원회, 2007-2009.
『朝鮮工業協會會報』, 京城: 朝鮮工業協會, 1930-1940(영인본, 서울: 高麗書
　　林, 1989).
『經濟月報』, 京城: 京城商工會議所, 1932-1940(영인본, 서울: 先人文化社,
　　1992).
한국정신문화연구원(현 한국학중앙연구원) 편찬; 동방미디어주식회사
　　개발제작, 『한국민족문화대백과사전』, 성남시: 한국정신문화연구
　　원, 2001. 이 자료에 담긴 항목들은 포털 NAVER 등 여러 사이트에
　　서 검색할 수 있다.
네이버(NAVER) 「지식백과」, https://terms.naver.com/.
한국감리교인물사전 DB, https://kmc.or.kr/dic-search.

2. 논문 및 저서

1) 영 문
Baldwin, Frank Prentiss Jr. *The March First Movement: Korean
　　Challenge and Japanese Response*, Columbia University, Ph.D.

Buruma, Ian. *Anglomania: A European Love Affairs*, New York: Random House, 1998.

Dincecco, Mark and Wang, Yuhua. "Violent Conflict and Political Development Over the Long Run: China Versus Europe", *Annual Review of Political Science*, Vol. 21, 2018

Koyama, Mark and Ko, Chiu Yo and Sng, Tuan-Hwee. "Unified China and Divided Europe", *International Economic Review*, vol. 59. 2018.

Koyama, Mark and Moriguchi, Chiaki and Sng, Tuan-Hwee. "Geopolitics and Asia's little divergence: State building in China and Japan after 1850", *Journal of economic behavior & Organization*, 155, 2018

Ma, Debin and Rubin, Jared. "The paradox of power: understanding fiscal capacity in Imperial China and absolutist regimes", Economic History working papers 261, 2017, Department of Economic History, London School of Economics and Political Science(UK).

McKay, Alexander. *Scottish samurai: Thomas Blake Glover 1839-1911*, Edinburgh: Canongate, 2012.

Scalapino, R. A. "Japan between Traditionalism and Democracy," in S. Neumann, ed., *Modern Political Parties: approaches to comparative politics*, Chicago: University of Chicago Press, 1956.

Shin, Michael D. *Korean national identity under Japanese colonial rule:* Yi Gwangsu and the March First Movement of 1919, Abingdon, Oxon ; New York, NY : Routledge, 2018

Sng, Tuan-Hwee and Moriguchi, Chiaki. "Asia's little divergence: State capacity in China and Japan before 1850", *Journal of Economic Growth*, Volume 19, Issue4, 2014

Vries, Peer. *Averting a great Divergence: state and economy in Japan, 1868-1937*, London : Bloomsbury Academic, 2020

Vries, Peer. *State, Economy and the Great Divergence: Great Britain and China, 1680s - 1850s*, New York: Bloomsbury Academic, 2015.

2) 일 문

J. R. Seeley, 加藤政司郎 譯, 『英國膨脹史論』, 東京: 興亡史論刊行會, 1918.
J. R. Seeley, *The Expansion of England: Two Course of Lectures*, London: Macmillan and co., 1883. 존 로버트 실리, 이영석 옮김, 『잉글랜드의 확장』, 경기도 파주: 나남, 2020

三浦顯一郎,「宇垣內閣流産」, 堀眞淸 編著, 『宇垣一成とその時代』, 東京: 新評論, 1999

丸山幹治, 『副島種臣伯』 東京: 大日社, 1936.

久間健一, 『朝鮮農業の近代的樣相』, 東京: 西ケ原刊行會, 1935.

久間健一, 『朝鮮農業經營地帶の硏究』, 農業綜合硏究刊行會, 1946.

久間健一,「朝鮮における小作問題の展開性-特に地主と農民の性格を中心として-」, 『農業と經濟』 4-6, 東京: 農業と經濟社, 1937.

井上壽一, 『第1次世界大戰と日本』, 東京: 講談社 現代新書, 2014.

井上淸, 『宇垣一成』, 東京 : 朝日新聞社, 1975.

伊藤隆, 『昭和初期政治史硏究 · ロンドン海軍軍縮問題をめぐる諸政治集團の對抗と提携』, 東京: 東京大出版會, 1969.

佐佐木隆,「陸軍'革新派'の展開」, 『年報近代日本研究 1: 昭和期の軍部』, 山川出版社 1979.

信夫淸三郎, 『日本外交史』 2, 東京: 每日新聞社, 1974.

副島道正,「日米問題と朝鮮統治の根本義」, 『外交時報』 508호, 東京: 外交時報社, 1926.

北岡伸一, 「陸軍派閥對立(1931-1935)の再檢討・對外・國防政策を中心として」, 『年報近代日本研究 1: 昭和期の軍部』, 東京: 山川出版社, 1979.

北田晃司, 「植民地時代の朝鮮における鐵道網の發達と都市システムの変遷」, 『北海道地理』73, 北海道地理學會, 1999

升味準之輔, 「滿洲事變と國家改造運動」, 『日本政黨史論』第6卷, 東京: 東京大學出版會, 1968.

堀和生, 「植民地朝鮮の電力業と統制政策-1930年以降を中心に」, 『日本史研究』265, 日本史研究會, 1984.

宇田川勝, 『昭和史と新興財閥 』, 東京: 教育社, 1982.

守川正道, 『第一次世界大戰とパリ講和會議』, 京都: 柳原書店, 1983.

宮嶋博史, 「植民地下朝鮮人大地主の存在形態に關する試論」, 『朝鮮史叢』5・6合倂號, 神戶市: 靑丘文庫, 1982.

小島直記, 『異端の言說 石橋湛山』(上)・(下), 東京: 新潮社, 1978.

川人貞史, 『日本の政黨政治 1890-1937년』, 東京: 東京大學出版會, 1992.

德成外志子, 「朝鮮王朝の祿俸制と國家財政體制」, 『經濟史研究』11, 大阪經濟大學, 2008.

德成外志子, 「朝鮮王朝後期の國家財政と貢物・進上」, 『朝鮮學報』173, 朝鮮學會, 2007.

朝鮮史硏究會, 旗田巍 編, 『朝鮮史入門』, 東京: 太平出版社, 1970.

朝鮮史硏究會, 『新朝鮮史入門』, 東京: 龍溪書舍, 1981.

朝鮮史硏究會, 『朝鮮史硏究入門』, 名古屋: 名古屋大學出版會, 2011.

木下惠太, 「宇垣一成の人物像について」, 堀眞淸 編著, 『宇垣一成とその時代』, 東京: 新評論, 1999.

杉山伸也, 『明治維新とイギリス 商人: トマス グラバ-の生涯』, 東京: 岩波書店, 1993.

松尾尊兌 編, 『大日本主義か小日本主意か』, 東京: 東洋經濟新報社, 1995.

松田利彦, 「植民地期朝鮮における參政權要求運動團體'國民協會'について」,

淺野豊美・松田利彦 編, 『植民地帝國日本の法的構造』, 東京: 信山社, 2004.
桶口弘, 『計劃經濟と日本財閥 - 轉換期日本財閥の立體的構成 - 』, 東京: 味燈書屋, 1941.
橫山臣平, 『秘錄 石原莞爾』, 東京: 芙蓉書房, 1973.
江口圭一, 「1930年代論」, 『日本ファシズムの形成』, 東京: 日本評論社, 1978.
渡辺茂雄, 『宇垣一成の步んだ道』, 東京: 新太陽社, 1948.
渡邊行男, 「陸相をめぐる陸軍首腦の抗爭」, 『宇垣一成: 政軍關係の確執』, 東京: 中央公論社, 1993.
犬塚孝明, 『密航留學生たちの明治維新: 井上馨と幕末藩士』, 東京: 日本放送出版協會, 2001.
筒井淸忠, 「昭和の軍事エリート - 陸軍官僚制の內部構造」, 『昭和期日本の構造: その歷史社會學的考察』, 東京: 有斐閣, 1984.
緖方貞子, 『滿洲事變: 政策の形成過程』, 東京: 岩波書店, 2011.
藤原彰, 『日本軍事史』, 東京: 日本評論社, 1987.
趙聖九, 『朝鮮民族運動と副島道正』, 東京: 硏文出版, 1998.
鎌田澤一郞, 『宇垣一成』, 東京: 中央公論社, 1937.
頭山滿・伊藤痴遊・田中光顯 著, 『吉田松陰と長州五傑』, 國書刊行會, 2015.
駒込武, 『植民地帝國日本の文化統合』, 東京: 岩波書店, 1996. 번역문, 고마고메 다케시, 오성철・이명실・권경희 옮김, 『식민지제국 일본의 문화통합』, 서울: 역사비평사, 2008.
高橋龜吉, 『現代朝鮮經濟論』, 東京: 千倉書房, 1935.
齋藤洋子, 『副島種臣と明治國家』, 東京: 慧文社, 2010.
鈴木正文, 『朝鮮經濟の現段階』, 京城 : 帝國地方行政學會 朝鮮本部, 1938.

3) 한글

C. N. 데글러, 『현대미국의 성립』, 서울: 일조각, 1977. Carl N. Degler,

Out of Our Past: The forces that shaped modern america, New York: Harper & Row, 1959, 1970.
E. O. 라이샤워, 정병학 역, 『일본사』, 서울: 탐구당, 1967. Edwin O. Reischauer, *Japan, past and present*, New York: Knopf, 1964.
F. L. 알렌, 『원더풀 아메리카』, 서울: 앨피, 2006. Frederick Lewis Allen, *Only Yesterday: an informal history of the nineteen-twenties*, New York: Harper & Brothers, 1931.
F. 프라이델·A. 브린클리, 박무성 옮김, 『미국현대사 1900-1981』, 서울: 대학문화사, 1985. Frank Friedel, Alan Brinkley, *America in the Twentieth Century*(5th ed., New York: Knopf, 1982.
G. 존 아이켄베리, 강승훈 옮김, 『승리 이후: 제도와 전략적 억제 그리고 전후의 질서구축』, 서울: 한울, 2008. G. John Ikenberry, *After Victor*, Princeton N. J.: Princeton University Press, 2001.
J. S. 게일, 『조선, 그 마지막 10년의 기록 1888-1897』, 성남: 책비, 2018. James Scarth Gale, *Korean Sketches*, New York: Fleming H. Revell, c1898.
S. N. Eisenstadt, 여정동, 김진균 공역, 『근대화: 저항과 변동』, 서울: 탐구당, 1972. Eisenstadt Shmuel Noah, *Modernization: Protest and Change*, Englewood Cliffs, N.J.: Prentice-Hall, c1966.
T. 나지타 지음, 박영재 역, 『근대 일본사-정치항쟁과 지적 긴장』, 서울: 역민사, 1992. Tetsuo Najita, *JAPAN: The Intellectual Foundations of Mordern Japanese Politics*, Chicago: University of Chicago Press, 1974.
가타야마 모리히테(片山杜秀), 김석근 옮김, 『미완의 파시즘』, 서울: 가람기획, 2013.
가토 요코(加藤陽子), 박영준 옮김, 『근대일본의 전쟁논리』, 서울: 태학사, 2003.

강덕상,「1923년 관동대진재 대학살의 진상」,『역사비평』45, 역사문제연구소, 1998.
강동진 저, 김동진, 박수철 옮김,『학살의 기억, 관동대지진』서울: 역사비평사, 2005.
강동진,『한국을 장악하라; 통감부의 조선침략사』, 서울: 아세아문화사, 1995.
강동진,『일제의 한국침략정책사』, 서울: 한길사, 1980.
강만길,『강만길저작집』(1-18권), 파주: 창작과 비평사, 2018.
강만길,『21세기사의 서론을 어떻게 쓸 것인가』, 서울: 삼인, 2000.
강만길,『고쳐 쓴 한국현대사』, 서울: 창작과 비평사, 1994
강만길,『한국민족운동사론』, 서울: 한길사, 1985.
강만길,『분단시대의 역사인식』, 서울: 창작과 비평사, 1978.
강만길,『이조의 상인』, 서울: 한국일보사, 1975.
강만길,『조선후기 상업자본의 발달』, 서울: 고려대학교 출판부, 1973.
강명관,「조선후기 경화세족과 고동서화 취미」,『조선시대 문학예술의 생성공간』, 서울: 소명출판사, 1999.
강인한,『우리나라 날씨』, 서울: 나남, 1986.
강정인·서희경,「김성수와 한국민주당 연구」,『한국정치학회보』47-1, 한국정치학회, 2013.
고건호,『한말 신종교의 문명론: 동학·천도교를 중심으로』, 서울대학교 종교학과 박사논문, 2002.
고동환,『조선시대 시전상업 연구』, 서울: 지식산업사, 2013.
고동환,「상업과 도시」, 한국사연구회 편,『새로운 한국사 길잡이(상)』, 서울: 지식산업사, 2008.
고동환,「조선후기 상선의 항행 조건」,『한국사연구』123, 2003.
고동환,『조선후기 서울상업발달사연구』, 서울: 지식산업사, 1998.
고동환,「상품유통경제의 발전」, 한국역사연구회 편,『한국역사입문②』,

서울: 풀빛, 1995.
고석규,『19세기 조선의 향촌사회연구 - 지배와 저항의 구조』, 서울: 서울대학교 출판부, 1998.
고성은,『신흥식의 생애와 민족목회 활동연구』, 춘천: 삼원서원, 2013.
고정휴,『이승만과 한국독립운동』, 서울: 연세대학교출판부, 2004.
고정휴,「독립운동기 이승만의 외교노선과 제국주의」,『역사비평』31호, 역사문제연구, 1995.
고정휴,「태평양문제연구회 조선지회와 조선사정연구회」,『역사와 현실』6, 한국역사연구회, 1991.
고정휴,「개화기 이승만의 사상 형성과 활동」,『역사학보』109, 역사학회, 1986.
고하전기편집위원회 편,『독립을 향한 집념: 고하 송진우전기』, 서울: 동아일보사, 1990.
곽준혁,『지배와 비지배』, 서울: 민음사, 2013.
구범모,「개화기 정치의식 상황」,『한국정치학회보』3, 한국정치학회, 1969
국사편찬위원회 편,『한국 독립운동사』2, 서울: 국사편찬위원회, 1966
권동진,「삼일운동의 회고」,『신천지』3월호, 서울: 서울신문사 출판국, 1946.
권오기,『인촌 김성수의 사상과 일화』, 서울: 동아일보사, 1985.
권오신,『윌슨-재28대 대통령』, 서울: 도서출판 선인, 2011.
권인경,「진경의 해석을 통한 '도시풍경' 재현」,『미술문화연구』12호, 동서미술문화학회, 2018.
권태억,「근대화·동화·식민지유산」,『한국사연구』108, 한국사연구회, 2000,
권태억,「1904-1910년 일제의 한국 침략 구상과 '시정개선'」,『한국사론』31, 서울대학교 인문대학 국사학과, 1994

권태억,「경성직뉴주식회사의 설립과 경영」,『한국사론』6, 서울대학교 인문대학 국사학과, 1980.

그럿트 빠스칼,「고종과 프랑스(1866-1906)」,『한국문화연구』12, 전남대학교 교육문제연구소, 2007.

기독교대한감리회 총리원 교육국,『한국감리교회사』, 서울: 기독교대한감리회 총리원 교육국, 1975.

기타야마 모리히테(片山杜秀), 김석근 역,『미완의 파시즘』, 서울: 가람기획, 2013.

길진경,『영계 길선주』, 서울: 종로서적, 1980.

김건태,「19세기 후반-20세기 초 부재지주형 경영」,『대동문화연구』49, 2005.

김건태,『조선 시대 양반가의 농업경영』, 서울: 역사비평사, 2004.

김경택,『1910·20년대 동아일보 주도층의 정치경제사상연구』, 연세대학교 사학과 박사학위논문, 1998.

김권정,「일제하 신흥식의 기독교 민족사상과 사회사상」,『한국교회사학회지』18, 서울: 한국교회사학회, 2006.

김근호, 이형성,「幾堂 玄相允 先生 年譜」,『공자학』16, 한국공자학회, 2009.

김대륜,「휘그 해석을 넘어서 - 명예혁명 연구사에 대한 검토」,『영국연구』41, 영국사학회, 2019.

김도연,『나의 인생백서: 常山回顧錄』, 서울: 강우출판사, 1965.

김도태,『남강 이승훈전』, 서울: 문교사, 1950.

김도태,「기미년의 국제정세와 독립운동의 전말」,『신천지』3월호, 서울: 서울신문사 출판국, 1946.

김도형,『대한제국기의 정치사상연구』, 서울: 지식산업사, 1994.

김동명,「일본제국주의에 대한 저항과 협력의 경계와 논리」,『한국정치외교사논총』31-1, 한국정치외교사학회, 2009.

김동명,『지배와 저항, 그리고 협력 - 식민지 조선에서의 일본제국주의와 조선인 정치운동』, 서울: 경인문화사, 2006.

김동철,『전쟁과 사회』, 서울: 동베개, 2000.

김민철,「정춘수」,『민족문제연구』2권, 민족문제연구소, 1992.

김봉진,「'조선=속국(屬國), 속방(屬邦)'의 개념사」,『한국동양정치사상사』18-1. 한국동양정치사상사학회, 2019.

김상태 편,『윤치호 일기: 1916~1943』, 서울: 역사비평사, 2001.

김상태,「日帝下 尹致昊의 내면세계 연구」,『역사학보』165, 역사학회, 2000.

김선주,『조선의 변방과 반란, 1812년 홍경래난』, 서울: 푸른역사, 2020, Sun Joo Kim, *Marginality and subversion in Korea : the Hong Kyŏngnae rebellion of 1812*, Seattle: University of Washington Press, c2007.

김성보,「입법과 실행과정을 통해 본 남한 농지개혁의 성격」, 홍성찬 편,『농지개혁연구』서울: 연세대학교출판부, 2001.

김성호,「농지개혁연구-이데올로기와 권력투쟁을 중심으로 하여」,『국사관논총』25집, 과천: 국사편찬위원회, 1991.

김성호·전경식·장상환·박석두,『농지개혁사연구』, 서울: 한국농촌경제연구원, 1989.

김승태,「이필주(李弼柱) 목사의 생애와 민족운동」,『한국기독교와 역사』42, 한국기독교역사연구소, 2015.

김승태,「정춘수 감리교 황민화의 앞장이」, 반민족문제연구소 엮음,『친일파 99인 ③』, 서울: 돌베개, 1993.

김옥근,『조선왕조재정사(Ⅰ)』, 서울: 일조각, 1984.

김용섭,『한국근현대농업사연구-한말 일제하의 지주제와 농업문제-』, 서울: 일조각, 1992.

김용섭,『조선후기농업사연구』(Ⅰ), 서울: 일조각, 1970.

김용섭, 「고종조의 균전수도문제」, 『동아문화』 8, 서울대동아문화연구소, 1968.
김용완, 『재계 회고 3』, 서울: 한국일보사, 1981,
김원용, 『재미한인 50년사』, 서울: 혜안, 2004.
김윤식, 『이광수와 그의 시대 ③』 서울: 한길사, 1986.
김윤정, 『조선총독부 중추원 연구』, 서울: 경인문화사, 2011.
김은지, 「미국의원단 동아시아 방문을 계기로 한 대한민국임시정부와 독립운동」, 『한국독립운동사연구』 60, 독립기념관 한국독립운동사연구소, 2017.
김인규, 「홍대용-그의 생애와 사상」, 『선비문화』 11권, 남명학연구원, 2007.
김재황, 『거성 은재 신석구 목사 일대기』, 대구: 대구제일교회, 1988.
김정인, 『천도교 근대 민족운동 연구』, 서울: 한울, 2009.
김정호, 「조미수호통상조약의 정치외교사적 의의에 대한 재조명」, 『한국동양정치사상사학회』 18-2, 한국동양정치사상사학회, 2018.
김종학, 「한반도 공동보장 구상의 역사적 기원: 19세기 벨기에·불가리아의 사례와 유길준의 '중립론'」, 국립외교원 외교안보연구소 정책연구시리즈 2020-06.
김종학, 『개화당의 기원과 비밀외교』, 서울: 일조각, 2017
김준석, 『한국 중세 유교정치사상사론』 1·2, 서울: 지식산업사, 2005.
김준석, 『조선후기 정치사상사 연구』, 서울: 지식산업사, 2003.
김준엽·김창순, 『한국공산주의 운동사』 1·2·3·4·5, 서울: 청계연구소, 1986
김중순, 『문화민족주의자 김성수』 서울: 일조각, 1998.
김진봉, 『3·1운동』, 서울: 세종대왕기념사업회, 1977.
김학민·정운현 엮음, 『친일파죄상기』, 서울: 학민사, 1993.
김현철, 「박영효의 '근대국가구상'에 관한 연구」, 서울대학교 외교학과 박사학위논문, 1999.
김형권, 「1929-1931년 사회운동론의 변화와 민족협동전선론」, 『국사관논총』 89, 국사편찬위원회, 2000.
김홍식 외, 『조선토지조사사업의 연구』, 서울: 민음사, 1997.
나카무라 기쿠오, 옮긴이 강창일, 『이등박문』, 서울: 중심, 2000.
나카무라 마츠오(中村光郎))·니시타니 게이지(西谷啓治) 외, 『태평양전쟁의 사상-좌담회 '근대의 초극'과 '세계사적 입장과 일본'으로 본 일본정신의 기원』, 서울: 이매진, 2006.
나카무라 사토루(中村哲), 『세계자본주의와 이행의 이론: 동아시아를 중심으로』, 서울: 비봉출판사, 1991
나카무라 사토루(中村哲)·호리 가즈오(堀和生) 편저, 『일본 자본주의와 한국·대만』, 서울: 전통과 현대, 2007.
남금자, 「대한제국기 한규설의 무반가계와 충북지역 토지소유」, 『한국근현대사연구』 80. 한국현대사학회, 2017.
노관범, 「개화와 수구는 언제 일어났는가」, 『한국문화』 87, 서울대규장각한국학연구원, 2019.
노대환, 「19세기 중엽 유신환 학파의 학풍과 현실 개혁론」, 『한국학보』 72, 일지사, 1993.
니콜라이 호바니시안, 이현숙 옮김, 『아르메니아인 제노사이드』, 파주: 한국학술정보, 2011.
다나카 아키라(田中彰), 강진아 옮김, 『소일본주의: 일본의 근대를 다시 읽는다』, 서울: 小花, 2002. 田中彰, 『小國主義: 日本の近代を讀みなおす』, 東京: 岩波書店, 1999.
대런 애쓰모글루·제임스 A.로빈슨, 『국가는 왜 실패하는가』, 서울: 시공사, 2012. Daron Acemoglu and James A. Robinson, *Why Nations Fail: the origins of power, prosperity and poverty*, New York: Crown Publishers, c2012.

데이비트 프롬킨(David Fromkin), 이순호 역『현대중동의 탄생』, 서울: 갈라파고스. 2015.

독립운동사편찬위원회 편,『학생 독립운동사』(독립운동사 9집), 서울: 독립운동사사업기금운용위원회, 1981.

독일 · 프랑스 공동역사교과서편찬위원회 기획, 페터 가이스(Peter Geiss) · 기욤 르 캥트랙(Guilliaume Le Quintrec) 외 지음, 김승렬 외 옮김,『독일 프랑스 공동역사교과서: 1945년 이후 유럽과 역사』, 서울: 휴머니스트, 2008,

동북아역사재단 한국외교사편찬위원회,『한국의 대외관계와 외교사_근대편』, 서울: 동북아역사재단, 2018.

동아일보,『수당 김연수』, 서울: 삼양사, 1985.

동아일보사,『동아일보사사』 1, 서울: 동아일보사, 1975.

레이 황(黃仁宇), 홍광훈 · 홍순도 옮김,『중국, 그 거대한 행보』, 서울: 경당, 2002.

로널드 핀들레이 · 케빈 H. 오루크,『권력과 부』, 서울: 에코 리브르, 2015. Ronald Findlay · Kevin H. O'rouke, *Power and Plenty: trade, war, and the world economy in the second millennium*, Princeton: Princeton University Press, 2007.

로이드 이스트만, 이승휘 옮김,『중국사회의 지속과 변화, 1550-1949』, 서울: 돌베개, 1999.

류대영,「함태영, 해방정국에서 기독교 조직을 재건하다」,『한국사시민강좌』 43, 서울: 일조각, 2008.

류시현,「박은식의 독립운동지혈사」,『내일을 여는 역사』 73, 재단법인 내일을 여는 역사재단, 2018.

류시현,『최남선연구』, 서울: 역사비평사, 2009.

리주배,『수원종로교회-교회사소고: 교회의 시작과 형성을 중심으로』, 수원: 수원종로교회, 2016.

리처드 폰 글란, 류형식 옮김, 『폰 글란의 중국경제사』, 서울: 소와당, 2019. Richard von Glahn., *The Economic History of China: from antiquity to the nineteenth century*, Cambridge, United Kingdom: Cambridge University Press, 2016.

마루야마 마사오, 박충석 김석근 공역, 『충성과 반역』, 서울: 나남, 1998.

마루야마 마사오(丸山眞男), 『현대정치의 사상과 행동』, 서울: 한길사, 1997. Maruyama Masao, *Thought and Behavior in Modern Japanese Politics*, London: Oxford University Press, 1963.

마르티나 도이힐러, 『조상의 눈 아래에서: 한국의 친족, 신분 그리고 지역성』, 서울: 너머북스, 2018. Martina Deuchler, *Under the ancestors' eyes : kinship, status, and locality in premodern Korea*, Cambridge: Harvard University Asia Center, c2015.

마르티나 도이힐러, 이훈상 옮김, 『한국의 유교화 과정 : 신유학은 한국 사회를 어떻게 바꾸었나』, 서울: 너머북스, 2013. Martina Deuchler, *The Confucian Transformation of Korea: a study of society and ideology*, Cambridge, Mass.: Council on East Asian Studies, Harvard University; : Distributed by Harvard University Press, 1992.

마스타니 유이치(桝谷祐一), 「갑오개혁기 도일유학생 파견 정책의 전개와 중단 과정」, 『한국사학보』 56, 고려사학회, 2014.

마츠미 준노스케(升味準之輔), 이경희 옮김, 『일본정치사 2』, 서울: 형설출판사, 1992.

마츠오 다카요시(松尾尊兌), 『다이쇼 데모크라시』, 서울: 소명출판, 2011. 松尾尊兌, 『大正デモクラシー』, 東京: 岩波書店, 1974.

문용식, 『조선후기 진정(賑政)과 환곡운영』, 서울: 경인문화사, 2001.

미국사연구회, 『미국 역사의 기본 사료』, 서울: 소나무, 1992.

미야지마 히로시(宮嶋博史), 「한국인구사 연구의 현황과 과제」, 『대동문화연구』 46, 성균관대학교동아시아학술원, 2004.
미요시 토오루(三好徹), 이혁재 옮김, 『사전(史傳) 이토 히로부미』, 다락원, 2002.
민경배, 『한국기독교사회운동사: 1885-1945』, 서울: 대한기독교출판사, 1987.
박걸순, 「김병조의 민족운동과 『韓國獨立運動史略 上篇』의 저술」, 『한국사학사학보』 39, 한국사학사학회, 2019.
박기주, 「조선후기의 생활수준」, 이대근 외, 『새로운 한국경제발전사』, 파주: 나남, 2005.
박명림, 『역사와 지식과 사회』, 파주: 나남, 2011.
박명림, 『한국 1950: 전쟁과 평화』, 서울: 나남, 2002.
박명림, 「국민형성과 내적 평정; '거창 사건'의 사례연구」, 『한국정치학회보』 36-2, 2002.
박명림, 『한국전쟁의 발발과 기원』 Ⅰ·Ⅱ, 서울: 나남, 1996.
박민영, 『화서학파 인물들의 독립운동』, 서울: 역사공간, 2019.
박양신, 「통감정치와 재한 일본인」, 『역사교육』 90, 역사교육연구회, 2004.
박은숙, 「분원의 마지막 자기업, 분원자기주식회사(1910~ 1916)의 설립과 운영진」, 『한국사학보』 50, 고려사학회, 2013.
박은숙, 『갑신정변연구』, 서울: 역사비평사, 2005.
박은식, 김승일 옮김, 『한국통사』, 서울: 범우사, 1999.
박은식, 남만성 옮김, 『한국독립운동지혈사』(상)·(하), 서울: 서문당, 1999. 이 책은 한문체로 중국 상하이에 있는 維新社에서 1920년에 출간되었고, 『韓國痛史』(1915)처럼 여러 종류의 번역본이 있다(『한민족문화대백과사전』 참조).
박종린, 「'김윤식사회장' 찬반논의와 사회주의세력의 재편」, 『역사와 현실』 제38호, 한국역사연구회, 2000.

박찬승,『한국근대정치사상사연구』, 서울: 역사비평사, 1992
박찬승,「1890년대 후반 관비유학생의 도일유학」, 김용덕·미야지마 히로시 공편,『근대교류사와 상호인식1』, 고려대아세아문제연구소, 2001.
박찬승,「1904년 황실 파견 도일유학생 연구」,『한국근대사연구』51, 한국근현대사학회, 2009.
박찬승,「박영철: 다채로운 이력의 전천후 친일파」, 반민족문제연구소 엮음,『친일파 99인 ②』, 서울: 돌베개, 1993.
박태균,「미국의 관점에서 본 한국의 8·15」,『군사』96, 국방부군사편찬연구소, 2015.
박학래,「한말 기호학계와 노사 기정진의 학문활동」,『남명학연구』29, 경상대학교 경남문화연구원, 2010.
박현,「한말·일제하 한일은행의 설립과 경영」,『동방학지』128, 연세대학교 국학연구원, 2004.
반병률,「일제초기 독립운동노선논쟁-급진론과 완진론: 초기 상해임시정부를 중심으로」,『동양정치사상사』제5권 2호, 한국동양정치사상사학회, 2006.
방기중,「1920·30년대 조선물산장려회 연구」,『국사관논총』67, 국사편찬위원회, 1996.
방기중,「1930년대 조선 농공병진정책과 경제통제」,『동방학지』120, 연세대학교 국학연구원, 2003.
방기중,「1940년 전후 조선총독부의 '신체제' 인식과 병참기지강화정책 -총독부 경제지배시스템의 특질과 관련하여-」,『동방학지』138, 연세대학교 국학연구원, 2007.
방선주,『재미한인의 독립운동』(방선주저작집1), 서울: 선인, 2018.
방선주,「이승만 위임통치안」,『재미한인의 독립운동』, 한림대아시아문화연구소, 1989.

배경식 역주, 『백범일지』, 서울: 너머북수, 2008.
백낙준, 『한국개신교사』, 서울: 연세대학교 출판부, 1973.
백순재, 「서평·김병조 저『한국독립운동사』」, 『아세아연구』 12-1, 고려대학교 아세아문제연구소, 1969.
백승철, 『조선후기상업사연구』, 서울: 혜안, 2000.
백종구, 「영계 길선주 목사(1869-1935)의 민족주의」, 『선교신학』 13, 한국선교신학회, 2006.
베링턴 무어, 『독재와 민주주의의 사회적 기원』, 서울: 까치, 1985. Barrignton Moore, Jr., *Social Origins of Dictatorship and Democracy*, Boston: Beacon Press, 1966.
벤저민 슈워츠, 최효선 옮김, 『부와 권력을 찾아서』, 파주: 한길사, 2006, Benjamin Schwartz, *In Search of Wealth and Power*, Cambridge, Mass.: Harvard University Press, 1964.
변광석, 『조선후기 시전상인 연구』, 서울: 혜안, 2001.
변동명, 「제1공화국 초기의 국가보안법 제정과 개정」, 『민주주의와 인권』 7-1, 전남대 5·18 연구소, 2007.
브라이언 포터-슈치(Brian Porter-Szucs), 안상준 옮김, 『폴란드 근현대사』, 서울: 오래된 생각, 2017.
브루스 커밍스, 김자동 역 『한국전쟁의 기원』, 서울: 일월서각, 1986. Bruce Cumings, *The Origins of the Korean War*, Volume 1, Seoul: Yuksabipyungsa, 2002, Original Copy: 1981, Princeton University Press.
서동일, 『1919년 파리장서운동의 전개와 역사적 성격』, 한국학중앙연구원 박사학위논문, 2009.
서명원, 『한국교회성장사』, 서울: 재단법인대한기독교서회, 1966
서상일, 『합법운동과 비합법운동에 관한 사건』(등사본).
서영희, 『대한제국 정치사 연구』, 서울대출판부, 2003.

서영희, 『일제침략과 대한제국 몰락』, 서울: 역사비평사, 2012.
서중석, 『조봉암과 1950년대』(상), 서울: 역사비평사, 2006.
서희경, 「'한계상황의 정치'(politics of extremity)와 민주주의: 1948년 한국의 여순사건과 국가보안법 관련 논의를 중심으로」, 『한국정치학회보』 38-5, 한국정치학회, 2004.
성범중, 「청음 김상헌의 삶과 시」, 『한국한시작가연구』 9, 한국한시학회, 2005.
성주현, 「우이동 봉황각과 3·1운동」, 『일제하 민족운동 시선의 확대 - 3.1운동과 항일독립운동가의 삶 -』, 서울: 아라, 2014.
세르히 플로히(Serhii M. Plokhy), 허승철 옮김, 『얄타-8일간의 외교전쟁』, 고양: 역사비평사, 2020.
손보기, 「삼일운동에 대한 미국의 반향」, 동아일보사, 『3·1운동 50주년 기념논집』, 1969.
손성욱, 「종번(宗藩)과 중화(中華)로 청제국을 볼 수 있는가-왕위안총 '조선 모델'의 가능성과 한계」, 『동북아역사논총』 66, 동북아역사재단, 2019.
손정목, 『한국지방제도자치사연구(상)』, 서울: 일지사, 1992.
손정연, 『무송 현준호』, 광주: 전남매일신보사, 1977.
송병기, 「개화기 일본유학생 파견과 실태 1881- 1903」, 『동양학』 18, 단국대동양학연구소, 1988.
송찬섭, 『조선후기 환곡제개혁연구』, 서울: 서울대학교 출판부, 2002
수원종로교회, 『수원종로교회사: 1889~1950』, 수원: 수원종로교회, 2000.
쉬무엘 N. 아이젠스타트, 임현진 외 옮김, 『다중적 근대성의 탐구: 비교문명적 관점』, 파주: 나남, 2009.
시흥시사편찬위원회, 『시흥시사 10권: 시흥이 남긴 기록, 기록에 담긴 시흥』, 2007.

신경준, 『산경표』, 서울: 푸른산, 1990.
신기욱, 「농지개혁의 역사사회학적 고찰」, 홍성찬 편, 『농지개혁연구』 서울: 연세대학교출판부, 2001.
신병식, 「제1공화국 토지개혁의 정치경제」, 『한국정치학회보』 31-3, 한국정치학회, 1997.
신복룡, 『한국분단사연구: 1943-1953』, 서울: 한울아카데미, 2001.
신복룡, 「한국신탁통치연구: 미국의 구도와 변질을 중심으로」, 『한국정치학회보』 27권 2호, 한국정치학회, 1994.
신석호, 「삼일운동의 전개」, 『3·1운동 50주년기념논집』, 서울: 동아일보사, 1969.
신세라, 「정순만의 생애와 민족운동」, 『한국근현대사연구』 25, 한국근현대사학회, 2003.
신용하, 『독립협회연구』, 서울: 일조각, 1976.
신용하, 「열강의 한국 남북분단 및 신탁통치 정책과 백범 김구의 노선(1943-45)」, 『백범과 민족운동연구』3, 백범학술원, 2005.
신용하, 「일제하 인촌의 민족교육활동」, 『평전 인촌 김성수: 조국과 겨레에 바친 일생』, 서울: 동아일보사, 1991.
신일철. 『(평전)인촌 김성수: 조국과 겨레에 바친 일생』, 서울: 동아일보사, 1991.
신채호, 『단재신채호전집』 1-4권, 목천: 독립기념관 한국독립운동사연구소, 2007.
신채호, 『조선혁명선언』, 파주: 범우사, 2010.
심상훈, 「독립청원운동을 통해 본 경북 유림의 민족운동과 시대인식」, 『조선사연구』 28, 조선사연구회, 2019.
안계현, 「삼일운동과 불교계」, 『3·1운동 50주년기념논집』, 서울: 동아일보사, 1969.
안네 메테 키에르(Anne Mette Kjær), 이유진 역, 『거버넌스

(Governance)』, 서울: 오름, 2007.
안병만, 「자유당 정권 연구 - 대통령 및 국회의원 선거를 중심으로 -」, 『국사관논총』 27집, 과천: 국사편찬위원회, 1991.
안병영, 『왜 오스트리아 모델인가』, 서울: 문학과지성사, 2013.
안병직, 「한국 현대사의 과제를 찾아서」, 『철학과 현실』, 철학문화연구소, 2914년 3월.
안병직·이대근·中村哲·梶村秀樹 편, 『근대조선의 경제구조』, 서울: 비봉출판사, 1989.
안병직·이영훈 편저, 『맛질의 농민들』, 서울: 일조각, 2001.
안병직편, 『한국경제성장사: 예비적 고찰』, 서울: 서울대학교출판부, 2001.
안재홍, 「조선 금후의 정치적 추세」, 안재홍선집간행위원회 편, 『민세안재홍선집』 1, 서울: 지식산업사, 1981.
안중근, 「안응칠역사」, 『대한의 영웅 안중근 의사』, 서울: (사)안중근의사숭모회, 2012(증보판).
안휘준, 「겸재 정선과 그의 진경산수화, 어떻게 볼 것인가」, 『역사학보』 214, 역사학회, 2012.
앙드레 모루아(André Maurois), 신용석 옮김, 『미국사』, 서울: 김영사, 2015.
양영석, 「위임통치청원(1919)에 관한 고찰 - 그 비판과 반론」, 『한국학보』 13-4, 서울: 일지사, 1987.
양정필, 「19세기 전반 대청 홍삼무역의 발전과 임상옥의 활동」, 『민족문화연구』 69호, 고려대민족문화연구원, 2015.
양현혜, 『근대 한·일 관계사 속의 기독교』, 서울: 이화여자대학교출판부, 2009.
양현혜, 「윤치호의 기독교 신앙과 허위의식」, 『기독교사상』 37-3, 대한기독교서회, 1993.

양호민, 「일제시대의 대미인식」, 유영익 송병기 양호민 임희섭,『한국인의 대미인식』, 서울: 민음사, 1994.
에드워드 사이드(Edwad W. Said),『오리엔탈리즘』, 파주: (주)교보문고, 2018.
에드워드 와그너(Edward W. Wagner), 이훈상 · 손숙경 옮김,『조선왕조 사회의 성취와 귀속(Achievement and Ascription in Joseon Dynasty)』, 서울: 일조각, 2007.
에리히 프롬, 김석희 옮김,『자유로부터의 도피』, 서울: 휴머니스트, 2012.
에릭 홉스봄(Eric J. Hobsbawm), 김동택 옮김,『제국의 시대』, 서울: 한길사, 1998.
에릭 홉스봄, 박현재 · 차명수 역,『혁명의 시대』, 서울: 한길사, 1984.
여암 최린선생문집편찬위원회 편,『如菴文集』(상) · (하), 서울: 如菴崔麟先生文集編纂委員會, 1971.
역사문제연구소 민족해방운동사 연구반,『민족해방운동사: 쟁점과 과제』, 서울: 역사비평사, 1990.
연갑수,『대원군집권기 부국강병정책 연구』, 서울: 서울대학교 출판부, 2001.
염복규, 「식민지 근대의 공간형성 - 근대 서울의 도시계획과 도시 공간의 형성, 변용, 확장」,『문화과학』39, 문화과학사, 2004.
오가와 케이지(小川圭治) · 지명관 공편, 김윤옥 · 손규태 공역,『한일 그리스도교 관계사자료: 1876-1922』, 서울: 한국신학연구소, 1990.
오구마 에이지(小熊英二), 조성은 옮김,『민주와 매국』, 서울: 돌베개, 2019.
오미일, 「관료에서 기업가로- 20세기 전반 민영휘 일가(閔泳徽 一家)의 기업 투자와 자본축적」,『역사와 경계』68, 부산경남사학회, 2008.

오미일,「근대 한국인 대지주층의 자본축적 경로와 그 양상 - 윤치소 일가의 기업투자와 농업 경영 - 」,『한국사학보』47, 고려사학회, 2012.

오미일,「한국자본주의 발전에서 政商의 길: 백남신·백인기의 자본축적 과정과 정치사회활동」,『역사와 경계』57, 부산경남사학회, 2001.

오성,『조선후기 상인연구』, 서울: 일조각, 1989.

오수창,『조선후기 평안도 사회발전연구』, 서울: 일조각, 2002.

오영교,『정동제일교회 125년』1권, 서울: 기독교대한감리회 정동제일교회, 2011.

오영섭,『고종황제와 한말의병』, 서울: 선인, 2007.

오영섭,「대한민국임시정부 초기 위임통치 청원논쟁」,『한국독립운동사연구』41, 천안: 독립기념관 한국독립운동사연구소, 2012.

오영섭,「안중근과 화서학파의 관계」,『의암학연구』14, 의암학회, 2016.

오영섭,「을미 유인석 의병의 결성과 활동」,『의암학 연구』7, 의암학회, 2009.

오영섭,「한말 의병운동의 발발과 전개에 미친 고종황제의 역할」,『동방학지』128, 연세대국학연구원, 2004.

오유석,「민주당 내 신·구 파벌간 갈등에 관한 연구」,『국사관논총』94, 국사편찬위원회, 2000.

오일환,「기독교인 이승훈 생애와 3·1운동 연합전선 형성 활동 분석」,『민족사상』13-3, 한국민족사상학회, 2019.

옥성득,「평양대부흥운동과 길선주 영성의 도교적 영향」.『한국기독교와 역사』25, 한국기독교역사연구소, 2006.

올리버 스톤(Oliver Stone), 피터 커즈닉(PeterKuznick), 이광일 옮김,『아무도 말하지 않는 미국현대사』, 서울: 들녁. 2015.

우대형,「역사인구학 지표로 살펴본 조선후기 생활수준의 장기추이」,

『사회와 역사』 121, 한국사회사학회, 2019.
우대형, 「조선 전통사회의 경제적 유산」, 『역사와 현실』 68, 한국역사연구회, 2008.
우대형, 「조선후기 곡물시장의 통합에 관한 재검토 1743-1910」, 연세대 경제연구소, 2016, http://yeri.yonsei.ac.kr/yeri/reference/domestic.do.
우대형, 「조선후기 미곡생산성의 장기 추이에 관한 재검토, 1660-1910」, 연세대 경제연구소, 2017, http://yeri.yonsei.ac.kr/yeri/reference/domestic.do.
우대형, 「조선후기 인구압력과 상품작물 및 농촌직물업의 발달」, 『경제사학』 34, 경제사학회, 2003.
우대형, 「한국경제성장의 역사적 기원」, 경제사학회 춘계학술대회 발표문, 2014
원유한, 「상공업의 발달」, 한국사연구회 편, 『한국사연구입문』, 서울: 지식산업사, 1981.
유바다, 「1882년 조약장정의 체결과 속국(屬國) 반주지국(半主之國) 조선의 국제법적 지위」, 『역사와 현실』 99, 한국역사연구회, 2016.
유봉학, 『연암일파 북학사상 연구』, 서울: 일지사, 1995.
유봉학, 『정조대왕의 꿈: 개혁과 갈등의 시대』, 서울: 신구문화사, 2001.
유봉학, 『조선 후기 학계와 지식인』, 서울: 신구문화사, 1998.
유봉학, 「풍고 김조순 연구」, 『한국문화』 19, 서울대규장각한국학연구원, 1997.
유승렬, 1998, 「한말 사립학교 변천의 경위와 그 역사적 의미」, 『강원사학』 13·14, 강원사학회, 1998.
유승렬, 「사대=수구 대 독립=개화의 이항대립적 근대서사 프레임의 창출과 변용」, 『역사교육』 142, 역사교육연구회, 2017.
유승렬, 「일제의 조선광업지배와 노동계급의 성장」, 『한국사론』 23, 서울대학교 국사학과, 1990.
유영대, 「정노식론」, 『구비문학연구』 2호, 한국구비문학회, 1995.
유영익, 『이승만의 삶과 꿈 - 대통령이 되기까지』, 서울: 중앙일보사, 1996.
유영익, 「『서유견문』 론」, 『한국사시민강좌』 7, 서울: 일조각, 1990.
유진오, 『憲法解義』, 서울: 일조각, 1953.
유진오, 『養虎記』, 서울: 고려대학교 출판부, 1977.
유진오, 『헌법기초회고록』, 서울: 일조각, 1980.
윤길중, 조영규 외, 「개헌비사」, 『동아법학』 72, 동아대학교 법학연구소, 2016.
윤대식, 『유인석 평전-자존(自尊)의 보수주의자』, 서울: 신서원, 2020.
윤대원, 『상해시기 대한민국임시정부 연구』, 서울: 서울대학교출판부, 2006.
윤덕영, 「1920년대 중반 민족주의 세력의 정세인식과 합법적 정치운동의 전망」, 『한국근현대사연구』 53, 한국근현대사연구회, 2010.
윤덕영, 「신간회 초기 민족주의 세력의 정세 인식과 민족적 총역량 집중론의 제기」, 『한국근현대사연구』 56, 한국근현대사연구회, 2011.
윤병석, 『(증보)이상설전』, 서울: 일조각, 1976.
윤춘병, 「전덕기 목사와 상동청년학원 고찰」, 『한길김철손교수고희기념논문집』, 서울: 글벗사, 1988.
윤해동 외, 『대한민국을 만든 국제회의』, 서울: 대한민국역사박물관, 2016.
은정태, 「계동 140-1번지의 역사를 한 꺼풀 벗기며」, 『북촌에 산다』(비매품), 서울: 웃고협동조합, 2014.
은정태, 「서광범의 집터, 안국동 37번지에 담긴 갑신정변의 유산」, 『북촌 DB 1』(비매품) 서울: 웃고협동조합, 2015.

의암손병희선생기념사업회, 『義菴孫秉熙先生 傳記』, 서울: 義菴孫秉熙先生記念事業會, 1967
이경구, 「영조-순조 연간 호락논쟁의 전개」, 『한국학보』 93, 서울: 일지사. 1998.
이경남, 『설산 장덕수』, 서울: 동아일보사, 1981.
이광린, 『개화당연구』, 서울: 일조각, 1973.
이광린, 『한국개화사상연구』, 서울: 일조각, 1979.
이광린, 『한국개화사의 제문제』, 서울: 일조각, 1986.
이광린, 「개화기 한국인의 아시아연대론」, 『한국사연구』 61·62 합집, 한국사연구회, 1988
이광수, 『도산 안창호』, 서울: 하서, 2004.
이균영, 『신간회연구』, 서울: 역사비평사, 1993.
이기백, 「남강 이승훈 선생의 일면」, 『기러기』 3호, 서울: 홍사단본부, 1964.
이남희, 유리·이경희 옮김, 『민중 만들기 : 한국의 민주화운동과 재현의 정치학』, 서울 : 후마니타스, 2015, Namhee Lee, *The making of minjung : democracy and the politics of representation in South Korea*, Ithaca: Cornell University Press, 2007
이덕주, 『강화기독교 100년사』, 강화기독교100주년 기념사업역사편찬위원회, 1994.
이덕주, 『개종 이야기』, 서울: 한국기독교역사연구소, 2003.
이덕주, 『기독교대한감리회 서울연회사』, 기독교대한감리회 서울연회, 2007.
이덕주, 『남산재사람들』, 서울: 그물, 2015.
이덕주, 『스크랜튼 어머니와 아들의 조선 선교 이야기』, 서울: 공옥출판사, 2014.
이덕주, 『신석구 연구』, 서울: 기독교대한감리회 홍보출판국, 2000.

이덕주, 『신석구』, 서울: 신앙과지성사, 2012(이덕주, 『출이독립 : 함께 읽는 독립운동가 신석구』로 2018년에 같은 출판사에서 다시 출간됨).
이덕주, 『초기한국기독교사연구』, 서울: 한국기독교역사연구소, 1995.
이덕주, 「기독교 신앙과 민족운동 - 손정도 목사를 중심으로」, 『세계의 신학』 46, 한국기독교연구소, 2000.
이덕주, 「윤치호와 한말 기독교 선교」, 『신학과 세계』 68, 서울: 감리교신학대학교, 2010.
이동욱, 「1840-1860년대 청조의 '속국' 문제에 대한 대응」, 『중국근현대사연구』 86, 중국근현대사학회, 2020.
이동진·윤미경 옮김, 『사진과 그림으로 보는 케임브리지 중국사』, 서울: 시공사, 2001.
이만열, 『한국기독교수용사연구』, 서울: 두레시대, 1998.
이만열, 「한말 미국계 의료선교를 통한 서양의학의 수용」, 『국사관논총』 3, 국사편찬위원회, 1989.
이민원, 「대한제국기 안성군수 윤영렬의 토포 활동 연구」, 『군사』 82, 국방부 군사편찬연구소, 2012.
이병헌 편저, 『삼일운동비사』, 서울 : 삼일동지회, 1966.
이상일, 「운양 김윤식과 3·1 운동」, 『태동고전연구』 10, 남양주군: 한림대학부설 태동고전연구소, 1993.
이상찬, 「갑오개혁과 1896년 의병의 관계」, 『역사연구』 5, 역사학연구소, 1997.
이승렬, 『제국과 상인』, 서울: 역사비평사, 2007.
이승렬, 「1930년 전반기 일본군부의 대륙침략관과 '조선공업화'정책」, 『국사관논총』 67, 국사편찬위원회, 1996.
이승렬, 「1930년대 중추원 주임참의의 지역사회 활동과 식민지배체제: 강원도 지방 참의 최준집의 사례」, 『역사문제연구』 22, 역사문제연구소 2009.

이승렬,「'식민지근대'론과 민족주의」,『역사비평』 80, 역사문제연구소, 2007.

이승렬,「경성지역 중추원참의들의 관계망과 식민권력의 지역지배」,『향토서울』 69, 서울시사편찬위원회, 2007.

이승렬,「기독교와 3·1운동: 수원 지역사회(로컬리티)와 민족대표 '48인' 김세환」,『참담하고 노여웠던 우리들의 시대』, 수원시시정연구원, 2019.

이승렬,「서울·경기 지역 상인의 일기(1899-1910)에 나타난 일상체험과 근대적 공공성 - 油商 주인식의 '민족의식' 형성을 중심으로」,『한국사연구』 146, 한국사연구회, 2009.

이승렬,「서평: '근대역사담론의 융합'을 시도한 '장기근대사론'」,『역사와 현실』 82, 한국역사연구회, 2011.

이승렬,「역대조선총독과 일본군벌」,『역사비평』 24, 역사문제연구소, 1994.

이승렬,「일제하 천도교 계열의 자본주의 인식의 변화와 인간관」,『한국민족운동사연구』 46, 한국민족운동사연구회, 2006.

이승렬,「일제하 총독정치와 중추원」,『동방학지』 132, 연세대학교 국학연구원, 2005.

이승렬,「한말 일제하 경성의 은행가 조진태·백완혁 연구」,『한국근현대사연구』 36, 한국근현대사학회, 2006.

이승연,「1905~1930년대초 일제의 酒造業 정책과 조선 주조업의 전개」,『한국사론』 32, 서울대학교 국사학과, 1994.

이애희,『조선후기 인성 물성 논쟁의 연구』, 고려대학교 민족문화연구원, 2004.

이영호,『한국근대 지세제도와 농민운동』, 서울: 서울대학교 출판부, 2001.

이영훈 편,『수량경제사로 다시 본 조선후기』, 서울: 서울대출판부, 2004.

이영훈,「17세기 후반 - 20세기 전반 수도작 토지생산성의 장기추세」,『경제논집』51-2, 서울대학교경제연구소, 2012.

이영훈,「19세기 서울 시장의 역사적 특질」, 이헌창 엮음,『조선후기 재정과 시장』, 서울대출판 문화원, 2010.

이영훈,「19세기 서울 재화시장의 동향: 안정에서 위기로」, 中村哲・박섭 편저.『동아시아근대경제의 형성과 발전』, 서울: 신서원, 2005.

이영훈,「19세기 조선왕조 경제체제의 위기」,『조선시대사학보』43, 조선시대사학회, 2007.

이영훈,「19세기의 위기 재론」, 낙성대경제연구소 워킹 페이퍼, 2013.

이영훈,「왜 다시 해방전후사인가」, 박지향 외 엮음,『해방전후사의 재인식』1, 서울: 책세상, 2006.

이영훈・박이택,「18-19세기 미곡시장의 통합과 분열」,『경제학연구』50-2, 한국경제학회, 2002.

이영훈・박이택,「농촌미곡시장과 전국적 시장통합」,『조선시대사학보』16, 조선시대사학회, 2001.

이영훈・장시원・宮嶋博史・松本武祝 공저,『근대조선의 수리조합 연구』, 서울: 일조각, 1992.

이완범,「김성수와 대한민국 정부수립」,『한국동양정치사상연구』8-1, 한국동양정치사상사학회, 2009.

이완범,「미국의 한국 점령안 조기준비」,『국제정치논총』36-1, 한국국제정치학회, 1996.

이왕무,「대한제국기 순종의 西巡幸 연구-『西巡幸日記』를 중심으로-」,『동북아역사논총』31, 동북아역사재단, 2011.

이용창, 『동학・천도교단의 민회설립운동과 정치세력화 연구(1896-1906)』, 중앙대학교 사학과 박사학위논문, 2004.

이용창, 「한말 최린의 일본유학과 현실인식」, 『역사와 현실』 41, 한국역사연구회, 2001.
이우성, 「심산(心山)의 민족독립운동」, 『창작과 비평』 14-4, 창작과비평사, 1979
이우성·강만길 편, 『한국의 역사인식』(하), 서울: 창작과비평사, 1976.
이욱 편, 『멀고 먼 영광의 길:동암 서상일 선생 유고(遺稿)를 중심으로』, 대구: 동암 서상일선생기념사업회, 2004.
이욱, 「상업사에서의 자본주의 맹아론」, 강만길 엮음, 『조선후기사 연구의 현황과 과제』, 서울: 창작과비평사, 2000.
이은숙, 『서간도시종기』, 서울: 일조각, 2017.
이은희, 「농지개혁의 의미와 한계」, 『법학연구』 21-1, 인하대학교 법학연구소, 2018.
이재호, 「대한민국 임시정부의 국제공동관리안 반대운동 1942-1943」, 『한국독립운동사연구』 48, 독립기념관 한국독립운동사연구소, 2014.
이정규·이관직, 『우당 이회영 약전』, 서울: 을유문화사, 1985.
이정식, 『초대대통령 이승만의 청년시절』, 서울: 동아일보사, 2002.
이제재, 「수원지방 독립운동 선구자 김노적선생」, 『수원의 옛문화』, 수원: 효원문화, 1995.
이진오, 「정노식의 생애연구」, 『한국학연구』 53, 고려대 한국학연구소, 2015.
이태진 『고종시대의 재조명』, 서울: 태학사, 2000.
이태진, 사사가와 노리카쓰(笹川紀勝) 공편, 『3·1 독립만세운동과 식민지배체체 : 3·1운동 100주년 기념 한일공동연구』, 파주 : 지식산업사, 2019.
이태진, 『끝나지 않은 역사: 식민지배 청산을 위한 역사인식』, 서울: 태학사, 2017.

이태진, 『의술과 인구 그리고 농업기술: 조선 유교 국가의 경제발전 모델』, 서울: 태학사, 2002.

이태진, 『한국사회사연구: 농업기술 발달과 사회변동』, 서울: 지식산업사, 1986.

이태진, 「18-19세기 서울의 근대적 도시발달 양상」, 『서울학연구』 4, 서울시립대 서울학연구소, 1995.

이태진, 「1894년 6월 청군 출병 과정의 진상-자진 청병설(請兵說) 비판-」, 『고종시대의 재조명』, 서울: 태학사, 2000.

이태진, 「1896 - 1904년 서울 도시개조사업의 주체와 지향성」, 『한국사론』 37, 서울대 국사학과, 1997.

이태진, 「고종황제의 독살과 일본정부 수뇌부」, 『역사학보』 204, 역사학회, 2009

이태진, 「서양 근대 정치제도 수용의 역사적 성찰 - 開港에서 光武改革까지 - 」, 『진단학보』 84, 진단학회, 1997

이태진, 「한국 근대의 수구·개화 구분과 일본침략주의」, 『한국사시민강좌 33』, 서울: 일조각, 2003.

이태진·사사가와 노리카쓰(笹川紀勝), 『한국병합과 현대 - 역사적 국제법적 재검토』, 파주: 태학사, 2009. 원저는 『國際共同硏究 韓國倂合と現代-歷史と國際法からの再檢討』, 東京: 明石書店, 2008.

이헌창 엮음, 『조선후기 재정과 시장』, 서울: 서울대학교출판문화원, 2010

이헌창, 「근대경제성장의 기반형성기로서 18세기 조선의 성취와 그 한계」, 『역사학보』 213, 역사학회, 2012.

이헌창, 「조선시대를 바라보는 제 3의 시각」, 『한국사연구』 148, 한국사연구회, 2010.

이현웅, 「1907년 평양대부흥운동의 주역 길선주 목사의 삶과 설교」, 『신학사상』 137, 한신대학교 신학사상연구소, 2007.

이현희, 「일재 김병조와 대한민국임시정부」, 『한국민족운동사연구』 26, 한국민족운동사연구회, 2000.

이형철, 『일본군부의 정치지배- 15년 전쟁기(1931~45)의 민군관계연구』, 서울: 법문사, 1991.

이호재, 『약소국 외교정책론』, 서울: 법문사, 1973.

이호재, 『한국외교정책의 이상과 현실』, 서울: 법문사, 2000(6판)

이호재, 「제1공화국의 외교정책」, 『국사관논총』 27, 과천: 국사편찬위원회, 1991.

이황직, 『군자들의 행진 - 유교인의 건국운동과 민주화운동』, 서울: 아카넷, 2017.

이황직, 「3·1운동에서 유교계 독립운동의 의의」, 『사회이론』, 한국사회이론학회, 2019.

인촌기념회(재단법인), 『인촌 김성수전』, 서울: 인촌기념회, 1976.

임경석, 「운양 김윤식의 죽음을 대하는 두 개의 시각」, 『역사와 현실』 57, 한국역사연구회, 2005.

임종국, 「제1공화국의 친일세력」, 『해방전후사의 인식(2)』, 서울: 한길사, 1985.

임철규, 『그리스 비극: 인간과 역사에 바치는 애도의 노래』, 파주: 한길사, 2007.

장규식, 『일제하 한국 기독교 민족주의 연구』, 서울: 혜안, 2001.

장규식, 「3·1운동과 세브란스」, 『연세의사학』 12-1, 연세대학교 의과대학 의사학과, 2009.

장규식, 「YMCA학생운동과 3·1운동의 초기 조직화」. 『한국근현대사연구』 20, 한국근현대사학회, 2002.

장박진, 「카이로선언의 기초와 한반도 독립조항의 의미」, 『동북아역사논총』 54, 동북아역사재단, 2016.

장병일, 「부흥운동의 횃불 - 길선주 목사」, 『기독교사상』 10-11, 대한기독교서회, 1966.

장상환, 「농지개혁과 한국자본주의 발전」, 『경제발전연구』 6-1, 한국경제발전학회, 2000.

장상환, 「농지개혁 과정에 관한 실증적 연구」(상)·(하), 『경제사학』 8·9, 한국경제사학회, 1984.

장신조, 「낭만주의적 민족주의 - 19세기 독일의 경우」, 『기독교사상』 25-3, 대한기독교서회, 1981.

장을병, 「심산(心山)의 개혁사상」, 『창작과 비평』 14-4, 서울: 창작과비평사, 1979.

장지성, 「진경산수화의 해석에 대한 고찰 -정선의 진경산수화에 대한 몇 가지 쟁점들을 중심으로」, 『미술교육연구논총』 25, 한국초등미술교육협회, 2009.

전택부, 『한국기독교청년회운동사』, 서울: 정음사, 1978.

정교, 편집 조광 편, 역주 변주승 외, 『대한계년사』 1-10권, 학술진흥재단 학술명저번역총서 동양편 23-32, 서울: 소명출판사, 2004.

정병준, 『우남 이승만연구』, 서울: 역사비평사, 2005.

정병준, 「1905년 윤병구·이승만의 시오도어 루즈벨트 면담외교의 추진 과정과 그 의미」, 『한국사연구』 157, 한국사연구회, 2012.

정병준, 「카이로회담의 한국 문제 논의와 카이로선언 한국조항의 작성 과정」, 『역사비평』 107, 역사문제연구소, 2014.

정병준, 「3·1운동의 기폭제: 여운형이 크레인에게 보낸 편지 및 청원서」, 『역사비평』 119, 역사문제연구소, 2017.

정세라, 「정순만의 생애와 민족운동」, 『한국근현대사연구』 25, 한국근현대사학회, 2003.

정연태, 『한국근대와 식민지근대화논쟁』, 서울: 푸른역사, 2011.

정연태, 『식민권력과 한국 농업 - 일제 식민농정의 동역학 -』, 서울: 서울대학교 출판문화원, 2014.

정연태, 『민족차별의 일상사』, 서울: 푸른역사, 2021.
정옥자, 「신사유람단고」, 『역사학보』 27, 역사학회, 1965.
정옥자, 『조선후기 문화운동사』, 서울: 일조각, 1988.
정옥자, 「개화파와 갑신정변」, 『국사관논총』 14, 과천: 국사편찬위원회, 1990.
정옥자, 『조선후기 역사의 이해』, 서울: 일지사, 1993.
정옥자, 『우리가 정말 알아야 할 우리 선비』, 서울: 현암사, 2002.
정용서, 『일제하 해방 후 천도교 세력의 정치운동』, 연세대학교 사학과 박사학위논문, 2010.
정일화, 『카이로 선언 -대한민국 독립의 문-』, 서울: 선한약속, 2010
정재정, 『일제침략과 한국철도(1892-1945)』, 서울: 서울대학교 출판부, 1999.
정진석, 『한국언론사』, 서울: 나남, 1990,
정창률, 「한국농지개혁은 실패했는가?: 복지정책 차원에서의 탐색적 접근」, 『사회복지정책』 45-4, 한국사회복지정책학회, 2018.
정한경(Henry Chung) 저, 김재한 역, 『한국의 사정: 일본의 한국 지배와 한국 독립운동의 발전에 대한 증거자료 모음집』, 서울 : 호랑이스 코필드기념사업회 : 키아츠, 2019.
정한경(Henry Chung) 저, 김지영 역, 『3·1운동과 한국의 상황』, 서울: 선인, 2020. Henry Chung, *The case of Korea: a collection of evidence on the Japanese domination of Korea, and on the development of the Korean independence movement*, New York : Fleming H. Revell Company, c1921.
제임스 I. 메트레이, 구대열 옮김, 『한반도의 분단과 미국: 미국의 대한정책, 1941-1950』, 서울: 을유문화사, 1989.
제임스 팔레, 이훈상 역, 『전통한국의 정치와 정책』, 서울: 신원, 1993.
James B. Palais, *Politics and policy in traditional Korea*,

Cambridge, Mass.: Harvard University Press, 1975.
제임스 팔레, 김범 옮김, 『유교적 경세론과 조선의 제도들 - 유형원과 조선후기』 1 · 2, 서울: 산처럼, 2008. James B. Palais, *Confucian statecraft and Korean Institutions*: Yu Hyŏngwŏn and the late Chosŏn Dynasty, Seattle: University of Washington Press, c1996.
제프리 페이지, 강문구 외 번역, 『농민혁명』, 서울: 서울프레스, 1995. Jeffery M. Paige, Agarian Revolution, New York : Free Press, 1975.
조경달, 허영란 옮김, 『민중과 유토피아』, 서울: 역사비평사, 2009.
조기준, 『한국기업가사』, 서울: 박영사, 1973.
조남호, 「김창협 학파와 진경산수화」, 『철학연구』 71, 철학연구회, 2005.
조동걸, 「신간회 60주년의 회고」, 『한국근대사의 시련과 반성』, 서울: 지식산업사, 1990,
조석곤, 「농지개혁 진행과정과 정부 · 지주 · 농민의 입장-경기도 광주군 남종면 사례를 중심으로」, 『대동문화연구』 75, 성균관대학교 대동문화연구원, 2011,
조석곤, 「농지개혁 수매농가의 분배농지 전매매에 관한 연구-시흥군 수암면 사례」, 『대동문화연구』 81, 성균관대학교 대동문화연구원, 2013.
조선혜, 『중앙교회 107년사』, 서울: 기독교대한감리회 중앙교회, 1998.
조성산, 『조선후기 낙론계 학풍의 형성과 전개』, 서울: 지식산업사, 2007.
조순승, 『한국분단사』, 서울: 형성사, 1982.
조이제, 「한국엡윗청년회의 창립 경위와 초기 활동」, 『한국기독교와 역사』 8, 한국기독교역사연구소, 1998.
조일문 · 신복룡 편역, 『갑신정변 회고록』, 서울: 건국대학교 출판부,

2006.

조재곤,「한말 조선 지식인의 동아시아 삼국 제휴인식과 논리」,『역사와 현실』 37, 한국역사연구회, 2000.

조준희,「소창 신성모연구」,『대종교연구』 1, 한국신교연구소, 2019.

조지 케넌(George F. Kennan; 1904-2005),『미국 외교 50년』, 서울: 가람기획, 2013.

조지프 나이(Joseph S. Nye, Jr.), 양준희·이종삼 옮김,『국제분쟁의 이해: 이론과 역사』(개정판), 서울: 한울, 2009.

조지훈,『한국민족운동사』, 서울: 나남출판, 1996

존 미클 스웨이트, 에이드리언 울드리지,『제4의 혁명: 우리는 누구를 위한 국가에 살고 있는가』, 파주: 21세기북스, 2015.

존 킹 페어뱅크(John King Fairbank)·멀 골드만(Merle Goldman), 김형종·신성곤 옮김,『신중국사(수정증보판)』, 서울: 까치, 2005.

주익종,『대군의 척후』, 서울: 푸른역사, 2008.

주진오,『19세기 후반 개화 개혁론의 구조와 전개 : 독립협회를 중심으로』, 연세대학교 사학과 대학원 박사논문, 1995.

중앙교우회 편,『중앙80년사』 서울: 중앙교우회·중앙중고등학교, 1993.

중앙선거관리위원회,『대한민국선거사』제 1집, 1973.

중앙일보사·연세대학교 현대한국학연구소(편),『이화장소장 우남이승만문서: 동문편』제16권·17권, 서울: 국학자료원, 1988.

지순임,「진경산수화와 조선 성리학」,『한국학 연구』 30, 고려대학교 한국학연구소, 2009.

차명수,「우리나라의 생활수준, 1700-2000」, 안병직 편,『한국경제성장사』, 서울: 서울대출판부, 2001.

차상철,「미국의 한국인식과 신탁통치안」,『국사관논총』 75, 과천: 국사편찬위원회, 1997.

최기영, 「한말 동학의 천도교로의 개편에 관한 검토」, 『한국학보』 76, 서울: 일지사, 1994.

최덕규, 「미국해군제독 슈펠트와 조미수교(조미수교)-동아시아 국제관계를 중심으로(1880-1882)」, 『군사』 115, 국방부 군사편찬연구소, 2020.

최덕수, 「구한말 일본유학과 친일세력의 형성」, 『역사비평』 15, 역사문제연구소, 1991.

최덕수, 「개화기 일본의 조선인 유학정책의 성격」, 『국사관논총』 72, 국사편찬위원회, 1996.

최덕수, 『개항과 한일관계』, 서울: 고려대출판부, 2004.

최상용, 『미군정과 한국민족주의』, 서울: 나남, 1988.

최시중, 『(인촌)김성수: 겨레의 길잡이 시대의 선각자』, 서울: 동아일보사, 1986.

최영호, 「카이로선언의 국제정치적 의미」, 『영토해양연구』 5, 동북아역사재단, 2013,

최완기, 『조선후기 도매상업과 물가변동』, 『국사관논총』 65, 과천: 국사편찬위원회, 1995.

최완기, 『조선후기선운업사연구』, 서울: 일조각 1989.

최완수, 「조선왕조 서화사 개설」, 『간송문화』 46, 한국민족미술연구소, 1994.

최종고, 『(근대사법 100년이 낳은)한국의 법률가상』, 서울: 길안사, 1995.

최종고, 『한국의 법률가』, 서울: 서울대학교 출판부, 2007.

최준, 「삼일운동과 언론투쟁」, 『삼일운동오십주년기념논집』, 서울: 동아일보사, 1969.

츠키아시 다츠히코, 『조선의 개화사상과 내셔널리즘』, 파주: 열린책들, 2014, 月脚達彦, 『朝鮮開化思想とナショナリズム: 近代朝鮮の形

成』, 동경대학출판회, 2009.
카터 J. 에커트, 주익종,『제국의 후예』, 서울: 푸른역사, 2008. Carter J. Eckert, *Offspring of Empire: The Koch'ang Kims and colonial of korean capitalism, 1867-1945*, the University of Washington Press, 1991.
칼 A. 비트포겔((Karl August Wittfogel), 구종서 역,『동양적 전제주의: 총체적 권력의 비교연구』, 서울: 법문사, 1991.
칼 포퍼,『열린사회와 그 적들』, 서울: 민음사, 2012.
케네스 포메란츠(Kenneth Pomeranz), 김규태 외 옮김,『대분기』, 서울: 에코리브르, 2016. Kenneth Pomeranz, *The great divergence: China, Europe, and the making of the modern world economy*, Princeton, N.J.: Princeton University Press, c2000.
파올로 코시(Paolo Cossi) 지음; 이현경 옮김,『메즈 예게른: 아르메니아인 대학살 1915-1916』, 파주: 미메시스, 2011.
페리 앤더슨(Perry Aenderson), 김현일 외 옮김,『절대주의 국가의 계보』, 서울: 까치, 1993,
피에르 르누벵(Pierre Renouvin), 박대원 역,『동아시아 외교사』, 서울: 서문당, 1988.
필립 T. 호프먼,『정복의 조건: 유럽은 어떻게 세계 패권을 손에 넣었는가』, 서울: 책과 함께, 2016. Philip T. Hoffman, *Why did Europe conquer the World?*, Princeton: Princeton University Press, c2015.
하가 토로우(芳賀徹), 손순옥 옮김,『명치유신과 일본인』서울: 도서출판 예하, 1989.
하오엔핑(郝延平), 이화승 옮김,『동양과 서양, 전통과 근대를 잇는 상인 매판』, 서울: 씨앗을 뿌리는 사람, 2002.
하유식,「울주군 상북면 농지개혁 연구」,『역사와 세계』31, 효원사학회,

2007.

한국기독교장로회 역사편찬위원회,『한국기독교 100년사』, 서울: 한국기독교장로회출판사, 1992

한국미국사학회 엮음,『(사료로 읽는)미국사』, 서울: 궁리출판, 2006.

한국사연구회 편,『한국사연구입문』, 서울: 지식산업사, 1981.

한국역사연구회,『한국사강의』, 서울: 한울, 1989.

한규무,「을사조약전후 상동청년회의 민족운동과 정순만」,『중원문화연구』16·17, 충북대중원문화연구소, 2011.

한동민,「수원 나주나씨와 나혜석의 부모 형제들」,『나혜석연구』1-1, 나혜석학회, 2012.

한상구, 1926~28년 민족주의 세력의 운동론과 신간회」,『한국사연구』86, 한국사연구회, 1994,

한상일,『이토 히로부미와 대한제국』, 서울: 까치, 2015.

한시준,「중경시기 대한민국임시정부의 외교활동」,『한국독립운동사연구』53, 독립기념관한국독립운동사연구소, 2016.

한시준,「카이로선언과 대한민국임시정부」,『한국근현대사연구』21, 한국근현대사학회, 2014.

한우근,「개항 당시의 위기의식과 개화사상」,『한국사연구』2, 한국사연구회, 1968.

한철호,「민씨척족정권기(1885~1894) 내무부 관료 연구」,『아시아문화』12, 한림대아시아문화연구소, 1996.

함석헌,『뜻으로 본 한국역사』, 파주: 한길사, 2003.

함석헌,「남강 이승훈선생」,『새벽』5월·7월호, 새벽사, 1956.

함석헌,「남강 이승훈선생」,『성서조선』17, 조선야소교서회, 1930년 6월.

허선도,「삼일운동과 유교계」,『삼일운동 50주년기념논집』, 서울: 동아일보사, 1969.

허수열, 『일제 초기 조선의 농업』, 파주: 한길사, 2011,
허수열, 『일제하 한국에 있어서 식민지적 공업의 성격에 관한 일 연구』, 서울대 경제학과 박사학위논문, 1983.
현상윤, 「삼일운동의 회상」, 『신천지』 3, 서울신문사, 1946.
호리 가즈오(堀和生), 『한국근대의 공업화: 일본자본주의와의 관계』, 서울: 전통과 현대, 2003.
홉스 봄, 『1870년 이후의 민족과 민족주의』, 서울: 창작과비평사, 1994.
홍성찬, 「한국근대농촌사회의 변동과 지주층-20세기 전반기 전남 화순군 동복면 일대의 사례』, 서울: 지식산업사, 1992.
홍성찬, 「일제하 지주층의 존재형태」, 『한국 근현대의 민족문제와 신국가건설』(김용섭교수 정년기념논총 3), 서울: 지식산업사, 1997.
홍성찬, 「농지개혁 전후 대지주 동향」, 홍성찬 편, 『농지개혁연구』, 서울: 연세대학교 출판연구원, 2001.
홍성찬, 「근대화 프로젝트로서의 한국 농지개혁과 대지주」, 유용태 편, 『동아시아의 농지개혁과 토지혁명』, 서울: 서울대학교 출판연구원, 2014.
황현 저, 김종익 역, 『오하기문』, 서울: 역사비평사, 2016.
후마 스스무(夫馬 進), 신로사 외 옮김, 『조선연행사와 조선통신사』, 서울: 성균관대 출판부, 2019.
히로마쓰 와타루(廣松涉), 『근대초극론: 일본 근대사상사에 대한 시각』, 서울: 민음사, 2004.

미 주

서 론

1) 그러나 대한민국은 민주화 이후에 사회적 불평등이 더 심화되는 딜레마를 안게 되었고, 그것은 한국 민주화의 의미가 무엇인가를 다시 묻게 하는 배경이 되고 있다.
2) 의회주의는 국가의 정치적 결정과 법률 제정을 의회에서 다수결의 원리에 따라 행하는 정치 방식과 그 입장을 의미한다.
3) 안병영, 『왜 오스트리아 모델인가』, 서울: 문학과지성사, 2013 참조.

제1장

1) 하가 도로우(芳賀徹), 손순옥 옮김, 『명치유신과 일본인』 서울: 도서출판 예하, 1989, pp. 118-140.
2) 미요시 도오루(三好徹), 이혁재 옮김, 『사전(史傳) 이토 히로부미』, 다락원, 2002, p. 28.
3) Jardine Matheson Holdings Limited는 홍콩에 본사(등기상의 본사는 버뮤다 해밀턴)를 두고 있는 영국계 기업 그룹으로 지주회사다. 미국 잡지 『포춘』의 세계 기업 순위 상위 500대 기업 순위 '포춘 글로벌 500'(2009년도판)에서는 세계 411위를 기록했다. 설립 170년이 지난 오늘날에도 아시아를 기반으로 세계 최대의 국제 대기업(재벌)으로서 영향력을 가지고 있다. 전신은 영국 동인도회사로 원래는 무역상사였다. 1832년, Scots William Jardine과 James Matheson이 설립했다. 동인도 회사의 중국과의 무역 독점이 끝난 후, 1834년에 Jardine Matheson & Co(JM & Co)은 처음으로 차를 영국으로 수출했다. 1841년에 회사는 홍콩으로 사무실을 옮겼다. 홍콩은 1843년 난징조약에 의해 영국 식민지가 되었다. 중국 이름은 '이화양행'으로 당시 광저우는 유럽 상인에게 개방된 유일한 무역항이었다. 설립 당초의 주요 업무는 아편 밀수와 차를 영국에 수출하는 것이었다. 홍콩·상하이은행(HSBC)은 자딘 매터슨이 홍콩에서 벌어들인 자금을 영국 본국에 송금하기 위해 설립된 은행이고, 청나라와 영국 사이에서 1840년부터 2년간에 걸쳐 진행된 아편전쟁에 깊이 관련되어 있었다. 아편 수입을 규제하려는 청나라 조정과 영국의 분쟁이 발생했을 당시 아편 상인 중 하나였던 자딘 매터슨 상회의 로비 활동을 통해 영국 본국 의회는 9표라는 근소한 차이로 군대 파견을 결정했다. https://www.jardines.com/en/group/history.html 참조.
4) 犬塚孝明, 『密航留學生たちの明治維新: 井上馨と幕末藩士』, 東京: 日本放送出版協會, 2001, pp. 45-75.
5) UCL(University College London)은 1826년에 설립되었다; https://www.ucl.ac.uk/news/2013/jul/ucl-celebrates-150th-anniversary-japans-choshu-five.
6) 이들을 기억하는 사쓰마영국유학생기념관(薩摩藩英国留学生記念館)이 가고시마현 이치키쿠시키노시(いちき串木野市)에 있다.
7) https://www.ucl.ac.uk/library/digital-collections/collections/records/choshu-satsuma
8) 미요시 도오루, 위의 책, pp. 36-37; 頭山滿·伊藤痴遊·田中光顕 著, 『吉田松陰と長州五

傑』, 國書刊行會, 2015, pp. 177-199.
9) 미요시 도오루, 위의 책, p. 42; 杉山伸也,『明治維新とイギリス商人: トマス グラバ-の 生涯』, 東京: 岩波書店, 1993; McKay, Alexander, *Scottish samurai: Thomas Blake Glover 1839-1911*, Edinburgh: Canongate, 2012.
10) 미요시 도로우, 위의 책, pp. 49-52.
11) 마쓰오 다카요시(松尾尊兌),『다이쇼 데모크라시』, 서울: 소명출판, 2011, pp. 188-189.
12) E. O. 라이샤워,『일본사』, 서울: 탐구당, pp. 125-126.
13) 頭山滿・伊藤痴遊・田中光顯, 위의 책, pp. 133-134.
14) 나카무라 기쿠오, 옮긴이 강창일,『이등박문』, 서울: 중심, 2000, p. 52.
15) 미요시 도오루, 위의 책, p. 41.
16) Ibid., pp. 39-40.
17) 독립운동사편찬위원회 편,『독립운동사 9권: 학생독립운동사』, 서울: 독립운동사사업기금 운용위원회, 1977. p. 89.
18) 김홍집은 東京에 있는 동안 주일 청국공사 何如璋, 참찬관 黃遵憲 등과 회담을 하면서 여러 가지 의견을 청취했고, '親中國・結日本・聯美國'의 세력균형 정책을 제시한 黃遵憲의 「朝鮮策略」을 국왕에게 소개했다. 국편DB,『(신편)한국사 37: 서세동점과 문호개방』,「초 기 개화정책의 추진 배경과 그 성격」, http://db.history.go.kr/id/nh_037_0050_0050_ 0030.

국사편찬위원회의 한국사 데이터베이스는 여러 개의 자료군으로 구성되어 있다. 이 책에 서는 인용된 자료들을 국편 DB,『자료명(책)』,「자료명」, URL주소 순서로 표기했다. 국편 DB가 아닌 곳에서 인용한 자료 표기는 일반적 용례에 따랐다.
19) 조사시찰을 위한 영역은 문부성을 위시하여 10개, 각 영역의 책임자는 박정양・어윤중・홍 영식 등을 포함하여 12명이었다. 조사 및 시찰 대상들은 문부성・내무성・농상성・사법 성・공부성・외무성, 대장성・세관・육군・군사 등이었고, 탐문 격인 조사(朝事) 업무는 조준영(趙準永)・박정양(朴定陽)・엄세영(嚴世永)・강문형(姜文馨)・조병직(趙秉稷)・민 종묵(閔種默)・이헌영(李𨯶永)・심상학(沈相學)・홍영식(洪英植)・어윤중(魚允中)・이원 회(李元會) 김용원(金鏞元) 등이 맡았다. 정옥자,「신사유람단고」,『역사학보』27, 역사학 회, 1965, 참조
20) 1883년에 徐載弼・鄭蘭敎・朴應學・鄭行徵・林殷明・申重模・尹済觀・李圭完・河應善・ 李秉虎・申應熙・李建英・鄭鍾振・白樂雲 등 14명이 도야마학교에 입학했다. 서재필,「回顧 甲申政變」, 조일문・신복룡 편역,『갑신정변 회고록』, 서울: 건국대학교 출판부, 2006, p. 224; 국편 DB,『(신편)한국사 38: 개화와 수구의 갈등』,「갑신정변」, http://db.history. go.kr/id/nh_038_0060_ 0030_0020_0010.
21) 이광린,『한국개화사의 제문제』, 서울: 일조각, 1986, pp. 39-63.
22) 이광린,『한국개화사상연구』, 서울: 일조각, 1979, p. 100.
23) 유학생들에 대한 지원이 끊긴 것은 정치적 이유가 아니라 부족한 재정 때문이었다는 주장이 있다. 이에 관해서는 다음 논문을 참조하시오. 마스타니 유이치(桝谷祐一),「갑오 개혁기 도일유학생 파견 정책의 전개와 중단 과정」,『한국사학보』56, 고려사학회, 2014.
24) 다음의 논문들을 통해 이 시기의 유학생 동향을 개관할 수 있다. 마스타니 유이치(桝谷祐

一), 위의 논문; 박찬승, 「1890년대 후반 관비유학생의 도일유학」, 『근대교류사와 상호인식』, 고려대아세아문제연구, 2000; 박찬승, 「1904년 황실 파견 도일유학생 연구」, 『한국근대사연구』 51, 한국근현대사학회, 2009; 최덕수, 「구한말 일본유학과 친일세력의 형성」, 『역사비평』 15, 역사문제연구소, 1991; 최덕수, 「개화기 일본의 조선인 유학정책의 성격」, 『국사관논총』 72, 국사편찬위원회, 1996; 송병기, 「開化期 日本留學生 派遣과 實態 1881-1903」, 『동양학』 18, 단국대동양학연구소, 1988.
25) 1905년부터 증가하기 시작한 사비 유학생은 일본에서만 1908년에 270명, 1909년에 323명, 1910년에 420명을 헤아렸다.
26) 『인촌 김성수전』, 서울: 인촌기념회, 1976, pp. 68-69.

제2장

1) 신정왕후(神貞王后; 1808-1890) 조씨는 익종(翼宗; 1809-1830)의 부인이었다. 그녀는 풍양 조씨 조만영(趙萬永)의 후손으로 1819년에 순조의 아들 효명세자(孝明世子)와 혼인을 하여 세자빈이 되었다. 1834년에 순조가 사망하자 그녀의 아들이 왕위에 올랐다. 그가 24대 왕 헌종(憲宗; 1827-1849)이다. 1857년 시어머니인 순원왕후(純元王后)가 사망하자 대왕대비가 된 그녀는 왕실의 최고 어른이 되었고, 25대 왕 철종이 후손 없이 사망하게 되자 왕위 계승 문제에 직접 관여했다.
2) 제임스 팔레(James B. Palais), 『전통한국의 정치와 정책』, 서울: 신원, 1993, pp. 48-55; 『(신편)한국사 37: 서세동점과 문호개방』, 국사편찬위원회, 2002, pp. 143-144.
3) 연갑수, 『대원군집권기 부국강병정책 연구』, 서울: 서울대학교 출판부, 2001, p. 22; 성대경에 의하면 이때 안동김씨 세력은 둘로 분열되어 있었다고 한다. 하나는 김좌근·김흥근을 중심으로 하는 그룹이었고, 다른 하나는 김병학·김병국을 중심으로 하는 그룹이었다. 『(신편)한국사 37』, pp. 150-151.
4) 『(신편)한국사 37』, pp. 152-154; 연갑수, 위의 책(2001), 제1장.
5) 연갑수, 위의 책, p.255.
6) 『(신편)한국사 37』, p. 155
7) 팔레, 위의 책, pp. 297-298.
8) Ibid., p. 299.
9) 유교적 리더의 특징에 대해서는 벤저민 슈워츠의 설명이 유효하다. Benjamin Schwartz, "Some Polarities in Confucian Thought," in *Confucianism in Action*, Palo Alto: Stanford University Press, 1959, pp. 50-62; Benjamin Schwartz, *In Search of Wealth and Power*, Cambridge, Mass.: Harvard University Press, 1964, pp. 10-13. 팔레, 위의 책, pp. 299-301, p. 302 에서 재인용. 『부와 권력을 찾아서』(파주: 한길사, 2006)는 최효선에 의해 번역되었다.
10) 팔레, 위의 책, pp. 300-303.
11) Ibid., p. 304.
12) Ibid., p. 305.
13) Ibid., pp. 306-310.
14) Ibid., pp. 312-314.

15) 국편 DB,『사료 고종시대사 6』, 1873(고종 10년) 11월 3일, http://db.history.go.kr/ids/k_006r_0020_0120_0030_0010.
16) 팔레, 위의 책, pp. 315-319.
17) Ibid., pp. 324-327.
18) Ibid., p. 330.
19) Ibid., pp. 330-331.
20) Ibid., p. 411.
21) Ibid., p. 442.
22) Ibid., p. 298; 홉스봄은 '대중적 원형민족주의'를 설명하면서 한국・중국・일본 세 나라를 "종족이라는 면에서 거의 또는 완전히 동질적인 인구로 구성된 역사적 국가의 희귀한 사례"로서 거론했다.『1870년 이후의 민족과 민족주의』, 서울: 창작과비평사, 1994(6쇄 2003), p. 94, 179.
23) Ibid., p. 299; 마르티나 도이힐러,『조상의 눈 아래에서: 한국의 친족, 신분 그리고 지역성』, 서울: 너머북스, 2018.
24) 이태진,「서양 근대 정치제도 수용의 역사적 성찰 - 開港에서 光武改革까지 -」,『진단학보』84, 진단학회, 1997 참조.
25) 민영익은 1877년 文科 급제 후 1878년 인사를 담당하는 이조참의(吏曹參議)가 되었다(정옥자,「개화파와 갑신정변」,『국사관논총』14, 1990). 이조참의는 이조판서, 이조참판에 이은 서열 3위에 해당하는 정삼품 당상관이다(네이버「지식백과」참조, https://terms.naver.com/).
26) 정옥자,『조선후기 역사의 이해』, 서울: 일지사, 1993, pp. 225-226.
27) 생몰미상, 1875년(고종 12), 1880년(고종 17) 12월 21일 변화하는 국내외 정세에 대응하기 위해 국내외의 군국기무(軍國機務)를 총괄하는 업무를 관장하던 통리기무아문(統理機務衙門)이 설치되었다. 1883년에 이 기구의 참의군국사무(參議軍國事務)에 임명된 바가 있었다.『한국민족문화대백과사전』참조.
28) 영의정을 지낸 조두순(趙斗淳)의 손자로, 조병섭(趙秉燮)의 아들이며, 조병집(趙秉集)에게 입양되었다. 1876년 식년문과에 병과로 급제해 가주서(假注書)가 되었고, 1877년 9월 홍문관 부수찬, 1879년 통정대부(通政大夫)에 올랐고, 1880년부터 예조참의・승정원 동부승지에 이어 우부승지・우승지・좌승지를 거쳐 도승지를 역임하였다. 일제강점 이후 일본으로부터 작위와 은사공채, '한국병합기념장'을 받았다.『한국민족문화대백과사전』참조.
29) 생몰연도는 불명확하나, 1878년에 동부승지, 1880년에 공조참판, 1882년에 성균관 대사성, 1884년에 이조참판의 이력을 확인할 수 있다. 국편 DB,『고종시대사 2』, http://db.history.go.kr/id/gj_002_a15_050_080_010
30) 1874년(고종 11) 증광별시 문과에 을과로 급제했다. 1877년 승정원 동부승지가 되고, 1882년 개성부 유수로 승진하였다가, 1884년 이조 참판・홍문관 부제학, 1887년 성균관 대사성, 1888년 대사헌・규장각 직제학이 되었다. 본관 남양. 1910년 조선을 강점한 일본정부가 주는 남작 작위를 거절하고 받지 않았다(『한국민족문화대백과사전』참조).
31) 공조판서를 지낸 심응택(沈應澤)의 아들이다. 갑신정변 때 경우궁에 들어가서 민왕후 측과 청군의 연락을 도왔다.『한민족대백과사전』참조.
32) 황현의 기록(『매천야록』)에 의한 것. 정옥자,「개화파와 갑신정변」,『국사관논총』14,

국사편찬위원회, 1990, p. 184.
33) '연미론'은 주일공사관의 참사관인 황쭌셴(黃遵憲; 1848-1905)이 『조선책략(朝鮮策略)』에서 조선정부의 외교방략으로 권고한 '친중국(親中國)·결일본(結日本)·연미국(聯美國)'과 관련이 있었다.
34) 정옥자, 위의 책(1993), pp. 226-230 참조.
35) 정옥자, 위의 논문(1990), p. 184.
36) 그 밖에도 군사기구 정비와 관련하여 '근위대 설치' 등 정부 제도 개혁에 관한 조항'들이 포함되어 있었다. 국편 DB, 『한국근대사기초사료집: 개항기의 행정』, 「갑신정변 당시 변법개화파의 정강」. http://db.history.go.kr/id/mh_004_0020_0010_0020.
37) 1765년 6월에 서장관(書狀官) 숙부 홍억(洪檍; 1722-1809)의 추천으로 연행사절단의 자제군관에 선발되었다. 약 3개월간(1765.12.27-1766.3.1) 베이징에 체류하면서 천주교 인사들 및 중국인들과 교류했다. 그는 그들과 교류하면서 천문학을 위시하여 선진문명에 대한 이해의 폭을 넓혔다. 홍대용과 그들이 나눈 필담과 주고받은 편지를 모아서 『항전척독(杭傳尺牘)』(會友錄) 3권이 편찬되었다. 그와 중국인들의 교류는 박지원·이덕무·유득공·박제가로부터 참된 교제라는 찬사를 받았다. 김인규, 「홍대용-그의 생애와 사상」, 『선비문화』 11권, 남명학연구원, 2007, pp. 33-34.
38) 후마 스스무(夫馬 進), 신로사 외 옮김, 『조선연행사와 조선통신사』, 서울: 성균관대 출판부, 2019, pp. 455-468.
39) 유봉학, 『정조대왕의 꿈: 개혁과 갈등의 시대』, 서울: 신구문화사, 2001, p. 133.
40) Ibid., p. 134.
41) 정옥자, 위의 논문(1990), p. 182; 정옥자, 『조선후기 문화운동사』, 서울: 일조각, 1988, 「제3장, 중인계층의 문학운동」 참조.
42) 유봉학, 『조선 후기 학계와 지식인』, 서울: 신구문화사, 1998, p. 121: 이승렬, 『제국과 상인』, 역사비평사, 2007, pp. 53-56.
43) 유봉학, 위의 책(2001), pp. 29-34.
44) Ibid., p. 35.
45) '경화사족'에 대한 사전적 의미는 최성환의 「경화사족」(『한민족대백과사전』) 정리 참조.
46) 유봉학, 위의 책(1998), pp. 133-134.
47) 유봉학, 『연암일파 북학사상 연구』, 서울: 일지사, 1995, p. 77.
48) 유봉학, 위의 책(2001), p. 144.
49) 최완수, 「조선왕조 서화사 개설」, 『간송문화』 46, 한국민족미술연구소, 1994; 강명관, 「조선후기 경화세족과 고동서화 취미」, 『조선시대 문학예술의 생성공간』, 서울: 소명출판사, 1999; 조남호, 「김창협 학파와 진경산수화」, 『철학연구』 71, 철학연구회, 2005; 장지성, 「진경산수화의 해석에 대한 고찰 -정선의 진경산수화에 대한 몇 가지 쟁점들을 중심으로」, 『미술교육연구논총』 25, 한국초등미술교육협회, 2009; 지순임, 「진경산수화와 조선 성리학」, 『한국학 연구』 30, 고려대학교 한국학연구소, 2009; 안휘준, 「겸재 정선과 그의 진경산수화, 어떻게 볼 것인가」, 『역사학보』 214, 역사학회, 2012; 권인경, 「진경의 해석을 통한 '도시풍경' 재현」, 『미술문화연구』 12호, 동서미술문화학회, 2018; 유봉학, 위의 책(2001), pp. 135-136 등을 참조함.
50) 『승정원일기』 1866년(고종 3) 9월 12일, '12일 동부승지 이항로, 양적과 화친하지 말고

항전해야 한다는 상소를 올림'. 국편 DB, 『(사료)고종시대사 2』. http://db.history.go.kr/id/sk_002r_0010_0090_0100_0030.
51) 『승정원일기』 1866년(고종 3) 10월 7일, '행호군 이항로, 서양 오랑캐의 재침에 대한 대비를 굳건히 할 것을 청함'. 국편 DB, 『(사료)고종시대사 2』. http://db.history.go.kr/id/sk_002r_0010_0100_0070_0040.
52) 구범모, 「개화기 정치의식 상황」, 『한국정치학회보』 3, 한국정치학회, 1969; 한우근, 「개항 당시의 위기의식과 개화사상」, 『한국사연구』 2, 한국사연구회, 1968.
53) 『고종실록』 1881년(고종 18) 윤7월 6일, '강원도 유생 홍재학, 척사위정을 주장하는 상소를 올림.' 국편 DB, 『(사료)고종시대사 10』, http://db.history.go.kr/id/sk_010r_0020_0080_0050_0040.
54) 『승정원일기』 1881년(고종 18) 윤7월 6일, '좌승지 박용대 등, 각 도의 유생들이 올린 상소 중 강원도 유생 홍재학이 올린 상소를 보통으로 처리하면 안 된다고 아룀'(국편 DB, 『(사료)고종시대사 10』, http://db.history.go.kr/id/sk_010r_0020_0080_0050_0030.
55) 국편 DB, 『(신편)한국사 38: 개화와 수구의 갈등』, 「위정척사 운동의 전개」, http://db.history.go.kr/id/mh_038_0048_0020. 참형 과정에 대한 설명은 국편 DB, 『(국역) 매천야록』, http://db.history.go.kr/id/sa_001r_0010_0080_0090.
56) 『고종실록』 1882년(고종 19) 9월 26일. '지평 유중교, 서양의 기술을 배우면서 예수의 학문도 같이 배우자는 논의를 배척하는 상소를 올림'. 국편 DB, 『(사료) 고종시대사 11』, http://db.history.go.kr/id/sk_011r_0010_0090_0240_0010.
57) 김준석은 '국가재조론', 이애희는 '북벌론' 및 '화이론'과 관련하여 호락논쟁을 평가했다. 김준석, 『조선후기 정치사상사 연구』, 서울: 지식산업사, 2003; 김준석, 『한국중세유교정치사상사론』 1·2, 서울: 지식산업사, 2005; 이애희, 『조선후기 인성 물성 논쟁의 연구』, pp. 50-58; 조성산, 『조선후기 낙론계 학풍의 형성과 전개』, 서울: 지식산업사, 2007.
58) 박학래, 「한말 기호학계와 노사 기정진의 학문활동」, 『남명학연구』 29, 경상대학교 경남문화연구원, 2010, pp. 4-5; 이경구, 「영조-순조 연간 호락논쟁의 전개」, 『한국학보』 93, 일지사, 1998, pp. 113-131.
59) 박학래, 위의 논문, p. 6.
60) 유신환은 홍석주(洪奭周; 1774-1842)·김매순(金邁淳; 1776-1840)·산림학자인 오희상(吳熙常; 1763-1833)의 영향을 받았다. 유신환과 이항로 계열 학자들 사이에서는 학문적 논쟁이 일어나기도 했다. 박학래, 위의 논문, pp. 7-9.
61) 노대환, 「19세기 중엽 유신환 학파의 학풍과 현실 개혁론」, 『한국학보』 72, 일지사, 1993.
62) 유봉학, 위의 책(1995), pp. 42-43; 유봉학, 위의 책(1998), pp. 108-114.
63) 기호학계의 분화는 여기에 그치지 않았다. 고산(鼓山) 임헌회(任憲晦; 1811-1876)와 그의 학통을 계승하여 충청은 물론 호남을 중심으로 전국적인 문인집단을 형성한 간재(艮齋) 전우(田愚; 1841-1922)의 '간재학파(艮齋學派)'가 있었다. 송시열(宋時烈; 1607-1689)로부터 연원하는 가학(家學)을 계승하여 독자적인 문인집단을 형성하며 연재(淵齋) 송병준(宋秉璿; 1836-1905)의 '연재학파'도 있었다. 그들은 충청·전라·영남 지역에서 문인을 배출했다. 서울을 중심으로 유력한 문인관료를 배출한 봉서(鳳棲) 유신환(兪莘煥; 1801-1859) 계열의 '봉서학파', 함경도로부터 충청 지역으로 이사하여 문인집단을 형성한 의당(毅堂) 박세화(朴世和; 1834-1910) 중심의 '의당학파'도 있었다. 박학래, 위의 논문, pp. 2-10; 이경

구, 「영조-순조 연간 호락논쟁의 전개」, 『한국학보』 93, 일지사. 1998, pp. 113-131.
64) 화서 이항로와 노사 기정진 문단의 유생들이 의병전을 주도하게 된 사상적 배경이 '주리론'에 있다는 주장을 참조했다. 박학래, 위의 논문, pp. 22-24.
65) 최근에 흥미로운 견해가 제출되었다. 김자현은 임진왜란을 계기로 한국에서 민족이 탄생하였다고 주장했는데, 그 분석 대상은 재지사족의 의병활동, 선조의 한글 교지, 문학작품 등이었다. 서양에서는 민족의 탄생이 18・19세기의 역사적 현상인데, 한국에서는 16・17세기에 일본의 침략을 계기로 '상상의 공동체' 즉 민족이 형성되었다. 그의 견해는 다음 진술에 압축적으로 잘 나타나 있다. "외부 타자에 대항하여 개인과 자국의 생존을 위해 싸운 조선인은 스미스(Anthony Smith)가 말한 (단일 문화를 지닌) 민족 감정, 영토 의식 그리고 언어와 같은 '에스니(ethnies)'의 상당히 많은 요소를 보유했으며, 강렬한 정체성 담론을 출현시켰다." 김자현, 윌리엄 하부시・김지수 편집, 주재영 옮김. 『임진전쟁과 민족의 탄생』, 서울: 너머북스, 2019, p. 188, 원저는 JaHyun Kim Haboush, *The great East Asian war and the birth of the Korean nation*, New York: Columbia University Press, 2016). 베스타드(Odd Arne Westad)는 김자현의 견해를 수용하여 600년간에 걸친 중국과 의(義)의 국가 조선의 관계를 검토했다(*Empire and Righteous Nation*, Cambridge, Massachusetts: The Belknap Press of Harvard University Press, 2021). 베스타드에 의하면 중국에 대한 조선의 주권은 complex sovereignty이고, 한국인 엘리트들(왕실을 포함한 양반사대부)의 '상상된 정체성'은 compound singularity인데, 이들은 한국의 20세기 민족주의로 계승되었다. 두 저서는 민족(nation) 이론과 조선의 지배엘리트인 양반사대부의 민족적 정체성의 관계를 접목시켰다는 점에서 앞으로의 연구에 이론적 자극을 줄 것이다. 그러나 우리는 서양과 한국 민족 탄생의 차이에 대해서도 유의할 필요가 있다. 왕실과 양반사대부는 그들의 국가 '조선'을 매개로 정치적・문화적 정체성을 공유했지만, 인구의 상당수를 차지하는 양인과 천민과 국민적 혹은 사회적 정체성을 공유하지 않았다. 신분적 하이어라키(hierarchy)를 지탱하는 의(義)를 매개로 하는 양반 사대부의 사회적 정체성과 20세기 민족주의의 관계에 대해서는 엄밀한 검토가 필요하다. 1896・1905・1907년 국가적 위기에서 등장했던 의병(義兵)의 민족주의와 3・1운동을 계기로 등장한 시민적 민족주의의 관계는 밀접하지 않았다.
66) 고동환, 『조선시대 서울도시사』, 태학사, 2007, p. 410.
67) 조선후기 상업 및 상인에 관한 연구로서는, 강만길, 『조선후기 상업자본의 발달』, 서울: 고려대학교 출판부, 1973; 강만길, 『이조의 상인』, 서울: 한국일보사, 1975; 오성, 『조선후기 상인연구』, 서울: 일조각, 1989; 고동환, 『조선후기 서울상업발달사연구』, 서울: 지식산업사, 1998; 고동환, 『조선시대 시전상업 연구』, 서울: 지식산업사, 2013; 변광석, 『조선후기 시전상인 연구』, 서울: 혜안, 2001 등 여러 연구들이 제출되어 있다.
68) 『各廛記事』地, p. 127, 辛未(1691), 國初分設市廛於鐘樓街上 旗亭百隊 次第排列於御路左右者 亦一宗廟宮闕守衛之備, 고동환, 『조선시대 시전상업 연구』, 서울: 지식산업사, 2013, p. 110에서 재인용.
69) 국편 DB, 『현종실록』 현종 12년(1671) 5월 18일(음), http://db.history.go.kr/id/bb_030r_001_05_0100.
70) 고동환, 위의 책(2013), pp. 107-108.
71) Ibid., pp. 345-351.
72) 『정조실록』, 정조 15년(1791) 1월 25일. "서울에 사는 백성의 고통으로 말하자면 상업

거래의 독점(都庫)이 가장 으뜸일 것입니다. 우리나라의 난전(亂廛)을 금하는 법은 오로지 육의전이 국역을 지는 데 상응하는 이익을 독점하게 하자는 것입니다. 그런데 요즈음 빈둥거리며 노는 무뢰배들이 삼삼오오 떼를 지어 스스로 가게 이름을 내걸고, 생활 관련 용품을 제멋대로 맡아 하고 있습니다. 큰 것은 말이나 배에 실은 물건에서, 작은 것은 머리에 이고 손에 든 물건까지, 사람들이 다니는 길목에 잠복했다가, 싼값에 강제로 사들입니다. 뜻밖에 물건 주인이 듣지를 않으면 번번이 난전이라 덮어씌워, 결박해 형조와 한성부에 잡아넣습니다. 그래서 물건을 가진 사람은 본전도 되지 않는 값에 어쩔 수 없이 눈물을 흘리며 팔아버리게 됩니다. 이리하여 제각기 가게를 벌이고, 가격을 값절로 받는데, 일반인들이야 사지 않으면 그만이지만 만약 어쩔 수 없이 사야 하는 사람은 그 가게가 아니면 다른 곳에서 물건을 살 수가 없습니다. 그래서 날로 가격이 오르고 물권이 귀해져서, 저의 젊었을 때와 비교하면, 값이 서나 배나 네댓 배까지 올랐습니다."(若論都下民瘼, 都庫爲最. 我朝亂廛之法, 專爲六廛之上應國役, 使之專利也. 近來游手無賴之輩, 三三五五, 自作廛號, 凡係人生日用物種, 無不各自主張. 大以馬駄船載之産, 小而頭戴手提之物, 伏人要路, 廉價勒買, 而物主如或不聽, 輒稱亂廛, 結縛歐納於秋曹京兆. 故所持者, 雖或落本, 不得不垂涕泣賣去. 於是乎各列其肆, 以取倍價, 平民輩不買則已, 若係不得不買者, 則捨其廛, 更不可從他求得. 以故, 其價日增, 凡物之貴, 較視於臣之年少時, 不啻爲三五倍). 국편 DB,『조선왕조실록』, http://sillok.history.go.kr/id/wva_11501025_001, (방점은 필자).
73) 대동법에 관해서는 이정철,『대동법』, 서울: 역사비평사, 2010을 참조바람
74) 고동환, 위의 책(2013), pp. 78-80; 스가와 히데노리,「16·17세기 동아시아에서의 경제질서 변화」,『이순신연구논총』4호, 순천향대학교 이순신연구소, 2005
75) 고동환, 위의 책(2013), pp. 141-146.
76) Ibid., pp. 112-114, p. 117.
77) 고석규,『19세기 조선의 향촌사회연구 - 지배와 저항의 구조』, 서울: 서울대학교 출판부, 1998; 오수창,『조선후기 평안도 사회발전연구』, 서울: 일조각, 2002; Sun Joo Kim, *Marginality and subversion in Korea: the Hong Kyŏngnae rebellion of 1812*, Seattle: University of Washington Press, c2007, 이 책은 2020년에 한글 번역본(김선주,『조선의 변방과 반란, 1812년 홍경래난』, 서울: 푸른역사)이 출간되었다.
78) 양정필,「19세기 전반 대청 홍삼무역의 발전과 임상옥의 활동」,『민족문화연구』69호, 고려대민족문화연구원, 2015.
79) 須川英徳,「朝鮮時代における商業の歷史的性格について試論」,『史料館研究紀要』34, 2003.3, pp. 195-202. 이 글은 2001년에 있었던 조선, 일본, 중국의 전근대의 관료제와 상인의 관계를 주제로 하여 제출된 보고서들 중의 하나이다(近世東アジアにおける商人と官僚制に關する比較史的研究'라는 타이틀로 진행된 國文學研究資料館의 學術情報repository에 들어있다). 이외에도 須川는 「18世紀朝鮮における經濟動向について―亂廛·辛亥通共の再檢討」(『朝鮮學報』143, 朝鮮學會, 1992)에 이어서 『李朝商業政策史研究: 十八·十九世紀における公權力と商業』(東京: 東京大學出版會, 1994)를 저술했고, 그 이후에도 탁월한 논문들을 통해 조선시대의 상업사상(商業史像)을 구축했다. 최근에 제출된 면주전 자료를 분석한 「市廛商人과 国家財政 ―河合文庫所藏의 綿紬廛文書를 中心으로」 (이헌창 편,『조선후기 재정과 시장: 경제체제론의 접근』서울: 서울대출판문화연구원, 2010)와, 이론적으로 상업사를 정리한 「十九世紀朝鮮の經濟狀況おめぐる新たな歷史像」 (『朝鮮史研究會論文集』54, 東京: 朝鮮史研究會, 2016) 역시 필자의 관심을 끌기에 충분한

내용이 가득했다. 구체와 추상 모두에서 상업사연구의 진전이 있었다.
80) 고동환, 위의 책(2013), p. 335.
81) 須川英徳, 「조선시대의 상인문서에 대하여」, 『고문서연구』 28, 한국고문서학회, 2006, pp. 79-87.
82) 이에 대해서는 이승렬, 『제국과 상인』, 서울: 역사비평사, 2007; 전우용, 『한국 회사의 탄생』, 서울: 서울대학교출판문화원, 2011; 이승렬, 「'개항' 이후 시장의 확대와 (국고)은행의 설립: 조선왕조 체제의 위기와 (농업)관료제 정부의 상업적 대응」, 국립고궁박물관 엮음 『대한제국』, 서울: 예맥, 2018을 참조바람.
83) 관상(官商)과 사상(私商)을 아우르는 관료적 상업체제(官僚的 商業體制)에 대해서는 이승렬의 『제국과 상인』, 서울: 역사비평사, 2007의 「서론」과 「제1부」 참조.
84) 사족과 이서층의 기득권을 위협한 제도 개혁과 의병의 관계에 대해서는 다음의 논문을 보시오. 이상찬, 「갑오개혁과 1896년 의병의 관계」, 『역사연구』 5, 역사학연구소, 1997.
85) 한성은행의 후신인 조흥은행은 2006년에 신한은행에 합병되었고, 대한천일은행은 조선상업은행, 한국상업은행, 한빛은행 단계를 거쳐 2002년부터 우리은행으로 이름을 변경했다. 두 은행은 한국 기업사나 근대사에서 많은 유산(遺産)을 남겼다.
86) 이에 대해서는 이승렬, 위의 책(2007), 제1부 참조 바람.
87) 1897년부터 1904년 사이에 이용익은 여러 직책을 두루 거치면서 대한제국의 여러 정책에 관여했고 특히 차관 도입을 위한 대외관계를 총괄했으며, 1901년에 가쓰라(桂太郎) 1차 내각의 외무대신이 된 고바야시는 러시아의 남하정책을 견제하고 있던 영국과의 관계 강화를 적극 추진했다. 금융 근대화를 둘러싼 한국과 일본의 경쟁에 대해서는 이승렬, 위의 책(2007), pp. 103-107; 전정해, 『대한제국의 산업화 시책 연구 - 프랑스차관 도입과 관련하여』, 건국대박사논문, 2003, 제3장 참조; 프랑스 정부는 청국 남쪽 지역인 윈난(雲南)을 거점으로 해서 베트남에서 톈진(天津)을 거슬러 올라가는 철도를 부설하여 통킹만과 발해만을 연결시키는 구상을 갖고 있었다. 프랑스정부는 경의선 부설권과 차관 협정을 개최. 고종은 발해만의 이권을 다른 강대국들에 제공해서 동북아에서 영국과 일본의 이해관계를 약화시키려고 했다. 고종은 프랑스와 벨기에의 자본이 투입된 운남 신디게이트 대표 오귀스트 카잘리스(Auguste Cazalis)를 서울에 불러 협상을 개시했고, 1901년 3월 23일 벨기에와 수호통상조약을 체결했고, 4월 19일자로 대한제국 정부와 운남 신디게이트 사이의 협상이 마무리되었다. 5백만 달러 차관 계약이 성립된 것으로, 이는 국가차원에서 맺어진 계약이었다. 고종의 측근 이용익은 영국과 일본의 압력을 따돌리는 데 성공했다. 일본이 예민한 반응을 보이자, 고종은 8월에 전 프랑스공사였던 르페브르(G. Lefevre)를 서북 철도국 감독으로 임명했다. 그러나 영국과 일본의 방해는 집요했다. 1월 30일자로 영일동맹을 체결했던 양국 공사들은 대한제국 외무아문을 찾아 프랑스차관계약 취소를 압박했다. 고종은 대한제국 신용도를 높이고 프랑스와 러시아 정부의 지지를 얻으려고 했지만, 결국 영국과 일본의 압력에 굴복할 수밖에 없었다. 그랫트 빠스칼, 「고종과 프랑스(1866-1906)」, 전남대학교 교육문제연구소 『한국문화연구』 12, 2007. pp. 254-258.
88) 1905년 11월 17일에 강제로 체결된 이 조약은 '한일협상조약'으로 불리며, '제2차 한일협약', '을사오조약'이라고도 한다. '한일협상조약'의 주요 내용은 다음과 같다. 제1조, 일본의 외무성이 한국의 외무 사무를 감리 및 지휘한다. 제2조, 한국 정부는 일본국을 경유하지 않고 국제조약 및 그에 준하는 약속을 하지 않는다. 제3조, 외교를 관할하는 통감을 황제 폐하 아래에 두고, 그는 황제를 내알할 수 있는 권리를 갖는다. 일본정부는 개항장 및

필요한 곳에 통감의 지휘를 받는 이사관을 둔다. 제4조, 일본국과 한국 사이에 체결된 조약은 '본 협약'에 저촉되지 않는 것은 그 효력이 지속된다. 제5조, 일본정부는 한국 황실의 안녕과 존엄을 유지할 것을 보증한다. 『고종실록』, 1905년(고종 42) 11월 17일, 국편 DB. 『한국근대사기초자료집: 개화기의 행정』, http://db.history.go.kr/id/mh_004_0070_0030_0030_0030.

89) 박은식, 남만성 옮김, 『한국독립운동지혈사』(상), 서울: 서문당, 1999, pp. 38-39. 이 책은 1920년에 한문(漢文)으로 상해(上海) 유신사(維新社)에서 최초로 간행되었다. 지금 국내에서는 여러 번역본들이 유통되고 있다. 이 책에 대한 소개로는, 류시현, 「박은식의 독립운동지혈사」(『내일을 여는 역사』 73, 재단법인 내일을 여는 역사재단, 2018)을 참조 바람.

90) 이승렬, 「일제하 천도교 계열의 자본주의 인식의 변화와 인간관」, 『한국민족운동사연구』 6, 한국민족운동사연구회, 2006, pp. 128-129, 131-132; 고건호, 『한말 신종교의 문명론: 동학・천도교를 중심으로』, 서울대학교 종교학과 박사논문, 2002, pp. 76-78, 121-126.

91) 정재정, 『일제침략과 한국철도(1892-1945)』, 서울대학교 출판부, 1999. 1부 2장, 2부 5장과 6장; 권태억, 「1904-1910년 일제의 한국침략구상과 '시정개선'」, 『한국사론』 31, 서울대학교 국사학과, 1994 참조.

92) 오영섭은 전국적인 의병활동이 개별적으로 일어난 것이 아니라 고종(세력)과의 연대 위에서 전개되었다는 점을 강조했다. 그는 고종의 측근 세력인 '별입시'들과 고종이 보낸 '밀지' 분석을 통해 양반 유생은 물론이고 소위 평민 의병장으로 알려진 신돌석 의병 역시 고종과 연결되었다고 파악했다. 기존의 연구들 중에는 의병장들이 양반 사대부에서 평민으로 변화된 것을 강조한 연구들이 많았다면, 오영섭은 의병운동과 고종의 연관성을 강조했다. 오영섭, 「한말 의병운동의 발발과 전개에 미친 고종황제의 역할」, 『동방학지』 128, 연세대학교 국학연구원, 2004 참조.

93) 윤병석, 『(증보)이상설전』, 서울: 일조각, 1976, pp. 212-232.

94) Ibid., pp. 213-214.

95) Ibid., pp. 214-215.

96) Ibid., pp. 215-216.

97) Ibid., p. 216.

98) Ibid., 제 8장・제 9장 참조.

99) 한국통감부는 한국에 주재하는 외신기자들의 송고 내용을 체크하고 있었다. 국편 DB, 『통감부문서 33』, 「한국주재 외신기자가 외국 신문사에 송고한 기사 내용 보고 건」, http://db.history.go.kr/id/jh_093r_0050_0060

100) 『(신편)한국사 43: 국권회복운동』, 국사편찬위원회, 1999, pp. 474-477.

101) Ibid., pp. 502-506.

102) 일본군 조선주차사령부에 의하면, 1907년 8월부터 1910년까지 의병 사망자 수는 17,779명, 일본군(수비대+헌병+경찰)의 사망자 수는 136명이었다. 의병과 일본군 사이의 크고 작은 전투는 2,852회였다. 일본군 수비대가 대적한 누적 의병수는 104,251명, 이에 비해 헌병과 경찰이 대적한 누적 의병수는 각각 32,968명과 4,596명이었다. 이것은 정규부대의 작전 비율이 압도적으로 높았다는 것을 방증해주는 숫자들이다. 朝鮮駐箚司令部, 「朝鮮暴徒討伐誌」(1913), 『독립운동사자료집 3』, 독립운동사편찬위원회, 1971, p. 672, p. 828. https://e-gonghun.mpva.go.kr/openViewer.do.

103) 배경식 역주,『백범일지』, 서울: 너머북스, 2008, p. 299 참조.
104) 이에 관해서는 오영섭,『고종황제와 한말의병』(서울: 선인, 2007)을 참조함.
105) 박은식,「제11장, 각지 의병의 약력」,『한국독립운동지혈사』(상), 서울: 서문당, 1999, pp. 51-68.
106) 오영섭,「을미 유인석 의병의 결성과 활동」,『의암학 연구』제7호, 의암학회, 2009; 오영섭,「안중근과 화서학파의 관계」,『의암학연구』, 제14호, 2016; 박민영,『화서학파 인물들의 독립운동』, 서울: 역사공간, 2019; 윤대식,『유인석 평전-자존(自尊)의 보수주의자』, 서울: 신서원, 2020. 이 외에도 유인석에 관해서는 '의암학회' 및 '화서학회'를 중심으로 제출된 다수의 논문들이 있다.
107) 안중근,「안응칠역사」,『대한의 영웅 안중근 의사』, 서울: (사)안중근의사숭모회, 2012(증보판), p. 155.
108) Ibid., p. 161, 163.
109) Ibid., p. 163.
110) Ibid., p. 161.
111) Ibid., pp. 161-162.
112) Ibid., p. 162.
113) Ibid., pp. 155-156.
114) Ibid., pp. 157-160.
115) 윤병석, 위의 책, pp. 212-213.
116) Ibid., pp. 138-144.
117) Ibid., pp. 232-234.
118) '대통령 직속 3·1운동 및 대한민국임시정수 수립 100주년 기념사업추진위원회'에서 번역한 3·1운동 때 선포된「선언서」참조.
119) 이에 대해서는 본서 2부 1장을 참조하시오.
120) 기독교 전래 및 선교사업에 대한 자세한 것은 서명원의『한국교회성장사』(서울: 재단법인 대한기독교서회, 1966)을 참조 바람.
121) 박은식 저, 남만성 옮김,『한국독립운동지혈사』(상), 서울: 서문당, pp.128-136.
122) J. S. 게일(James Scarth Gale),『조선, 그 마지막 10년의 기록 1888-1897』(원서명: *Korean Sketches*), 성남: 책비, 2018, p. 338.
123) 1882년 4월 조미수호통상조약이 체결되었다. 1883년 5월에 미국 공사 푸트(L. H. Foote)가 부임했고, 조선왕조정부는 대미보빙사절단을 파견했다. 그 일행은 1883년 7월(음력 18830623)에 인천을 출발해서 도쿄를 경유하여 9월 2일 샌프란시스코에 도착했다. 고종의 국서를 미국 대통령(Chester A. Arthur)에게 전달하기 위해 워싱톤으로 가는 기차 안에서 민영익은 볼티모아 제일교회 가우쳐(J. F. Goucher)와 이야기를 나누었다. 한국 선교의 가능성을 확인한 가우처는 미 감리회 해외선교부에 2천 달러를 기부하면서 선교사 파견을 촉구했다. 백낙준,『한국개신교사』, 서울: 연세대학교 출판부, 1973. pp. 81-84.
124) 이러한 고종의 뜻을 전하는 자리에 미국 공사 푸트와 통역관 윤치호가 동석했다고 한다. 기독교대한감리회 총리원 교육국,『한국감리교회사』, 서울: 基督敎大韓監理會 總理院 敎育局, 1975, pp. 34-39; 리주배,『수원종로교회-교회사소고: 교회의 시작과 형성을 중심으로』, 수원: 수원종로교회, 2016, pp. 25-26, p. 33.

125) 백낙준, 위의 책, p.83.
126) 미 감리회 해외선교부는 1884년 11월에 뉴 헤이븐(New Haven) 예일대학(Yale University)과 뉴욕 컬럼비아(N. Y. Columbia University) 의과대학을 졸업한 후 클리브랜드(Cleveland)에서 개업 중인 윌리엄 스크랜튼(William B. Scranton, 이때 나이 29세) 박사를 선교사로 임명했고, 12월에 뉴저지(New-Jersey) 드류(Drew)대학 졸업생 아펜젤러(Henry. G. Appenzeller, 이때 나이 27세) 목사를 교육선교사로 확정했으며, 여성 선교를 위해 스크랜튼 박사의 어머니 메리 스크랜튼(Mary F. Scranton, 이때 나이 53세)를 선정했다. 백낙준, 위의 책, pp. 113-124.; 리주배, 위의 책, p.27.
127) 리주배, 위의 책, pp. 31-32.
128) 베델, 히브리어로 하느님의 집이라는 뜻.
129) 리주배, 위의 책, pp. 32-34; 1885년 8월 3일, 미국 선교사 아펜젤러 목사님이 본 학당을 설립, 1886년 6월 3일, 고종황제께서 배재학당 설립을 재가, '培材學堂'이란 학교명을 하사함, 배재중학교 홈페이지 (http://pcms.kr/19176/ subMenu.do),「학교연혁」참조.
130) 장로교측 병원은 더 일찍 설립되었다. 고종은 민영익을 치료한 알렌(Horace Newton Allen, 미북장로교 선교의사, 1884년 한국에 들어옴. 미 공사관 소속 의사)에게 재동 홍영식의 집을 내주어 광혜원(廣惠院)을 설립하게 했다(1885년 4월 10일). 13일 후인 4월 23일 고종은 "대중을 구제한다"는 뜻의 제중원(濟衆院)이란 이름을 하사하면서 병원의 명칭이 바뀌었다. 백낙준, 위의 책, p. 87, 112.
131) "N. P. Report for 1889", p. 172(백낙준, 위의 책, p. 172.에서 재인용).
132) 1846년 미국에서 노예해방 논쟁이 일어나면서 남감리교회(Methodist Episcopal Church, South)가 새로 조직했다. 미감리교회(혹은 북감리교회)는 1884년에, 남감리교회는 1895년에 한국선교를 시작했다. 1895년 10월 18일 남감리회의 아시아 선교담당 핸드릭스(E. R. Hendrix) 감독과 중국에서 17년 동안 사역하고 있던 리드(C. F. Reid) 선교사가 내한했다. 이때에도 고종은 핸드릭스에게 선교사를 보내달라는 요청을 했고, 이때 북감리회의 상동교회 스크랜튼 모자는 남감리교회의 선교활동을 지원했다. 남감리교회 선교부는 남대문로 3가 110번지 현 한국은행 본점 자리를 매수하여 선교 기지로 삼았다. 기독교대한감리회 총리원 교육국, 위의 책, pp. 57-149; 이덕주,『스크랜튼 어머니와 아들의 조선 선교 이야기』, 서울: 공옥출판사, 2014. pp. 382-383; 이덕주,『초기한국기독교사연구』, 서울: 한국기독교역사연구소, 1995.
133)『독립신문』1897년 7월 10일, 출처: 국립중앙도서관, 대한민국 신문 아카이브, http://www.nl.go.kr/newspaper/.
134) '개화와 수구'에 관련된 담론의 변화 추이는 다음의 글들을 참조하시라. 국사편찬위원회,『한국사(16) 근대: 개화척사운동』, 서울: 국사편찬위원회, 1973; 국사편찬위원회,『(신편) 한국사 38: 개화와 수구의 갈등』, 과천: 국사편찬위원회, 1999; 노관범,「개화와 수구는 언제 일어났는가」,『한국문화』87, 서울대규장각한국학연구원, 2019; 이태진,「한국 근대의 수구ㆍ개화 구분과 일본침략주의」,『한국사시민강좌 33』, 서울: 일조각, 2003; 유승렬,「사대=수구 대 독립=개화의 이항대립적 근대서사 프레임의 창출과 변용」,『역사교육』142, 역사교육연구회, 2017.
135) 이정식,『초대대통령 이승만의 청년시절』, 서울: 동아일보사, 2002.
136) 국역 DB,『한국사료총서4집 국역 윤치호 영문 일기 4』1898년 12월 27일,「최근 만민공동회의 실상과 생각」http://db.history.go.kr/id/sa_028r_0010_0100_0010.

137) "황제가 국민을 속이거나 억압하지 못하게 만드는 유일한 방법은 그렇게 할 수 있는 권력을 황제에게서 빼앗는 것이다. 하지만 현 상황 하에서 이런 일은 생각조차 할 수 없다." 국역 DB, 『한국사료총서4집 국역 윤치호 영문 일기 4』, 1898년, 11월 16일, 「화창한 날씨」, http://db.history. go.kr/id/sa_028r_0010_0090_0140.
138) 신용하, 『독립협회연구』, 서울: 일조각, 1976, pp. 502-511.
139) 신용하, 위의 책, p.512; 고정휴, 「개화기 이승만의 사상 형성과 활동」, 『역사학보』 109호, 1986.
140) 한규무는 '청년애국회'라는 단체로 추정했다. 한규무, 「을사조약전후 상동청년회의 민족운동과 정순만」, 『중원문화연구 1617』, 2011, 충북대중원문화연구소, p. 345; 서정주, 『이승만박사전』 서울: 삼팔사, 1989, pp. 178-179. 이 책은 『우남 이승만전』으로 서울의 華山문화기획에서 1995년에 다시 출간되었다; 정세라, 「정순만의 생애와 민족운동」, 『한국근현대사연구』 25, 한국근현대사학회, 2003, pp. 234-235.
141) 이정식, 위의 책, pp. 85-86.
142) Ibid., p. 88.
143) Ibid., p. 89.
144) 신용하, 위의 책, pp. 489-491; 의정부 참정 서정순(徐正淳; 1835~1908)은 「중추원관제」 제1조 제5항을 들어 중추원은 부의장을 제외하고 다른 관직은 논의하여 추천할 수 없다고 했다. 선발 행위 자체가 규정에 없는 것이었고, 그 안에 "망명한 죄인을 버젓이 섞어서 천거한" 것은 "일의 도리를 놓고 볼 때 아주 무엄하기 그지없습니다"라고 했다(정교, 『대한계년사 4』, 서울: 소명출판, 한국학술진흥재단 학술명저번역총서 동양편 26, 2004, pp. 241-244). 당대의 사람들은 '박영효'를 거론하는 것이 심각한 문제인지를 모두 알고 있었고, 소수 급진주의자들의 돌발적 행동이 가져올 결과를 우려했다. 신용하는 소수 급진주의자들의 시각으로 역사를 해석했다.
145) 박은식, 김승일 옮김, 『한국통사』, 서울: 범우사, 1999, pp. 215-217.
146) 이태진 『고종시대의 재조명』, 서울: 태학사, 2000, pp. 35-37.
147) 주진오는 독립협회 내의 세력을 윤치호-남궁억 계열과 안경수-정교 계열로 구분한 바가 있었다. 양자의 차이는 전자는 남인 실학의 전통을 이어 강력한 전제군주권을 인정하는 것이고 후자는 개화파의 개혁론을 추종하면서 군민공치론에 입각하여 전제군주권을 제한하는 데 있었다. 그러나 이러한 구분은 적절하지 않다. 전자도 전제군주권에 대해 비판적인 입장을 지녔고 다만 그 방법이 온건했을 뿐이다. 양자의 차이는 이념보다는 방법에 있었다. 전자는 온건한 점진주의, 후자는 급진주의라고 하는 것이 당시의 차이를 더 적확하게 나타내는 것이다. 주진오, 『19세기 후반 개화 개혁론의 구조와 전개』(연세대 사학과 대학원 박사논문, 1995, 3장 2-3절; 이태진, 위의 책, pp. 52-56, 60-62.
148) 정교, 『대한계년사3』, 서울: 소명출판, 한국학술진흥재단 학술명저번역총서 동양편 25, 2004, pp. 103-104.
149) 『독립신문』, 1898년 7월 27일, 「하의원은 급하지 않다」. 국립중앙도서관 「대한민국 신문 아카이브」, http://www.nl.go.kr/newspaper/.
150) 독립협회가 제시한 안을 거의 그대로 수용한 중추원개혁안이 황제의 재가를 받아서 공포되었다(1898년 11월 4일). 의관 수는 50인, 그 중의 반은 '인민협회'(독립협회)의 투표선거해서 뽑는 것으로 되었다. 중추원은 입법권, 행정부정책에 대한 동의권, 동의권을 통한 감사

권, 행정부건의에 대한 자순권, 건의권 등을 갖게 되었다. 신용하는 이를 "독립협회의 대승리"라 했다. 신용하, 위의 책, pp. 373-375.
151) 기독교대한감리회 상동교회의 홈페이지, 「상동나눔터-상동역사: 상공교회와 공옥학교」 참조.
152) 이정식, 위의 책, pp. 210-211.
153) 이정식은 이승만의 역할을 강조했지만, 상동청년학원의 실질적 활동은 이승만이 떠난 다음에 시작되었다. 이정식, 위의 책, p.213; 전택부, 『한국기독교청년회운동사』, 서울: 정음사, 1978, pp. 101-102.
154) 이승만은 미국행 기회를 활용하기 위해 '후원자들'의 추천서들을 준비해 갔다. 이정식, 위의 책, pp. 220-225; 윤춘병, 「전덕기 목사와 상동청년학원 고찰」, 『한길김철손교수고희기념논문집』, 1988, pp. 179- 204; 전택부, 위의 책, p. 101; 이승만의 밀사파견을 둘러싼 경위에 대해서는 정병준의 「1905년 윤병구·이승만의 시오도어 루스벨트 면담외교의 추진과정과 그 의미」(『한국사연구』 157, 한국사연구회, 2012)가 상세하다.
155) 윤춘병, 위의 논문, p. 201; 『수원종로교회사: 1889~1950』, 경기도 수원: 수원종로교회, 2000, pp. 92-93.
156) 엡윗청년회(Epworth League)는 1889년 미국에서 창설된 감리교의 청년 단체다. '엡윗'은 요한 웨슬리의 고향 이름에서 따왔다. 엡윗청년회에 대해서는 조이제, 「한국엡윗청년회의 창립 경위와 초기 활동」, 『한국기독교와 역사』 8, 한국기독교역사연구소, 1998 참조 바람.
157) 이 책은 정교 자신이 경험한 1864년(고종 1)부터 1910년 국권상실 때까지 47년간에 대한 기록이며 편년체로 서술되어 있다. 특히 독립협회의 활동을 아는 데 필요한 사료다. 황현의 『매천야록』과 함께 이 시기를 이해하는 데 필요한 자료다. 정교는 수원 관찰, 장연군수를 지냈고, 독립협회에서 적극적으로 활동하였으며, 그 일 때문에 투옥되기도 했다.
158) 정교, 『대한계년사 7』(학술진흥재단 학술명저번역총서 동양편 29, 편집 조광, 역자 변주승, 서울: 소명출판사, 2004), p. 201. 이 기사는 다음의 보도와 일치한다. "尙洞教會堂에서 每日 下午 七時부터 九時까지 韓國을 爲하야 上天에 祈禱하는 男女教友가 數千人에 이르렀다." 『대한매일신보(국한문)』, 1905년 12월 1일, 「爲國祈禱」(국립중앙도서관 「대한민국 신문 아카이브」, http://www.nl.go.kr/newspaper/.
159) 정교, 위의 책, pp. 202-204.
160) 『대한매일신보(국한문)』, 1905년 11월 19일, 「聲聞于天」, 국립중앙도서관 「대한민국 신문 아카이브」, http://www.nl.go.kr/newspaper/.
161) 배경식 역주, 『백범일지』, pp. 299-302.
162) 이상설은 충북 진천, 이동녕은 충남 목천, 정순만은 충북 청원 출신이다. 이동녕은 18세 때인 1878년부터 약 7년간을 조부가 있는 충북 청원군 문의면에서 자랐다. 1904년에 적십자사 설립 운동으로 투옥된 정순만은 이미 투옥 중이던 이동녕과 함께 지냈다(신세라, 「정순만의 생애와 민족운동」, 『한국근현대사연구』 25, 2003, p. 232). 지금의 지리 감각과는 다소 다를 수 있는데, 세 지역은 충청도의 속리산 - 칠장산 - 안흥만으로 이어지는 한남금북정맥, 계룡산 - 주화산으로 이어지는 금남정맥 사이에 있다. 세 지역의 인사들은 서로 왕래가 잦았을 것이고, 서울에서도 그러한 관계는 이어졌을 것이다. 신경준, 『산경표』(서울: 푸른산, 1990) 참조.

163) 신용하, 위의 책, pp. 98-106; 신세라, 위의 논문, 2003, 참조.
164) 정순만이 이준·이현석과 함께 적십자사의 설립을 주장했던 것은 당시 유행하던 '아시아연대론' 때문이었는데, 그 목적은 러일전쟁 중 부상당한 일본 병사들을 치료해주고 일본적십자사에 기금(혈병금)을 보내는 데 있었다. 이광린,「개화기 한국인의 아시아연대론」,『한국사연구』61·62 합집, 한국사연구회, 1988; 조재곤,「한말 조선 지식인의 동아시아 삼국제휴인식과 논리」,『역사와 현실』37, 한국역사연구회, 2000 등을 참조함.
165) 윤병석, 위의 책, p. 53, 62.
166) 부친이 사망한 지 두 돌 만에 지내는 제사인 대기(大朞)에 참석했다. 이은숙,『서간도시종기』, 서울: 일조각, 2017, p. 52.
167) 이 글은 이은숙의『서간도시종기』(pp. 23-36)에 수록되어 있다; 이상설과 이회영 형제에 관해서는 다음의 글도 참조된다. 윤병석, 위의 책, pp. 8-13.
168) "우당께서는 신흥무관학교를 필역(畢役)하시고 자기 자택은 급한 대로 방 세 개만 만들고, 계축년(1913) 정월 초순에 떠나 조선에 무사히 가시었으나 어느 누가 있어 반기리오." 이은숙, 위의 책, pp. 88-89.
169) 윤병석, 위의 책, 1998, pp. 8-13.
170) Ibid., pp. 14-16.
171) Ibid., p. 116; 이정규·이관직,『우당 이회영 약전』(서울: 을유문화사, 1985), pp. 130-131. 이 책 안에 이관직의『우당 이회영 실기』가 수록되어 있다.
172) 이은숙, 위의 책, pp. 61-65.
173) Ibid., pp. 80-85.
174) 국편 DB,『統監府文書 7권』,「旅順監獄에서의 安應七 제3차 진술 내용」, http://db.history.go.kr/id/jh_097r_0010_2740.
175) 김도태,『남강 이승훈전』, 문교사, 1950, pp. 187-188.
176) Ibid., p. 189.
177) Ibid., p. 191.
178) 이승렬,「서울·경기 지역 상인의 일기(1899-1910)에 나타난 일상체험과 근대적 공공성」,『한국사연구』146, 한국사연구회, p. 160.
179) Ibid., p. 185에서 재인용.
180) Ibid., pp. 189-200. 참조.
181)『매일록사』6권, 1906년 9월 23일.
182)『매일록사』6권, 1906년 9월 24, 25, 28, 30일.
183)『대한매일신보』1906년 9월 30日,「잡보: 균명창설」.
184) 조선왕조 제 22대왕 정조의 원자인 문효세자(文孝世子)의 묘가 있는 원(園)이다. 1944년 10월 9일에 고양시 덕양구 원당동 서삼릉(西三陵) 경내로 이장되었다.『한국민족대백과사전』.
185)『매일록사』6권, 1906년 10월 11일.
186)『만세보』1907년 3월 29일,「서서(西署) 만리현균명학교취지서」. 국립중앙도서관, 대한민국신문아카이브, http://lod.nl.go.kr/resourced/CNTS-00063300941.
187) 유승렬,「한말 사립학교 변천의 경위와 그 역사적 의미」,『강원사학』13·14, 강원사학회, 1998.

188) 『황성신문』, 1907년 3월 2일, 「한교청연(漢校請演)」; 『대한매일신보(국한문)』, 1907년 2월 28일, 「지사연설」; 『대한매일신보』, 1907년 3월 20일, 「국기예배」. 국립중앙도서관, 대한민국신문아카이브, http://www.nl.go.kr/newspaper/; 이태진, 국민 탄생의 역사—3·1독립만세운동의 배경」, 이태진·사사가와 노리가쓰, 『3·1독립만세운동과 식민지배 체제』, 서울: 지식산업사, 2019.
189) 1852년 9월생인 고종은 1919년 1월에 67세로 사망했다. 1863년 12월에 25대 왕 철종 사망 후에 왕위에 오른 그는 1917년 7월에 그의 아들 순종에게 양위했다. 재위 기간은 약 53년이다.
190) 이태진, 「고종 시대의 '民國' 이념의 전개 : 유교 왕정의 근대적 '共和' 지향」, 『진단학보』 124, 진단학회, 2015; 이태진, 「국민탄생의 역사 - 3·1독립만세운동의 배경-」, 이태진·笹川紀勝, 『3·1독립만세운동과 식민지배체제』, 서울: 지식산업사, 2019; 이태진, 「국민탄생과 함께 한 애국가의 역사: 1896년에서 1920년까지」, 『연구논문집: 3·1운동과 대한민국 임시정부의 노래발굴, 복원 및 연구사업』, 사단법인 대한황실문화원, 2019.

제3장

1) 케네츠 포메란츠(Kenneth Pomeranz), 김규태 외 옮김, 『대분기(The GREAT DIVERGENCE)』, 서울: 에코리브르, 2016. 우리는 이 문제를 1940년대에 농업 관료제 국가에서 사회주의 국가로의 이행 그리고 1970년대에 덩샤오핑 등장 이후 개방경제를 통해 공산주의 체제를 유지하면서 고도경제성장을 이룩한 문제와 함께 검토할 필요가 있다. 근대의 문제는 자본주의 체제라는 성립의 문제도 있지만, '제국주의 대 식민지' 그리고 '전체주의 대 민주주의'라는 '이중의 분기'와 관련되어 있다.
2) 대런 애쓰모글루·제임스 A.로빈슨, 『국가는 왜 실패하는가』, 서울: 시공사, 2012, pp. 131-132. 참조. 원서 명, Daron Acemoglu and James A. Robinson., *Why Nations Fail: the origins of power, prosperity and poverty*, New York: Crown Publishers, c2012.
3) Peer Vries., *State, Economy and the Great Divergence: Great Britain and China, 1680s - 1850s*, New York: Bloomsbury Academic, 2015; Peer Vries, *Averting a great Divergence: state and economy in Japan, 1868-1937*, London: Bloomsbury Academic, 2020; 브라이스에 대한 Richard von Glahn의 서평, "The American Historical Review", Volume 121, Issue 4, October 2016, http://doi.org.ssl.access.yonsei.ac.kr:8080/ 10.1093/ahr/121.4. 1251; Richard von Glahn., *The Economic History of China: from antiquity to the nineteenth century*, Cambridge, United Kingdom: Cambridge University Press, 2016. 리처드 폰 글란, 류형식 옮김, 『폰 글란의 중국경제사』, 서울: 소와당, 2019.
4) 대런 애쓰모글루·제임스 A. 로빈슨, 위의 책, pp. 113-117.
5) Ibid., pp. 118-119.
6) Barrignton Moore, Jr., *Social Origins of Dictatorship and Democracy*, Boston: Beacon Press, 1966, p. 29; 베링턴 무어, 『독재와 민주주의의 사회적 기원』, 서울: 까치, 1985, p. 419(pp. 415-416). 괄호 안은 번역서 페이지.
7) Ibid., p. 421(p. 417).
8) Ibid., p. 431(p. 429).
9) Mark Dincecco and Yuhua Wang, "Violent Conflict and Political Development Over

the Long Run: China Versus Europe", *Annual Review of Political Science*, Vol. 21, 2018, pp. 341-358.
10) Ibid., pp. 346-347.
11) Debin Ma and Jared Rubin., "The paradox of power: understanding fiscal capacity in Imperial China and absolutist regimes", Economic History working papers 261, 2017, Department of Economic History, London School of Economics and Political Science(UK).
12) Ibid., p. 7.
13) Ibid., p. 41.
14) Ibid., pp. 8-10.
15) Ibid., pp. 29-32.
16) Ibid., p. 33.
17) 필립 T. 호프먼,『정복의 조건: 유럽은 어떻게 세계 패권을 손에 넣었는가』, 서울: 책과함께, 2016, p. 10, 원저는 Philip T. Hoffman, *Why did Europe conquer the World?*, Princeton: Princeton University Press, c2015.
18) Ibid., pp. 125-126.
19) Ibid., p. 161.
20) Ibid., pp. 22-23.
21) Ibid., pp. 85-91.
22) Ibid., pp. 168-170.
23) Ibid., pp. 180-207.
24) Ibid., p. 241.
25) 로널드 핀들레이·케빈 H. 오루크,『권력과 부』, 서울: 에코 리브르, 2015, pp. 520-529; 원저는 Ronald Findlay·Kevin H. O'rouke, *Power and Plenty: trade, war, and the world economy in the second millennium*, Princeton: Princeton University Press, 2007.
26) 로널드 핀들레이·케빈 H. 오루크, 위의 책, p. 514. "영국 숭배자(Anglomania)"는 이안 부르마가 볼테르(Voltaire, 1694-1778)에게 붙인 호칭이다. Ian Buruma, *Anglomania: A European Love Affairs*, New York: Random House, 1998.
27) 로널드 핀들레이·케빈 H. 오루크,, 위의 책, p. 515; Crouzet, Francois., *The sources of England's wealth: some French view in the eighteenth century*, In *Shipping Trade and Commerce: Essays in Memory of Ralph Davis* (ed., P. L. Cottrel and D. H. Aldcroft). London: Leicester University Press, 1981.
28) 로널드 핀들레이·케빈 H. 오루크, 위의 책, pp. 518-519.
29) Ibid., pp. 520-521.
30) Ibid., p. 526.
31) Ibid., p. 531.
32) Ibid., p. 532.
33) Ibid., p. 533.
34) Tuan-Hwee. Sng·Chiaki Moriguchi, "Asia's little divergence: State capacity in China and Japan before 1850", *Journal of Economic Growth*, Volume 19, Issue4, 2014, pp.

439-470.
35) Mark Koyama, Chiaki Moriguchi, Tuan-Hwee. Sng "Geopolitics and Asia's little divergence: State building in China and Japan after 1850", *Journal of economic behavior & Organization*, 155, 2018; Mark Koyama, Chiu Yo Ko and Tuan-Hwee Sng, "Unified China and Divided Europe", *International Economic Review*, vol. 59. 2018.
36) 대런 애쓰모글루·제임스 A.로빈슨, 위의 책, pp. 334-335.
37) Ibid., pp. 335-337.
38) 존 킹 페어뱅크, 멀 골드만, 『신중국사』 서울: 까치, 2005, pp. 169-173.
39) Ibid., p. 177.
40) Ibid., p. 192.
41) Ibid., p. 223.
42) 존 미클 스웨이트, 에이드리언 울드리지, 『제4의 혁명: 우리는 누구를 위한 국가에 살고 있는가』, 파주: 21세기북스, 2015, pp.61-62.
43) 존 킹 페어뱅크·멀 골드만, 위의 책, pp. 221-222.
44) 이헌창 엮음, 『조선후기 재정과 시장』, 서울: 서울대학교출판문화원, 2010, p. 29; 德成外志子, 「朝鮮王朝の祿俸制と國家財政體制」, 『經濟史研究』11, 大阪經濟大學, 2008; 德成外志子, 「朝鮮王朝後期の國家財政と貢物·進上」, 『朝鮮學報』173, 2007.
45) 이헌창 엮음, 위의 책, p. 454; 이 책 2장 참조.
46) '유동성 있는 재원'은 '토지 재산이나 생산물이 봉건적인 봉토나 장원 안에 결합된 것이 아니고 자유롭게 중앙정부에 양도될 수 있거나 예속될 것'을 의미한다. 제임스 팔레(James B. Palais), 『전통한국의 정치와 정책』, 서울: 신원, 1993. pp. 37-38.
47) 김옥근, 『조선왕조재정사(Ⅰ)』, 서울: 일조각, 1984, pp. 148-151.
48) 이헌창 엮음, 위의 책, pp. 27-28, p. 35, pp. 447-453.
49) Ibid., p. 453.
50) Ibid., p. 465.
51) 이헌창 엮음, 위의 책, pp. 467-471; 문용식, 『조선후기 진정(賑政)과 환곡운영』, 서울: 경인문화사, 2001, pp. 228-31; 이영호, 『한국근대 지세제도와 농민운동』, 서울: 서울대학교 출판부, 2001, pp. 26-27, 35-36; 송찬섭, 『조선후기 환곡제개혁연구』, 서울: 서울대학교 출판부, 2002, 제4장.
52) 김종수, 「조선 숙종대 경기지역 군사체제의 정비」, 『군사연구』143, 육군군사연구소, 2016.
53) 이태진, 「1장: 17세기 붕당정치의 전개와 중앙군영제의 발달」, 『조선후기의 정치와 군영제 변천』, 서울: 한국연구원, 1985; 이선아, 「윤휴의 북벌론과 그 추진정책에 대한 검토」, 『한일관계사연구』18, 한일관계사학회, 2003; 김종수, 위의 글.
54) 『고종실록』, 1874년(고종 11) 6월 25일, 국편 DB, 『조선왕조실록』, http://sillok.history.go.kr/id/ wza_11106025_002, 한보람, 「고종 친정 주도세력의 개방 정책 추진과 조일수호조규 체결」, 『역사와 실학』71, 역사실학회, 2020, pp. 268.
55) 한보람, Ibid., pp. 272-273.
56) 고종은 임오군란을 수습한 조정 회의에서 다음과 같이 언급했다. "우리 동방(東方)은 바다의 한 쪽 구석에 치우쳐 있어서 일찍이 외국과 교섭한 적이 없으므로 견문이 넓지 못한

채 삼가고 스스로 단속하여 지키면서 500년을 내려왔다. 근년 이래로 천하의 대세는 옛날과 판이하게 되었다. 영국·프랑스·미국·러시아 같은 구미(歐美) 여러 나라에서는 정교하고 이로운 기계를 새로 만들고 나라를 부강하게 만드는 사업에 최선을 다하고 있다. 그들은 배나 수레를 타고 지구를 두루 돌아다니며 만국(萬國)과 조약을 체결하여, 병력(兵力)으로 서로 견제하고 공법(公法)으로 서로 대치하는 것이 마치 춘추 열국(春秋列國)의 시대를 방불케 한다. 그러므로 천하에서 홀로 존귀하다는 중화(中華)도 오히려 평등한 입장에서 조약을 맺고, 척양(斥洋)에 엄격하던 일본(日本)도 결국 수호(修好)를 맺고 통상을 하고 있으니 어찌 까닭 없이 그렇게 하는 것이겠는가? 참으로 형편상 부득이하기 때문이다.", 그리고 이런 명령을 내렸다. "이미 서양과 수호를 맺은 이상 서울과 지방에 세워놓은 척양에 관한 비문들은 시대가 달라졌으니 모두 뽑아버리도록 하라."『고종실록』, 1882년 (고종 19), 8월 5일, 국편 DB, 『조선왕조실록』, http://sillok.history.go.kr/id/kza_11908005_005.

57) 이에 대해서는 이태진, 「1894년 6월 청군 출병 과정의 진상-자진 청병설(請兵說) 비판-」, 『고종시대의 재조명』, 서울: 태학사, 2000을 참조.
58) 국편 DB, 『(신편)한국사 38: 개혁과 수구의 갈등』, http://db.history.go.kr/id/nh_038_0050_0010_0020_0030.
59) 고종과 기독교의 관계에 대해서는 본서 2장 3절을 참조할 것.
60) 이승렬, 『제국과 상인』, 서울: 역사비평사, 2007, 제3부 2장. '패권적 부르주아'에 대해서는 에릭 홉스봄(Eric J. Hobsbawm), 「누가 누구인가? 부르주아의 불확실성」(『제국의 시대』, 서울: 한길사, 1998, pp. 319-358)을 참조했다.
61) Bruce Cumings, *The Origins of the Korean War*, Volume 1(Seoul: Yuksabipyungsa, 2002, Original Copy: 1981, Princeton University Press), p. 47, 52. 번역서, 브루스 커밍스, 김자동 역 『한국전쟁의 기원』, 서울: 일월서각, 1986, p. 83, 89; Jeffrey M. Paige, *Agrarian Revolution*(New York, Fress Press, 1975), pp. 304-305, 번역서 제프리 페이지, 강문구 외 번역, 『농민혁명』, 서울: 서울프레스, 1995. pp. 425-428.
62) Bruce Cumings, 위의 책, pp.47-48(pp. 83-90).
63) Jeffrey M. Paige, op. cit., pp. 304-305(pp. 426-427).
64) Bruce Cumings, op. cit., p. 48(p. 84).
65) 宮嶋博史, 「植民地下朝鮮人大地主の存在形態に關する試論」, 『朝鮮史叢』 5·6合併號, 神戸市: 靑丘文庫, 1982.
66) 東畑精一·大川一司, 『朝鮮米穀經濟論』, 東京: 日本學術振興會, 1935; 久間健一, 『朝鮮農業の近代的樣相』, 東京: 西ケ原刊行會, 1935; 久間健一, 『朝鮮農業經營地帶の硏究』, 農業綜合硏究刊行會, 1946; 久間健一, 「朝鮮における小作問題の展開性-特に支柱と農民の性格を中心として-」, 『農業と經濟』 4-6, 1937. 일제하 지주경영 형태에 대한 개략적 정리는 다음의 글을 참조할 것. 홍성찬, 「일제하 지주층의 존재형태」, 『한국 근현대의 민족문제와 신국가건설』(김용섭교수 정년기념논총 3), 서울: 지식산업사, 1997.
67) 김용섭, 「한말·일제하의 지주제-사례 3; 나주 이씨가의 지주로의 성장과 그 농장경영」, 『진단학보』 42, 진단학회, 1976; 김용섭, 「한말·일제하의 지주제-사례 4: 고부 김씨가의 지주경영과 자본전환」, 『한국사연구』 19, 한국사연구회, 1978. 이 두 논문은 『한국근현대농업사연구-한말 일제하의 지주제와 농업문제-』, 서울: 일조각, 1992에 수록되었다; 홍성찬, 「한국근대농촌사회의 변동과 지주층-20세기 전반기 전남 화순군 동복면 일대의

사례』, 서울: 지식산업사, 1992.
68) '송도'는 개성, '서북'을 평안도, 또 '네 번의 고과 기간'은 관리는 6개월에 한 번씩 근무 성적을 평가받기 때문에 2년을 가리킨다. 황현 저, 김종익 역, 『오하기문』, 역사비평사, 2016, pp. 108-109. 이하 황현, 『오하기문』으로 줄여서 인용함.
69) Barrington Moore, Jr., op. cit., pp. 419-420(p. 423).
70) Ibid., p. 420(p. 424).
71) 대런 애쓰모글루·제임스 A. 로빈슨, 위의 책, pp. 156-159.
72) Ibid., pp. 609-610.

제4장

1) 이에 대해서는 다음 글을 참조 바람. 이승렬, 「서평: '근대역사담론의 융합'을 시도한 '장기근대사론'」, 『역사와 현실』 82, 한국역사연구회, 2011.
2) 칼 A. 비트포겔((Karl August Wittfogel), 구종서 역, 『동양적 전제주의: 총체적 권력의 비교연구』, 서울: 法文社, 1991.
3) 에드워드 사이드(Edwad W. Said), 『오리엔탈리즘』, 파주: (주)교보문고, 2018, pp. 24-26.
4) Ibid., p. 18.
5) Ibid., p. 24.
6) 김용섭, 「우리나라 근대 역사학의 성립」, 이우성·강만길 편, 『한국의 역사인식』(하), 서울: 창작과비평사, 1976, p. 422.
7) 이만열, 「일제 관학자들의 식민사관」, 이우성·강만길 편, 위의 책, pp. 511-521.
8) 김용섭, 「우리나라 근대 역사학의 성립」, 이우성·강만길 편, 위의 책, p. 422.
9) Ibid., pp. 422-423.
10) 김용섭, 「서」, 『조선후기농업사연구』(Ⅰ), 서울: 일조각, 1970.
11) 이러한 연구 동향에 대해서는 旗田巍 編, 『朝鮮史入門』(東京: 太平出版社, 1970)과 한국사연구회 편, 『한국사연구입문』(서울: 지식산업사, 1981)을 참조하시라.
12) 梶村秀樹, 「資本主義萌芽の問題と封建末期の農民闘争」, 旗田巍 編. 위의 책.
13) 旗田巍, 「朝鮮史研究の課題」, 旗田巍 編. 위의 책, p. 11.
14) 한국역사연구회(1988년 출범)의 전신의 하나인 근대사연구회에서(상)·(하) 두 권으로 편집해서 1987년 한울 출판사에서 출간했다.
15) 한국역사연구회가 저술한 『한국사강의』(서울: 한울, 1989)의 「총론」에는 이 시기 비교적 진보적인 소장학자들의 사학사에 관한 문제의식이 잘 정리되어 있다. 이 책은 여러 대학교에서 '교양한국사'의 교재로도 널리 활용되었다.
16) 김용섭, 『한국근현대농업사연구』, 서울: 일조각, 1992, p. 460.
17) 김용섭, 「한말·일제하의 지주제 - 사례 4: 高阜 金氏家의 地主經營과 資本轉換」, 『한국사연구』, 한국사연구회, 1978. p. 65. 이 논문은 위의 『한국근현대농업사연구』(pp. 173-255)에 수록되었는데, 「서언」은 다소 문장이 수정되었지만, 전체적인 서술 취지는 큰 변화가 없다.
18) 김용섭, 위의 책(1992), pp. 232-248.
19) Ibid., p. 248

20) Ibid., p. 246.
21) Ibid., p. 471.
22) Ibid., p. 468.
23) Ibid., p. 473.
24) 강동진, 『일제의 한국침략정책사』, 서울: 한길사, 1980.
25) Ibid., p. 385.
26) Ibid., p. 377.
27) Ibid., p. 383.
28) Ibid., p. 384.
29) Ibid., p. 386.
30) Ibid., p. 413.
31) Ibid., p.415. 주35)에서 재인용.
32) Ibid., pp. 358-359.
33) Ibid., p. 359.
34) 矢内原忠雄, 「近代日本における宗教と民主主義」, 日本太平洋問題祖師會編, 『日本社會の基本問題』, 世界評論社, 1949. 이 글은 『矢内原忠雄著作集』 18卷(東京: 岩波書店, 1964, pp. 369-370, 372-373, 376-378)에도 실림.
35) 김용섭, 위의 책(1992), p. 247.
36) 강만길, 「독립운동의 역사적 성격」, 『분단시대의 역사인식』, 서울: 창작과비평사, 1978(『강만길저작집 02』, 서울: 창작과 비평사, 2018 재수록), p. 172. * 페이지 표시는 『강만길저작집』에 따름.
37) 강만길, 『21세기사의 서론을 어떻게 쓸 것인가』, 서울: 삼인, 2000(『강만길 저작집』13), p. 10.
38) Ibid., pp. 247-248.
39) Ibid., pp. 53-54.
40) Ibid., p. 140.
41) 강만길, 「대한제국의 성격」, 『분단시대의 역사인식』(저작집02), p.168.
42) Ibid., p. 166.
43) Ibid., p. 166.
44) 강만길, 「개항 100년사의 반성」(1976년 1월), 『분단시대의 역사인식』(저작집02), pp.105-106.
45) Ibid., pp. 106-107.
46) Ibid., p. 170.
47) 강만길, 위의 책(저작집02), p. 169; 강만길, 『한국민족운동사론』(저작집 04), p. 25.
48) 강만길, 위의 책(저작집02), pp. 158-159.
49) 강만길의 조선후기 상업론에 대한 비판은 이승렬, 『제국과 상인』의 「서론」을 참조하기 바람.
50) 강만길, 『21세기사의 서론을 어떻게 쓸 것인가』(저작집 13), pp. 161-162.
51) Ibid., pp. 162-163.

52) 임종국, 「제1공화국의 친일세력」, 『해방전후사의 인식(2)』, 서울: 한길사, 1985, 권태억, 「근대화·동화·식민지유산」, 『한국사연구』 108, 한국사연구회, 2000, pp. 135-136에서 재인용.
53) Bruce Cummings, The Origins of the Korean War, Volume1(Seoul: Yuksabipyungsa, 2002, Original Copy: 1981, Princeton University Press), pp. 143-145(브루스 커밍스, 김자동 역 『한국전쟁의 기원』, 서울: 일월서각, 1986, pp. 196-198)에서 재인용. 괄호 안은 번역서 페이지.
54) 국편 DB, FRUS 1945, The British Commonwealth, the Far East Volume VI, '점령 초기 일본인의 협조와 한국인들의 반응에 대한 베닝호프의 보고', 발신 1945년 9월 15일, http://db.history.go.kr/id/frus_001r_0010_0260
55) 국편 DB, FRUS 1945, The British Commonwealth, the Far East Volume VI, '베닝호프 한국의 정치상황 보고', 발신 1945년 9월 29일, http://db.history.go.kr/id/frus_001r_0010_0330
56) Bruce Cummings, op. cit., p. 66(p. 104).
57) Ibid., p. 65(p. 103).
58) Barrignton Moore, Jr., Social Origins of Dictatorship and Democracy, Boston: Beacon Press, 1966, p. 29(배링턴 무어, 『독재와 민주주의의 사회적 기원』, 서울: 까치, 1985. pp. 50-51).
59) Ibid, p. 30, pp. 32-33(p. 51, p. 54).
60) Ibid, p. 505(pp. 501-502).
61) 무어는 Thorstein Bunde Veblen의 Imperial Germany and the Industrial Revolution, (New York: Viking Press, c1939)을 전거로 삼아서 일본과 독일에 대해 언급했다. 일본과 프러시아는 다른 나라를 따라잡기 위해 후진적인 국민 의사를 무시하고 산업화를 추진한 일군의 지주 귀족의 능력이나, 이 모든 정책이 20세기 중반에 들어 파국적인 종말을 고했다는 점에서는 본질적인 유사점이 있다. 관료적 위계질서의 강력한 요소를 지닌 봉건적 전통이 살아남아 있었던 것은 독일과 일본에 모두 공통적이었다. 이것이 또한 봉건제가 없거나 극복된 영국·프랑스·미국 등과 구별시키고, 또 농업적 관료제를 근간으로 하는 중국과 러시아와도 서로 다르게 한다[ibid, p. 253(pp. 265-266)]. 한국은 농업관료제의 구체제가 식민지로 전락하고 그것을 극복하는 과정에서 남한은 진취적 지주 세력이 성장하여 민주주의·자본주의 코스로 이행하고, 북한은 농업관료제의 전통 위에서 중국과 유사한 공산주의 코스로 이행했다.
62) Ibid., p. 414(p. 418).
63) 강만길, 『분단시대의 역사인식』(저작집 02), p. 117.
64) 신채호, 『조선혁명선언』, 경기도 파주: 범우사, 2010, pp. 23-27
65) Ibid, p. 31.
66) 『조선일보』 1936년 2월 29일, 「조선학의 선구자인 신단재 학설 비판」(1); 단재의 격조 있고 기품 있는 생활 태도와 그와 그의 가족의 쉽지 않았던 생활 그리고 역사학을 개척한 공로는 누구에게나 부채감을 갖게 만든다. 그러나 후학들은 그의 학문과 사상에 대해 충분한 포폄을 할 필요가 있다.
67) 『조선일보』 1936년 3월 1일, 「조선학의 선구자인 신단재 학설 비판」(2).

68) 『조선일보』 1936년 3월 3일, 「조선학의 선구자인 신단재 학설 비판」(3).
69) 신채호, 『조선사연구초』, 경성부: 조선도서주식회사, 1929년, 이 자료는 단재신채호전집편찬위원회에 의한 "단재신채호전집" 2권(충남 목천: 독립기념관 한국독립운동사연구소, 2007)에 실려있다.
70) 『단재신채호전집』 1권, 충남 목천: 독립기념관 한국독립운동사연구소, 2007, pp. 262-263. 이만열은 『단재신채호전집』 1권의 「해제」에서 단재 역사학의 의미를 다음과 같이 평가했다. "『조선상고사』는 단재가 총론에서 언급한 역사과학화의 의지에도 불구하고 지금의 연구지평에서 본다면 수긍할 수 없는 대목들이 없지 않다. 이런 점은 주체성의 지나친 강조와 민족의식의 과잉 투영을 통해 나타난다. …… 또 그가 『조선상고사』에서 가끔 민중 이야기를 내세운 대목도 어색한 삽입구가 들어있는 문장마냥 정제된 이론을 바탕으로 하여 정리된 것도 아니어서 이념적 과잉만 확인할 수 있을 뿐 설득력을 얻기 어렵다. …… 후학들은 그런 한계를 인식하고 새로운 시각을 가지고 그가 제기했던 역사학의 과제를 창조적으로 풀어가야 할 책임을 안고 있다고 본다. 다행스러운 것은 단재의 자주적인 역사학이 해방 후 남북에서 드러내 놓지는 않은 채 일정하게 수용되고 있다는 것이다. …… 『조선상고사』는 앞서 언급한 몇 가지 한계에도 불구하고, 저술 당시 한편에서는 전통적 역사학이 과학적 자주적 역사인식에 걸림돌이 되어 있었고 또 한편에서는 일제강점의 시대적 산물인 식민사학이 횡행했던 시기였음을 감안한다면, 근대 민족주의 사학이론을 토대로 자주적이고 체계적인 민족사를 개척, 시도한 몇 안 되는 업적이라고 하지 않을 수 없다. 『조선상고사』는 한국 근대민족주의 사학이 세운 하나의 기념비적 업적이다." 이만열, 「해제」, pp. 16-17. 이 「해제」는 다음의 글과 밀접한 관련이 있다. 이만열, 『단재 신채호의 역사학 연구』, 서울: 문학과지성사, 1990, pp. 207-218.
71) 칼 포퍼, 『열린사회와 그 적들』, 서울: 민음사, 2012(9쇄), p. 28.
72) Ibid., p. 103.
73) 이승렬, 「'식민지근대'론과 민족주의」, 『역사비평』 80호, 역사문제연구소, 2007.
74) 中村哲, 『세계자본주의와 이행의 이론: 동아시아를 중심으로』, 서울: 비봉출판사, 1991; 안병직·이대근·中村哲·梶村秀樹 편, 『근대조선의 경제구조』, 서울: 비봉출판사, 1989; 이영훈·장시원·宮嶋博史·松本武祝 공저, 『근대조선의 수리조합 연구』, 서울: 일조각, 1992; 김홍식 외, 『조선토지조사사업의 연구』, 서울: 민음사, 1997; 안병직·이영훈 편저, 『맛질의 농민들』, 서울: 일조각, 2001; 안병직편, 『한국경제성장사: 예비적 고찰』, 서울: 서울대학교출판부, 2001; 이영훈 편, 『수량경제사로 다시 본 조선후기』, 서울: 서울대출판부, 2004.
75) 堀和生, 『한국근대의 공업화: 일본자본주의와의 관계』, 서울: 전통과 현대, 2003; 中村哲·堀和生 편저, 『일본 자본주의와 한국·대만』, 서울: 전통과 현대, 2007; 이영훈·장시원·宮嶋博史·松本武祝 공저, 『근대조선의 수리조합 연구』, 서울: 일조각, 1992, pp. 63-66.
76) 이에 대해서는 정연태, 『한국근대와 식민지근대화논쟁』(서울: 푸른역사, 2011, pp. 31-32)을 참조 바람.
77) 안병직, 「한국 현대사의 과제를 찾아서」, 『철학과 현실』, 철학문화연구소, 2914년 3월, p. 162-163.
78) Ibid., p. 165-167.
79) Ibid., p. 168.
80) Bruce Cumings, op. cit., pp. 66-67(pp. 104-105).

81) 박명림, 『역사와 지식과 사회』, 경기 파주: 나남, 2011, pp. 253-254.
82) 안병직, 위의 글, pp. 156-157, pp. 169-172.
83) 이영훈, 「왜 다시 해방전후사인가」, 박지향 외 엮음, 『해방전후사의 재인식』 1, 서울: 책세상, 2006, pp.57-59.
84) 이영훈 편, 『수량경제사로 다시 본 조선후기』, 서울: 서울대출판부, 2004, p. 382.
85) 이영훈, 「17세기 후반 - 20세기 전반 수도작 토지생산성의 장기추세」, 『경제논집』 51-2, 서울대학교경제연구소, 2012; 이영훈, 「19세기의 위기 재론」, 낙성대경제연구소 워킹 페이퍼, 2013.
86) 이영훈·박이택, 「농촌미곡시장과 전국적 시장통합」, 『조선시대사학보』 16, 조선시대사학회, 2001; 이영훈·박이택, 「18-19세기 미곡시장의 통합과 분열」, 『경제학연구』 50-2, 한국경제학회, 2002 ; 이영훈, 「19세기 서울 재화시장의 동향: 안정에서 위기로」, 中村哲·박섭 편저, 『동아시아근대경제의 형성과 발전』, 신서원, 2005; 이영훈, 「19세기 조선왕조 경제체제의 위기」, 『조선시대사학보』 43, 조선시대사학회, 2007; 이영훈, 「19세기 서울 시장의 역사적 특질」, 이헌창 엮음, 『조선후기 재정과 시장』, 서울대출판 문화원, 2010.
87) 차명수, 「우리나라의 생활수준, 1700-2000」, 안병직 편, 『한국경제성장사』, 서울: 서울대출판부, 2001; 박기주, 「조선후기의 생활수준」, 이대근 외, 『새로운 한국경제발전사』, 파주: 나남, 2005.
88) 우대형, 「조선 전통사회의 경제적 유산」, 『역사와 현실』 68, 한국역사연구회, 2008; 우대형, 「조선후기 미곡생산성의 장기 추이에 관한 재검토, 1660-1910」, 연세대 경제연구소, 2017, http://yeri.yonsei.ac.kr/yeri/reference/domestic.do ; 김건태, 『조선 시대 양반가의 농업경영』, 서울: 역사비평사, 2004. pp. 267-271; 김건태, 「19세기 후반-20세기 초 부재지주형 경영」, 『대동문화연구』 49, 2005; 허수열, 『일제 초기 조선의 농업』, 파주: 한길사, 2011, pp. 332-349; 이헌창, 「조선시대를 바라보는 제 3의 시각」, 『한국사연구』 148, 한국사연구회, 2010.
89) 우대형, 위의 논문(2008), pp. 280-284.
90) 이영훈·박이택, 위의 논문(2001)과 위의 논문(2002); 우대형, 「조선후기 곡물시장의 통합에 관한 재검토 1743-1910」, 2016, 연세대 경제연구소. http://yeri.yonsei.ac.kr/yeri/reference/domestic.do.
91) 우대형, 「역사인구학 지표로 살펴본 조선후기 생활수준의 장기추이」, 『사회와 역사』 121, 한국사회사학회, 2019, p. 235.
92) 우대형, 위의 논문(2016), p. 1, pp. 20-21; 우대형, 위의 논문(2019), pp. 235-237.
93) 고동환, 『조선후기 서울상업발달사연구』, 지식산업사, 1998, p. 400. 그리고 이 책의 3장 「경강상인의 성장과 자본축적」은 전국을 대상으로 하는 경강상인의 활동에 대한 묘사가 상세하다. 오성의 「3장: 미곡상인과 미곡의 변동」, 『조선후기 상인연구』, 서울: 일조각. 1989도 유용한 자료다.
94) 우대형, 위의 논문(2008), p. 291; 이헌창, 「근대경제성장의 기반형성기로서 18세기 조선의 성취와 그 한계」, 『역사학보』 213, 역사학회, 2012.
95) 우대형, 위의 논문(2008), pp. 291-292.
96) 우대형, 위의 논문(2008), pp. 292-293. 이와 관련하여 우대형은 다음의 논저들을 소개했다. 이태진, 『한국사회사연구: 농업기술 발달과 사회 변동』, 서울: 지식산업사, 1986; 이태

진,『의술과 인구 그리고 농업기술』, 태학사, 2002; 우대형,「조선후기 인구압력과 상품작물 및 농촌직물업의 발달」,『경제사학』 34, 2003; 宮嶋博史,「한국인구사 연구의 현황과 과제」,『대동문화연구』 46, 성균관대학교동아시아학술원, 2004.
97) 우대형, 위의 논문(2008), pp. 294-296.
98) 이와 관련하여 우대형이 제시한 한국사학계 논저들은 다음과 같다. 강만길,『조선후기 상업자본의 발달』, 서울: 고려대학교 출판부, 1973; 최완기,『조선후기선운업사연구』, 서울: 일조각 1989; 최완기,『조선후기 도매상업과 물가변동』,『국사관논총』 65, 1995, 고동환, 위의 책(1998); 고동환,「조선후기 상선의 항행 조건」,『한국사연구』 123, 2003; 백승철,『조선후기상업사연구』, 서울: 혜안, 2000. 이와 관련된 더 자세한 연구동향에 대해서는 다음의 책들을 참조할 것. 원유한,「상공업의 발달」, 한국사연구회 편,『한국사연구입문』, 서울: 지식산업사, 1981; 고동환,「상품유통경제의 발전」,『한국역사입문②』, 서울: 풀빛, 한국역사연구회, 1995; 이욱,「상업사에서의 자본주의 맹아론」, 강만길 엮음,『조선후기사 연구의 현황과 과제』, 서울: 창작과비평사, 2000; 고동환,「상업과 도시」,『새로운 한국사 길잡이(상)』, 서울: 지식산업사, 한국사연구회, 2008, 이외에도 일본 朝鮮史研究會에서 펴낸 다음의 책들도 유용하다.『朝鮮史入門』(東京: 太平出版社, 1967),『新朝鮮史入門』(東京: 龍溪書舍, 1981),『朝鮮史研究入門』(名古屋: 名古屋大學出版會, 2011)
99) 이승렬,『제국과 상인』(서울: 역사비평사, 2007)의「1부」를 참조 바람.
100) 이승렬, 위의 논문(2007) 참조; 히로마쓰 와타루(廣松涉),『근대초극론: 일본 근대사상사에 대한 시각』, 서울: 민음사, 2004, p. 7, p. 16: 나카무라 마츠오(中村光郎))·니시타니 게이지(西谷啓治) 외,『태평양전쟁의 사상—좌담회 '근대의 초극'과 '세계사적 입장과 일본'으로 본 일본정신의 기원』, 서울: 이매진, 2006, pp. 340-341.
101) 대런 애쓰모글루·제임스 A. 로빈슨,『국가는 왜 실패하는가』, 서울: 시공사, 2012., pp. 624-625.
102) Ibid., p. 626.
103) Ibid., p. 633.
104) Ibid., p. 643.
105) Ibid., p. 644.
106) 의회주의를 정초했던 이승만은 지롤라모 사보나롤라(Girolamo Savonarola)처럼 자신의 정치적 언약을 지키지 않고 무리하게 독재정치를 추구하다가 국민에 의해 권좌에서 물러나야 했다. 1494년에 사보나롤라는 피렌체가 메디치 독재에서 공화국으로 전환되고 반프랑스에서 친프랑스 정책으로 외교 노선을 변경할 때 권력의 중심에 서게 되었다. 사보나롤라는 프랑스의 샤를 8세와 교섭하여 국가적 위기를 극복하면서 국민의 신뢰를 받게 되었다. 그는 국사범으로 유죄를 선고받은 죄인들에게도 인민에게 호소할 수 있는 권리를 갖도록 하는 법안을 의회에서 통과하도록 여러 차례 권고를 한 바 있었다. 그러나 그는 자신의 정적들에게 이 법을 적용하지 않았고, 바로 그들을 사형시켰다. 그는 스스로 국민들의 신뢰를 저버리는 파당적 정치를 하는 정치인으로 전락하고 말았고, 그의 비현실적인 도덕정치는 시민들의 증오대상이 되면서 사형되고 말았다. 곽준혁,『지배와 비지배』, 서울: 민음사, 2013, pp. 118-123.

제5장

1) 국편 DB,『한민족독립운동사자료집 12: 3·1운동 Ⅱ』,「최린 신문조서(제1회)」, http://db.history.go.kr/id/hd_012r_0010_0020,
2) 1918년 11월 11일 제1차 세계대전이 끝나자, 미국은 파리강화회의에 대한 미국의 입장을 설명하기 위해 대통령 특사 찰스 리차드 크레인을 중국에 파견했다. 이경남,『설산 장덕수』, 서울: 동아일보사, 1981, pp. 98-99; 국편 DB,『한민족독립운동사 7: 대한민국 임시정부』,「외교와 군사」, http://db.history.go.kr/id/hdsr_007_0010_0020_0020; 국편 DB,『(신편) 한국사 47: 일제의 무단통치와 3·1운동』,「상해 신한청년당의 활동과 해외 독립운동가들의 움직임」, http://db.history.go.kr/id/nh_047_0040_0010_0050_0010; 찰스 크레인은 시카고의 실업가 겸 민주당 기부자였다. 그는 그 후에 미국이 중동 문제를 해결하기 위해 조직한 '조사위원회'의 일원이기도 했다. 데이비드 프롬킨(David Fromkin), 이순호 역『현대중동의 탄생』, 서울: 갈라파고스. 2015, p. 605.
3) 양영석,「위임통치청원(1919)에 관한 고찰-그 비판과 반론」,『한국학보』49, 서울: 일지사, 1987; 고정휴,「독립운동기 이승만의 외교노선과 제국주의」,『역사비평』31호, 역사문제연구소, 1995.
4) 올리버 스톤(Oliver Stone), 피터 커즈닉(Peter Kuznick), 이광일 옮김,『아무도 말하지 않는 미국현대사』, 서울: 들녘. 2015, p. 31.
5) Ibid., p. 33.
6) Ibid., pp. 34-35; 필리핀에서서의 미군의 만행에 대해서는 Ibid, pp. 31-32; 쿠바·파나마 등 중앙아메리카에서의 미국인들이 관계한 바나나·커피·광산·철도 등 여러 부분에 대한 이권에 대해서는, Ibid., p. 36.
7) 데이비드 프롬킨(David Fromkin), 위의 책, p. 392.
8) F. 프라이델·A. 브린클리, 박무성 옮김,『미국현대사 1900-1981』, 서울: 대학문화사, 1985, p. 115, pp. 117-122, 원저는 Frank Friedel, Alan Brinkley, *America in the Twentieth Century*(5th ed., New York: Knopf, 1982).
9) Ibid., p. 122.
10) Ibid., pp. 123-124.
11) Ibid., pp. 132-134.
12) 앙드레 모루아(André Maurois), 신용석 옮김,『미국사』, 서울: 김영사, 2015, p. 680; 데이비트 프롬킨, 위의 책, p. 397.
13) 앙드레 모루아, 위의 책, p. 680; F. 프라이델·A. 브린클리, 위의 책, p. 135.
14) 앙드레 모루아, 위의 책, p. 681.
15) 데이비트 프롬킨, 위의 책, p. 396.
16) Ibid., pp. 393-394.
17) 앙드레 모루아, 위의 책, p. 683.
18) Ibid., pp. 506-508.
19) Ibid., pp. 684-688.
20) 데이비트 프롬킨, 위의 책, pp. 398-399; 앙드레 모루아, 위의 책, pp. 688-689.
21) 데이비트 프롬킨, 위의 책, p. 399.

22) 앙드레 모루아, 위의 책, pp. 690.
23) F. L. 알렌, 『원더풀 아메리카』, 서울: 앨피, 2006, p. 51. 원저, Frederick Lewis Allen 1890-1954, *Only Yesterday: an informal history of the nineteen-twenties*, New York: Harper & Brothers, 1931.
24) 앙드레 모루아, 위의 책, p. 511.
25) F. L. 알렌, 위의 책, p. 50.
26) Ibid., pp. 44-45.
27) Ibid., p. 46.
28) Ibid., p. 50.
29) Ibid., p. 58.
30) Ibid., p. 59.
31) 윌슨은 가는 곳마다 열광적인 환영을 받았다. 경제학자 존 메이너드 케인즈도 당시 상황을 이렇게 기록했다. "워싱턴을 떠나온 윌슨 대통령은 역사상 전무후무한 명성을 누리고 세계인들에게 커다란 도덕적 감화를 끼쳤다." 그러나 윌슨의 희망과 다른 일이 평화회의에서 일어났다. 민족과 지방들이 "마치 체스의 졸처럼 이 나라 저 나라의 손바닥 안에서 움직이고," 협정들 또한 "관련 주민들의 이해관계나 지배력을" 행사하려는 "경쟁 국가들의 타협이나 조정"을 통해 타결되었다. 그리고 1918년 11월 미국의 선거에서 집권당 민주당은 중간선거에서 패했다. 상원에서 주도권을 상실했다. 윌슨안이 상원에서 통과될 전망이 밝지 않았다. 데이비트 프롬킨, 위의 책, p. 594.
32) F. L. 알렌, 위의 책, p. 52.
33) F. L. 알렌, 위의 책, p. 53; 앙드레 모루아, 위의 책, pp. 697-699.
34) F. 프라이델·A. 브린클리, 위의 책, p. 164.
35) 앙드레 모루아, 위의 책, pp. 697-699.
36) F. 프라이델·A. 브린클리, 위의 책, p. 163.
37) F. L. 알렌, 위의 책, p. 60; 앙드레 모루아, 위의 책, p. 700.
38) C. N. 데글러, 『현대미국의 성립』, 서울: 일조각, 1977, p. 487. 원저명 Carl N. Degler, *Out of Our Past: The forces that shaped modern America*, New York: Harper & Row, 1959, 1970.
39) C. N. 데글러, 위의 책, pp. 489-490; 앙드레 모루아, 위의 책, pp. 373-374, p. 542.
40) C. N. 데글러, 위의 책, pp. 488, 493.
41) Ibid., pp. 493-494.
42) Ibid., pp. 494-495.
43) 앙드레 모루아, 위의 책, p. 679.
44) C. N. 데글러, 위의 책, p. 496.
45) Ibid., p. 496.
46) Ibid., p. 494.
47) Ibid., p. 495.
48) 조지 케넌(George F. Kennan; 1904-2005), 『미국 외교 50년: 세계대전에서 냉전까지, 20세기 미국외교 전략의 불편한 진실』, 서울: 가람기획, 2013, pp. 183-184.
49) ibid., pp. 184-185.

50) F. L. 알렌, 위의 책, p. 54.
51) C. N. 데글러, 위의 책, p. 498.
52) Ibid., p. 499.
53) Ibid., p. 509.
54) 권오신,『윌슨-재28대 대통령』, 서울: 도서출판 선인, 2011, p.240.
55) 가토 요코(加藤陽子),『근대일본의 전쟁논리』, 서울: 태학사, 2003, p. 201.
56) F. L. 알렌, 위의 책, pp. 182-184.
57) Ibid., p. 185.
58) 에릭 홉스봄, 김동택 옮김,『제국의 시대』, 서울: 한길사, 1998, p. 548.
59) 나폴레옹의 패배와 1854-1856년 크림전쟁 사이에 유럽에서의 전면전쟁은 사실상 없었다. 둘 이상의 나라가 휘말린 전쟁은 크림전쟁 말고는 1815년과 1914년 사이에 없었다. 에릭 홉스봄, 박현재·차명수 역,『혁명의 시대』, 서울: 한길사, 1984, p. 146.
60) 에릭 홉스봄,『제국의 시대』, pp. 548-549.
61) Ibid., p. 552.
62) Ibid., p. 550.
63) Ibid., pp. 552-555.
64) Jr 조지프 나이, 양준희·이종삼 옮김,『국제분쟁의 이해: 이론과 역사』(개정판), 서울: 한울, 2009, p. 127.
65) 에릭 홉스봄,『제국의 시대』, pp. 543-544.
66) Jr 조지프 나이, 위의 책, pp. 123-124.
67) Ibid., pp. 130-131.
68) Ibid., pp. 81-82.
69) 에릭 홉스봄,『제국의 시대』, p. 545
70) 에릭 홉스봄,『제국의 시대』p. 547; Jr 조지프 나이, 위의 책, p. 128.
71) Jr 조지프 나이, 위의 책, p. 128.
72) Ibid., p. 132.
73) Ibid., p. 150.
74) Ibid., p. 151.
75) Ibid., p. 152.
76) Ibid., p. 154.
77) Ibid., p. 155.
78) Ibid., p. 157.
79) Ibid., p. 158.
80) 에릭 홉스봄,『제국의 시대』, p. 77.
81) G. 존 아이켄베리, 강승훈 옮김,『승리 이후: 제도와 전략적 억제 그리고 전후의 질서구축』, 서울: 한울, 2008, p. 21.
82) Ibid., p. 29.
83) 가토 요코, 위의 책(2003), pp. 161-163
84) 가타야마 모리히데, 김석근 옮김,『미완의 파시즘』, 서울: 가람기획, 2013, p. 32.

85) Ibid., p. 33.
86) Ibid., p. 35.
87) 井上壽一, 『第1次世界大戰と日本』, 東京: 講談社 現代新書, 2014, p. 18.
88) 가토 요코, 위의 책(2003), pp. 167-168.
89) 井上壽一, 위의 책, p. 22.
90) 守川正道, 『第一次世界大戰とパリ講和會議』, 京都: 柳原書店, 1983, p. 38, 56.
91) 가토 요코, 위의 책(2003), p. 165.
92) Ibid., pp. 176-179.
93) 그러나 그는 이런 생각을 끝까지 견지하지 못했다. 그는 대외침략을 선도하는 외교관이 되었다. 그로부터 약 14년 후인 1933년에 '만주사변'과 관련된 「리튼보고서」가 국제연맹에서 채택되자, 당시 일본외교를 이끌던 마츠오카는 미리 준비해 간 「선언서」를 낭독하고 국제연맹 회의장을 빠져나왔다. 바로 일본 정부는 국제연맹을 탈퇴했다. Ibid., pp. 182-186.
94) Barrington Moore, Jr., *Social Origins of Dictatorship and Democracy*, Boston: Beacon Press, 1966, p. 297(베링턴 무어, 『독재와 민주주의의 사회적 기원』, 서울: 까치, 1985. p. 305).
95) 마쓰오 다카요시(松尾尊兌), 『다이쇼 데모크라시』, 서울: 소명출판, 2011, pp. 187-190; 원서명 松尾尊兌, 『大正デモクラシー』, 東京: 岩波書店, 1974.
96) 마쓰오 다카요시, 위의 책, p. 188, 236.
97) 川人貞史, 『日本の政黨政治 1890-1937년』, 東京: 東京大學出版會, 1992, pp. 210-226.
98) 마쓰오 다카요시, 위의 책, pp. 237-239.
99) 川人貞史, 위의 책, p. 75, 153, 217, 268.
100) 마쓰오 다카요시, 위의 책, pp. 229-230.
101) 마쓰미 준노스케(升味準之輔), 이경희 옮김, 『일본정치사 2』, 서울: 형설출판사, 1992), 제1장 「초기의회, 청일전쟁」과 제 2장 「정우회 창립, 로일전쟁」 참조; 川人貞史, 위의 책, 제4장 「大選擧區制下の政黨-1900-1020年」 참조.
102) 마쓰미 준노스케, 『일본정치사 2』, pp. 189-242.
103) 川人貞史, 위의 책, 제4장 「大選擧區制下の政黨-1900-1020年」 참조.
104) 마쓰미 준노스케(升味準之輔), 이경희 옮김, 『日本政治史 3』, 서울: 형설출판사, 1992, 제1장 「1920年代 政黨政治」 참조함.
105) 마쓰오 다카요시, 위의 책, p. 81.
106) Ibid., p. 86.
107) Ibid., pp. 83-84.
108) Ibid., p. 85.
109) Ibid., pp. 287-288.
110) Ibid., pp. 289-290.
111) Barrington Moore, op cit, p. 292(p. 300).
112) 에릭 홉스봄, 『제국의 시대』, p. 237.
113) Ibid., pp. 82-83.

114) Ibid., pp. 87-92, 102-104.
115) E. O. 라이샤워, 정병학 역, 『일본사』, 서울: 탐구당, 1967, pp. 142-143, 원저, Edwin O. Reischauer, *Japan, past and present*, New York: Knopf, 1964.
116) Ibid., p. 144.
117) Ibid., p. 145.
118) Ibid., pp. 145-146.
119) Ibid., p. 149.
120) Ibid., p. 156.
121) Ibid., p. 158.
122) Barrington Moore, op cit, p. 305(pp. 312-313).
123) Ibid., p. 308(p. 315).
124) E. O. 라이샤워, 위의 책, p. 159.
125) Ibid., pp. 160-161.
126) Ibid., p. 161.
127) 이시바시 단잔(石橋湛山), 「사설: 일체를 포기할 각오: 태평양회의에 대한 우리의 태도」, 『東洋經濟新報』1921년 7월 23일; 다나카 아키라(田中彰), 강진아 옮김, 『소일본주의: 일본의 근대를 다시 읽는다』, 서울: 小花, 2002, p. 130, 원저, 田中彰, 『小國主義: 日本の近代を讀みなおす』, 東京: 岩波書店, 1999.
128) 다나카 아키라, 위의 책, pp. 132-134.
129) 이시바시 단잔(石橋湛山), 「사설: 대일본주의의 환상」, 『동양경제신보』1921년 7월 30일, 8월 6일·13일 호; 다나카 아키라, 위의 책, pp. 134-136; 小島直記, 『異端の言說 石橋湛山』(上)·(下)(東京: 新潮社, 1978) 참조.
130) Barrington Moore, op cit, p. 299(pp. 306-307).
131) 간토대지진 당시 일본인들의 잔인한 활동에 대해서는 다음의 논저를 참조함. 강덕상, 「1923년 관동대진재 대학살의 진상」, 『역사비평』통권 45호, 1998년 11월; 강동진 저, 김동진, 박수철 옮김, 『학살의 기억, 관동대지진』 서울: 역사비평사, 2005.
132) Barrington Moore, op cit, p. 300(p. 308).
133) Ibid., p. 301(p. 309).
134) Ibid., p. 305(p. 312).
135) 다나카 아키라, 위의 책, p. 100.
136) E. O. 라이샤워, 위의 책, pp. 127-129.
137) S. N. Eisenstadt, 여정동, 김진균 공역, 『근대화: 저항과 변동』, 서울: 탐구당, 1972, pp. 86-87, 원저, Eisenstadt, Shmuel Noah, *Modernization: Protest and Change*, Englewood Cliffs, N.J.: Prentice-Hall, c1966.
138) S. N. Eisenstadt, 위의 책, pp. 88-89; R. A. Scalapino, "Japan between Traditionalism and Democracy," in S. Neumann, ed., *Modern Political Parties: approaches to comparative politics*, Chicago: University of Chicago Press, 1956.
139) 강동진, 『일제의 한국침략정책사』, 서울: 한길사, 1980, p. 239.
140) Ibid., p. 295.
141) Ibid., p. 296, pp. 356-357.

142) Ibid., p. 297.
143) Ibid., p. 299.
144) 강동진, 위의 책, p. 301; 마츠오 다카요시, 위의 책, pp. 287-326.
145) 강동진, 위의 책, p. 358, pp. 365-369.
146) Ibid,. p. 348.

제6장

1) 『개벽』 28호, 1922년 10월, p. 99. 국편 DB, http://db.history.go.kr/id/ma_013_0271_0120
2) 北田晃司, 「植民地時代の朝鮮における鐵道網の發達と都市システムの変遷」, 『北海道地理』 73, 북해도지리학회, 1999; 정재정, 『일제침략과 한국철도: 1892-1945』, 서울: 서울대학교출판부, 1999, 제1부 3장과 제3부 7장 참조.
3) 거버넌스의 어원은 그리스어 동사 Kuberman(조종)으로까지 거슬러 올라가며, 플라톤은 이를 통치체제의 디자인을 지칭하는 의미로 사용하였다. 이 용어는 1980년대 들어서 새롭게 발견되어 자주 사용하게 되었다. 정치학자들은 거버넌스를 정부와는 구별되는 의미로, 시민사회 행위자들을 포함하는 의미로 사용했지만, 그 의미는 사용하는 주체들에 따라 달랐다. 1919년 3월을 전후한 시기에는 달라진 현실을 반영하여 시민적 네트워크가 형성되고 작동되었다. 안네 메테 키에르(Anne Mette Kjær), 『거버넌스(Governance)』, 서울: 오름, 2007, pp. 12-15 참조.
4) 김원용, 『재민한인 50년사』, 서울: 혜안, 2004, p. 265. 이 책은 1959년에 간행된 『在美韓人五十年史』를 손보기 교수가 미주한인관련 자료를 더 추가하여 다시 엮은 것이다.
5) '위임통치청원' 문제는 주로 다음의 논문을 많이 참조했다. 양영석, 「위임통치청원(1919)에 관한 고찰」, 『한국학보』 13, 서울: 일지사, 1987; 방선주, 「이승만 위임통치안」, 『재미한인의 독립운동』, 한림대아시아문화연구소, 1989; 오영섭, 「대한민국임시정부 초기 위임통치 청원논쟁」, 『한국독립운동사연구』 41, 천안: 독립기념관 한국독립운동사연구소, 2012,
6) 정병준, 『우남 이승만연구』, 서울: 역사비평사, 2005, pp. 129-130.
7) 양영석, 위의 글, p. 103.
8) 상하이에서 발간되는 월간잡지. 사장은 토마스 밀라드(Thomas Millard).
9) 이경남, 『설산 장덕수』(이하 『장덕수』로 줄임), 서울: 동아일보사, 1981, pp. 96-101; 정병준, 「3・1운동의 기폭제: 여운형이 크레인에게 보낸 편지 및 청원서」, 『역사비평』 119, 역사문제연구소, 2017.
10) 국편 DB, 『한민족독립운동사 3권: 3・1운동』, 「3・1독립선언 이전의 독립운동」, http://db.history.go.kr/id/hdsr_003_0020_0040_0010.
11) 『장덕수』, pp. 102-103.
12) 『장덕수』, p. 104.
13) 신석호, 「삼일운동의 전개」, 『삼일운동오십주년기념논집』, 서울: 동아일보사, 1969, p. 163.
14) 『장덕수』, pp. 105-107.

15) 고종의 '망명설, 데라우치 및 하세가와 총독의 회유에 대한 고종의 거부, 이런 연유로 일본인들과 그들과 연루된 한국인들이 공모하여 고종을 독살했다는 소문이 당시에도 유포되었고, 최근에는 그와 관련된 연구가 제출되었다. 이태진, 「고종황제의 독살과 일본정부 수뇌부」, 『역사학보』 204, 역사학회, 2009; 이태진, 『끝나지 않은 역사: 식민지배 청산을 위한 역사인식』, 서울: 태학사, 2017.
16) 최준, 「삼일운동과 언론투쟁」, 『삼일운동오십주년기념논집』, 서울: 동아일보사, 1969.
17) 『조선독립신문』 제2호, 국편 DB 중 '삼일운동 데이터베이스. http://db.history.go.kr/samil/IDS/MANIFESTO/sun_0290.
18) 기름장수이자 지주였던 주인식에 대해서는 다음 논문을 참조하시라. 이승렬, 「서울·경기 지역 상인의 일기(1899-1910)에 나타난 일상체험과 근대적 공공성—油商 주인식의 '민족의식' 형성을 중심으로」, 『한국사연구』 146, 한국사연구회, 2009.
19) 경운궁 서북쪽에 있는 문으로 주로 상례 의식이 치러지는 곳.
20) 시흥시사편찬위원회, 『시흥시사 10권: 시흥이 남긴 기록, 기록에 담긴 시흥』, 2007, pp. 362-364.
21) 3·1운동의 발발 과정에 대해서는 신석호의 「삼일운동의 전개」(『삼일운동오십주년 기념논집』)을 위시하여 여러 논저들을 참조했다.
22) "材不借於異代"라는 구절은 오긍(吳兢; 670-749)이 저술한 『貞觀政要』 제7장 「관리선발」에 나오는 구절이다.
23) 최린, 「자서전」, 여암선생문집편찬위원회 『如庵文集』 상, 1971, p. 185.
24) 박영효에 관해 자세한 사항은 다음의 글들을 참고하기 바람. 최덕수, 『개항과 한일관계』, 서울: 고려대출판부, 2004; 김현철, 「박영효의 '근대국가구상'에 관한 연구」, 서울대학교 외교학과 박사학위논문, 1999.
25) 남금자, 「대한제국기 한구설의 무반가계와 충북지역 토지소유」, 『한국근현대사연구』 80, 한국rms현대사학회, 2017, pp. 100-109; 한철호, 「민씨척족정권기(1885~1894) 내무부 관료 연구」, 『아시아문화』 12, 한림대 아시아문화연구소, 1996; 유영익, 「『서유견문』론」, 『한국사시민강좌』 7, 서울: 일조각, 1990.
26) 윤치호에 관해서는 다음의 글들을 참조했다. 양현혜, 「윤치호의 기독교 신앙과 허위의식」, 『기독교사상』 37-3, 대한기독교서회, 1993; 김상태, 「日帝下 尹致昊의 내면세계 연구」, 『역사학보』 165, 역사학회, 2000; 이덕주, 「윤치호와 한말 기독교 선교」, 『신학과 세계』 68, 감리교신학대학교, 2010. 윤치호의 사상의 특징에 대한 양현혜의 정리는 시사하는 바가 컸다. "윤치호가 본 19세기 말의 서구의 기독교는, ······ 서구 산업사회의 종교로서 제국주의적인 세계 정복을 정당화한 참으로 '지의 제국주의' 다운 종교였다. 윤치호는 이 서구 기독교의 현실을 안이하게 기독교의 본질로서 수용하고, ······ 그러나 이 세계관이라는 것은 자기 상실과 자기 파괴를 가져오는 커다란 허위의식의 체계였고, ······ "(양현혜, 위의 글, p. 79). 김상태는 윤치호의 역사적 위치를 "일본제국주의와 민족주의 진영의 경계선"에 놓았고, '결론'에서 그의 정세 인식과 논리를 다음과 같이 평가했다. 그는 '친일을 통해 자신의 재산, 지위 보전, 신변 안정'을 도모한 것이 아니라 '친일을 통해 조선 민족의 복리를 도모한 자'로 평가했다. 1948년에 발행된 『친일파군상』에서는 전자의 대표적 존재로 윤치호가 거론되었다(김상태, 위의 글, p. 141). 윤치호에 대해서는 수많은 연구들이 제출되어 있고, 최근에도 여러 방면에서 연구들이 계속 나오고 있다. 본고가 주목한 것은 기독교를 위시하여 서구문명을 익힌 기호 양반 윤치호의 좌절이었다. 윤치호는 '애국심'이

있었던 조선왕조의 엘리트 양반이 역사적 변동 과정에서 좌절된 모습의 전형이다. 이와 가장 극적으로 대비되는 기호 양반은 윤치호 가문보다 더 주류였던 경주 이씨 우당 이회영의 6형제였다.

27) 이상일, 「운양 김윤식과 3·1 운동」, 『태동고전연구』 제10집, 태동고전연구소, 1993, pp. 555-556.
28) 「격문」의 내용은 다음과 같다. "嗚呼痛哉 我2천만동포여, 我大行太上皇帝陛下 崩御의 원인을 知하느냐. 평소 건강하옵셨고 또 患報도 없었는데 半夜寢殿에서 倉猝히 崩御하시오니 이 어찌 常理이랴. …… 이완용은 귀족대표 김윤식은 유림대표 윤덕영은 宗戚대표, 조중응·송병준은 사회대표, 신흥우는 교육·종교 대표로 가칭하고 …… 윤덕영·한상학 2賊으로 하여금 膳에 侍케 하여 양궁녀로 하여금 夜御食鹽에 독약을 和進하였다. …… 단 미국 대통령 윌슨 씨는 14조의 성명을 한 이래 민족자결의 聲이 일세를 掀動하고 波蘭·愛蘭·捷克(체코) 등 12국은 같이 독립을 하였고 我韓민족된 자 어찌 此기회를 失하랴. …… 我동포여 금일은 세계 개조 망국부활의 호기회이다. 거국 일치건결하여 立하면 死失된 국권을 回할 수 있고 사망의 민족을 구할 수 있다. 先帝先后 兩陛下의 대수극원 또한 洗할 수 있고 雪할 수 있다. 起하라 我이천만동포여. 융희기원13년 정월 일 앙고 국민대회". 국사편찬위원회, 『한국독립운동사』 2, 1968. pp. 932-933; 이상일, 위의 글, p. 566에서 재인용.
29) 이상일, 위의 글, p. 567.
30) Ibid., p. 569에서 재인용.
31) Ibid., p. 571 참조.
32) 허선도, 「삼일운동과 유교계」, 『삼일운동 50주년기념논집』, 동아일보사, 1969, pp. 284~286; 李佑成, 「심산(心山)의 민족독립운동」, 『창작과 비평』 14-4, 창작과비평사, 1979, p.242; 장을병, 「심산(心山)의 개혁사상」, 『창작과 비평』 14-4, 창작과비평사, 1979; 국편 DB, 『한민족독립운동사 9: 3·1운동 이후의 민족운동』, http://db.history.go.kr/id/hdsr_009_0040_0010_0030.
33) 서동일, 『1919년 파리장서운동의 전개와 역사적 성격』, 한국학중앙연구원 박사학위논문, 2009; 이황직, 『군자들의 행진 - 유교인의 건국운동과 민주화운동』, 서울: 아카넷, 2017; 이황직, 「3·1운동에서 유교계 독립운동의 의의」, 『사회이론』, 한국사회이론학회, 2019; 심상훈, 「독립청원운동을 통해 본 경북 유림의 민족운동과 시대인식」, 『조선사연구』 28, 조선사연구회, 2019. 심상훈의 글에는 그간의 유림과 3·1운동에 관한 연구사 동향이 정리되어 있다.
34) 현상윤, 「삼일운동의 회상」, 『신천지』 3, 서울신문사, 1946, pp. 28-29.
35) 장규식, 「3·1운동과 세브란스」, 『연세의사학』 12-1, 연세대학교 의학사연구소, 2009, p. 34.
36) 김진봉, 『삼일운동』, 서울: 민족문화협회, 1980, p. 68.
37) 해방 이후 처음으로 맞이하는 3·1절을 기념하는 글에서 권동진은 이렇게 술회했다. "우리가 만약 빠고다공원에서 실행한다면 미리 모이기로 연락된 학생은 물론 군중들도 합류될 것이다. 그러면 관헌들은 곧 우리들을 체포해 갈 것이니 우리들은 무저항으로 가되 군중과 학생이 그대로 있지 않을 것이니 그렇게 되면 관헌과 동포 사이에 충돌이 있을 것이다. 충돌이 생기면 우리가 의도치 않은 유혈과 파괴가 생기고 많은 사상자를 낼 것이니 어찌 우리가 이것을 알면서도 행할 것이리까." 권동진, 「삼일운동의 회고」, 『신천지』 3, 1946,

pp. 8-9.
38) 국편 DB, 『한국근현대인물사료』, 「왜정시대인물사료」 1권, http://db.history.go.kr/id/im_107_00326.
39) 카터 J. 에커트, 주익종 옮김, 『제국의 후예』, 서울: 푸른역사, 2008, pp. 62-63.
40) 조기준, 『한국기업가사』, 서울: 박영사, 1973, pp. 252-254; 권태억, 「경성직뉴주식회사의 설립과 경영」, 『한국사론』 6, 서울대 국사학과, 1980.
41) 김도태, 『남강이승훈전』, 서울: 문교사, 1950, pp. 275-276.
42) 김근호, 이형성, 「幾堂 玄相允 先生 年譜」, 『공자학』 16, 한국공자학회, 2009.
43) 이용창, 「한말 최린의 일본유학과 현실인식」, 『역사와 현실』 41, 한국역사연구회, 2001, pp. 255-265.
44) 방기중, 「1920·30년대 물산장려회연구」, 『국사관논총』 67, 국사편찬위원회, 1996, 참조.
45) 1920년대 중반 이후에는 고향인 김제로 낙향한 이후 판소리 연구에 집중했고, 그 결과로 1940년에 『조선창극사』(조선일보사)가 발간되었다. 1945년 8월 해방 이후에는 민족주의 민족전선 등 좌익계통의 단체에서 활동했고, 1948년에 월북했다. 다음의 논문들과 자료들을 참조함. 유영대, 「정노식론」, 『구비문학연구』 2, 한국구비문학회, 1995; 이진오, 「정노식의 생애연구」, 『한국학연구』 53, 고려대 한국학연구소, 2015; 국편 DB, 『한국근현대인물자료』, http:// db.history.go.kr/id/im_ 107_00326; 국편DB, 『한민족독립운동사자료집 11권: 三一運動 I 』, 「송계백신문조서」, http://db.history.go.kr/id/hd_011r_0020_0220.
46) 국편 DB, 『한민족독립운동사자료집 12권: 三一運動 II 』, 「김도태 신문조서」, http://db.history.go.kr/id/hd_012r_0010_0430.
47) 김도태, 「기미년의 국제정세와 독립운동의 전말」, 『신천지』 3, 1946, pp. 16-17.
48) 김세환에 대해서는 이승렬, 「기독교와 3·1운동: 수원 지역사회(로컬리티)와 민족대표 '48인' 김세환」(『참담하고 노여웠던 우리들의 시대』, 수원시시정연구원, 2019)에 의거해서 서술되었다.
49) 이제재, 「수원지방 독립운동 선구자 김노적선생」, 『수원의 옛문화』, 수원: 효원문화, 1995. p. 154.
50) Ibid., p. 155.
51) 일본이 주는 귀족 작위를 받는 등 제국주의 지배에 순응했던 김윤식의 행적 때문에 '사회장'에 대한 반발도 만만치 않았다. 김윤식의 사회장을 둘러싼 갈등에 대해서는 다음의 글들이 참조된다. 박종린, 「'김윤식사회장' 찬반논의와 사회주의세력의 재편」, 『역사와 현실』 제38호, 한국역사연구회, 2000; 임경석, 「운양 김윤식의 죽음을 대하는 두 개의 시각」, 『역사와 현실』 57, 한국역사연구회, 2005.
52) 최기영, 「한말 동학의 천도교로의 개편에 관한 검토」, 『한국학보』 76, 서울: 일지사, 1994; 고건호, 「한말 신종교의 문명론: 동학·천도교를 중심으로」, 서울대학교 종교학과 박사학위논문, 2002; 이용창, 「동학·천도교단의 민회설립운동과 정치세력화 연구(1896-1906)」, 중앙대학교 사학과 박사학위논문, 2004; 정용서, 「일제하 해방 후 천도교 세력의 정치운동」, 연세대학교 사학과 박사학위논문, 2010 등을 참조.
53) 이승렬, 「일제하 천도교 계열의 자본주의 인식의 변화와 인간관」, 『한국민족운동사연구』 46, 한국민족운동사연구회, 2006.
54) 이만열, 『한국기독교수용사연구』, 서울: 두레시대, 1998, pp. 328-329.

55) 한국기독교장로회 역사편찬위원회,『한국기독교 100년사』, 서울: 한국기독교장로회출판사, 1992; 이덕주,『강화기독교 100년사』, 강화기독교100주년 기념사업역사편찬위원회, 1994; 민경배,『한국기독교사회운동사: 1885-1945』, 서울: 대한기독교출판사, 1987.
56) 장로교 '4개의 선교부', 미국의 남·북 감리교, 침례교, 성공회 등도 선교사를 한국에 파견했다. 19세기 말에는 개신교 8개 이상의 교단이 활동했다. 이만열, 위의 책, pp. 327-332.
57) 서명원,『한국교회성장사』, 서울: 재단법인대한기독교서회, 1966, pp. 60-61, 64-65, p. 103.
58) 남감리교 선교사들은 서울·개성·원산을 중심으로 전도 활동을 전개했다. Ibid., pp. 214-215.
59) Ibid., pp. 204-205.
60) Ibid., pp. 164-173, 178-180, 183.
61) Ibid., p. 217.
62) 백낙준,『한국개신교사』, 서울: 연세대학교 출판부, 1973, pp. 284-188.
63) 안계현,「삼일운동과 불교계」,『삼일운동 50주년 기념논집』, 서울: 동아일보사, 1969, 참조.
64) 국편 DB,『韓民族獨立運動史資料集 11권』,「손병희신문조서」, http://db.history.go.kr/id/hd_011r_0010_0060.
65) 국편 DB,『韓民族獨立運動史資料集 11권』,「권동진신문조서」, http://db.history.go.kr/id/hd_011r_0010_0040.
66) 국편 DB,『韓民族獨立運動史資料集 11권』,「오세창신문조서」, http://db.history.go.kr/id/hd_011r_0010_0050.
67) 국편 DB,『韓民族獨立運動史資料集 11권』,「최린 신문조서」, http://db.history.go.kr/id/hd_011r_0010_0020.
68) 국편 DB,『韓民族獨立運動史資料集 11권』,「손병희신문조서」, http://db.history.go.kr/id/hd_011r_0010_0060.
69)『義菴孫秉熙先生 傳記』, 서울: 義菴孫秉熙先生記念事業會, 1967, pp. 11-15, 67-72.
70) Ibid., pp. 77-78.
71) Ibid., pp. 136-151.
72) 이용창, 위의 논문, pp.40-46;『義菴孫秉熙先生 傳記』, pp. 170-171.
73) 최린,「자서전」,『여암문집』상, 서울: 여암선생문집편찬위원회, 1971, p. 164.
74)『만세보』1906년 12월 18일 논설,「疑山疑雲(續)」.
75) 천도교의 국제관계 인식에 대해서는 고건호, 앞의 논문(2002), pp. 76-82 참조.
76) 고건호, 위의 논문, p. 40; 최기영, 위의 책, 2003, pp. 258-259;『대한매일신보』1906년 9월 6일,「잡보: 천도교와 일진회의 분리」.
77) 이승렬, 위의 논문(2006), p. 132.
78) 이와 관련해선 다음의 신문기사를 참조하라. "군부대신 이용익씨가 보성학교(普成學校)를 확장하기 전력하여 신문외(新門外) 천연정(天然亭)과 전 서북철도국에 보성소학교를 설립하였는데 학도가 삼백인이오 전동(磚洞)에는 보성전문과를 설립하였는데 학도가 일백인이오 매동(梅洞) 전 중추원에는 보성보통과를 설립하였는데 학도를 방금 모집하는 중이라……"『황성신문』1905년 5월 31일,「普校漸旺」;『황성신문』1905년 1월 23일,「學校廣設」;

『황성신문』 1905년 3월 24일,「賀學校之蔚興」;『義菴孫秉熙先生傳記』, pp. 282-287.
79) 1906년 9월 5일, 교명 '사립보성중학교'가 학부에서 설립인가를 받았다. 신해영이 초대 교장. 신입생 246명 모집. 9월 21일부터 한성부 박동 10통 1호(현재 수송동 46번지)에서 개교했다. 1907년 2월 24일 설립자 이용익 연해주에서 사망 영손(令孫) 이종호가 계승. 1907년 12월에 노백린 교장, 1909년 2월 박중화 교장, 1910년 12월에 천도교 설립자 손병희가 설립자가 되었다. 1911년 1월 최린 교장. 1913년 12월 교명을 '사립보성학교'로 고쳤다. 1920년 3월 정대현 교장 취임. 1922년 4월 교명 '보성고등보통학교'로 고쳤다('신교육령'에 의거 학년을 5년으로 연장). 1924년 1월 재단법인 조선 불교 총무원이 학교 경영권을 인계. 1925년 최명환 교장 취임. 1935년 9월 재단법인 고계학원에서 학교경영권 인계. 1938년 4월 교명 '보성중학교'로 고쳤다. 1940년 8월 재단법인 동성학원에서 학교경영권 인계. 간송 전형필이 학교 설립자가 되었다. 이하 생략.「보성중학교」'학교 연혁' 참조. http://posung.ms.kr.
80) 고려대학교 '고대역사' 참조, http://www.korea.ac.kr.
81) 김도형,『대한제국기의 정치사상연구』, 서울: 지식산업사, 1994, pp. 73-77; 이승렬, 위의 논문(2006), pp. 131-132.
82) 최린,「자서전」, 위의 책, pp. 159-160.
83) 최린의 성장과정에 대해서는 이용창, 위의 논문.
84) 최린,「자서전」, 위의 책, pp. 164-168.
85) Ibid., pp. 177-179.
86) 이병헌 편저,『삼일운동비사』, 서울: 삼일동지회, 1966, p. 381, 382.
87) Ibid., p. 395.
88) Ibid., p. 388.
89) Ibid., p. 388, 392.
90) Ibid., p. 403, 406, 409.
91) Ibid., p. 417.
92) Ibid., pp. 239-240.
93) Ibid., p. 636.
94) Ibid., p. 232.
95) Ibid., p. 220.
96) Ibid., p. 146.
97) 1922년 5월 19일에 동대문 근처 상춘원(常春園)에서 요양하다가 사망한 의암 손병희의 장지(葬地)는 봉황각이 있는 우이동이었다. "봉황각은 선생께서 문도(門徒)의 연성기도(鍊性祈禱)를 위주(爲主)하사 거금(距今) 11·12년 전 임자(壬子)·계축(癸丑) 연간(年間)에 당시 현가(現價) 800원(圓)에 60,000여 평(坪)의 기지(基地)를 매(買)하야 수도장에 적당하게 선후(先後) 60여간(餘間)을 지었습니다. 그 후 문도중(門徒中) 두목(頭目) 300여 인을 5회에 분(分)하여 49일의 연성공부(鍊性工夫)를 시키던 곳이올시다." 春坡「회고·수기: 孫義菴先生의 墓를 拜觀함」,『개벽』1922년 7월; 성주현,「우이동 봉황각과 3·1운동」,『일제하 민족운동 시선의 확대 - 3.1운동과 항일독립운동가의 삶 -』, 서울: 아라, 2014.
98) 조기준,『한국기업가사』, 서울: 박영사, 1973, pp. 305-326.
99) 김도태,『남강이승훈전』, 서울: 문교사, 1950, p.189, 191.

100) 함석헌,「남강이승훈선생」,『새벽』 7월호, 서울: 새벽사, 1956, pp. 112-113.
101) Ibid., p. 113.
102) 대표적인 한국사 개론서인『한국사신론』의 저자다.
103) 이기백,「남강 이승훈 선생의 일면」,『기러기』 3호, 흥사단본부, 1964, pp. 4-6.
104) Ibid., p. 3.
105) Ibid., p. 4.
106) Ibid., p. 5.
107) 이광수,『도산 안창호』, 서울: 하서, 2004. pp. 34-35. 이 책은 1950년에 출간된 책을 재간한 것이다.
108) 함석헌,「남강 이승훈선생」,『새벽』 5월호, 1956, pp. 129-130.
109) Ibid., p. 128.
110) 고석규,『19세기 조선의 향촌사회연구 - 지배와 저항의 구조』, 서울: 서울대학교 출판부, 1998, p. 121; Sun Joo Kim, Marginality and subversion in Korea: the Hong Kyŏngnae rebellion of 1812, Seattle: University of Washington Press, c2007. 이 책은 2020년에 한글 번역본이 출간되었다. 김선주,『조선의 변방과 반란, 1812년 홍경래난』, 서울: 푸른역사; 오수창,『조선후기 평안도 사회발전연구』, 서울: 일조각, 2002; 양정필,「19세기 전반 대청 홍삼무역의 발전과 임상옥의 활동」,『민족문화연구』 69호, 고려민족문화연구원, 2015.
111) 함석헌, 위의 글(1956), pp. 129-130.
112) Ibid., p. 115.
113) 김도태, 위의 책, pp. 210-214.
114) 철도를 타고 진행된 순종의 서북 지역 순행(서순행)은 일정은 다음과 같았다. 1월 27일 남대문역 출발 평양 도착. 평양에서 숙박. 28일 평양 출발 신의주 도착. 신의주 숙박. 29일 신의주 출발 의주 도착. 의주 숙박. 30일 의주 출발, 신의주 도착, 신의주 숙박, 31일 신의주 출발, 정주에서 1시간 동안 정차한 후, 평양에 도착. 평양 숙박. 2월 1일 평양 체류. 2월 2일, 평양 출발, 황주 거쳐 개성 도착. 개성 숙박. 2월 3일, 개성 출발 서울 도착[이왕무,「대한제국기 순종의 西巡幸 연구-『西巡幸日記』를 중심으로-」,『동북아역사논총』 31, 동북아역사재단, 2011, pp. 296-297); 쓰키아시 다쓰히코,『조선의 개화사상과 내셔널리즘』, 파주: 열린책들, 2014. 이 책은 月脚達彦,『朝鮮開化思想とナショナリズム: 近代朝鮮の形成』, 東京: 東京大學出版會, 2009를 번역한 것이다.
115)『황성신문』 1909년 2월 3일,「잡보: 紳士의 陛見과 勅語」,「잡보: 敎育家招見」.
116) 김도태, 위의 책, p. 218.
117) Ibid., pp. 206-207.
118) Ibid., pp. 236-237.
119) 함석헌,「남강 이승훈선생」,『성서조선』 17, 조선야소교서회, 1930년 6월, p. 12; 양현혜,『근대 한·일 관계사 속의 기독교』, 서울: 이화여자대학교출판부, 2009, pp. 109-110. 양현혜는 기독교인들의 3·1운동의 참여를 민족적 문제이면서 신앙적 문제라는 차원에서 바라보았다.
120) 이덕주,「기독교 신앙과 민족운동―손정도 목사를 중심으로」,『세계의 신학』 46, 한국기독교연구소, 2000, pp. 198-203.

121) 한국감리교인물사전, https://kmc.or.kr/dic-search.
122) 이병헌 편저, 위의 책, pp. 430-431.
123) 이덕주,『신석구』, 서울: 신앙과지성사, 2012, pp. 126~132 참조.
124) 장규식, 위의 논문(2009), p. 35.
125) 이덕주,『남산재사람들』, 서울: 그물, 2015, pp. 163-165.
126) 친일반민족행위진상규명위원회,『친일반민족행위관계사료집10 -일제침략전쟁 및 식민통치에 대한 협력논리(1937-1945)』, 서울: 친일반민족행위진상규명위원회, 2009.
127) 장규식,「YMCA학생운동과 3·1운동의 초기 조직화」,『한국근현대사연구』20, 한국근현대사연구회, 2002, p. 135.
128) 장로회신학교 외,「追悼故梁甸伯牧師」,『신학지남(神學指南)』15-2, 평양: 장로회신학교, 1933년 3월, pp. 31-32.
129) 이덕주,『개종 이야기』, 서울: 한국기독교역사연구소, 2003; 평화문제연구소,「3월의 독립운동가」,『통일한국』351호, 통일문제연구소, 2013, p. 55; 또한 그는 다음의 책들을 통해 알 수 있듯이 기독교사와 성경의 한글화 및 대중화에 큰 관심을 갖고 그것을 위해 노력을 했다. 양전백 편집,『평북전도회[시긔』, 宣川郡: 耶蘇教會堂, 1914; 梁甸伯 校閱, 安瀞 監修,『新約聖書典林』, 京城: 東洋書院, 1912; 安秉翰 著, 梁甸伯 校閱,『성경요령 = 聖經要領』, 平壤: 大東商會, 1922.
130) 국편 DB,『한민족독립운동사자료집 4: 105인 사건 신문조서 2』,「이명룡 신문조서」, http://db.history.go.kr/id/hd_004r_0170_0010.
131) 이병헌 편저, 위의 책, pp. 325-338.
132) Ibid., pp. 275-276.
133) 국편 DB,『한민족독립운동사자료집 27: 3·1운동 17』,「참고인 유여대 신문조서」, http://db.history.go.kr/id/hd_027r_0180_0020; 이병헌 편저, 위의 책, pp. 276-277.
134) Ibid..
135) 이병헌 편저, 위의 책, p. 280.
136) 국편 DB,『한민족독립운동사자료집 27: 3·1운동 17』,「유여대 신문조서」, http://db.history.go.kr/id/hd_027r_0170_0020.
137) 이현희,「일제 김병조와 대한민국임시정부」,『한국민족운동사연구』26, 2000; 박걸순,「김병조의 민족운동과『韓國獨立運動史略 上篇』의 저술」,『한국사학사학보』39, 한국사학사학회, 2019.
138) 이현희, 위의 글, pp. 9-12.
139) 백순재,「서평·김병조 저『한국독립운동사』」,『아세아연구』12-1, 고려대학교 아세아문제연구소, 1969; 이현희, 위의 글, pp. 12-16, 26-27; 1932년 이후 평안도에서 기독교 목사로 활동하다가 해방을 맞이함. 조만식과 함께 조선민주당을 창당하고 반공운동을 전개했다. 1946년 12월 24일, 정주 자택에서 체포된 후 1947년 2월에 시베리아로 유형되었고, 1950년에 사망했다.
140) 김권정,「일제하 신홍식의 기독교 민족사상과 사회사상」,『한국교회사학회지』18, 한국교회사학회, 2006; 고성은,『신홍식의 생애와 민족목회 활동연구』, 춘천: 삼원서원, 2013, pp. 80-96.
141) 이병헌 편저, 위의 책, p. 482, 490, 819.

142) 장병일,「부흥운동의 햇불—길선주 목사」,『기독교사상』10-11, 대한기독교서회, 1966.12; 김인서,「초대 조선 교회의 위걸 영계 선생 소전」,『신학지남』통권 60호(13-6)·61호(14-1)·62호(14-2)·63호(14-3), 신학지남사, 1931·1932; 이현웅,「1907년 평양대부흥운동의 주역 길선주 목사의 삶과 설교」,『신학사상』137, 2007; 백종구,「영계 길선주 목사(1869-1935)의 민족주의」,『선교신학』13, 2006; 길진경,『영계 길선주』, 서울: 종로서적, 1980.
143) 옥성득,「평양대부흥운동과 길선주 영성의 도교적 영향」,『한국기독교와 역사』25, 2006, p. 58.
144) Ibid., pp. 62-63.
145) 옥성득, 위의 글, pp. 73-74; 평양에서는 마포삼열(Moffet)과 리(Graham Lee) 목사에 의해 시작된 선교사업이 시작되었다. 1895년 6월에 엘즈(J. Hunter Wells: 禹越時) 의사, 1897년 12월 피쉬(Miss Alice Fish) 의사가 합류하였다. 평양의 진료소는 1896년 개설된 이래 1899년까지 3만 6천 명을 치료했고, 1900년은 한 해 동안 11,678명을 진료하였다. 이만열,「한말 미국계 의료선교를 통한 서양의학의 수용」,『국사관논총』3집, 1989. p. 184.
146) 옥성득, 위의 글, p. 82.
147) 한국감리교인물사전 DB, https://kmc.or.kr/dic-search; 이병헌 편저, 위의 책, pp. 564-565, p. 570, 573.
148) 김승태,「이필주(李弼柱) 목사의 생애와 민족운동」,『한국기독교와 역사』42, 한국기독교역사연구소, 2015, pp. 187-188, 193-195.
149) 한국감리교인물사전 DB, https://kmc.or.kr/dic-search.
150) 이병헌 편저, 위의 책, p. 542.
151) Ibid., p. 530.
152) 한국감리교인물사전 DB, https://kmc.or.kr/dic-search.
153) 한국감리교인물사전 DB, https://kmc.or.kr/dic-search.
154) 김재황,『거성 은재 신석구 목사 일대기』, 대구: 대구제일교회, 1988; 이덕주,『신석구 연구』, 서울: 기독교대한감리회 홍보출판국, 2000.
155) 이병헌 편저, 위의 책, p. 494.
156) 한국감리교인물 DB, https://kmc.or.kr/dic-search.
157) 이병헌, 위의 책, pp. 460-461, p. 467.
158) 오영교,『정동제일교회 125년』1권, 서울: 기독교대한감리회 정동제일교회, 2011; 한국감리교인물사전DB, https://kmc.or.kr/dic-search.
159) 한국감리교인물 DB, https://kmc.or.kr/dic-search; 이덕주,『기독교대한감리회 서울연회사』, 기독교대한감리회 서울연회, 2007; 조선혜,『중앙교회 107년사』, 기독교대한감리회 중앙교회, 1998, pp. 63-70.
160) 한국감리교인물DB, https://kmc.or.kr/dic-search.
161) 국편 DB,『한민족독립운동사자료집 13: 3·1운동 3』,「정춘수 신문조서」, http://db.history.go.kr/id/hd_013r_0030_0970; 국편 DB,『한민족독립운동사자료집 12: 3·1운동 2』,「정춘수 신문조서」, http://db.history.go.kr/id/hd_012r_0010_0280.
162) 해방 이후 그는 설 자리를 잃었고 마침내 개인적 이유를 들어 천주교회로 개종해 버렸다(한국감리교인물사전 DB, https://kmc.or.kr/dic-search); 김민철,「정춘수」,『민족문제연구』

2권, 민족문제연구소, 1992; 김승태,「정춘수 감리교 황민화의 앞장이」,『친일파 99인 ③』, 서울: 돌베개, 1993.
163) 최종고,『한국의 법률가』, 서울: 서울대학교 출판부, 2007, p. 61; 최종고,『근대사법 100년이 낳은 한국의 법률가상』, 서울: 길안사, 1995, p. 137.
164) 류대영,「함태영, 해방정국에서 기독교 조직을 재건하다」,『한국사시민강좌』43, 서울: 일조각, 2008, pp. 378-379; 1960년 1월 20일 자유당 당무회의에서 자유당 제4대 정부통령 선거 선거대책위원회 지도위원(이갑성과 공동)에 선출되었고, 1월 22일 자유당과 구대한국민당계 등 범여권의 선거대책위원회 고문(이갑성과 공동)에 선출되었다. 고춘섭 엮음,『연동교회 100년사』, 금명문화사, 1995, p. 299; 이연복,『대한민국 임시정부 30년사』, 국학자료원, 2006.
165) 이병헌 편저, 위의 책, pp. 299-300; 장규식, 위의 논문(2002), p. 135.
166) 흥업구락부는 이승만의 국내 비밀조직이었다. 이갑성의「자필이력서」에 의하면 이 조직은 이승만에게 외교비를 조달했다고 한다. 1920년대 초중반 실력양성론과 하와이 이승만의 정치 사항적 지향은 동일했다. 정병준,『우남 이승만 연구』, 서울: 역사비평사, 2005, p. 302, pp. 344-345.
167) 유준기,「최연소 3·1운동 민족대표 이갑성」,『한국근현대인물강의』, 국학자료원, 2007; 허동현,「해방 후 이갑성(1889-1981) 삶의 재조명」,『비교문화연구』12-1, 경희대학교 비교문화연구소, 2008, pp. 376-381.
168) 김진봉, 위의 책, pp. 77-79.
169) Ibid., pp. 126-134.
170) 국편 DB,『(신편)한국사 47: 일제의 무단통치와 3·1운동』,「3·1운동」, http://db.history.go.kr/id/nh_047_0040_0020_0020_0020,
171) Barrington Moore, Jr., *Social Origins of Dictatorship and Democracy*, Boston: Beacon Press, 1966, pp. 418-419(p. 422).
172) 이 책 4부 참조 바람.
173) 이승렬,『제국과 상인』, 서울: 역사비평사, 2007,「서론」과「1부」참조 바람.
174) 페리 앤더슨(Perry Aenderson), 김현일 외 옮김,『절대주의 국가의 계보』, 서울: 까치, 1993, p. 513, 516.
175) Ibid., p. 486.
176) Barrington Moore, op. cit, p. 237(p. 251).
177) 패트리샤 버클리 에브리(Patricia Buckley Ebrey), 이동진·윤미경 옮김,『사진과 그림으로 보는 케임브리지 중국사』, 서울: 시공사, 2001, pp. 293-294.
178) 존 킹 페어뱅크(John King Fairbank)·멀 골드만(Merle Goldman), 김형종·신성곤 옮김,『신중국사(수정증보판)』, 서울: 까치, 2005, p. 325.
179) Ibid., p. 326.
180) 레이 황(黃仁宇), 홍광훈·홍순도 옮김,『중국, 그 거대한 행보』, 서울: 경당, 2002, p. 432.
181) 그러나 몇 년 전에 있었던 밀약이 공개됨으로써 중국의 입장은 한층 불리해졌다. 제1차 세계대전 발발 당시에 일본을 참전시키기 위해 열강은 이미 중국에서의 각종 권익을 일본에 이양하는데, 개별적으로 동의했던 것이다. 또 일본 대표가 회의석상에서 과거

일본과 북경정부 사이에 교환된 각서를 공개함으로써 중국의 입장을 더 불리하게 만들었다. 중국의 군벌정권이 일찍이 그와 같은 제반사항에 동의했다는 사실이 그 각서에서 밝혀졌던 것이다. 레이 황, 위의 책, pp. 432-433; 베르사유조약과 산동문제에 관해서는 다음의 책도 참조했다. 피에르 르누뱅(Pierre Renouvin), 박대원 역, 『동아시아 외교사』, 서울: 서문당, 1988, pp. 291-293.
182) 피에르 르누뱅, 위의 책, p. 294.
183) Ibid., p. 295.
184) 레이 황, 위의 책, pp. 433-434.
185) 패트리샤 버클리 에브리, 위의 책, p. 288, 299.
186) 로이드 이스트만, 이승휘 옮김, 『중국사회의 지속과 변화, 1550-1949』, 서울: 돌베개, 1999, pp. 182-188, 261-265; 존 킹 페어뱅크, 멀 골드만, 위의 책, pp. 221-225; 하오옌핑(郝延平), 이화승 옮김, 『동양과 서양, 전통과 근대를 잇는 상인 매판』, 서울: 씨앗을 뿌리는 사람, 2002, 참조.
187) 『조선일보』는 1924년 9월에 신석우(申錫雨; 1894-1953)가 친일파 송병준(宋秉畯; 1858-1925)으로부터 인수한 이후에야 비로소 언론사로서의 제 모습을 갖출 수 있었다. 이상재・안재홍 등 민족주의 인사들이 대거 『조선일보』 운영에 관여하기 시작했다. 강동진, 『일제의 한국침략정책사』, 서울: 한길사, 1980, pp. 224-225; 정진석, 『한국언론사』, 서울: 나남, 1990, pp. 402-405.
188) 최근 2010년대를 전후하여 한국인의 사회적 문화적 정체성과 관련된 저서들이 출간된 것은 '한류'의 확산과 일정한 관련이 있다. 다음에 제시된 탁월한 성과들은 한국 사회에 대한 이해를 이성적 합리적 다원적으로 넓히는 데 도움이 된다. 본서의 우견과 다음에 소개된 논저들의 탁견을 비교하는 것 역시 시민으로서의 한국인을 이해하는 데 도움이 될 것이다. 정수복, 『한국인의 문화적 문법: 당연의 세계 낯설게 보기』, 서울: 생각의 나무, 2007; 이선이 외, 『근대 한국인의 탄생: 근대 한 중 일 조선민족성 담론의 실제』, 서울: 소명출판, 2010; 송호근, 『인민의 탄생: 공론장의 구조 변동』, 서울: 민음사, 2011; 송호근, 『시민의 탄생 : 조선의 근대와 공론장의 지각 변동』, 서울: 민음사, 2013; 최정운, 『한국인의 탄생: 시대와 대결한 근대 한국인의 진화』, 서울: 미지북스, 2013; 최정운, 『한국인의 발견: 한국 현대사를 움직인 힘의 정체를 찾아서』, 서울: 미지북스, 2016; 정상호, 『시민의 탄생과 진화: 한국인들은 어떻게 시민이 되었나?』, 춘천: 한림대학교 출판부, 2013; 김정인 외, 『19세기 인민의 탄생』, 서울: 민음사, 2015; 함재봉, 『한국 사람 만들기. 1』, 광주: H프레스, 2020; 함재봉, 『한국 사람 만들기. 3, 친미기독교파 1』, 광주 : H프레스, 2020; 함재봉, 『한국 사람 만들기. 2, 친일개화파』, 광주: H프레스, 2021; 김동춘 외, 『역동적 한국인의 탄생: 한국인의 5가지 에너지를 분석한다』, 서울: 피어나, 2020; 이매뉴얼 C. Y. 쉬 [지음]; 조윤수, 서정희 옮김, 『근・현대 중국사. 하권, 인민의 탄생과 굴기』, 서울: 까치, 2013.

제7장

1) 김진봉, 『3・1운동』, 서울: 세종대왕기념사업회, 1977, pp. 136-142.
2) 김진봉, 위의 책, p. 148. 이 책은 박은식의 『한국독립운동지혈사』(상해: 유신사, 1920)를 인용했다. 최근에 국사편찬위원회(http://db.history.go.kr/samil/)에서는 '3・1운동 100

주년'을 기념하여 일본 제국주의의 군부·경찰·사법 및 행정 라인에서 생산한 문서와 신문자료들을 토대로 하여 '삼일운동 데이타베이스'를 구축했다. 이 사이트에 구축된 자료들과 프로그램들은 삼일운동의 흐름을 파악하는 데 유용하지만, 당대의 상황을 모두 반영한 것인가에 대해서는 확실하지 않다. 예를 들어 두 자료는 사망자 수를 위시하여 여러 부문의 통계에서 차이가 많이 난다. 전자는 당대에 공식적인 정보로 파악되지 않는 상황이 반영되었을 가능성이 있다. 필자는 일단 당대의 현장성을 중시하여 전자를 인용한 자료에 의존했다.

3) Ibid., p. 155.
4) Ibid.,, pp. 153-154.
5) Ibid.,, pp. 142-146.
6) 1887년에 태어나 1982년에 사망했다. 1919년에는 도쿄여자고등사범학교[현재 오차노미즈 대학('お茶の水女子大学')]의 모체에서 근무하고 있었다. 1923년에는 도쿄제국대학 문학부 교수로 전임되었다. 1979년에는 영국의 문화와 문학을 일본에 소개한 공적으로 엘리자베스 여왕으로부터 영국 명예기사훈장(Honorary Knight Commander of the Order of the British Empire)을 받았다[https://ja.wikipedia.org/wiki/斎藤勇_(イギリス文学者) 참조].
7) 마쓰오 다카요시,『다이쇼 데모크라시』, 서울: 소명출판, 2011, p. 304; 오가와 게이지(小川 圭治)·지명관 共編, 김윤옥·손규태 共譯,『韓日 그리스도교 關係史資料: 1876-1922』, 서울: 한국신학연구소, 1990, pp. 727-729.
8) https://ko.wikipedia.org/wiki/최근_피에몬테에서의_대학살.
9) 니콜라이 호바니시안, 이현숙 옮김,『아르메니아인 제노사이드』, 파주: 한국학술정보, 2011; 파올로 코시(Paolo Cossi) 지음; 이현경 옮김,『메즈 예게른: 아르메니아인 대학살 1915-1916』, 파주: 미메시스, 2011
10) 한국미국사학회 엮음,『(사료로 읽는)미국사』, 서울: 궁리출판, 2006, pp. 284-285 참조.
11) 고정휴,『이승만과 한국독립운동』, 서울: 연세대학교출판부, 2004, pp. 319-321.
12) 유영익,『이승만의 삶과 꿈 - 대통령이 되기까지』, 중앙일보사, 1996, pp. 56-80, p. 68; 고정휴, 위의 책, p. 321.
13) 고정휴, 위의 책, p. 322에서 재인용; 방선주,『재미한인의 독립운동』(방선주저작집1), 서울: 선인, 2018, p. 471.
14) Frank Prentiss Baldwin, Jr., *The March First Movement: Korean Challenge and Japanese Response*, Columbia University, Ph.D., 1969, pp. 141-142.
15) Ibid., p. 155.
16) Ibid., pp. 156-157.
17) Ibid., p. 218.
18) Ibid., pp. 158-159.
19) 국편 DB,『한민족독립운동사 3권: 3·1운동』,「3·1운동에 대한 해외의 반응」, http://db.history.go.kr/id/hdsr_003_0040_0010_0030.
20) 손보기,「삼일운동에 대한 미국의 반향」, 동아일보사,『3·1운동 50주년기념논집』, 1969, pp. 544~545.
21) 정한경(Henry Chung)의『한국의 사정(*The Case of Korea*, 1920)』등을 비롯하여 한국의 독립과 일본의 만행을 고발하는 서적과 팸플릿이 미국 사회에서 발간 배포되었다.『한국의

사정』은 일본의 식민지 정책에 대한 체계적인 비판과 함께 상해임시정부에서 수집한 3·1 운동 자료를 중심으로 하여 작성되었다. 국편 DB,『한민족독립운동사 3권: 3·1운동』,「3·1운동에 대한 해외의 반응」, 국편 DB, http://db.history.go.kr/id/hdsr_003_0040_0010_0040.
22) Ibid..
23) Baldwin, op. cit., p. 153.
24) 중앙일보사·연세대학교 현대한국학연구소(편),『이화장소장 우남이승만문서: 동문편』제17권, 서울: 국학자료원, 1988, pp. 459-461; 반병률,「일제초기 독립운동노선논쟁-급진론과 완진론: 초기 상해임시정부를 중심으로」,『동양정치사상사』제5권 2호, 한국동양정치사상사학회, 2006, p. 116에서 재인용.
25) 중앙일보사·연세대학교 현대한국학연구소(편),『이화장소장 우남이승만문서: 동문편』제16권, 서울: 국학자료원, 1988, pp. 164-165; 반병률, 위의 글, pp. 116-117에서 재인용.
26) 趙聖九,『朝鮮民族運動と副島道正』, 東京: 研文出版, 1998, pp. 46-47.
27) 齋藤洋子,『副島種臣と明治國家』, 東京:慧文社, 2010.
28) 趙聖九, 위의 책, pp. 274-275.
29) J. R. Seeley, 加藤政司郎 譯,『英國膨脹史論』(東京: 興亡史論刊行會, 1918)의「범례」. 이 단체는 1918년과 1919년 사이에 '세계흥망사론' 시리즈를 출판했다. 이 책은 척근에 한국연구재단 학술명저총서로 간행되었다. 존 로버트 실리, 이역석 옮김,『잉글랜드의 확장』, 파주: 나남, 2020.
30) Ibid., pp. 31-64.
31) Ibid., p. 6.
32) Ibid., pp. 7-8.
33) Ibid., p. 12.
34) Ibid., p. 13.
35) Ibid., p. 16.
36) Ibid., p. 16.
37) Ibid., p. 17.
38) Ibid., p. 16.
39) Ibid., p. 18.
40) 趙聖九, 위의 책, pp. 145-146.
41) Ibid., p. 41.
42) Ibid., p. 65.
43) Ibid., p. 66.
44) Ibid., p. 67.
45) 副島道正,「日米問題と朝鮮統治の根本義」,『外交時報』508, 1926, p. 69.
46) 趙聖九, 위의 책, p. 71.
47) Ibid., p. 72.
48) Ibid., p. 21.
49) Ibid., pp. 74, 82-83.

50) Ibid., p. 168, 171.
51) Ibid., p. 163.
52) Ibid., p. 240.
53) 1932년 2월 9일에(혈맹단 사건) 이노우에 준노스케(井上準之助) 대장대신이 암살되었고, 3월 5일에는 단 타구마(團琢磨) 미쓰이(三井)회사 사장이 암살되었으며, 5월 15일에는 이누카이 쓰요시(犬養毅) 수상이 암살되었다. 군인들의 테러는 일본의 정치와 사회를 뒤흔들었다. Ibid., pp. 59-60.
54) Ibid., pp. 62-63.
55) 丸山幹治, 『副島種臣伯』 東京: 大日社, 1936; 조성구, 위의 책, pp. 81-82.
56) 이하, 중추원 관련 서술은 다음의 논문들을 기초로 작성된 것이다. 이승렬, 「일제하 총독정치와 중추원」, 『동방학지』 132, 연세대 국학연구원, 2005; 이승렬, 「경성지역 중추원참의들의 관계망과 식민권력의 지역지배」, 『향토서울』 69, 서울시사편찬위원회, 2007; 이승렬, 「1930년대 중추원 주임참의의 지역사회 활동과 식민지배체제: 강원도 지방 참의 최준집의 사례」, 『역사문제연구』 22, 역사문제연구소 2009. 중추원 개개인의 활동에 관해 살피는 데는 다음 책들이 유용하다. 김윤정, 『조선총독부 중추원 연구』, 서울: 경인문화사, 2011; 친일반민족행위진상규명위원회, 『친일반민족행위관계사료집Ⅳ-조선귀족과 중추원』, 2008.
57) 이승렬, 위의 논문(2005), pp. 72-73. 『조선총독부관보』 2614호, '칙령 168호' 1921년 4월 30일. 기존에는 고문(顧問)과 찬의(贊議)는 칙임(勅任)급으로, 부찬의(副贊議)는 주임(奏任)급으로 대우를 받았다. 달라진 규정에 따라 고문은 친임(親任)급으로, 참의(參議)는 경력 및 기타 사정을 참작하여 칙임과 주임 두 종류로 구분했다. 찬의와 부찬의는 참의로 명칭이 일원화되었다. 개정 이전에는 부의장과 고문의 수당은 연 2,500원 이내, 참의의 수당은 연 1,200원 이내, 부찬의는 연 800원 이내였다. 개정 이후에는 부의장 연 4,000원 이내, 고문과 참의는 연 3,000원 이내였다.
58) 이승렬, 위의 논문(2007), pp. 106-108, 1921년 71명(14), 1922년 71명(14), 1923년 68명(14), 1924년 70명(21), 1925년 69명(20), 1926년 70명(22), 1927년 65명(22), 1928년 67명(25), 1929년 65명(25), 1930년 71명(24), 1931년 71명(23), 1932년 67명(22). 괄호 안은 지방 참의 수이고, 괄호 앞의 수는 당해 연도 중추원 참의 정원이다. 참의의 정원은 71인, 그 수가 다 차지 않은 것은 결원이다.
59) 이승렬, 위의 논문(2005), p. 73, pp. 85-86; 『매일신보』 1932년 12월 24일, 「중추원개혁단행설」; 『매일신보』 1933년 1월 12일, 「도제(道制) 실시는 금춘(今春)부터 중추원개혁의 구체화」.
60) 이태진, 「18-19세기 서울의 근대적 도시발달 양상」, 『서울학연구』 4, 서울시립대 서울학연구소, 1995; 이태진, 「1896-1904년 서울 도시개조사업의 주체와 지향성」, 『한국사론』 37, 서울대 국사학과, 1997.
61) 염복규, 「식민지 근대의 공간형성 - 근대 서울의 도시계획과 도시 공간의 형성, 변용, 확장」, 『문화과학』 39, 문화과학사, 2004.
62) 이승렬, 「한말 일제하 경성의 은행가 조진태·백완혁 연구」, 『한국근현대사연구』 36, 한국근현대사연구회, 2006.
63) 손정목, 『한국지방제도자치사연구(상)』, 서울: 일지사, 1992, pp. 122-129.

64) Ibid., pp. 184-185.
65) 백악산인,『공개장: 齋藤實君에게 與함』,『동아일보』, 1922년 4월 1일, 네이버 뉴스 라이브러리.
66) 『동아일보』1937년 6월 8일,「중추원본회의 남총독의 훈시」, 네이버 뉴스 라이브러리.
67) 이승렬, 위의 논문(2009), pp. 201-202.
68) Ibid., pp. 202-203.
69) 김정인,『천도교 근대 민족운동 연구』, 서울: 한울, 2009, pp. 301-303.
70) 이승렬, 위의 논문(2009), pp. 209-211.
71) 박찬승,「박영철: 다채로운 이력의 전천후 친일파」, 반민족문제연구소 엮음,『친일파 99인 ②』, 서울: 돌베개, 1993.
72) 김승태,「박희도: 시류 따라 기웃거린 기회주의자의 변절 행로」,『친일파 99인 ③』, 돌베개, 1993.
73) 이승렬, 위의 논문(2009), pp. 212-213
74) 김도형,「장직상: 경북지방 최고의 친일부호」,『친일파 99인 2』, 돌베개, 1993; 이승렬, 위의 논문(2009), p. 213.
75) 이승렬, 위의 논문(2009), p. 214.
76) Ibid., p.215.
77) Ibid., pp. 215-217.
78) 松田利彦,「植民地期朝鮮における參政權要求運動團體'國民協會'について」, 淺野豊美・松田利彦 編,『植民地帝國日本の法的構造』(東京: 信山社, 2004), pp. 367-383.
79) Ibid., pp. 357-360.
80) 1920년 초에 조선총독부 내에서도 '조선의회' 설립안이 齋藤實 총독에게 제출된 적이 있었다. 이에 대해서는 駒込武,『植民地帝國日本の文化統合』, 東京: 岩波書店, 1996, pp. 208-214 참조.
81) 자치운동과 참정권 운동에 대해서는 松田利彦, 駒込武의 두 논저 이외에 강동진,『일제의 한국침략정책사』, 서울: 한길사, 1980, 제3장; 박찬승,『한국 근대 정치사상사 연구』, 서울: 역사비평사, 1992, 제4장 참조.
82) 이승렬, 위의 논문(2005), p. 79; 1931년 국민협회 간부진, 회장 송종헌, 부회장 이병렬, 총무 오태환, 고문 윤갑병과 김명준, 상담역 한영원, 國民協會宣傳部 編,『國民協會運動史』 1931, pp. 90-94; 淺野豊美・松田利彦 編, 위의 책, pp. 374-375.
83) 손정연,『무송현준호』, 전남매일신보사, 1977.
84) 이승렬, 위의 논문(2005), p. 80; 국편 DB『중추원조사자료』,「중추원관제개정에 관한 참고자료」, 1933, http://db.history.go.kr/id/ju_028_0010.
85) 이승렬, 위의 논문(2005), p. 86.
86) Ibid., pp. 81-82.
87) Ibid..
88) 이승렬, 위의 논문(2005), pp. 82-83; 국편 DB『중추원조사자료』, 鄭炫・廉昌燮,『朝鮮의 事情에 관한 參考意見』, 朝鮮總督府 中樞院, 1931, http://db.history.go.kr/id/j u_028_0010, 대한제국의 무관 출신 鄭炫은 1920년 4월 2일에 훈장(六等 瑞寶章)을 받았고, 廉昌燮은 조선총독부 外事課 촉탁으로 활동했다.

89) 이승렬, 위의 논문(2005), pp. 92-94.
90) 『조선일보』1937년 7월 18일, 「중추원 참의동원, 각도에 강연회개최」.

제8장

1) 우가키와 관련된 서술은 다음 글에 의거했다. 이승렬, 「1930년 전반기 일본군부의 대륙침략관과 '조선공업화'정책」, 『국사관논총』 67집, 과천: 국사편찬위원회, 1996.
2) 升味準之輔, 「滿洲事變と國家改造運動」, 『日本政黨史論』 第6卷, 東京: 東京大學出版會, 1968; 江口圭一, 「1930年代論」, 『日本ファシズムの形成』, 東京: 日本評論社, 1978, pp. 21-24 참조.
3) 이승렬, 「역대조선총독과 일본군벌」, 『역사비평』 24, 역사문제연구소, 1994, p. 199, 207.
4) 일본 군부 파벌에 대해서는 다음의 글들을 참조했다. 筒井淸忠, 「昭和の軍事エリート-陸軍官僚制の內部構造」, 『昭和期日本の構造: その歷史社會學的考察』, 東京: 有斐閣, 1984; 佐佐木隆, 「陸軍'革新派'の展開」, 『年報近代日本硏究·1: 昭和期の軍部』, 山川出版社 1979; 北岡伸一, 「陸軍派閥對立(1931-1935)の再檢討·對外·國防政策を中心として」, 『年報近代日本硏究 1: 昭和期の軍部』, 東京: 山川出版社, 1979; 渡邊行男, 「陸相をめぐる陸軍首腦の抗爭」, 『宇垣一成: 政軍關係の確執』, 東京: 中央公論社, 1993.
5) 伊藤隆, 『昭和初期政治史硏究―ロンドン海軍軍縮問題をめぐる諸政治集團の對抗と提携』, 東京: 東京大出版會, 1969, p. 459.
6) 가토 요코(加藤陽子), 박영준 옮김, 『근대일본의 전쟁논리』, 서울: 태학사, 2003, pp. 207-218.
7) 三浦顯一郞, 「宇垣內閣流産」, 堀眞淸, 『宇垣一成とその時代』, 東京: 新評論, 1999, pp. 185-191.
8) 伊藤隆, 위의 책, pp. 353-371.
9) 『宇垣一成日記』(東京: みすず書房, 1968. 이 책은 1988년에 서울의 國學資料院에서 영인되었고, 이 글은 영인본을 인용했다. 이하 『우가키 일기』라고 줄임). 1933년 8월 10일, 동년, 9월 15일.
10) 『우가키 일기』1932년 4월 12일, 1932년 9월 12일; 木下惠太, 「宇垣一成の人物像について」(堀眞淸, 『宇垣一成とその時代』에 수록됨) 참조.
11) 北岡伸一, 위의 논문, pp. 60-61; 佐佐木隆, 위의 논문, pp. 3-11, 22-23; 藤原彰, 『日本軍事史』, 東京: 日本評論社, 1987, p. 210; 井上淸, 『宇垣一成』, 東京 : 朝日新聞社, 1975.
12) 『우가키 일기』 1932년 8월 18일. p. 860.
13) 『우가키 일기』 1933년 7월 28일. p. 910.
14) 『우가키 일기』 1932년 5월 21일. p. 848.
15) 『우가키 일기』 1933년 4월 10일. p. 900.
16) 『우가키 일기』 1933년 2월 18일. p. 889.
17) 『우가키 일기』 1933년 2월 15일. p. 888.
18) 北岡伸一, 위의 논문, p. 66.
19) 升味準之輔, 위의 책, pp. 145-147.
20) 『우가키 일기』, 1934년 1월 25일. p. 947.

21) 北岡伸一, 위의 논문, pp. 66-67; 升味準之輔, 『日本政黨史論』 6, 東京: 東京大學出版會, pp. 123-147.
22) E. O. 라이샤워, 『일본사』, 서울: 탐구당, 1967, p. 182.
23) 『우가키 일기』, 1936년 4월 28일. pp. 1059-1061.
24) 우가키 내각 저지를 위한 육군 내의 움직임에 대해서는 다음 글을 참조했다. 田中隆吉, 『日本軍閥暗鬪史』, 東京: 中央公論社, 1988.
25) 이형철, 『日本軍部의 政治支配―15年 戰爭期(1931-45)의 民軍關係硏究』, 서울: 법문사, 1991, pp. 31-33, 115-116.
26) 1937년 1월 29일 오전 9시에 '組閣本部'의 하야시 야사키치(林彌三吉) 중장(中將)은 우가키 내각이 유산된 경위를 설명했고, 또 우가키의 '인사말'도 전했다. 『우가키 일기』, p. 1128.
27) 佐佐木隆, 위의 논문, p. 33.
28) T. 나지타 지음, 박영재 역, 『근대 일본사―정치항쟁과 지적 긴장』, 서울: 역민사, 1992, pp. 165-175. 원제는 Tetsuo Najita, *JAPAN: The Intellectual Foundations of Mordern Japanese Politics*, Chicago: University of Chicago Press, 1974.
29) 井上淸, 위의 책, pp. 26-35.
30) 井上淸, 위의 책, p. 32; 橫山臣平, 『秘錄 石原莞爾』, 東京: 芙蓉書房, 1973, pp. 279-280.
31) 田中隆吉, 위의 책, pp. 81-82.
32) 鎌田澤一郞, 『宇垣一成』, 東京: 中央公論社, 1937, pp. 340-344.
33) 『우가키 일기』 1934년 8월 17일. p. 968.
34) 우가키는 1932년을 기점으로 대개 8년 내지 10년으로 끊어서 정책과제를 설정했다. 제1기: 생활의 안정(춘궁 퇴치, 차금 퇴치, 무궤도 경제의 퇴치, 문맹 퇴치), 생활의 긴축, 지방 자치의 훈련, 각종 공업의 유치 진흥, 여러 사업의 합리화, 제2기: 생활의 향상(무산자의 유산자화, 자작 적어도 자작 겸 소작농의 창설, 의식주의 개량), 의무 교육제의 창시, 지방 자치의 확장, 농업 겸 공업 조선의 완성, 제3기: 생활의 충실, 지방 자치의 완성, 의무 교육의 완비, 자작 및 자작 겸 소작농의 완성, 제4기: 참정권의 부여, 의무 병역제의 실시, 특별 통치제의 폐지" 『우가키 일기』 1934년 1월 3일. p. 942.
35) 『우가키 일기』, 1932년 6월 20일, pp. 854-856.
36) 『우가키 일기』, 1931년 10월 5·10일. p. 813.
37) 『우가키 일기』, 1934년 11월 28일. pp. 978-979.
38) 『우가키 일기』, 1931년 10월 1일·3일. pp. 812-813.
39) 『우가키 일기』, 1931년 10월 24일, 1932년 3월 7일, 1933년 1월 2일, pp. 816, 832, 878-879.
40) 『우가키 일기』, 1933년 1월 9일. p. 881.
41) 『우가키 일기』, 1932년 4월 9일. p. 841.
42) 信夫淸三郞 編, 『日本外交史』 2, 東京: 每日新聞社, 1974, p. 375, pp. 386-387.
43) 『우가키 일기』, 1933년 2월 11·26일, 3월 3일. p. 888, 893, 895.
44) 『우가키 일기』, 1933년 1월 14일. p. 883.
45) 北岡伸一, 위의 논문, p. 70; 緖方貞子, 『滿洲事變: 政策の形成過程』, 東京: 岩波書店, 2011.
46) 『우가키 일기』, 1933년 2월 18일. p. 890.
47) 北岡伸一, 위의 논문, pp. 70-82.

48) 滿鐵經濟調査會 編,『滿洲經濟年報』, 東京: 改造社, 1934, pp. 7-16.
49) 幣原外交와 田中外交에 대해서는 緒方貞子, 위의 책, 1장「滿洲における日本權益の擁護と擴大」 참조.
50) 渡辺行男, 위의 책, 1장 참조.
51) ①에는 특수은행업, 저축은행업, 중앙은행, 우편, 철도, 전신전화·라디오방송, 항공업, 아편, 국유 광구(鑛口)의 채금 사업, 철·석유·경금속·원철 등 국방상 필요한 광물의 채굴 사업, 경금속 정련 사업, 제철·제강사업, 전기 사업, 화약 제조 사업을 포함한 22종. ②에는 보통은행, 보험사업, 지방철도, 양모 및 면화 가공업, 양귀비의 재배, 국유 광구 이외의 채금 사업, 석유 정제 사업, 가스 사업, 자동차 공업, 유안 공업, 주정 공업을 포함한 24종. ③에는 자영에 의한 농목업(農牧業), 일반어업, 농축산물의 가공업, 제재업, 식료품 제조 공업, 유지 공업, 시멘트 공업, 기계 공업, 요업을 포함한 20종이 속했다. 南滿洲鐵道株式會社地方部 商工課 編,『滿洲商工事情』 1934, pp. 12-14.
52) 桶口弘,『計劃經濟と日本財閥·轉換期日本財閥の立體的構成·』, 東京: 味燈書屋, 1941, pp. 214-220.
53) Ibid.
54) 滿鐵經濟調査會 編,『對滿經濟政策に關する 各種意見』, 大連. 1932, pp. 12-13.
55) Ibid., p. 15.
56) Ibid., pp. 12-27.
57) 滿鐵經濟調査會 編,『滿洲經濟年報』, 東京: 改造社, 1933, pp. 270-271.
58) 信夫淸三郞 編, 위의 책, pp. 404-409.
59) 安藤良雄,『ブルジョワジの群像』(『日本の歷史』28), 東京: 小學館, 1976, pp. 217- 221.
60)『우가키 일기』, 1936년 1월 28일. p. 1046.
61) 松村松盛,「發達を期待さる朝鮮の工業」,『朝鮮工業協會會報』5, 朝鮮工業協會, 1931.
62) 김용섭,『한국근현대농업사연구』, 서울: 일조각, p. 416.
63) 鎌田澤一郞, 위의 책, p. 408.
64)『우가키 일기』, 1932년 3월 17일. p. 834
65) 鎌田澤一郞, 위의 책, pp. 409-410.
66) Ibid., p. 409.
67)『우가키 일기』1935년 3월 5일. p. 1004.
68)『우가키 일기』1933년 7월 26일. p. 909.
69)『우가키 일기』1936년 7월 17일. pp. 1076-1077.
70)『朝鮮工業協會會報』40, 1936,「朝鮮景氣と其の將來に就て」.
71) 그는 '朝鮮工業'이 '內鮮融和'를 위해 필요하다고 언급했다. 高橋龜吉,『現代朝鮮經濟論』, 東京: 千倉書房, 1935, pp. 64-65.
72) Ibid., p. 212.
73) 朝鮮工業協會,『朝鮮に於ける大工業の現在及將來』, 京城: 朝鮮工業協會, 1933 참조.
74) 朝鮮總督府,『施政二十五年史』, 京城: 朝鮮總督府, 1935, p. 951.
75) 이승연,「1905~1930년대초 일제의 酒造業 정책과 조선 주조업의 전개」,『한국사론』32, 서울대학교 국사학과, 1994, pp. 120-123.
76) 유승렬,「日帝의 朝鮮鑛業支配와 勞動階級의 成長」,『韓國史論』23, 서울대학교 국사학과,

1990; 허수열, 『일제하 한국에 있어서 식민지적 공업의 성격에 관한 일연구』, 서울대 경제학과 박사학위논문, 1983, pp. 170-174.
77) 일본의 대기업을 우대하는 정책에 대해 『동아일보』는 지속적으로 비판했다. 『동아일보』 1933년 4월 7일, 「대재벌의 산업통제 -민중의 이해와 상반」; 『동아일보』 1933년 5월 13일, 「소기업의 조락경향—대자벌(大資閥) 산업통제의 반면」; 『동아일보』 1933년 9월 5일, 「공업조선의 전도」; 『동아일보』 1936년 1월 5일, 「재계호전의 본질」.
78) 정연태, 『식민권력과 한국 농업—일제 식민농정의 동역학—』, 서울: 서울대학교출판문화원, 2014, pp. 267-278.
79) 이에 관해서는 다음의 글들을 참조했다. 허수열, 위의 글, pp. 79-84; 김철은 1930년부터 1940년 사이에 노동력 인구가 약 10만 명 감소한 것으로 추정했다. 그는 대기업 부문의 노동자 수는 증가했지만, 한국인의 가내공업과 영세경영이 몰락한 것에서 그 원인을 찾았다. 김철, 「식민지시기의 인구와 경제」, 최원규 엮음 『일제말기 파시즘과 한국사회』, 서울: 청아출판사, 1988; 백남운의 「朝鮮勞動者 移動問題」(『東亞日報』 1935년 1월 1·2일)을 위시하여 당시 신문들에는 노동자들에 관한 기사들이 자주 실렸다.
80) 堀和生, 「植民地朝鮮の電力業と統制政策—1930年以降を中心に」, 『日本史研究』 265, 1984.
81) 宇田川勝, 『昭和史と新興財閥』, 東京: 敎育社, 1982, p. 115에서 재인용.
82) 鎌田澤一郎, 위의 책, pp. 85-86; 堀和生, 위의 논문, p. 10; 宇田川勝, 위의 책, pp. 115-117.
83) 宇田川勝, 위의 책, pp. 115-117; 이승렬, 위의 논문, p.176.
84) 堀和生, 위의 논문, pp. 10-11; 허수열, 위의 논문, pp. 74-76 참조.
85) 鈴木正文, 「總督府の工業政策」, 『朝鮮經濟の現段階』, 京城: 帝國地方行政學會 朝鮮本部, 1938, 참조.
86) 정재정, 『일제침략과 한국철도』, 서울: 서울대학교 출판부, 1999, 1부 3장.
87) 鈴木正文, 『朝鮮經濟の現段階』, pp. 97-99.
88) 岡信俠助, 「內地と外地との産業貿易統制に就て」, 『朝鮮工業協會會報』 29, 1935. 조선총독부사무관 岡信俠助은 일본 척무성(拓務省)이 주최한 '내지외지통제회'에 출석하였다. 그 자리에서는 일본 척무성(拓務省)에서는 식산국장, 상공과장, 사무관, 상공성(商工省)에서는 무역통제국장, 임시산업합리국 사무관, 공무국(工務局)의 사무관 등이 참석하였고, 또 사할린 섬 가라후토(樺太) 청(廳)의 지방과장, 대만(臺灣)의 상공과장 등이 참여하여 2일간 회의를 가졌다.
89) 高橋鳳三郞, 「朝鮮の重要産業統制法を施行するの是非に就て」, 『朝鮮工業協會會報』 35, 1936, 朝鮮銀行調査課員 다카하시는 「중요산업통제법」을 조선에 적용함에 있어 '內地' 측 주장의 결점은 '획일적'이며 조선의 '특수사정'을 인식하지 못한 데 있다고 지적했다.
90) 朝鮮工業協會, 「朝鮮工業の特性と其の對策」, 『朝鮮工業協會會報』 31, 1935; 朝鮮工業協會, 「朝鮮に於ける重要工産品の需給狀態」, 『朝鮮工業協會會報』 38·39, 1936; 朝鮮工業協會, 「朝鮮景氣と其の將來に就て」, 『朝鮮工業協會會報』 40, 1936.
91) 朝鮮工業協會, 「第7回通商總會に於ける穗積殖産局長の挨拶」, 『朝鮮工業協會會報』 36, 1936.
92) 1936년 10월 18일-19일 이틀에 걸쳐 진행되었다. 朝鮮工業協會, 「第3會全鮮工業者大會」, 『朝鮮工業協會會報』 41, 1936.

93) 穗積眞六郞, 「重要産業統制法に就て」, 『朝鮮工業協會會報』 41, 1936, pp. 1-4.
94) 鈴木正文, 위의 책, pp. 103-110.
95) 朝鮮産業經濟調査會는 1936년 10월 20일부터 24일까지 5일간 총독부회의실에서 개최되었다. 회의 내용은 다음의 책에 전재되었다. 朝鮮總督府, 『朝鮮産業經濟調査會會議錄』, 京城: 朝鮮總督府, 1936. 이하 『朝鮮産業經濟調査會會議錄』으로 줄임.
96) 『朝鮮産業經濟調査會會議錄』, p. 4; 京城商工會議所, 「朝鮮産業經濟調査會開かる」, 『經濟月報』 249, 1936.
97) 『朝鮮産業經濟調査會會議錄』, pp. 357-361, 389-391.
98) 朝鮮總督府殖産局 編, 『朝鮮ニ於ケル重要工産品需給狀況調』, 1936, p. 15 참조.
99) 『朝鮮産業經濟調査會會議錄』, pp. 366-367.
100) Ibid., pp. 361-362.
101) Ibid., pp. 367-368.
102) Ibid., pp. 373-377.
103) Ibid., p. 363.
104) Ibid., pp. 429-430.
105) 鈴木正文, 위의 책, p. 150; 방기중의 다음의 두 논문은 1930·40년대 식민통치의 특징과 변화의 양상을 잘 설명하고 있는데, 특히 일본의 사정과 다른 '조선특수사정론'을 반영하는 조선총독부 관료들에 주목했는데, 일본제국주의의 대외적 긴장에 따라 식민정책의 방향이 달라지는 상황이 잘 나타나지 않았다. 방기중, 「1930년대 조선 농공병진정책과 경제통제」, 『동방학지』 120집, 연세대학교 국학연구원, 2003; 방기중, 「1940년 전후 조선총독부의 '신체제' 인식과 병참기지강화정책—총독부 경제지배시스템의 특질과 관련하여—」, 『동방학지』 138집, 연세대학교 국학연구원, 2007.
106) 堀眞淸 編著, 『宇垣一成とその時代』, 東京: 新評論, 1999. p. 9에서 재인용.
107) Ibid., pp. 10-11에서 재인용. 우가키 전기를 다룬 책은 渡辺茂雄의 『宇垣一成の步んだ道』(東京: 新太陽社, 1948)도 있다.
108) 마루야마 마사오, 박충석 김석근 공역, 『충성과 반역』, 서울: 나남, 1998, p. 60.
109) Ibid., p. 48.
110) 가타야마 모리히테(片山杜秀), 김석근 옮김, 『미완의 파시즘』, 서울: 가람기획, 2013, p. 284, 291.

제9장

1) 권오기, 『인촌 김성수의 사상과 일화』, 서울: 동아일보사, 1985; 최시중, 『(인촌)김성수: 겨레의 길잡이 시대의 선각자』, 서울: 동아일보사, 1986; 신일철. 『(평전)인촌 김성수: 조국과 겨레에 바친 일생』, 서울: 동아일보사, 1991; 김중순, 『문화민족주의자 김성수』, 서울: 일조각, 1998 등이 있다. 이 외에도 여러 저서들이 있다.
2) '김성수'라는 이름은 민간단체인 민족문제연구소가 주도한 『친일인명사전』(2009)에 등재되어 있고, 대한민국의 공식기구인 '친일반민족행위진상규명위원회'가 작성한 '친일반민족행위 704인' 명단(2009년에 최종 작성)에도 들어가 있다. 친일반민족행위진상규명위원회 편, 『친일반민족행위관계사료집 X—일제침략전쟁 및 식민통치에 대한 협력 논리(1937-

1945)』, 서울: 친일반민족행위진상규명위원회, 2009.
3) 김용섭,「한말·일제하의 지주제—사례 4; 고부 김씨가의 지주경영과 자본전환」,『한국사연구』19, 1978. 이 글은 김용섭,『한국근현대농업사연구』(서울: 일조각, 1992)에 재수록되었다; Carter J. Eckert, *Offspring of Empire: The Koch'ang Kims and colonial of korean capitalism, 1867-1945*, the University of Washington Press, 1991. 이 책은 주익종에 의해『제국의 후예』(서울: 푸른역사, 2008)로 번역되었다. 인용은 번역본에 의거했다; 주익종,『대군의 척후』, 서울: 푸른역사, 2008; 김중순,『문화민족주의자 김성수』, 서울: 일조각, 1998.
4) '친일반민족행위진상규명위원회'는 인촌이 전국 일간지에 징병·학병을 찬양하며 선전·선동 글을 기고하는 등 친일 반민족 행위를 했다고 2009년 판단했다. 김성수의 후손들은 '위원회'의 판단에 불복하는 소송을 제기했지만 패소했고, 그 이후에 정부는 김성수의 서훈 취소를 결정했다. 그러자 인촌의 후손 측이 서훈 취소 결정에 불복하는 소송을 냈지만, 법원은 정부의 취소 결정을 적법하다고 판단했다. 그런데 이러한 대한민국 정부의 '행위' 또한 언젠가 다시 역사적 평가의 대상이 될 것이다.
5) 김용섭, 위의 책, pp. 181-182.
6) 강인한,『우리나라 날씨』, 서울: 나남, 1986, pp. 36-37.
7) '송도'는 개성, '서북'은 평안도다. 황현 저, 김종익 역,『오하기문』서울: 역사비평사, 2016, pp.108-109. 이하 황현,『오하기문』으로 줄임.
8) 『인촌 김성수전』, 서울: 인촌기념회, 1976, pp. 43-44;『수당 김연수』, 서울: 삼양사, 1985, pp. 50-51.
9) 김용섭, 위의 책, p. 176.
10) 김용섭, 위의 책, pp. 177-178, 182-184;『인촌 김성수전』, pp. 58-59.
11) 1909년에 상속을 받은 김기중의 1,000석의 토지는 평년작으로 치면 대략 1,600두락(약 100정보) 내외, 김경중의 200석의 토지는 320두락(약 20정보) 내외가 되었을 것이다. 김용섭, 위의 책, p. 195; 주익종, 위의 책, pp. 77-93.
12) 김용섭, 위의 책, pp. 230-232.
13) Ibid., pp. 197-198.
14) Ibid., pp. 178-179.
15) Ibid., p. 179.
16) 주익종의 견해 역시 추측에 불과한 것이다. 주익종, 위의 책, p. 92.
17) 조병갑은 신정왕후 조씨의 사촌이며 고종 집권 초기(흥선대원군 집권)에 영의정을 지낸 조두순의 조카였다. 그는 서자(庶子)였지만 세도가문의 일원이었다. 황현,『오하기문』, p. 118.
18) 정옥자,『우리가 정말 알아야 할 우리 선비』, 서울: 현암사, 2002, p. 180.
19) 성범중,「청음 김상헌의 삶과 시」,『한국한시작가연구』9, 한국한시학회, 2005, pp. 101-102.
20) 정옥자, 위의 책, p. 194.
21) 유봉학,「풍고 김조순 연구」,『한국문화』19, 서울대규장각한국학연구원, 1997, pp. 261-269.
22) 제임스 팔레(James B. Palais),『전통한국의 정치와 정책』, 서울: 신원, 1993, p. 49.

23) Ibid., pp. 50-51.
24) Ibid., pp. 53-54.
25) 연갑수,『대원군집권기 부국강병정책 연구』, 서울: 서울대학교 출판부, 2001, p. 22.
26) Ibid., pp. 75-97.
27) Ibid., p. 45.
28) Ibid., pp. 73-74.
29) 황현,『오하기문』, p.110.
30) "…… 또 바라기를 감사 김문현·전운사 조필영·균전사 김창석·고부군의 안핵사 이용태 등 4명을 전라도 지경에서 효수한 뒤에야 해산하겠다고 한다. 1894년 6월 1일, 臨時代理 公使 杉村濬"(국편 DB,『주한일본공사관기록』1권, http://db.history.go.kr/id/jh_001r_0010_0230
31) 국편 DB,『한국근현대잡지자료』, 一鄕暗,「朝鮮高官 盛衰記, 半島天地를 흔들던 閔氏三家의 今昔」,『별건곤』63, 1933. http://db.history.go.kr/id/ma_015_0580_0030.
32) 국편 DB,『한국사료총서』10집, 崔永年,「東徒問辨」(국사편찬위원회 편,『東學亂記錄』上, 1959), p. 158, http://db.history.go.kr/id/sa_011_0070_0040.
33) 국편 DB,『동학농민혁명자료총서』,「疏箚」,「남도의 소요를 논하고 느낀 점을 서술한 상소」, http://db.history.go.kr/id/prd_071r_0010_0010). 이 기록은 충청도 홍성 출신 유생 이설(李偰)의 문집『復菴私集』13권에 실린「論南擾陳所懷疏」다. 그는 1894년 일본의 개입에 반대하여 홍주 일대에서 의병을 일으켰고, 1905년에 을사조약을 반대하는 상소운동을 했는데, 결국 1906년에 자결했다.
34) 이에 대해서는 김용섭,「고종조의 균전수도문제」(『동아문화』8, 서울대동아문화연구소, 1968)를 참조 바람.
35) 오미일,「한국자본주의 발전에서 政商의 길: 백남신·백인기의 자본축적 과정과 정치사회활동」,『역사와 경계』57, 부산경남사학회, 2001. 이 글에서는 주로 백씨 부자에 관한 이력을 참조함.
36) 이승렬,『제국과 상인』, 서울: 역사비평사, 2007, pp. 288, 300-301, 303, 310-312.
37) 박현,「한말·일제하 한일은행의 설립과 경영」,『동방학지』128, 연세대학교 국학연구원, 2004, pp. 194-210.
38) Ibid., pp. 210-221.
39)『중외일보』1927년 6월 5일,「중추원 참의개선」.
40) 친일반민족행위진상규명위원회,『2006년도 조사보고서 II -친일반민족행위결정이유서』, 서울, 2006. pp. 565-572. 참조.
41) 박현, 위의 글, pp. 221-224, 237-242.
42) Ibid., p. 225.
43) Ibid., pp. 226-232; 국편 DB, 한국근현대잡지자료,『삼천리』4권 4호, 1932년 4월,「萬目注視하는 三大爭霸戰」, http://db.history.go.kr/id/ma_016_0250_100.
44) 박현, 위의 글, pp. 242-253
45) 국편 DB,『한국근현대잡지자료』,『삼천리』9권 4호, 1937년 5월, http://db.history.go.kr/id/ma_016_0620_0010. 김동환,「대담: 재계 거두가 '돈과 사업'을 말함, 諸氏 韓相龍, 閔奎植, 金基德, 朴興植, 朴榮喆 5씨」.

46) 국편 DB,『한국근현대잡지자료』,『삼천리』 5권 9호, 1933년 9월,「논설: 투지만복의 역대 거두」, http://db.history.go.kr/id/ma_016_0370_0390.
47) 오미일,「관료에서 기업가로- 20세기 전반 민영휘 일가(閔泳徽一家)의 기업 투자와 자본축적」,『역사와 경계』 68, 부산: 경남사학회, 2008, pp. 196-222.
48)『대한매일신보』 1907년 12월 21일,「논설: 대한신문 긔쟈 마귀난 흔번보라 (쇽)」; 국편 DB,『한국근현대잡지자료』,『별건곤』 8권 5호, 1933년 5월, 一鄕暗,「조선고관 성쇠기, 반도천지를 흔들던 민씨 3가의 금석(今昔)」, http://db.history.go.kr/id/ma_015_0580_0030.
49) 황현,『오하기문』, pp. 92-94.
50) 황현,『오하기문』, pp. 165-167.
51) "민영휘(閔泳徽)는 유명한 민영준(閔泳駿)이다. 그의 부(富)는 전국에서 으뜸이다. …… 평안감사가 되어 민재(民財)를 박탈하였다는 평이 있다. 한편으로 매관학민(賣官虐民)을 일삼고 한편으로는 납뢰(納賂)하여 총애를 받아 사사로운 편지 하나라 할지라도 금전이 아니면 허용하지 않아 오늘의 부를 이룬 소위이다. 갑오년에 일본병이 입경하자 청국과 비밀히 통하여 성원을 요청하였으나 이 일이 발각되자 쫓기어 망명하여 평양으로 가서 청국병에게 붙잡혔다." 국편 DB,『통감부문서 8권』,「三, 韓國 官人의 경력 일반」, http://db.history.go.kr/id/jh_098r_0030_0010.
52) Barrignton Moore, Jr., *Social Origins of Dictatorship and Democracy*, Boston: Beacon Press, 1966, pp. 57-58(pp. 78-79) 괄호 안은 번역서 페이지.
53) 김용완,『재계 회고 3』, 서울: 한국일보사, 1981, p. 30.
54) 카터 J. 에커트,『제국의 후예』, 서울: 푸른역사, 2008, pp. 57-58.
55) 황현,『오하기문』, p.107.
56)『매일신보』 1911년 7월 28일,「조선의 자산가」.
57) 1776년(정조 즉위년) 규장각의 창설과 함께 새로 설치된 직제로, 역대 국왕의 친필 문헌·서화 및 왕실도서의 관리 책임자. 조선 후기 규장각(奎章閣)의 종6품 관직,『한민족대백과사전』.
58)『인촌 김성수전』, pp. 65-66.
59) 김시중은 1892년 장성 출신으로. '만석꾼'으로 불린 지주 출신이었다. 그는 모스크바 공산대학에서 유학을 했으며, 신간회 장성지회, 1933년 적색장성협조합 사건, '김창수 재건당' 사건 등에 관계를 맺었다. 송진우, 김성수 등과 친교가 있었고, 한민당 전라남도 도당위원장을 역임했고, 한국전쟁 당시 경찰에 의해 피살되었다. 이균영,『신간회연구』, 서울: 역사비평사, 1993, p. 166.
60) 김세곤,「춘강 고정주와 영학숙」,『남도일보』, 2015년 4월 5일.
61) 현재는 지명이 '장성군 금성면 대곡리'로 바뀌었다.
62) 유승렬, 1998,「한말 사립학교 변천의 경위와 그 역사적 의미」,『강원사학』 13·14, 강원사학회, 1998, p. 300.
63)『인촌 김성수전』, p. 62.
64) 권태억,「1904-1910년 일제의 한국 침략 구상과 '시정개선'」,『한국사론』 31, 서울대학교 인문대학 국사학과, 1994; 강동진,『한국을 장악하라; 통감부의 조선침략사』, 서울: 아세아문화사, 1995; 서영희,『대한제국 정치사 연구』, 서울대출판부, 2003; 박양신,「통감정치와

재한 일본인」, 『역사교육』 90, 역사교육연구회, 2004; 한상일, 『이토 히로부미와 대한제국』, 서울: 까치, 2015.
65) 『인촌 김성수전』, pp. 65-66; 금호학교는 이무영(李懋榮)이 옥구 감리로 부임하면서부터 시작되었는데, 대한협회 군산지회의 지원을 받았다. 이무영은 1906년 8월 만민공동회 최초 상소문 봉소 위원이었다. 디지털군산문화대전. http://gunsan.grand culture.net
66) 『인촌 김성수전』, p. 75.
67) Ibid., p. 76.
68) 고하전기편집위원회 편, 『독립을 향한 집념: 고하 송진우전기』, 서울: 동아일보사, 1장.
69) 이경남, 『설산 장덕수』, 서울: 동아일보사, 1981, p. 64.
70) Ibid., pp. 58-59.
71) 3·1운동 때 그는 수하정 3번지를 거점으로 해서 일본 유학생 조직과 서울의 중앙학교 인사들의 연결하는 역할을 했었다. 이에 대해서는 본서의 2부를 참조할 것.
72) 『설산 장덕수』, p. 74.
73) Ibid., pp. 65-70.
74) Ibid., pp. 80-81.
75) 『인촌 김성수전』, p. 91.
76) Ibid., pp. 95-98.
77) Ibid., pp. 98-99.
78) 『皇城新聞』 1898년 3월 8일, 「논설: 賀畿湖設校」.
79) Ibid..
80) 『황성신문』 1908년 01월 28일, 「論說: 畿湖學會盛況」.
81) Ibid..
82) 『황성신문』 1908년 10월 16일, 「잡보: 畿湖維持討論」.
83) 『황성신문』 1908년 10월 29일, 「잡보: 皇族出義; 『황성신문』 1908년 11월 05일, 「잡보: 畿湖曙光」.
84) 신용하, 「일제하 인촌의 민족교육활동」, 『평전 인촌 김성수: 조국과 겨레에 바친 일생』(서울: 동아일보사), 1991, pp. 244-247.
85) 1917년 13회 총선거에서 이시카와현(石川縣) 제1구(第1区)에서 헌정회(憲政会) 소속으로 입후보했지만 선거에서 졌다. 1920년 14회 총선거에서는 승리했다. 이후 8회 연속 당선되었고, 민정당(民政党) 간사장, 사이토(斎藤)내각의 척무대신, 제1차 고노(近衛)내각의 체신대신을 역임했다. 아베(阿部)내각에서는 철도 및 체신 대신을 겸임했다. 오쿠마(大隈)처럼 William Ewart Gladstone을 존경했다. 1922년에는 글래드스톤의 전기를 저술했다(佐久間 竜太郎 編, 『北陸人物名鑑 大正11年版』, 金澤市: 中心社, 1922, p. 124; 杉原四郎(編集), 『近代日本とイギリス思想』, 東京: 日本経済評論社, 1995, p. 237; https://ja.wikipedia.org/wiki/永井柳太郎.(2021. 6. 19 접근)
86) 1931년부터 1944년에는 와세다대학 4대 총장을 역임했고, 1939년에는 칙명(勅命)에 의해 귀족원 의원이 되었다. https://ja.wikipedia.org/wiki/田中穂積_(法学博士)(2021.6.19 접근).
87) 『인촌 김성수전』, pp. 100-104.
88) 『매일신보』 1916년 7월 14일, 「신출될 중앙교 기지 확정」.

89) 『매일신보』 1917년 12월 4일, 「桂山에 立한 新偉觀」.
90) 중앙교우회 편, 『중앙팔십년사』 서울: 중앙교우회·중앙중고등학교, 1993, p. 572.
91) Ibid., pp. 568-578.
92) 조기준, 『한국기업가사』, 서울: 박영사, 1973, p. 60, pp. 243-246, pp.252-254, p. 257. 조기준은 김성수를 마셜(Marshall. A)의 '개척척인 기업가', 김연수를 슘페터(Schumpeter. J)의 '경영자적 소질을 갖춘 기업가', 이강현을 파시우스(Facius, F)의 '시민적 기업가 중 기술자'에 속하는 것으로 평가했다; 카터 J. 에커트, 위의 책, pp. 62-63, 102.
93) 김용섭, 위의 책, 1992, pp. 235-237.
94) 주익종, 위의 책, 2008, pp. 132-133.
95) 『반도시론』 2권 4호, 1918년 4월, 「會社及工場評論」; 『황성신문』 1910년 2월 8일, 「廣業募集」; 『매일신보』 1912년 1월 23일, 「광업주식회사 1기영업보고서」.
96) 『매일신보』 1911년 7월 9일, 「상업등기공고」; 국편 DB, 『주제별연표:회사기업가연표』, http://db.history.go.kr/id/ch_015_1911_06_03_0010; 박은숙, 「분원의 마지막 자기업, 분원자기주식회사(1910~ 1916)의 설립과 운영진」, 『한국사학보』 50, 고려사학회, 2013, p. 204.
97) 오미일, 「근대 한국인 대지주층의 자본축적 경로와 그 양상 - 윤치소 일가의 기업투자와 농업 경영 -」, 『한국사학보』 47, 고려사학회, 2012, pp. 191-192.
98) 1930년대 후반은 일본의 군국주의가 기승을 부리기 시작하던 때로 대부호인 윤치소는 전시체제에 협력하지 않을 수 없었다. 그와 관련된 주요 사항은 다음과 같다. 1937년 8월에 국방헌금 2천 원 기증, 9월에 애국경기도호 군용기헌납기성회 집행위원, 1941년 9월 조선임전보국단 경성지역 발기인(참석거부), 11월 조선예수교장로회 애국기 헌납 기성회 서기 등이다. 1944년 2월 20일에 74세의 나이로 사망했다. 오미일, 위의 글, pp. 195-198 참조.
99) 숙부 윤영렬은 교육을 받지 못해서 한문으로 편지를 쓰지도 못하고, 글을 읽을 줄 몰랐지만 사리 분별을 잘하고 정직했다고 한다. 김상태 편, 『윤치호 일기: 1916~1943』, 서울: 역사비평사, 2001, p. 616; https://ko.wikipedia.org/wiki/윤영렬(2020년 5월 22일 접근) 참조.
100) "1894년 10월 21일, 선봉진이 보고하는 일입니다. 천안에 살고 있는 전 감찰 윤영렬, 아산에 살고 있는 출신 조중석 두 사람은 대의(大義)를 크게 떨쳐서 300명을 불러 모아서 주력부대가 도착하기를 기다리고 있었습니다. 곧 이들 부대 앞에 가니 사람들이 모두 용기를 사서 비분강개하여 명령을 기다리고 있었습니다. 다만 공로가 있는 것을 살펴서 계속해서 보고할 계획이지만 믿고 권장하는 의리가 없을 수 없는 까닭에 윤영렬의 아들 유학(幼學) 윤치소, 조중석은 우선 본 진영의 별군관으로 임명하였습니다. 이 두 사람의 의거는 바로 충성에서 나왔으니 그들을 격려하고 권장하는 방법에 대해 공손히 처분을 기다리겠습니다. 이런 사정을 보고합니다.", 국편 DB, 『동학농민혁명 자료총서: 순무선봉진등록』, http://db.history.go.kr/id/prd_101r_ 0010_0930; 이민원, 「대한제국기 안성군수 윤영렬의 토포 활동 연구」, 『군사』 82호, 국방부 군사편찬연구소, 2012 참조.
101) 갑신정변에 관해서는 다음의 책들을 참조. 이광린, 『개화당연구』, 서울: 일조각, 1973; 박은숙, 『갑신정변연구』, 서울: 역사비평사, 2005.
102) 김옥균의 집터는 경기고등학교를 거쳐 지금은 시민을 위한 정독도서관으로 활용되고 있다. 홍영식의 집터는 경기여중과 창덕여고로 활용되었다. 1993년부터는 1987년 6월 항쟁의

성과로 쟁취한 6공화국 헌법에 의거하여 국민의 권리를 보호하기 위해 설립된 헌법재판소로 이용되고 있다. 서광법의 집터에는 덕성여중이 자리하고 있다. 은정태, 「서광범의 집터, 안국동 37번지에 담긴 갑신정변의 유산」, 『북촌DB1』(비매품) 서울: 웃고협동조합, 2015, pp. 58-67.
103) 경성건물(주)은 계동궁(桂洞宮) 집터 약 5,000평의 토지를 9만 4천 원(圓)에 경매낙찰을 받았다. 『삼천리』 6-7, 1934; 1983년부터는 현대자동차 사옥이 경우궁과 계동궁 자리에 들어섰다. 은정태, 「계동 140-1번지의 역사를 한 꺼풀 벗기며」, 『북촌에 산다』(비매품), 서울: 웃고협동조합, 2014, pp. 114-126.
104) 『설산 장덕수』, p. 142.
105) 『인촌 김성수전』, pp. 174-176.
106) 『인촌 김성수전』, p. 183.
107) 『동아일보』 초기의 발기인들에 대해서는 다음의 글이 상세하다. 김경택, 『1910·20년대 동아일보 주도층의 정치경제사상연구』, 연세대학교 사학과 박사학위논문, 1998, pp. 52-67.
108) 이승렬, 『제국과 상인』, 서울: 역사비평사, 2007, pp. 323-325.
109) 한동민, 「수원 나주나씨와 나혜석의 부모 형제들」, 『나혜석연구』 1권 1호, 나혜석학회, 2012. 참조.
110) 국편 DB, 『한국근현대잡지자료』, 『서북학회월보』 제7호, 1908년 12월, http://db.history.go.kr/Id/ma_004_0070_0140; 국편 DB, 『일제침략하 한국36년사 5권』, http://db.history.go.kr/id/su_005_1920_02_25_0890.
111) 『인촌 김성수전』, pp. 174-177.
112) 친일반민족행위진상규명위원회, 『친일반민족행위진상규명 보고서』Ⅳ-17; 『친일반민족행위자 결정이유서』, 서울: 현대문화사, 2009, pp.501-504.
113) 국편 DB, 『한국근현대인물자료』, http://db.history.go.kr/id/im_101_01531.
114) 국편 DB, 『한국근현대인물자료』, http://db.history.go.kr/id/im_101_02291.
115) 국편 DB, 『한국근현대인물자료』, http://db.history.go.kr/id/im_101_01531.
116) 『설산 장덕수』, pp. 148-154.
117) 『인촌 김성수전』, pp. 192-194.
118) 김경택, 위의 논문, pp. 63-65.
119) 동아일보사, 『동아일보사사』 권1, 서울: 동아일보사, 1975, pp. 163-164; 유진오, 「仁과 知의 지도자」, 『동아일보』 1962년 2월 18일; 『인촌 김성수전』, pp. 205-208.
120) 『동아일보』 1921년 10월 15일, 「사설: 본보의 과거를 논하여 독자 제씨에게 일언을 기(寄)하노라. 사장 송진우」.
121) 『인촌 김성수전』, pp. 191-192.
122) 『동아일보』 1920년 8월 30일, 「대영과 인도」(1).
123) 『동아일보』 1920년 9월 25일, 「대영과 인도: 20세기의 인도 二」(14).
124) 『인촌 김성수전』, pp. 197-199.
125) 윤대원, 『상해시기 대한민국임시정부 연구』, 서울: 서울대학교출판부, 2006, p. 133, 136; 김은지, 「미국의원단 동아시아 방문을 계기로 한 대한민국임시정부와 독립운동」, 『한국독립운동사연구』 60, 독립기념관 한국독립운동사연구소, 2017, pp. 169-170.

126) 『동아일보』 1920년 8월 25일, 「미국의원단을 영하는 경성시는 천기까지 험악」.
127) 『동아일보』 1920년 8월 30일, 「사설: 미국 내빈이 전하는 말(삼)」.
128) 『동아일보』 1920년 8월 31일, 「사설: 부인참정권-문명의 신생면」.
129) 『동아일보』 1920년 9월 8, 9, 10, 11일, 「미국배일법안」; 9월 15일, 「배일문제」; 9월 7일, 「일미간 형세중대」; 9월 25일, 「구미시사: 공화당배일결의」.
130) 『동아일보』 1921년 5월 10, 11일, 「사설: 조선의 사회계급의 추이 - 제삼계급의 영향」 (上), 「사설: 조선의 사회계급의 추이 - 제삼계급의 영향」(下).
131) 『동아일보』 1921년 8월 16일, 「사설: 경제적 능력과 정치상 권리 - 경제는 정치의 기초」.
132) Ibid..
133) 『동아일보』 1921년 5월 11일, 「사설: 조선의 사회계급의 추이 - 제삼계급의 영향」(下).
134) 이승렬, 위의 책, pp. 322-337 참조.
135) 이광수, 「민족적 경륜」(二) - 정치적, 결사와 운동」, 『동아일보』 1924년 1월 3일.
136) 김윤식, 『이광수와 그의 시대 ③』 서울: 한길사, 1986, p. 726.
137) 강동진, 『일제하 한국침략정책사』, 서울: 한길사, 1980, pp. 379-380.
138) Ibid., pp. 394-395.
139) 그 다음 해인 1922년에 '동명사'(東明社)를 창립했고, 같은 해 9월 주간지 『동명』을 창간했다(1923년 6월까지 발행됨). 1924년에는 『시대일보(時代日報)』를 창간했지만 경영난으로 곧 사임하였다. 1925년 『동아일보』와 『조선일보』 객원 논설위원이 되어 사설과 칼럼을 발표했고, 조선의 문화와 역사를 연구하는 '계명구락부'에도 참여했다. 이 무렵에 한국문화의 기원에 관한 「단군론」(1926년)과 「불함문화론」(1928년)이 발표되었다. 1927년에는 '조선사편찬위원회' 촉탁을 거쳐 '조선사편수회' 위원이 되었다. 최남선의 전반적 경력과 연구동향에 대해서는 류시현의 『최남선연구』(서울: 역사비평사, 2009)를 참조 바람.
140) 최린은 1922년 1월부터 천도교 중앙교단에서 서무과·교육과 주임으로 선출되었고, 6월에는 1회 조선미술전람회 제1부 동양화부에 「난(蘭)」을 출품했고, 9월에는 천도교 종리사(宗理師), 12월에는 천도교 만화회(萬化會) 회장이 되었다. 1923년 조선민립대학기성회 중앙부 집행위원, 9월에는 동경지방이재조선인구제회(東京地方罹災朝鮮人救濟會) 발기인과 상무위원이 되었고, 1924년에는 조선기근구제회 위원으로 활약했다. 1925년에 천도교 종리사에서 종법사(宗法師)가 되었고, 조선체육회위원에 위촉되었으며, 1926년에는 조선문헌협회 발기인으로 참여했다. 1927년 6월부터 1928년 4월까지 미국과 유럽 21개국을 시찰하고 돌아왔다. 이 시기 최린의 동행에 대해서는 여암 최린선생문집편찬위원회 편, 『如菴文集』(상)·(하), 서울: 如菴崔麟先生文集編纂委員會, 1971 참조.
141) 강동진, 위의 책, p. 414.
142) Ibid., p. 415.
143) Ibid., pp. 352-353, p. 355.
144) 사이토 총독과 동아일보 측 인사의 만남은 다음과 같다. 1919년 9월부터 1926년까지 약 7년 4개월 동안 김성수는 14회, 송진우는 15회, 장덕수는 12회, 이상협은 8회에 걸쳐 사이토 총독과 만났다. Ibid., p. 397.
145) Ibid., pp. 415-416.
146) 『동아일보』 1924년 4월 23일, 「양문제의 진상: 노농임시대회에서 논의된 본사의 사설문제와 명월관 사건」.

147) 국편 DB, 『한국근현대인물자료』, http://db.history.go.kr/id/Im_110_00270.
148) 국편 DB, 『일제침략하 한국36년사』, http://db.history.go.kr/id/su_007_1925_09_15_0410.
149) 『동아일보』 1925년 6월 11일, 「태평양문제연구회: 조선인이 출석할 의의」.
150) 고정휴, 「태평양문제연구회 조선지회와 조선사정연구회」, 『역사와 현실』 6, 한국역사연구회, 1991, p. 307.
151) Ibid., pp. 305-306.
152) 강동진, 위의 책, p. 420.
153) Ibid., pp. 420-422.
154) Ibid., pp. 424-425.
155) 한상구, 1926~28년 민족주의 세력의 운동론과 新幹會」, 『한국사연구』 86, 한국사연구회, 1994, p. 174; 『동아일보』 1927년 11월 17일, 「사설: 일본귀족원의 진화 - 近衛씨의 귀족원 탈퇴」.
156) 윤덕영, 「신간회 초기 민족주의 세력의 정세 인식과 민족적 총역량 집중론의 제기」, 『한국근현대사연구』 56, 한국근현대사연구회, 2011.
157) 김준엽·김창순, 『한국공산주의운동사 3』, 서울: 청계연구소, 1986, pp. 54-55.
158) 한상구, 위의 논문; 趙聖九, 『朝鮮民族運動と副島道正』, 東京: 硏文出版, 1998; 윤덕영, 「1920년대 중반 민족주의 세력의 정세인식과 합법적 정치운동의 전망」, 『한국근현대사연구』 53, 한국근현대사연구회, 2010.
159) 한상구, 위의 논문, pp. 172-181.
160) 『동아일보』 1927년 6월 1일, 「민정당의 성립」.
161) 『동아일보』 1927년 12월 14일, 「사설: 五十四會議를 當한 일본의 정계」.
162) 조지훈, 『한국민족운동사』, 서울: 나남, 1996, p. 775.
163) 『조선일보』 1928년 5월 9일, 「사설: 제남사건의 벽상관」.
164) 『동아일보』 그룹의 신간회에 합류하는 경위에 대해서는 한상구, 위의 논문과 윤덕영, 「신간회 초기 민족주의 세력의 정세인식과 민족적 총역량 집중론의 제기」(『한국근현대사연구』 56, 2011)를 참조 바람.
165) 예를 들어 안재홍은『동아일보』 1928년 1월 1일자 인터뷰 기사 「민족적 역량을 집중하는 실제방법—각방법 인사의 주장은 여하(1)」에서 모든 세력이 신간회를 중심으로 뭉칠 것을 강조했고, 이관용은『동아일보』 1928년 1월 5일자 인터뷰 기사 「민족적 역량을 집중하는 실제방법—각방법 인사의 주장은 如何(5)」에서 언론기관의 수위인『동아일보』의 역할을 요구했다.
166) 강동진, 위의 책, p. 350.
167) Ibid., pp. 351-352.
168) 『경성일보』 1925년 11월 28일, 「조선통치의 근본의」, 강동진, 위의 책, p. 351에서 재인용.
169) 본서 2부 1장 2절 참조 바람.
170) 강동진, 위의 책, pp. 350-352.
171) 고정휴, 위의 논문, p. 307.
172) Ibid., p. 297.
173) 『경성일보』 1925년 11월 28일, 「사설: 조선통치의 근본의」.
174) 矢內原忠雄, 『植民政策の新基調』, 京都: 弘文堂, 1927, pp. 353-354, 강동진, 위의 책, p.

357에서 재인용.
175) 矢內原忠雄, 위의 책, pp. 354-356, 강동진 위의 책, p. 358에서 재인용
176) 矢內原忠雄, 위의 책 p. 360, 강동진, 위의 책, p. 358에서 재인용.
177) 강동진, 위의 책, pp. 358-359; 김동명, 『지배와 저항, 그리고 협력 - 식민지 조선에서의 일본제국주의와 조선인 정치운동』, 서울: 경인문화사, 2006, p. 346.
178) 박찬승, 『한국근대정치사상사연구』, 서울: 역사비평사, 1992, p. 356. 이 책의 4장에는 자치운동의 단계적 전개과정이 잘 정리되어 있다.
179) Ibid., p. 380, 383.
180) 김만규, 「타협과 비타협—우리는 정치운동에 대하여 어떠한 태도를 취할까」, 『조선지광』 1927년 2월호, p. 6.
181) 박찬승, 위의 책, pp. 356-357.
182) 『조선일보』 1924년 11월 3일, 「사설: 우리의 진로-신념과 노력」.
183) 안재홍, 「조선 금후의 정치적 추세」, 안재홍선집간행위원회 편, 『민세안재홍선집』 1, 서울: 지식산업사, 1981, p. 189. 이 글은 1926년 3월 16일부터 19일에 걸쳐 『조선일보』 사설로 연재된 것이다.
184) 박찬승, 위의 책, p. 358.
185) 『조선일보』 1925년 12월 4-5일, 「사설: 소위 '부도백의 언론' 문제—통치군의 보조착란책」; 박찬승, 위의 책, pp. 359-360.
186) 백남운, 「자치운동에 대한 사회학적 고찰」, 『현대평론』 1927년 1월, p. 50.
187) 조동걸, 「신간회 60주년의 회고」, 『한국근대사의 시련과 반성』, 서울: 지식산업사, 1990, p.113.
188) 박찬승, 위의 책, pp. 362-363.
189) 김만규, 위의 글, p. 6.
190) 안재홍의 '민족주의 좌익전선론'은 비타협이라는 정치노선과 합법의 틀에서 전개된 투쟁활동의 모순 때문에 신간회의 운동론으로 정착되지 못하였다. '원칙과 현실' 사이에서 신간회는 동요할 수밖에 없었다. 그는 1930년대 초 신간회 해소론이 대두될 때 '체제적 계급적 모순을 혁정(革正)'하자는 급진적 주장과 대중의 기본 역량을 고양시키자는 개량적 주장을 모두 했는데, 해소를 반대하는 입장에서 합법투쟁의 유효성을 인정했다. 소(小)부르주아지를 토대로 한 안재홍의 운동론은 신간회 해소 이후 민족개량주의의 '당면이익획득운동'과 결합하면서 개량화의 길을 걸었다. 이지원, 「일제하 안재홍의 현실인식과 민족해방운동론」, 『역사와 현실』 6, 한국역사연구회, 1991, pp. 54-56.
191) 강동진, 위의 책, p. 397.
192) 『인촌 김성수』, pp. 314-322.
193) Ibid., pp. 338-349.
194) 유진오, 『양호기(養虎記)』, 서울: 고려대학교 출판부, 1977, pp. 12-14.
195) 카터 에커트(Carter J. Eckert), 『제국의 후예』, 서울: 푸른역사, 2008, pp. 340-341.
196) Ibid., p. 352.
197) 유진오의 경력은 유진오가 집필한 『양호기』의 「연보」와 『국제법학회논총』 32-2(1987)에 실린 「고 현민 유진오 박사 연보」 참조.
198) 유진오, 위의 책, pp. 114-116.

199) 김용완,『재계 회고 3』, 서울: 한국일보사, 1981, p. 88.
200) 카터 에커트, 위의 책, pp. 364-365.
201) Ibid., p. 365.
202) Ibid., p. 368.
203) Ibid., pp. 369-370.
204) 국편 DB,『친일파관련문헌: 친일파군상』의「自進協力者와 威脅에 依한 被動協力者①」, http://db.history.go.kr/id/pj_004_0010_0020_0010.
205) 김학민·정운현 엮음,『친일파죄상기』, 서울: 학민사, 1993, pp. 352-355. 이 책에는 1949년 재판과정을 다룬『민족정기의 심판』(서울: 혁신출판사, 1949) 및 김영진 편,『반민자대공판기』(서울: 한풍출판사, 1949), 고원섭 편『반민자죄상기』(서울: 백엽문화사, 1949), 민족정경문화연구소 편『친일파군상』(서울: 삼성문화사, 1948) 등이 수록되어 있다.
206) 전시체제 9년 동안 "백절불굴(百折不屈)"의 자세로 감옥을 들락거리면서 항쟁했던 이관술(李觀述)과 이현상(李鉉相) 등이 억압적인 전시체제 분위기가 압도하는 1945년 7월에 '대의당(大義黨)' 발당(發黨) 식장인 부민관(府民館)에 통쾌히 일탄의 폭격을 던진 '대한혁명청년단' 사건 등도 거론되었다. 국편 DB,『친일파관련문헌: 친일파군상』의「총언」, http://db.history.go.kr/id/pj_004_0010_ 0010_0020.
207) 기타야마 모리히데(片山杜秀), 김석근 역,『미완의 파시즘』(서울: 가람기획, 2013), 8장「'갖지 못한 나라'가 '가진 나라'를 이기는 방법」 참조.
208) Maruyama Masao, *Thought and Behavior in Modern Japanese Politics*, London: Oxford University Press, 1963, pp. 66-67. 한글 번역서로는 마루야마 마사오(丸山眞男),『현대정치의 사상과 행동』(서울: 한길사, 1997)이 있다.
209) Barrington Moore, 위의 책, pp. 300-301(pp. 308-309).
210) S. N. Eisenstadt, 여정동, 김진균 공역,『근대화: 저항과 변동』, 탐구당, 1972, pp. 86-87. 원서명은 *Modernization: Protest and Change*, Englewood Cliffs, N.J.: Prentice-Hall, 1966.
211) 해외에서의 무장적 민족운동과 국내에서의 대중운동 및 조직운동들, 즉 급진적 민족주의 운동의 개요에 대해서는 강만길,『고쳐 쓴 한국현대사』, 서울: 창작과비평사, 1994, pp. 39-80, 참조.
212) 신채호,『조선혁명선언』, 파주: 범우사, 2010년 참조.
213) 문예사조 상에서 낭만주의는 고전주의에 대한 반동, 정신사적으로는 계몽주의에 대한 반동이다. 계몽주의(계몽적 민족주의)는 '개인' '자유' '평등'을 토대로 한 국가 사회의 개조를 요구한다. 정치목표를 가진 '시민'적 토대 위에서 근대적 이성에 기초한 근대적 세계의 성취를 지향. 낭만주의(낭만적 민족주의)는 민족 국가를 거룩한 공동체로 긍정하고, 국가유기체론에 입각하여, 민족감정을 국가권력 유지의 도구로 사용하며, 민족 절대주의 민족지상주의로까지 발전할 가능성을 내포한다. 장신조,「낭만주의적 민족주의—19세기 독일의 경우」,『기독교사상』25-3, 대한기독교서회, 1981, pp. 41-42.
214) 이균영,『신간회연구』, 서울: 역사비평사, 1993, pp. 381-399; 방기중,「1920·30년대 조선물산장려회 연구」,『국사관논총』67, 국사편찬위원회, 1996, pp. 97-104; 김형권,「1929-1931년 사회운동론의 변화와 민족협동전선론」,『국사관논총』89, 국사편찬위원회, 2000, pp. 274-277; '당면이익' 투쟁은 이른바 타협적 민족운동이 추구했던 방향과 큰 차이가

없었다
215) 강동진, 위의 책, p. 415; 박찬승, 위의 책, pp. 325-330, 360-361.
216) 서상일, 「합법운동과 비합법운동에 관한 사견」, p. 105.
217) Ibid., pp. 244-245.
218) Ibid., pp. 247-248.
219) Ibid., pp. 281-282.
220) Ibid., pp. 289-292
221) Ibid., p. 294.
222) Ibid., pp. 295-296.
223) Ibid., pp. 283-284.
224) 김동명, 「일본제국주의에 대한 저항과 협력의 경계와 논리」, 『한국정치외교사논총』 31-1, 한국정치외교사학회, 2009, p. 41.
225) Ibid., p. 57.
226) 『주간희망』 제46호, 1956년 11월 9일, 「희망방담」; 이욱, 『멀고 먼 영광의 길—동암 서상일 선생 유고를 중심으로』, 대구: 동암 서상일선생기념사업회, 2004, pp. 200-201.

제10장

1) 국편 DB, 『자료대한민국사』 1권, http://db.history.go.kr/id/dh_001_1943_11_27_0010.
2) 이에 관해서는 다음의 연구들을 참조했다. 최영호, 「카이로선언의 국제정치적 의미」, 『영토해양연구』 5, 동북아역사재단, 2013; 이재호, 「대한민국 임시정부의 국제공동관리안 반대운동 1942-1943」, 『한국독립운동사연구』 48, 독립기념관한국독립운동사연구소, 2014; 한시준, 「카이로선언과 대한민국임시정부」, 『한국근현대사연구』 21, 한국근현대사학회, 2014; 정병준, 「카이로회담의 한국 문제 논의와 카이로선언 한국조항의 작성 과정」, 『역사비평』 107, 역사문제연구소, 2014.
3) 위의 연구들 외에도 '카이로선언'과 관련해서는 많은 연구들이 축적되어 있다. 이호재, 『한국외교정책의 이상과 현실』, 서울: 법문사, 1969; 조순승, 『한국분단사』, 서울: 형성사, 1982; 제임스 I. 메트레이, 구대열 옮김, 『한반도의 분단과 미국: 미국의 대한정책, 1941-1950』, 서울: 을유문화사, 1989; 신복룡, 「한국신탁통치연구: 미국의 구도와 변질을 중심으로」, 『한국정치학회보』 27권 2호, 한국정치학회, 1994; 이완범, 「미국의 한국 점령안 조기준비」, 『국제정치논총』 36-1, 한국국제정치학회, 1996; 차상철, 「미국의 한국인식과 신탁통치안」, 『국사관논총』 75, 국사편찬위원회, 1997; 신복룡, 『한국분단사연구: 1943-1953』, 서울: 한울아카데미, 2001; 신용하, 「열강의 한국 남북분단 및 신탁통치 정책과 백범 김구의 노선(1943-45)」, 『백범과 민족운동연구』 3, 백범학술원, 2005; 정일화, 『카이로 선언 -대한민국 독립의 문-』, 서울: 선한약속, 2010; 박태균, 「미국의 관점에서 본 한국의 8 15」, 『군사』 96, 국방부군사편찬연구소, 2015; 장박진, 「카이로선언의 기초와 한반도 독립조항의 의미」, 『동북아역사논총』 54, 동북아역사재단, 2016; 한시준, 「중경시기 대한민국임시정부의 외교활동」, 『한국독립운동사연구』 53, 독립기념관 한국독립운동사연구소, 2016; 윤해동 외, 『대한민국을 만든 국제회의』, 대한민국역사박물관, 2016.
4) G. 존 아이켄베리, 강승훈 옮김, 『승리 이후』, 서울: 한울, 2008, pp. 260-261.

5) 「대서양헌장」에 대한 대한민국임시정부의 「성명서」는 독립운동사 편찬위원회편, 『독립운동사』 제4권, pp. 851-853 참조, 국편 DB, 『일제침략하 한국36년사 12권』, http://db.history.go.kr/id/su_012_1941_08_29_0640; 「대서양헌장」 원문은 주한 미국대사관 및 미국영사관의 홈페이지 참조. https://kr.usembassy.gov/education-culture/infopediausa/living-documents-american-history-democracy/atlantic-charter-1941/.
6) G. 존 아이켄베리, 위의 책, pp. 271-272.
7) Ibid., p. 272.
8) 신복룡, 위의 글(1994), p. 27.
9) 세르히 플로히(Serhii M. Plokhy), 허승철 옮김, 『얄타—8일간의 외교전쟁』, 고양: 역사비평사, 2020, pp. 275-276.
10) Ibid., pp. 408-409.
11) G. 존 아이켄베리, 위의 책, p. 274. 참조.
12) 세르히 플로히(Serhii M. Plokhy), 위의 책, pp. 408-409, 418-419, p. 526.
13) 조지프 나이, 『국제분쟁의 이해』, 파주: 한울, 2009, p. 208.
14) 세르히 플로히(Serhii M. Plokhy), 위의 책, p. 453.
15) Ibid., p. 458.
16) Ibid., p. 528, 672.
17) Ibid., pp. 425-426.
18) Ibid., p. 527.
19) Ibid., p. 422.
20) G. 존 아이켄베리, 위의 책, pp. 272-273.
21) 세르히 플로히(Serhii M. Plokhy), 위의 책, pp. 672-673.
22) Ibid., p. 676.
23) Ibid., pp. 676-677.
24) Ibid., p. 679.
25) Ibid., p. 678.
26) Ibid., p. 683.
27) Ibid., p. 689.
28) Ibid., pp. 275-277.
29) Ibid., p. 691.
30) 신복룡, 위의 글(1994), pp. 31-33.
31) Ibid., p. 41.
32) 북조선민전 중앙위원회 서기국 편, 「미소공동위원회에 관한 제반자료집」, 『한국현대사자료총서』 13, 서울: 돌베개, 1947, p. 37. 이 자료는 정용욱, 「광복과 미·소의 분할점령」, 『(신편)한국사 52』, 경기도 과천: 국사편찬위원회, 2002, pp. 41-42에서 재인용; 다음의 문서는 미국측 입장을 이해하는 데 작은 단서를 준다. '미 국무부는 격분한 한국인들을 달래기 위해서 공동성명에 있는 몇몇 구절을 강조하여 한국인들에게 자세히 설명하는 방안을 제안했다. 그것은 두 지역을 통합하기 위해 즉각적으로 조치하라는 조항, 민주적인 임시정부를 조기에 수립하기 위한 조항, 신탁통치의 조건은 공동위원회가 한국 임시정부와 협의하여 결정한다는 합의, 그리고 마지막으로 신탁통치 기간은 최대 5년으로 신탁통치

가 끝나면 완전한 독립을 확실하게 약속한다는 내용 등이었다. 또한 국무부는 이러한 사항들을 샌프란시스코에서 방송하는 한국어 프로그램을 통해 알리려 했음을 지적할 필요가 있다. 국무부는 이 내용을 한국의 방송국들을 통해서도 알릴 것을 제안했다. 국무부의 선전 전문가들은 신탁통치에 대해 해명하거나 정당화하려고 하기보다는 앞서 언급한 내용들을 강조하는 쪽이 좋다고 생각했다. 그러나 동시에 미군정 요원들이 한국인으로부터 신탁통치의 원인에 대해 질문을 받게 될 경우 완벽한 대답을 할 수 있도록 준비를 할 필요가 있을 것으로 보였다. 그와 같은 질문에 대한 대답은 정부가 수립되기 전까지는 연합군이 일본 통치가 남긴 모든 사악한 유산을 제거하고 한국인들을 보호하고 조언을 할 것이며, 일본이 한국인에게는 고도로 전문적인 행정직이나 기술직에 필요한 교육을 시키지 않았으므로 여기에 필요한 훈련을 받기 위해서 정부 수립에 걸리는 기간이 길어질 수밖에 없다는 것이었다'(워싱턴에서 태평양 미 육군사령관에게 보낸 전문, WX90802, 3005533/Z, 1945년 12월 30일, 부관참모부 문서철). 또 다른 문서도 있다. 한국인들에게 한국의 신탁통치에 관한 미국의 입장을 설명하는 첫 번째 방송에서는 국무부장관의 성명서를 발표했다. "한국을 통치하는 문제는 일본이 항복한 이래로 지속적인 문제였다. 한반도는 군사작전 목적에서 38도선을 기준으로 각각 소련과 미국의 점령지역으로 분할된 것이다. 일본이 항복한 이후 점령이 지속되면서 문제점이 드러났다. 분할점령은 사람과 물자의 이동뿐 아니라 한국 전체의 공공 서비스가 기능하는 것을 방해하고 있다. 모스크바 회담에서 결정한 바에 따라 미소 양군의 사령관은 미소공동위원회를 열어 당면한 경제 및 행정 문제를 해결할 것이다. 미소공동위원회는 미국, 소련, 영국, 중국 정부에 한국 임시민주정부를 수립하는 문제에 대해 조언을 할 것이다. 또한 한국이 5년 내에 독립을 이룩할 수 있도록 4개국이 신탁통치 실시를 준비하도록 제안할 것이다. 미소공동위원회는 한국 임시민주정부와 협력하여 신탁통치를 생략할 방안을 도출할 수도 있다. 한국이 하루빨리 국제사회에 독립국으로 참여하도록 만드는 게 미국과 소련의 목표이다. 모스크바 회담에서 여러 가지 사안에 대한 합의와 양해가 이루어졌으며, 중국의 이해관계에 관한 내용도 충분히 다루어졌다. 중국은 도쿄의 4대 연합국 이사회(Four Power Allied Council) 극동위원회(Far Eastern Commission)의 외무장관 회의(Council of Foreign Ministers), 한국 임시정부 구성, 그리고 한국에 대한 신탁통치 등에 참여할 것이다."(전쟁부 부관참모처-WARTAG가 태평양 미육군 사령관에게 보낸 전문, 310345/Z, 1945년 12월 31일, 부관참모부문서철). 국편 DB, 『미군정기 자료: 주한미군사 2』, http://db.history.go.kr/id/husa_002r_0030_0080_0020.

33) 이호재, 『한국외교정책의 이상과 현실』, 서울: 법문사, 2000(6판), pp. 209-210.
34) 세르히 플로히(Serhii M. Plokhy), 위의 책, p. 422.
35) G. 존 아이켄베리, 위의 책, p. 269; 그가 의회 연설에서("Address to Joint Session of Congress on Aid to Greece and Turket") 언급한 두 가지 생활방식은 다음과 같다. 한 가지 삶의 방식은 다수의 의사를 바탕으로 하며, 자유 제도, 대의정치, 자유선거, 개인자유의 보장, 언론 및 종교의 자유 그리고 정치적 억압으로부터의 자유를 특징으로 합니다. 또 다른 생활방식은 다수에게 강제적으로 부여된 소수의 의사를 바탕으로 합니다. 또한 공포와 억압, 언론 및 방송 통제, 선거 조작 및 개인 자유의 억압에 의존합니다. '트루먼 독트린(1947)'에 대해서는 주한 미국대사관 및 미국영사관 홈페이지 참조, https://kr.usembassy.gov/ko/education-culture-ko/infopedia-usa-ko/living-documents-american-history-democracy-ko/harry-s-t ruman-truman-doctrine-1947-ko/

36) 조지프 나이, 위의 책, p. 200.
37) Ibid., pp. 209-210.
38) Ibid., p. 201.
39) Ibid., p. 202.
40) 독일・프랑스 공동역사교과서편찬위원회 기획, 페터 가이스(Peter Geiss) 기욤 르 캉트랙 (Guilliaume Le Quintrec) 외 지음, 김승렬 외 옮김, 『독일 프랑스 공동역사교과서: 1945년 이후 유럽과 역사』, 서울: 휴머니스트, 2008, p. 64. 이하 『독일 프랑스 공동역사교과서』로 줄임.
41) 『매일신보』 1945년 8월 16일, 「포츠담선언 수락을 둘러싼 연합국과 일본 정부 사이의 외교 서한」, 국편 DB, 『자료 대한민국사 1권』, http://db.history.go.kr/id/dh_001_1945_08_10_0010.
42) Bruce Cumings, *The Origins of the Korean War*, Volume 1(Seoul: Yuksabipyungsa, 2002, Original Copy: 1981, Princeton University Press), p. 120, 번역서, 브루스 커밍스, 김자동 역 『한국전쟁의 기원』, 서울: 일월서각, 1986, p. 168.
43) 박명림, 『한국전쟁의 발발과 기원 Ⅱ』, 서울: 나남, 1996, pp. 68-69, pp. 85-86.
44) Ibid., p. 107.
45) Ibid., p. 121.
46) 1943년 독일군이 물러나기 시작하고 나치의 패배가 확실해지자 스탈린은 공개되지 않은 두 개의 요구를 제시했다. 첫째, 안전한 서부 국경을 주장하면서 향후 독일의 침략으로부터 소련을 보호하기 위해 폴란드를 우호적인 완충지대로 만든다, 둘째, 1939년 폴란드로부터 탈취했던 영토를 그대로 지키겠다. 사회주의 건설의 보편적 가치보다는 소련의 국가적 이익이 앞서는 스탈린의 조치였다. 마침내 1944년 7월에 루블린에서는 소비에트의 지원을 받은 폴란드 민족해방위원회의 가 창설되었다. 브라이언 포터-슈치(Brian Porter-Szucs), 안상준 옮김, 『폴란드 근현대사』, 서울: 오래된 생각, 2017, pp. 244-247, p. 251.
47) 박명림, 위의 책, p. 131.
48) Ibid., p. 123.
49) Bruce Cumings, 위의 책, pp. 137-138 (pp. 187-189). 괄호 안은 번역서 페이지; 항복을 보도하는 1945년 9월 9일자 『매일신보』의 「호외」, 국편 DB, 『자료 대한민국사 1권』, http://db.history.go.kr/id/dh_001_1945_09_09_0040.
50) 『민중일보』 1945년 10월 11일, 「군정청발표」, 대한민국 신문 아카이브, http://lod.nl.go.kr/resource/CNTS-00063300941
51) Bruce Cumings, 위의 책, pp. 147-148(p. 201); 『자유신문』 1945년 10월 7일, 「각계의 지도자 11 씨 군정장관 고문관 피임」, 국편 DB, 『자료대한민국사 1권』, http://db.history.go.kr/id/dh_001_1945_10_05_0090.
52) 국편 DB, 『자료대한민국사』 1권, 1945년 10월 5일, http://db.history.go.kr/id/dh_001_1945_1b_05_0120; http://db.history.go.kr/id/dh_001_1945_10_05_0130.
53) Bruce Cumings, 위의 책, pp. xx-xxi (pp. 13-14).
54) 박명림, 위의 책, pp. 44-45.
55) 『자유신문』 1945년 10월 5일, 「창간사」, 국편 DB, 『자료 대한민국사』 1권, http://db.history.go.kr/id/dh_001_1945_10_05_0020.

56) 재단법인 인촌기념회,『인촌김성수전』, 1976, p. 469.
57) 고하전기편집위원회 편,『독립을 향한 집념: 고하 송진우전기』, 서울: 동아일보사, 1990, pp. 220-221.
58) 국편 DB, FRUS The British Commonwealth, the Far East Volume VI,「베닝호프, 한국의 정치상황 보고―주한 정치고문 베닝호프가 국무부 장관에게(1945.9.25)」, http://db.history.go.kr/id/frus_001r_0010_0330. 이와 관련된「보고서」내용은 다음과 같다.

항복 이후의 치안유지 문제는 일본인들을 겁먹게 했던 것 같습니다. 그들은 특히 처음에는 소련군이 전국을 점령할 것이라고 생각했었기 때문입니다. 그들은 소련측이 받아들일 만한 정부를 세우려고 했었는데, 이 임시정부의 지도자 역할을 송진우에게 부탁했었습니다. 그런데 그가 일본과의 접촉을 거부하자(그는 현재 한민당을 이끌고 있음) 일본측은 공산주의자인 여운형에게로 돌아섰습니다. 여운형은 일본 입장에서는 어쩔 수 없이 받아들일 수밖에 없는 몇 개의 불리한 조건을 내건 채 이를 수락하였으며, 이어서 '조선건국준비위원회'를 결성했습니다. 송진우와 그의 항일 동료들은 여운형과 일본의 관계를 의심한 나머지 협조를 거절했고, 반면에 권력 획득을 열망하는 공산당은 이에 참가했습니다. 여운형과 그 지지자들은 스스로를 정부로 자처했습니다. 그들은 정치범들을 석방했고, 치안책임을 장악했으며, 식량분배 및 기타 정부 기능을 장악했습니다. 이것이 건국준비위원회가 누렸던 권력의 절정인 형편으로, 건준은 공산주의자에 대한 우위를 추구하는 보수 성향의 인사들의 불만을 삼으로써 급격히 영향력을 상실하게 되었습니다.

59)『매일신보』1945년 8월 17일,「건국준비위원으로서 自主 互讓할 것을 방송」, http://db.history.go.kr/id/dh_001_1945_08_16_0020; 국편 DB,『자료 대한민국사 1권』,『매일신보』1945년 8얼 17일,「건준위원장 여운형, 엔도와의 회담 경과 보고」, http://db.history.go.kr/id/dh_001_1945_08_16_0050.
60) 박명림, 위의 책, pp. 39-40, 43-44, 52-53.
61)『매일신보』1945년 9월 7일,「건준, 전국인민대표자대회 개최」, 국편 DB,『자료 대한민국사 1권』, http://db.history.go.kr/ id/dh_001_1945_09_06_0010.
62) 국편 DB,『자료 대한민국사 1권』, 1945년 9월 4일,「전단: 임정 및 연합군 환영준비회 조직」, http:// db.history.go.kr/id/dh_001_1945_09_04_0030.
63)『매일신보』1945년 9월 8일,「우익진영 임시정부 지지를 표명하며 국민대회준비회 개최」, 국편 DB,『자료 대한민국사 1권』, http://db.history.go.kr/id/dh_001_1945_09_07_0030.
64) 박명림, 위의 책, p. 55.
65) Ibid., p. 44.
66) Bruce Cumings, 위의 책, pp. xxii-xxiii (p.16).
67) 박명림, 위의 책, p. 138.
68)『동아일보』12월 30일,「평화와 안전파괴」;『조선일보』1945년 12월 30일,「칠전팔기백절불굴로 나아가자」, 국편 DB,『자료대한민국사』1권, http://db.history.go.kr/id/dh_001_1945_12_28_0120.
69)『동아일보』1945년 12월 29일,「전국이 결의 표명」, 국편 DB,『자료대한민국사 1권』, http://db.history. go.kr/id/dh_001_1945_12_29_0180; 박명림, 위의 책, pp. 139-140; 특히 이승만은 반소, 반공의 입장에서 신탁통치안을 반대했다. 고정휴,「독립운동기 이승만의 외교노선과 제국주의」,『역사비평』제31호, 역사문제연구소, 1995, p. 176.

70) 『동아일보』 1945년 12월 30일, 「군정청직원시위」, 국편 DB, 『자료대한민국사 1권』, http://db.history.go.kr/id/dh_001_1945_12_29_0060.
71) 최상용은 『미군정과 한국민족주의』(서울: 나남, 1988, pp. 201-202)에서 "김구를 중심으로 하는 '반탁민족주의' 주창자들에게는, 반탁은 일관된 민족주의의 표현이었음에 틀림없지만, 그들에게는 당시의 국제정치, 특히 한국을 둘러싼 미국과 소련에 대한 현실적 인식이 결여되어 있었다, 말하자면 국제정치 인식에 매개되지 않은 직접적인 민족주의 표출이었다." 그러나 김구와 조만식의 민족주의에서는 '무엇이 옳은 것이냐'는 도덕적 명분'이 판단과 행동의 준거였다. 김구는 자신의 노선이 '비현실적이다'라는 비판에 대해 "우리는 현실적이냐 비현실적이냐가 문제가 아니라 그것이 정도(正道)이냐 사도(邪道)이냐가 생명이라는 것을 명기(銘記)하여야 한다"라고 응대했다. 이와 관련된 여러 가지 논의들에게 대해서는 박명림, 위의 책, pp. 137-148을 참조 바람.
72) 『동아일보』 1945년 12월 30일, 「탁치반대!! 독립전취!!」(1면), 국편 DB, 『자료대한민국사 1권』, http://db.history.go.kr/id/dh_001_1945_12_28_0080.
73) 『조선일보』 1945년 12월 31일, 「중앙위원칠십육명선정」; 『동아일보』 1945년 12월 31일, 「금일 전시 시위행렬」, 네이버뉴스라이브러리 『서울신문』 1946년 1월 1일, 「신탁통치반대국민총동원위원회 중앙위원 선임」, 국편 DB, 『자료대한민국사 1권』, http://db.history.go.kr/id/dh_001_1945_12_30_0100.
74) 『조선일보』 1945년 12월 31일, 「질서있게 냉정히 굽힘 없는 행동」, 네이버 뉴스라이브러리; 『서울신문』 1945년 12월 31일, 「한민당 수석총무 송진우 피살」, 국편 DB, 『자료대한민국사 1권』, http://db.history. go.kr/id/dh_001_1945_12_30_0180.
75) Bruce Cumings, 위의 책, p. 219, 231, 430(pp. 286-287, p. 301, 530), 괄호 안은 번역서 페이지.
76) 국편 DB, 『미군정기자료 주한미군사 2』, http://db.history.go.kr/id/husa_002r_0020_0030_0020.
77) 고하선생전기편찬위원회편, 『송진우 전기: 독립을 향한 집념』, 서울: 동아일보사, 1990, p. 241.
78) 『서울신문』 1946년 1월 1일, 「반파쇼공동투쟁위원회결성총회」, 국편 DB, 『자료대한민국사 1권』, http://db.history.go. kr/id/dh_001_1945_12_31_0090.
79) 『조선일보』 1946년 1월 5일, 「莫府(모스크바)결정을 지지」, 국편 DB, 『자료대한민국사 1권』, http://db.history.go.kr/id/dh_001_1946_01_04_0070.
80) 『서울신문』 1946년 1월 6일, 「조공 박헌영, 당면문제에 대하여 기자회견」, 국편 DB, 『자료대한민국사 1권』, http://db.history.go.kr/id/dh_001_1946_01_05_0100.
81) Bruce Cumings, 위의 책, pp. 224-225(p. 293).
82) Ibid., p. 225(p. 294).
83) Ibid., pp. 222-223(pp. 290-291).
84) Ibid., p. 224(p. 293).
85) 『동아일보』 1946년 1월 13일, 「각정당과 제단체 총궐기 반탁국민대회 성대」, 국편 DB, 『자료대한민국사 1권』, http://db.history.go.kr/id/dh_001_1946_01_12_0100.
86) 『인촌 김성수전』, pp. 496-497.
87) Ibid., pp. 498-501.

88) Ibid., pp. 498-499; 이경남, 『설산 장덕수』, 서울: 동아일보사, 1981, pp. 339-343.
89) 『설산 장덕수』, pp. 343-344.
90) Bruce Cumings, 위의 책, pp. 226-227, 229-230(pp. 295-296, 298-300).
91) Ibid., p. xxiv 그리고 chapter Five(제5장) 참조.
92) 박명림, 위의 책, pp. 132-133.
93) Bruce Cumings, 위의 책, p. 142(p. 195).
94) Ibid., pp. 143-144(pp. 196-197); 국편 DB, *FRUS*, The Political Adviser in Korea(Benninghoff) to Secretary of State(1945.9.15), http://db.history.go.kr/id/frus_001r_0010_0260.
95) 국편 DB, *FRUS*, The Political Adviser in Korea(Benninghoff) to the Secretary of State(1945.9. 25), http://db.history.go.kr/id/frus_001r_0010_0330.
96) 아놀드 소장의 인민공화국에 대한 비판성명에 대한 인민공화국 측과 한국 지식인 사회의 반응에 대하여는 Bruce Cumings, 위의 책, pp. 148-149(pp. 202-203) 참조; 국편 DB, *FRUS 1945*, The Political Adviser in Korea (Benninghoff) to the Acting Political Adviser in Japan(Atcheson) (1945.10.9), http://db.history.go.kr/id/frus_001r_0010_0380.
97) Bruce Cumings, 위의 책, p. 150(p. 205).
98) Ibid., pp. 153-154, 156-158, 162-163(pp. 208-209, 211-212, p. 218).
99) Ibid., p. 172(p. 229).
100) Ibid., p. 171(p. 228).
101) Ibid., p. 196(p. 258).
102) Ibid., p. 198, 201(p. 260, 264).
103) 국편 DB, 『미군정기자료 주한미군사 2』, http://db.history.go.kr/id/husa_002r_0010_0010.
104) 『동아일보』 1945년 12월 22일, 「인민위원회 포위」, 국편 DB, 『자료 대한민국사 제1권』, http://db.history.go.kr/id/dh_001_1945_12_19_0040.
105) Bruce Cumings, 위의 책, pp. 172-173(pp. 229-230);『서울신문』 1946년 1월 26일, 「군정포고위반으로 체포된 전국군준비대 이혁기 등 6명 실형 언도」, 국편 DB, 『자료대한민국사』 1권, http://db.history.go.kr/id/dh_001_1946_01_25_0020.
106) Bruce Cumings, 위의 책, pp. 231-235(pp. 302-308);『동아일보』 1946년 2월 15일, 「남조선대한국민대표민주의원 결성」, 국편 DB, 『자료대한민국사 2권』, http: //db.history.go.kr/id/dh_002_1946_02_14_0020.
107) Bruce Cumings, 위의 책, p. 234(p. 304).
108) Ibid., pp. 236-237(pp. 307-308).
109) Ibid., p. 238(p. 309).
110) Ibid., p. 239(p. 310).
111) Ibid., pp. 246-247(pp. 318-320).
112) Ibid., pp. 252-253(pp. 326-327); 국편 DB, 『미군정기자료 주한미군사 2』, 「미국의 정치정책 변화」, http:// db.history.go.kr/id/husa_002r_0020_0050.
113) 『조선일보』 1946년 5월 3일, 「우익20여단체 공동위원회에 선언서를 제출」, 국편DB, 『자료대한민국사 2권』, http://db.history.go.kr/id/dh_002_1946_05_01_ 0170.
114) 『설산 장덕수』, pp. 344-348.

115) 박명림, 위의 책, pp. 221-222, 240-243.
116) Ibid., p. 143.
117) Ibid., p. 147.
118) Ibid., pp. 141-142.
119) 『동아일보』 1947년 1월 17일, 「반탁일관 독립운동 35단체 공동성명 발표」, 국편 DB, 『자료대한민국사 4권』, http://db.history.go.kr/id/dh_004_1947_01_16_0020.
120) 『동아일보』 1947년 1월 18일, 「반탁과 독립운동을 전개」, 국편 DB, 『자료대한민국사 4권』, http://db.history.go.kr/id/dh_004_1947_01_16_0050.
121) 『경향신문』 1947년 1월 24일, 「의원들의 반탁결의는 입의의 의사발표」, 네이버뉴스아이브 러리.
122) 『동아일보』 1947년 1월 26일, 「반탁독립투쟁위원회 결성」, 네이버뉴스아이브러리.
123) 『동아일보』 1947년 2월 5일, 「광고: 각 애국단체귀중 반탁독립투쟁에 관한 건」, 네이버뉴 스아이브러리.
124) 『동아일보』 1947년 2월 19일, 「분과위원보선 국민의회로 개칭」; 『조선일보』 1948년 2월 18일, 「국민의회로 개칭」, 네이버뉴스아이브러리.
125) 『경향신문』 1947년 5월 3일, 「임정봉대에 양론 이박사태도신중」, 네이버 뉴스아이브러리.
126) 『조선일보』 1947년 5월 23일, 「二條件釋明을 요청」, 네이버 뉴스아이브러리.
127) 『동아일보』 1947년 6월 11일, 「반탁정신은 불변 임정수립에 참가」, 네이버 뉴스아이브러 리.
128) 『설산 장덕수』, pp. 380-381.
129) Ibid., p. 386.
130) 『동아일보』 1947년 6월 20일, 「신탁은 절대배격」, 네이버 뉴스아이브러리.
131) 『인촌 김성수전』, pp. 520-521; 『동아일보』 1947년 6월 12일, 「非參加派와 連絡下 右翼大部 分共委參加」, 네이버 뉴스아이브러리.
132) 『동아일보』 1947년 6월 21일, 「韓獨中委除名處分」, 네이버 뉴스아이브러리.
133) 『조선일보』, 1947년 5월 20일, 「共委의 전도를 낙관」, 네이버 뉴스아이브러리.
134) 『동아일보』 1946년 1월 9일, 「탁치반대로 일관 한국민주당의 성명 발표」, 네이버 뉴스아이 브러리.
135) 『동아일보』 1946년 1월 9일, 「우의적 원조는 받고 주권을 옹호코자 탁치는 반대」, 네이버 뉴스아이브러리.
136) 『조선일보』 1946년 1월 18일, 「반탁문제로 결렬」, 네이버 뉴스아이브러리; 『동아일보』 1946년 1월 18일, 「탁치지지 임정부인」, 네이버 뉴스아이브러리.
137) 최선홍, 「한국민주당의 미소공동위원회 대응방안과 활동」, 『한국사학보』 제54호, 고려사 학회, 2014, pp. 255-285. 이 논문은 최선홍의 『장덕수의 사회적 자유주의 사상과 정치활 동』(2013년 고려대학교 한국사학과 대학원 박사학위 논문)의 5장 「해방 이후 정치활동과 사회적 자유주의의 형해화(1945-47)」를 수정 보완된 것으로 보인다. 특히 이 논문에서는 미소공동위원회에 대한 태도를 포함하여 한민당의 정치적 노선에 대하여 통설과 다른 견해가 제시되었다. 최선홍은 미소공위에 대한 한민당의 노선은 "기회주의적"이거나 "미 군정의 요구에 따른 수동적"이지 않고 적극적이고 능동적인 조치라고 보았다. 이와 관련된 논저들은 다음과 같다. 이호재, 『(제6판) 한국외교정책의 이상과 현실』, 서울: 법문사,

2000, p. 261; 이완범, 「한반도 신탁통치문제 1943-1946」, 『해방전후사의 인식』 3, 서울: 한길사, p. 265; 최상룡, 『미군정과 한국민족주의』, 서울: 나남, 1988, p. 273. 또 그는 한민당이 미소공위 개최를 앞두고 반소반공선전을 벌였다는 견해에 대해서도 비판적이다. 이와 관련된 논저는 서중석, 『한국현대민족운동연구』 서울: 역사비평사, 1991, pp. 358-359.
138) 『자유신문』 1946년 4월 20일, 「사설: 공동성명 제5호의 의의」, 국편 DB, http://db.history.go.kr/id/mpfp_1946_04_20_v0001_0030.
139) Ibid..
140) 이에 관해서는 박명림 위의 책 제2부 「북한혁명과 분단질서의 등장」을 참조 바람.
141) 박명림, 위의 책, pp. 366-367; Bruce Cumings, 위의 책, pp. 246-252(pp. 318-326).
142) "군대와 경찰보다 더 강한 이념적 사상적 무장을 하고 있던 족청은 48년 6월에는 87만 명, 8월에는 115만 명에 달할 정도로 팽창하였다." 박명림, 위의 책, p. 367.
143) Ibid..
144) Ibid., pp. 317-319, p. 334.
145) Ibid., p. 312; 조순승, 『한국분단사』, 서울: 형성사, 1982, pp. 141-157.
146) 박명림, 위의 책, pp. 317-318.
147) Ibid., p. 323.
148) Ibid., pp. 404-405.
149) Ibid., p. 406.
150) Ibid., p. 407.
151) Ibid., pp. 410-414.
152) Ibid., pp. 407.
153) Ibid., p. 416, 433, 459; 1948년 여순사건과 국가보안법의 관계 및 기타 제정 배경에 대해서는 다음의 논문들이 참조된다. 서희경, 「'한계상황의 정치'(politics of extremity)와 민주주의: 1948년 한국의 여순사건과 국가보안법 관련 논의를 중심으로」, 『한국정치학회보』 38-5, 한국정치학회, 2004. pp. 7-31; 변동명, 「제1공화국 초기의 국가보안법 제정과 개정」, 『민주주의와 인권』 7-1, 전남대 5·18 연구소, 2007, pp. 91-104.
154) 박명림, 위의 책, pp. 415-416.
155) Ibid., p. 435.
156) Ibid., p. 332.
157) Ibid., p. 333.
158) Ibid., pp. 463-463.
159) Ibid., p. 456, pp. 459-460.
160) Ibid., p. 461.
161) Ibid., p. 334.
162) 종로서 근무 경사 朴光玉(23)이 주범이고 공범은 현재 연대 상과 2년생 裵熙範(20)이었다. 『동아일보』 1947년 12월 5일, 「장덕수씨 살해범 체포」, 네이버 뉴스라이브러리; 수도경찰청장 장택상은 장덕수 살해 관련 혐의로 한독당 중앙위원 김석황을 체포했다. 『동아일보』 1948년 1월 17일, 「장씨사건의 연루자 김석황씨수체포」, 네이버뉴스라이브러리
163) 『인촌 김성수전』, p. 532.

164) 이호재,『약소국 외교정책론』, 서울: 법문사, 1973, p. 125; 안병영,『왜 오스트리아 모델인가』, 서울: 문학과지성사, 2013 참조.
165) 박명림, 위의 책,「4장, 북한혁명: 반(半)정복과 반(半)혁명」참조.
166) 유진오,『헌법기초회고록』, 서울: 일조각, 1980, pp. 29-30.
167) '제1대국회 제1회 제78차 국회본회의(1948년 9월 30일)'(제1회「國會定期會議速記錄」78호); 박명림, 위의 책, p. 479.
168) '제1대 국회 제2회 제69차 국회본회의(1949년 4월 1일)'(제2회「國會定期會議速記錄」69호), 박명림, 위의 책, p. 511에서 재인용.
169) 박명림, 위의 책, pp. 477-478.
170) 유진오,『憲法解義』, 서울: 일조각, 1953, p. 181. 박명림, 위의 책, p.476에서 재인용.
171) 김성호,「농지개혁연구—이데올로기와 권력투쟁을 중심으로 하여」,『국사관논총』25집, 경기도 과천: 국사편찬위원회, 1991, pp. 198-199.
172)『동아일보』1949년 11월 12일,「조봉암씨 무죄언도」, 국편 DB,『자료 대한민국사』15권, http://db.history.go.kr/id/dh_015_1949_11_11_0100.
173) 박명림, 위의 책, p. 495.
174) Ibid., p. 496.
175) Ibid., pp. 481-484.
176)『동아일보』1949년 4월 17일,「농지개혁과 지주대책」(1), 국편 DB,『자료대한민국사』11권, http://db.hist ory.go.kr/id/dh_011_1949_04_17_0010.
177)『동아일보』1949년 4월 19일,「농지개혁과 지주대책」(3), 국편 DB,『자료대한민국사』11권, http://db.history.go.kr/id/dh_011_1949_04_17_0010.
178) 박명림, 위의 책, pp. 508-509.
179)『제2회 국회속기록』제84호, 국편 DB,『자료대한민국사』11권, http://db.history.go.kr/id/dh_011_1949_04_25_0110
180)『서울신문』1949년 4월 28일, 국편 DB,『자료대한민국사』11권, http://db.history.go.kr/id/dh_011_1949_04_27_0140.
181)『주보』제6호, 대한민국 공보처, 1949, 국편 DB,『자료 대한민국사』11권, http://db.history.go.kr/id/dh_011_1949_04_27_0010.
182) 박명림, 위의 책, p. 487.
183) 신기욱,「농지개혁의 역사사회학적 고찰」, 홍성찬 편,『농지개혁연구』서울: 연세대학교출판부, 2001, pp. 36-44.
184) 김성호 · 전경식 · 장상환 · 박석두,『농지개혁사연구』, 서울: 한국농촌경제연구원, 1989, p. 574; 신병식,「제 1공화국 토지개혁의 정치경제」,『한국정치학회보』31-3, 한국정치학회, 1997, pp. 35-38; 농지개혁에서 한국의 농민은 대만 농민보다 유리한 조건을 가졌다. 대만 농민은 연평균 산출의 250%을 10년간 25%씩, 한국 농민은 30%씩 5년간 균분상환했다. 홍성찬,「근대화 프로젝트로서의 한국 농지개혁과 대지주」, 유용태 편,『동아시아의 농지개혁과 토지혁명』, 서울: 서울대학교 출판연구원 2014, p. 3. 홍성찬의 글은 길지 않지만 연구사가 간략하게 잘 정리되어 있어서 농지개혁에 대한 연구동향 및 그 성과와 의의를 독자들에게 잘 보여주는 훌륭한 가이드다.
185) 김성호 · 전경식 · 장상환 · 박석두, 위의 책, pp. 454-455, pp. 659-661; 홍성찬,「농지개혁

전후 대지주 동향」, 홍성찬 편, 『농지개혁연구』, 서울: 연세대학교 출판연구원 2001, pp. 182-206; 신병식, 위의 논문, pp. 40-41; 홍성찬, 위의 글(2014), pp. 1-2; 전강수, 「평등지권과 농지개혁 그리고 조봉암」, 『역사비평』 91, 역사문제연구소, 2010, pp. 306-307.
186) 장상환, 「농지개혁 과정에 관한 실증적 연구」(상)·(하), 『경제사학』 8·9, 한국경제사학회, 1984 ; 김성보, 「입법과 실행과정을 통해 본 남한 농지개혁의 성격」, 홍성찬 편, 『농지개혁연구』 서울: 연세대학교출판부, 2001, pp. 156-160; 지가증권을 받은 지주에 대한 보상은 1968년에 완료되었다고 한다. 조석곤, 「농지개혁 진행과정과 정부·지주·농민의 입장-경기도 광주군 남종면 사례를 중심으로」, 『대동문화연구』 75, 성균관대학교 대동문화연구원 2011; 조석곤, 「농지개혁 수매농가의 분배농지 전매매에 관한 연구-시흥군 수암면 사례」, 『대동문화연구』 81, 2013; 1950년 춘경기까지 농지개혁 사무를 마무리한 울산광역시 울산군 상북면은 농지개혁이 원활하게 진행된 사례이다. 하유식은 '농지분배의 완료'와 '농지개혁의 완료'를 구분했다. 하유식, 「울주군 상북면 농지개혁 연구」, 『역사와 세계』 31, 효원사학회, 2007. 이외에도 여러 지역의 사례연구가 있다.
187) 지주에 대한 보상은 시가의 약 50%에 불과했다. 법정 완료 시점인 1955년까지 49.8%만 지주 보상이 완료되었고, 나머지 50.2%에게는 지급 연도 법정 곡가가 아니라 법적 보상기간(1950-54)의 법정 곡가로 환산된 금액이 지급되었다. 법정곡가와 인플레이션은 지주에게 불리했다. 권병탁, 「농지개혁의 과정과 경제적 기여」, 『농업경영정책연구』 11-1, 한국농업정책학회, 1984, pp. 191-207; 장상환, 「농지개혁과 한국자본주의 발전」, 『경제발전연구』 6-1, 한국경제발전학회, 2000, pp. 141-176; 농지개혁의 의의에 대한 법학에서의 평가도 흥미롭다. 이은희, 「농지개혁의 의미와 한계」, 『법학연구』 21-1, 인하대학교 법학연구소, 2018.
188) Klaus Deininger과 Pedro Olinto는 42개국에 관한 조사 결과를 1990년에 발표한 "Asset distribution, inequality, and growth"(World Bank Policy Research Working Paper No. 2375, p. 24)에서 제시했다. M. Riad El-Ghonemy는 The political economy of rural poverty(London: Routledge, 1990)에서 제시된 한국의 토지지니계수는 1945년 0.72에서 1960년 0.34로 크게 개선되었다. 경제성장 이전의 초기조건(initial conditions)을 중시한 Dani Rodrik("Getting interventions right: How South Korea and Taiwan grew rich?", Economy Policy 10, 1995)에 의하면 한국은 양호한 소득분배상태와 높은 초등학교 취학률을 기록했다. 중등학교 피교육자 수도 급증했다(권병탁, 위의 논문). 장상환은 교육수준이 향상된 원인을 농지개혁으로 인한 소득증가에서 찾았다(장상환, 위의 글, 2000). 우대형, 「한국경제성장의 역사적 기원」, 경제사학회 춘계학술대회 발표문, 2014. 이상의 글들은 정창률의 「한국농지개혁은 실패했는가?: 복지정책 차원에서의 탐색적 접근」(『사회복지정책』 45-4, 한국사회복지정책학회, 2018, p. 160)에서 재인용한 것이다. 우대형은 한국 경제성장의 역사적 배경과 관련하여 네 가지 요인들에 대해 언급했다. 첫째는 박정희 정권의 경제정책, 둘째는 경제성장 이전의 '초기조건', 셋째는 한국자본주의의 기원으로서 식민지 시기의 발전 즉 식민지근대화론, 넷째는 한국자본주의 기원으로서 내재적 발전론이다. 이 글은 여러 가지 통계를 분석하여 '전통의 유산이 현재의 경제성장'과 매우 유의미한 상관관계를 갖고 있다는 결론에 도달했다. 이 글의 추정은 매우 흥미롭지만, 분석방법과 결론에 대해서는 더 토론될 필요가 있다. 예를 들어, 한국은 일본의 식민지로 전락하게 된 역사적 원인을 갖고 있다. 또 하나는 1945년 광복 이후 진행된 여러 가지 개혁의 성과들이 있다. 다시 말해 식민지로 전락하게 된 '근대 이행의 후진적 조건'은 광복 이후의

수립된 정부와 개혁정책과 시민사회의 참여에 의해 경제성장에 유리한 좋은 '초기조건'을 갖게 되었다. 이러한 정치 과정에 대해 유의하지 않으면 '통계'는 지나치게 역사를 단순화시키는 도구로 전락할 위험이 있다.
189) 「제2회 정기회의 속기록 제69호」, 『대한민국 국회 제2회 속기록, 自51호~至88호』, p. 350, 박명림, 위의 책, p. 511에서 재인용.
190) Ibid., pp. 515-517.
191) Ibid., p. 502.
192) Barrington Moore, Jr., 위의 책, pp. 429-430(p. 432).
193) Ibid., p. 428(p. 431).
194) 인용한 문장의 앞과 뒤에는 다음 같은 진술이 있다. "(a)대두하는 중산층은 경제적 지위 덕분에 정치적 권력을 정복할 수 있었고, 새로 얻은 정치적 권력은 경제적으로 더욱 발전할 수 있는 가능성을 증대시켰다. 영국과 프랑스에서 일어난 대혁명과 미국의 독립전쟁은 이 발전이 이루어진 시점을 알려주는 이정표였다. (중략) (b) 사람은 저마다 자신의 이익에 따라 행동할 수 있지만, 그와 동시에 국민 전체의 공통된 행복을 고려하여 행동할 수 있다고 여겨졌다. 한 마디로 말해서 자본주의는 인간을 전통적 속박으로부터 해방시켰을 뿐만 아니라, 적극적인 자유를 늘리고 능동적이고 비판적이며 책임 있는 자아를 성장시키는 데도 크게 이바지했다. (c)이것은 자본주의가 자유의 성장 과정에서 끼친 하나의 영향이지만 그와 동시에 자본주의는 개인을 더 고독하고 고립된 존재로 만들었으며, 자신은 보잘것없고 소용없는 존재라는 느낌을 개인에게 심어 주었다."(에리히 프롬, 김석희 옮김, 『자유로부터의 도피』, 서울: 휴머니스트, 2012, pp. 117-118). (a)-(b)에 나타난 자본주의의 역사적 의의에 대한 에리히 프롬의 문제의식은 애쓰모글루와 로빈슨이 『국가는 왜 실패하는가』에서 제기한 '포용적 경제제도'와 유사하다. 에리히 프롬은 자본주의의 발전이 결국 개인을 고립시키고 이것이 결국 파시즘으로 귀결되는 자본주의 사회의 증상을 진단한 것인데, 1948년 무렵의 한국사회는 '개인의 고립'으로 인한 문제가 아니라 어떤 이념(민족주의 혹은 공산주의 혹은 반공주의)에 동원되는 개인들을 걱정해야 했다.
195) Barrington Moore, Jr., 위의 책, p. 19(p. 40).
196) Ibid., p. 30(p. 51).
197) Ibid., p. 418(p. 422).
198) 토리가 왕권 옹호파의 귀족이나 지주를 중심으로 하여 국교를 옹호했다면, 휘그는 상인이나 비국교도(非國敎徒)의 지지를 받아 반왕권적(反王權的) 성격을 띤다. 전자가 보수적이라면 후자는 자유주의 성향을 지닌 진보적 정치그룹이라 할 수 있다. 양자는 대개 혁명의 시대인 17세기 무렵에 형성되었고, 영국 정당 정치의 시원을 형성한다. Barrington Moore, Jr., 위의 책, p. 34(p. 55); 김대륜, 「휘그 해석을 넘어서—명예혁명 연구사에 대한 검토」, 『영국연구』 41, 영국사학회, 2019, pp. 321-323.
199) Barrington Moore, Jr., 위의 책, p. 417(p. 421)
200) Ibid., p. 31(p. 52)
201) 박명림, 위의 책, p. 429, pp. 444-445.
202) Ibid., p. 460.
203) 『연합신문』 1949년 6월 4일, 「사설: 內閣總退陣案 결의에 대하여」, 국편 DB, 『자료 대한민국사』 12권, http://db.history.go.kr/id/dh_012_1949_06_04_0020.

204) 『동아일보』 1949년 6월 7일, 「내각보강 착착진행」, 네이버 뉴스 라이브러리.
205) 『동아일보』 1949년 6월 8일, 「국회 특위사건파문지대」, 국편 DB, 『자료 대한민국사』 12권, http://db.history.go.kr/id/dh_012_1949_06_06_0150.
206) 『동아일보』 1949년 6월 11일, 「국회결의권고로 인정, 개헌공작은 불가」, 국편 DB, 『자료 대한민국사』 12권, http://db.history.go.kr/id/dh_012_1949_06_10_0100.
207) 『인촌 김성수전』, pp. 567-568.
208) 박명림, 위의 책, pp. 458-460.
209) 『조선일보』 1950년 1월 28일, 「내각책임제개헌안제의」, 『조선일보』 1950년 1월 29일, 「개헌안공고요청」, 국편 DB, 『자료대한민국사』 16권, http://db.history.go.kr/id/dh_016_1950_01_27_0050.
210) 제헌국회에서 설계한 내각책임제에 대해 이승만은 한민당의 김성수에게 대통령중심제로 바꿀 것을 요청했다. 정국의 안정을 위해 한민당은 이승만의 요구를 수용했고, 이승만은 대통령으로 선출되었다. 제헌헌법기초위원장이었던 서상일은 당시의 상황을 이렇게 진술했다. "그 당시 내각책임제로 되어 있던 초안을 하룻밤 사이에 대통령책임제로 뜯어 고치지 않았어요. 그렇다면 선생도 그 책임을 져야지요" 하는 기자의 질문에 대해 이렇게 답했다. "그때 의장이던 이박사가 갑자기 말썽을 내어 대통령중심제가 아니면 난 대통령에 당선되어도 대통령 안 하겠다고 위원들 한 사람 한 사람에게 노발대발했어요. …… 나는 끝끝내 반대했는데 대부분 위원들이 말하기를 '노인이 저렇게까지 열심이니 지금은 헌법도 헌법이지만 우선 하루빨리 정부를 세워 미군정으로부터 정권을 이양 받는 것이 더 급선무이고, 잘못 어물어물하다가는 또 미국무성의 배짱이 어떻게 변할지도 모르니까 한번 양보를 하자'는 것으로 저렇게 하룻밤 사이에 내각책임제가 없어진 것이란 말이외다."(인터뷰는 서상일과 매일신문 주필 최석채 사이에 있었다. 인터뷰 기사는 「민주세력 총집결이 시급—신당은 한국정치의 필연적 소산」라는 제목으로 『매일신문』 1955년 6월 19일자에 실렸다. 이후 편, 『멀고 먼 영광의 길: 동암 서상일 선생 유고(遺稿)를 중심으로』, 대구: 동암 서상일선생기념사업회, 2004, pp. 135-140, 204-205).
211) 『동아일보』 1950년 3월 15일, 「大統領談 대통령은 직접선거 상하원제 창설요망」, 「六月內로 선거」, 네이버 뉴스라이브러리.
212) 『한성일보』 1950년 3월 18일, 「改憲案 圍繞 颱風 一過 후의 정계: 二種의 개헌론」, 국편 DB, 『자료 대한민국사 16권』, http://db.history.go.kr/id/dh_016_1950_03_ 18_0010).
213) 애치슨 국무장관은 장면 대사에게 선거 연기를 우려하는 편지를 보냈다. "미국정부는 이미 논의된 인플레 요인을 억제 제하는 필요한 방안을 강구하는 것과 마찬가지로 공화국의 기본법이 규정하고 있는 대로 예정한 선거를 계획대로 실시하는 것이 절실하다고 생각하고 있다." 국편 DB, 『자료대한민국사』 17권, FRUS (1950.4. 3). http://db.history.go.kr/id/dh_017_1950_04_03_0020.
214) 『인촌 김성수전』, p. 574.
215) 『동아일보』 1950년 4월 8일, 「총선거 오월에 단행」, 『동아일보』 1950년 4월 9일, 「美對韓 각서 전달」, 네이버뉴스라이브러리; 『서울신문』 1950년 4월 8일, 국편 DB, 『자료 대한민국사』 17권, http://db.history.go.kr/id/dh_017_1950_04_07_0060.
216) 『경향신문』 1950년 4월 20일, 「5월 30일에 총선거」, 『동아일보』 1950년 4월 20일, 「총선거 일공고」, 네이버뉴스라이브러리; 『연합신문』 1950년 4월 20일, 「오월삼십일에 총선거」, 국편 DB, 『자료 대한민국사』 17권, http://db.history.go.kr/id/dh_017_1950_04_19_0070.

217) 『동아일보』 1950년 4월 24일, 「84년도예산완전통과」, 『조선일보』 1950년 4월 25일, 「83년도예산성립」, 네이버뉴스라이브러리; 『자유신문』, 1950년 4월 23일, 국편 DB, 『자료 대한민국사』 17권, http://db.history.go.kr/id/dh_017_1950_04_22_ 0060. 「83년도」는 단기 2383년.
218) 『인촌 김성수전』, pp. 576-579.
219) Ibid., pp. 579-581.
220) 중앙선거관리위원회, 『대한민국선거사』 제 1집, 1973, p. 626.
221) 1951년 2월 9일부터 11일까지 거창에서 공비로 몰려 학살된 주민 수는 719명이었다. 그 중 어린이가 359명으로 절반을 넘었다. 학살을 주도한 자는 국가의 수호와 국민을 보호해야 하는 국군 제11사단이었다. 이 학살사건이 발생한 지 며칠 후 한 사병이 嚴祥燮 의원에게 사건의 내막과 학살 당시의 사진, 그리고 학살당한 사람의 명단을 보내옴으로써 국회 차원의 조사가 시작되었다. 국회조사단의 현지조사는 경남지구 계엄사령관 金宗元 대령의 집요한 방해를 받았다. 군은 공비를 가장하여 국회조사단을 공격했다. 국회의 결의로 이들 범죄자들은 1951년 12월 군법회의에 회부되어 오익균 · 한동석은 무기징역을, 김종원은 3년 징역형을 선고 받았다. 그러나 이승만 대통령은 얼마 되지 않아 김종원을 특사로 풀어주어 경찰 간부로 채용했고, 오익균 · 한동석을 형집행정지로 석방했다. 국민방위군 사건에 대해서 당시 국방장관 신성모는 국회답변에서 '불순분자의 소행', '제5열의 소행'이라고 강변했다. 신성모에 따르면 거창학살사건은 "양민학살은 사실무근이며 양민이 아니라 공비를 토벌한 것"에 불과했다. 박명림, 『한국 1950: 전쟁과 평화』, 서울: 나남, 2002, pp. 340-341, pp. 357-358; 'gkrtkf'의 전반적 상황과 그 역사적 의미에 대해서는 김동춘, 『전쟁과 사회』(서울: 돌베개, 2000)의 4장 학살을 참조 바람.
222) 『동아일보』 1951년 5월 11일, 「言言句句 뼈저린 사표 내용」, 국편 DB, 『자료 대한민국사』 21권, http://db.history.go.kr/id/dh_021_1951_05_10_0040.
223) 『동아일보』 1951년 5월 18일, 「김부통령당선소감 피력」, 국편 DB, 『자료 대한민국사』 21권, http://db.history.go.kr/id/dh_021_1951_05_16_0060.
224) 『인촌김성수전』, p. 637.
225) Ibid., p. 639.
226) Ibid., p. 638.
227) 윤길중, 조영규 외, 「개헌비사」, 『동아법학』 72, 동아대학교 법학연구소, 2016, p. 175.
228) 『동아일보』 1952년 8월 4일, 「대통령으로 이시영을 추천함」, 국편 DB, 『자료 대한민국사』 26권, http://db.history.go.kr/id/dh_026_1952_08_04_0120
229) 『동아일보』 1952년 10월 14일, 「민주확립과 준법절규; 민국당전국대회 작일(昨日)개막」, 국편 DB, 『자료 대한민국사 27권』, http://db.history.go.kr/id/dh_027_195 2_10_13_0040.
230) 이호재, 「제1공화국의 외교정책」, 『국사관논총』 27, 경기도 과천: 국사편찬위원회, 1991, p. 25; 『인촌김성수전』, p. 655.
231) 『인촌 김성수전』, pp. 662-663.
232) 3대 국회의원선거에서 정당 및 단체별 당선자 수는 다음과 같다. 무소속 67, 자유당 114, 민주국민당 15, 국민회 3, 대한국민당 3, 제헌국회의원동지회 1, 합 203석. 중앙선거관리위원회, 『대한민국선거사』 제 1집, 1973, p. 637; 3대 국회의원 선거의 특징을 간략하게 정리하면 다음과 같다. 선거일 공고 전까지 자유당은 203개 지구당의 개편을 완료한 반면,

민주당은 불과 30에서 40개의 지구당을 재조직하는데 그쳤다. 득표율 47. 9%를 획득한 무소속의 의석점유율은 33.4%, 득표율 36. 8%인 자유당의 그것은 56. 2%였다. 득표율과 의석점유율의 불균등한 소선거구제 다수 대표제의 폐단이 드러났다. 이 때문에 일당이 우위를 점하는 정당체제가 등장했다. 처음으로 정당에 의한 후보자공천제가 실시되었다. 안병만, 「자유당정권연구」, 『국사관논총』 27집, 국사편찬위원회, 1991, pp. 87-88.
233) 그들은 김영삼, 민관식, 이태용, 김재곤, 성원경, 한동석, 김재황, 신정호, 황남팔, 김홍식, 신태권, 현석호 등 12명이었다. 신문들은 다투어 그들의 활동을 보도했다. 그 중 김영삼은 박정희 독재에 맞선 야당지도자로 성장했고, 1993년에 14대 대통령에 당선되었다. 『경향신문』 1954년 12월 10일, 「자유당 드디어 분열」, 『동아일보』 1954년 12월 10일, 「집단탈당계속—작일 자유당 12의원 離黨」, 『조선일보』 1954년 12월 11일, 「자유당 12의원 이당을 성명」, 네이버뉴스라이브러리.
234) 오유석, 「민주당 내 신·구 파벌간 갈등에 관한 연구」, 『국사관논총』 94집, 국사편찬위원회, 2000, pp. 307-310; 김도연의 회고록에 의하면 이른바 '자유민주파'의 정치적 협소함이 잘 드러나 있는데, 그는 '대동단결'을 추구한 김성수의 정치적 의지마저 왜곡했다. 김도연, 『나의 인생백서: 常山回顧錄』, 서울: 강우출판사, 1965, pp. 268-271.
235) 『중앙일보』 1992년 10월 20일, 「진보당사건 29」.
236) 조봉암과 호헌동지회에 관련된 전반적인 개관은 서중석, 『조봉암과 1950년대(상)』, 서울: 역사비평사, 2006, pp. 81-100. 참조.
237) 『동아일보』 1955년 2월 24일, 「신당운동에 호응할 터」, 네이버뉴스라이브러리.
238) 『동아일보』 1955년 2월 24일, 「단상단하」, 네이버뉴스라이브러리.
239) 중앙선거관리위원회, 『대한민국선거사』 제1집, 1973, p.740; 안병만, 위의 글, p. 91. 선거인 수 9,606,870, 총 투표자수 9,067,063, 유효투표수 7,210,245명이었다.
240) 서중석, 위의 책(2006), pp. 203-219.
241) 박명림, 「국민형성과 내적 평정; '거창 사건'의 사례연구」, 『한국정치학회보』 36-2, 2002, pp. 86-87, p. 88 ; 조준희, 「소창 신성모연구」, 『대종교연구』 1권, 한국신교연구소, 2019; 『한국민족대백과사전』 참조.

결 론

1) 임철규, 『그리스 비극: 인간과 역사에 바치는 애도의 노래』, 파주: 한길사, 2007, p. 280, 288.
2) 박명림, 『한국전쟁의 발발과 기원 II』, 서울: 나남출판사, 1996, pp. 866-867.
3) 에리히 프롬, 김석희 옮김, 『자유로부터의 도피』, 서울: 휴머니스트, 2012, pp. 281-282.
4) 함석헌, 『뜻으로 본 한국역사』, 파주: 한길사, 2003, p. 395,
5) Ibid., p. 399.
6) Bruce Cumings, *The Origins of the Korean War*, Volume 1(Seoul: Yuksabipyungsa, 2002, Original Copy: 1981, Princeton University Press), p. 433. 번역서, 브루스 커밍스, 김자동 역 『한국전쟁의 기원』, 서울: 일월서각, 1986, p. 532.
7) Ibid., pp. 437-438(pp. 534-535).
8) 박명림, 위의 책, p. 877.

9) Barrington Moore, Jr., *Social Origins of Dictatorship and Democracy*, Boston: Beacon Press, 1966(『독재와 민주주의의 사회적 기원』, 서울: 까치, 1985), pp. 417-418(pp. 421-422).
10) Ibid., p. 505(p. 502).
11) Ibid., p. 487(p. 485).
12) 오구마 에이지(小熊英二), 조성은 옮김, 『민주와 애국』, 서울: 돌베개, 2019, pp. 955-995. 천황제가 폐지되지 않고 유지되기 위해서는 '종전' 전과 '종전' 후의 단절을 증명하는 정치적 선언이 필요했다. 헌법 제2장과 그 부속조항인 9조는 천황제를 위한 '전쟁방기'를 천명했다. '일본 국민은 정의와 질서를 기조로 하는 국제평화를 성실히 희구하며, 국권의 발동인 전쟁과 무력에 의한 위협 또는 무력의 행사는 국제 분쟁을 해결하는 수단으로서는 영구히 이를 포기한다'. 1950년대에 평화를 기축으로 설계된 '전후체제'를 유지하려는 세력과 재군비를 위해 개헌을 하려는 세력이 대립하였다. 전자는 분열되어 있던 진보적 세력을 모아서 사회당을 결성했고, 후자는 일본 군국주의의 보조기구인 익찬정치(翊贊政治)와 싸웠던 자유주의 세력(石橋湛山, 三木武夫)을 포함한 연합적 성격의 자유민주당을 결성했다. 전쟁을 수행했던 보수 우파가 자민당의 주도권을 장악했고, 이들과 경쟁했던 세력은 관료 출신의 '근대파'였다. 자유주의, 보수우파, 근대파 세 세력은 전후체제에 대한 전망은 달랐지만, 공산주의와 사회주의에 반대하는 점에서는 일치했다. 그런 의미에서 자민당은 '냉전당'이었다. '종전' 후 선거에서의 득표 및 의석수에서 보수 2 : 혁신 1의 비율은 지속되었다. 자민당 내에서 권력투쟁이 일어났지만, 이에 대항했던 야당 측은 '전체의 3분의 1'을 차지하는 데 만족하고 정권 획득을 목표로 삼지 않았다(山口二郎, 『戰後政治の崩壞』, 동경: 岩波, 2004, pp. 3-12). 1947년 제23회 중의원 선거에서 143석을 획득하여 제1당이 된 일본사회당은 민주당 및 국민협동당과 연립정부를 구성했다. 가타야 데츠(片山哲) 내각(1947.5.24.-1948.3.10.)이 등장하면서 자민당 대 사회당을 기축으로 한 '1955년체제'의 틀이 조성되었다. 그런데 우리가 유의할 것은, 자민당에 합류한 일본의 자유주의 세력은 '종전' 이전보다 더 위축되었다면, 한국의 자유주의 세력은 반공주의 노선을 견지하면서도 독자적으로 야당인 민주당을 운영하면서 반독재운동 및 정권획득을 위한 투쟁을 전개했다.
13) 오구마 에이지, 위의 책, pp. 964-965.
14) Ibid., p. 966.

찾아보기

가

가쓰라 고고로(桂小五郞) 35, 38
가쓰라 다로(桂太郞) 36, 248, 249; 가쓰라내각 249
가쓰라-태프트 밀약 24, 77, 221, 373,
가와시마 요시유키(川島義之) 415
가우처(J. F. Goucher) 98
가워, 아벨(A. A. J. Gower) 33
가지무라 히데키(梶村秀樹) 169
가토 다카아키(加藤高明) 250, 414; ~내각 254
가토 도모사부로(加藤友三郞) 382
간도 119; ~참변 494
간토대지진 257, 259, 387, 440
감리교 99, 276, 283, 285, 293, 299, 326; 감리회 111, 327; 감리회신학교 338
『감시와 처벌』 166
갑사(甲士) 148
갑술환국(甲戌換局) 59
갑신정변 23, 39, 55, 62, 125, 126, 151, 152, 154, 161, 198, 277~279, 487, 489, 664; ~, 급진적 정치운동 152; ~의 14개 정강 56; 경유(京儒)와 ~ 68; 급진적 개화파와 ~ 47; 기호지역 관료적 지주세력과 ~ 23; 북학·세도정권과 ~ 56-62; 톈진조약과 ~ 153

갑오개혁 23, 39, 47, 73, 74, 76, 126, 153, 155, 171, 173, 187, 211, 290, 332, 673; ~, 사회구조 측면 74; ~, 정치구조 측면 74; ~, 지방지배체제 붕괴 의미 74; 경유(京儒)와 ~ 68; 관료적 상업체제와 ~194; 경유, ~의 주역 68; 1차 근대화운동과 ~ 211→갑오정권
갑오정권 39, 41, 47, 62, 75, 95, 126, 171, 278, 280, 307, 353, 359, 664→갑오개혁
강규찬 327
강기덕 327
강기동 87
강노(姜㳣) 52
강동진 175~177, 179, 181, 264, 359, 391, 506, 511, 512, 521, 525, 528, 553; ~의 독립론 181
강릉상업(고등)학교 400, 401
강만길 182, 184, 185, 188~191, 193, 198, 202; 고종시대와 ~ 188; 국민주권론과 ~ 186-190; 독립협회와 ~187; 분단극복사론과 ~ 183-185; 분단체제와 ~ 183; 신채호와 ~사학 198, 202; 정조시대와 ~188; 통일과 ~ 186
강병순(姜柄順) 577
강위(姜瑋) 58, 67
강유승(姜裕承) 470
강인원 447

강진국 620, 628
강화도조약 40, 47, 53, 58, 94, 95, 151; 조일수호조약
개릿신학교 338
『개벽』 291, 505
개성상인(開城商人) 69, 320; 사상(私商) ~ 69
개시무역(開市貿易) 71
개항 21, 23, 446, 448, 663-665, 673; ~의 의의 663; 미곡무역과 ~ 446; 진취적 지주와 ~664, 665, 673
개화파 47, 57, 62, 74, 95, 102, 152, 278, 310, 489, 493, 664; 급진주의와 ~ 47, 152; 북촌과 ~ 489; 북학과 ~ 57; 경화학계와 ~ 67
거란(족) 144
거창양민학살사건 534, 639, 654, 672
건국동맹 579→여운형
건국준비위원회(건준) 579, 580→여운형
건륭제(乾隆帝) 57, 143
『건정동회우록(乾淨衕會友錄)』 57
게이엔시대(桂園時代) 248, 250, 252; 가쓰라 다로와 ~ 248; 사이온지 긴모치와 ~248
게이오의숙(慶應義塾) 41
게일(Gale, J. S.) 97, 340
「경강(京江)」 72; ~과 객주 470
경강상인(京江商人) 69, 72, 211, 353; 사상과 ~ 69; 관료적 상업체제와 ~ 211
경성기독교청년회관 288
경성방직주식회사, 경성방직(주) 439, 492, 539; ~과 경제 근대화 492;

호남지주와 ~26, 42, 288, 488
경성직뉴주식회사, 경성직뉴(주) 160, 287, 288, 291, 292, 484~486, 489; 지주와 ~ 288
경성척식경제전문학교 535
경술국치(庚戌國恥) 269, 277, 488
경신환국(庚申換局) 59, 149
경연 145; ~, 국왕 권한 제한 통로 145
경영형부농 169
경운궁 106
경유(京儒) 67; 향유와 ~ 67
경의철도 79
경종(景宗) 59
경주이씨 97, 115
경학사(耕學社) 114
경학원(經學院) 280
경향분기(京鄕分岐) 60-68, 73, 74
경화사족(京華士族) 56, 60, 61, 66, 67, 73, 95, 117, 118, 125, 172, 354, 360, 488, 672, 673→재지사족(향유), 경유; 갑신정변과 ~ 62, 경향분기와 ~ 60; 관료적 지주와 ~ 172, 173; 북학과 ~ 56, 61; 신민(新民)과 ~95; 청과 ~73, 74; 해외 독립운동과 ~95, 488헤이그 밀사 파견과 ~ 117, 118; 호락논쟁과 ~ 67, 68
계동(桂洞) 289
계동별궁 490
계명류 112
계몽주의 166
고계학원 307
고광준 471

찾아보기–803

고동환 72, 209
고리대금업 143
고립주의 220; 미국 외교와 ~ 379
고무라 주타로(小村壽太郎) 76, 77; ~
　노선 77
고부(古阜) 26; ~김씨가 159, 173
고영근 103
고윤묵(高允黙) 470
고이소 구니아키(小磯國昭) 411
고일청 405
고재욱 471
고정주(高鼎柱) 471
고정휴 373
고종(高宗) 48, 51~53, 68, 80, 96,
　98, 102, 103, 106, 107, 109,
　114, 115, 151, 153, 160, 187,
　268, 269, 273, 289, 311, 340,
　355, 453, 456, 457, 461, 664,
　665, 673; ~과 개화파 분열 126;
　~의 강제 양위 85, 118, 666; 개
　화파와 ~ 47, 126; 기독교와 ~
　97-99, 101, 102; 독립협회와 ~
　106, 107; 3·1운동과 ~ 666,
　667; 윤치호와 ~ 103; 헤이그밀사
　사건과 ~ 313, 335, 350, 462
고즈키 요시오(上月良夫) 576
고증학(考證學) 58, 61
고쿠혼샤(國本社) 414
고희동 483
「공고사」 80; 헤이그 밀사와 ~ 80,
　85, 92
공납제(貢納制) 70
「공동성명 5호」 597; 모스크바삼상회
　의와 ~ 597, 598, 606

공산당 5, 22; ~의 토지정책 616; 4당
　코뮤니케와 ~ 603, 605; 조봉암과
　~ 651; 중국~과 전체주의 164;
　중국 ~과 독재 22, 45
공산주의 12, 427, 509, 512, 548,
　650, 651, 661, 668, 676, 677; 국
　호 조선과 ~ 676; 민족운동과 ~
　소련 548, 668; 중국~ 혁명과 전
　체주의 364
공장법(工場法) 430
공채(公債) 시장 137
공화구락부 640
공화정(치) 175; 민족주의와 ~ 547,
　558
공화주의 198; ~운동 186; ~와 전체
　주의 198; ~ 종류 523; 민족주의
　와 ~ 523, 555, 655; 이승만과 ~
　558; 김일성과 ~ 558
과도인민위원회 596; 남한 민주의원
　대 북한 ~596
과두정치(oligarchy) 37, 150; 일본 메
　이지정부와 ~ 382; 조선 세도정
　권과 ~ 150
곽종석(郭鍾錫) 280, 281
관동군 259, 437; 남한 국방경비대와
　~ 593; 만주사변과 ~ 412, 421-
　424 426, 514; 만주개발과 ~ 424-
　426; 통제파의 대륙침략과 ~ 423
관동학회 480
관료제 22; 경화사족과 식민지 ~
　486-488; 상층 지주세력과 농업 ~
　25; 서울와 ~453; 조선왕조 ~와
　부패 461; 조선왕조 ~와 상인 76;
　조선왕조 ~의 이중구조 69; 중국

의 ~와 상인·상업 141; 호남 대
지주와 ~ 23
관립덕어학교 490
관립안동소학교 489
관상(官商) 72, 355; ~과 관료적 상업
체제 73, 733주83; ~과 조선왕조
관료제 76, 353, 354; ~체계 72
관세(關稅) 147
관제 지방자치제도 396
광동항(廣東港) 137
광무개혁 23, 673; 상인과 ~ 73, 155;
관료적 상업체제와 ~ 76, 173,
194, 211, 664; 지주적 노선과 ~
171; 대한제국과 ~187
광무정권 307, 359; ~과 운남신디게
이트 76; 대한천일은행과 ~ 486;
독립협회·만민공동회 대 ~ 102,
109; 독립협회·상동교회와 ~의
관계 113, 상인과 ~ 353; 의병과
~ 62, 지주적 노선과 ~ 171
광복 6, 13, 26, 45, 118, 294, 555,
644, 645, 655, 666, 670; 농지개
혁과 ~ 624; 단재 조선혁명선언
과 ~ 551, 민족자결주의와 ~ 378,
부르주아지 2세대와 ~ 488, 489;
국제질서 패러다임 전환과 ~
379; 교회와 ~ 296; 자치와 ~ 523
광복군 7, 593, 684
광복운동 295; 경화사족과 ~ 115,
116, 687; 미국과 ~ 391
광산김씨 468
광제원(廣濟院) 489
광주학생운동 335
광해군(光海君) 56

교남교육회 480
교육칙어 260; 일본제국 헌법과 ~ 260
교조신원운동 298
교통사무소 332
교회 →기독교
9개국(공동)조약 245, 358→산동문제
구대열 376
구로다 기요타카(黑田淸隆) 36
「국가보안법」 611, 612, 633
「국가총동원법」 411
국군준비대 595
국무원책임제→내각책임제
국민당; 중국의 ~ 45, 328, 423, 426;
한국의 ~ 603, 605
국민대표회의 332, 549
국민방위군 639; ~사건 534, 672; 신
성모와 ~ 534→거창양민학살
국민의회(國民議會) 272; 블라디보스
토크의 ~ 272; 신탁통치반대운동
과 ~ 600; 자치운동과 ~ 554
국민주권 197, 198, 677; 강만길 사론
과 ~ 186, 187, 189, 190,
192-194; ~주의 186
국민총력조선연맹 405
국민협회 394, 406, 407, 410
국방경비대 593, 610
국제연맹 225, 232, 379, 380, 548,
559; ~ 위임통치 220, 270, 374,
375; ~ 규약의 민족자결 376; 윌
슨과 ~ 226, 228, 238, 244, 262;
일본과 ~ 421-423, 438; 일본의 ~
탈퇴 391, 426
국제연합 239, 560; 「~헌장」 569→
UN

국제주의 1920년대 일본의 ~ 255; 미국과 소련 간의 ~ 613; 미군정의 ~ 591; 온건주의자의 ~ 노선 671
국채보상운동 295, 296
국토완정론 671
국회프락치사건 611, 612
군국주의; 김성수와 ~독재 640; 식민주의 근대화론과 ~ 근대성 206; 일본의 ~ 5, 22, 27, 37, 44, 164, 180, 194, 202, 211, 212, 232, 259, 260, 362, 426, 440, 514, 546, 547, 627, 659, 670, 674; 일본 ~들과 일본인 552; 프로이센 ~ 232
군대 해산 473
군정법령; 정당 등록과 ~ 제55호 596; ~ 제72호 596
군주(주권)체제 186; 입헌(대의) ~ 102, 104, 109
권덕규(權悳奎) 483, 498
권동진 276, 285, 302, 305, 307, 310, 311, 337, 349, 582
권병덕 285, 310, 311
권승렬 632
권중현 122
귀속재산처리 620
균명학교 122, 124, 125, 667;국민 형성과 ~ 125; 안창호와 ~ 125; 동회와 ~ 125, 667
균역법(均役法) 147, 454
균전사, 균전어사 459, 460
극우민족주의 246; 일본의 ~ 246
근대성; 식민지기 ~ 211; 일본식 !과 미국식 ~ 206

금강구락부(金剛俱樂部) 400
금난전권(禁亂廛權) 70, 71
금위영 148
금전대부업 486, 487
금호학교 473
급진주의 8, 11, 106, 440, 614; ~자 김옥균 47; 독립운동연구와 ~ 182; 독립협회와 ~104; 보수적 반동과 ~ 676; 분단과 ~ 614; 일본(인)과 ~ 260, 440, 552, 545; 프랑스혁명의 ~와 영국 귀족 630; 한국 사회와 ~ 669, 670
급진파 102; ~와 공산주의 그룹 593; 독립협회·만민공동회와 ~ 102, 106, 109
기계제 공장공업 288
기도 다카요시(木戶孝允) 35
기독교 11, 24, 95~97, 119, 154, 268, 269, 282, 285, 293, 297, 299~301, 305, 310, 312, 316, 321, 326, 328, 331, 333~335, 340, 350, 352, 355, 360, 522, 554; 고종과 ~ 96, 97, 99; 국민형성과 ~ 95; 근대문명 수용과 ~ 665; 3·1운동과 ~ 282-285, 312, 313, 326, 327, 350; 수원 민족운동과 ~ 293, 295, 296; 자유주의와 ~ 11, 132; 조미통상조약과 ~ 126; 천도교와 ~의 연합 287; 한국 초기 ~ 299-302; 평안도와 ~ 321, 328; 한국과 일본 ~ 비교 132; ~교회, 민족운동의 기지 96; ~교회 서구문명 통로 100, 101; ~교회, 신앙 장소·민족운동기관 296

기독교민족주의 312; 이승훈·과 ~
    574; 한국인의 저항적 ~ 665
기독교청년회(YMCA) 327→YMCA
『기독신보』 336, 337
『기독청년』 289
기사환국(己巳換局) 59
기산도 112
기시 노부스케(岸信介) 45
기요우라 게이고(淸浦奎吾) 250; 382
기유약조(己酉約條) 71
기정진(奇正鎭) 66, 67, 88; ~ 학파 66
기포드(Gifford, D. L.) 300
기호(畿湖); ~인 477-480; ~학회 478,
    479, 483; 과료적 지주세력과 ~
    23, 159, 172; 식민지 지배체제와
    ~ 인사 26; 조선왕조와 ~ 23, 24;
    해외 민족주의운동과 ~인사 26
기호학계;   ~와 이항로·기정진학파
    66, 67
기호학교 480, 481; 사립~와 애국계
    몽운동 477→사립기호학교
기호학회 479, 483
기호흥학회(畿湖興學會)   477, 478,
    480; 『~월보』 477
기홀병원 283, 326
길선주(吉善宙) 283, 285, 326, 327,
    333, 334, 341, 351, 368
김건태 208
김경중(金暻中) 448, 449, 451, 470
김경진(金慶鎭) 405
김관근(金灌根) 328
김광석 293
김구 86, 111, 112, 192, 193, 198,
    315, 325, 573, 575, 582, 584,
    590, 591, 595, 597, 598, 605,
    607~609, 611, 613, 633, 653,
    669; ~ 노선 608; ~ 암살 612,
    633; 중간 건설하려던 사람 ~
    614; 민족주의, 분열과 ~193,
    611; ~의 북행 의미 608; ~의 선
    거 거부 608, 611; 급진주의 ~의
    반탁운동 198; 송진우 암살과 ~
    585; 장덕수 암살과 ~ 194, 613,
    614; 카이로선언과 ~ 561→『백
    범일지』
김규식(金奎植) 192, 219, 271, 595,
    598, 608, 609
김규진 309
김기룡(金起龍) 92
김기수(金基秀) 405
김기수(金綺秀) 41
김기옥(金基玉) 402
김기중(金祺中) 448, 449, 451, 470,
    472, 481
김기홍 112
김낙용 323
김노적 293, 296
김달삼 609
김대우(金大羽) 403
김대중 631; ~정권 28
김도연 271, 592, 598, 631, 648, 650
김도태 119, 282, 287, 291~293, 312,
    314, 323, 352
김돈희(金敦熙) 470
김동명 13, 556
김동원(金東元) 315, 577
김두봉(金枓奉) 608

김두성(金斗星) 89
김두칠 329, 330
김려황(金麗煌) 470
김만규 529
김명식 494
김명준 411
김명환(金命煥) 448
김무정 575
김문근(金汶根) 456
김병갑 293
김병국(金炳國) 49, 457
김병달 539
김병로(金炳魯) 42, 472, 474, 589, 603
김병언(金秉彦) 470
김병제 293
김병조 283, 285, 331, 341, 343, 351
김병학(金炳學) 49
김봉학 84
김부식 200
김사연(金思演) 403, 409, 411
김사용 283
김상덕 271
김상일 305
김상헌(金尙憲) 453
김상형 405
김석호 293
김선주 320
김성국 286
김성로 122
김성수(金性洙) 26, 42~44; 농지개혁과 ~ 616, 617, 621, 622, 628; 민국당과 ~ 625; 민족주의와 ~ 26, 43, 44, 645; 반독재 민주주의운동과 ~ 640-642, 645; 보수적 반대당과 ~ 445, 544, 589, 591, 598, 645, 648; 부르주아지 2세대 ~ 155, 488, 489; 야권통합과 ~ 577, 650-652; 의회주의와 ~ 628, 653; 친일문제와 ~ 445, 446, 535-537; 선거와 ~ 637

김세용 603
김세환(金世煥) 293, 296
김순서 323
김승만 331
김승희 284
김시중 471
김신석(金信錫) 405
김양수(金良洙) 475, 494, 510
김연수 435, 450, 474, 539
김영무(金英武) 405
김영삼 631
김영효 67
김오성 603
김옥균(金玉均) 41, 47, 54, 55, 98, 152, 198, 278, 489
김완규 285, 310
김요협(金堯莢) 446, 448, 451, 452, 468
김용무(金用茂) 577, 592
김용섭 159, 167, 168, 171, 172, 174, 181, 451
김용완 468
김용하(金鎔夏) 470
김우영 491
김원배 122
김원벽 327
김원진(金元振) 405

김윤근 639
김윤식(金允植)　67, 152, 277, 278, 280, 280, 281, 284, 297, 506
김익배 122
김인수 471
김인집 112
김일성(金日成)　198, 558, 573, 575, 583, 599, 608, 637; ~, 원산 통해 귀국 574; ~의 항일 빨치산 574
김자현(Kim Haboush JaHyun) 791주 65
김정민 323
김정호(金正浩) 405
김정희(金正喜) 54, 58, 67
김제구(金濟九) 295
김제원(金濟遠) 295
김조근 456
김조순(金祖淳) 56, 60, 453, 454
김종섭 334
김종원 654
김종익 9
김종철 510
김종한 104
김종후(金鍾厚) 57
김좌진(金佐鎭) 272
김준연 508, 513, 598, 648, 650
김지환 339
김진섭(金鎭燮) 470
김진우 335
김창석(金昌錫) 459, 461
김창숙(金昌淑) 280, 281, 647
김창준 286, 337, 341, 351
김창환 110, 118
김철수 271

김태연 112
김평묵 64
김하원 111
김학만 93
김한규(金漢奎) 464
김홍경 101
김홍규 286
김홍렬 286
김홍식 111
김홍집(金弘集) 41, 55, 64, 67
김활란 510
김홍균(金興均) 54

나

나가사키 568, 573
나가이 류다로(永井柳太郎) 481
나가타 데쓰잔(永田鐵山) 413, 416, 418
나용환 285, 310
나원정 483
나인협 285, 310, 368
나주이씨 159
나치 212; 나치즘 659
나카노 세이코(中野正剛) 253
나카무라 사토루(中村哲) 204, 205
나카시바 스에즈미(中柴末純) 544, 552; ~의 군국주의 552
나폴레옹 235, 384, 630; ~전쟁 138, 230, 235, 383
나혜석 493
낙론(洛論) 66; ~과 개화파 67; ~ 과 서울 지역 66; ~과 화서학파 67, 68
낙성대연구소 204

난전(亂廛) 71
남감리교 99, 301, 312, 327,336, 363, 736주132, 759주56·58; ~단 350; ~회 279, 327, 335; 윤치호와 ~ 279
남궁억 110
남만주철도(南滿洲鐵道) 242
남만주철도주식회사 436
남면북양정책(南棉北羊政策) 433
남산동교회(원산) 338
남산현교회 284, 326, 332
남양홍씨 56
남인(南人) 59, 149
남자매일학교 295
남조선인민대표자대회 609
남한 단독 선거 608
남한대토벌작전 86
내각책임제 21, 633, 635, 644; ~개헌안 634→국무원책임제
내선일체론(內鮮一體論) 411
내재적 발전론 165, 169, 207
내지연장주의 264
내하(內河)·연해 항해권 79
냉전 28, 572
널다리교회 334
네르친스크(Nerchinsk) 국경조약 142
넬슨(Nelson, H.) 235
노구치 준(野口遵) 432, 435
노다 요시히코(野田佳彦) 675
노동당 45, 676
노동운동 257
「노동자재해부조법」 430
노동쟁의 181, 182
노동조합 260, 545, 583

노론(老論) 56, 59, 60, 67, 290
노리스(Norris, G. W.) 377
노백린 295
노병선 101
노사학파 68→기정진
노스웨스턴대학 338
노회(老會) 301
녹봉 146, 147
농민 21, 22, 74, 126, 152, 153, 172, 255, 260, 299, 637, 653; ~과 미군정 624; ~노동자와 ~병사 196, 335, 460, 583; ~과 영국 근대화 627; 일본 ~운동과 극우주의 257; 중세사회 해체와 ~항재 170, 171
농업 74, 95, 620; 천도교와 ~ 349; ~자본가 171; 농민항쟁과 ~ 171; 우가키총독 방공정책과 ~ 420, 427-429; 조선후기 ~생산력 209; 상업적 ~ 362, 446, 471, 625; 상업적 ~과 지주, 영국 프랑스 한국 비교22, 23, 161-163, 353
농업관료제 145; ~와 조선의 진취적 지주 27, 664; ~와 조선의 부르주아지 1세대 155; 관료적 상업체제와 ~ 353, 663; 중국의 ~ 23, 25, 143, 364; 프랑스의 ~ 467
농업의 상업화; ~ 형태와 상층지주 22; 영국의 지주와 ~ 196; 유럽과 중국의 ~ 형태 141→상업적 농업
농장 450; 자본가적 ~경영 171, 450
농지개혁 174, 197, 616, 617, 628, 671, 677; 반공과 ~ 617, 618; ~의 의의 618; 산업자본국가와 ~ 620, 621; 한국경제와 ~ 623, 624

『농지개혁과 지주대책』 620
「농지분배예정통지서」 623
농지분배점수제규정 623
농촌 431, 672; 각국 근대화와 ~ 196, 197, 627; 방공적 노업정책과 ~ 427, 431; 브나로드운동과 ~계몽운동 535; 3·1운동과 ~ 342, 343; 시장통합과 ~ 209; 유럽의 지배계급과 ~ 143; 일본의 군국주의와 ~ 362; 일본 소지주와 ~ 247; 전체주의와 ~ 353; 조선의 대동법·균역법과 ~ 147; 조선의 탕평정치와 ~ 150; 중국의 공산주의와 ~ 363; 천도교와 ~ 349, 350; 한국과 ~ 196, 620, 625, 628, 646
『뉴욕타임스』 270, 588
니티, 프란체스코 사베리오(Nitti, F. S.) 228
니혼질소(日本窒素)주식회사 431~433

다

다나카 기이치(田中義一) 516
다나카 호즈미(田中穗積) 481
다롄항 565
다원주의 213
다이쇼(大正) 데모크라시 164, 417, 476, 544, 674
다이쇼정변(大正政變) 249
다이이치(第一)은행 462
다카스기 신사쿠(高杉晋作) 38, 39
다카하시 가메키치(高橋龜吉) 429
다카하시 시레키요(高橋是淸) 417
단 다쿠마(團琢磨) 259, 356

단발령 47, 68, 126
달성서씨 56
담양학교 472
당백전(當百錢) 50
대구상공회의소 404
『대군의 척후』 452
대동(大同)고아원 328
대동법(大同法) 60, 70, 147; 대동미 70
대동아공영권 205
대명의리론(對明義理論) 67
대서양 무역 145, 163
대서양항로 664
「대서양헌장(Atlantic Carter)」 562
대성학교 280, 287, 289, 292, 323
대안국가(counter-State) 578, 579, 599
대의(정치)제도 135, 138; 남한의 ~ 45; 대분기와 ~ 133; 서유럽의 ~ 135; 영국의 힘과 ~ 138, 139
「대일본국장서(大日本國長書)」 280
대일본산업보국회 545
대일본제국헌법 260
대정익찬회(大政翼贊會) 545
대정친목회(大正親睦會) 359
대종교 495
대통령중심제 21, 632, 635; 제헌헌법의 ~632, 634; 프랑스 ~ 21
대통령직선제 635, 641, 644; 「발췌개헌안」과 ~ 644
대통령책임제 644; 우익독재와 ~ 645
『대한계년사(大韓季年史)』 110
대한광복군정부 666
대한국민당 631, 637, 654
대한독립촉성국민회 600

『대한매일신보』 105, 111, 313, 494
대한민국임시정부→상하이임시정부, 충칭임시정부
대한방침(對韓方針) 79
대한시설강령(對韓施設綱領) 79
대한유학생회 290
대한인국민회(大韓人國民會, Korean National Association) 219, 270, 272, 374
대한자강회(大韓自强會) 280, 310
대한천일은행 73, 75, 267, 359, 486
대한협회(大韓協會) 310, 473
대한흥학회 290
덕수이씨 454
덕흥교회 328
덩샤오핑(鄧小平) 22
데라우치 마사다케(寺内正毅) 36, 38, 247; ~ 총독 암살 혐의 325
데쓰오 나지타 418
뎁스, 유진 빅터(Debs, E. V.) 220
도고상인(都賈商人) 72
도교 333, 334
도사번(土佐藩) 35
도성세(都城稅) 50
도시; 근대화와 ~ 627; 3·1운동과 ~ 342, 343; 식민지 조선과 ~의 상인 359; 영국의 지주와 ~ 162, 627; 유럽과 일본의 ~ 356; 일본의 자유주의와 ~ 254; 중국의 5·4운동과 ~ 357; 중국의 ~[城市]와 농업관료제 143; 중국의 군벌과 ~의 상인 358; 한국, 의회민주주의와 ~ 352; 한국·영국·일본의 ~ 세력 비교 353-355, 628

도야마학교(戶山學校) 41
도요방적(東洋紡績)(주) 485
도조 히데키(東條英機) 45
도진사(同人社) 41
도쿄공업학교 41
도쿠가와막부(德川幕府) 33, 37, 39, 43, 62, 140, 261, 356
도쿠토미 소호(德富蘇峰) 241
도형균(都衡均) 329
독립 180, 182, 269, 599; 미일전쟁과 조선의 ~ 522, 612; 3·1운동과 ~ 27, 94, 268-272; 성명회「선언서」와 ~ 93; 신탁통치 문제와 ~ 569, 573, 584, 590, 599, 612; 안준의 의병활동과 ~ 90, 91; 워싱턴회의 중국의 ~ 245; 윌슨의「14개조」와 ~ 237; 이상설「공고사」의 ~ 81-84, 92; 자치와 ~ 179, 265~ 522, 523; 조미수호통상조약과 ~ 99; 조약과 ~ 77-80; 중국으로부터의 ~ 664; 카이로선언과 ~ 562; 파리강화회의와 ~ 217-219
독립군 기지 114; 서간도 ~ 325
독립문 75; 대한제국과 ~ 106; 중국과 ~ 664
「(독립)선언서」 92, 94, 217, 285, 286, 310, 311, 327, 328, 330, 331, 334, 343, 496
『독립신문』 75, 100, 105, 107, 310
독립운동 43, 173
독립전쟁; 미국의 ~ 229, 378
「독립청원서」 220, 281, 297, 327
독립촉성회중앙협의회 582, 591

독립협회 75, 96, 97, 102, 104~07, 109, 161, 187, 310, 334, 339, 664; ~의 정치사상 187
『독립협회연구』 102
독일민주공화국(동독) 572
독일사회주의통일당(SED) 572
독재 198; 국민주권과 ~ 198; 김성수와 반~ 636, 637, 650, 651; 김일성과 ~ 558; 나폴레옹과 ~ 630; 낭만적 민족주의와 ~ 551; 내각제개헌론과 ~ 634; 도시세력과 ~ 352; 반공~ 대 반공의회 653; 이승만과 ~ 628, 629; 이시영과 반~ 644, 645; 일원주의와 ~ 662; 조선총도과 ~ 524; 중국 청조의 ~ 와 상인 359
『독재와 민주주의의 사회적 기원』 12
동고농장 159
동대문교회 99
동대문시장 464
동래정씨 56
동력직기(動力織機) 26
『동명』 506
동복오씨 159
동석기 293
동아일보(주) 488; 『동아일보』 26, 42, 181, 291, 406, 430, 445, 491, 494, 496, 497, 500, 501, 503, 505, 507, 515, 517, 518, 522, 620, 668; ~ 강제 폐간 535; ~ 설립과 사상의 근대화 492
『동양경제신보』 252, 265
동양적 전제주의론 166
동양척식(주) 462, 465, 486

동일은행 465
동학 287, 290, 298, 305, 306, 311, 349; ~교도 78; ~농민군 298, 334; ~농민운동 487; ~농민전쟁 23, 41, 74, 150, 152, 153, 160, 170, 297, 305, 310, 311, 321, 335, 342, 349, 452, 459, 461; ~당 105
돛과 대포 149
딘세코(Dincecco, M.) 133
땃벌떼 646, 647

라
랭던, 윌리엄(Langdon, W. R.) 594
랴오둥반도(遼東半島) 126, 421
러시아 75; ~공사관 47, 74; ~혁명 246, 263, 501
러일(俄日)협약 78
러일전쟁 24, 25, 42, 76~78, 81, 82, 93, 127, 155, 218, 221, 236, 242~244, 248, 262, 268, 306, 313, 349, 351, 358, 378, 384, 406, 474, 561, 667
런던군축회담 413, 414, 424; 일본 ~ 탈퇴 426
레너, 칼(Renner, K.) 29
레닌 554; ~의 의회전술론 555
렉크(Leck, G.) 302
로빈슨(Robinson, J. A.) 131
로지, 헨리 캐벗(Lodge, H. C.) 227, 228, 244, 357, 361, 377
루덴도르프(Ludendorff, E.F.W.) 224
루블린위원회(Lublin Committee) 575
루스벨트, 시어도어(Roosevelt, T.)

220-222, 233, 378, 564
루스벨트, 프랭클린 231, 233; 윌슨과
  ~외교노선 560, 564-569; ~ 외교
  노선과 모스크바삼상회의 569,
  570, 572, 573, 614
루트, 엘리후(Root, E.) 245
룽징(龍井) 113, 116
류근(柳瑾) 477, 481, 482, 492, 494
류동열(柳東說) 272, 315, 380
류동작 315
류두환 112
류득공(柳得恭) 57, 58
류승흠(柳承欽) 408
류완무(柳完茂) 116
류인석 64, 87, 88, 93
류일선(柳一宣) 477
류정수(柳正秀) 490
류중교 64
리, 그라함(Lee, G.) 334
리드(Reid, C. F.) 336
립셋(Lipset, S. M.) 212

마

마루야마 마사오(丸山眞男) 441, 545
마르크스, 칼 156, 166, 167
마셜(Marchall, G, C.) 602, 608
마쓰무라 마쓰모리(松村松盛) 427
마쓰오카 요스케(松岡洋右) 244
마쓰카타 마사요시(松方正義) 36, 39
마오쩌둥 205, 671
마치다 히사나리(町田久成) 34
마키노 노부아키(牧野伸顯) 244
마포미전(麻浦米廛) 71
마포삼열(馬布三悅; Moffett, S. A.)
  300, 328, 333
만국평화회의 24, 80, 84, 92
만동묘(萬東廟) 50, 52, 63; ~ 복설 51
만리장성 141
만민공동회 101~103, 105, 106, 109,
  198, 279, 310, 339; ~ 탄압 102
만상(灣商) 353
만선사관(滿鮮史觀) 167
만선일여(鮮滿一如) 435
『만세보(萬歲報)』 79, 306
만주 419, 421-423, 425, 438, 565; 우
  가키·관동군과 ~ 423-426; 우가
  키·통제파와 ~ 418-421; ~, 일본
  공산품의 시장 425; ~, 일본 과다
  인구 이식지 421; ~, 일본 국방의
  제1선 421; ~, 소련 동진 견제선
  421; ~, 일본산업 원료품의 공급
  지 425; ~, 일본과 구미세력의 완
  충지대 422; ~, 일본제국의 생명
  선 421; ~, 중국 공산화 저지선
  421; ~ 사변 259, 412, 419, 421,
  422, 426, 514, 516; ~철도 조차
  권 565
만주국 421, 425, 438; 국제연맹과 ~
  421-423
만철경제조사회(滿鐵經濟調査會)
  423, 425
매디슨, 제임스(Madison, J.) 230
『매일록사(每日錄事)』 121
『매일신보』 273, 386
『매천야록(梅泉野錄)』 447
매카트니, 조지(Macartney, G.) 143
매킨리, 윌리엄(McKinley, W.) 221
맥아더(MacArthur, D.) 576; ~사령부

596
맥코믹(McCormick, J. M.) 377
맥클레이(Maclay, R. S.) 98
맥클로이(McCloy) 596
먼로, 제임스(Monroe, J.) 230; ~주의 (Monroe doctrine) 229, 230
메이지대학 289
메이지유신 23, 25, 36, 38, 43, 180, 241, 248, 252, 254, 297, 355, 356, 674
메이지정부 35, 40
메이지헌법 260
면방직공업 161
명성황후 349
명신학교 328
명예혁명 137, 138, 162, 383
명완벽(明完璧) 309
명제세(明濟世) 600
명조(明朝) 141, 142, 144, 148
모리 아리노리(森有札) 34
「모순론」 205
모스크바삼상회의 29, 193, 562, 569, 570, 573, 584, 585, 587, 588, 591, 597, 603, 604, 605, 614, 655, 669
몽골 142; ~족 144; ~ 침략 140
묘청 200
무산계급 517; ~운동 553
무어, 배링턴(Moore, B. Jr.) 12, 131, 161, 197, 258, 545, 626, 627
무어, 존(Moore, J. Z.) 337
무위영(武衛營) 152
무정부주의자 669
무초(Muccio, J. J.) 624

문경호 101
문외미전(門外米廛) 71
문일평 475
문화주의; 동아일보의 ~ 496
문화통치 175, 263, 381, 386, 546, 548; 식민통치와 ~ 175, 263
물산장려운동 163, 291, 504, 507
미 감리교(북감리교) 312; ~ 해외 선교부 98
미곡(米穀)무역 23, 27, 42, 155, 321, 446
미곡수출 354, 446
미곡시장 209, 446, 471, 577
미국 45; ~의 대외전략 전환 231; ~의 대한정책(1946년 2월) 596; 가쓰라-태프트 밀약과 ~ 77, 221; 기독교와 ~ 95; 동아시아와 ~ 218; 루스벨트 대통령과 ~ 대외전략 560; 보빙사와 미국 55; 세력균형과 ~ 378; 식민지 근대성과 ~ 206; 신미양요와 ~ 49; 조미수호통상조약과 ~ 55;『조선책략』과 ~ 64, 65; 포츠머스 강화조약과 ~ 77, 221; 한국 문제(1940년대)와 ~ 219
미군정 591, 594~596, 661
미나미 지로(南次郞) 398, 415, 416, 438, 440
미소공동위원회 193, 570, 596, 597, 604~606, 655, 661, 671; 2차 ~ 600, 613; 1차 ~ 661
미소공위 597, 599; ~ 참여 이유 601; 2차 ~ 655; 2차 ~ 결렬 602; 1차 ~ 606→미소공동위원회

미쓰비시(三菱) 425, 426, 430, 431; ~은행 432
미쓰이(三井) 73, 355, 356, 359, 425, 426, 430, 433; ~가문 73; ~ 그룹 356; ~재벌 259
미야지마 히로시(宮嶋博史) 157, 158
미일전쟁 233, 501, 522, 668, 669
미전 71
미주한인사회 373
민국당(민주국민당) 557, 612, 619, 624, 631, 638, 640, 644-647, 649 →한민당
민군(民軍) 87
민규식 464, 465
민규호 58, 67
민긍호 87
민대식 464, 465, 486
민립대학; ~기성회 279, 341; 민립대학설립운동 291, 486, 507, 556
민보군(民堡軍) 74, 153
민영기 103
민영달(閔泳達) 470
민영익(閔泳翊) 54, 55, 98, 154, 279
민영준 104
민영채 479
민영환 83, 84, 104, 110, 279, 313
민영휘(閔泳徽) 458, 460, 464, 466, 470, 486, 487, 490
민원식(閔元植) 406
민정당 252, 416; 일본 정당정치와 ~ 259; 일본 2·26사건과 ~ 545
민족개량주의 177, 178; ~자 391, 511, 515, 655
「민족개조론」 505

민족사학 165, 169, 182, 203
민족(주의)운동 26, 97, 110, 182, 515, 549, 645; ~의 분화 505, 532, 549; ; ~의 좌경화 177; 온건한 ~ 160, 173, 291, 355, 625, 645, 668
민족자결 218, 233, 375; ~의 원칙 375; 민족자결주의 219, 262, 267, 270, 302~305, 336, 372, 378, 392, 667
「민족적 경륜」 505, 506
민족주의 10, 12, 26~29, 119, 155, 191, 193, 199, 202, 237, 239, 254, 261, 262, 312, 350, 354, 395, 489, 494, 508, 509, 518, 527, 543, 547, 548, 549, 586~588, 599, 659, 661, 670, 676, 677; ~ 목표 547; ~ 분열, 일제 유산 부활 통로 671; ~ 분열 27,28, 547, 586, 670, 671; ~ 연합전선 523; ~ 우파 515; ~ 위험성 198, 543; 경제적 ~ 131; 급진적 ~ 26, 44, 554, 631, 670; 기독교와 ~ 312, 350→기독교 민족주의; 낭만적 ~ 551; 도덕적 ~ 6, 659, 661; 미술적 ~ 202; 반공적 ~ 191, 193; 비타협적 ~ 537; 온건한 ~ 26, 44, 195, 494, 523, 582, 631; 경제적 ~ 131; 급진~ 26, 554, 631; 낭만적 ~ 551; 단재의 ~ 552; 도덕적 ~ 6, 659, 661; 이승훈의 ~ 119, 351; 일본의 ~ 교육 254-262; 자치운동과 ~좌익전선 530; 통합적 ~ 495,

496, 504, 549; 급진적 ~자 44, 163, 670; 온건한 ~자 28, 239, 593, 677; 진보적 ~자 645; 타협적 ~자 553
민족해방운동 186, 190, 192;강만길의 ~론 186, 190; ~사관 193
민종묵 101
민주기지론 575, 671
민주당 194, 652; ~정권 193
민주대동파 557
민주의원 591, 595, 598
민주주의 9, 11, 44, 132, 163, 174, 232, 246, 254, 262, 354, 475, 496, 503, 504, 523, 558, 629, 661, 677; 포용적 정치제도 ~ 212, 213; 도시와 ~ 352, 353, 355. 356(일본), 358(중국), 359 (식민지조선); 윌슨과 ~ 232; 민족주의와 ~ 523; 상층 지주와 ~ 354, 355, 625, 627, 628, 630; 서구 ~ 132, 629; 일본 근대문명과~ 246, 254, 262; 전체주의와 ~ 44, 164, 740주1; 한국 민족·자본주의와 ~ 174; 한국 부르주아 민족주의와 ~ 163; 한국과 일본 의회 164, 211, 212, 297
민찬호 270, 374
민천식(閔天植) 464
민태호(閔台鎬) 54, 55, 67
『밀라드 리뷰(Millard Review)』 219, 271
밀라드, 토마스(Millard, T.) 219
밀턴, 존(Milton, J.) 371

바

바젠, 막스 폰(Bagen, M. v.) 226
바바 쓰네고(馬場恒吾) 439
바이세이쇼쥬쿠(梅淸處塾) 308
바칸해협(馬關海峽) 33, 35
박규수(朴珪壽) 58, 67, 125, 151, 278
박기양 82
박기출 650, 653
박기환 639
박동완 336, 337, 341
박명림 190, 206, 207, 570, 599, 633, 654, 662→『한국전쟁의 발발과 기원』
박명원(朴明源) 57
박보양(朴普陽) 402
박석훈 327
박선태 293
박승규 110
박승봉(朴勝鳳) 477
박승빈 506
박영교(朴泳敎) 56
박영철(朴榮喆) 402
박영효(朴泳孝) 56, 67, 102-104, 277, 278, 296, 308, 310, 470, 494
박용대(朴容大) 65
박용만 104, 113
박용희 491
박원양(朴元陽) 278
박은식(朴殷植) 77, 87, 88, 96, 105
박이택 208
박일병 494
박정양(朴定陽) 41, 104
박정희 9183, 194, 314
박제가(朴齊家) 57, 58

박제순 1, 11, 122
박준승 285, 310, 311
박준영(朴駿榮) 403
박지원(朴趾源) 57, 58, 67
박찬승 528, 529, 553
박태환 292
박해돈 483
박헌영 573, 582, 588, 599, 609
박현환 282
박희도(朴熙道) 284, 285, 293, 327, 334, 337, 341, 402, 530
박희옥 404
반공 27, 599; ~반소단정연합 612, 653
반공정치연합 634, 653, 677
반공주의 29, 191, 193, 622, 631, 659, 661; 농지개혁과 ~ 622; 민국당과 ~ 631; 민족주의 ~ 191, 193, 659; 반탁운동과 ~ 661; 온건주의와 ~ 671
반남박씨(潘南朴氏) 56, 67, 152, 278
반독재민주화운동 9, 193, 314, 677
반민족행위특별조사위원회(반민특위) 612, 632
반코민테른협정(방공협정) 260, 545
반탁(反託) 203; ~국민대회 588; ~독립투쟁위원회 600; ~운동 193, 198, 584, 598, 599, 661; ~찬탁논쟁 29
반파쇼공동투쟁위원회결성총회 586
발췌개헌 191, 629, 643, 644, 654, 672
발칸 지역 236
방공협정(防共協定) 426→반코민테른협정
방위량(邦緯良) 300→블레어
방의석(方義錫) 405
방직공업 484, 485
방태영 536
배꽃학교터 99
배재학당(培材學堂) 99, 100, 104, 105, 110, 337; ~ 방학식풍경 100
백골단 646, 647
백관수(白寬洙) 43, 271, 472, 473, 508, 510, 589
백남신(白南信) 461~463, 470
백남운 508, 531
백남훈 475, 635, 648
백년전쟁 161, 385; 2차 ~ 383; 1차 ~ 384
『백범일지』 111, 112→김구
백산상회(白山商會) 271, 496
백산학교 476
백상규 368
백색화(白色禍) 79, 307
백양여 323
백연향 400
105인사건 118, 280, 289, 326, 328, 332, 350
백용성(白龍城) 302
백인기(白寅基) 462~463, 481
백지징세(白地徵稅) 460
백홍균(白弘均) 600, 603
밸푸어, 아서 제임스(Balfour, A. J.) 228
버딕(Burdick, G. M. 邊兆鎭) 295
번벌정치(藩閥政治) 43, 247, 250
번스, 제임스(Byrnes, J. F.) 568

벌린, 이사야(Berlin, I.) 662
「베닝호프, 메릴(Benninghoff, H. M.) 195, 196, 592
베르사유조약 219, 559
베스타드, 오스(Westad, O.) 731주65
베어드(Baird, W.) 302
베이징대학 357
베크(Beck, S. A.) 295
베트만홀베크(BethmanHollweg, T. v.) 224
벧엘예배당 99
벨푸어(Balfour, A. J.) 376
변영태 483
『별건곤』 291
병인박해(丙寅迫害), 병인사옥(丙寅邪獄) 49, 63, 457
병인양요(丙寅洋擾) 63
병자호란 57, 145, 149
보빙사(報聘使) 55, 96, 98
보성사(普成社) 286, 307, 310
보성전문학교 307, 535, 537
보성중학교 291
보성학교 287, 289, 309
보신전쟁(戊辰戰爭) 35
보통교육제도 255
보통선거 108, 263; 일본 ~법 통과와 정치적 리더십 297; 일본 ~제도와 의회 247, 252, 257, 262, 440, 513, 546
보호주의 562
복벽주의 556
『복음신보(福音新報)』 370
볼드윈(Baldwin, F.) 375, 376, 378
볼셰비즘 226, 388; 볼셰비키혁명 212
볼테르(Voltaire) 138
볼티모아 제일교회 98
봉쇄정책 566; 미국의 ~과 냉전 570, 571; 미군정과 ~ 591
봉오동전투 549
봉황각 312
부동산임대업 465
부르봉왕가 230, 234
부르주아 45, 46, 132, 133, 156, 170, 179, 195, 198, 246, 253; ~ 민족주의 자치운동 532; ~ 없이 민족주의 없다 353; 강만길의 ~ 민족주의 비판 198; 서구와 자유주의적 ~ 132, 133; 식민지 ~ 민족주의 종안 540, 541; 일본 ~민주주의 식민지관 179; 일본, 취약한 자유주의적 ~ 246; 일본과 한국, 자유주의적 ~ 비교 45, 46; 일본의 ~ 민주주의 식민(지)관 비판 525-529; 중국의 ~ 혁명 신해혁명 359; 한국, 자유주의적 ~ 195; 호남의 ~ 민족주의자 351
부르주아지 161~163, 180, 358, 630, 665, 674; ~ 1세대 488, 664; ~ 2세대 29, 156, 360~362, 488, 503, 665, 677; ~ 윤치소와 김성수의 차이 161; ~ 의회전술론 553; ~와 신식민주의 180; 영국의 ~ 162; 자유주의적 ~ 173; 중국, 상인 출신 ~의 한계와 군벌 358; 한국, 일본, 영국 ~ 차이 630; 한국 자유주의 ~ 163
북감리교 99, 299, 301, 350; 북감리

회 333
북벌론(北伐論) 57, 149, 453, 454
북선개척(北鮮開拓) 433
북장로교 276, 301, 312, 350; 북장로회 282, 300
북접(北接) 305
북촌(北村) 54, 56, 290, 489, 490, 491, 580, 581; ~, 3·1운동 산실 491; ~, 3·1운동의 책원지 491
북학(北學) 48, 54, 56, 58, 61, 74, 150; ~론 152; ~, 현실개혁적 유학담론 67; ~의 목표 61
『북학의(北學議)』 58
분단 27, 164; ~ 극복 담론 198; ~, 전쟁 발발 배경 547; ~국가 6, 21, 190, 192, 670; ~국가 수립 615; ~극복사론 183; ~문제 193; ~세력 194; ~의 길 28; ~의 땅 28; ~의 씨앗 27; ~체제 183; ~해방 562
『분단시대의 역사인식』 182
분원자기(주) 486
불교 282, 286, 297, 305, 360; ~계 269
붕당정치 150
브나로드(vnarod)운동 534
브라이언, 윌리엄 제닝스(Bryan, W. J.) 221, 222, 243
브랜다이스, 루이스(Brendeis, L.) 222
브리스, 피어르(Vries, P.) 130
블라디보스토크 85, 91, 93, 113. 116, 117, 272
블레어(Blair, H. E. 邦惠法) 301
블록경제 563, 564

비변사(備邊司) 48
비상국민회의 591
비상정치회의 590
비스마르크(Bismark, O. v.) 236
비트포겔(Wittfogel, K. A.) 166→동양적 전제군주론
빈센트(Vincent, J. C.) 596
빈회의(Congress of Wien) 138, 230, 234, 239
빨갱이 27, 28
빨치산 610; ~ 토벌 639

사

4개국 신탁통치안 568; 조선에 대한 ~ 569
사가현(佐賀縣) 36
사경회(査經會) 283, 300, 301, 329, 331
사국체제(四國體制) 5
4당 공동성명서 603, 604
사림(士林) 73; ~정치 60
사립광동학교 490
사립기호학교 477
사립융희학교 480
사법살인 672→조봉암
사사오입개헌 629, 649
4·3사건 610
사상(私商) 69; 72, 73; ~도고(私商都賈) 71, 72; ~과 관료 69, 71; ~과 관료적 상업체제 73, 733주83; 경강상인과 ~체계 72→도고상인
48년 질서 598, 608, 610, 612, 633; ~, 분단국가 수립 615
사쓰마(薩摩) 34~36

사쓰에이전쟁(薩英戰爭) 34
사이고 다카모리(西鄕隆盛) 35
사이드, 에드워드(Said, E. W.) 166
사이온지 긴모치(西園寺公望) 36, 248; ~내각 249
사이토 다케시(齋藤勇) 369→「어떤 살육 사건」
사이토 마고토(齋藤實) 40, 176, 177, 371, 382, 386, 392, 406, 416, 417, 420, 440, 511, 514, 519, 534, 548, 668
4인 모임 276, 277, 287
4인협의체 352
4·19(의거)혁명 182, 193, 207
사장학(詞章學) 66
사족(士族) 74; ~ 지배체제 69, 74, 80; wowl ~과 의병 80; 향촌 ~과 관념적 성리학 74
사칠논쟁(四七論爭) 66
사카모토 료마(坂本龍馬) 35, 36
사행무역(使行貿易) 71→조공무역
사회주의 9, 45, 174, 223, 495, 508, 584, 586, 588; ~자 258, 512, 518, 545, 677; 동아시아 4국과 ~ 45; 미국 선거와 ~ 지도자 223; 민족주의와 ~ 갈등, 미군 문제 586; 민족주의와 ~ 경쟁, 신간회 주도권 문제 518; 민족주의와 ~, 신탁통치 문제 588; 북한, ~ 농업화 175; 식민지기 조선인 ~자 494, 495, 508, 512; 일본의 ~자 탄압, 간토대지진 시기 258; 일본의 ~자 탄압, 2·26사건 이후 545; 자본주의와 ~ 대립, 한반도

584; 중국의 ~ 혁명 25
산둥(山東) 243, 256, 516, 518; ~ 문제와 워싱턴회담 357, 358; 일본의 「21개조 요구」와 ~성 242; 일본과 산동반도 234, 242, 256
산림(山林) 61, 447; 의병과 ~학자들 87, 112
산업자본 155, 159, 172, 485; ~가 173; ~주의 235
산업혁명 130, 137, 162, 209
산와(三和)고무주식회사 430
3성조정위원회(SWNCC) 574
3월사건 412; ~과 우가키 총독, 413
삼국간섭 23, 68, 75, 126, 153, 421
삼국동맹; 독일·오스트리아·이탈리아~(1882) 236; ~(1940) 236, 391, 559
삼국체제 5
삼국협상(Triple Entente, 영국·러시아·이탈리아) 236, 237
삼군부(三軍府) 48
삼락학원 400
삼례집회(參禮集會) 298
삼번(三藩)의 난 149; 청의 ~과 북벌론 149
3·1운동 11, 21, 24, 26, 27, 92, 94, 96, 154, 198, 219, 259, 263, 280, 282, 288, 292, 293, 297, 303, 305, 310, 311, 328, 332, 336, 339, 348, 355, 359, 361, 362, 377, 396, 488, 491, 506, 521, 548, 554, 556, 559, 579, 582, 665, 666, 677
삼일여학교 293, 295

삼일학교 295, 296
삼종신기(三種神器) 498, 499
38(도)선 547, 568; ~의 장벽 589
삿초(薩長) 36; ~동맹 36
상동교회(尙同敎會) 96, 110, 111, 121, 295, 334, 341; ~, 세 가지 원류 합류 지점 97; ~ 청년회 113
상동청년학원 110, 113, 117, 295
상동파 666
상리(上里)교회(원산) 335, 338
상미전(上米廛) 71
『상식』 229
상업(商業); 공적 ~체계와 사적 ~체계 72; 관료적 ~체계 74, 76, 109, 194, 211, 320, 321, 663, 664; 조선왕조 관료제와 ~ 70; ~도시 353, 446; 내륙의 ~도시와 조공무역체제 210; ~세 149; 조선과 중국의 ~세 147
상인 23, 26, 70, 76, 131, 141, 143, 356, 358, 395, 470, 493, 674; 조선 관료제와 ~ 70, 72; 조선과 일본 ~ 73, 359; 조선 양반과 ~의 공생적 적대관계 76; 일본 사무라이와 ~ 356, 674; 영국 전제왕권과 ~ 131; 중국 관료제와 ~ 141, 143, 358→관상·사상·시전상인·경강상인·송상(개경상인)·만상(의주상인)·미전
상층 지주(세력) 5, 6, 12, 21, 22, 25, 26, 627, 628, 673; ~와 의회 26, 351, 352, 627, 673; 국민형성과 ~128; 기호와 호남의 ~ 비교 485-489; 한국과 영국의 ~와 의회 비교 626-628, 672, 673; 한국·중국·일본의 ~ 비교 25-27
상하이임시정부 271, 491, 505, 667
새문안교회 300
새벽기도회 333
샤록스 부부(Sharrocks, A. M.) 302
서간도 114, 115
『서간도시종기』 113
서강미전(西江米廛) 71
서광범(徐光範) 56, 154, 489
서리(胥吏) 146, 147
서병조(徐丙朝) 405
서북청년단 610
서북학회 328, 479
서상용(徐相庸) 272
서상일(徐相日) 13, 178, 506, 553~556, 582, 589, 592, 634, 643, 648, 655, 672; ~의 합법적 의회 전술 556; 제헌헌법기초위원장 ~ 634
서상팔 112
서우순 305
서원(書院) 51, 52; ~ 철폐 51, 52
『서유견문(西遊見聞)』 279, 490
서인(西人) 59, 149
서재필(徐載弼) 41, 56, 104, 105, 339, 376
서전서숙(瑞甸書塾) 84, 113; 서전의 숙 116
서정순(徐正淳) 65
서정한 122
서춘 271
석진형(石鎭衡) 477
선교 윤허 98

「선교보고서」 97; 버딕의 ~ 295
선만일여 437; 민총독의 ~와 일만블럭 435
선상(船商) 71
「선언서」(한국국민의회) 93
선우전(鮮于全) 282, 287, 289, 352
선우혁 271, 272, 273, 283
선조(宣祖) 48, 115
선천교회 329
선택적 기억 7, 10, 11, 13
설의식 592
「성명서」 92
성명회(聖明會) 93
성서학원 301
성원경 404, 493
「세계대세와 조선의 장래」 510
세계대전 218; 제1차 ~ 218~220, 222, 237, 238, 240, 241, 244, 253, 262~64, 267, 299, 302, 355, 362, 372, 382, 384, 464, 501, 548, 560, 561, 564, 667; ~, 유럽 내전 548; 제2차 ~ 206, 232, 239, 561, 569
세곡(稅穀) 459; ~미 446
세도정치(勢道政治) 47, 48, 56, 58, 60, 66, 150, 188, 453
세력균형 95, 230, 231, 233, 234, 237, 239, 240, 269, 378, 559, 561, 564, 667
세무 주사 제도 74
세이난(西南)전쟁 382
세이소쿠영어학교(正則英語學校) 291
세키야 데이자부로(關屋貞三郎) 477
세토나이카이(瀨戶內海) 419

서먼(H. C. Sheman) 104
소련 45; ~, 38선-분계선 수용 574; ~ 군정, 자유선거 불허 572; ~ 군정의 목표 572; ~, 핵무기 개발 성공 571; ~군 원산 상륙 574; ~군 평양 진주 574; ~군 사령부 569
소론(少論) 56, 59, 115
소에지마 다네오미(副島種臣) 382, 442, 674
소에지마 미치마사(副島道正) 265, 382~384, 386, 387, 390, 419, 440, 441, 515, 519, 521, 522, 548, 669; ~와 송진우의 차이 522, 523; ~의 도덕적 제국주의 자치론 440, 519-522
소작 172; ~료 449, 450; ~인 450, 577; ~쟁의 181, 182; ~제(도) 175, 577, 617, 621, 622, 624; ~제(도) 철폐 618, 625; ~차지권 503
소중화론(小中華論) 67
소포클레스 660
소현세자 149
『속음청사(續陰晴史)』 281
손병희(孫秉熙) 78, 276, 286, 292, 297, 299, 302, 304~311, 343, 349, 368, 491
손봉조(孫祚鳳) 405
손정도 326, 334, 337
손천민 305
송계백(宋繼白) 271~273, 289, 291, 352
송병준(宋秉畯) 470
송상(松商) 353→개성상인

송언용 101
송진우(宋鎭禹) 42, 203, 272, 276, 277, 282, 284, 289, 291, 310, 326, 352, 361, 368, 391, 406, 471~476, 482, 483, 491, 496, 506, 510, 512, 514, 518, 521, 522, 530, 537, 548, 556, 573, 577, 579, 580, 581, 585, 589, 592, 605, 613, 614, 631, 655, 670
송헌수 85
송훈 474
쇄국령 33
쇄국정책 37, 125
쇼와키린맥주(昭和麒麟麥酒) 430
쇼카손주쿠(松下村塾) 38, 39
수신사(修信使) 64; 2차 ~ 41; 1차 ~ 41
수양동우회 514, 518, 530
수어청 148
수운(水運) 71
수원남양교회 293
수원상업강습소 293, 295, 296
수원상업회의소 296
수원종로교회 293, 295, 296
수촌리학살 293
수표교회 336
숙빈(淑嬪) 최씨 59
숙종(肅宗) 58, 149
순원왕후(純元王后) 455, 456
순조(純祖) 66, 152
순종(純宗) 86, 323, 326
숭실대학 337
슈펠트(Shufeldt, R. W.) 55

슘페터식 역동성 130
스가와 히데노리(須川英德) 72
스미스식 역동성 130
스에히로 시게오(末廣重雄) 265
스웨어러(Swearer, W.) 332
스즈키 마사후미(鈴木正文) 433
스코필드(Scofield, F. W.) 369
스크랜튼(Scranton, W. B.) 98, 110, 333
스크랜튼, 메리 295
스탈린 560, 565, 566, 567, 647, 671; 동부 유럽에 대한 ~의 야망 567
스티븐스(Stevens, D. W.) 378
스페인계승전쟁 383
스펜서(Spencer, S. P.) 377
스피어(Speer, R. E.) 333
10월사건 412
『시대일보』 506
시데하라 기주로(幣原喜重郞) 387; ~외교 424; ~의 중국 정책 424
시모노세키조약 82
시민 22, 26, 109, 194, 197, 202, 268, 326, 343, 352, 360, 578; 3·1운동과 ~ 268, 273, 286; 4·19혁명과 ~ 193, 268, 672, 677; ~ 거버넌스 283, 352, 360; ~과 의회민주주의 627; ~적 민족주의 128; 영국의 ~ 139; 일본의 ~ 248, 254, 255, 417, 442, 545; 미국 ~전쟁 132
시베리아 공동 출병 246
시베리아철도 106
시병원(施病院) 99
『시사신보(時事新報)』 470

시전(市廛) 69, 71, 72; ~과 사상의 관계 72; ~상업 71; ~상인(市廛商人) 69, 70, 72, 211, 353; ~체계 72
시중회(時中會) 402~404
시천교(侍天敎) 306
식민사관 166~168, 182, 661
식민주의 547; 신~ 179, 526; ~ 역사인식 169; 온건한 ~ 523
식민지 27, 44, 164, 186, 211, 262, 263; ~ 경찰 591; ~ 관료제 467; ~근대화(론) 165, 203, 206, 207, 211, 662; ~ 기득권 488; ~ 농업정책 171; 지주제를 바탕으로 한 ~ 171; ~ 민족운동 263; ~ 부르주아 민족주의 540; ~ 수탈론 165; ~ 유산 28, 592; ~, 행정체계의 토대 592; ~ 자본주의 165; ~ 자치(론) 668, 669; ~ 지배체제 156, 354; ~ 지주제 583; 이시바시의 ~ 포기론 257; ~ 수탈론 165; ~ 관료제 488; ~의 토착 지주 157; ~의 형식적 독립허용론 179; ~의회 265; ~체제 461; ~통치 175, 179, 206, 263, 548, 668
신간회 279, 296, 337, 341, 505, 514, 518, 519, 530, 532, 533, 552, 583; ~ 경성지회 514, 518; ~의 당면방침 533; ~ 입회 515; ~ 침투 공작 515; ~의 평양지회 514, 518; ~ 해소 553, 555
신구범 497
신도(神道) 180
신돌석 87

신동준 14
신라회 644
신미양요 49
신민(新民) 95, 96
신민회(新民會) 114, 121, 315, 325, 326, 328, 332, 341, 488, 666, 667
신사(神社) 336
신사유람단(紳士遊覽團) 41, 279, 490
신상민 112
『신생명』 337
신석구 335, 341, 351
신석린 411
신성(信聖)중학교 328
신성모(申性模) 534, 642, 654, 672→ 거창양민학살사건, 국민방위군사건
신성희 122
신용하 102, 104, 105
신익희 289, 475, 631, 638, 648, 649, 652~654
신정왕후(神貞王后) 160, 455, 457→ 조대비
신채호 198, 202, 271, 324, 549, 553
신탁통치 27, 565, 584, 590, 594, 601-606, 614;「공동성명 5호」와 ~597, 598;「국제연합」77조와 ~ 569;『뉴욕타임스』보도와 ~588;『동아일보』보도와 ~584, 루스벨트와 ~565, 566, 570, 614; 3인의 암살과 ~613, 614; 한민당과 ~601, 602, 606
『신한민보』 188, 373
신한민족당 604

신한청년당(新韓靑年黨) 219, 271, 272, 283, 374
신한촌 93
신해통공(辛亥通共) 70, 71, 454
신해혁명(辛亥革命) 22, 249, 358, 364, 474,
신헌(申櫶) 55, 58
신홍식(申洪植) 283, 284, 326, 332, 341, 343, 351
신흥강습소(新興講習所) 114→신흥무관학교
신흥무관학교(新興武官學校) 14, 25, 114, 116, 118, 291, 295, 341, 488, 549, 645, 666, 672, 739주168; ~와 오산학교의 길 14, 341; 경화사족과 ~ 114-116, 118, 488, 672→이회영
신홍우 100, 101, 510, 522, 646
실력양성(운동) 199, 239, 296, 391, 500, 506, 522, 625, 667; 민족개량주의와 ~ 177, 391; 온건한 민족주의의 ~239, 296, 615; 자치운동과 ~ 391, 528, 531, 532
실리(Seely, J. R.) 383, 384
실학 61, 188
심상훈(沈相薰) 54
심용수(沈龍洙) 402
심천풍(沈天風) 264
19세기 위기론 207
「14개조」 237, 335, 373, 375→윌슨
쌀 폭동 246
쑨원(孫文) 22, 358, 364
쑹자오런(宋敎仁) 358
쓰시마 섬 84

쓰지 긴고(辻謹吾) 436

아

아관파천 47, 74, 96, 664
아놀드(Arnold, A. V.) 576, 577
아데나워, 콘라드(Adenaue, K.) 572
아라키 사다오(荒木貞夫) 413, 415, 416
아르메니아 370
아베 노부유키(阿部信行) 576
아베 미쓰이에(阿部充家) 386, 511, 536
아베 신다로(安培晋太郎) 44
아세아주의 306
아시아 연대론 106
아시아적 생산양식론 166, 167
아오야마(靑山)학원 337
아이자와 사부로(相澤三郞) 416; ~사건 412
아이젠하워(Eisenhower, D. D.) 647
아키나가 쓰키조(秋永月三) 437
아펜젤러(Appenzeller, H. G.) 98, 105, 299
아편전쟁 23, 130, 165
아현교회 99
안경수(安駉壽) 106, 107, 109
안동김씨 48, 54, 56, 60, 67, 152, 188, 454, 455, 457, 469
안명근 325
안병직 204, 205, 207
안병찬 82
안상덕 286
안석응(安碩應) 330
안세환 284, 285, 327

안악사건 325, 326
안일영(安一英) 483
안재홍 475, 476, 481, 482, 508, 512, 513, 518, 530, 532, 579, 602, 603, 605; ~의 민족담론 530
안종화(安鍾和) 477
안중근(安重根) 43, 88, 89, 91, 92, 118, 325, 473, 550
안중식 309
안창호(安昌浩) 26; 96, 105, 119, 121, 125, 270, 272, 280, 287, 313~315, 326, 332, 334, 374, 506; ~는 임시정부의 문치파 506; ~는 점진주의자 506; ~의 평양 연설 119
안태국 315, 325
안티고네 660
안평철도(安奉鐵道) 242
안희제(安熙濟) 271, 496
알라모고도(Alamogordo) 573→원자탄
알렌(Allen, H. N.) 300
애국계몽운동 307, 321
애덤스, 존 퀸시(Adams, J. Q.) 230
애쓰모글루(Acemoglu, D.) 131
애치슨(Atcheson, D. G.) 592, 593, 635
야나이하라 다다오(矢內原忠雄) 179, 180, 264, 265, 519, 524, 525; ~의 부르주아 민주주의 식민지관과 식민지 독립 179, 180, 264, 265; ~의 식민 담론 525; ~에게 일본 패전의 의미 180
야마가타 아리토모(山縣有朋) 36, 38, 39, 109, 248, 254, 257, 392, 413; ~의 이익선론 257
야마구치 기사부로(山口儀三郞) 576
야마나시 한조(山梨半造) 516; ~군축(山梨軍縮) 388
야마모토 겐(山本憲) 308
야마모토 곤베에(山本權兵衛) 36, 249, 382, 417
야마오 요조(山尾庸三) 34
얄타회담 565, 566, 669
양경복 101
양기탁(梁起鐸) 96, 315, 325, 494
양반충군론(兩班充軍論) 149
양성관 296
양실학교(養實學校) 330, 330
양우정(梁又正) 600
양원모 475
양원제 635, 641
양전백 283, 285, 328, 329, 333, 334, 341, 351
양천제(良賤制) 73
양한묵 285, 310
양홍묵 101
「어떤 살육 사건」 370→사이토 다케시, 제암리교회
어물전(魚物廛) 72→시전
어영청 148
어윤중(魚允中) 41, 54, 152
언더우드(Underwood H. G. 元杜尤) 98, 300, 334→원두우
언더우드-시먼스관세법 222; 윌슨의 ~ 222
엄상렬 122
엄인섭(嚴仁燮) 92, 119

엄창섭 122
에이먼 데 벌레라(Eamon de Valera) 534
에카트, 카터(Eckert, C.) 539
에테로클레스 660
엔도 긴스케(遠藤謹助) 34
엔도 류사쿠(遠藤柳作) 579
엘러즈(Ellers, A.) 300,
엘리자베스 여왕 139
엡윗청년회(Epworth League) 110
여객주인(旅客主人) 72
여순(반란)사건 610, 631
여운형(呂運亨) 203, 219, 271, 573, 577, 579, 580, 581, 582, 593, 594, 595, 607; ~, 중간을 건설하려 했던 사람 614
여운홍(呂運弘) 272, 273
여자매일학교 295
여준(呂準) 118, 324
여진족 141, 144
여흥민씨 54, 56, 67
역사문제연구소 8
연갑수 457
연공통일정부수립 653; 김구의 ~ 653
연기우 87
연동교회 340
연맹주의 495
연미론(聯美論) 55
연방무역위원회법 222
연방준비제도 222
연성기도회(煉性祈禱會) 285
연성화 479
연안이씨 59, 454
연정협약(Koalitionspakt) 615; 오스트리아의 ~ 615
연정회(硏政會) 178, 180, 506, 512, 514, 552; ~, 자치운동 단체 180
연추(烟秋) 119
연합군최고사령부 574
연해어업권 79
연해주 115
『열하일기(熱河日記)』 58
염세(鹽稅) 147
염창섭 409
『영국팽창사론(英國膨脹史論)』 383, 384
영남만인소(嶺南萬人疏) 65
영명학교(永明學校) 289
영보(永保)(합명) 465
영신학교 327, 472
영일동맹 24, 76-78, 153, 239, 240, 242, 245, 248, 373, 376, 381, 382, 548; ~과 세력균형 패러다임 239, 240
영조(英祖) 58~60, 454
영학숙(英學塾) 471, 472
예종석 359
5인정당대표회의 604
오가와 슈메이(大川周明) 415; 오가와 이즘 415
오경석(吳慶錫) 58, 67, 278
오군영제(五軍營制) 148
오기선 284
오노 로쿠이치로(大野綠一郎) 438
오렌지 플랜 233, 243
오리엔탈리즘 166, 167
5·4운동 357
오산교회 293, 325

오산학교 14, 118, 119, 282, 287, 291, 292, 302, 314, 315, 319, 323, 324, 341, 350, 352, 666, 667; ~ 설립 목적 121
오상근 284
오세창 276, 285, 286, 302, 305, 307, 310, 337, 349
오수창 320
오스트리아 29
5·10선거 192
오영수(吳泳秀) 577
오위제(五衛制) 148
오이디푸스 660
5·26정치파동 644
오익균(吳益均) 639
5·16군사정변 207
5·15사건 412
오자키 유키오(尾崎行雄) 250
오중묵(吳重黙) 470
오치은(吳致殷) 318
오카와 슈메이(大川周明) 413
오쿠마 시게노부(大隈重信) 36, 250, 253, 382, 674; ~내각 250
오쿠보 도시미치(大久保利通) 36
『오하기문』 159
오화영 284, 285, 327, 335, 338, 341, 351
오희순 313
옥관빈 112, 325
옥성득 333
온건주의 11, 12; 분리형 타협운동과 ~자 671; 역사적 ~ 29; 온건과 윤치호와 이승만의 차이 109; 일본의 ~ 노선 439; ~자 671; 온건과 입지 축소 441; 한국 ~ 희생 514
올콕, 러더포드(Alcock, R.) 35
와세다(早稻田)대학교 289, 445, 474
YMCA 350, 501→기독교청년회
와카쓰키 레이지로(若槻禮次郎) 265, 514, 525
와트, 제임스 162
왓슨, 알프레드(Wasson, A.) 301
외몽골 142
요(遼) 144
요시노 사쿠조(吉野作造) 265, 476
요시다 쇼인(吉田松陰) 37
요역제(徭役制) 69
용운동교회 329
우가키 가즈시게(宇垣一成) 40, 254, 393, 409, 413, 418, 422, 423, 427, 428, 429, 431, 438, 439, 442, 546, 668; 우가키군축(宇垣軍縮) 254, 388, 440; ~내각 438; ~내각 유산(流産) 438; ~의 공업화정책 420; ~의 대만주 정책 420, 424; ~의 식민통치정책 420, 439; ~의 조선론 429
「우당이회영선생실기」 116
우대형 208, 210
우동선 87
우시지마 쇼조(牛島省三) 403
우쓰노미야 다로(宇都宮太郎) 367
우에마쓰 히사아키(植松考昭) 252
우에무라 마사히사(植村正久) 370
우에하라 유사쿠(上原勇作) 249
우치다 고사이(內田康哉) 422
우현좌척(右賢左戚) 60
운남신디케이트 76

울브리히트 그룹 572
워싱턴, 조지(Washington, G.) 227, 229
워싱턴군축회담 361→워싱턴회의
워싱턴조약 424; ~의 단독 폐기 426
워싱턴체제 262, 423, 426, 440, 548
워싱턴회의 234, 245, 358, 381, 385, 422, 510→태평양회의
워털루전투 235, 630
원납전(願納錢) 51, 52
원두우(元杜尤) 299, 300→언더우드
원로(元老) 37, 40, 254; 일본 번벌정치 ~ 제도 259; 일본 입헌정치와 적대적 관계 ~정치 252
원산중앙교회 327
원세훈(元世勳) 272, 582, 585, 598, 603
원용덕 593
원자탄 568; 최초 ~(Trinity) 실험 성공 573 →알라모고도
월부예금제도 464
웰즐리, 아서(Wellesley, A.) 235
위구르족 142
위대모(魏大模; Whittemore, N. C.) 328, 329
위안스카이(袁世凱) 152, 243, 358
위임통치; 국제연맹과 ~ 270, 375
위정척사 62, 68; ~론 61
윌슨, 우드로(Wilson, W.) 218~220, 222, 223, 224, 225, 226, 230, 232, 233, 237, 245, 270, 271, 302, 304, 305, 328, 335, 336, 357, 372, 374~376, 378, 387, 559, 564, 667; ~의 교훈과 루스벨트 564; 국제질서(세력균형)와 ~ 231-233, 237, 559, 667; 미국 상원과 ~ 357; 3·1운동과 ~ 302, 304, 305, 328, 335, 336; 소에지마 미치마사와 ~ 387; '승리 없는 평화'와 ~ 223, 372, 564; 「평화 14개 조항」과 ~ 225, 245; 한인민족운동과 ~ 270, 271, 374-376, 378
유경상 483
유길준(兪吉濬) 41, 154, 279, 480, 490; ~, 내란 음모 사건 307
유니버시티 칼리지 런던(Univercity College of London) 34
유대치 278
유림(儒林) 61, 88; 3·1운동과 ~ 280; 항일의병과 ~ 88; 유림사회(儒林社會) 280
유목민족 134, 138, 142, 144
유상(柳商) 353; 개성의 송상, 평양의 ~, 의주의 만상 353
유성준(兪星濬) 477, 490
유신정우회 22
유신체제 22
유신환(兪莘煥) 66
유억겸 337, 510, 522, 542
UN 567; 유럽과 ~ 567; 이승만정부와 ~ 642, 643; 한국의 독립과 ~ 608; 한국전쟁과 ~군 638; ~소총회 608; ~정치위원회 608; ~통일부흥위원단 642; ~한국위원회 643→국제연합
유여대(劉如大) 283, 285, 329~341, 343, 351

유일선   110
유정수   41
유진산   631
유진순   411
유진오   497, 536, 537, 539, 542, 616
유태로   483
유토피아주의   662
유학생; 일본인 관비 ~ 33; 한국 관비 ~ 42, 289; 조선인 사비 ~ 40
유현희   13
6·10만세투쟁   179
육영공원(育英公院)   115
육의전(六矣廛)   71→시전
6·25전쟁   185, 190, 645
윤광안(尹光顔)   59
윤근수   487
윤기익(尹基益)   577
윤길중   643
윤덕영(尹德榮)   273
윤두수   487
윤병구   85
윤보선   592, 631
윤상은   339
윤성운   323
윤영렬(尹英烈)   161, 487
윤용구   104, 277, 284, 297
윤웅렬(尹雄烈)   161, 487
윤원삼   327
윤익헌   639
윤제부   122
윤창석   271
윤취동   487
윤치소(尹致昭)   160, 288, 485~487
윤치호(尹致昊)   41, 102~105, 107, 161, 277~279, 297, 325, 339, 510, 530
윤현진   475
윤홍섭(尹弘燮)   475
윤효정(尹孝定)   477
윤휴(尹鑴)   149
융커   162
은사공채   467
은정태   13
을미사변   68, 126, 307, 349
을미의병   62, 68, 74, 75, 88, 153; ~, 갑오정권 붕괴 75
을사보호조약   77, 80, 84, 95, 110, 111, 121, 153, 268, 277, 279, 280, 289, 306-308, 313, 315, 350, 378, 561, 667, 673
을사오적   25, 122
의병   74, 87, 112, 119, 122; 고종과 ~ 80; 군대 해산과 ~ 86, 118; 안중근과 ~ 89, 119; 향촌의 사대부와 ~ 62, 74, 87, 88, 95, 112
의열단   551
의정부(議政府)   48
의주상인   320
의친왕(義親王)   326
의회   21, 137, 139,; 미국 ~와 먼로주의 229; 영국 ~와 경제적 내셔널리즘 137-139; 영국 ~와 산업혁명 162; 영국 ~와 지주 196; 일본 ~ 37, 254; 자치운동과 ~ 전술 554, 558; 한국 ~와 농지개혁 175; 한국 ~와 지주 197
의회(민주)주의   5, 6, 21, 22, 521; ~와 경제성장 253, 『독립신문』의

~ 108; 영국 ~와 상층 지주 672;
일본의 ~ 45, 246, 252, 263, 412,
440, 546, 674; 한국과 일본의 ~
비교 194; 한국의 ~ 44, 45, 213,
352, 489, 555, 628, 629, 645,
647, 650, 659, 672; 한국·일
본·중국의 상층지주와 ~ 26, 27,
164; 한국의 ~와 반공지배연합
665, 677; 한국의 ~와 상층지주
673
의회(대의)정치; 서유럽과 ~ 135; 식민
지 조선의 ~와 자치 520
이갑 315
이갑성 283, 284, 327, 337, 339~
341, 368, 640
이강(李堈) 470
이강년 87
이강백 293
이강현(李康賢) 288, 483, 491
이건호(李健鎬) 102
이경섭 286
이관직(李觀稙) 116~118
이광수 271~273, 289, 318, 505, 506,
530; ~의 민족 담론 505, 506; ~
의 독립운동 271-273
이광종(李光種) 483
이교식 405
이규학 114
이근배(李根培) 470
이근택 122
이기백 315, 316, 351
이기범 111
이기붕 649, 653
이기설(理氣說) 67

이기심성론(理氣心性論) 66
이기용(李琦鎔) 490
이기찬(李基燦) 264, 405
이노우에 가오루(井上馨) 34~36, 43,
109, 241
이노우에 마사루(井上勝) 34
이노우에 준노스케(井上準之助) 259
이누카이 쓰요시(犬養毅) 250, 259,
415, 416; ~내각 421
이덕무(李德懋) 57, 58
이덕화 479
이덕환 315, 327
이도영 309
이동구(李東九) 470
이동녕 84, 96, 113~118, 315
이동화 647
이동휘(李東輝) 272, 295, 315, 325,
379; ~ 편지 379
이등박문 84→이토 히로부미
이마이다 기요노리(今井田淸德) 438
이만손(李晩孫) 65
이만수(李晩秀) 59
이만열 167
이명룡 283, 285, 328, 332, 341, 351,
368
이범석 620, 641, 654, 672
이범숙 487
이범윤(李範允) 89, 87, 91
이범진(李範晉) 85
이병렬(李炳烈) 394, 407
이상설(李相卨) 79, 80, 82, 84, 85,
88, 92, 93, 113, 115, 116, 117,
118, 324, 488, 666
이상재(李商在) 272, 337, 339, 477

이상적(李尙迪) 58
이상주 418
이상철 84
이상협 491, 492, 497
이서층(吏胥層) 74
이석영(李石榮) 13, 14, 115, 117
이선경 293
이성탁(李盛鐸) 292
이성태 282
이스트먼(Eastman, L. E.) 359
이승길 112
이승만 96, 101~103, 105, 109, 110, 113, 175, 190, 192, 195, 198, 219, 220, 270, 271, 339, 374, 376, 379, 381, 522, 558, 573, 581, 582, 584, 588, 590, 595, 598, 599, 605, 607, 611, 617, 619, 622, 628, 631~633, 644, 646, 649, 667~669, 671-673, 677; ~계 601; ~ 노선 608; ~과 반공포로 석방 648; ~ 저격사건 557; ~과 반탁 612; ~과 친일세력 숙청 633
이승복 603
이승훈 14, 118~121, 276, 282~285, 287, 292, 312, 313, 316~319, 322~325, 328, 332, 337, 339, 340, 350, 368, 506, 667
이시바시 단잔(石橋湛山) 256, 419, 674
이시수(李時秀) 59
이시영 14, 97, 111, 639, 643, 644, 646, 647, 672, 677
이시하라 간지(石原莞爾) 419, 544

「21개조 요구」 242
이여성 603
이영준 648
이영훈 207, 208
이완용(李完用) 25, 82, 122, 271, 273, 470; ~내각 473
이용설(李用卨) 577
이용우(李龍雨) 115
이용익(李容翊) 76, 79, 107, 287, 307, 493, 535; ~ 노선 76
이용직(李容稙) 280, 477
이용태 460
이용화 323
이우규 479
이위종(李瑋鍾) 85, 92
이유승(李裕承) 115
이유원(李裕元) 25, 115, 117, 151
이은숙 113, 114, 117
이은우 405
이은찬(李殷瓚) 86,87
이응준 593
이이 66, 67
2・26사건 412, 426, 439, 442; 2・26 쿠데타 417
이인 582
이인규 122
이인영(李麟榮) 86, 87
이인환 292
이장규 122
이장녕 118
이재룡 487
이재면 480
이재완(李載完) 470
이재원 490

이정식 102, 104
이정직(李定稷) 288
이종근 271
이종린 506, 512
이종수(李鍾洙) 536
이종일 285, 286, 310, 337
이종호 493
이종훈 285, 310
이주하 603
이준 92, 96, 112, 339
이준용 480
이중칠(李重七) 54
이중하 104
이중화(李重華) 483
이지용 122
이지원 533
이진룡 87
이창응(李昌應) 490
이천교회 293
이철우 13
이청천 631, 635, 654
이케다 기요시(池田淸) 403
이태진 106, 127, 128, 152, 740주190
이토 히로부미(伊藤博文) 34, 36, 38, 39, 43, 80, 81, 84, 85, 91, 109, 248, 254, 323, 406, 473, 550, 673; ~ 피격 88
2·8독립선언 272, 289, 352, 505, 508
이필주 110, 285, 334, 337, 341
이하영(李夏榮) 295
이하응(李昰應); 흥선대원군 48, 49, 52, 53, 58, 160, 453, 489
이항로(李恒老) 49, 62, 67, 88; 이항

로 학파 66→화서학파
이항복(李恒福) 25, 115, 644
이항직 112
이행우(李行雨) 115
이헌창 208
이현규 475
이화학교 99
이활(李活) 534
이회영(李會榮) 13, 25, 43, 97, 113~118, 121, 315, 324, 361, 488, 645, 666, 677→신흥무관학교
이효건 493
이희(李熹) 470
이희간 112
이희경 293
이희승(李熙昇) 449, 483
인내천주의 299
인민공화국 186, 593, 594, 670; 조선~ 581, 584, 587, 593, 594
인민당 594, 595, 603
인민위원회 581, 583, 593, 594, 670; 건준의 ~ 581; 전국 ~ 594; 중앙 ~ 594
인성물성동이(人性物性同異) 66
인조(仁祖) 56, 149; ~반정 55, 62, 148
인종경쟁 79, 306, 307
인종익 286
인종주의 349
인천상륙작전 638
일러전쟁 90, 199
일만(日本滿洲)블럭 425, 426, 435, 548; ~ 노선 435; ~ 경제 438
일민주의 641

일본제국주의　193, 487, 547, 548, 551, 578, 591, 659, 668, 669, 676→제국주의
1·4후퇴　639
일선만(日鮮滿) 블록　419, 428, 438, 441
일심회(一心會)　308, 349; ~ 사건 308
일원주의　662
일진회　88, 106, 120, 306
일한가스(日韓瓦斯)(주)　463
일화사변　438
임권일　313
임대업　465
임면수(林冕洙)　295
임상옥(林尙沃)　72, 320
임순남　293
임술(진주)민란·임술농민항쟁　150, 170, 321
임영신　620
임예환　285, 310, 368
임오군란　39, 126, 151, 152, 664
임응순　293
임일권　318
임종국　192
임진왜란　50, 60, 70, 115, 138, 145, 146, 147, 148, 149
임창수(林昌洙)　405
임치정　325
입헌(민족)국가　262
입헌(대의)군주제　102, 104→군주제
입헌운동; 중국 상인의 ~ 359
입헌정치; 일본의 252;『동아일보』의 ~ 504

자

자딘 매터슨(Jardine Matheson) 상회　34
자민당(자유민주당)　674
자본가　44, 503, 515, 582; ~적 경제운동 181; ~적 농장 경영 171
자본주의　45, 132, 172, 174, 253, 315, 584; ~ 경제운동 182; ~ 농업화 174; ~ 맹아(萌芽) 169, 182; 자주적 ~ 181, 182
자유; 동일 융커와 ~ 농민 162;『동아일보』사설의 ~론 504; 영국의 ~ 와 시민계급 139
자유당　641, 646, 649; 사사오입개헌과 ~ 649; 원내 ~ 641, 650; 원외 ~ 641
자유민권 운동　253, 441, 442
자유민주파; 야권대통합과 ~ 557, 650, 651; 민주당 창당과 ~ 652
자유상인; 조선 특권상인 대 ~ 73
자유시참변　549
『자유신문』　578, 606
자유주의　5, 11, 12, 25, 132, 163, 179, 180, 248, 254, 262, 263, 354, 388, 439, 442, 495, 504, 508, 515, 628;「대서양헌장」과 ~ 국제질서 563; 미국의 신~ 10; 일본 과두정치 대 ~ 382; 일본 급진적 ~ 담론과 식민주의 257, 419; 일본 급진적 ~ 대 애국적 극단주의 257; 일본의 ~ 674; 한국 ~ 세력과 진취적 지주 628, 673; 한국 진보적 ~ 362, 364
자치　513, 519~521; ~(론)과 백남운

531, 532; ~론과 소에지마 265, 390, 520, 521; ~(론)과 송진우 556; ~(론)과『동아일보』논설 503, 507; ~론과 박찬승 528; ~론과 신간회 532, 533; ~론과 야아니하라 264, 525; ~에 대한 관점들 264, 265; ~와 온건한 민족주의 523; ~와 조선의회 178, 513, 519, 554; ~운동 사이토 총독 177; ~운동과 안재홍 530; ~운동과 일본의회 154, 513; ~운동과 자유주의 부르주아지 173; ~운동과 중추원 406; ~운동 최린 515; ~운동과 타협・비타협 391; ~제 410, 514, 532; 김만규의 ~ 분류 529; 일본이 보는 ~ 265; 조선총독부가 보는 ~ 556; 일본의 ~론과 부르주아 민주주의 식민지관 179; 일본 ~론과 외교 419; 일본 도시의 ~권 356
자치권 178, 356, 554; ~ 획득 178
자치론 179, 264, 265, 390, 407, 419, 503, 507, 514, 515, 526, 582, 668; 박찬승의 ~ 528; 백남운의 ~ 비판 531; 소에지마의 ~ 519; 소에지마의 ~자치론 요지 520; 김만규의 ~ 분류 529; ~자 549
자치운동 163, 177, 178, 391, 406, 513, 515, 531, 655; 백남운에게 ~ 531; 백남운의 ~ 비판 532; 송진우의 ~ 556; 일본이 보는 ~ 556
자치운동론 531; 박찬승의 ~ 528; ~, 민족주의 우파의 정치적 타협 528; ~, 반체제적 운동 556; ~, 실력양성론의 구현 528
자치의회 555
자치제 410, 514
잠수함 작전 224
장규완 122
장기 19세기 240, 241, 297
장기영 631
장길상(張吉相) 470
장대현교회 326, 327, 333
장덕로 331
장덕수(張德秀) 194, 203, 271~273, 275, 289, 291, 475, 495, 497, 498, 534, 542, 589, 590, 592, 598, 601, 606, 607, 614, 655, 661, 670; ~의 죽음 613; ~ 암살사건 613; ~, 중간을 건설하려 했던 사람 614
장덕준 491, 492, 494
장도(張燾) 477
장도빈 110
장로교 100, 283, 285, 299, 326, 327; 장로회 111, 300, 326
장면 631, 635, 650, 653; ~정권 191
장성농장(長城農場) 450
장시(場市) 71, 208, 209
장원(莊園) 143, 162
장유순 116, 117
장인환 378
장제스(蔣介石) 359, 560
장지연(張志淵) 82
장직상(張稷相) 403, 404
장진강(長津江) 수리권(水利權) 431, 432

장택상 593, 638, 643, 650
장헌근(張憲根) 406
장헌식(張憲植) 477
재지사족(在地士族) 67, 80
잭슨, 앤드루(Jackson, A.) 378
저팬 어드버타이저(Japan Advertiser)』 220, 369
저팬 크로니클(Japan Chronicle)』 220, 369
적십자사 113
전국인민대표자회의 581
전농(전국농민조합총연맹) 586, 594
전당포 486
전덕기(全德基) 96, 104, 110, 112, 113, 121, 295, 315, 334
전두환 9
전명운 378
전병헌 112
전선공업자대회(全鮮工業者大會) 434
전영택 271
전용순(全用淳) 577
전우(田愚) 282
전운사(轉運使) 459
전제군주(체)제 102, 104, 109→군주체제
전제왕권 131
전제정치 108, 187, 377, 520
전주농공은행 462
전주어음조합 462
전체주의 11, 12, 27, 44, 164, 180, 189, 198, 211, 260, 627, 662, 673; ~자 669
전평(전국노동자조합전국평의회) 594, 608

전형필 307
절대주의 139, 353
점진주의 12; ~와 민족개량주의 177, 531; 『독립신문』의 의회론과 ~ 108; 한국 사회 발전과 ~ 659, 673
정계량(鄭季良) 448
정광조(鄭廣朝) 403
정교(鄭喬) 107, 110, 477→『대한계년사』
정노식(鄭魯湜) 282, 287, 288, 291, 293, 312, 352, 475
정당 252, 263, 637; ~세력 474; ~은 국민과 정부의 의사소통 매개체 637; ~은 민주국가의 도구 637; ~정치 246, 247, 254, 259, 260, 263, 355, 392, 412, 669
정당통일기성회 341
정대현(鄭大鉉) 402
정동 99
정동교회(貞洞敎會) 99, 326, 224
정동제일교회 97, 99, 101, 328, 336, 337
정명섭 82
정명채 329, 330
정묘호란 145
정미7조약 85, 89, 473
정미소 156, 450
정미의병 62, 88, 153
정부불신임권 634
정석용 405
정세윤 475
정순만(鄭淳萬) 79, 84, 96, 104, 112, 113

정순왕후(貞純王后) 454
정안립(鄭安立) 272
정연태 165
정우본당 252
정우회(政友會) 247, 248, 249, 252, 259, 392, 406, 414, 415, 513, 516, 517
정응봉(鄭應琫) 403
정인보 289, 618
정조(正祖) 59, 60, 150, 454
정주읍교회 325
정주향교 323
정창률 623
정체성론(停滯性論) 163, 167; ~의 핵심 167
정춘수 284, 285, 327, 336, 338, 341, 343, 368
정한경(鄭翰景) 220, 270, 374, 376
정한론(征韓論) 35, 36, 382
정현 409
제1차 한일협약 280
제1회 견미사절단(遣美使節團) 33
제2공화국 191
제2국민병 639
제3신분 354
『제국과 상인』 155
『제국신문』 310
제국의회 525
제국주의 22, 44, 155, 163, 168, 263, 267, 312, 564; ~ 국제무역 562; ~ 질서 173; 급진적 ~ 546; 도덕적 ~ 383, 440, 548, 669; 온건한 ~ 419, 546
제물포조약 278

제삼계급 503
제암리교회 369; ~ 학살 293, 369, 372; →「어떤 살육 사건」
제중원(濟衆院) 489
제퍼슨, 토마스(Jefferson, T.) 221, 222, 229
제헌헌법 8, 557, 632, 677
조계진 114
조공; ~무역 141, 320, 663; ~제도 56; ~책봉체제(관계) 145, 663
조공업 433
조기간(趙基栞) 403
조대비(趙大妃) 48, 160
조동희(趙同熙) 54
조두순(趙斗淳) 453
조만식(曺晩植) 337, 475, 506, 514, 573, 575, 577, 599; ~, 기독교 민족주의자 574
조만영(趙萬永) 455
조미수호통상조약(朝美修好通商條約) 55, 66, 96, 99, 100, 154, 267, 576
조병갑(趙秉甲) 160, 452, 460, 461, 466
조병세 82, 84, 313
조병옥(趙炳玉) 508, 557, 592, 593, 631, 646, 648, 650, 672
조봉암 557, 617, 619, 622, 624, 638, 646, 650, 652, 677→농지개혁, 사법살인, 진보당
조석진 309
조선공산당 508, 549, 582; 3차 ~ 518; ~ 사건 495
조선공업협회 427

조선공업화 427, 433
「조선교육령」 477
조선교육회 279, 486
조선귀족령 467
조선기근구제회 506
조선농민사 291
조선독립청년단 271
조선면사포상연합회 435
조선물산장려회 291
조선민립대학기성회 506
『조선민족혁명과 통일전선』 183
조선민주당 574
조선민주주의인민공화국 5, 164, 175, 195, 197, 673
조선민흥회 513
조선방직주식회사 288
조선불교총무원 307
조선사정연구회 291, 508, 511, 552
조선산업경제조사회 435
『조선상고사』 201
조선상업은행 359, 464
조선수전(朝鮮水電) 431
조선신사(朝鮮神社) 499
조선유학생학우회(朝鮮留學生學友會) 271
조선은행 75, 267, 464
조선의용군 575
조선의회 178, 264, 406, 408, 410, 513, 519, 524, 554; ~론 407; 야나이하라가 주장하는 ~ 524
조선인민공화국 581, 584, 587, 593, 594
조선인민민주주의공화국 164
『조선일보』 359, 518, 530, 532

조선일본인 407, 410
조선임시민주주의 정부 606
조선전기흥업(朝鮮電氣興業) 432
조선주차군(朝鮮駐箚軍) 367; ~ 37여단(함흥) 367; ~, 38여단(나남) 367; ~, 39여단(평양) 367; ~, 40여단(용산) 367
『조선지광』 529
조선질소비료주식회사 435
『조선책략(朝鮮策略)』 64
조선청년연합회 291
「조선통치의 근본의」 519
「조선혁명선언」 549
『조선후기 농업사연구』 182
『조선후기 상업자본의 발달』 182
조성구 391
조성환 110, 112, 589
조세 75, 170; ~금납화 74; ~수취체계 321; ~청부 69, 663
조소앙(趙素昻) 584, 589, 600, 605
조슈 5걸(長州五傑) 33, 34
조슈번(長州藩) 33, 35, 38, 40, 44, 62, 241
조용조(租庸調) 69
조유순(趙猷淳) 453
조인영 67
조일수호조규(약) 39, 53, 66, 77, 151
조중응(趙重應) 273
조지, 데이비드 로이드(George, D. L.) 228
조진태(趙鎭泰) 359
조철호(趙喆鎬) 483
조택현 308
조필영(趙弼永) 459, 460

조형균 323
조희룡(趙熙龍) 58
존주론(尊周論) 454
종교(宗橋)교회 327, 338
종로교회 337, 338
종묘 69
좌우합작운동 607
좌익전선 190; ~연합 191
『주간희망』 557
주권재민(主權在民) 473
주시경 110
주원장(朱元璋) 142
주익종 452
주인식(朱寅植) 13, 121~123, 361, 273, 274, 276, 667
주종선(朱鍾宣) 403
주진오 737주147
『주한미군사』 585
죽동8학사(竹洞八學士) 54
죽동궁(竹洞宮) 54
준론(峻論) 59; ~ 탕평 60
줄포항(茁浦港) 446, 449
중개무역 71
중국공산당 575; ~의 중국 통일 571
중도노선 175
중도아(中都兒) 72
중도좌파 593
중상주의 130, 134; 정교한 ~ 139
중앙교회 327, 338
중앙기독교청년회(YMCA) 340
중앙은행 76
중앙학교 277, 282, 288, 289, 292, 360, 477, 481, 483, 486, 488, 489, 492, 667

중앙학회 477, 480, 483
「중요산업통제법」 410, 430, 433 → 「중통법」
중일전쟁 180, 411, 419, 535; ~, 일본 군국주의 신호탄 419
중종(中宗) 55; 중종반정 55, 148
중진자본주의론 205
중추원 102, 395, 402, 408, 410; ~ 무용론 394; ~회의 407, 409, 411; ~, 친일인사 총집결체 393
「중통법(중요산업통제법)」 410, 433, 434, 436, 438
중화(中華)문화 454; 중화론 53; 중화질서 126, 151, 173, 211
중화인민공화국 164
지대(地代) 156, 157, 163, 208, 450
지석영(池錫永) 477
『지식의 고고학』 166
지조법(地租法) 56
지주(地主) 21, 23, 24, 26, 44, 155, 156, 161, 163, 172, 173, 196, 197, 199, 246, 287, 292, 447, 448, 470, 493, 515, 527, 577, 582, 589, 622, 624, 630; ~, 자유주의 세력의 근간 628; ~적 개혁 170, 175; ~적 귀족 162; ~경영 42, 158, 172, 287, 446, 450, 465, 484~487; ~계급 21, 156, 173; ~ 귀족 353; ~보상액 621; 관료적 ~세력 23, 321, 628; 영국의 ~위원회 627; ~ 유형 156; ~자본 172, 351; ~제 171, 172, 173, 620; ~제 타파 615; ~층 452; B형 ~(진취적 ~) 156; 개방

적 ~ 471; 경기형(京畿型) ~ 157~160; 관료적 ~ 156, 157, 159, 172, 173, 484, 645; 기호 지역 ~ 24; 동태적 ~ 158, 159; 전북형(全北型) ~ 157, 160; 전북형 ~의 특징 158; 정태적 ~ 158, 159; 조선인 ~ 157; 진취적 ~ 26, 156, 159, 161, 164, 173, 194, 269, 354, 360, 362, 471, 484, 628, 645, 664, 665, 673; 진취적 ~층 194, 361; 호남의 ~ 24, 163, 173
진경문화 62; 진경산수화(眞景山水畵) 60, 62
진보당 652, 672; ~사건 653→조봉암
진보주의 223
진성렬 122
진위대(鎭衛隊) 461
진주만 243; ~ 공습 559, 561
진주민란 150
진학문 491, 494
집단안보 95, 229, 231, 233, 238, 239, 262, 269, 379, 392, 548, 560, 667; ~론 548
징고이즘(jingoism) 388
징병제도 224

차

차병수 111, 112
차희균(車喜均) 295
찰스 1세 139
참정권 407, 503; ~ 청원운동 406, 410; 부인의 ~ 502; ~론자 549
창흥의숙(昌興義塾) 472

채제공(蔡濟恭) 70
채플린, 찰리 224
처칠(Churchill, W.) 560, 566, 567
척사(斥邪) 63; 위정~, 보수적 교조적 유학담론 67; 위정~파 66, 68
1905년 위기 118
1907년 민심 119
1907년 위기 118
1948년 27
천도교 78, 268, 269, 276, 282, 284, 285, 287, 290, 293, 297, 299, 305, 306, 309, 311, 312, 340, 349, 352, 355, 360, 362, 406, 491, 506, 535, 554, 582; ~ 신파 514, 530
천응성(千應聖) 308
천주교 49, 97, 154, 457
천황 37, 261, 546, 552; ~, 신의 아들 545; ~제 44, 260
철도 부설·관리권 79
철종(哲宗) 48, 160, 455, 456
철혈주의 379
청(淸) 126, 142, 149~150, 152; ~의 간섭 126
청교도혁명 132, 196, 371
청산리전투 549
청일마관조약 77
청일전쟁 23, 25, 41, 47, 75, 93, 126, 152, 153, 165, 244, 298, 313, 333, 351, 421, 561, 664
청전(淸錢) 52
청조(淸朝) 45, 140, 141
청주한씨(靑州韓氏) 279
체이스(Chase, M. L.) 302

체임벌린, 조지프(Chamberlain, J.) 384
촐고츠, 리온(CzolgoszL, F.) 221
총력전체제 225,
총융청 148
최광옥 315
최규동 483
최근우 271, 272
최남선 110, 272, 277, 278, 282~284, 289, 310, 312, 352, 368, 476
최돈승(崔燉昇) 401
최두선 475, 483, 491, 508
최린(崔麟) 217, 218, 272, 276, 278, 284, 289, 291, 302, 303, 308, 309, 312, 337, 349, 352, 368, 394, 402, 406, 411, 491, 506, 512~515, 530, 531
최병헌 337
최사영(崔思永) 470
최석연(崔碩連) 403
최성모 285, 334, 341, 351
최순주 649
최시형(崔時亨) 298, 305
최양호(崔養浩) 402
최원순 506, 508
최익현 50~52, 64, 68, 75, 80, 84, 87, 104, 472
최재학 111, 112
최재형 93, 119
최정덕(崔正德) 102
최정식 107
최제우(崔濟愚) 298, 311
최준집(崔準集) 400, 401, 404-406
최팔용 271

최학래(崔鶴來) 310
최한기 475
최현식(崔鉉軾) 470
최홍식 123
추밀원 37
춘궁기 449
춘천고보기성회 400
충칭임시정부 580→대한민국임시정부, 상하이임시정부
치스차코프(Chistyakov, I. M.) 574
「치안유지법」 257, 440
친일파 6, 7, 27, 28, 177, 193, 445, 541, 593, 607, 653, 661; ~ 재생과 반탁운동·민족주의 183, 612, 661; ~와 반소반공단정연합 653
『친일파 군상』 541, 543
7·4남북공동성명 182
침례회 111
칭기즈 칸(Chingiz Khan) 140

카

카이로선언 560, 561, 568, 669
캬흐타(Kyakhta)조약 142
커밍스, 브루스(Cumings B.) 156, 205, 577, 583, 585→『한국전쟁의 기원』
케넌, 조지(Kennan, G. F.) 596, 232
코민테른 263
쿠릴열도 565
크레온(Creon) 660
크레인(Crane, C. R.) 219, 271
크로 경, 에어(Sir Crowe, E.) 236
크롬웰(Cromwell, O.) 371
클레망소, 조지(Clemenceau, G. B.)

228
클레이턴반독점법(Clayton Antitrust Act) 222→윌슨
킨케이드(Kinkaid, T. C.) 576

타
타율성론 167, 168; ~의 요점 167→식민사관
타협운동 668; 관제적 ~ 531; 동화형 ~ 668; 분리형 ~ 668, 671
탕평정치(蕩平政治) 58, 60, 150; 탕평책 59, 60, 454
태극학회(太極學會) 125, 290
태평양문제연구회 510, 521; ~ 조선지회 509, 511, 522, 552
태평양전쟁 164, 411, 439, 562; ~위원회 565
태평양함대 243
태평양회의 245, 262, 381→워싱턴회의
태프트, 윌리엄 하워드(Taft, W. H.) 220, 221, 378
태화관 286, 343
테헤란회담 564, 565
텐진조약(天津條約) 126; ~, 일본군 개입 빌미 153
토리당 628
토지 156; ~국유화 175; ~ 귀족 체제 157; ~매매 449; ~사유화 174; ~생산성 208; 토지세 142; ~소유권 503
토지개혁; ~과 광무개혁 171; ~과 한국경제발전 206; 남한의 농지개혁과 북한의 ~ 차이 616, 619; 북한의 ~ 607, 676; 제헌국회와 민

중주의적 ~ 611
통리기무아문(統理機務衙門) 54
통수권간범(統帥權干犯) 414
통신기관 관리권 79
통일독립촉성회 609
통일 민족국가 192, 193; ~ 민족주의 202, 661; ~세력 194; ~민족주의와 마술적 민족주의 202; ~민족주의화 한국전쟁 661; ~임시정부 605, 671; ~임시정부 수립 578; ~전선운동사 184; ~전쟁 185; ~해방 562, 570
통제파(統制派) 412, 413, 416, 418, 423, 426
트라팔가르(Trafalgar)해전 235
트루먼(Trumann, H. S.) 568, 569, 571, 572, 591, 643; ~ 독트린 571; 루스벨트의 개방 대 ~의 봉쇄 572

파
파고다공원 286, 348
파리강화회의 218, 226, 228, 234, 239, 244, 262, 267, 270~273, 283, 305, 357, 361, 372, 374, 510
「파리장서」; 3·1운동 때 유자 137명의 연서 282
파시즘 12, 260, 426, 442, 627; 아래로부터의 ~ 545; 위로부터의 ~ 545; 프롬의 ~ 662
팔레, 제임스(Palais, J. B.) 145, 455
페르디난트(Ferdinand, F.) 237
페리(Perry, M. C.) 37

페이지, 제프리(Paige, J.) 156
페인, 토마스(Paine, T.) 229
페탱(Pétain)정권 580
편정진(片廷津) 470
평등주의 105, 495
평북노회 282
평양부흥운동 334
평양신학교(平壤神學校) 300, 325, 328, 329, 333
평양회의 607
폐번치현(廢藩置縣) 441
포메란츠(Pomeranz, K.) 130, 135
포츠담공동선언 573, 578, 669
포츠머스조약 24, 77, 110, 221, 378, 667
폴란드망명정부 575
폴란드민족해방위원회 575
폴뤼네이케스(Polyneices) 660
표영각 112
푸코, 미셸(Foucault, Michel) 166
푸트, 루시어스(Foote, L. H.) 55, 154
풍양조씨(豊壤趙氏) 48, 54, 56, 455, 457
프랑스혁명 132, 162, 230, 234, 235, 383, 630
프로이센 232
프롬, 에리히(Fromm, Erich) 662
피에몬테(Piemonte) 370, 371; ~의 학살 371
필라델피아 한인대회 376

하

하기(萩) 38
하나부사 요시모토(花房義質) 39
하디, 로버트(Hardie, A. R. A.) 338
하딩, 워렌(Harding, W. G.) 234, 245, 358
하라 다카시(原敬) 37, 247, 355, 367, 381, 392; ~내각 247, 263
하마구치 오사치(濱口雄幸) 265, 514; ~내각 413, 414, 424
하미전(下米廛) 71→시전
하세가와 요시미치(長谷川好道) 367
하시모토 긴고로(橋本欣五郎) 413
하야시 센주로(林銑十郎) 416~419
하얼빈 역 88
하의원 108;→『독립신문』과 ~ 107
하준석(河駿錫) 403, 403
하지(Hodge, J. R.) 195, 576, 588, 591, 594, 596, 598
하타다 다카시(旗田巍) 169
하토야마 유키오(鳩山由紀夫) 675
『학지광(學之光)』 289, 475
한경구 113
한계원(韓啓源) 52
「한국 독립에 관한 진정서」 219
한국(조선)민주주의임시정부 569
한국광복군 655
한국은행 267
『한국의 정세』 377; ~, 삼일운동 관련 선교사 보고서 377
한국전쟁 21, 27, 28, 29, 185, 198, 571, 629, 646, 647, 648, 654, 661, 672; 김일성의 급진주의 ~ 198, 661; 스탈린과 ~571; 중공군과 ~ 638; 통일전쟁과 ~ 185

『한국전쟁의 기원』 156→커밍스
『한국전쟁의 발발과 기원』 190→박명림
『한국중세사회 해체기의 제문제』 170
한국통감 38, 85, 267
『한국현대사』 184
한규복 411
한규설(韓圭卨) 104, 110, 277, 279, 284, 297
한규직(韓圭稷) 279
한동석(韓東錫) 639
한미서원(韓美書院) 280
한민당(韓國民主黨) 42, 174, 175, 192~194, 445, 536, 557, 573, 582, 585, 588, 589, 592, 593, 598, 601, 605, 619, 625, 628-631, 645, 654, 661, 671, 677; 농지개혁과 ~ 174, 175, 619; 미소공위와 ~ 598, 601, 605, 671; 반공반소연합과 ~ 629-631, 677; 보수적 반대당 ~ 445; 상층 지주와 ~ 625, 628
한상구 514
한상룡(韓相龍) 267, 411
한석진 334
한성공동창고(漢城共同倉庫)(주) 462
한성농공은행(漢城農工銀行) 462
『한성순보』 307
한성외국어학교 337
한성위생소 490
한성은행 75, 267
한성조약(漢城條約) 39
한승리(韓承履) 473
한양학교 125

한용운 282, 284, 286, 302, 368
한위건 327, 508
한의동 101
한일강제병합 41, 248, 295, 370; ~의 의미 24
한일은행 462, 464
한일의정서 78, 79, 81
한창수(韓昌洙) 490
한창직(韓昌稷) 308
한호농공은행 464
한홍구 113
함석헌 314, 316, 322, 326, 351, 669
함종국 404
함태영(咸台永) 283, 284, 285, 286, 327, 337, 339
『합법운동과 비합법운동에 관한 사건』 553
합스부르크왕가 237
항일무장투쟁 184, 239, 268, 296, 668; ~ 사관 7; 민족운동의 분화와 ~론 549
해군 138, 140; 영국의 ~ 140; 워싱턴 ~ 군축조약 246; 중국의 ~138
해리만(Harriman, W. A.) 596
해방(海防) 142
해방(解放) 7, 21, 178; ~공간 192; ~은 쟁취 아니고 주어진 것 7; ~의 의미 198; 도둑처럼 찾아온 ~ 27
해산 군인 86, 88
해상교역로 137; 해양 세계 142; 해양 프로젝트 139; 해양무역 137, 141, 353, 362
해주남본정교회 334
해평윤씨 161

향관(餉官) 461
향유(鄕儒) 67, 74; 의병과 ~ 68; 향임층(鄕任層) 146; 재지사족 ~의 소중화론 67
허스맨(Hersman, L. B.) 501
허위(許蔿) 86, 87
허정 631
허태화(許泰和) 470
허헌 581
허홍범 13
헌법 629
「헌법건백서」 382; 메이지일본의 자유주의 그룹과 ~ 382
헌법기초위원회 557
헌정회(憲政會) 248, 250, 263, 265, 266, 513, 516
헌종(憲宗) 455, 456
헐, 코델(Hull, C.) 231, 564, 565
헐버트(Hulbert, H. B.) 85, 110, 115
헤겔 660
헤론(Heron, J. W.) 300
헤이, 존(Hay, J.) 233
헤이그(Hague) 85, 113, 117; ~ 만국평화회의 561; ~밀사 80, 92, 95, 112, 154, 488, 666; 85, 113, 268, 289, 313, 350, 462, 473
현상윤(玄相允) 272, 276, 282, 289, 291, 293, 310, 312, 352, 361, 368, 475, 483
현세주의 299; 천도교 ~ 299
현순 284
현용택 122, 123
현은 411
현인복 320

현준호(玄俊鎬) 42, 408, 409, 471, 491
협성신학교(協成神學校) 301, 332, 334, 336~338
『협성회회보』 110
협화외교(協和外交) 423; 히로타 외상의 ~ 423
호남학회 471, 480
호대법(互對法) 59
호락논쟁(湖洛論爭) 66; ~, 기호학계분화의 사상적 배경 66
호론(湖論) 66, 67; ~, 위정척사파가 계승 67
호서은행 465
호전(胡錢) 51
『호치신문(報知新聞)』 418
호튼(Horton, L. S.) 300
호포제 149
호헌(護憲); 일본 ~3파 내각 250; 일본 번벌 타파와 1차 ~운동(헌정옹호운동) 249; 일본 헌정회와 2차 ~ 운동 250
호헌동지회 650~652; 한국 사사오입개헌과 ~ 650; ~의 분열 653; 발췌개헌과 ~ 호국선언대회 643
홀(Hall, W. J.) 337
홍경래(洪景來) 72, 319; ~난 72, 150, 320, 447
홍기문 199, 200
홍기조 285, 310, 349
홍남표 603
홍대용(洪大容) 57, 58
홍돈후(洪敦厚) 295
홍만식 84

홍명희(洪命熹)   43, 289, 473, 586, 609
홍민섭 296
홍범도 494
홍범석 87
홍범식 473
홍병기 285, 310, 311
홍성교회 293
홍성찬 159
홍순목(洪淳穆) 52, 56
홍순익 122
홍순형(洪淳馨) 54
홍영식(洪英植) 54-56, 154, 489
홍재학 64, 65
홍현영 13
화서학파 67→이항로
화성(華星)농장 462
화이론(華夷論) 64, 88
화이트, 헨리(White, H.) 228
환곡(還穀) 147; ~의 부세화(賦稅化) 148
활빈당(活貧黨) 308
황국신민 서사(誓詞) 411, 542
황도파(皇道派) 412, 413, 416, 418, 423, 544
황무지 개척권 79
『황성신문』 82, 313, 324, 494
황인종 306, 349

황준헌(黃遵憲) 64
황현(黃玹) 159, 160, 361, 447, 457, 469
효명세자(孝明世子) 455
효종(孝宗) 149
효창원(孝昌園) 123
후시무역(後市貿易) 71
후천개벽 78, 307; 천도교의 문명개화론적 ~ 299
후쿠자와 유기치(福澤諭吉) 33
훈련도감 71, 148
휘그당 629
휘문고보 490
휘트모아(Whittemore, N. C.) 302
휴전선 547
휴전조약 648; 휴전협상 647
휴즈, 찰스 에반스(Hughs, C. E.) 223, 234
흑사병 230
흥사단 514
흥선대원군(興宣大院君)→이하응
흥업구락부 341, 511; ~사건 335
희빈 장씨 59
히라누마 기이치로(平沼騏一郎) 414
히로시마 573
히로타 고키(廣田弘毅) 417, 423
히로히토(裕仁) 574
힌덴부르크(Hindenburg, P. v.) 224

그물 간행도서 목록

도대체 나는 왜 이럴까 //자기 이해를 위한 심리 이야기/김현옥 지음 /국판 326쪽 /16,000원 //어떻게 마음의 '통로'를 열고 더불어 사는 사회를 함께 풀어가는 방법 제시.

독서광 허균 /17세기 조선문화사의 한 국면//김풍기 지음 /국판 358쪽 /18,000원//제7회 교산학술상 수상 //허균의 민얼굴과 그의 학맥을 통해 그의 아픔과 기쁨, 독서 편력을 추적한 허균 평전.

유교를 아십니까 //동아시아인의 마음을 사로잡은 생각의 틀//츠치다 켄지로 지음 /성현창 옮김 /국판 280쪽 /16,000원//유교의 성립, 교리, 정치관과 역사적 의의 등등 유교 구조 해설집.

소통과 설득의 달인 맹자//조성기의 고전 읽기//조성기 지음 /국판 404쪽 /20,000원//소설가 조성기가 고전 읽기의 새 전범(典範) 제시.

한 대사상사전//진례 엮음 /이연승 옮김/국판 504쪽 /24,000원//한대(漢代) 사람들의 사유세계를 1,014개 조목으로 분류서술한 漢代思想事典.

주희집주 맹자 //최영갑 옮김 /국판 756쪽 /35,000원//주희가 왕도정치 등 맹자의 핵심 사상을 대화체로 풀어가는 경전 이야기.

해군의 탄생과 근대 일본 //메이지유신을 향한 부국강병의 길//박영준 지음 /국판 630쪽 /28,000원 2015년 학술원선정 우수학술도서//해군이란 키워드로, 일본의 근대화를 이룩한 일본근대사 연구서.

남산재 사람들//이덕주 지음 /국판 416쪽/20,000원//평양 남산현교회가 기독교를 수용, 복음전도를 통해 평양을 변화시킨 초대교회 이야기.

조선 후기의 전술 -18세기『兵學通』연구//노영구 지음 /국판 480쪽 /24,000원 2016년도 학술원선정 우수학술도서//18세기 세계 전쟁사에서 지니는 보편성과 특수성을 함께 밝힌 조선시대 전술발달사!

영조윤음·신료와 백성에게 직접 글을 쓰는 국왕의 등장//영조 지음// 김백철 엮고 옮김//국판 552쪽// 값 27,000원//시련 가운데 어렵사리 왕이 된 영조가 깨달은 바를 실천에 옮기는 구체적 정책 모음.

춘향전 -역사학자의 토론과 해석// 오수창 지음 /국판 440쪽 /24,000원 //60년 지속된「춘향전」에 대한 상

경계에서 길 찾기—문학과 철학의 만남//장경렬 지음 /국판 354쪽 / 1,8000원//인문학이란 '정신의 고산지대'에 이른 사람들의 발걸음이 만들어낸 숲길임을 설파한다.

엄마의 뜰 //최일옥 장편소설 /국판 378쪽 /16,000원 2015년 세종도서 선정, 여름휴가 때 읽을 만한 책 선정//해방, 6·25, 그리고 오늘을 살아가는 모녀 3대의 운명적 삶을 그린 사랑과 용서의 이야기.

헌법의 아홉 기둥 //조성기의 헌법 읽기//조성기 지음 /국판 290쪽 /15,000원//헌법의 주요 기둥이 되는 총강 9조를 자유분방하게 사색해본 결과물.

성령 충만과 증인 공동체 —김덕수 목사의 사도행전 강해 1/김덕수 지음 /국판 368쪽 /18,000원//교회를 세우고, 복음을 전파하는 성령 사역의 역사적 대기록 해설서.

사도가 사는 방식과 우리가 사는 방식—김덕수 목사의 사도행전 강해2// 김덕수 지음 /국판 330쪽 /18,000원 //초대교회 사도들의 "사는 방식"에 우리가 사는 방식을 비춰봄으로써 믿음의 문제 해결서.

하나님의 생각, 사람의 생각 —김덕수 목사의 사도행전 강해3//김덕수 지음/국판 352쪽/ 18,000원//종교화된 기독교를 생명의 길로, 종교생활을 믿음의 삶으로 인도하는 믿음의 생활화 길잡이.

목회의 신학, 목회를 위한 신학//김덕수 지음 /국판 420쪽 / 23,000원 // 한국 교회 개혁을 위한 새로운 패러다임을 시도한 미래 목회의 전범을 제시한 길잡이.

나무의 일생, 사람의 마음 //신준환 지음 /국판 416쪽 /18,000원//현장에서 관찰한 것을 통찰함으로써 얻은 지혜를 풀어낸 나무와 사람에 관한 진솔한 에세이.

숙종 비망기—탕평군주의 글쓰기// 숙종 지음, 김백철 엮고 옮김/국판 400쪽/ 25,000원//예송과 환국을 이용하여 왕권을 강화하고 영정조 시대의 기반을 마련한 정책 모음.

근대시민의 탄생과 대한민국//이승렬 지음 //국판 848쪽/ 35,000원//한국사에서 세대 교체를 이루어낸 시민의 탄생 과정을 추적하고, 그들이 대한민국을 건국한 과정을 검토한 연구서.